Günter und Peer Ederer
Das Erbe der Egoisten

Günter und Peer Ederer

Das Erbe
der Egoisten

Wie unsere Generation die Zukunft
Deutschlands verspielt

C. Bertelsmann

Redaktionsschluß: April 1995

Dieses Buch und sein Schutzumschlag wurden auf chlorfrei
gebleichtem Papier gedruckt. Die vor Verschmutzung schützende
Einschrumpffolie ist aus umweltschonender und recyclingfähiger
PE-Folie.

2. Auflage
© C. Bertelsmann Verlag GmbH, München 1995
Umschlaggestaltung: Design Team München
Satz: Uhl + Massopust, Aalen
Druck und Bindung: Mohndruck, Gütersloh
Printed in Germany
ISBN 3-570-12176-3

Inhalt

Wir sind stolz auf unsere soziale Marktwirtschaft.

Zum Thema »Sozial«:

Das Bundesverfassungsgericht hat festgestellt, daß die Besteuerung des Existenzminimums verfassungswidrig ist. Die Regierung benötigt über zwei Jahre, um diesen unsozialen Skandal zu beenden. Keine Partei hat diesen Zustand bemerkt und im Parlament zur Sprache gebracht.

Zum Thema »Marktwirtschaft«:

Das Bundesverfassungsgericht hat festgestellt, daß der Kohlepfennig zur Finanzierung der Ruhrkohle eine verfassungswidrige Abgabe ist. CDU und SPD erklären sofort, daß sie den Kohlepfennig durch eine andere Abgabe ersetzen wollen. Die FDP möchte das Geld dem Bundesetat entnehmen. Keine Partei erhebt gegen die Umfirmierung eines verfassungswidrigen Zustands Einspruch.

Wir haben eine soziale Marktwirtschaft, in der das Parlament nicht weiß, was sozial und was Marktwirtschaft ist.

Prolog:
Von Schwätzern und Schmarotzern

- Sie haben noch nie Steuern hinterzogen – auch nicht so ein kleines Bißchen mit dem Arbeitszimmer, das eigentlich eine Abstellkammer ist; auch nicht die Zinssteuer durch ein Auslandskonto verringert?
- Sie haben nie schwarz gearbeitet oder Schwarzarbeiter beschäftigt, selbst die Putzfrau beim Finanzamt angemeldet?
- Sie haben nie die Krankenkasse mit unnötigen Massagen belastet, sich auch nicht in den Vorruhestand abgemeldet und werden jetzt, obwohl kerngesund, vom Arbeitsamt bezahlt?
- Sie kennen niemanden aus Ihrer Familie, der unseren Sozialstaat mißbraucht?
- Sie beziehen keine Subventionen, weder als Landwirt noch als Forsteigentümer, noch als Besitzer einer Zweitwohnung oder als Pseudostudent?
- Sie haben als Abgeordneter oder Parlamentarier keine zwei, drei Pensionsansprüche an den Staat und außerdem nicht auch noch eine schöne Abfindung kassiert?
- Sie haben am Stammtisch noch nie über die da oben geschimpft, über die unfähigen Politiker, die Nieten in Nadelstreifen, die geldgierigen Banken; Sie lehnen aber jedes politische Ehrenamt ab, weil Sie dafür keine Zeit haben?
  In anderen Worten:
- Sie haben unseren Staat noch nie mißbraucht, Sie haben dafür getreu dem Kennedy-Wort gelebt: Frage nicht, was der Staat für dich tun kann, sondern frage, was du für den Staat tun kannst;
- dann können Sie das Buch zur Seite legen, müssen es nicht lesen; dann gehören Sie nicht zu den Schwätzern und Schmarotzern.

– Wenn Sie aber nicht so ein wunderbarer Mensch sind, sondern
eher wie wir alle, dann lesen Sie das Buch bitte weiter. Irgendwo werden Sie sich wiederfinden. Denn Sie, wir, alle nutzen gemeinsam diesen Staat aus und erschweren damit die
Zukunft unserer Kinder und Enkel aus schierem Egoismus, weil
wir mehr verbrauchen, als wir erwirtschaften.

Vorwort

Die Lufthansa-Angestellte ist sich ihrer Macht als Herrin über die Sitze bewußt. Da besteht doch ein Passagier beim Einchecken von Frankfurt nach Leipzig darauf, daß er beim Kauf seines Tickets den Fensterplatz 10a reserviert hat. Aber den hat sie schon vergeben, also kann er ihn nicht mehr bekommen. Und deshalb macht sie ihm höflich, aber bestimmt klar, daß er beim Buchen einen Fehler begangen hat. Ihr Computer lügt nie. Der Passagier wird böse. Letzte Woche habe er das gleiche erlebt. Jetzt fahre er lieber mit dem Zug, als sich noch einmal so abspeisen zu lassen. Die Lufthansa-Dame, kühl und deutlich: »Sie haben Ihr Ticket in einem Reisebüro in Gießen gekauft. Die haben da einen Fehler gemacht. Ich biete Ihnen den Mittelplatz 12b an. Schließlich ist das ein kurzer Flug, da ist dieser Platz zumutbar.« Wütend verläßt der potentielle Passagier den Schalter, fährt mit dem Zug.

Grummeln bei den anderen Passagieren. Das hoheitsvolle Verhalten der Lufthansa-Dame stößt auf allgemeine Ablehnung. Der nächste Fluggast legt sein Ticket vor und sagt: »Ich habe Fensterplatz 8a reserviert.«

»Nein«, sagt die Herrin der Sitze wieder. »8a ist vergeben. Haben Sie nicht reserviert.« Da legt der Kunde eine Flugscheinhülle vor, auf der 8a notiert ist: »Gestern habe ich das Ticket hier am Flughafen bei der Lufthansa gekauft, und hier wurde der Sitz bestätigt. Bevor Sie mir als Kunden erklären, daß ich alles falsch mache, könnten Sie vielleicht in Erwägung ziehen, daß Ihr Computer wieder einmal nicht funktioniert – ein Erlebnis, das ich als Vielflieger ständig habe. Ich muß es mir aber nicht gefallen lassen, wie mein Vorgänger als Ignorant hingestellt zu werden.« Die hoheitsvolle Miene der Dame wechselt ins Rötliche. Sie ringt sich ein »Entschuldigung« ab. Da aber donnert es von nebenan. Ein männlicher Lufthanseat, der offensichtlich die Abfertigung überwacht, legt los: »Was bilden Sie sich hier eigentlich ein, meine Kollegin so anzumachen. Seien Sie froh, daß wir Sie überhaupt mitnehmen. Dazu haben wir überhaupt keine Verpflichtung. Lesen Sie einmal das Kleingedruckte auf Ihrem Ticket.«

Helle Empörung bei den Fluggästen. Aber es wird ihnen nichts nützen. Von Frankfurt nach Leipzig fliegt nur die Lufthansa. Vielleicht überlegt es sich der eine oder andere, daß er das Kleingedruckte lesen soll, bevor er das nächste Mal einen Langstreckenflug bei einer anderen Gesellschaft bucht. Ich rufe die Pressestelle der Lufthansa an, erzähle den Vorfall, frage ketzerisch, ob dies die neue Lufthansa sei, von der ich in der Werbung so viel Freundliches lese. Der Pressesprecher entschuldigt sich. Es sei sehr schwer, die Mentalität, die sich über Jahrzehnte herausgebildet habe, in wenigen Monaten zu ändern. Die Führung der Lufthansa wisse, daß dies eine riesige Aufgabe sei. Leider sei da nichts zu machen. Auch disziplinarisch könne man gegen den Mann wenig ausrichten. Der würde sofort zur Gewerkschaft und zum Betriebsrat gehen und erhalte da jeden Schutz. Dies ist eine wahre Geschichte.

Sie hatten sicher auch schon solche Erlebnisse. Vielleicht von der Deutschen Bahn AG? Wenn Sie an einem Samstag auf dem verwaisten Bahnhof von Donauwörth, einem Knotenpunkt immerhin, herumlaufen und niemanden finden, der Ihnen eine Umsteigverbindung nennen kann – schließlich gehört Samstag der Bahnpapi nach Hause, soll der Untertan doch froh sein, daß es überhaupt eine Bahn gibt. Hauptsache, irgendwelche Züge fahren, damit man einen Grund hat, staatliche Zuschüsse anzuzapfen. Fragt sich nur, wenn schon der Service abgeschafft wird, wie lange dann noch die Züge fahren. Was den Auskunftsbeamten recht ist, könnte doch den Lokführern billig sein. Heute gibt es sowieso schon mehr Bahnbeamte in Pension als im aktiven Dienst, da kommt es auf ein paar mehr oder weniger, die fürs Nichtstun bezahlt werden, auch nicht mehr an.

Oder am Postamt: Es ist Punkt siebzehn Uhr. Sie hasten die Treppen hinauf. Und da steht der Postbeamte hinter der Scheibe der verschlossenen Tür, zeigt auf die Uhr: Feierabend. Ihre flehende Geste, der Briefmarkenautomat sei doch kaputt, nur eine

Briefmarke – bitte, bitte. Schulterzucken, Zeichensprache: Das nächste Mal kommen Sie besser früher.

Wir schreiben unsere Briefe nur, damit die Postbeamten Arbeit haben. Wir benutzen den Zug, damit die Bahn nicht so viele Leute entlassen muß; wir fliegen mit der Lufthansa, weil wir Deutsche sind und unserer nationalen Pflicht nachkommen: Deutsche fliegen deutsch. Und bisher war das auch so. Es war völlig egal, ob Sie einen Brief geschickt haben oder nicht. Ob der Schalter geöffnet hatte oder nicht; ob Sie je in Ihrem Leben ein Flugzeug bestiegen haben oder mit der Bahn gefahren sind. Sie haben es sowieso bezahlt, wenn nicht über Tarife, dann über Staatszuschüsse. Apropos Tarife: Die hatten und haben mit einem Wettbewerbspreis soviel zu tun wie die Kugel beim Roulettekessel. Sie sind irgendwie politisch ausgeguckt. Und deshalb waren auch die Defizite eine in Bonn festgesetzte Größe, je nach politischem Kalkül.

Zugegeben, die Lufthansa muß sich jetzt auf einigen nationalen und fast allen internationalen Strecken dem Wettbewerb stellen. Und das geht sogar recht gut. Der Druck macht schier Unmögliches machbar. Wenn das Bemühen des neuen Vorstands an Grenzen stößt, dann wirklich deshalb, weil die Belegschaft der Lufthansa und mit ihr die mißmutigen Beamten und Angestellten aller Staatsunternehmen fest daran glauben, daß sie das Geld von ihrem Arbeitgeber, in diesem Falle dem Staat, bekommen. Der Kunde, das ist ein freches forderndes Wesen, das man noch erziehen muß. Daß der Kunde der einzige ist, der Geld bringt, daß der Kunde der wahre Arbeitgeber ist, das spricht sich nach vierzig Jahren »sozialer Marktwirtschaft« erst langsam herum.

Jetzt ist dringend eine Ergänzung für alle nötig, die bis hierher gelesen und sich jetzt schon gegen die öffentlichen Unternehmen solidarisiert haben; die wissen, daß nur die Privatisierung weiterhilft. Für sie auch ein paar Beispiele aus der real existierenden »Privatwirtschaft« der Bundesrepublik:

Zum Thema »Handel«: Jürgen Franzen lebt in Singapur. Auf Geschäftsreise in seiner deutschen Heimat will er für sechstausend D-Mark einen Compaq-Computer kaufen und gleich noch die nötige Software dazu. Er bittet den Geschäftsführer des Ladens in Bonn, die Software direkt mitzuüberspielen. Das geht nicht, hört er, der Techniker habe noch zu tun, und dann sei Mittagspause.

Franzen läßt Computer und Software stehen. Er kauft das Ganze in Singapur, wo die von ihm erbetene Dienstleistung eine Selbstverständlichkeit ist.

Thema »Kundendienst«: Eine ein Jahr alte Siemens-Waschmaschine bleibt stehen. Der Kundendienst kommt vom sechsunddreißig Kilometer entfernten Stützpunkt. Der Keilriemen ist gerissen. Den hat er natürlich nicht dabei. Am nächsten Tag folgt der Anruf: Das dauert eine Woche. Auch im Regionallager in Frankfurt sei kein Keilriemen vorrätig. Der Kunde will erbost zurückrufen. Es ist drei Minuten nach vier Uhr. Der automatische Anrufbeantworter erklärt: »Unsere Servicestation ist geschlossen. Wir haben von montags bis freitags...« Neuer Versuch am nächsten Tag: »Wir brauchen die Waschmaschine. Es kann doch nicht wahr sein, daß Sie keinen Keilriemen liefern können.« Aber es ist wahr. Begründung: »Wir haben bei Siemens jetzt alles neu organisiert. Ein strafferes Servicenetz... Sie wissen schon... die Kosten.«

Thema »Autokauf«: Ein mittelständischer Unternehmer erzählt aus der Zeit, als Mercedes noch mit künstlichem Mangel die Preise hochhielt. Er wollte einen Wagen der S-Klasse kaufen. Die Niederlassung vor Ort erklärte ihm: »Sie können dieses Auto nicht bekommen. Für unsere Stadt sind nur die beiden Unternehmer G. und S. vorgesehen.« Der Mittelständler kennt den Unternehmer G. sehr gut. Er erzählt ihm die Geschichte, und G. bestellt das Auto für ihn. Mit diesem von der Niederlassung bestätigten Kaufvertrag geht der Mittelständler zu Mercedes und fragt: Darf ich jetzt direkt bezahlen und das Auto auf meinen Namen zulassen, oder muß G. auch noch den Scheck überweisen? Ich werde das Auto dann sowieso übernehmen. Die Niederlassung ruft in Stuttgart an und fragt, ob sie unter diesen Umständen von dem bisher nicht eingeplanten Käufer das Geld entgegennehmen dürfe.

Beispiel »Banken«: Solange wir im Ausland lebten, unterhielt Peer ein Konto bei der Mainzer Volksbank. Aus den USA zurück, richtete er sich ein Zweitkonto in seinem neuen Wohnort in Freigericht bei Hanau ein. Er ging zuerst zur Raiffeisenbank, weil sie mit der Mainzer Volksbank verbunden ist. Eine Euroscheckkarte wird benötigt. Im August beantragt, soll sie im September

14

ausgehändigt werden. Im September bekommt er die Auskunft: »Weil wir nur alle zwei Jahre im Oktober Karten ausstellen, haben wir Ihren Antrag nicht bearbeitet, um Ihnen zu ersparen, daß Sie nächsten Monat schon wieder eine Karte bezahlen müssen.« Vor so viel bürokratischer Umständlichkeit, die auch noch mit Kundennähe verbrämt wird, Flucht zu einer Großbank. Die Daueraufträge werden neu angemeldet. Es geht um die Überweisung der monatlichen Lebenshaltungskosten. Das Geld wird angeblich am ersten Oktober in Mainz abgeschickt, aber es bleibt fünf Wochen lang spurlos verschwunden. Vor einer weiteren Nachforschung wird abgeraten, da dies sowieso länger brauche als die Dauer, bis das Geld auf einem Konto auftaucht. Nach fünf Wochen ist es schließlich wieder da, wo es abgeschickt wurde; keiner weiß, wo es zwischenzeitlich war.

Wir alle kennen solche Unzulänglichkeiten. Sie taugen oft zur Erheiterung im Bistro, überbrücken die Gesprächspausen bei Geschäftsessen. Aber wir rebellieren nicht gegen diese kundenunwürdigen Zustände. Wir nehmen Lieferzeiten für so alltägliche Produkte wie Möbel und Duschabtrennungen in Kauf; wir akzeptieren, daß uns die Autowerkstatt Termine zuteilt; wir stehen artig samstags eine halbe Stunde an den Kassen in den Super- und Baumärkten an, bis wir bezahlen dürfen. Wir haben uns an diese Unzulänglichkeiten gewöhnt und merken kaum, daß sie immer mehr zunehmen, daß diese Unzulänglichkeiten Ausdruck einer fehlenden Wettbewerbswirtschaft sind.

Wir haben uns zu diesem Buch nicht entschlossen, um uns mit Häme über die Versager, die unser tägliches Leben erschweren, auszulassen: über die unfähigen Manager, die untätigen Politiker, über geldgierige Zahnärzte und stumpfsinnige Beamte oder welche Bevölkerungs- oder Berufsgruppe auch immer. Wir haben uns zu diesem Buch entschlossen, weil wir der Auffassung sind, daß diese große Bundesrepublik Deutschland gerade dabei ist, ihren Platz als drittwichtigste Volkswirtschaft der Welt nach den USA und Japan zu verlieren und abzurutschen auf irgendeinen Mittelplatz unter den Industriestaaten.

Dieses Buch ist in langen Diskussionen zwischen Vater und Sohn entstanden. Abgesehen vom Altersunterschied und den schon dadurch bedingten verschiedenartigen Erfahrungen haben

15

wir zwei verschiedene Erlebnishorizonte. Ich, der Vater, arbeite seit 1966 als Fernsehjournalist, davon die meiste Zeit in Wirtschaftsredaktionen oder für Wirtschaftssendungen. Ich habe in unzähligen Unternehmen in vielen Branchen, in Friedens- und Revolutionszeiten auf der ganzen Welt das schlichte Einmaleins der Wirtschaft erfahren. Alle Theorien schrumpfen immer zu ganz einfachen Wahrheiten zusammen: Wenn der Mensch ausgebeutet wird, schlägt er um sich; wenn sich Staaten und Unternehmen überschätzen, ist der Niedergang nicht mehr fern; und wer die Wettbewerbs- und Marktwirtschaft durch Staatswirtschaft ersetzt, produziert soziales Elend und Ungerechtigkeit.

Peer hatte das Glück, während des Familienaufenthalts in Japan und vieler Reisen in Asien, Amerika und Europa schon in jungen Jahren mit anderen Denk- und Lebensweisen konfrontiert zu werden. Er lernte sein wirtschaftliches Einmaleins zuerst an der Sophia-Universität in Tokyo, dann drei Jahre bei der Deutschen Bank in Tokyo und schließlich an der Harvard Business School in Cambridge, USA.

So unterschiedlich unsere Lebenserfahrungen, so identisch sind unsere Vorstellungen über eine erfolgreiche Volkswirtschaft. Meine praktischen Erfahrungen und sein akademischer Ansatz haben sich nahtlos ergänzt. Und erst das machte es möglich, dieses Buch zu schreiben.

Dieses Buch zeigt auch, wie sich unsere beiden Hauptkonkurrenten auf dem Weltmarkt, die USA und Japan, mit den wichtigsten wirtschaftspolitischen Problemen unserer Zeit auseinandersetzen und wie sie ihre Gesellschaft im ausgehenden zwanzigsten Jahrhundert positionieren. Wir beschränken uns dabei bewußt auf diese beiden Nationen, die unbestritten die Nummer eins und die Nummer zwei sind. Unseren Lebensstandard, das heißt unsere soziale Sicherheit und damit unseren inneren und äußeren Frieden, sichern wir nämlich nicht, indem wir uns trösten, daß andere Nationen es noch viel schlechter machen als wir, daß sie noch viel größere Probleme haben. Ein Abstieg bis auf das Niveau Albaniens ist noch weit. Und wer sich damit zufriedengibt, immer wieder doch noch einen Vergleich zu finden, bei dem wir ganz gut dastehen, hilft dadurch nur mit, unser Abrutschen auf einen Mittelplatz zu beschleunigen. Da nutzen auch keine Vergleiche mit

Holland, Schweden und der Schweiz, weil diese kleinen Nationen weder unsere geographische Lage noch unsere komplizierte Geschichte, noch unsere zergliederten Landsmannschaften haben.

Es geht uns auch nicht darum, Deutschland mies zu machen, obwohl wir über weite Strecken herbe Kritik an unseren Zuständen üben. Es ist vielmehr die Sorge über ein Land, in das wir hineingeboren und mit dessen Schicksal wir dadurch untrennbar verbunden sind. Gerade weil wir bewußt mit und in der kulturellen Vielfalt dieser Welt leben, ist es uns wichtig, wie das eigene Land beleumundet ist und ob es, wenn es schon in der Vergangenheit Schuld auf sich geladen hat, wenigstens seine Zukunft meistert.

In früheren Jahrhunderten mag die Größe einer Armee die Bedeutung eines Staates definiert haben. Sie mag auch entscheidend für die Fähigkeit gewesen sein, andere Länder zu erobern. Aber sie hat nie etwas über die soziale Gerechtigkeit ausgesagt, die im Land herrschte. Die Sicherheit eines Staates wird in Zukunft über seine wirtschaftliche Leistung definiert und darüber, ob es gelingt, alle Bevölkerungsgruppen gerecht an dieser wirtschaftlichen Leistung zu beteiligen. Helmut Schmidts Qualifizierung der Sowjetunion als ein »Obervolta mit Atomwaffen« hat sich als zutreffend erwiesen. Trotz einer gewaltigen Armee und herausragender Waffentechnik, die in der Lage wäre, den Globus mehrfach auszurotten, ist das Imperium an seiner inneren Ungerechtigkeit implodiert. Und das reiche, riesige Brasilien wird immer nur ein Staat der Zukunft bleiben, weil seine Elite es aus schierem Egoismus nicht fertigbringt, die erarbeiteten Güter nur halbwegs gerecht zu verteilen.

Demokratien haben noch nie gegeneinander Krieg geführt. Und Menschen, die sich entfalten können, ihre kulturelle Identität leben dürfen und dabei ein menschenwürdiges Auskommen haben, überfallen auch ihre Nachbarn nicht. Unser Buch ist deshalb ein Plädoyer für wirtschaftliches Wachstum in Freiheit, weil wir darin die einzige Chance sehen, Frieden und Wohlstand zu sichern. Und wir glauben, daß dieses Ziel durch eine Gesellschaft zu erreichen ist, in der leistungswillige und leistungsfähige Bürger nicht in ihrer Entfaltung behindert werden. Ein restaurativer Eigentumsgedanke, der ererbte Ländereien und Immobilien steuerlich entlastet, das Einkommen aus Arbeit aber belastet, ist genauso schädlich wie die ständigen Versuche, von oben nach unten umzuverteilen. Das hat noch nie geklappt.

Dies ist kein wissenschaftliches Buch. Wir schreiben aus unserer Alltagserfahrung. Sie ist so ganz anders als die Dreißig-Sekunden-Statements der Politiker in den Abendnachrichten, als die schönen Sonntagsreden von Politik und Wirtschaft. Je mehr aber die Alltagserfahrung und die »veröffentlichte Wirklichkeit« auseinanderklaffen, desto mehr verlieren die Bürger das Vertrauen in den Staat und, was viel schlimmer ist, in die Gemeinschaft.

Was bilden wir Deutsche uns nicht alles ein: »Wir sind ehrlich, wir sind fleißig, wir sind sauber« – aber längst hat unsere Korruption levantinische Ausmaße erreicht, sind die Städte verschmiert, und längst machen sich englische Bauarbeiter über die Deutschen lustig, die sich bei den ersten Regentropfen in die Baubude zurückziehen.

Eine Portion Ehrlichkeit uns selbst gegenüber wäre ein erster Schritt zurück zum »common sense«, wie die Briten es nennen, zu mehr gesundem Menschenverstand, und zu mehr »social sense«, zu mehr Gemeinsinn. Peer erzählt, wie er und die anderen ausländischen Studenten in Tokyo schwarz U-Bahn gefahren sind, weil niemand wirklich kontrollierte. Das Geld wurde gespart. Nach einiger Zeit kamen sie sich mies vor. Alle Bürger zahlen dort ohne Kontrolle, nur sie haben betrogen. Also haben spätestens nach einem Jahr in Japan auch die ausländischen Studenten ihr Ticket gekauft. Sie tauchten ein in den »Gemeinsinn« einer ehrlichen Gesellschaft. Zurück hier in Deutschland stellten wir mit zunehmender Erschrockenheit fest: Die Unehrlichkeit gegenüber Staat und Gesellschaft ist so weit verbreitet, daß sie nicht einmal mehr versteckt wird. Noch schlimmer: Diese Verlotterung der Sitten wird als unvermeidlicher Bestandteil einer freiheitlichen Demokratie akzeptiert und hingenommen. Dabei merkt die Gesellschaft nicht mehr, daß diese Unehrlichkeit die Freiheit aller zunehmend einschränkt.

Beim Schreiben dieses Buches haben wir aber auch andersartige Probleme mit der Ehrlichkeit. Nennen wir alle Namen, wenn wir unsere Schmarotzer- und Schwätzergeschichten erzählen? Schreiben wir alles, was wir wissen? Haben wir nicht auch die Befürchtung, hinterher wichtige berufliche Kontakte zu verlieren, und sind deshalb besser zahm? Wir haben uns da durchgeschlängelt, ein bißchen mutig, ein bißchen feige. Alle Geschichten sind wahr, manche haben wir geographisch verlegt, manche Personen ausgetauscht. Und wir geben zu: Auch wir erfüllen nicht den Anspruch, den Staat und die Gesellschaft noch nie hintergangen zu haben, weil es entweder vernünftiger oder bequemer ist, oder weil es gar nicht mehr anders geht. Schade, wir würden auch lieber nicht mehr schwarzfahren und die U-Bahn-Karte kaufen, weil alle Bürger es auch so machen.

TEIL 1

Die soziale Marktwirtschaft vor ihrem 50. Geburtstag

1. Wer schmarotzt eigentlich?

Helmut ist ein bedeutender Autohändler in seiner Region. Er ist sich auch seiner gesellschaftlichen Verantwortung als Unternehmer voll bewußt. Er stellt sich als stellvertretender IHK-Präsident zur Verfügung, sponsert kulturelle und politische Veranstaltungen seiner Heimatstadt, engagiert sich mit eigenem Geld und eigenen Entwürfen zur Lösung des Verkehrsproblems. Also ein Unternehmer, wie ihn Politiker gerne vorzeigen. Selbstverständlich kümmert er sich auch um die Sorgen und Nöte seiner Mitarbeiter, will so etwas wie eine große Familie aus der Belegschaft machen, die an einem Strang zieht. Davon verspricht er sich Motivation und Leistungsbereitschaft.

Seit einigen Wochen beobachtet er, wie einer seiner Verkäufer ziemlich lustlos durch die Hallen schleicht. 27 Jahre ist er schon bei ihm, und nun, mit 54, ist bei dem Mann offensichtlich die Luft raus. Er verkauft kaum mehr Autos und macht im Gespräch mit den Kunden einen so gelangweilten Eindruck, daß diese sich beschweren. Helmut fürchtet, daß seinen Mann etwas bedrückt. Krankheit in der Familie, Hiobsmeldungen über die verwöhnten halbwüchsigen Kinder, eine Ehekrise, die Auswahl unter eventuellen Katastrophen ist groß. Helmut nimmt seinen ganzen Mut zusammen, spricht seinen Mitarbeiter an, will helfen.

»Lieber Schneider«, fragt er vorsichtig, »irgend etwas scheint Sie zu bedrücken. Wir kennen uns jetzt schon so lange, wie kann ich Sie denn wieder motivieren?«

»Sie können mich gar nicht mehr motivieren«, kommt kurz und schnell die Antwort.

Helmut erschrickt: »Ist es etwas so Schlimmes?« Er denkt an eine unheilbare Krankheit.

»Nein«, sagt der Verkäufer. »Nächstes Jahr werde ich 55, und ich habe keine Lust mehr. Ich will nicht mehr. Ich habe genug. Ein bißchen Golf spielen, ein bißchen Tennis, ein bißchen verreisen. Die Aussicht, hier noch zehn Jahre Autos zu verkaufen, macht mich ganz krank.«

Dann das Angebot des Vierundfünfzigjährigen an seinen Chef: »Aber Sie können nach langer guter Zusammenarbeit doch noch etwas für mich tun: Kündigen Sie mir nächstes Jahr. Wissen Sie, so ganz reicht das Geld bis zur Rente, ohne mich einzuschränken, ja doch nicht. Und wenn ich jetzt aufhöre, müßte ich anfangen zu rechnen. Deshalb auch meine Lustlosigkeit. Nur wenn Sie mich rausschmeißen, geht meine Rechnung auf. Dann kriege ich ein Jahr die Höchstzahlung vom Arbeitsamt, macht bei mir rund 2800 Mark. Mit den Einnahmen aus meinem geerbten Mietshaus ist das genau richtig. Irgendwann werden die mich dann sowieso aus Altersgründen in irgendeine Frührentenlösung überführen. Chef, alles, was ich zu meinem Glück brauche, ist eine Kündigung.« Der des Arbeitens müde Autoverkäufer rechnet Helmut auch noch vor, daß fast alle seine Freunde zur Zeit den Vorruhestand genießen.

So entledigt sich die Industrie auf Staatskosten ihrer älteren Mitarbeiter, wobei alles »älter« ist, was das 55. Lebensjahr überschritten hat. Die Differenz zwischen Arbeitslosenunterstützung und altem Nettoeinkommen zahlen die Firmen dann auf einige Jahr bar im voraus, damit das Paket schmackhaft wird und der Mitarbeiter zirka 90 Prozent seines früheren Einkommens erzielt. So schleppt diese Republik Hunderttausende rüstiger Frührentner durch.

Vor zwanzig Jahren hat Helmut auch noch begonnen, eine betriebliche Altersversorgung für seine Mitarbeiter aufzubauen. Er wollte an der Spitze des sozialen Fortschritts mitmarschieren. Zeigen, daß er ein guter Arbeitgeber ist, wollte motivieren. Und nun das. Diese betriebliche Altersversorgung, die mit dem jeweils sechzigsten Lebensjahr fällig wird und eigentlich als Überbrückung für Frühinvaliden oder Teilzeitarbeit bei Leistungsabfall gedacht war, diese freiwillige Altersversorgung hilft jetzt einem kerngesunden Faulenzer beim frühen Ausstieg. Und die Jahre bis dahin werden von der Allgemeinheit aus der Arbeitslosenunterstützung bezahlt.

Eigentlich widerstrebt es Helmut bis in die tiefste Faser seines Herzens, diesen Sozialmißbrauch zu Lasten der Allgemeinheit mitzumachen. Aber er hat nur die Wahl: Entweder er schmeißt seinen Angestellten nicht raus, dann wird der auch nicht kündigen und sich weiterhin von ihm bezahlen lassen, ohne daß er für sein Unternehmen dafür eine Arbeitsleistung erbringt. Oder er kündigt ihm und übergibt das Problem uns allen, der Solidargemeinschaft. Helmut hat sich für die zweite Lösung entschieden, fühlt sich seither nicht mehr wohl in seiner Haut – und verspürt eine noch größere Wut auf unser sogenanntes soziales Netz, das ihn in diese Falle gelockt hat.

Irgendwann fallen wir alle in das Netz staatlicher Fürsorge. Irgendwann wird jeder noch so wackere Gerechte schwach und nimmt, was ihm da im Überfluß geboten. Bei mir war es der 1. Januar 1995, der Tag, an dem der Solidaritätszuschlag wieder fällig wurde. Da hatte mich mein Steuerberater endlich soweit. Auf Heller und Pfennig rechnete er mir vor, daß ich das Angebot, eine Eigentumswohnung in Leipzig zu kaufen, einfach nicht ausschlagen könne. So hirnrissig könne selbst ich nicht sein. Ganz legal sei das, habe nichts mit Steuerhinterziehung, Steuerverkürzung zu tun; es sei überhaupt nicht anrüchig. Ich solle endlich einsehen: Der Staat wolle mir diese Wohnung schenken, und ich müsse nur zugreifen.

Die Geschichte klingt verrückt, aber so wiederholt sie sich tagtäglich, vor allem im Westen der Republik. Je höher der Grenzsteuersatz – durch die 7,5 Prozent Solidaritätszuschlag landen halt viele bei 57 Prozent –, desto mehr lohnt es sich, im Osten Immobilien zu kaufen (im Westen übrigens auch, aber da sind die Steuerprivilegien nicht ganz so famos). Wer also jetzt monatlich auf Mark und Pfennig mehr an den Fiskus abladen soll, kann sich auch eine neue Wohnung oder ein Eigenheim im Osten kaufen, solange er es nur nicht selbst bewohnt. »Wohnraum schaffen« heißt dieses »Sozialprogramm«. Noch mehr Wohneigentum für die Besitzenden, noch mehr Mietshäuser für die Abhängigen. Doch eine schöne soziale Tat. Oder?

Das hat es früher auch schon gegeben, als die Milliarden in die Frontstadt Berlin umgeleitet wurden, was dort zu besonders heftigen Korruptionsfällen im Dunstkreis der Mauerpolitiker führte.

Aber jetzt kann man sich gegen die steuerfinanzierte Zweitwohnung kaum mehr wehren. Ohne den Solidaritätszuschlag wäre ich nicht schwach geworden, hätte weiter meine hohen Steuern bezahlt und mich wie in all den Jahren über die fehlgeleitete Wohnungspolitik geärgert, die dazu geführt hat, daß Deutschland mit 40 Prozent Wohnungseigentum die niedrigste Eigentumsquote aller Industriestaaten aufweist. Aber mit dem Solidaritätszuschlag war auch bei mir die Schmerzgrenze überschritten. Ich habe gekauft und habe jetzt ähnlich wie Helmut eine noch größere Wut auf eine Staatslenkungswirtschaft, die Gutverdienende zwingt, ihr Geld so anzulegen, daß Einkommensschwächere nie in den Besitz von Wohnungseigentum gelangen können. Dabei wäre Wohnungseigentum doch der beste Mieterschutz.

Mir wird die Eigentumswohnung tatsächlich, ohne daß ich einen eigenen Pfennig hinzuzahle, vom Staat geschenkt. Die monatliche Belastung des Kaufs von 4000 D-Mark bezahle ich zu 2500 D-Mark aus Steuerabzug, den Rest steuert die Miete bei. Und da sei ich noch zu billig, sagt mein Steuerberater, weil ich nur 15 D-Mark pro Quadratmeter nehme. Der Markt gäbe das fast immer her. Denn dank der irrsinnigen Wohnungsförderungsgesetze ist der Markt unglaublich kapitalgeberfreundlich. Sollten wirklich nicht mehr genügend Mieter in der Lage sein, diese Preise zu zahlen, dann müssen die Vermieter häufig nicht mit dem Preis runter, sondern dann gibt es Wohngeld – wieder Staatsknete, die in die Taschen der Besitzenden fließt. Wie schon gesagt, irgendwann ist jeder von uns dran und nimmt, was ihm der Staat geradezu zwangsweise anbietet. Und weil ich da mitmache, bin ich nicht auch schon ein Schmarotzer?

Carmen und Achim, 26 und 27 Jahre alt, verheiratet, ein Kind. Carmen nimmt den ihr gesetzlich zustehenden Erziehungsurlaub. Drei Jahre wird ihr Arbeitsplatz freigehalten. Carmen bekommt in den ersten sechs Monaten wie alle Frauen 600 D-Mark Erziehungsgeld. Aber weil ihre Familie unterhalb der Bemessungsgrenze liegt, erhält sie die 600 D-Mark noch weitere 18 Monate. Die braucht sie auch dringend, denn sonst würde es wirklich knapp werden. Achim, ein junger Facharbeiter, kommt auf 3100 D-Mark brutto, das sind gerade mal 2300 D-Mark netto, deutlich weniger als die 29 400 D-Mark netto Jahreseinkommen, das die

Familie in diesem Fall erzielen darf, um das Erziehungsgeld weiterhin beanspruchen zu können. Davon gehen 1400 D-Mark für die Warmmiete ab. Hinzu kommen staatlich administrierte Preise wie Müll- und Fernsehgebühren. Der unvermeidliche Kleinwagen schlägt auch mit 500 D-Mark zu Buche – sonst könnten sie nicht im Vorort von Frankfurt wohnen, und dann würde alles noch teurer. Die 600 D-Mark Mutterschaftsgeld halten also die Familie gerade so über der Armutsgrenze.

Beide haben auch nichts gespart. Carmen war gezwungen, von zu Hause wegzugehen und sich ein Zimmer zu nehmen, weil ihr Berufsziel, medizinisch-technische Assistentin, nicht in der Kleinstadt angeboten wurde, wo ihre Eltern wohnen. Nach der Ausbildung richtete sie sich erst einmal ein Zimmer ein. Und sowenig sie auch verdiente, soviel mußte sie doch noch an Steuern und Sozialabgaben zahlen, so daß ihr monatlich gerade 700 D-Mark für Essen, Trinken, Sparen, Urlaub, Kleidung, Hygiene, Fortbildung etc. blieben. Kurz, es war nicht genug, und deshalb jobbte sie an den Wochenenden in Kneipen und verdiente sich ein paar Hunderter schwarz hinzu.

Bei Achim war es ähnlich. Er wechselte nach der Ausbildung als Koch zweimal den Arbeitsplatz, weil er sich weiterbilden wollte, andere Arbeitsweisen kennenlernen mußte. Auch bei ihm ging das ganze Geld drauf, ohne daß er auch nur einen Urlaub gemacht hätte.

Carmen und Achim wurden zu diesem Zeitpunkt verfassungswidrig hoch besteuert. Selbst ihr Existenzminimum war dem Staat nicht heilig. Das soll zwar ab 1996 anders werden, aber davon haben die beiden nichts mehr. Die »soziale Marktwirtschaft«, so haben sie in diesen Jahren begriffen, holt sich von ihnen, was sie hätten sparen können. Also müssen sie mindestens das nehmen, was ihnen zusteht. Wegen der 600 D-Mark Erziehungsgeld haben sie deshalb gar kein schlechtes Gewissen. Denn das ist immer noch nicht einmal so viel, wie ihnen der Staat unrechtmäßig abgenommen hat, weil er das Existenzminimum besteuert.

Ihre absurde Lage aber wurde ihnen erst deutlich, als Achim, wegen seines Einsatzes geschätzt und gelobt, eine Gehaltserhöhung bekommen sollte, die mit der prestigeträchtigen Aufgabe verbunden war, die Lehrlinge in der Küche anzuleiten. Mit den zusätzlich angebotenen 500 D-Mark brutto monatlich hätte er die Einkommensgrenze überschritten, die zum Bezug des Erziehungsgeldes festgelegt ist. 500 D-Mark brutto vom Arbeitgeber gegen 600 D-Mark netto vom Staat gerechnet, er müßte verrückt sein, auf die Staatsalmosen zu verzichten.

Er schilderte seinem Chef das Dilemma, der auch sofort volles Verständnis hatte. Achim übernahm die Lehrlingsanweisungen, ohne dafür Geld zu erhalten. Im Gegenzug wurde ihm zugesagt, daß seine Frau, sobald die zwei Jahre um seien, und die 600 D-Mark Erziehungsgeld entfielen, dann pro forma für 560 D-Mark beschäftigt werde. Das aufgesparte Mehreinkommen von Achims Ausbildungsarbeit wird so steuerunschädlich an die Familie ausgezahlt. Alle haben etwas davon: Der Arbeitgeber, der einem loyalen, fleißigen Mitarbeiter Verständnis signalisiert, spart als Nebeneffekt ein Jahr die Auszahlung eines Teils des Lohnes. Achim kann Karriere machen, und seine Familie hat das Geld, das sie braucht, um einigermaßen über die Runden zu kommen. Ausgenutzt wird nur das soziale Netz. Und das finden alle in Ordnung. Erstens wird es angeboten, zweitens versteht jeder, daß es höchst unsozial ist, daß die junge Familie so hohe Abzüge und so viele Zwangsausgaben hat, zudem eine so hohe Miete zahlen muß, daß sie ohne diese Nebeneinkünfte vom Staat, oder am Staat vorbei, direkt zum Sozialfall würde.

Carmen und Achim sind irgendwie natürlich auch Schmarotzer. Natürlich beteiligen sie sich an den Tricks, wie sie unter Umgehung der Steuer an staatliche Töpfe kommen. Ihr Mißbrauch des »sozialen Netzes« findet trotzdem Sympathie beim Arbeitgeber von Achim, bei ihren Freunden und Verwandten. Würden sie anders handeln, würden sie eher schief angeschaut: »Mein Gott, seid ihr blöde! Das steht euch doch zu.« Wenn Carmen sich dann aus finanziellen Gründen gegen ein zweites Kind und für eine baldige Berufsaufnahme entscheidet, dann wird ihre erste Forderung an die Gemeinschaft ein Tageskindergarten sein, natürlich kostenlos oder nur mit einem Mindestbeitrag für sozial Schwache. Weder sie noch Achim hätten es sich nach ihrer Fachausbildung jemals gedacht, daß sie einmal in solchen Kategorien denken würden. Aber da sie nicht zu den »Erben« in diesem Staat gehören, bleibt ihnen nur das Leben am Rande der Wohlstandsgesellschaft. Das haben sie sich übrigens auch deshalb eingebrockt, weil für sie eine Abtreibung nicht in Frage kam.

Dieter Zenger ist Anwalt mit einem Einfamilienhaus am Rande von Köln, wo das Bergische Land schöne Wohnlagen bietet. Er ist spät Vater geworden. Er hat schon einiges erlebt, gehörte früher zum »Inventar« der Szenekneipen. Dort verkehren alle, die er noch aus seinen politisch stürmischen Tagen von der Uni her kennt. Ein »68er« ist er nicht. Aber aus dieser Zeit stammt sein Wahlverhalten. Nur die SPD kommt für ihn in Frage. Diese muffige CDU, christlich-verlogen. Und die Amigos aus Bayern, der Spesenritter Späth, dieser unsägliche Kohl, die sind alle unter seinem Niveau. Fast hätte er einmal FDP gewählt – in der sozialliberalen Zeit. Das war eine gute Kombination. Die SPD befriedigt sein intellektuelles Rebellenimage, und die FDP sorgt mit Steuerprivilegien für ihn als Selbständigen, für sein materielles Wohlergehen.

Mit 40 Jahren hat er die 15 Jahre jüngere Filmcutterin Sibylle geheiratet. Die haucht hin und wieder grünlich. Aber das ist nichts für ihn. Die können es noch nicht einmal schätzen, daß ein Sportwagen auch Lebensgefühl vermitteln kann. Jetzt mit den zwei Kindern ist er zwar gezwungen, eine Limousine zu steuern, aber er freut sich schon, wenn er endlich wieder mit offenem Verdeck seine Runden drehen kann, wenn er kein vernünftiges Kinderauto mehr fahren muß.

Wir lernen Dieter und Sibylle auf dem Höhepunkt der Pflegeversicherungsdebatte kennen. »Unglaublich, was sich die Kapitalisten da leisten. Die wollen doch tatsächlich die Alten daheim krepieren lassen.« Wir sind über so viel soziales Herz gerührt. Kein Argument dagegen sticht. Auch sonst erweisen sich die beiden voll mit dem Sozialstaat einverstanden. Ohne »Bafög« hätte Dieter nie studieren können. Sibylle findet es richtig, daß es jetzt einen Rechtsanspruch auf einen Kindergartenplatz gibt. Hat sie sich doch mit »ständig wechselnden Kindermädchen herumplagen müssen«. Auch beim Thema »Arbeitszeitverkürzung« wollen sie uns überzeugen, daß nur durch diese Umverteilung der Restarbeit ein sozialer Ausgleich geschaffen würde. Er habe erst jetzt begriffen, was das auch für ihn an Vorteilen bringe. Seit seine Angestellten freitags um 14 Uhr gehen, hört auch er auf zu arbeiten. Mehr lohne gar nicht, weil er schon jetzt zuviel Steuern zahle.

Endlich einmal ein Mensch, der so richtig mit den Segnungen unseres Sozialstaates zufrieden ist. Ein gutverdienender Mitbürger, der sozialdemokratisch wählt, den Niederungen der Neidgesellschaft entwachsen. Dann erzählt Sibylle, daß sie, bevor ihr die Decke auf den Kopf falle, regelmäßig als freie Cutterin für eine Tagesgage von 450 D-Mark arbeitet. Weniger würde sie nicht akzeptieren, schließlich wisse sie, wer sie sei. Und wenn sie keine Engagements habe oder es ihr zeitlich nicht ins Programm passe, dann melde sie sich beim Arbeitsamt als beschäftigungslos. Schließlich habe sie ja auch genug einbezahlt. Sie sehe es überhaupt nicht ein, daß jetzt ihre Arbeitslosenversicherungsbeiträge an diese faulen Pseudoarbeitslosen bezahlt würden. Lieber hole sie sich das Geld wieder selbst zurück.

Und Dieter Zenger, der famose Jurist, findet das alles in Ordnung – was es rechtlich auch irgendwie ist.

So erzieht sich dieser unser Staat die Schmarotzer. Wir leben in einem System, das sich zum Mißbrauch anbietet wie eine grell geschminkte Hure. So viele selbstlose Wirtschaftsbürger kann es gar nicht geben, die an all den Versuchungen vorbeigehen und nicht hier oder da einmal hinlangen. Je höher die Einkommen, desto größer die Einladung, sich zu bedienen. Und nicht alles ist verboten. Im Gegenteil, wo der Sozialhilfeempfänger sich mühsam ein paar Mark ergaunern muß, um auch ein paar Krumen vom großen Kuchen des Sozialmißbrauchs abzubekommen, werden den Gutverdienenden goldene Brücken zur Steuerverkürzung gebaut, ganz legal. So wie ich werden nach Inkrafttreten des Solidaritätszuschlags viele ihre Steuerlast brutal senken, indem sie eines der zahlreichen Scheunentore durchschreiten, die der Staat für seine »Besserverdienenden« aufgerissen hat. Und die ganz unten, die sowieso kaum etwas zahlen oder schon von der staatlichen Fürsorge leben, werden auch jetzt nichts berappen. Bleiben also wieder die übrig, die immer geschröpft werden: die Einkommen vom angelernten Arbeiter bis hin zum mittleren Angestellten, die zuwenig Steuern entrichten, um all die Anlageprivilegien auszunutzen, aber zuviel bezahlen müssen, um sich als mündige Bürger selbst eine finanzielle Basis zu schaffen, die sie vom Staat unabhängig macht.

Diese tatsächlichen Leistungsträger unserer Nation haben keine

Lobby, keine Partei, keine Gewerkschaft, keinen Rotary-Club oder sonst irgend jemanden, der sie vertritt. Sie sind die Gebeutelten unserer Gesellschaft. Die einen wählen immer noch SPD, weil die ihnen eine Umverteilung von oben nach unten verspricht, die anderen CDU, weil die angeblich mehr vom Geld versteht und nicht müde wird zu versprechen, daß sich Leistung wieder lohnen soll. Und ein paar ganz Verrückte wählen FDP, weil die immer wieder das Wort Marktwirtschaft auf ein Wahlplakat schreibt, dabei aber nur die Steuerprivilegien ihrer Klientel – Immobilienhändler, Anwälte und sonstige Besserverdienende – meint.

Alle zusammen aber denken gar nicht daran, an dem jetzigen System etwas Grundlegendes zu ändern. Jede Kürzung dieses unsozialen Netzes, und dazu zähle ich die arbeitslosenfördernde Arbeitslosenunterstützung genauso wie die Subventionen für den Wohnungsbau durch Steuergeschenke für die Besitzenden, jede Kürzung müßte einhergehen mit einer massiven Senkung staatlich verordneter Abgaben: seien es Steuern, Sozialbeiträge, staatlich reglementierte Gebühren für Müll, Strom, Telefon etc. Und jede Senkung dieser Einnahmen würde einen Machtverlust für die bedeuten, die das Geld erst einsammeln und es dann wieder verteilen.

Keinem Politiker ist daran gelegen, sich selbst zu beschneiden, und noch weniger sind Behörden daran interessiert, weder ein städtisches Sozialamt noch ein Selbstverwaltungsorgan wie das Arbeitsamt. Sie alle leben von den Einnahmen der Bürger, denen sie mit deren eigenem Geld ein soziales Netz versprechen. Das ist so ein einlullendes »Eiapopeia, schlaf ein, verängstigtes Spießbürgerlein!«.

Wenn es wirklich darum gehen würde, dem Bürger wieder Leine zu geben, ihm das enge Halsband das Abgabenstaates zu lockern, vor der letzten Wahl wäre dazu ausreichend Gelegenheit gewesen. Aber nicht eine einzige Partei hat eine wirklich befreiende Alternative geboten: Die CDU hat gesagt, sie brauche Geld, um den Osten zu subventionieren. Was sie nicht gesagt hat, ist, daß sie natürlich auch das Geld braucht, weil sie zu feige ist, um alle anderen alten Subventionen endlich abzubauen. Die SPD hat gesagt, sie braucht genausoviel Geld, nur will sie wieder umverteilen, indem sie bei dem unteren Einkommen fast genauso hinlangt wie die CDU, dafür oben aber noch mehr abgreifen. Und schon hat sie die Chance vertan, die Wahl wirklich zu gewinnen. Ich stelle mir vor, die SPD hätte gesagt: Wir werden die Steuern auf das Existenzminimum sofort abschaffen, bis in die mittleren Einkommen hinein die Steuern moderat senken und gleichzeitig massiv Subventionen abbauen – zum Beispiel die Subventionen, die mich jetzt zwingen, mir eine Eigentumswohnung in Leipzig vom Staat schenken zu lassen.

Aber die SPD-Funktionäre haben Angst, ihre Macht könnte schrumpfen, weil weniger staatliche Einnahmen weniger Posten zur Verteilung dieses Geldes bedeuteten, und weniger Posten heißt weniger Macht. Es ist leider so simpel. Jede Subvention ist ein Stück Macht. Jede Entscheidung, die vom Markt auf eine Behörde delegiert wird, bedeutet, einem Funktionsträger in dieser Behörde ein Stück Macht zu übergeben. Staatsabbau heißt also Machtabbau, Funktionärsabbau. Und jede Partei hat dafür ein anderes ideologisches Mäntelchen gefunden, warum das jetzt nicht geht.

Die SPD tut immer noch so, als ob sie wüßte, wem sie das Geld abnehmen und wem sie es wiedergeben müsse. Das ist das Robin-Hood-Syndrom. Ein Räuber war er, er hat sich nur geschickt verkauft. Der Adel machte dagegen keinen Hehl daraus, daß ihm das Recht zustehe, Steuern aus seinen Untertanen herauszupressen, solange er die Macht dazu aus Gottes Gnaden ableiten konnte. Das ähnelt dem feudalen Restbewußtsein unserer europäischen konservativen Parteien. Sie gaukeln dem Bürger vor, sie wüßten, was für ihn gut sei. In Wirklichkeit sorgen sie damit nur für ihresgleichen, wie dies die Einkommensentwicklung in allen Staaten zeigt, die sich vom Geist der Wettbewerbswirtschaft fortbewegen. Der Unterschied zwischen SPD und CDU in Steuer- und Finanzfragen ist deshalb in der realen Politik kaum wahrnehmbar, er ist eher eine irreale Bewußtseinslage. Der Unterschied besteht im wesentlichen darin, daß die SPD schon weiß, daß sie mit dem Geld der anderen nicht umgehen kann, und deswegen mehr ideologische Ausreden braucht.

Dabei wissen sie von Oskar Lafontaine bis Gerhard Schröder genau, daß man ihren Freunden aus den Tennisclubs und Gourmetrestaurants nicht mit Umverteilungssteuern beikommen kann.

Deswegen verteidigen sie um so lautstärker ihre Sozialhilfeempfänger, koste dies auch Glaubwürdigkeit und Wahlen. Immerhin wagen jetzt schon einige, wie zum Beispiel die bayerische SPD-Chefin Renate Schmidt, zu sagen, daß nicht jeder schon deshalb ein guter Mensch ist, nur weil er Sozialhilfe empfängt. Die SPD beutelt dafür ihre eigentliche Klientel, die Facharbeiter und die normalen Angestellten in Industrie und Handel. Denn die haben keine Möglichkeiten, ihre Steuern groß zu senken. Die können nicht mal schnell nach Luxemburg oder Liechtenstein fahren. Dort würde man ja sicher nur über sie lachen, mit ihren 200 D-Mark pro Monat, die sie vielleicht übrighaben. Wer mehr Gerechtigkeit herstellen will, muß die Umverteiler stoppen, die den Klein- und Normalverdienern staatliche Wohltaten versprechen und den Betroffenen die Mittel dafür aus dem eigenen Geldbeutel ziehen.

Wenn Carmen und Achim sich selbst helfen könnten, wenn sie nicht erst mit Abgaben an den Rand der Sozialhilfe gedrängt würden, müßten sie auch nicht auf alle möglichen Ideen kommen, wie sie am Rand der Gesetze ihr Auskommen sichern. Ohne Solidaritätszuschlag wäre ich nicht auf die Verlockungen des Steuerberaters eingegangen und würde jetzt mehr Steuern zahlen. Und wenn die Bestimmungen für die Auszahlung von Arbeitslosenunterstützung einer gründlichen Reform unterzogen würden, könnten der faule Autoverkäufer und die skrupellose Sibylle die Solidaritätskasse der Versicherten nicht so schamlos ausnutzen.

»Einzelfälle«, werden uns die Verteidiger der bestehenden Regeln zurufen. Ja, Einzelfälle sind es, aber solche, wie wir sie zu Hunderttausenden haben, weil das System zum Mißbrauch einlädt, weil es statt sozial antifreiheitlich ist, und unter dem Anspruch, sozial gerecht umzuverteilen, Bürger unmündig, ja, zu Abhängigen macht. Der Hinweis, dies seien Einzelfälle, ist so ein Totschlagargument, das davor schützt, sich mit dem tief ungerechten sozialen Netz dieser Republik zu beschäftigen. Die Egoistengesellschaft, die so viele beklagen, ist auch ein Produkt des staatlichen Übergriffs auf unser Privatleben.

Fragen Sie doch einmal in jeder x-beliebigen Nachbarschaft, wie viele solcher Einzelfälle bekannt sind: Schwarzarbeit, Steuerflucht, ungerechtfertigter Bezug von Arbeitslosenunterstützung,

Sozialhilfemißbrauch. Fragen Sie in jeder Bevölkerungsschicht, in jeder soziologischen Gruppe nach, und Sie werden auf viele Einzelbeispiele stoßen. Im Wohnblock mehr auf Sozialhilfemißbrauch, im Villenviertel mehr auf Steuerhinterziehung. Was wir hier beschrieben haben, sind keine Einzelbeispiele, es ist unsere »soziale Marktwirtschaft«, die am Ende des Jahrhunderts ebenfalls am Ende ist.

Die Bürger dieses Staates spüren dies. Sie diskutieren darüber am Stammtisch und im Rotary-Club, in der Betriebskantine und fernab mit Zufallsbekanntschaften am Strand von Mallorca. Aber noch fürchten sie sich vor dem Ungewissen, was danach kommt. Sie werden mit dem Geschwätz von der Unantastbarkeit und der Sicherheit des sozialen Netzes so eingelullt, daß sie nicht mehr spüren, daß sie dringend eine Entziehungskur brauchen. Denn nüchtern werden sie erkennen, daß die Umverteilungsmaschine des Staates nur zur Machterhaltung bestehender politischer und wirtschaftlicher Strukturen dient und daß die deutsche Gesellschaft nach 40 Jahren »sozialer Marktwirtschaft«, wie sie CDU/ CSU, SPD und FDP ausgestaltet haben, zu ungleicheren Einkommensverhältnissen geführt hat und zur Schwächung der Selbstbestimmungsmöglichkeit der abhängig Beschäftigten.

Wer in unserem Staat schmarotzt? Das ist vor allem der Staat selbst, der mit einem Anteil von 52 Prozent am Bruttosozialprodukt längst alle Marken überschritten hat, die eine freie Gesellschaft in einer lebendigen Demokratie garantieren. Aber der Staat – das sind wir, also sind wir die Schmarotzer. Wir bedienen und beklauen uns gegenseitig. Da ist dann auch logischerweise kein Platz mehr für »Gemeinsinn«.

Im Koalitionspapier vom Herbst 1994 steht, daß der Staatsanteil von 52 Prozent auf 46 Prozent gesenkt werden soll. Unsere Hauptkonkurrenten, die USA und Japan, haben 36 Prozent bzw. 32 Prozent Staatsanteil am Bruttosozialprodukt. Diese Schlüsselzahlen werden wir immer wieder nennen, damit niemand auf die Idee kommt, mit 46 Prozent Staatsanteil wären wir wieder eine freie Gesellschaft, oder daß sich da bloß niemand einbildet, mit 46 Prozent wären wir wieder international wettbewerbsfähig.

2. Die Kultur der Selbstzufriedenen

Anläßlich einer Geburtstagsfeier schlendert ein Freund vor der Bundestagswahl abends durch Gütersloh und kehrt dann beeindruckt ins Hotel zurück: »Wenn man sieht, wie das hier alles Wohlstand ausstrahlt, dann hat die SPD doch schon die Wahl verloren, wenn sie wieder eine Kampagne über das soziale Elend in diesem Land führt. Der Mehrheit geht es richtig gut, die wollen das Gejammere einfach nicht mehr hören.«

Jawohl, der Mehrheit geht es richtig gut, und es wird ihr auch noch gutgehen, wenn wir zehn Prozent Arbeitslose haben. Schauen Sie nur nach Frankreich. Dort sind 12,5 Prozent arbeitslos, jeder vierte Jugendliche unter 25 ist ohne Job. Hand aufs Herz: Merken Sie da etwas davon, wenn Sie im Sommer an der Côte d'Azur Urlaub machen? Alles ist überfüllt, die Preise sind schwindelerregend hoch. Franzosen, Engländer, Deutsche, aus allen Staaten treffen sich Menschen, trinken ihren Champagner, genießen ihre Fruits de mer.

Und auch bei uns: von Westerland bis Tegernsee – überall dort, wo das Bruttosozialprodukt nicht erwirtschaftet, sondern abgeladen wird, kein Hauch von wirtschaftlicher Krise. Noch besser geht es allerdings den Wohlhabenden in der dritten Welt: Dort arbeiten die Dienstmädchen für Essen, Trinken und einem Dach über dem Kopf, sind froh, daß sie nicht verhungern. Nach einigen Reisen in den Süden war mir schnell bewußt, daß es kein besseres Leben geben kann, denn als Reicher in armen Ländern zu wohnen. Da können die Wirtschaftsdaten dieser Staaten so katastrophal sein, daß sie schon unter Kuratel der Weltbank und des Internationalen Währungsfonds stehen, und doch leben jene, die Geld haben, immer noch besser als ein durchschnittlicher Manager mit überdurchschnittlichem Gehalt in Osnabrück.

John Kenneth Galbraith hat ein Buch über die Kultur des Zufriedenseins verfaßt. Darin beschreibt er jenen Bevölkerungskreis der Vereinigten Staaten, dem es gutgeht, dem es unter Reagan dann noch besser ging und der es Bush furchtbar verübelte, daß er es wagte, die Steuern ein klein wenig anzuheben. Diese Zufriedenen tun nichts anderes, als ihre Wohlstandssphäre zu schützen. Von jeder Veränderung fühlen sie sich bedroht. Da sie selbst genug Geld und Macht haben, verteufeln sie den Staat als einen unnützen Moloch, der zurückgedrängt werden muß. Privilegiert durch ihr Wissen und den Zugang zu Wissen setzen sie alle wirtschaftlichen und politischen Hebel in Bewegung, um ihr Privileg zu schützen. Vor allem aber bezeichnen sie jeden, der auf Mißstände aufmerksam macht, als Nestbeschmutzer, als chronischen Querulanten.

Diese Klasse der Zufriedenen ist nicht auf die USA beschränkt. Und es ist diese Klasse, die regelmäßig versagt, wenn es darum geht, eine Gesellschaft zu organisieren, die wirklich Leistung belohnt und Schmarotzertum bestraft; wenn es darum geht, Chancengleichheit nicht mit Gleichmacherei zu verwechseln. Es ist eine Gesellschaft, die gerne das Wort »Marktwirtschaft« bei jeder Gelegenheit in den Mund nimmt und dabei doch nur die Zementierung ihrer privilegierten Monopole meint. Keine andere Gruppierung fügt dem Image der funktionierenden Wettbewerbsgesellschaft mehr Schaden zu als diese Klasse der Selbstzufriedenen.

Es ist diese Klasse, die sich gestört fühlt, wenn auf die Mißverhältnisse in unserem Staat hingewiesen wird. »Also«, so sagt mir ein süddeutscher Banker, »wir Deutschen sind die Nummer eins und werden sie auch immer bleiben. Das haben wir durch den beispiellosen Aufbau nach dem Krieg bewiesen.« – »Nein«, meint dagegen ein Unternehmer und gleichzeitig Verbandsvorstand, »wir haben einen kleinen Schwächeanfall, aber die Struktur unseres Landes ist kerngesund.« »Bitte«, sagt mir der wohlmeinende Freund, »schreibe kein Buch, das wieder alles mies macht, so schlecht ist ja alles auch gar nicht, so was läßt sich im übrigen nicht verkaufen.«

Wenn wir mit Angehörigen dieser Bevölkerungsschicht über die Steuerbelastung sprechen, sind sie alle sofort der Meinung, daß sie zu hoch sei. Sie sind auch davon überzeugt, daß die Löhne zu

schnell steigen. Aber wenn wir dann weiterfragen, wie ein normaler Polizeiwachtmeister mit Familie in München leben soll, dann
wissen sie auch keine Antwort, oder es kommt so eine lauwarme
Entschuldigung:»München ist ein Sonderfall.« Den gibt es aber in
hundert anderen Städten auch. Und einem strammen Linken fällt
dann vielleicht noch ein, daß eben für den kleinen Mann mehr
staatlich subventionierter Wohnungsbau nötig ist und die Löhne
erhöht werden müssen.

Die Selbstzufriedenen stimmen zwar sofort zu, wenn es darum
geht, Bürokratie und Staatsmacht abzubauen, aber im Hinterkopf
hoffen sie dabei, daß sie ihre Privilegien dann um so ungefährdeter
ausbauen können. Wann immer die Begriffe »Deregulierung«,
»mehr Markt«, »mehr Wettbewerb« fallen, dann kommt sofort
die Retourkutsche:»Willst du etwa Verhältnisse, wie sie Reagan
in den Vereinigten Staaten und Maggie Thatcher in Großbritannien geschaffen haben?« Seit diese beiden in angelsächsischen
Ländern regierten, ist es fast unmöglich geworden, in Deutschland
einen Aufschwung durch mehr Wettbewerb und Deregulierung zu
verlangen. Reagan und Thatcher haben durch ihren Klassenkampf
von oben der Idee einer freien Wirtschaft so unendlich geschadet,
weil sie eben nicht auf eine wirklich »freie« Wirtschaft hinarbeite-
ten, sondern ihre Klientel, ihre Wählerschaft, die Mehrheit der
Zufriedenen bedienten, ihnen auf Kosten der Allgemeinheit noch
mehr Privilegien verschafften, für die sie nicht arbeiten mußten.

Beispiele, die verdeutlichen, wen wir meinen und wen wir nicht
meinen. Der Manager, der ein Unternehmen aufbaut, Umsatz und
Gewinn steigert und dabei auch fünf Millionen D-Mark und mehr
im Jahr verdient, der leistet etwas und soll entsprechend belohnt
werden. Chantal Grundig aber, junge Witwe des Radiokönigs,
erhält fünfzig Millionen D-Mark von den tief in einer Krise stek-
kenden Grundig-Fabriken, egal ob sie Gewinn oder Verlust machen. Das hat der Elektrokonzern Phillips beim Kauf der ange-
schlagenen Grundig-Werke vereinbart. Das ist dermaßen eine
Ausbeutung der Arbeiterschaft, dermaßen ein Diebstahl am Ak-
tionär, daß selbst geduldige Gemüter zum Klassenkämpfer werden können.

Dieses Bedienen der »Zufriedenen« geschieht mit allen hinter-
hältigen Tricks und mit den scheinheiligsten Argumenten. In

Deutschland ist dafür vor allem die FDP zuständig. So eine famose Unverschämtheit hat sie bei den Koalitionsverhandlungen mal wieder eingeschleust. Über eine Million Arbeitsplätze könnten geschaffen werden, wenn Dienstpersonal, also die Putzfrau, der Babysitter und der Gärtner, in Zukunft von der Steuer absetzbar wären. Also: mit Hurra zurück ins Feudalzeitalter – in die saubere Trennung von denen da oben und dem Dienstpersonal da unten –, und zwar auf Kosten des Staates, auf Kosten der Steuerlast, die jetzt die »Besserverdienenden« bezahlen müssen. Das würde, so fürchten wir, nicht einen Arbeitsplatz mehr schaffen, aber riesige Steuerausfälle bringen. Wer jetzt schon Hilfspersonal im Haushalt voll beschäftigt, weil beide oder ein Ehepartner so gut verdienen, daß sie sich das leisten können, die sollen das doch bitte nicht von ihrer Steuer abziehen dürfen. Und wer bisher Hauspersonal auf der 560-D-Mark-Basis beschäftigt, zahlt bei eventuell mehr anfallenden Stunden auch nichts in die Sozialkasse. Damit kommt das Geld wenigstens den Haushaltshilfen zugute, die es sicher nötiger haben als die »Besserverdienenden«.

Ein Vorschlag, der von einer echten »liberalen Partei« stammen könnte, die ihren Namen als Auftrag für mehr Freiheit versteht, wäre gewesen, den Freibetrag von 560 D-Mark auf 1000 D-Mark zu erhöhen, den Staat von dem Portemonnaie der Kleinverdiener wegzuholen und nicht die Steuererklärung der Reichen mit neuen schlüpfrigen Ausnahmeregeln zu garnieren.

Zur Kultur der Zufriedenen gehört auch, daß sie jahrelang ohne Gewissensbisse das Existenzminimum besteuert haben und dies »soziale Marktwirtschaft« nennen. Dazu gehört weiterhin,
- daß unsere Grafen und Fürsten, so reich sie auch sein mögen, Zuschüsse vom Staat erhalten, wenn sie Waldbesitzer sind;
- daß die Zufriedenen den freien Zugang zur Selbständigkeit behindern, weil sie Handwerkskammer-Funktionäre sind;
- daß sie ein Quasimonopol zwischen Aufsichtsräten und Vorstandsposten schaffen und das Wirtschaftsdemokratie nennen;
- daß sie die Fernseh- und Radiostationen politikabhängig machen, etc. . . . .

Die Liste ist endlos, kompliziert und in alle Bereiche unseres täglichen Lebens verästelt.

Keine Bevölkerungsgruppe hat der Idee des Selbstbestimmungsrechts des Menschen in einer funktionierenden Wettbewerbswirtschaft so viel Schaden zugefügt wie die Klasse der Selbstzufriedenen. Sie verwechseln das Recht auf freie wirtschaftliche Betätigung des einzelnen mit dem Recht auf »Ausbeutung« des Schwächeren. Notfalls sind sie bereit, ihm ein paar Almosen zukommen zu lassen. Bei Reagan hieß das dann: »sich auf die traditionellen Werte der amerikanischen Nachbarschaftshilfe zu besinnen«. Auch bei uns sind wir sehr skeptisch, wenn die zweifelsohne vorhandene und überaus positiv zu bewertende Spendenfreudigkeit als Alternative für die wirklich notwendigen staatlichen Sozialleistungen für ein menschenwürdiges Leben gepriesen werden. In Dallas trifft sich einmal im Jahr der Tycoons-Club, die obere Einkommensspitze, zum Wohltätigkeitsfest. Junge hübsche Frauen so um die Dreißig putzen die schon blankgeputzten Schuhe der Superreichen und erhalten dafür fünfzig Dollar. Die Erklärung eines Tycoons: »Das sind die Stewardessen der pleite gegangenen Airline Braniff. Hier können sie sich Geld verdienen. Wir brauchen keine sozialen Einrichtungen. Wir lösen das auf unsere Weise.« Leider kenne ich auch in Deutschland viele Mitmenschen, die solch ein soziales System befürworten würden.

Wie sehr die Besitzenden, »Besserverdienenden«, Selbstzufriedenen die Grundlage einer freien, wettbewerbsorientierten, kapitalistischen Gesellschaft zerstören, zeigt die real existierende Wirklichkeit unserer Aktiengesellschaften. Die hat mit der ursprünglichen Idee des Aktionärsrechtes ungefähr soviel zu tun wie die Situation des zugrunde gegangenen real existierenden Sozialismus mit den hehren, idealistischen Vorstellungen des Sozialismus von Marx und Engels.

Sinn einer Aktiengesellschaft soll und muß es sein, Geld für ihre Aktionäre zu verdienen. Alles andere kommt einem Betrug an den Aktionären gleich, die ja schließlich ihr Geld in einer Aktie anlegen, um daraus eine Dividende erwirtschaften zu lassen, und nicht, um eine soziale Tat zu unterstützen. Dann könnten sie das Geld ja gleich der Caritas spenden. Dieses Ziel der Gewinnmaximierung, das einzige Ziel der Aktiengesellschaft, dient auf diese Weise automatisch der Volkswirtschaft. Eine erfolgreiche Aktiengesellschaft investiert, schafft Arbeitspläütze.

So bleibt nur das Problenm, wie das Aktienrecht gestaltet wird, damit die Anleger geschützt sind und die Allgemeinheit möglichst profitiert.

So gesehen muß der Anleger in Deutschland schon sehr obrigkeitsgläubig sein, wenn er sein Geld noch in Aktien investiert. Längst sind die Hauptversammlungen zu Insidertreffen der Großbanken geworden, bestellen sich die Manager ihre Aufsichtsratsmitglieder, die sie kontrollieren, und die Kontrolleure lassen sich dann in einem anderen Unternehmen wieder in den Vorstand wählen. Mit Hilfe des Depotstimmrechts und der Industriebeteiligung der Banken sind die großen deutschen Aktiengesellschaften zu einem Club der Insider degeneriert, für den sich ein Gesetz gegen den Handel mit Insiderwissen erübrigt. Jeder Versuch, die Aktie in Deutschland populärer zu machen, muß deswegen schon im Ansatz scheitern. Hier hat sich der Club der Selbstzufriedenen fest etabliert. Wie sehr es diesem Club um die Erhaltung seiner Privilegien geht und wie sehr ihm ein demokratischer, im Volk verankerter Kapitalismus schnuppe ist, werden wir sehen, wenn die jetzige Koalition aus CDU/CSU und FDP zaghafte Versuche unternimmt, den Aktionären wieder zu mehr Recht zu verhelfen; wenn die Macht der Banken beschnitten werden soll, indem die Zahl der Aufsichtsratsmandate begrenzt und der Prozentsatz der Industriebeteiligungen eingeschränkt werden.

Es geht dabei auch darum, die vielgeschmähten Manager wieder dazu zu zwingen, Unternehmer zu werden. Wenn sich heute ein Buch voller Häme über diese Klasse so erfolgreich verkaufen läßt, dann auch, weil die Gesellschaft, also wir alle, ein Umfeld geschaffen hat, in dem sich das Management zu einer Selbstbedienungskaste entwickeln konnte. Die Leistung ist vom Erfolg entkoppelt, denn: Je öfter es ein Manager schafft, mit einer Abfindung davongejagt zu werden, desto mehr verdient er. Die Gehälter haben auch im Vergleich zu den USA nur einen geringen direkten Bezug zum Gewinn des Unternehmens, und deshalb ist es für viele Manager wichtiger zu wissen, wo man in Bonn Subventionen abholt, als sich auf dem Markt beim Kunden zu behaupten.

Die Liste dieser Firmen ist lang: Herausragende Beispiele sind sicher die Ruhrkohle, die Werften und die Stahlkonzerne. Vielleicht finden sich deshalb so viele Juristen und so wenige Verkäufer an der Spitze der Unternehmen. Das Geld wird mit Verträgen und Absprachen in den mitbestimmenden Vorständen in Zusammenarbeit mit dem Bund und den Ländern zusammengerafft und nicht mittels überlegener Produkte auf dem Weltmarkt verdient. Vielleicht ist es auch deshalb verpönt, ungeschminkt zu sagen: Eine Aktiengesellschaft soll wirklich nur auf ihren Gewinn achten und sonst gar nichts – das klingt sehr kapitalistisch, und so ist es auch, und so soll es auch sein. Sie hat zum Beispiel nicht die Aufgabe, die Strukturpolitik des Staates umzusetzen. Das kann sie nur, wenn ihr der Staat dazu Subventionen gibt – und damit setzt sich der ganze verheerende Kreislauf in Bewegung. Denn wer zahlt, schafft an – und schon haben Politiker das Recht, auf die Geschäftsführung Einfluß zu nehmen. Staatsnähe statt Markt. Das ist noch nie gutgegangen.

Zur Kultur der Selbstzufriedenen gehört es auch, sich liberal gegenüber ausländischen Arbeitnehmern zu geben, obwohl jene meist aus deutschnationaler Sicht zum Bodensatz eines Staates gehören. Ihnen entsteht ja auch keine Konkurrenz auf dem Arbeitsmarkt – im Gegenteil: Sie profitieren vom billigen Heer der legalen und illegalen Einwanderer. Sie geben sich zwar gerne als deutschnational bewußte Bürger, aber wenn es um billige und willige Arbeitskräfte geht, stimmen sie immer für den Nachschub. Die sozialen Konflikte, die dabei entstehen, delegieren sie an die Allgemeinheit, sie taugen vielleicht auch noch zur Entrüstung im lockeren »Smalltalk« über Ausländerfeindlichkeit.

Und schließlich findet sich in dieser Kultur auch die Verniedlichung der Kriminalität und deren Auswirkungen. Auch hier ein Blick zuerst ins Ausland. In Lateinamerika zum Beispiel leben die Wohlhabenden in Gettos, haben sich völlig abgeschirmt von den Menschen, die sie aufgrund ihrer Feudalpolitik nicht gleichberechtigt am wirtschaftlichen Leben teilnehmen lassen. Sie haben ihre eigene Polizei, ihre eigenen Wachtposten vor der Tür, fahren in schußsicheren Autos und denken gar nicht daran, dem Staat ihre Sicherheit zu überlassen.

In den USA ist es ähnlich, wenn auch nicht ganz so ausgeprägt. Aber auch hier gibt es Stadtbezirke, in denen regelrecht Bürgerkrieg herrscht. 35 000 Tote im Jahr, im Vietnamkrieg waren es insgesamt ungefähr 55 000. Aber solange es der Klasse der Selbstzufriedenen gelingt, daß dieser Kampf nicht in ihre sauberen Vororte schwappt, ist das etwas wie von einem anderen Stern. Jedenfalls gibt es keinen Grund, mehr Steuern zu bezahlen und andere Gesetze zu machen, die den Staat in die Lage versetzen, diesen Bürgerkrieg auch aus sozialen Gründen zu beenden.

Bei uns ist das noch nicht so weit gediehen. Die ersten Heimwehren gibt es. Ein Kölner Villenviertel kann sich schon seine Bürgerwehr leisten. In den U-Bahnen kontrollieren private Sicherheitsdienste. Das Überwachungsgewerbe gehört zu den Boombranchen. Gleichzeitig leidet die Polizei an Auszehrung, verliert der Staat an Glaubwürdigkeit, weil er immer weniger in der Lage ist, seine Bürger zu schützen. Wer nun die Koalitionsvereinbarungen zum Thema Kriminalität liest, könnte meinen, die Mafia habe mit am Verhandlungstisch gesessen und die Bedingungen diktiert. Das ist schon Ironie des Schicksals. Ausgerechnet die CDU/CSU, die so viel über Verbrechensbekämpfung redet und deshalb auch Wähler anzieht, legt jetzt der FDP zuliebe die Hände in den Schoß. Wenn's um die Machterhaltung geht, dann kriegt sogar die Mafia Schonzeit.

Die besserverdienende Partei, die ganz offensichtlich in der Lage ist, sich selbst zu schützen, hat alles verhindert, was nötig wäre, um den Krieg mit den Kriminellen, der auch bei uns beginnt, nicht schon im Vorfeld zu verlieren. Wirtschaftliche Entwicklung bei dauernder Angst, Schutzgeld bezahlen zu müssen, ist nur eingeschränkt möglich. Noch fehlen genügend Beweise, ob die politische Klasse, die das organisierte Verbrechen schützt, dies tut, weil sie schon unterwandert ist wie das Geldwäschegewerbe, oder so naiv ist, daß sie glaubt, Wespenschwärme mit einer Fliegenklatsche bekämpfen zu können. Beides ist im Ergebnis verheerend und trifft die Schwächeren der Gesellschaft und später auch den Mittelstand. Wie oben beschrieben: Wer es sich leisten kann, wird sich in ein Getto zurückziehen. Sicherheit und Unverletzbarkeit der Person sind dann eine Frage des Einkommens.

Im November 1994 berichtete uns der Besitzer einer Kette von »Do-it-yourself«-Baumärkten, daß bei ihm eingebrochen worden war. Die Diebe ließen aber nur seine Geschäftsordner mitgehen, in denen Einkaufs- und Kundenkarteien festgehalten waren. Jetzt erwartet er einen Großangriff eines Konkurrenten auf sein mittelständisches Unternehmen. Die Polizei hatte nur ein Achselzucken für ihn übrig. Die zweite Bedrohung gegen seine Ladenkette geht von der Ruhrkohle aus. Sie kauft zur Zeit Baumärkte auf und beginnt einen Preiskrieg in seiner Region, in dem er nicht mithalten kann. Schließlich stehen ihm ja nicht die elf Milliarden D-Mark Subventionen zur Verfügung, die der Ruhrkohle zufließen, dieser antimarktwirtschaftlichen Mißgeburt der SPD, der CDU und der Gewerkschaftskumpanei. Der Fall dieses mittelständischen Unternehmens ist symptomatisch für die Schere, in die der Mittelstand gerät und die in einer rechtsstaatlichen Marktwirtschaft gar nicht vorhanden sein dürfte: Zwischen Subventionen, Kriminalität und Korruption wird eine freie Wirtschaft stranguliert. Den Rest besorgt dann die Bürokratie.

»Aber das wollen wir doch alles nicht übertreiben«, würde jetzt unser Freund sagen, der zu den Selbstzufriedenen gehört, weil er weder selbständiger Unternehmer noch Facharbeiter, noch Polizeimeister, noch Arbeitsloser ist, sondern Beamter im gehobenen Dienst, Manager in einem Großunternehmen oder Redakteur in einer öffentlich-rechtlichen Fernsehanstalt.

Der Prototyp des Selbstzufriedenen hat es zu etwas gebracht. Er hat einen Job mit Pensionszusage oder eine Kapitalrente, die ihn bis zum Tod ordentlich absichert. Er hat Wohnungseigentum, meistens ein Haus im Grünen. Er kennt sich in den Gourmetkreisen ebenso aus wie mit den gerade aktuellen Schlankheitskursen. Seine Existenz wird von den momentanen wirtschaftlichen und politischen Krisen nicht bedroht. Deren Auswirkungen, die in den unteren Einkommensschichten gigantische Erschütterungen auslösen, kommen bei ihm nur als sanftes Plätschern einer ruhigen See an. Es geht eigentlich bei ihm um nichts im Vergleich zu den Umwälzungen, die über die Mehrheit der Menschheit hinwegrollen. Die größte Gefahr für die Klasse der Selbstzufriedenen sind deshalb jegliche Veränderungen, die an diesem für sie so komfortablen Status quo etwas ändern.

Eine dieser Gefahren, die ihr außer Kontrolle geraten ist, auf die sie keinen direkten Einfluß mehr hat, ist die Zerstörung der Umwelt. Bei aller finanziellen Sicherheit: Saurer Regen, eine globale Umwelterwärmung, Allergien, vergiftete Luft und dreckiges Wasser – davon ist er genauso betroffen wie jeder andere Bürger auch. Solange diese Umweltverschmutzung nur in den Industrieregionen wahrgenommen wurde, konnte man sich ja in seine Zweitwohnung in der entsprechenden heilen Landschaft zurückziehen. So entstanden die vornehmen Siechenhauslandschaften von Baden-Baden bis Bad Wiessee. Seitdem das Baumsterben aber nicht mehr an der Einkommensgrenze haltmacht, sind auch die Selbstzufriedenen höchst alarmiert.

Im Bremer Stadtteil Schwachhausen, dem wohl saturiertesten Viertel der Hansestadt, verzeichneten die Grünen ihren ersten deutlichen Erfolg, hier erreichten sie auf Anhieb über zehn Prozent. Im Ruhrgebiet, wo die Zahl der »Malocher« und deren Kultur immer noch stark ist, tun sich die Grünen verdammt schwer. Wer täglich zusehen muß, wie er seine Rechnungen bezahlt, wie er die nötigen Anschaffungen finanziert, wer sich eine kleine Urlaubsreise zusammensparen muß, wer Angst um seinen Arbeitsplatz haben muß, der kann sich nicht ständig mit dem Weltuntergang dank CO_2-Zunahme und Ozonloch im Jahre 2050 beschäftigen.

So sind die Selbstzufriedenen eine eigenartige Allianz mit den Verängstigten, mit den Grünen, eingegangen. Sind die Grünen gegen eine neue Autobahn, weil diese angeblich nur mehr Verkehr produziert, so sind die Selbstzufriedenen dagegen, weil sie Angst haben, die könnte eventuell an ihrem Villenviertel vorbeiführen und die Erderwärmung beschleunigen. Nirgendwo war der Autobahnbau in der Nachkriegszeit schwieriger als in der Nähe wohlhabender Einfamilienhaussiedlungen. Ein klassisches Beispiel ist die Strecke von Königswinter nach Bonn-Beuel. Jahrzehntelang quälte sich eine Dauerautoschlange durch die engen Straßen von Oberdollendorf und Oberkassel. Die Menschen, die in den Ortskernen lebten,waren den Abgasen, den Erschütterungen durch die schweren Lastkraftwagen, der ständigen Gefahr ausgesetzt. Sie gehörten zur unteren und mittleren Einkommensschicht. Etwas weiter am Hang, dort wo die Autobahn gebaut werden sollte, prozessierten die Villenbesitzer mit allen juristischen Finessen, die ihnen ihre Finanzmittel und ihre Fähigkeiten ermöglichten. Natürlich sagt da keiner:»Ich will meine Ruhe, sollen doch die da unten an der Hauptstraße sehen, wie sie zurechtkommen.« Nein, da werden Umweltgründe genannt, wird die Rettung der Natur beschworen, sich das Mäntelchen der weltumspannenden Nächstenliebe umgehängt.

Es ist sicher kein Zufall, daß die Grünen am Starnberger See und im Münchner Villenvorort Grünwald höhere Wahlergebnisse erzielen als im Arbeiterviertel im Norden der bayerischen Hauptstadt. Auch die Traumergebnisse von Freiburg und Tübingen im Süden und von Göttingen und Oldenburg im Norden haben die gleichen Ursachen. Da stimmen die beamteten Professoren, die abgesicherte wohlhabende Bürgerschaft und die staatlich hochsubventionierte Studentenschaft massiv gegen jede Veränderung, die ihre Privilegien und Zukunft als Elite stören könnte.

Wer schon ein Haus hat, ist natürlich gegen den weiteren Verbrauch der Natur durch die Ausweisung von Baugebieten. Wer in den Urlaub fliegt, braucht keine weiteren Straßen; wer sein Haushaltsgeld nicht auf den Pfennig ausrechnen muß, den stören auch die rapide steigenden Müllgebühren nicht. Herbert Gruhl, der mittlerweile verstorbene ehemalige CDU-Politiker, der mit seinem Buch »Ein Planet wird geplündert« wesentlich zur Gründungsideologie der grünen Bewegung beigetragen hat, wäre heute mit seinen Ansichten und Thesen in der CDU ministrabel. Er war nur seiner Zeit voraus. Im Grunde repräsentierte er, der aufgeklärte Konservative, das grüne Wählerpotential viel mehr als die späteren »Fundi«-Grünen wie Jutta von Ditfurth.

Wenn heute zunehmend Berührungspunkte zwischen CDU und Grünen gesehen werden, so ist dies nur ein logisches Zusammenwachsen. Fast alle grünen Stammväter kamen ursprünglich aus der bürgerlichen, wohlhabenden und sozial abgesicherten Ecke. Sie wurden aber schnell verdrängt, als K-Gruppen, linke Sektierer und allerlei radikal Gemischtes wie ein Schimmelpilz die grüne Bewegung überzog. In dem Maße, wie die »Fundis« durch beamtete »Realos« ersetzt werden, in dem Maße werden die Grünen zu einer Partei, die bald rechts von der FDP sitzen muß – so bewahrend, so konservativ im Denken gebärdet sie sich. Dann kann auch die ÖDP, Gruhls Gegengründung zur damals verwilderten Sonnenblumenpartei, endgültig in die großgrüne Bewegung integriert werden.

Die Grünen wandeln sich zunehmend zur Partei des abgesicherten deutschen Provinzbürgers. Er ist sich in seiner engen Heimat selbst genug. Butzenscheibenromantik und Fachwerkhäuser. Das eigene Dorf und dessen geistiger Horizont als Maßstab für die Welt. Was hinter den Bergen lauert, ist schon gefährlich, weil unbekannt. Diese meist verbeamteten oder staatsangestellten Mitbürger brauchen keine ICE-Trasse, keine Autobahnen; ihnen genügen Wanderwege. Jede Veränderung erschrickt sie. Die Grünen bekamen daher auch die größten Probleme mit dem Fall der Mauer. Ich kann mich noch an eine der ersten Stellungnahmen des B.U.N.D. erinnern: Jetzt muß alles unternommen werden, um zu verhindern, daß in Oberfranken ein Straßenbaufestival beginnt. Da war doch so eine Ecke, eine Nische in Deutschland ohne Durchgangsverkehr, und jetzt lag die Region wieder in der Mitte Deutschlands. Das wurde regelrecht als Gefahr definiert. Vor kurzem kam wieder so eine Meldung im Radio, wie die Naturschutzverbände sich darüber beklagen, daß es zu viele Grenzübergänge durch den Böhmerwald nach Tschechien gäbe. Das schade dem Wald. Eigentlich haben sie mit dieser Forderung so richtig deutlich gemacht, wie eng, wie klein, wie deutsch sie sind. Aus einer solch antiglobalen Haltung sind die europäischen Kriege entstanden. So sich selbst genug sein, wie dies Teile der grünen Bewegung sind, ist der Gipfel der Selbstzufriedenheit.

Den Grünen ist der bewundernswerte Trick gelungen, immer mehr Regeln zu verlangen und durchzusetzen, so also zu einer schleichenden Verstaatlichung beizutragen und dafür vom sogenannten liberalen, wohlhabenden Bürgertum gewählt zu werden. Nur weil sie es zuwege brachten, den Selbstzufriedenen einzureden, daß ausschließlich sie ihnen die reine Umwelt sichern, in denen sie auch in Zukunft zufrieden und sicher leben können. Vor alllem unter den Frauen der Manager und Unternehmer in den Villenvierteln genießen die Grünen überdurchschnittlich viele Sympathien. So bekommt der Begriff »grüne Witwen« eine völlig neue Bedeutung.

Zur Kultur der Selbstzufriedenen gehört auch die Angst vor neuen Technologien. Bei Demonstrationen gegen Atomkraft, gegen eine Müllverbrennungsanlage, gegen einen neuen Flughafen sind sie deshalb immer in beachtlicher Stärke vertreten. Neuestes Schreckgespenst: die Gentechnologie. Die Vorstellung, eines Tages eine genmanipulierte Kartoffel auf dem Tisch vorzufinden, raubt ihnen den Schlaf. Wie alle großen neuen Entdeckungen birgt natürlich auch die Gentechnologie erhebliche Gefahren, wenn mit ihr mißbräuchlich umgegangen wird, und bisher wurde jede Entwicklung auch mißbraucht.

Aber im November lernten wir Kinder und junge Erwachsene kennen, die an Mukoviszidose erkrankt waren. Dies ist eine Genkrankheit, die nur bei der weißen Rasse vorkommt. Es handelt sich um eine schwere Störung der schleimbildenden Drüsen, die unheilbar zu einem frühen Tod führt. 1989 entdeckten Genforscher, daß die Krankheit durch einen Defekt auf dem siebten Chromosom verursacht wird – ein Hoffnungsschimmer. Noch vor dreißig Jahren starben achtzig Prozent der Mukoviszidosekranken, bevor sie das dritte Lebensjahr erreichten. Dank massiver Penizillindosen und teilweise sogar Lungentransplantationen kann ihr Leben jetzt verlängert werden. Aber noch immer beträgt ihre Lebenserwartung kaum mehr als fünfundzwanzig Jahre. Diese jungen Menschen zeigen alle einen unglaublichen Lebenswillen. Sie stellen sich den Herausforderungen des Alltags. Täglich müssen sie an Sauerstoffschläuche, werden häufig nur mit Sonden ernährt, leiden an chronischen Lungenentzündungen, Diabetes und Leberzirrhose – und trotzdem bestehen sie das Abitur, schaffen die Führerscheinprüfung und üben einen Beruf aus. Sie fehlen im Durchschnitt an ihrem Arbeitsplatz weniger als normalgesunde deutsche Arbeitnehmer. Diesen Menschen kann nur durch die Genforschung geholfen werden – eines Tages vielleicht –, und darauf hoffen sie. Wer gesund ist, braucht keine Genforschung – es gehört aber schon eine menschenverachtende Portion egoistischer Selbstzufriedenheit dazu, anderen die Chance des Überlebens nehmen zu wollen.

3. Warum wir verlieren

Shigeki Kato strotzt vor Optimismus und Tatendrang. Der Mittvierziger ist zuständig für die Wirtschaftsförderung und Stadtentwicklung der knapp 100 000 Einwohner zählenden Stadt Zama. Er habe Glück gehabt, läßt er uns wissen, daß ausgerechnet in seiner Amtszeit die Möglichkeit bestehe, Zama für die Zukunft fit zu machen. Schließlich gehe es jetzt darum, 600 000 Quadratmeter Industriegelände zu nutzen. Und welche Stadt hat so etwas schon?

Kato genießt richtig unsere Verwirrung, die er im Laufe des Gesprächs noch steigern kann. Eigentlich waren wir zu ihm gekommen, um einen Beitrag über eine japanische Stadt zu machen, der gerade der größte Investor davonläuft, der gerade viertausend Arbeitsplätze mit einem Schlag verlorengehen. Zama ist eine riesige Ansammlung zusammengewürfelter Häuser- und Industriekomplexe am Rand des Tokyoter Ballungsraums. Nach allen Himmelsrichtungen geht diese Besiedlungsstruktur nur zig Kilometer weiter, nur heißt sie dann nicht mehr Zama, sondern trägt die Namen Sobudaimae, Ebina, Atsugi usw. Selbst ein Vergleich mit dem Ruhrgebiet wäre unfair: Denn dagegen ist die Bebauung an Rhein und Ruhr locker und ländlich.

Zama unterscheidet sich von all den anderen Kommunen durch zwei Einrichtungen: Hier gibt es einen der ältesten amerikanischen Stützpunkte in Japan, und hier schrieb Nissan einst Automobilgeschichte. Im Jahr 1974 wurde hier die erste Roboterstraße in Betrieb genommen. Von hier aus gingen die schockierenden Bilder um die Welt, als plötzlich zischende, elektronisch gesteuerte Kollegen die Schweißarbeiten übernahmen und die Arbeiter aus der Fabrikhalle verschwanden. Das war ungefähr zum gleichen Zeitpunkt, als wir frohlockend den dreimillionsten Gastarbeiter begrüßten.

In der Zwischenzeit aber werden alle Massenautos der Welt von Robotern zusammengeschweißt. Was Nissan da vormachte, ist jetzt Stand der Technik. Wer das Werk heute betritt, sieht in der Eingangshalle den ersten Roboter stehen, so eine Art Industriedenkmal aus vergangenen Zeiten. Und in der Tat: Nissan hat mit dem Werk Zama nichts mehr am Hut. Überkapazitäten auf dem Weltmarkt und der Zwang, wieder völlig neue Produktionsmethoden zu entwickeln, haben auf der Vorstandsetage zu dem Beschluß geführt, das einstige Vorzeigewerk, wo in Spitzenzeiten bis zu sechshunderttausend Autos pro Jahr vom Band liefen, dichtzumachen.

Wir haben uns vorgestellt, was für Reaktionen eine solche Entscheidung in Deutschland auslösen würde. Ein großer Konzern verläßt kompromißlos mit allem Drum und Dran seinen Standort, streicht dabei viertausend Arbeitsplätze und wahrscheinlich noch mal so viele in der Zulieferindustrie. Und statt einer jammernden, um Hilfe bettelnden Stadt treffen wir einen zuversichtlichen Herrn Kato, der dies als Chance für sich ansieht.

Als wir ihn nach den Subventionen fragen, nach staatlicher Unterstützung für die Stadt, begreift er gar nicht, was wir meinen. Nissan sei doch ein Privatunternehmen, warum solle es da Zuschüsse erhalten? Nein, nicht Nissan meinen wir, erkläre ich, sondern die Stadt. Denn die haben ja jetzt das Problem. »Wieso die Stadt?« fragte er zurück. »Nissan hat das Problem. Die Stadt hat jetzt sechshunderttausend Quadratmeter Land. Und das ist doch ganz einfach toll.«

Ich spüre, daß bei dieser Unterhaltung alles durcheinandergeht. Hier stoßen meine von europäischen Denkstrukturen geprägten Fragen auf die japanische Wirtschaftsmentalität, und das paßt einfach nicht zusammen. Um die komplette, langwierige Unterhaltung nicht zu wiederholen, hier das Resümee von Herrn Kato über den Abzug von Nissan.

Also, am Anfang war die Stadtverwaltung schon geschockt. Aber natürlich hat niemand versucht, Nissan zum Bleiben aufzufordern. Denn allen war klar, daß es für das Automobilunternehmen wichtig ist, an der Spitze des Fortschritts zu bleiben, weil es nur so überleben kann. Und was für Nissan im einzelnen gilt, stimmt natürlich auch für Japan. Zama sei Nissan dankbar, daß das

Unternehmen 1966 gekommen sei und jahrelang für Wohlstand in der Region gesorgt habe. Aber natürlich ändern sich die Zeiten. Sämtliche Zulieferteile und die fertigen Autos mußten auf Lastwagen durch die viel zu engen Straßen ins Werk gebracht werden. Die Stadt erstickte schließlich im Verkehr. Aufgrund der dichten Bebauung war auch keine Abhilfe möglich. Wenn jetzt Nissan geht, dann besteht die Chance, die Lebensqualität in Zama entscheidend zu verbessern. Das Gelände der Automobilfabrik werde von einem privaten Investor in einen High-Tech-Park für Elektronik sowie genbiologische Forschung und Produktion umgewandelt. Die Stadt werde diesem Investor jede moralische Unterstützung gewähren, ihm bei der schnellen Umsetzung seiner Pläne helfen. Aber die Finanzmittel müsse er schon selbst aufbringen,weder der Staat noch die Provinz, noch gar die Stadt hätten damit etwas zu tun. Das sei alles Sache der Privatindustrie.

Das Hauptproblem sei jetzt für Nissan entstanden. Von den viertausend Arbeitern haben nur vierhundert das Angebot angenommen, mit in die neue Fabrik im tausend Kilometer entfernten Kitakyushu zu ziehen. Jetzt fehlen ihnen die erfahrenen Fachkräfte, die schon fast alle wieder eine andere Beschäftigung im Ballungsraum um Zama angenommen haben. Die Region profitiert also nur von diesem Entschluß: Die ältere Industrie weicht neuen, zukunftsträchtigeren Branchen, die mit weniger Verkehr eine höhere Wertschöpfung nach Zama bringen; und das alles zusammengenommen erhöht die Lebensqualität.

Nach dieser Sichtweise der Dinge haben wir auch verstanden, warum es in ganz Zama kein einziges Protestplakat gegen die Schließung des Werkes gab. So erlebt 1993.

Wir sind auch gleich ins neue Nissan-Werk gefahren, nach Kitakyushu. Eine Traumfabrik nennt Nissan dieses Werk, eine Vision für das 21. Jahrhundert. Nichts erinnert hier an die Enge in Zama. Breite Straßen vor und im Werk. Die Just-in-time-Zulieferung erfolgt über den eigenen, im Werksgelände integrierten Hafen, ebenso der Abtransport der fertigen Wagen. In nur zwölf Stunden soll hier nach der Einarbeitungsphase ein Auto fertig vom Band rollen. Zur Erinnerung: Der Streit von Opel und Volkswagen geht unter anderem darum, ob Lopez Unterlagen über eine Fabrik mitgenommen hat, die es Opel in Zukunft ermöglicht hätte, in

14 Stunden ein Auto zu bauen, was Europarekord wäre. Das heißt, die europäischen Autoplaner wären damit 17 Prozent langsamer und dementsprechend teurer – und damit ist dieser Streit sowieso sinnlos.

Im neuen Nissan-Werk ist die konsequente Weiterentwicklung der japanischen »Kaizen«-Produktionsmethode zu erkennen, die bei uns unter »lean production – schlanke Produktion« ins Vokabular eingegangen ist und über deren Umsetzung in Deutschland wir ein eigenes Kapitel schreiben werden. Deshalb hier nur einige eher atmosphärische Eindrücke. Die einzige Kantine ist ein weit übers Meer gebautes Glashausrestaurant, in der es für keine Hierarchie-Ebene eine Extrawurst gibt. Alle tragen die gleiche Kleidung, alle haben das gleiche Mitspracherecht.

Die geräumigen und dadurch eher unjapanischen Werkshallen werden von sanfter Musik berieselt. Die lautesten Geräusche sind die Besuchergruppen, die auf eigens dafür eingebauten Stegen ununterbrochen durch die Fabrikanlagen geführt werden. Je nach Wunsch können sich Arbeitsgruppen entweder mit Lavendel-, Rosen- oder Waldluft beduften lassen. Ein aufwendiges Be- und Entlüftungssystem sorgt auch für diese Annehmlichkeit.

Wir sprechen mit einem der ehemaligen Zama-Arbeiter, der jetzt heilfroh ist, das Angebot zum Umzug angenommen zu haben. Während er sich in Zama nur eine sechzig Quadratmeter große Eigentumswohnung leisten konnte, hat er hier für das gleiche Geld ein hundertzehn Quadratmeter großes Einfamilienhaus bekommen. Die Anfahrt zum Werk ist nicht mehr so stressig, die Freizeitmöglichkeiten sind viel besser. Damit keine Mißverständnisse auftreten: Kitakyushu ist nur für japanische Verhältnisse Provinz. Es handelt sich um eine Stahl- und Hafenstadt mit 1,1 Millionen Einwohnern – nach deutschen Verhältnissen also ein Ballungsraum. Shigeharu Ohashi, der so begeistert von seinem neuen Arbeitsplatz erzählt, ist natürlich auch entsprechend motiviert. Er weiß, daß es Nissan schon einmal bessergegangen ist, aber bei der ganzen Belegschaft in Kitakyshu haben wir den Eindruck, daß es nicht an diesen Arbeitern liegt, wenn Nissan trotzdem Schwierigkeiten hat. Jedoch die Arbeiter, das Management und die Aktionäre wissen, daß ihnen niemand hilft, wenn sie mit der neuen Fabrik scheitern. Sie werden keine Subventionen für eine verfehlte Modellpolitik bekommen, so wie sie auch das Risiko für die Umsiedlung und den Neuaufbau einer Fabrik tragen müssen. »Alle Investitionen in ein altes Werk sind Kostengräber. Heute brauchen wir neue, flexibel aufgebaute Werksgrundrisse für Jahreskapazitäten bis 250 000 Autos im Jahr. Nur die sind auf die Dauer konkurrenzfähig«, lautet nicht nur die Erkenntnis der Nissan-Bosse. Es ist eine weltweit akzeptierte Lehrmeinung für den Automobilbau geworden.

Die ist auch den deutschen Automobilbauern bekannt. Und die beiden neuen Fabriken im Osten Deutschlands, Eisenach für Opel und Zwickau für Volkswagen, entsprechen durchaus dieser Idealgröße. Auch das Volkswagenwerk in Zwickau gehört zu den modernsten der Welt. Technisch steht es der Traumfabrik von Nissan kaum nach. Es gibt sogar Fertigungssegmente, in denen Zwickau eindeutig den Japanern überlegen ist: die Montage der Stoßdämpfer zum Beispiel oder des Armaturenbretts. Hier werden von den Zulieferern schon fertige Bauteile angeliefert, und Volkswagen muß sie nur noch einbauen. Bei Nissan sind da sogar noch mehr Einzelteile am Band zu montieren. In anderen Worten: Technisch müssen wir uns nicht verstecken, und wie kostengünstig und wettbewerbsfähig zu produzieren ist, wissen wir gleichfalls. Aber:

Auch bei Volkswagen in Zwickau ist viel Platz, mehr, als eigentlich sein sollte. Mit dem Auto können wir durch fertige Hallen fahren, in denen die Ausrüstungen, von Robotern bis Transferstraßen, schön unter Plastik verpackt in der Ecke stehen. Die dürfen erst ausgepackt werden, wenn alle anderen schon bestehenden Volkswagen-Werke überhaupt keine Kapazitäten mehr haben und aus sämtlichen Nähten platzen. Dies aber ist angesichts der 28-Stunden-Woche in Wolfsburg wahrscheinlich erst am Sankt Nimmerleinstag.

Auch Volkswagen wollte ein tolles neues Werk bauen, das mit seinem Stand der neuesten Technik alles in den Schatten gestellt hätte, was es so in Europa gibt. Gekonnt hätten die Wolfsburger ganz bestimmt. Und ökonomisch wäre es auch das Richtige gewesen: nicht nur, weil damit in der Industriewüste im Osten ein neuer, kräftiger Anlauf gestartet worden wäre.

Aber Volkswagen ist ein deutsches Werk – ein urdeutsches – und deshalb zu allen möglichen Entscheidungen verpflichtet, die mit Marktwirtschaft nichts mehr zu tun haben. Zwanzig Prozent der Aktien besitzt das Land Niedersachsen. Und Wolfsburg liegt nun mal in Niedersachsen. Dort haben die Nazis ein gigantisches Autowerk hingestellt, das heute 50 069 Beschäftigte zählt. Die stellen laut paritätischer Mitbestimmung zur Hälfte den Aufsichtsrat. Ein Vorstand, der nun Arbeit aus Wolfsburg ins kostengünstigere Werk nach Zwickau verlagern will, handelt zwar ökonomisch richtig und deshalb im Interesse des Konzerns, aber er handelt nicht im Interesse der Belegschaft von Wolfsburg und des Minderheitenaktionärs Niedersachsen. Beide werden also diesem Vorstand den Stuhl vor die Tür setzen – und das Risiko geht keiner der Bosse ein. Also einigen sich Management und Betriebsrat ganz offiziell: Zuerst wird Wolfsburg bedient, und für Zwickau bleiben die Reste.

Die Subventionsgier der deutschen Politiker macht solche Entscheidungen erst möglich. Das Land Sachsen und der Bund waren sich ihrer gesamtgesellschaftlichen Verpflichtung bewußt, als sie Volkswagen über alle möglichen Zuschuß- und Steuerprivilegien rund anderthalb Milliarden D-Mark für das Werk in Zwickau schenkten. Genaue Zahlen sind nicht bekannt, die darf das sächsiche Wirtschaftsministerium nicht bekanntgeben, die unterliegen dem Datenschutz und dem Steuergeheimnis und sicher noch einem halben Dutzend Bestimmungen. Es bleibt aber die Tatsache, daß Sie und ich, wir alle, dank der Steuergeschenke ein Stück vom Zwickauer Volkswagen-Werk besitzen und daß diese Gelder dorthin in unbekannter Höhe verschoben werden. Die Vorstellung, daß Staats- und Steuergeschenke wenigstens öffentlich sein sollten, verträgt sich nicht mit dem Restfeudalismus in unserer Wirtschaftsverfassung.

Diese rund anderthalb geschenkten Milliarden machen den Arbeitsstopp für Zwickau erst möglich. Die Nissan-Manager in Japan wären da verrückt gewesen, wenn sie erst ein neues Werk bauen, dann aber im alten weiterproduzieren – das hätte sie wohl endgültig ruiniert. Bei uns geht das, weil der Staat ja das neue Werk bezahlt und Unternehmen es deswegen ja noch lange nicht nutzen müssen. Einem geschenkten Gaul schaut man nichts in Maul, haben schon die alten Pferdehändler gesagt.

Das kommt davon, wenn die Verantwortlichkeiten verwischt

werden. Was hat Sachsen nun von seinen anderthalb Milliarden? Es ist auf die Gnade der Niedersachsen angewiesen. Die haben es einfach besser gemacht. Die haben für ihr Geld, das sie bei der Volkswagen-Werkgründung gaben, unter dubiosen politischen Umständen wenigstens Aktien bekommen. So können sie mitreden. Hätten die Sachsen für anderthalb Milliarden Volkswagen-Aktien gekauft, hätten sie jetzt vielleicht ein paar Autos mehr in Zwickau bauen dürfen. Diese staatlichen Subventionen, getarnt als regionale Fördermittel, zeigen selten den gewünschten Effekt. Geschenktes Geld verführt zur Verschwendung, zu Mißbrauch. Damit geht man anders um als mit mühsam verdientem Geld.

Das führt dann zu einem Förderwirrwarr quer über die deutsche Landkarte. Der ganze Osten ist strukturschwach, also wird dort gefördert, was vielleicht noch einsehbar wäre, trotz der Mißbrauchsgefahr im Fall Volkswagen und laut dem Bericht der Europäischen Union vom Herbst 1994, in dem angemerkt wird, daß jedes zweite Förderprojekt in Ostdeutschland zu beanstanden ist, weil die Gelder nicht effizient genug oder gar kriminell verbraucht wurden. Zu allem Überfluß fallen auch in Westdeutschland Gebiete, in denen immerhin 22 Millionen Einwohner leben, unter den Begriff strukturschwach. Das heißt, hier gibt's Staatsknete. Es ist gar nicht so einfach, noch ein Fleckchen zu finden »in diesem unserem Lande«, wo nicht gefördert werden darf. Eine ganze Förderwissenschaft ist da entstanden, die genaue Feldstudien betreibt. Wie das aussieht, können Sie zum Beispiel an der Stadt Nordenham in Niedersachsen sehen. Investieren Sie dort an der Wesermündung, werden Sie gefördert, nicht aber in den Stadtteilen Abbehausen, Ellwürden, Phiesewarden und Schneewarden. Und es gibt dort auch sicher jemand, der Ihnen das alles plausibel erklären kann.

Und so geht das Gefühl für vernünftiges Wirtschaften in Deutschland verloren. Es geht das Gefühl für Eigenverantwortung und für die Verantwortung der Manager in ihren Unternehmen verloren. Die Verwerfungen, die wir erleben, werden zwar von allen Parteien der Marktwirtschaft angelastet, aber mit der Verwischung der Verantwortungsstrukturen geht auch die Marktwirtschaft verloren. Das Wort »Wettbewerb« wagt man in diesem Zusammenhang schon gar nicht mehr zu erwähnen.

So stellt sich dann die Marktwirtschaft in den Massenmedien dar: Massenproteste gegen die Schließung des DASA-Werkes in Lemwerder bei Bremen, Protestaktionen in der Stahlindustrie im Ruhrgebiet, Warnstreiks der Post gegen die drohende Verringerung der Beschäftigtenzahl. Demonstrationen gegen die Entlassungen von Zeiss-Arbeitern in Oberkochen und SEL-Alcatel-Arbeitern in Stuttgart. Bewußt zählen wir nur Beispiele aus Westdeutschland auf. Es wäre unfair, die berechtigte Angst der Menschen im Osten vor dem Verlust des Arbeitsplatzes jetzt schon mit Verhaltensmustern in Japan zu vergleichen.

Jedesmal wenn die Arbeiter auf die Straße gehen, tauchen wie Übermenschen Politiker, meist in Gestalt von Ministerpräsidenten, auf und versprechen Abhilfe. Sie bieten ein Konzept an, das die Arbeitsplätze sichert. Ja, wenn sie so gut sind als Arbeitgeber, warum verdienen sie dann nicht das viel höhere Spitzengehalt eines Industriemanagers und sichern die Arbeitsplätze als Unternehmer? Oder sind unsere Manager so unglaublich unfähig, daß jeder Ministerpräsident so mir nichts dir nichts eine Arbeitsplatzgarantie abgeben kann, weil es ihm gelingt, den Absatz, den Markt zu schaffen, den die Manager übersehen haben?

Es ist ein unwürdiges Theater, das da geboten wird. Die Politiker, die so tun, als könnten sie wirklich helfen, suggerieren den Arbeitnehmern natürlich auch, daß sich das Demonstrieren lohnt. Was soll eine Demo gegen den Markt, was soll die Angst um den Arbeitsplatz in der Stahlindustrie zum Beispiel, wenn es keinen Markt für das Produkt mehr gibt? Der Ruf »Eßt mehr Nägel, rettet die Stahlindustrie!« wird sicher nicht ertönen. Aber folgender Ruf paßt immer: »Zahlt uns die Subventionen, die ihr der Kohle, den Bauern, den Nord-, Ost-, West-, Süddeutschen zahlt, weil sie in Nord-, Ost-, West-, Süddeutschland leben« – so eine allgemeine Forderung, die den Nagel auf den Kopf trifft. Verlangt nicht Berlin jetzt wieder eine Extrazulage, weil doch die Kosten, Hauptstadt zu werden, so hoch sind?

Kein Hauch von Selbsterkenntnis, daß sich die Berliner Behörden bei der Planung selbst im Wege stehen. Das lächerliche Spektakel um die Bebauung des Potsdamer Platzes, ob da Daimler-Benz ein paar Abstellplätze mehr oder weniger bauen darf. Die Angst, die Berliner Dachtraufe wird überschritten, auch eine angehende Weltmetropole soll nicht über einundzwanzig Meter hinaus, das störe den Charakter der Stadt. Klein-klein, ängstlich und umständlich – so daß Edzard Reuter mit Recht von Posemuckel sprach. Liebe Berliner: Niemand will euch sagen, daß ihr nicht bauen und planen dürft, wie ihr wollt. Nur verlangt dann keine Subventionen für den wirtschaftlichen Aufschwung, den die Stadt so wunderbar behindert. Die Wahlsiege der PDS im Osten der Stadt – so hat Herr Diepgen, der Jurist mit der Ausstrahlung eines Grundbuchbeamten, der zur Zeit Bürgermeister sein darf, dem Kanzler zugeflüstert – seien auch ein Ergebnis der mangelnden finanziellen Unterstützung durch den Bund. Am besten also, die alte Berlinhilfe, das Notopfer muß wieder her. Und diesem Kanzler ist zuzutrauen, daß er sogar nachgibt. Mit Geld, das wir nicht haben, kleistern wir schon lange die wirtschaftspolitischen Fehlentwicklungen zu.

Übrigens: Die Bankenmetropole Frankfurt am Main hat sich ebenfalls völlig übernommen. Ist so verschuldet, daß schon der Verkauf des Tafelsilbers nicht mehr ausreicht, und deshalb hat Oberbürgermeister Andreas von Schöler auch schon geraunzt: Frankfurt müsse für seine Sonderstellung auch extra viel Geld bekommen. Na also: Nach dem Muster können wir sicher in Flensburg anfangen und in Zittau aufhören.

Die unseriösen Angebote der Ministerpräsidenten und des Staates, überall Arbeitsplätze zu retten, bringen es mit sich, daß wir immer mehr von klaren Verantwortlichkeiten für wirtschaftliche Vorgänge wegdriften. Wenn sich die Ministerpräsidenten den Schuh anziehen und sich für die Betriebe in ihren Ländern verantwortlich erklären, dann können die Arbeitnehmer auch von ihnen erwarten, daß sie die nötigen Mittel für den Erhalt ihres Arbeitsplatzes lockermachen. Die Manager, die dies zulassen, vielleicht sogar noch froh sind, wenn ihre Belegschaften wieder einen Staatszuschuß, einige Staatsaufträge oder eine verlogene Geldspritze, getarnt als Staatsbürgschaft, erstritten haben – diese Manager dürfen sich nicht wundern, wenn man hinterfragt, für was sie eigentlich ihr Geld bekommen. Wenn sie für ihre Taten nicht verantwortlich sind, warum braucht man sie eigentlich überhaupt noch? Dann ist der Markt für ihr Produkt nicht mehr vorhanden, dann müssen sie das Unternehmen schließen oder für neue Produkte sorgen. Und wenn es einen Markt gibt, den sie verschlafen haben, dann müssen sie gefeuert und nicht die Belegschaft auf die Straße gesetzt werden. Ein Ministerpräsident hat da in beiden Fällen nichts zu suchen.

Welches Unternehmen ist denn in Deutschland noch rentabel, wann kann es aus eigener Kraft auf den Weltmärkten bestehen? Daimler-Benz vielleicht? Wenn ja, warum hat dann der Konzern hundert Millionen für seine Autofabrik in Rastatt vom Staat erbettelt und bekommen – auch noch vom damaligen Ministerpräsidenten Lothar Späth, der doch jetzt auch so famose Bücher über Zukunftsvisionen in Deutschland schreibt, in denen er den Rückzug des Staates aus der Wirtschaft fordert. Oder Siemens etwa? Dieser Riesenelektrokonzern, der sich auch anderthalb Milliarden geben läßt, um in Dresden eine Chipsfabrik hochzuziehen, weil seine Konkurrenten in Europa noch mehr kriegen? Wenn sie wirklich alle nur noch mit öffentlichen Geldern arbeiten können, warum kauft der Staat dann nicht wenigstens Aktien für diese Zuschüsse, um an den Dividenden mit zu partizipieren? Oder noch besser, warum verwaltet der Staat nicht für kurze Zeit die ihm durch die Kapitalzuschüsse zustehenden Aktien und teilt sie dann an die Belegschaft der mit Staatshilfe entstandenen Unternehmen aus? Eigentum in Arbeitnehmerhand: Hieß so nicht einmal ein großes erklärtes Ziel einer CDU, die noch von Ludwig Erhards Ideen befruchtet war?

Wieso geben wir der Großindustrie Finanzmittel, damit diese ihren Aktionären Gewinne ausschütten kann, die sie gar nicht erwirtschaftet hat? Irgendwo klafft da der große Riß zwischen marktwirtschaftlichen Ansprüchen und einer wirtschaftlichen Realität. In diesem Zwielicht gedeihen die Demonstrationen gegen Betriebsschließungen, wird das Ideal einer freien Wettbewerbsgesellschaft zu Grabe getragen – nicht von den Gewerkschaften oder Sozialisten mit ihrem verdrehten Gleichheitsanspruch, sondern von denen, die das, was wir zur Zeit praktizieren, »Marktwirtschaft« nennen, aber nur ihren eigenen Vorteil meinen.

Dies hat zu einem Club geführt, den man in Anlehnung an die vielgeschmähte Japan AG auch als Deutschland AG bezeichnen könnte: eine Verbandelung aus Politik, als Unternehmer getarnten Verbandsjuristen und Managern, für die es kaum Mißerfolgskriterien gibt. Sie haben über die Jahre Quasimonopole geschaffen, die längst von der drittgrößten Volkswirtschaft der Welt mehr profitieren als ihr dienen. Die europäische Einigung, die deutsche Wiedervereinigung und das Erstarken der asiatischen Mächte schütteln diesen Club nun durcheinander, und vorerst läuft er noch sehr aufgeschreckt, aber ziellos durch das neue, große Deutschland.

»Die Privilegierten, die drinnen sitzen, wollen allen anderen, die hereinwollen, das Leben sauer machen. Frage ich nach dem Geist, der hinter all diesen Bemühungen steht, dann bin ich zu harter Antwort genötigt: Es ist der pure Egoismus und nichts anderes, der versucht, solche Forderungen mit gesellschaftswirtschaftlichen Idealen und ethischen Prinzipien zu verbrämen. Tatsächlich möchte man sich abschirmen, Zäune um Berufe ziehen, man möchte abwehren, möchte schützen, Positionen mit künstlichen Mitteln bewahren« – soweit Ludwig Erhard, auf den sich alle nichtbekennenden Sozialisten in diesem Land berufen und dessen Lehren sie fast alle tagtäglich mit den Füßen treten.

Ein Musterbeispiel, wie der Club der Besitzenden schon bei der geringsten Gefahr, ein Neuling könne die Kreise stören, die Front schließt, spielte sich in der Stahlwirtschaft ab. Es ging um die ostdeutsche EKO-Stahl. Zugegeben, wer weiß schon, ob dieses Werk an der Oder in einer fairen Wettbewerbswirtschaft lebensfähig ist oder nicht? Da sich die Stahlindustrie schon vor Jahren aus dem Markt verabschiedet hat, kann man da nur spekulieren. Kaum ein Subventionsdschungel ist so schwer zu durchforsten wie die Stahlverflechtungen, die von Brüssel aus gemanagt werden – mit verheerenden Folgen für die Steuerzahler Europas.

Wie oft haben die Nachrichten schon über EKO-Stahl berichtet. Ein Käufer ist gefunden, der Käufer ist abgesprungen – so ging es jahrelang, bis endlich die Belgier den Zuschlag erhielten. Da gab es deutsche Lösungen, ausländische Lösungen, Einsprüche von Brüssel, vor allem gab es kaum noch jemanden, der durchblickte, um was es da ging.

Eigentlich könnte EKO-Stahl viel Geld verdienen, indem es Besucher einlädt, um den wohl idiotischsten Stahltourismus der Welt zu besichtigen. Dafür lohnt es sich, Eintritt zu zahlen. Die

Wirrköpfe der deutschen Einheitssozialisten wollten auch ein paar
große Hochöfen und haben sie an die Ostgrenze ihrer eisen- und
steinkohlelosen Republik gesetzt. Dort, an der nicht immer schiff-
baren Oder, wurde aus polnischer Kohle und russischem Eisenerz
ostdeutscher Stahl gegossen.

Doch die nächste Stufe, die zu einem Stahlwerk gehört, sparte
man sich. Der Rohstahl, die sogenannten Brammen, konnte nicht
weiterverarbeitet werden, weil ein Warmwalzwerk fehlte. Also
wurde der Rohstahl per Bahn und Schiff in die Ostseehäfen transportiert, dort auf Hochseeschiffen über die Ostsee bis nach Lenin-
grad geschippert, auf Flußschlepper umgeladen und durch die
Newa sowie den Tscherepovezkanal bis zum russischen Warmwalzwerk am Rybinsker Stausee gebracht. Aus Brammen wurden
Warmwalzstahlrollen, und die kamen auf demselben Weg zurück
nach Eisenhüttenstadt, wo sie im Kaltwalzwerk weiterverarbeitet
wurden.

Irrsinn pur. Aber dieser Irrsinn geht immer noch weiter. Er hat
nur weitere Varianten geboren. Irgendwann fiel selbst den Honek-
kers und Mittags auf, daß dies nicht wirtschaftlich sein konnte, und
sie beschlossen, doch ein Warmwalzwerk zu bauen. Die riesigen
Hallen und Anlagen sind übrigens heute noch zu sehen. Aber dann
kam Honeckers Aufwertung als gleichberechtigter Staatsmann
durch den Bonnbesuch dazwischen. Und hier wurde ein Gegenge-
schäft verabredet, das der DDR Devisen und der westdeutschen
Stahlindustrie Aufträge sicherte. Die DDR verzichtete auf ihre
Warmwalzstraße und brachte den größten Teil der Brammen nach
Salzgitter und ins Ruhrgebiet.

Und so ist das heute noch. Die Brammen aus Eisenhüttenstadt
schippern immer noch durch die Ostsee, und Salzgitter und Krupp
walzen immer noch Stahl, der wieder an die Oder zur Endbearbei-
tung zurückgebracht wird. Das kostet ungefähr eine Milliarde pro
Jahr. Ob Sozialismus oder Marktwirtschaft – es hat sich nichts
geändert. Nun hatten die EKO-Leute gehofft, sie dürften sich
wenigstens selbst helfen. Die Milliarden, die die Treuhand für die
jährlichen Verluste ohne große Aussicht auf Besserung herausrük-
ken mußte, wollte man lieber auf einmal haben, investieren und
dann ohne Subventionen am Markt agieren.

Die Ostmanager und ihre westdeutschen Berater wußten auch

wie. Da gibt es nämlich ein von der Düsseldorfer SMS Schloe-mann-Siemag AG (deren Besitzer Heinrich Weiß scheiterte wegen Aufmüpfigkeit als BDI-Sprecher) konzipiertes Ministahlwerk, ge-rade richtig für die Kapazitäten von Eisenhüttenstadt. Diese inte-grierte Anlage arbeitet so kostengünstig, daß sie von den USA bis Asien Käufer findet. Der amerikanische Betreiber der SMS-An-lage, Nucor, fährt in den USA die höchsten Gewinne aller Stahl-produzenten ein. Ein paar wirtschaftliche Daten: Für die Tonne Warmband benötigt die SMS-Anlage nur eine halbe Arbeits-stunde im Vergleich zu drei bis fünf Stunden bei herkömmlichen Stahlwerken. Die Energieeinsparung beträgt bis zu fünfzig Pro-zent, und die Investitionskosten liegen um zwanzig bis fünfund-dreißig Prozent unter den bisherigen Anlagen.

Mit diesem deutschen Stahlwerk auf deutschem Boden, man verzeihe den chauvinistischen Anfall, wäre EKO natürlich Hecht im Karpfenteich unter den veralteten europäischen Stahlkochern gewesen. Und so etwas will keiner. So wird nichts geschehen, was den Wettbewerb verschärft. Nicht ein neues, billigeres Werk darf entstehen – nein, die etablierten Stahlkonzerne dürfen ihre Macht- und Subventionsspiele zu Lasten der Verbraucher weiter-treiben. Das Argument, EKO würde bei den bestehenden Überka-pazitäten am Markt scheitern, und deshalb müsse die Fehlinvesti-tion unterbleiben, kommt aus Brüssel, wo das Wort »Markt« im Montanbereich schon lange gestrichen ist. Es gibt strenggenom-men keine Überkapazitäten: Es gibt nur überteuerte und unrenta-ble Produktionen, die die gesamte Volkswirtschaft belasten und deshalb verschwinden sollten. Sie sind zuviel auf dem Markt. Aber dies verhindern die Stahlquotenbesitzer, solange ihre Lobby noch zu einem Atemzug fähig ist.

Und dies alles erfahren Sie nicht, wenn mal wieder über EKO in den Hauptnachrichten berichtet wird. Diese Zusammenhänge sind nämlich für eine Dreißig-Sekunden-Meldung zu kompliziert. So wird die Marktwirtschaft für die Probleme in Eisenhüttenstadt, für Massenarbeitslosigkeit und industriellen Unsinn direkt und indirekt verantwortlich gemacht. Kein Wunder, daß niemand mehr so recht an sie glaubt und die Vokabel nur auszusprechen wagt, wenn sie mit dem Wort »sozial« versehen wird – was immer auch damit beschrieben werden soll.

Noch ein Beispiel aus dem Selbstbedienungsladen. Kurz vor Weihnachten 1992 Rückflug aus Asien mit dem damaligen Staatssekretär im Verkehrsministerium, Wolfgang Gröbl. Die Stewardeß der Lufthansa sah die Möglichkeit, einem Journalisten und einem Regierungsmitglied die miserable Position der Lufthansa-Angestellten zu schildern. Ihr Mann ist Pilot, sie hat es zur Chefstewardeß gebracht. Beide sind schon fast zwanzig Jahre im Dienst. Für Kinder hatten sie keine Zeit. Aber jetzt mache das Arbeiten keinen Spaß mehr, klagt sie. Im Dezember, wenn es Weihnachtsgeld gibt, müssen sie 25 000 D-Mark Steuern bezahlen. Wir waren so hartherzig und ließen jedes Mitgefühl vermissen. 25 000 D-Mark Steuern, dann bleibt ja mindestens noch einmal das gleiche an Gehalt.

Eigentlich hat die Stewardeß das ganze Elend des deutschen Irrsinnssystems mit einem Satz beschrieben. Die Gehälter und Leistungen der Lufthansa an ihre Mitarbeiter überstiegen bei weitem die vergleichbaren Löhne anderer Airlines und ähnlicher Berufsgruppen in Deutschland. Das Monopolunternehmen Lufthansa versorgte und versorgt Politiker mit schönen Aufsichtsratsposten und früher sogar mit Vorstandssitzen. Der damalige oberste Lufthanseat Heinz Ruhnau bekämpfte jede Deregulierung national und international, so gut er konnte.

In einer funktionierenden Wettbewerbswirtschaft müßte die Stewardeß nicht über diese in der Tat beachtliche Steuersumme klagen. Sie würde gar nicht erst so viel verdienen. Ihre Fluglinie könnte nicht so hohe Preise von den Passagieren abzocken. Flugpreise und Bezahlung der Angestellten bilden sich auf dem Markt, nicht in Absprachen zwischen dem IG-Metall-Funktionär Ruhnau, einem flugbegeisterten Ministerpräsidenten Strauß und den mitbestimmenden Gewerkschaftsaufsichtsräten. Der Marktpreis beim Personal pendelt sich zur Zeit in Deutschland ein. Bei den jungen, hungrigen Airlines wie Eurowings und Interrot verdienen Flugbegleiterinnen so um die viertausend und Piloten 7000 D-Mark im Schnitt.

Der Selbstbedienungsladen Lufthansa für Beschäftigte und die sogenannten Kontrolleure bescherte so den Deutschen mit die teuersten Inlandsflugpreise der Welt und ein besonders schnippisches Personal. Diese Politik trieb diese Staatslinie konsequent in die Pleite. Der einfache Arbeiter, der vielleicht einmal im Jahr per Charter in den Urlaub fliegt, darf aber mit Steuergeldern der deutschen Elite unter die Arme greifen, indem er wohl oder übel die Subventionen mittragen muß. Weil aber der Staat immer mehr mitzahlen will und muß, erhöht er die Steuern bis zum aberwitzigen Steuersatz von 57 Prozent. Dies wiederum verärgert die, die es zahlen müssen: siehe oben die Stewardeß und ihr Pilotenmann. Diese Stewardeß ist das Spiegelbild unserer Egogesellschaft. Sie führt ein finanziell sorgloses Leben, das sie sich dank eines subventionierten Einkommens leisten kann. Auf die Idee, daß sie auf Kosten der Allgemeinheit hoffnungslos überbezahlt ist, kommt sie natürlich nicht. Folge: Unzufriedenheit auf hohem Niveau. Subventionen zerstören den Gemeinsinn, weil jeder sieht, was dem anderen ohne Leistung zugeschoben wird, dabei aber nur selten realisiert, was er selbst kassiert.

4. Der Trottel der Nation

Sie kennen ihn auch, jeder hat mit ihm schon einmal zu tun, und fast immer ist er uns sympathisch: der Trottel der Nation. Er ist Facharbeiter, mittlerer Angestellter, Polizeiwachtmeister, Lokführer, Krankenpfleger, Oberkellner, Handwerksgeselle, Fachverkäufer usw. Sie sehen, er begegnet Ihnen eigentlich jeden Tag. Wir sind von ihm abhängig. Denn er leistet uns all die Dienste, die wir ständig in Anspruch nehmen und die entscheidend für unsere gute oder schlechte Laune sind.

Dieser Trottel ist Mitte Dreißig, verheiratet, hat zwei Kinder und verdient brutto knapp 5000 D-Mark. Er ist gesetzestreu und strebsam, glaubt an die Sekundärtugenden Sauberkeit, Ordnung, Fleiß. Für die flotten Yuppies ist er deshalb ein bißchen zu spießig, für seine Arbeitgeber ist er zu teuer, Ökos und Linke halten ihn für zu konservativ, für die Presse existiert er überhaupt nicht, und für alle ist er eben der Trottel, der da rackert und schafft und macht und doch zu nichts kommt, weil er eben gesetzestreu und strebsam ist.

Keine Wahlkundgebung, kein Unternehmerkongreß, keine Diskussion über den Industriestandort Deutschland, bei denen er nicht in den höchsten Tönen gelobt wird: der gutausgebildete deutsche Facharbeiter. Und das ist ja auch keine Übertreibung. Viele Staaten nehmen das deutsche duale Ausbildungssystem zum Vorbild – die parallele Unterrichtung im Betrieb und in der Berufsschule. Das gilt auch für die praxisnahe Ausbildung der Ingenieure, die im blauen Kittel, dem traditionellen Symbol für die Werkhalle, ein tiefes Verständnis für die täglichen Probleme im Produktionsablauf haben.

Diesen deutschen Facharbeitern gilt unbestritten der Dank für die Leistungen, die sie beim Wiederaufbau Deutschlands nach dem Krieg erbracht haben. Zusammen mit den Angestellten und Beamten auf gleicher Ebene bildet er sozusagen den Kern des Mittelstands, sind diese Berufsgruppen das Fundament deutscher Solidität, und deshalb stimmt auch, daß die Welt dieser sozialen Schicht aus der Sicht der Intellektuellen etwas spießig, ziemlich konservativ und bodenständig geprägt ist.

In den fünfziger und sechziger Jahren hatten diese Arbeitnehmer eine Perspektive. Wenn sie auf dem Teppich blieben, also sparsam lebten, brav in einen Bausparvertrag einzahlten – die Frau brachte auch noch was Erspartes und selbstverständlich eine Aussteuer mit in die Ehe –, dann konnten sie sich so im Alter von Mitte Dreißig, Anfang Vierzig ein bescheidenes, aber ausreichendes Häuschen bauen. Hatten sie mehr als zwei Kinder, halfen dabei entweder direkte Zuschüsse oder zinsgünstige Darlehen der Länder. Damit waren sie über die Bausparförderung und Wohnungsbaudarlehen Subventionsempfänger des Staates. Eine richtige Hilfe: Denn der Staat wiederum unterstützte so einen Mittelstand, dem er durch Eigentumsbildung zu mehr Unabhängigkeit verhalf.

Beim Urlaub wurde gerechnet: mit dem Zelt an die Adria, mit Neckermann an die Costa Brava; mehr als drei Wochen waren nicht drin, und das auch nicht alle Jahre wieder. In der Freizeit wurde am eigenen Haus geschafft. War das fertig, mußte man bei all jenen Freunden, Verwandten und Nachbarn ran, die einem auch geholfen hatten. Immerhin ist so der Anteil an Wohnungseigentum in der alten Bundesrepublik auf vierzig Prozent gestiegen. Das ist allerdings immer noch das schlechteste Ergebnis aller vergleichbaren Industriestaaten – ein Skandal, auf den wir mehrfach in diesem Buch zurückkommen.

Erst wenn die Kinder ehrgeizig genug waren, um auch auf die Universität zu gehen, kam noch einmal eine staatliche Hilfe in Frage: das »Bafög«, das damals noch »Honnefer Modell« hieß. Aber dann mußten es schon mindestens drei Geschwister sein, die Mutter durfte ausschließlich als Hausfrau arbeiten und der Vater keine Meister- oder Amtsratsstelle erklommen haben. Im übrigen lebte der Facharbeiter von seinem Einkommen, gestaltete sein Leben danach und blieb umgekehrt aber auch vom Staat weitgehend verschont. Seine Abzüge beliefen sich gerade mal so um die fünfzehn Prozent.

Die gute alte Zeit.

Heute ist dieser Facharbeiter, die einstige Stütze des Mittelstands und Säule selbstbewußten Bürgertums, zum besagten Trottel der Nation verkommen. Er kann strampeln, wie er will, er kommt zu nichts. Er kratzt so am Rand der Sozialhilfe entlang und lernt deshalb zunehmend, daß es einfacher ist, sich von staatlichen Programmen finanzieren zu lassen, als selbst eine Zukunftsperspektive zu entwickeln, die doch nur eine Fata Morgana bleibt. Er lernt, daß sich Gesetzestreue nicht lohnt und daß der, der fleißig ist und alle Regeln beachtet, auch noch von den anderen überholt und ausgelacht wird.

Maßlos übertrieben, sagen Sie! Aber kennen Sie die Lebensumstände eines jungen Facharbeiters, der nicht zu den glücklichen Erben gehört, nicht der Sohn eines subventionierten Landwirts ist und so ein Zweiteinkommen oder wenigstens einen Bauplatz hat?

Nur wenige Unternehmer sind bereit, sich wirklich offen vor der Presse zu äußern. Einer davon ist Dieter A. H. Knipping, Schraubenfabrikant in Gummersbach. Mit ihm fuhren wir nach Tschechien, wo er in der Nähe vom Škoda-Werk eine neue Produktionsstätte eröffnen will. Mit Gummersbach als Standort kann er unmöglich im internationalen Wettbewerb weiterbestehen. Während über dreißig Firmenbesitzer und Manager mit Schrecken darauf reagierten, wenn wir anfragten, ob wir ihr tschechisches Engagement filmen dürften, weil sie dann befürchteten, in ihrer Kleinstadt zu Hause als Vaterlandsverräter dazustehen, ging Knipping in die Offensive.

Wir verglichen die Einkommensstruktur eines tschechischen Arbeiters mit den Facharbeitern in Gummersbach. So kamen wir mit der Belegschaft ins Gespräch. Knippings Aussage: »Die deutschen Arbeiter sind zu teuer. Ich muß jedes Jahr die Belegschaft reduzieren, um das Unternehmen vorm Konkurs zu retten.« Die Aussage der Facharbeiter: »Wir verdienen so wenig, daß wir nicht mehr wissen, wie wir die normalen Lebenshaltungskosten bezahlen können!« Die Tragik: Beide haben recht, und beide sind Opfer unseres Umverteilungsstaates.

Knipping stellte Schrauben für die Automobilindustrie her. Jährlich mußte er mit einer Preisreduktion von fünf Prozent rechnen. Das verlangen die Konzerne einfach. Dazu kamen noch einmal im Durchschnitt fünf Prozent mehr Lohnkosten. Also mußte er seine Produktivität um zehn Prozent pro Jahr steigern – und das geht natürlich zu Lasten der Beschäftigtenzahl, denn das Absatzvolumen läßt sich in Deutschland nicht mehr erhöhen. Andernfalls könnte Knipping schon jetzt das Datum festlegen, an dem er pleite gehen würde und damit alle Arbeitsplätze in Gummersbach weg wären.

Die Männer in der Produktion sind allesamt gutausgebildete Maschinenschlosser, Gesellen mit einigen Jahren Berufserfahrung, die sich in Abendkursen weiterbildeten. Nur so können sie die schnelle technische Entwicklung in ihren Betrieben mitmachen. Statt traditioneller Drehbänke, an denen sie noch lernten, stehen da jetzt computergesteuerte Maschinenanlagen, müssen sie für einen Laien verwirrende Programme beherrschen, sind verantwortlich für integrierte Produktionsabläufe, die pro Tag Hunderttausende von D-Mark erarbeiten. Die meisten von ihnen bereiten sich auf die Meisterprüfung vor. Haben sie diese Qualifikation bestanden, arbeiten sie weiter an Zertifikaten, die sie als Refa-Fachmann, Total-Quality-Kontroller, CNC-Spezialist usw. ausweisen. Sie alle wissen, daß sie sich ständig weiterbilden müssen, wollen sie im Rennen bleiben.

Diese Facharbeiter in Knippings Schraubenfabrik sind genauso, wie sie sich ein Unternehmer wünscht. Alle schrecklichen Geschichten von der Belegschaft, die ständig blaumacht, die sich hinterm Betriebsrat versteckt, Obstruktion und Mißmut verbreitet, treffen hier nicht zu. Und gerade deshalb eignen sich die Facharbeiter von Gummersbach, um sie als Trottel hinzustellen, die den Wettlauf zwischen Weiterbildung, Realeinkommensreduzierung und schließlich Arbeitsplatzverlust doch verlieren werden. Nicht weil Herr Knipping ein kaltherziger Kapitalist ist, sondern weil alle Parteien, Verbände und Gewerkschaften ihr Süppchen auf ihrem Rücken kochen und dabei auch noch vorgeben, in ihrem Namen zu handeln.

Nehmen wir Michael Lemmings zum Beispiel. Er ist 34 Jahre alt, verheiratet, hat ein Kind und arbeitet ausschließlich in der Nachtschicht, damit die Familie über die Runden kommt. Wenn er in der Presse liest, die deutschen Löhne seien zu hoch, steigt kalte Wut in ihm auf. Jederzeit ist er deshalb auch bereit, zu streiken, wenn die IG Metall mehr Lohn fordert. Den Quatsch mit dem Lohnverzicht für weniger Arbeitszeit dagegen kann er nicht mehr hören, er würde lieber mehr arbeiten, für mehr Geld, wenn es sich nur lohnen würde.

Auf die Frage, wieviel er verdient, sagt Michael Lemmings: »2900 D-Mark.«

»Brutto oder netto?« fragte ich.

»Netto natürlich«, antwortet er.

»Und wieviel ist das brutto?«

»Weiß ich nicht – so ungefähr 4200. Aber dafür kann ich mir ja eh nichts kaufen.«

Michael Lemmings sieht auch, daß er jedes Jahr weniger in der Lohntüte hat. 1993 waren es die Sozialabgaben, die mehr weggefressen haben als das, was die IG Metall herausgeholt hat. 1994 war es eine Mischung aus Sozialabgaben und einer höheren Steuerklasse. Und 1995 schlagen der Solidaritätszuschlag und die Pflegeversicherung zu. Während sein Realeinkommen also bei gleichzeitiger Inflationsrate von durchschnittlich drei Prozent sinkt, wird er für den Unternehmer Knipping immer teurer, und deshalb überlegt der, wieviel er von seiner Produktion noch ins Ausland verlagern muß, wobei ihm ganz schlecht wird, wenn er an seine Leute wie Michael Lemmings denkt.

Denn Lemmings verdient bei ihm mittlerweile 4400 D-Mark brutto. Dazu kommen noch einmal die Arbeitgeberanteile für die Sozialleistungen und die Kosten für die Fortzahlung im Krankheitsfall, das Urlaubsgeld, der freiwillige Weihnachtsbonus aus der Zeit, als es dem Unternehmen noch besserging. Alles in allem summieren sich die Lohnkosten für Michael Lemmings auf 7900 D-Mark. Und die sind im internationalen Vergleich einfach nicht mehr wettbewerbsfähig. Nur: »Fürs Bruttogehalt kann ich mir nichts kaufen«, sagt Lemmings. Er hat keine Ahnung, daß er eigentlich 7900 D-Mark im Monat kostet. Und leider rechnet ihm dies auch niemand vor.

Seine Frau Renate arbeitet nicht mit, weil das Kind nicht ganz gesund ist – nichts Schlimmes, aber das Kind braucht Fürsorge. Als sie sich kennengelernt haben, waren sich beide einig: Sie wollten zwei, drei Kinder, und sie bleibt dann zu Hause, um sich um den Nachwuchs zu kümmern. Aber jetzt wissen sie nicht, ob sie sich noch ein zweites Kind leisten können. Im Moment muß er für die Dreizimmerwohnung 850 D-Mark Kaltmiete bezahlen. Das Auto, ein gebrauchter Ford Fiesta, kostet auch noch mal 500 D-Mark. Ohne den käme er aber nicht zum Arbeitsplatz, denn in diesem Teil des Bergischen Landes sind die öffentlichen Verkehrsmittel rar. Muß die Frau mit dem Kind zum Arzt, dann bringt sie ihren Mann zur Arbeit, fährt mit dem Auto weiter und holt ihn abends wieder ab. Der ganze Tag ist dann nur mit Fahrdiensten ausgefüllt.

Eine Wohnung näher beim Arbeitsplatz kommt nicht in Frage. Sie würde mindestens 200 D-Mark mehr kosten, und das ist nicht drin. Denn wenn die Kosten für die Miete und das Auto abgezogen sind, bleiben noch 1550 D-Mark im Monat. Davon gehen ab: eine kleine Lebensversicherung (freiwillig), die Fernsehgebühren (Zwang), die rapide steigenden Kosten für Heizung, Wasser, Abwasser und Müllversorgung (Zwang), den immer teurer werdenden Strom (Zwang), für die Selbstbeteiligung bei den Krankenkosten (Zwang), ein Sparvertrag für das Kind (30 D-Mark im Monat, freiwillig) und die Weiterbildungskurse (120 D-Mark, freiwillig). Zieht man dann noch Essen und Trinken, Ausgaben für Körperpflege und Haushaltskosten vom Putz- bis Waschmittel ab, ist alles weg. Größere Anschaffungen gibt es zur Zeit überhaupt nicht mehr. Die Küchengroßgeräte, wie Waschmaschine, Staubsauger und Herd, stammen noch aus der Zeit, als beide arbeiteten und das Leben noch genießen konnten. Damals fuhren sie einen flotten Mittelklassewagen, machten auf Teneriffa Urlaub und schmiedeten Pläne für das Leben zu viert. Jetzt wird das Weihnachtsgeld für die Reparaturen der Hausgeräte gespart, soweit dies nicht Freunde erledigen, und vom Urlaubsgeld gönnt man sich zwei Wochen im Zelt am Biggesee gleich nebenan.

Den Lemmings ist völlig klar, daß sich ihre mehr als bescheidene Lage schlagartig ändern würde, wenn sie wieder mitarbeiten könnte. Dazu müßte das Kind in einem Tageskindergarten untergebracht werden. Aber den gibt es nicht. Und eigentlich wollen sie es ja auch nicht. Viel lieber hätten sie noch ein zweites Kind. Die andere Alternative, das Kind einer der Omas zu geben, scheidet auch aus. Einmal wohnen die zu weit weg, und zweitens vertreten die Eltern den Standpunkt, sie haben ihre Kinder erzogen und nun sollen die ihre eigenen auch betreuen.

Die Lemmings sind Gefangene ihrer traditionellen Erziehung. Sie wollen nichts geschenkt haben, wollen alles durch eigene Arbeit erreichen. Also kommt auch nicht die Lösung in Frage, die ein Bekannter aus dem Fußballverein gewählt hat – nennen wir ihn Müller. Der hat schon vor drei Jahren seinem Arbeitgeber gekündigt. Nachdem er noch mehrere Stellen abgelehnt hatte, wurde ihm die Arbeitslosenunterstützung gesperrt. Jetzt bekommt er Sozialhilfe. Er selbst erhält ja nur 520 D-Mark, für seine nicht berufstätige Frau gibt's 416 D-Mark und für die beiden Kinder zusammen 936 D-Mark. Macht zusammen 1872 D-Mark. Die 1000 Mark Miete werden ebenso vom Sozialamt übernommen wie 30 D-Mark Versicherungszuschuß. Im Winter kommt noch ein Heizkostenzuschuß hinzu, gegen Nachweis allerdings: 120 D-Mark. Zusammen sind das dann auch wieder 3022 D-Mark, so viel hatte er, als er noch auf den Bau ging. Nur jetzt nutzt er noch die viele Zeit für Nebenjobs – schwarz natürlich. Dem Müller geht's jetzt wieder gut. Alle im Fußballverein wissen, daß er sich durchschmarotzt. Keiner findet das in Ordnung. Aber alle nehmen es hin. Wie einen Aussätzigen behandeln sie ihn deshalb nicht.

Lemmings wird beim Thema Schwarzarbeit auch etwas verlegen. Natürlich stimmt seine Rechnung nicht, gibt er zu. Natürlich arbeitet er ebenfalls noch nebenbei. Sonst ginge es ja gar nicht. Alles, was sie sich und dem Kind hier und da gönnen, wird nebenher verdient. Deshalb lehnt er es auch ab, Überstunden zu machen. Da frißt der Staat ja wieder den Löwenanteil. Nein, er muß pünktlich weg, um dort zu arbeiten, wo es ihm etwas bringt. Da gibt es eine kleine Maschinenfabrik, die überhaupt nur überleben kann, weil die Hälfte der Belegschaft dort ohne Lohnsteuerkarte arbeitet und es genug qualifizierte Kräfte gibt, die dringend auf diesen Zweitjob angewiesen sind. Offiziell werden sie auf der 560-Mark-Basis abgerechnet und sind somit gegenüber dem Finanzamt und den Sozialbehörden praktisch abgesichert.

Lemmings ist trotzdem nicht wohl dabei. Es widerspricht seinem Gerechtigkeitssinn. Er macht da etwas Illegales. In den Zeitungen und seinem Gewerkschaftsblatt steht auch immer wieder, daß Schwarzarbeit Diebstahl an der Allgemeinheit sei, auf Kosten der Schwachen in der Gesellschaft gehe. Werden doch so dem Staat Steuern und den Sozialversicherungsträgern Abgaben vorenthalten. Aber Lemmings findet es ebenso ungerecht, daß er mit seiner regulären Arbeit seine Familie nicht mehr vernünftig unterhalten kann. Daß ihm ständig der Gang zum Sozialamt droht. Es ist ihm klar, daß – würde seine Frau schwanger, und ein zweites Kind käme auf die Welt – er um staatliche Zuwendungen bitten müßte, die ihm dann auch zustünden, aber sein Stolz verbietet es ihm eigentlich, sich als Almosenempfänger zu fühlen. Er käme sich dann wie ein Versager vor. Eine Abtreibung kommt für ihn und seine Frau auch nicht in Frage. Nicht nur weil sie katholisch sind, sondern weil dies ihrem Weltbild von Verantwortungsbewußtsein sich selbst und dem Leben gegenüber widerspricht.

So wird sein Rechts- und Gerechtigkeitsbewußtsein unterhöhlt. Der Staat, die Behörde – sie alle verwandeln sich in seine Gegner. Und das instinktive Bewußtsein, daß sein Arbeitsplatz durchs Ausland bedroht ist, macht ihn auch nicht gerade ausländerfreundlich. Wenn ihm noch nicht einmal jeden Monat auf dem Lohnzettel vermittelt wird, wieviel er eigentlich kostet oder, anders herum, wieviel er eigentlich erarbeitet – wie soll er da die anderen wirtschaftlichen Zusammenhänge verstehen, die dazu führen, daß industrielle Arbeitsplätze in Deutschland zunehmend unter Druck geraten? Wie aber würde Lemmings reagieren, wenn man ihm die 7900 D-Mark auszahlen würde mit der Auflage, mit dem Betrag sein eigenes soziales Netz zu finanzieren? Würde er es nicht viel vernünftiger, kostengünstiger machen, als es jetzt geschieht? Denn jetzt zahlt er den Müller aus dem Fußballverein noch mit. Dem Müller allerdings ginge es dann ganz schlecht.

Und wenn schon nicht die ganzen 7900 D-Mark ausgezahlt werden – wäre es dann nicht dringend geboten, die Abzüge zwischen dem Mehrwert, den ein Arbeiter schafft, und dem, was er erhält, auf fünfzehn Prozent zu begrenzen, so wie es in den fünfziger und sechziger Jahren war? So daß ein Lemmings wieder einen Sinn in einem arbeitsamen, sparsamen Leben sieht, weil er darin sich und seine Familie schützen und weiterentwickeln kann, ohne gleichzeitig wegen Schwarzarbeit zu einem Gesetzesbrecher zu werden? Dann wäre er auch wieder zu Überstunden bereit, weil sie für ihn und für das Unternehmen vernünftig sind. Jetzt arbeitet er ungefähr 65 Stunden pro Woche, davon 37 in seiner Firma und 28 nebenher. Die kleine Maschinenbaufabrik allerdings, die sich mit den vielen Lemmings aus der Region über Wasser hält, trägt natürlich dazu bei, daß ehrlich kalkulierende Unternehmen preislich nicht mithalten können und pleite gehen. So hilft der Staat mit seiner Umverteilungsmentalität und Einsammelwut mit, eine ehrliche, funktionierende Marktwirtschaft zu zerstören und die ehemals freien, selbstbewußten Facharbeiter an den Rand der Sozialhilfe und in die Unehrlichkeit abzudrängen.

Es wäre schön, wenn Michael Lemmings aus Gummersbach eine Kopfgeburt von uns wäre oder wenigstens ein Ausnahmefall. Aber es gibt ihn: millionenfach in diesem unserem Lande, und keiner will es eigentlich wissen, und keiner macht sich zu seinem Anwalt. Die ganzen Bekenntnisse unserer Politiker sämtlicher Altersstufen und Farbenspiele, sie alle schwätzen von der Familie und den gutausgebildeten Arbeitern als dem Rückgrat unserer Gesellschaft, und dabei zerstören sie beide Säulen unseres Staates aus schierer Ignoranz oder ideologischer Verblendung. Aus Tradition und Gewohnheit wählt Lemmings SPD, aber zunehmend mit Widerwillen. Denn irgendwo hat er das Gefühl: Die vertreten nicht mehr seine Interessen, sondern unterstützen die Faulheit des Müller vom Fußballverein.

Bevor die Verantwortlichen akzeptieren, daß die Belastung der niedrigen und mittleren Einkommen längst unerträglich geworden ist, setzen sie lieber auf Kontrolle und noch mehr Umverteilung. Dabei treibt das System die schönsten Blüten. In Wolfsburg beschwert sich die IG Bau-Steine-Erden bei den Kollegen von der IG Metall, daß die VW-Arbeiter ihnen die Jobs wegnehmen. Da kommen nach 28 Wochenstunden die zum Teil ehemaligen Handwerker aus den Werkstoren von Wolfsburg und haben noch Zeit, aber zuwenig Geld. Sie entlarven die Angstmacherei, in Deutschland ginge die Arbeit aus, als Geschwätz, weil sie überhaupt kein Problem haben, einen Job zu finden – am Bau, bei einem VW-Zulieferer oder ganz offiziell in einem Zweitberuf. 28 Stunden – was sollen sie da zu Hause, wenn gleichzeitig nicht das Geld vorhanden ist, um all die teuren Freizeitangebote anzunehmen? Nirgendwo wird das Arbeitszeitverkürzungsmodell so ad absurdum geführt wie in Wolfsburg. Jetzt hat der Betriebsrat angekündigt, daß möglicherweise gar die 24-Stunden-Woche ansteht. Das wird dann noch mal einen Aufschwung am Bau in Südostniedersachsen geben.

Der frühere rheinland-pfälzische CDU-Vorsitzende Werner Langen forderte deshalb, Schwarzarbeit härter zu bestrafen. Darin ist er sich mit Parteifreund Blüm und dem SPD-Sozialexperten Dressler einig. Auf 120 bis 140 Milliarden D-Mark wird das Volumen der Schwarzarbeit jährlich geschätzt – ein Skandal. Ja, ein Skandal, aber anders, als die Arbeitsumverteiler und Arbeitskostensteigerer dies meinen. Wenn hunderttausende Arbeitnehmer gezwungen sind, außerhalb des Abgabenstaates noch Geld zu verdienen, um über die Runden zu kommen, dann sollten die Verantwortlichen endlich aufhören, davon zu reden, daß in Deutschland die Arbeit knapp wird. Sie machen sie knapp mit ihrer Umschichtungspolitik, die sie auch noch sozial nennen. Zieht sich der Staat weitgehend aus den unteren und mittleren Einkommen zurück, verwandelt sich illegale Arbeit von ganz allein wieder in legale Arbeit. Statt dessen der Ruf nach mehr Kontrolle, nach noch mehr Staat. Die Polizisten, die da losgeschickt werden, um die Kollegen aus dem Fußballverein festzunehmen, verdienen auch nicht mehr als ein Facharbeiter. Im Zweifelsfall haben auch sie einen Zweitjob in der Nachbarschaftshilfe. Ihr Rechtsbewußtsein, ihr Berufsethos wird nicht gestärkt, wenn sie statt Dieben Schwarzarbeiter fangen sollen, deren persönliche Lage sie gut verstehen können.

Wann immer wir Gelegenheit dazu haben, fragen wir Gewerkschafter, warum sie eigentlich ihrer Klientel, den Facharbeitern, so viel zumuten. Die letzten Lohnrunden waren zwar für die Gesamtwirtschaft richtig und vernünftig, für die Arbeiter aber eine miese Geschichte. Warum, so fragten wir zum Beispiel IG-Metall-Vorstand Walter Riester bei einer Podiumsdiskussion in Esslingen, sorgen die Gewerkschaften nicht dafür, daß das Realeinkommen wenigstens erhalten bleibt, daß eine vernünftige Sozialpolitik betrieben wird, die die Arbeiter von Abgaben entlastet? Also weniger staatliche Umverteilung und dafür höheres Einkommen? Aber diese Argumente wirken auf die Gewerkschaften leider immer noch wie bei Dracula die Knoblauchzehe.

»Die Sozialabgaben sind Ausdruck der Solidargemeinschaft, sichern den Arbeitnehmer vor den Auswüchsen des Kapitals«, so die einfache Formel, mit der die Gewerkschaften das Abkassieren rechtfertigen. Deshalb haben sie ja auch für eine Pflegeversicherung mitgekämpft, die zwar keinen zusätzlichen Alterspflegeplatz schafft, aber die Arbeitnehmer, solange sie in offiziellen Arbeitsverhältnissen stehen, noch einmal mit zwei Prozent belastet. Man muß kein Prophet sein, um vorauszusagen, daß diese zwei Prozent steigen und steigen und damit helfen, das umlagenfinanzierte Sozialsystem um so schneller zum Einsturz zu bringen.

Die Sozialsysteme haben aber für die Gewerkschaften noch eine Funktion: Sie sind eine endlos sprudelnde Quelle von Versorgungsjobs altgedienter Funktionäre. Sie sitzen im Selbstverwaltungsorgan der Nürnberger Bundesanstalt für Arbeit, in den Beiräten der Versorgungskassen, in den Vorständen der AOK und der Ersatzkassen, in den Rentenversicherungsträgern; sie bekommen ihren Anteil an Jobs bei der Besetzung all der paritätischen Ausschüsse, die sich um die Verteilung der Milliarden kümmern, die den Arbeitnehmern aus der Tasche gezogen werden.

Und auch von der hohen Steuerlast profitieren die Gewerkschaften. Je mehr über die Sozialhilfe, über Wohnungsgeld, Zuschüsse zur Winterkleidung und zum Heizgeld wieder von den Steuern verteilt wird, desto mehr Posten und Planstellen sind bei den Gemeinden notwendig. Und wenn es um kommunale Planstellen geht, wird stets je nach politischer Couleur der Gemeinde auch immer etwas für sozial gefestigte Gewerkschafter übrigbleiben. Und deshalb können sie sicher sein, daß sich auch ihr Einsatz für die Pflegeversicherung lohnt. Einige hundert Jobs fallen da sicher ab. Die britische Zeitschrift *Economist* hat ausgerechnet, daß die Pflegeversicherung zwar eine schöne Idee sei, aber die deutsche Volkswirtschaft zirka 200 000 Arbeitsplätze koste. So sorgt diese ideologische Umverteilungs- und Solidaridee für immer neuen Nachschub an Menschen, die jetzt auch noch ins soziale Elend abstürzen und deshalb mitfinanziert werden müssen.

Nun wäre es gemein, den Gewerkschaften zu unterstellen, sie würden die Enteignungspolitik nur aus Postenstreberei betreiben. Die nehmen sie sehr gern als erfreuliches Abfallprodukt in Kauf. Nein, sie glauben im Grunde ihres Herzens schon an die soziale Gerechtigkeit ihrer Umverteilungspläne. Dies ist ein unheilbarer Virus, der noch so viele Todesfälle auf der Welt an direkten und indirekten sozialistischen Experimenten mit sich bringen kann, ohne daß er als Krankheit akzeptiert wird. Sie bauen und schmieden da ständig an einem idealen Weltmenschen herum, der, fernab der Gier nach Geld, nur Gerechtigkeit schaffen will. Und dabei sollten sie doch nach den Skandalen um die gewerkschaftseigenen Unternehmen COOP, Bank für Gemeinwirtschaft, Neue Heimat sowie um den ehemaligen IG-Metall-Vorsitzenden Franz Steinkühler sich der Erkenntnis Konrad Adenauers anschließen: »De Menschen, de sinn nich so.«

Noch weniger haben die Facharbeiter von denen zu erwarten, die sie in ihren Sonntagsreden immer über den grünen Klee loben. Die FDP hat wenigstens vor ihrem Parteitag 1994 in Rostock klargemacht, daß sie mit diesen Leistungsträgern nichts zu tun haben will. »Wir sind die Partei der Besserverdienenden«, wollte dieser famose Egoistenverein in sein Parteiprogramm schreiben und zog erst in letzter Sekunde die demaskierende Formulierung zurück. Die Ausrede: Mit »Besserverdienenden« seien die Leistungsträger dieser Gesellschaft gemeint. Also haben damit die FDP-Leistungsträger deutlich gemacht, daß sie völlig ahnungslos sind, wie diese wirklichen Leistungsträger unserer Volkswirtschaft, jene Millionen in den mittleren Einkommensgruppen, leben.

Seit unseren Gummersbacher Erlebnissen haben wir viele »Besserverdienende« in ein Gespräch über die Facharbeiter verwickelt. »Denen geht es hervorragend. Da muß man doch nur zum Flughafen gehen. Das sind doch die Millionen, die in den Urlaub fliegen« – so der Kommentar von Fritz Pleitgen, damals Chefredakteur des WDR. »Die haben ein dickes Auto vor der Tür stehen und beklagen sich dann, daß die Miete so hoch ist« – so Klaus-Heinz Mertes, Ex-Chefredakteur des Bayerischen Rundfunks und Informationsdirektor von SAT.1. Die Falscheinschätzung ist parteiübergreifend. Und wenn die Verantwortlichen im Fernsehen schon so denken, ist es auch nicht verwunderlich, wenn sie es nicht für nötig halten, über das Leben der Mittelschicht zu berichten.

Keiner der Ärzte, Unternehmer, leitenden Angestellten und gutverdienenden Medienmenschen konnte uns erklären, wie man mit 3500 D-Mark netto, also rund 5000 D-Mark brutto, ohne

Wohnungseigentum, ohne Erbschaft, ohne daß die Frau mitarbeitet, zwei Kinder großziehen kann, ohne gleichzeitig dem Staat wieder Sozialleistungen abzuverlangen. Die meisten »Besserverdienenden« flüchteten dann in ihr subjektives, die eigene Lage reflektierendes Wahrnehmungsvermögen: »Aber die haben doch alle ihr Häuschen!« – »Die Frau arbeitet ja mit!« – »Wenn ich sehe, was für Autos meine Arbeiter fahren!« etc. Wenn aber nur vierzig Prozent der Westdeutschen Wohnungseigentum haben, kann diese Ausrede nicht stimmen; und wenn man alle Frauen zwingt mitzuarbeiten, um beim Familieneinkommen nicht in die Sozialhilfe zu rutschen, dann darf man sich nicht wundern, daß der Druck auf den Arbeitsmarkt immer größer wird.

Von der Arbeitslosigkeit profitieren die »Besserverdienenden«: Das gibt billige Putzfrauen und Tagesmütter und drückt die Lohnkosten im Betrieb. Und das bietet die Möglichkeit, sich ruhigen Gewissens zurückzulehnen und zu sagen: »Jeder ist seines Glückes Schmied.« Und somit dient diese Umverteilungs- und Verstaatlichungspolitik auch denen, die immer laut über Privatisierung und Entstaatlichung reden, aber in Wirklichkeit nichts an den bestehenden Gesetzen verändern wollen. Im Grunde sind auch sie Feudalisten geblieben, die sich selbst als Elite und Leistungsträger sehen. Das Volk soll gefälligst mit der Rolle zurechtkommen, die man ihm verordnet.

5. Der Büttel der Nation

Bei den Gesprächen mit den Gummersbacher Facharbeitern fiel besonders auf, daß alle fast gleiche Vorstellungen darüber hatten, was sie vom Leben erwarten. Für sich selbst erhoffen sie einen sicheren Arbeitsplatz und Anerkennung bei der Arbeit. Dafür sind sie bereit, sich weiterzubilden, sich einzusetzen – am Arbeitsplatz und in der Gesellschaft. Für ihre Familie erstreben sie eigene vier Wände, am liebsten ein Häuschen, zwei bis drei Kinder, die von der Frau zu Hause betreut werden, dazu genug Geld für ein Mittelklasseauto und einmal eine Urlaubsreise im Jahr.

Da alle den Wunsch betonten, die Frau solle nicht mitarbeiten, um den Lebensunterhalt zu sichern, warf ich ihnen antiquiertes Machoverhalten vor. Nein, meinten sie, darüber seien sie sich schon vor der Hochzeit mit ihrer Braut einig gewesen: Solange die Kinder die Eltern bräuchten, wolle die Frau zu Hause bleiben. Da ich als Fernsehkorrespondent lange im Ausland gelebt hatte, war ich nur von Kollegen über das Bild der deutschen Familie informiert. Und demnach war eines der Hauptprobleme, daß die Frauen aus dem Dreieck Kinder, Küche, Kirche unter allen Umständen herauswollten. Auch all die Kolleginnen, die ich aus den Fernsehsendern, egal ob Redakteurin, Sekretärin oder Cutterin, kannte, waren fest davon überzeugt, daß ihre Menschwerdung erst mit dem Arbeitsleben begonnen hatte. Zu Hause bleiben und Kinder erziehen – ein Alptraum. Diese Redakteurinnen waren natürlich auch für die Frauenthemen in den Sendern zuständig. Und ich gehe einmal davon aus, daß das in Tageszeitungs- und Illustriertenredaktionen nicht anders ist. So entsteht in der Öffentlichkeit und so entstand auch bei mir das Bild: Alle Frauen drängen ins Berufsleben.

Das paßte so gar nicht mit dem Familienwunschbild der Gummersbacher Facharbeiter zusammen. Also habe ich angefangen, in dem Ort, in dem ich lebe, herumzuschauen und vorsichtig Erkundigungen einzuziehen. Unsere Gemeinde teilt sich in zwei Bezirke: Der alte Ortskern, eine ehemalige Bergarbeitersiedlung, repräsentiert mit vielen Arbeitern und Angestellten einen Querschnitt unserer Gesellschaft. Daneben gibt es ein Neubaugebiet mit teuren Grundstücken, villenähnlicher Bebauung – fast ein Getto der »Besserverdienenden« im FDP-Sinne. Zu meiner großen Überraschung entsprachen die Vorstellungen in unserer Gemeinde eher denjenigen der Gummersbacher Facharbeiter. Je höher allerdings die Einkommensschicht, also auch die Ausbildung, desto mehr das Bedürfnis zu arbeiten.

Es wäre sicher eine lohnenswerte Aufgabe, diese doch eher zufälligen Beobachtungen ausführlich zu untersuchen. Wie viele Frauen arbeiten nur, damit das Familieneinkommen stimmt, geben dies aber nicht als Grund an, weil es ihnen peinlich ist? Wie viele Paare verzichten auf Kinder, um sich den gewohnten Lebensstil leisten zu können? Wie viele Frauen wollen arbeiten, um Anerkennung in der Gesellschaft zu haben? Und damit sind wir beim Büttel der Nation.

Rainer Böhm, verheiratet, zwei Kinder, verdient als Mittdreißiger zirka 7000 D-Mark brutto, das sind in seinem spezifischen Fall 4900 D-Mark netto. Damit liegt er schon klar über dem Bundesdurchschnitt. Er ist Abteilungsleiter in einem Metallbetrieb. Während seiner Ausbildung in der Fachhochschule zum Maschinenbauingenieur hat er keine staatliche Zahlungen bekommen; das Einkommen seines Vaters, eines Meisters in einem Handwerksbetrieb, lag knapp über den Bemessungsgrenzen. Seine Eltern lebten in derselben Mietwohnung, solange er sich erinnern konnte. Sie war bezahlbar, aber es blieb nie so viel übrig, daß es doch zu einem eigenen Haus gereicht hätte. In seinem Betrieb zeichnet sich Rainer Böhm durch Leistungswillen und Fähigkeiten aus und ist so zu seiner bescheidenen Karriere gekommen.

Seine Frau Gerda hat nach der mittleren Reife die höhere Handelsschule besucht und stand in der Buchhaltung gerade zur Beförderung zur Gruppenleiterin an, als sie heirateten. Gerda war eine praktische, lebensbejahende Frau mit ähnlichem sozialen Hintergrund wie der ihres Mannes. Mit dem bisher Gesparten und dem gemeinsamen recht guten Verdienst schafften sie sich eine Wohnungseinrichtung an, bezahlten ihre Flitterwochen, eine Traumreise in die Karibik. Sie starteten schuldenfrei und selbstbewußt in eine gemeinsame Zukunft. Als Florian auf die Welt kam, war Gerda 26, Rainer 28. Gerda hörte sofort auf zu arbeiten. Sie kündigte sogar ganz ehrlich, weil sie ja sowieso nicht vorhatte, nach der Geburt wiederzukommen. Damit verzichtete sie auf die Lohnfortzahlung in der Mutterschaft, für die ihr Arbeitgeber hätte aufkommen müssen, und sie nahm auch die Arbeitslosenunterstützung nicht in Anspruch. Natürlich wäre eine Kündigung so zu arrangieren gewesen, daß man das Arbeitsamt hätte zur Kasse bitten können. Dies ist heute fast die Regel, nicht die Ausnahme. Daß sie das Arbeitsamt nicht ausgenommen haben, verschwiegen sie aber bald ihren Bekannten.

Gerdas Chef allerdings gab ihr vor Schreck über so viel Anstand eine Abfindung von 2000 Mark und versicherte ihr, daß sie jederzeit zurückkommen könne, auch aushilfsweise. Und wenn sie nicht gestorben sind, so leben sie noch heute, hören alle Märchen auf. Und deshalb will ich diese Geschichte lieber wahrheitsgemäß erzählen. Also kündigte Gerda erst nach dem Mutterschaftsurlaub, und ihr Chef hatte noch nicht einmal Zeit, sich von ihr zu verabschieden.

Aber was jetzt kommt, stimmt wieder: Gerda und Rainer ziehen ihre beiden Kinder groß und betrachten diese Aufgabe als das Wichtigste, was sie in ihrem Leben angefangen haben. Gerda engagiert sich in der Kindergartengruppe der Mütter. Als Sprecherin plagt sie sich mit der Gemeinde herum. Sie organisiert einen Basar, dessen Einnahmen für die Anschaffung von neuem Spielzeug verwendet werden. Sie ist zur Stelle, wenn der Gesangverein sein Sommerfest organisiert, und als Ulknudel sorgt sie im örtlichen Karnevalsverein für prächtige Stimmung. Im Sportverein 07 ist sie angeeckt, weil sie eine Frauengymnastikgruppe organisieren wollte. »Also, da kann ja jeder kommen.« Deshalb hat sie das Projekt in der Nachbarstadt verwirklicht. Damit sind ihre Chancen, auch politisch aktiv zu werden, fast auf den Nullpunkt gesunken. Der Sportvereinsvorsitzende ist auch der örtliche CDU-Machthaber und hat ein sehr nachtragendes Personengedächtnis. Eine Frau mehr wäre ja ganz schön gewesen. Aber keine bitte, die selbständig aktiv wird.

Und auch bei den anderen Parteien hatte sie das Gefühl, daß man ihr eher mißtrauisch gegenüberstand. Sie war gegen Abtreibung, für Familie, für das Engagement der Frauen in der Gesellschaft. Sie war selbstbewußt und hatte deshalb keine Lust, sich von den Frauengruppen der »fortschrittlichen Parteien« als dummes Heimchen am Herd bemitleiden zu lassen – als Frau, die sich von ihrem Mann ausbeuten läßt, usw. Dabei würde Gerda gern eine Partei mit vollem Herzen unterstützen – nämlich jene, die das Familienwahlrecht einführt: Solange die Kinder nicht mündig seien, sollte es den Eltern erlaubt sein, für sie mit abzustimmen. Auf diese Art und Weise erhofft sie, daß die Familien überhaupt noch als Machtfaktor zur Kenntnis genommen werden.

Später, im Elternbeirat der Schule, spürte Gerda dann schon den langen Arm der etablierten Parteien. Hier ging es nicht mehr so sehr um Sacharbeit, sondern um politischen Einfluß. Und weil sie keiner Partei angehörte, schaffte sie es zwar noch, stellvertretende Klassenelternsprecherin zu werden, aber in den Gesamtelternbeirat wurde sie nicht gewählt. Das war eine Angelegenheit für die Pseudofunktionäre, für berufstätige Frauen mit Sozialprestige, die zwar dann keine Zeit hatten, sich um die Arbeit bei den Schulfesten zu kümmern, dafür aber die Posten fest im Griff hatten.

Je länger sich Gerda engagierte, desto mehr begann sie an sich selbst zu zweifeln. »Ach, Sie arbeiten nicht«, war noch eine der harmlosesten all dieser abfälligen Bemerkungen, wenn sie sich zum Beruf Hausfrau bekannte. War das etwa keine Arbeit – den Haushalt führen: putzen, Kindererziehung, kochen, waschen, einkaufen, Ehefrau, Psychologin für Mann und Kinder, Sozialarbeiterin in und für die Gemeinde. Langeweile kam nie auf – im Gegenteil: Nur mühsam schaffte sie es, ihren Hobbys nachzugehen: ein gutes Buch zu lesen, mal ins Theater zu gehen. Zu kaputt war sie abends. Es gehört schon ein unglaubliches Selbstbewußtsein dazu, dies alles mit Engagement zu machen und dann von allen auch noch als einfältiger Büttel abqualifiziert zu werden. Aber solange ihr Mann ihre Arbeit honorierte, fühlte sie sich immer noch freier und wertvoller als jede Nachbarin, die ihr Selbstwertgefühl daraus bezog, die Launen eines Vorgesetzten auszuhalten.

Das Familienbewußtsein von Gerda und Rainer hat Auswirkungen auf den Freundeskreis. Benno und Brigitte treffen sie überhaupt nicht mehr. Beide waren im Betrieb Kollegen, hatten es aber mangels Ehrgeiz nicht so weit gebracht. Sie haben keine Kinder, genießen ihr Leben. Bei gelegentlichen Treffs erzählen sie von den neuen Szenenkneipen, davon, daß »Blanc de Blancs«, jetzt »out«, dafür »Pinot Grigio« »in« ist. Sie berichten über ihre Reisen, die Palmen, von denen Gerda träumt. Brigitte, immer braun gebrannt, überlegt, ob sie jetzt auch versuchen sollen, im Golfclub Mitglied zu werden. Tennis, das spielen ja mittlerweile Hinz und Kunz. Und während sie so schwärmen, denkt Gerda, daß jetzt das Mädchen ein Fahrrad braucht und sie Geld zurücklegen müssen für die Kommunionfeier im nächsten Jahr ... Sie kommen so hin.

Rainer weiß, was sie leistet. Das Budget stellen sie gemeinsam auf, aber Gerda verwaltet die Kasse. Ein eigenes Haus ist allerdings nicht mehr drin. Die Grundstückspreise galoppieren davon. Die Gehaltserhöhungen werden regelmäßig von den Mieterhöhungen aufgefressen, und bleiben die mal stabil, dann steigen die kommunalen Abgaben. Die Müllsammelei und -sortiererei nimmt nicht nur immer mehr Zeit in Anspruch, sie wird auch zunehmend teurer. Rainer und Gerda wissen, daß ihnen nichts passieren darf: kein größeres Unglück oder ernsthafter Krankheitsfall, kein Jobverlust für Rainer – dann sind sie gleich bei der Sozialhilfe, fallen der Gesellschaft zur Last. Für diese beiden eine grauenvolle Perspektive. Auch wenn die Kinder einmal studieren, werden sie keine Unterstützung durch »Bafög« erwarten können. Rainer liegt immer knapp oberhalb aller Einkommensgrenzen.

Bis zum Abitur oder dem Ende einer Fachausbildung wollen Gerda und Rainer für ihre Kinder Ansprechpartner bleiben. Vor allem in der Pubertät, wenn die Drogenmafia mit ihrem milliardenschweren Kapitaleinsatz in den Schulen neue Opfer fängt, wenn die Stimmungen der Kinder schneller als Jojos auf- und absausen. Vor allem dann wollen sie keine Schlüsselkinder, sondern als Gesprächspartner den Kampf gegen die vielen verwirrenden Umwelteinflüsse aufnehmen.

Wenn die Kinder dann aus dem Haus sind, würde Gerda gern etwas für sich selbst tun – nicht unbedingt wieder »arbeiten«, aber gern ihre verschütteten Hobbys wieder ausgraben. Vielleicht reicht dann auch das Geld für einige lang erträumte Reisen. Aber da sind noch die Eltern. Ihre Schwester hat sich völlig anders verhalten. Sie hat zwar auch geheiratet, auch zwei Kinder, aber weitergearbeitet. Nach der Scheidung behielt sie die Kinder. Die sind jetzt Problemfälle. Ihre Schwester hat also schon deutlich gemacht, daß sie auf keinen Fall die Eltern betreuen kann. Das wird dann wohl auch an Gerda hängenbleiben. Das weiß sie und hat sich damit abgefunden.

Ja, Gerda ist ein Büttel. Und es geschieht ihr recht, denn sie hat nichts begriffen. Spätestens wenn sie alt ist und Rainer vor ihr gestorben, wird sie sehen, was für eine erbärmliche Rente ihr übrigbleibt. Sie hat ja ihr ganzes Leben nicht »gearbeitet«, also steht ihr auch keine eigene Rente zu – abgesehen von den paar Pfennigen, die sie für die acht Jahre Arbeit und die Mutterschaftszeit angerechnet bekommt. Lächerlich, wenn sie das mit der kinderlosen Brigitte vergleicht. Brigitte hat es nämlich begriffen, wie man sich in unserem Sozialstaat verhält: Man bekommt vor allem keine Kinder und wählt dann immer Parteien, die für mehr soziale Gerechtigkeit eintreten, für mehr Solidarität und Umverteilung.

Brigitte war deshalb eine glühende Verfechterin der Alterspflegeversicherung. Also im Alter um Sozialhilfe betteln, das wäre doch entwürdigend gewesen. Sparen war ja auch nicht drin – die Reisen, der Lebensstil. So hat Brigitte ihre Rente und ihre Alterspflegeversicherung, und bezahlen dürfen dies dann die Kinder von Gerda, dem einfältigen Schaf.

Gerda und Rainer leben. Sie sind keine Erfindung. Wir haben sie überall gefunden, in allen Altersschichten in allen westdeutschen Regionen. Aber sie haben keine Lobby, sind für die Medien uninteressant. Sie sind wirklich nicht »in«. Wir würden gern eine Gerda als »Frau des Jahres« vorschlagen. Aber damit ließen sich keine Schlagzeilen machen. So ein Auslaufmodell. Statt dessen wurde immer eine mehrfach geschiedene sich kritisch gebärdende Feministin geehrt, die zwei Söhne hat, von denen der eine in die Fremdenlegion abgehauen ist, der andere Drogenprobleme hat.

Gerda, die »Frau des Jahres«. Ich stelle mir vor, was sie alles geleistet hat, was sie dem Staat ersparte. Laut dem Bundesfamilienministerium werden achtzig Prozent aller ehrenamtlichen Arbeiten von Frauen wie ihr geleistet. Gerdas Engagement in der

Gemeinde hat alles in allem eine Vollzeitkraft ersetzt. Ihre Kinder werden nicht drogenabhängig, nicht kriminell, nicht politisch radikal. Das erspart dem Staat Sozialarbeiter, Drogenberater und zusätzliche Polizisten und Gefängnisse. Die Kinder entwickeln sich zu leistungswilligen und leistungsfähigen Bürgern. All diese Trottel und Büttel der Nation, sie sind in Wirklichkeit die Leistungsträger unserer Gesellschaft. Eigentlich entspricht diese Frau, diese Familie, den Sonntagsbeschwörungen von CDU und CSU. Aber was tun beide christliche Parteien: Ja, was machen sie denn, wo sind sie denn, wenn ihre Rede verklungen ist? Sie machen gar nichts, taugen für Familienpolitik soviel wie die anderen Parteien. Nur reden sie mehr darüber und sind deshalb um so peinlicher.

Aber halt doch, sie haben etwas zuwege gebracht: die Pflegeversicherung. Und hier hoffe ich inbrünstig, daß Gerda und Rainer einmal über ihren ehrlichen, gutbürgerlichen Schatten springen und ihren Kindern einbleuen: Wenn ihr einmal Entscheidungsträger seid, dann schafft diese Pflegeversicherung ab. Weigert euch auch, zu zahlen. Ihr habt Eltern und sorgt für sie. Ihr zahlt mit eurem Solidarbeitrag unsere Rente. Wir wissen, wir können uns auf euch verlassen, so wie ihr euch auf uns verlassen konntet. Aber laßt euch nicht so ausbeuten, wie wir es noch zugelassen haben. Die Brigittes und Bennos haben das verlebt, was ihr jetzt zahlen sollt.

Irgend jemand muß diesen ausbeuterischen Teufelskreis der zu Trotteln und Bütteln degradierten Leistungsträger unterbrechen und den Mut aufbringen, den Egoisten zu sagen: Ihr seid für euch selbst verantwortlich – wir beneiden euch nicht um euer Dasein, denn das Leben mit unseren Kindern hat uns für alle finanziellen Entbehrungen entschädigt. Ihr habt zum Teil auf unsere Kosten eure Bequemlichkeit genossen, aber unsere Kinder zahlen nicht auch noch für eure Rente und euer Altersheim. Geht ins Siechenhaus oder sonstwohin, aber euer Schmarotzertum ist erkannt und beendet.

Keiner Generation wie der jetzt verantwortlichen wurde es so leichtgemacht, sich auf Kosten anderer zu verwöhnen. Mittendrin die sogenannten Achtundsechziger, die sich auch noch mit dem Heiligenschein eines Pseudoaufbruchs umgeben.

Wer den Krieg überstanden hatte, schuftete. Es war – nach Jahren der Unterdrückung, des Krieges – die Zeit des Wiederaufbaus: die ersten Apfelsinen, eine eigene Wohnung, statt gestapelter Briketts im Keller der Ölofen, eine kleine Reise, ein Volkswagen. Die Eltern arbeiteten, die Kinder erlebten, wie es jedes Jahr etwas mehr aufwärts ging. Wer Anfang der sechziger Jahre Abitur machte, hatte es fast automatisch geschafft. Kein Numerus clausus, keine Arbeitslosigkeit. Nur etwas muffig war der Staat. Und so rebellierte die wohlbehütete Jugend und wollte alles bessermachen – die totale Machbarkeit wurde propagiert. Herausgekommen sind die heutigen Verhältnisse.

Die Rebellen von damals hatten überhaupt nichts dagegen, ihren Eltern zuzumuten, auch die eigenen Kinder zu betreuen. Das war bequem. Und wenn die Oma nicht mehr konnte, dann ging es ab ins Altersheim. Viele dieser Paare, heute auch schon älter als fünfzig, denken aber überhaupt nicht daran, ihre Enkel zu hüten. Das, was sie von ihren Eltern selbstverständlich genommen haben, sind sie nicht bereit zu geben. Da verlangen sie dann lieber unisono mit ihren durch »Bafög« großgezogenen jungakademischen Kindern den staatlichen Kindergartenplatz für alle.

Auch sonst ist diese Generation systematisch darangegangen, die Gesetzgebung jeweils der eigenen Interessenlage anzupassen. Dies alles geschah fast ausschließlich im Namen der sozialen Gerechtigkeit. Das Schulsystem wurde auf den Kopf gestellt: Heraus kam die kostenlose, hoffnungslos überfüllte Universität, während das Berufsschulwesen absackte, alle Nichtakademiker für ihre Weiterbildung selbst zahlen müssen. Heraus kamen Forderungen wie kostenloser Kindergarten für alle, die schon erwähnte Pflegeversicherung, stetig sich verkürzende Arbeitszeiten, die immer mehr weniger gut Ausgebildete in die Arbeitslosigkeit zwang. Was nicht zu bezahlen war, wurde auf Pump finanziert, die Schulden der öffentlichen Haushalte stiegen, und mittlerweile steht jeder Bundesbürger mit 29 000 D-Mark in der Kreide. Von den Steuereinnahmen muß schon jetzt jede vierte Mark für die Tilgung aufgewendet werden. Der Gestaltungsspielraum der Politik wird immer kleiner. Übrig bleibt nur noch die Forderung nach stetig erhöhter Sparsamkeit. Und damit ist auch der Gestaltungsspielraum für die nächste Generation sehr eng geworden. Im Grunde kann sie gerade noch die Schulden zurückzahlen, die wir hinterlassen haben.

Eine Generation, die so um den Jahrgang 1935 beginnt, hat es geschafft, das Erbe ihrer Eltern zu verfrühstücken und zusammen mit ihren Kindern auch noch die Zukunft ihrer Enkel zu verspielen. Wir wollen diese Generation allein haftbar machen. Denn ihre Kinder haben von ihr außer einem übermächtigen »Ego«-Begriff wenig vermittelt bekommen. Aber diese Kinder begreifen gerade, daß das Fest vorüber ist. Im Moment ist nur noch nicht auszumachen, wer wo und wie auf der Strecke bleibt.

Diese Generation der Schmarotzer hat eine »Vollkaskogesellschaft« aufgebaut und die Prämien mit Wechseln bezahlt, die ihre Enkel einlösen sollen. Der letzte Schlag war die Pflegeversicherung. Diese Konkurstruppe macht im Moment noch weiter und zimmert immer noch an dem Versuch, »privates Glück und Elend zu verstaatlichen«. Damit sind sie fein aus dem Schneider:

Drogensucht: Das ist die Fehlentwicklung der kalten kapitalistischen Gesellschaft, also muß die Gesellschaft dafür aufkommen. Sie können nicht zugeben, daß sie aufgrund der Vernachlässigung der Kinder, der Auflösung der Familie die Hauptschuld tragen. Es fehlt die Studie, die nicht den finanziellen Hintergrund der Familie beleuchtet, sondern, um wie vieles höher die Gefahr für Kinder ist, wenn beide Elternteile ihrer Karriere nachgehen.

Kriminalität: ganz klar – von der Gesellschaft zu verantworten. Deshalb dürfen wir die armen fehlgeleiteten Verbrecher nicht so hart angehen. Vor allem die Drogenkriminalität ist zu entschuldigen: Schließlich könnte die Gesellschaft ja mehr Therapieplätze zur Verfügung stellen.

Unerwünschte Schwangerschaft: Abtreibung auf Krankenschein. Schließlich könnten die Krankenkassen ja die Verhütungsmittel umsonst abgeben. Und ein Lustgewinn war es ja für die Schwangere auch nicht. Eigentlich hat sie es ja gar nicht gewollt.

Keine Abtreibung – also das muß erst recht von der Gesellschaft belohnt werden. Da hat eine Frau den Mut, in dieses trostlose Dasein auch noch ein Kind hineinzugebären. Dafür müssen wir alle ran. Also Kinderkrippe, Ganztagskindergarten, Erstausstattung fürs Baby, eine Wohnung für ledige Mütter mit Kind, von der Stadt zur Verfügung gestellt.

Die Universität hat keine Laborplätze mehr, und Karlheinz will doch Apotheker werden, obwohl er das Abitur mehr mit Krach als mit Ach geschafft hat: auf zum Gericht und prozessieren. Gibt es doch genug Juristen, die dem gleichen Recht für alle auf dem Verwaltungsgerichtswege wieder Genüge verschaffen.

Eine Eisenbahntrasse soll durch unser Tal gebaut werden: nicht mit uns. Dafür haben wir ein famoses Verhinderungsregelwerk geschaffen. Es wird mit Rechtsschutz so lange prozessiert, bis man sowieso in den Altersruhesitz umzieht.

Ein Lehrer hat eine Allergie gegen Schüler: also sofort Frühpension, das ist ihm nicht zuzumuten, das muß die Gesellschaft einsehen.

Die Oma stört: ab ins Altersheim.

Von der Geburt über die Ausbildung, die Eheschließung und Scheidung bis hin zum beruflichen Fortkommen oder Scheitern, zu Krankheit oder Unglück und allen Varianten, die das Leben so mit sich bringen kann: Für alles hat diese Generation die Gesellschaft, den Staat als Übeltäter ausgesucht und macht ihn haftbar. Diese Generation hat den Versuch unternommen, privates Glück und Unglück zu verstaatlichen, herausgekommen ist eine Egoistengesellschaft, die gnadenlos im Namen der sozialen Gerechtigkeit von unten nach oben verteilt.

TEIL 2

Das Versagen des Wohlfahrtsstaates

6. Die Utopie vom gerechten Umverteilungsstaat

Roger Douglas war von den Ärmsten der Armen ins Parlament gewählt worden. Einundzwanzig Jahre lang vertrat er für die Arbeiterpartei einen der berüchtigtsten Wahldistrikte des Landes im Nationalparlament. Der Kampf für die soziale Gerechtigkeit dieser benachteiligten Bevölkerungsschicht ist ihm bereits in die Wiege gelegt worden. Sowohl seine Mutter als auch sein Vater waren führende Mitglieder der Arbeiterpartei, und auch deren Väter hatten sich dem Kampf der Arbeiterklasse verschrieben. Seit mehr als einem halben Jahrhundert war immer ein Angehöriger seiner Familie Mitglied des neuseeländischen Parlaments, Verfechter des sozialen Gedankens zugunsten derjenigen, die im Kampf mit dem Kapital immer wieder den kürzeren zogen. Douglas kannte die Wünsche seiner Wähler: Alle wollten sie einen gesicherten Arbeitsplatz, ein ordentliches Zuhause, eine gute Ausbildung für ihre Kinder, Zugang zu Krankenpflege, Sicherheit, Würde und Selbstwertgefühl. Kurzum, die Armen unterschieden sich nicht ein bißchen von den Wählern aller anderen Parlamentskollegen – egal welche Seite des politischen Spektrums diese vertraten. Um das Recht der Armen auf Gerechtigkeit zu verwirklichen, setzte Douglas sich ein für die Sozialdemokratie – bis hin zum Klassenkampf, wenn es nötig war. 1970 zum Beispiel empfahl er der Regierung Preiskontrollen auf Bier, als die Brauereien mal wieder die Preise erhöhten: nicht gerade unüblich bei zwölf Prozent Inflation.

Doch über die Jahre seiner Parlamentsarbeit verzweifelte Douglas mehr und mehr. Obwohl die Regierungen seines Landes insbesondere im Namen seiner Wähler, der sozial Schwachgestellten und Benachteiligten, ein teures Programm nach dem anderen verabschiedeten, wurde die Kluft zwischen Arm und Reich immer größer. Außer feurigen Reden hatte er seinen Wählern keine konkreten Fortschritte vorzuweisen. Er begann, neue Modelle zu entwickeln, und verstand zunehmend, warum die alten Vorgehensweisen versagten. 1980 veröffentlichte er ein kleines Buch mit dem Titel: »Es muß doch einen anderen Weg geben!« Die gewaltige Umverteilungsmaschinerie seines Landes, mit hohen Steuersätzen einerseits und einem rundum kostenfreien Sozialstaat andererseits, schien die Motivationsfähigkeit aller Bevölkerungsschichten zu lähmen. Was noch viel schlimmer war: Sie machte offensichtlich die vorhandenen Möglichkeiten der Armen zunichte, sich mit eigenen Mitteln aus ihren Fesseln zu befreien. All die vielen Regeln und Steuern, die dazu dienten, die Unterprivilegierten zu schützen und zu versorgen, zwangen die Wirtschaft in ein viel zu enges Korsett. In den siebziger Jahren verzeichnete das Land kein Produktivitätswachstum mehr. Die niedrige Produktivität führte zu einer nachteiligen Leistungsbilanz der Wirtschaft im internationalen Vergleich, welche die Regierung durch hohen Protektionismus auszugleichen versuchte. Das Resultat waren noch mehr schlechte Produkte zu noch höheren Preisen. Deshalb verschuldete sich die Regierung über alle Maßen, weil das geringe Wirtschaftswachstum der Bevölkerung sonst nur marginale Lebensstandardverbesserungen ermöglicht hätte. Obwohl die Zustände schon lange bekannt waren und der Staat nach vielen Jahren des Mißmanagements finanziell bereits mit dem Rücken zur Wand stand, forderten die Politiker des Landes weiterhin mehr Geld für alle möglichen Programme – die dann auch wieder ihren beabsichtigten Zweck nicht erfüllten.

Es waren die Erfahrungen aus seinem Engagement für die unteren sozialen Schichten, die Douglas lehrten, daß sich der industrielle Sozialstaat überlebt hatte, daß die Umverteilungsmarktwirtschaft in einer Sackgasse endete. Er rechnete aus, daß vierzig Prozent der Bevölkerung wohlhabender wären, wenn sie, anstatt zu arbeiten, mit sozialer Unterstützung und etwas Schwarzarbeit ihr Leben finanzierten. Die Armen, die Arbeiterklasse seines Wahlkreises, für die er eintrat, waren oft zu stolz, bares Geld als Sozialhilfe anzunehmen, und für die Faulenzer hatte er keine Lust mehr, sein politisches Wirken einzusetzen. 1984 erhielt Douglas die Chance, seine Erkenntnisse in der Praxis zu realisieren. Unter der Regierung von David Lange wurde er Neuseelands Finanzminister. Er war der zweitstärkste Mann im Staat und organisierte eine umfassende Demontage des Sozialsystems. Protektionistische Barrieren wurden eingerissen, staatliche Leistungen gekürzt, die Firmen zum Wettbewerb untereinander angeregt und so viele Unternehmen wie möglich privatisiert. Die Wirtschaft reagierte entsprechend. War Neuseeland bislang Schlußlicht der westlichen Welt, so verzeichnete es 1985 plötzlich ein Wirtschaftswachstum von fünf Prozent. Zwei Jahre später, Ende 1987, war Douglas soweit, den nächsten Schritt zu unternehmen: Zusammen mit dem Regierungskabinett wollte er alle Steuern drastisch senken – von einem Spitzensteuersatz von mehr als 66 Prozent auf 23 Prozent für jedermann. Familien mit einem Kind würden bis zu einem Jahreseinkommen von umgerechnet 35 000 D-Mark gar keine Steuern zahlen und für jedes weitere Kind einen weiteren Steuerfreibetrag von 11 000 D-Mark genießen. Die Familien, die unter diesem Mindesteinkommen lagen, würden ein Drittel des Fehlbetrags zwischen Realeinkommen und Mindesteinkommen als öffentliche Lohnsubvention erhalten. Das heißt, es würde sich für den Leistungsempfänger staatlicher Zahlung trotzdem noch rentieren, selbst Geld zu verdienen, um weiterzukommen. Die Höherverdienenden, die deutlich über diesen Beträgen lagen, würden keine staatlichen Leistungen mehr in Anspruch nehmen können. Das hätte ab einem gewissen Einkommen bedeutet, daß sie für die Ausbildung ihrer Kinder, für ihre Krankenkosten, ihre private Rentenversicherung selbst aufkommen müssen.

Der Plan ist so nicht Realität geworden, obwohl er vom gesamten Kabinett durchgerechnet war und alle beteuerten, daß auf diese Weise die Staatsverschuldung gesenkt werden könnte und deutlich mehr an Einkommen in den Händen der sozial Schwachen gelandet wäre: zum erstenmal überhaupt in der Geschichte sozialliberaler Politik Neuseelands. Aber die Lobbyisten jeder Couleur, die an dieser relativen Verschiebung des Volkseinkommens von oben nach unten verloren hätten, umzingelten regelrecht das Parlament. Die Vertreter der Sozialtöpfe ebenso wie die Reichen, die in vollen Zügen die Staatsleistungen genossen. Ministerpräsident Lange nutzte eine zweiwöchige Abwesenheit seines Finanzministers, um den Plan öffentlich zu widerrufen und zu verunglimpfen. Er beugte sich der »politischen Realität« oder anders ausgedrückt: Er war einer solchen Reform politisch nicht gewachsen. Das Ergebnis: Die sozialdemokratische Partei und die von ihr gestellte Regierung zerstritten sich heillos, bis sie 1990 aus dem Amt flog.

Die rechte Oppositionspartei gewann die Wahl mit dem Versprechen, die Reformen weiterzutreiben, was sie auch zwei Jahre lang erfolgreich tat. Jedes Jahr wurden weiterhin dreieinhalb Prozent des Bruttosozialprodukts von staatlichen in private Hände übergeben. Es wurde zum Beispiel ein neues Zentralbankgesetz verabschiedet mit der ausdrücklichen Anweisung an die Zentralbank, die Inflation unter zwei Prozent zu halten. Von nun an sollte der neuseeländische Dollar eine harte Währung sein und der Regierung die Möglichkeit entzogen werden, wirtschaftliche Probleme wegzuinflationieren. Ein Zentralbankgouverneur, der die Inflation auf mehr als zwei Prozent steigen ließ, gefährdete damit seinen Job, dessen Bezahlung unter anderem von der Inflationshöhe abhängig ist. Damit hat Neuseeland selbst die Bundesbank an antiinflationärem Ehrgeiz bei weitem übertroffen. Dreieinhalb Prozent Inflation, wie sie Deutschland 1993 verkraften mußte, weil Bundesbankpräsident Hans Tietmeyer das politisch vertretbar fand, wären in Neuseeland nicht mehr möglich gewesen.

1991 wurde auch der Arbeitsmarkt drastisch dereguliert, so daß Arbeitsplätze wieder unkomplizierter entstehen konnten. Aber als die rechte Regierung das Herzstück der Reformen in Angriff nehmen wollte, nämlich den Staatshaushalt entscheidend neu zu strukturieren, scheiterte auch sie an Interessenverbänden jeder Art. Die daraus resultierenden Kompromisse erreichten in ihrer Halbherzigkeit die ursprünglichen Ziele nicht mehr und stellten keinen zufrieden. Damit zersplitterte auch die rechte Seite der Politik, so daß Neuseeland seit 1994 über keine entschlußkräftige politische Landschaft mehr verfügt. So gesehen haben natürlich alle Politiker Angst, es Neuseeland nachzumachen. Offenbar ist es in den westlichen Demokratien mit ihren verwirrenden Interessengruppen nicht mehr möglich, eine ehrliche, sozial gerechte Wirtschaftspolitik zu betreiben.

Dennoch, das Erbe der zwei Reformschübe von 1984 bis 1987

und 1990 bis 1992 beschert Neuseeland im internationalen Vergleich eine der fortschrittlichsten Wirtschaftsordnungen. In den jährlichen Untersuchungen der Schweizer Wirtschaftsschule IMD und des World Economic Forum nimmt Neuseeland den ersten Platz in der Wertung für wirtschaftsfördende Regierungen ein. Die direkten Subventionen machen in Neuseeland nur noch 0,26 Prozent des Bruttosozialprodukts aus, in Deutschland ist das mit 1,86 Prozent siebenmal soviel. Japan rangiert bei 0,75 Prozent.

Die Lehre, die Douglas aus den letzten zehn Jahren an Reformversuchen in Neuseeland zog, ist nicht etwa, daß drastische Reformen nicht funktionieren, auch wenn die Wähler grantig zuerst der linken und dann der rechten Regierung das Reformmandat entzogen haben. Douglas akzeptiert, daß die Wähler auch allen Grund hatten, unzufrieden zu sein: Denn das Wirtschaftswachstum und die Effizienzsteigerungen vermochten die Arbeitslosigkeit einige Jahre lang nicht erheblich zu reduzieren. Sie blieb recht konstant bei etwa zehn Prozent. Erst jetzt sinkt sie rapide und ist schon unter acht Prozent. Douglas glaubt, daß es sein Fehler war, die Reformen stufenweise einzuführen. Nicht nur, daß diese langsame Veränderung den Gegnern erlaubt, Kräfte zu sammeln und so die meist schwache Allianz der Reformer aus den Gleisen zu werfen, sondern auch, weil stufenweise Reformen einfach ungerecht sind.

Douglas kann im nachhinein zum Beispiel die lautstarken Proteste der Bauern verstehen, als sie sich vor die Tatsache gestellt sahen, ohne Subventionen zurechtzukommen, weil die Maschinenindustrie, Chemie und der Einzelhandel eben nicht gleichzeitig dereguliert wurden. Damit standen die Bauern in einer Schere von offener Konkurrenz einerseits und monopolistischen Strukturen andererseits. Diese Ungerechtigkeit setzt sich auf internationaler Ebene fort. Die neuseeländischen Bauern leben mittlerweile fast völlig ohne Regierungsunterstützung. Nur drei Prozent ihrer Wertschöpfung werden subventioniert, im Vergleich zur EU mit 48 Prozent, Japan mit 72 Prozent und den USA mit 26 Prozent geradezu minimal. Dafür sind neuseeländische Agrarprodukte mit die chemisch saubersten und ökologischsten Erzeugnisse auf dem Weltmarkt, im Gegensatz benutzen EU-Bauern zehnmal mehr Chemie pro Hektar Land. Ausgestattet mit dem natürlichen Wettbewerbsvorteil einer nicht subventionierten, daher gesunden, innovativen Landwirtschaft, gingen neuseeländische Bauern daran, als aggressive Konkurrenten auf dem Weltmarkt ihre Waren anzubieten: Sie waren billiger und besser – und prompt strengten die kalifornischen Kiwipflanzer, die mit billigen importierten Arbeitskräften und hochsubventioniertem Wasser die Wüste begrünen, eine Dumpingklage gegen die Neuseeländer an.

Im veränderten Neuseeland gibt es keinen Mangel an Kritikern. Meist handelt es sich um Schmarotzer der alten Zeiten, die jetzt mit Nostalgie an das alte Neuseeland erinnern, als alles noch viel einfacher war, als noch keine Konkurrenz zu Leistung zwang. Als man Margarine nur mit Rezept kaufen konnte, um den einheimischen Milchbauern nicht zu schaden, als es Wartezeiten auf Autos von mehr als einem Jahr gab und als Ladenschlußgesetze alles um achtzehn Uhr verbarrikadierten. In den Blütezeiten des neuseeländischen Protektionismus wurden fertige Fernseher in Japan zerlegt, in Einzelteilen nach Neuseeland gebracht und dort wieder neu montiert.

Vieles, was heute in Neuseeland als archaisch gilt, ist in Deutschland immer noch die Regel. Butter ist zum Schutz der europäischen Milchbauern weit überteuert, und wie krumm Bananen sein müssen, hat Brüssel vor kurzem vorgeschrieben. Das Ladenschlußgesetz ist zementiert wie ein Menschenrecht, Wartezeiten für Autos ein deutsches Phänomen (als Peer zum Beispiel im Juni 1994 vor den kurzarbeitenden VW-Mitarbeitern einen Passat für 55 000 D-Mark kaufen wollte, mußte er drei Monate lang warten), und noch immer gibt es den Kohlepfennig (oder demnächst eine Abart desselben), mit dem 100 000 Untertagebau-Arbeitsplätze für 70 000 D-Mark pro Nase und Jahr erhalten bleiben. Das Deutschland der neunziger Jahre würde Neuseeländern wie ein Relikt aus dem Geschichtslexikon anmuten, nämlich wie diese Wirtschaftsform zu sozialer Ungerechtigkeit, einem bankrotten Staat und nachlassender Wirtschaftskraft führt.

Mit der Politik, mit welcher der linksliberale Roger Douglas 1984 in einem fernen Winkel der Erde einen neuen Weg für eine sozial ausgeglichene Gesellschaft definierte – nämlich als eine gerechte Chance für alle Leistungswilligen –, gehörte er zu den Pionieren einer weltweiten Revolution der sozialdemokratischen

Idee, die in Deutschland offensichtlich noch nicht angekommen ist. Nämlich die Erkenntnis, daß soviel Wettbewerb wie möglich sichere Arbeitsstellen schafft und damit insbesondere der Arbeiterschicht zu einer sicheren sozialen Stellung verhilft. Den Wettbewerb zu verschärfen bedeutet, daß die Regierung sich drastisch aus dem wirtschaftlichen Geschehen des Staates zurücknehmen muß. Dieser moderne Liberalismus bricht monopolistischen Strukturen, egal wie sie zustande gekommen sind, rigoros das Rückgrat, weil sie Wettbewerb verhindern. Damit steht er im Gegensatz zum traditionellen Liberalismus, der Monopole geradezu förderte. Der moderne Liberalismus setzt auf Leistung und Leistungserneuerung, der traditionelle auf Eigentumserhalt und Großgrundbesitz.

Es waren nicht die Schweden, wie wir in Europa glauben, die das Modell des sozialisierten Industriestaates am intensivsten ausgestalteten. Es waren die Neuseeländer. Aber beide haben es mittlerweile gründlich demontiert. Schweden möchte seinen Staatsanteil von 55 Prozent des Bruttosozialproduktes auf 40 Prozent zurücknehmen (in Deutschland liegt er bei 52 Prozent). Buslinien, Schulen, Kommunen, Krankenhäuser, sämtlich Merkmale des kostenlosen Sozialstaates, sind in Schweden bereits privatisiert. Dabei stellte sich übrigens heraus, daß die sozialdemokratisch regierten Provinzen und Städte des Landes wesentlich erfolgreicher privatisiert haben als die von den rechten Bürgerlichen verwalteten. In Mexiko wurde der Partei der Institutionellen Revolution, einer der letzten regierenden sozialistischen Parteien dieser Welt, die in den kommunistischen Revolutionen der zwanziger Jahre geboren wurde, ein deutliches Mandat erteilt, ihre Deregulierungsreformen fortzuführen, mit denen sie bereits die größten Teile der Wirtschaft privatisiert hat. In Chile werden die liberalen Wirtschaftsreformen am enthusiastischsten von den ärmsten Teilen der Bevölkerung getragen, weil sie in ihnen die besten Perspektiven erkennen, ihre Arbeitssituation zu verbessern. Nelson Mandela, mitsamt dem kommunistischen Flügel des ANC, hat zum Wiederaufbau Südafrikas jede Menge Wettbewerb zugesagt. In dem de jure kommunistischen China verwirklicht der Süden des Landes den de facto rohesten zur Zeit praktizierten Kapitalismus. Das noch sozialistische Vietnam verzeichnet aufgrund seiner Deregulierung und kapitalistischen Wirtschaftsreformen mit die höchsten Wachstumsraten der Welt.

Auch der Deutschen liebster Freund, Michail Gorbatschow, nach wie vor überzeugter Kommunist, leitete die weltbewegenden Ereignisse des 3. Oktober 1989 Anfang der achtziger Jahre mit der Erkenntnis ein, daß nur Deregulierung und Wettbewerb die damalige Sowjetunion würden retten können. Das entsprechende Modell lieferten ihm die Ungarn mit ihrem Gulaschkommunismus schon seit den siebziger Jahren. 1991 ist auch der dritte Riese Asiens aus seinem sozialistischen Schlaf erwacht, nachdem er de facto zahlungsunfähig wurde: Indien unter der Führung des Altpolitikers Narashima Rao und seinem progressiven Finanzminister Manmohan Singh. Singh ist überzeugt, daß er das Wachstumsziel von sechs Prozent im Jahr nur erreichen wird, wenn er die Wirtschaft zu größerer Effizienz durch internationalen Wettbewerb zwingt. Schon 1994 gelang es Indien, die Staatsverschuldung zurückzunehmen und ausländische Kredite frühzeitig zurückzuzahlen.

Und während die Drachen und Tiger Ostasiens sich von Anfang an nichts anderem als dem Markt verschrieben, haben westliche Wirtschaftswissenschaftler bis in die neunziger Jahre gebraucht, bis sie das fernöstliche Wirtschaftswunder nicht mehr auf eine Mischung aus Spuk, Magie und Vortäuschung zurückführten, sondern auf die ehernen Gesetze des Adam Smith.

Auch die Weltbank, nachdem sie jahrzehntelang die wirtschaftsliberalen Wachstumsländer Ostasiens ignorierte, stellte 1993 in ihrer großen Studie über das »fernöstliche Wunder« fest: »Die Analysen zeigen, daß der größte Teil des außergewöhnlichen ostasiatischen Wirtschaftswachstums auf eine überlegene Anhäufung von menschlichen und sachlichen Ressourcen zurückzuführen ist. Aber diese Länder waren auch besser als die meisten anderen Länder in der Lage, diese Ressourcen auf höchstproduktive Investitionen zu verteilen, und wichtige Technologien zu meistern. In diesem Sinne ist nichts ›Verwunderliches‹ an dem ostasiatischen Erfolg; sie haben einfach die wichtigsten Wachstumsfunktionen besser beherrscht.«

Was sich auf der weltpolitischen Bühne abspielt, ist nicht etwa ein Ruck nach rechts, egal ob im politischen oder wirtschaftlichen

Sinne. Es ist ein weiterer Schritt auf dem Weg vom feudalistischen Prinzip zur freiheitlichen Selbstentfaltung des Menschen. Der Staat, also die Allgemeinheit, ist für die Öffentlichkeit da, und die Bürger sind nicht dazu da, den Staat zu erhalten. Es ist die Erkenntnis, daß der Sozialismus im Namen des Fortschritts in Wirklichkeit nur seine eigenen Kader bediente und damit ein weiteres Aufflackern der feudalistischen Vetternwirtschaft ermöglichte. Statt sich mit Adelstiteln zu schmücken, bezeichneten sie sich nun als Parteisekretäre, Kombinatsdirektoren, Verbandsfunktionäre, Geschäftsführer kommunaler Wohnungsbaugesellschaften. Moderne liberale Politik ist die konsequente Umsetzung der wirtschaftlichen Realität: nämlich daß effiziente Märkte letztendlich doch die sozialste Verteilung wirtschaftlicher Güter garantieren.

Wahrscheinlich ist des Deutschen liebstes Kind, die soziale Marktwirtschaft, weltweit die starrste verbleibende Hochburg der sozialistischen Idee, der zufolge der Staat durch massive Umverteilung und intensive Regulierung die Ausbeutung der Klassen verhindern muß. Wahrscheinlich konnte nur noch in Deutschland ein Wahlkampf geführt werden, in dem der Leitsatz, daß die staatliche Gewalt ein Großteil des wirtschaftlichen Lebens regulieren oder öffentlich verwalten muß, nicht ernsthaft in Frage gestellt wird. Auch wenn das in Sonntagsreden aller Parteien sich hin und wieder anders anhört. Die Wirklichkeit: Deutschland ist ein Staat, in dem die Steuersätze genauso schnell steigen wie die Staatsverschuldung, obwohl schon längst erwiesen ist, daß Steuersenkungen die Staatskasse schneller füllen würden. Deutschland: ein Staat, in dem die Flut an Regeln schneller zunimmt, als Verwaltung und Gerichte sie umsetzen können. Deutschland: ein Staat, in dem die unternehmerische Initiative unterdrückt wird, weil man sie mit Abgaben für irgendeine soziale Aufgabe belastet.

Ein Symptom des wuchernden sozialistischen Krebsgeschwürs ist seine immens hohe Verschuldung. Der Schuldenberg ist so hoch, daß man seine Gipfel nicht mehr sieht. Und genau deswegen spricht auch keiner mehr von ihm. Das Problem wird gar nicht mehr ernsthaft thematisiert, geschweige denn sachlich behandelt. Der Wähler darf sich entscheiden zwischen Panikmache auf der einen Seite und Verniedlichungsversuchen auf der anderen Seite, je nachdem, wer gerade die Opposition und die Regierung bestückt. Die Panikmacheargumentation verläuft etwa so: Sämtliche öffentlichen Schulden belaufen sich auf irgendwo um die 2 300 000 000 000 D-Mark, sprich 2300 Milliarden. Das macht so um die 29 000 D-Mark pro Einwohner, vom Säugling bis zum Greis, oder 58 000 D-Mark für jeden Arbeitnehmer. Jede Sekunde zahlt der Staat 4000 D-Mark an Zinsen, pro Tag also 340 Millionen D-Mark, pro Bürger pro Tag macht das 4,25 D-Mark Zinsen.

Das Verniedlichungsargument wird so formuliert: Schulden der öffentlichen Hand sind eben nicht mit denen privater Haushalte zu vergleichen und daher von ganz anderer Qualität. Darüber hinaus seien alle Schulden durch die staatliche Souveränität garantiert und mit entsprechenden Gegenwerten unterlegt. Die jährliche Neuverschuldung schwankt dank der Wiedervereinigung so um die fünf Prozent des Bruttosozialprodukts. Tatsächlich hatte die Regierung Kohl sie 1989 bereits einmal auf Null reduziert. Der gesamte Schuldenberg beträgt irgendwo um die 60 Prozent des Bruttosozialprodukts, je nachdem ob man die Treuhand, Post und Bahnen noch mit einrechnet oder nicht. Ach so, und dann sind da noch ein paar Dutzend Milliarden nicht vorfinanzierter Rentenansprüche – aber das ist alles halb so wild, sagen die Verniedlicher, denn damit liegt Deutschland immer noch besser als der Rest der Welt. Zum Beispiel Italien, denn das hat bereits 110 Prozent seines Bruttosozialprodukts an Schulden aufgehäuft. Und Albanien erst...

Fazit der Rosigmaler: Würde der deutsche Staat während der nächsten zwanzig Jahre nur drei Prozent im Jahr Überschuß erwirtschaften, nachdem er die letzten zwei Jahrzehnte ungefähr fünf Prozent Defizite gemacht hat, dann wäre der Schuldenberg schon wieder weg. Von einer Verschuldung der Kinder könne also gar keine Rede sein – im Gegenteil: Es wäre unverantwortlich, heute, in den Zeiten der leeren Kassen, die zarte Wirtschaftsstruktur mit solch brachialen Mitteln zu zerstören.

Beide Argumentationen schießen sachlich ins Leere. Die absolute Höhe der Schulden ist irrelevant. Die entscheidende Frage ist: Was hat der Staat mit diesen Schulden gemacht? Hat er sie so investiert, zum Beispiel in Infrastruktur, daß sie eine entsprechende volkswirtschaftliche Rendite abwerfen, aus denen die Zinsen und Tilgung ohne Probleme bedient werden können? Oder hat der Staat diese Gelder einem kurzfristigen Konsum in den Rachen geworfen, das Geld sozusagen verschleudert? Erstens ist sinnvoll und richtig, zweitens ist unverantwortlich und unmoralisch. Ersteres entspricht demselben Schema, nach dem Firmen sich verschulden. Für den Kredit müssen sie den Banken und Eigentümern Pläne vorlegen, die beweisen, daß diese Schulden in Projekte investiert werden, aus denen die Zinsen und Rückzahlung erfolgen kann. Außerdem müssen die Firmen eine regelmäßige Bilanz veröffentlichen, aus der hervorgeht, ob die Geschäfte noch tatsächlich existieren und ob die geplanten Gewinne auch wirklich anfallen.

Auch der Privatmann macht Schulden. Kauft er sich zum Beispiel ein Haus, so nimmt er Schulden auf, und anstatt ein Leben lang Miete zu zahlen, führt er Zinsen und Tilgung an die Bank, bis das Haus sein Eigentum geworden ist. Ein völlig vernünftiger Vorgang. Man kann entweder Mietzins oder Bankzins zahlen, weil die wenigsten Bürger es sich leisten können, zur Miete zu wohnen und gleichzeitig einen hohen Bankkredit für ein Haus abzuzahlen. Der Mietzins ist ein Durchlauferhitzer, der Bankzins ermöglicht Vermögensbildung. So ist Eigentum noch immer der beste Mieterschutz. Im umgekehrten Fall einen Kredit aufzunehmen, um Urlaub auf Mallorca zu machen, sich tolle Klamotten zu kaufen, es zu verprassen oder zu verspielen, ist sicherlich unvernünftig. Danach ist das Geld nämlich weg, ohne daß man deswegen seine Ausgabenlast gesenkt hätte oder neue Einnahmen aufgrund von Investitionen in Aussicht stünden. Man ist schlicht um den verkonsumierten Betrag ärmer.

Mit anderen Worten: Schulden sind nicht per se schlecht, egal wie hoch. Sehr hohe Schulden können sehr vernünftig sein, wenn sie andere Einsparungen oder weitere Einkommen ermöglichen, und niedrige Schulden können unverantwortlich sein, wenn die Mittel nur vergeudet wurden. Es kommt also nicht auf die Schulden an, sondern darauf, wofür sie ausgegeben worden sind. Und hier liegt dann auch bei den öffentlichen Schulden der Hase im Pfeffer: Wir wissen nicht, wofür sie gemacht worden sind. Die entsprechenden Statistiken werden noch nicht einmal erstellt – die Rohdaten werden nicht sorgfältig erhoben. Es ist unmöglich, festzustellen, ob die öffentliche Hand die Gelder gewinnbringend investiert oder verkonsumiert hat. Nirgendwo ist nachzulesen, was der Wert der öffentlichen Güter ist, die hinter dem Begriff »öffentliche Investitionen« stehen. Als Bürger wissen wir, wie viele Kilometer Straßen gebaut worden sind, aber was der Wert dieser Straßen ist und ob die volkswirtschaftliche Rendite dieser Straßen die Zinsen wieder zurückzahlen kann, verschweigen die Statistiken. Als Bürger können wir erfahren, wieviel Bildung finanziert wurde, aber nicht, was der Wert derselben ist und ob deren Rendite ausreicht, um die Schulden zu begleichen. Wir kennen nur die Ausgaben, nicht aber den Wert all der Brücken, sozialen Leistungen, Verwaltung, Sicherheit und Subventionen, geschützter Frösche und Maikäfer oder gar, o Schreck, der 6,2 Millionen öffentlichen Arbeitsplätze.

Dabei ist dieses Problem schon seit langem bekannt – in der Tat: Sogar die Grundgesetzväter waren sich dieser Misere durchaus bewußt und formulierten daher Artikel 115, laut dem die Aufnahme von staatlichen Schulden nur für ertragbringende, rentable Objekte erlaubt ist. Politiker sollten nicht in der Lage sein, unpopulärem Sparzwang ausweichen zu können. Das ging gut bis 1969, als der Wirtschaftsminister Karl Schiller im Rahmen der großen Koalition eine aktive Wachstumspolitik betreiben wollte – oder ehrlicher ausgedrückt: die Zukunft zugunsten des Heute beleihen wollte. Die Interpretation des Gesetzes wurde so geändert, daß Schulden bis zur Höchstgrenze der staatlichen Investitionen aufgenommen werden konnten – ein Rentabilitätsbeweis war nicht mehr vonnöten. Und seitdem häuft eine Regierung nach der anderen immer neue Wechsel auf das stetig wachsende Schuldengebirge.

Was eine staatliche Investition ist, wurde nicht geregelt. Erst auf Druck des Verfassungsgerichts definierte das Parlament 1990 den Begriff, allerdings so, daß er fast alles umfaßt und darüber hinaus noch in den einzelnen Ländern unterschiedlich verstanden wird. Im Saarland und in Bremen gilt jede Anschaffung über 800 D-Mark automatisch als Investition, in Hamburg erst ab 10 000 D-Mark. Und trotz der wenngleich laschen Regeln ist es Bundesfinanzminister Waigel 1993 erstmals gelungen, selbst diese Grenze noch zu durchbrechen. Verfassungswidrig überschritt die Nettokreditaufnahme des Bundes mit 66,1 Milliarden D-Mark die Investitionssumme von 65,1 Milliarden D-Mark um eine Milliarde. 1994 wurde der Bundeshaushalt sogar unter Einplanung von fünf Milliarden D-Mark Übertretung verabschiedet. Vom Bundesrechnungshof zur Stellungnahme gebeten, antwortete das Finanzministerium lapidar: »Eine Ist-Nettokreditaufnahme des Bundes, die höher ist als das Investitionsausgaben-Ist desselben Jahres, verletzt nicht den Artikel 115 GG. Die Bundesregierung hat deshalb keine besonderen Darlegungspflichten.« Gemeint ist, daß das Grundgesetz die geplanten Budgets anspricht und nicht die Resultate. Der Bundesrechnungshof vertritt zwar die Meinung, daß dadurch der Sinngehalt der Verfassungsvorschriften unangemessen eingeschränkt und die Inanspruchnahme der Ausnahmeregelung sinnwidrigerweise auf die Regierung verlagert wird – aber wen kümmert das schon? In ein paar Jahren hat sich der Fall durch die Instanzen zum Bundesverfassungsgericht vorgekämpft. Dann werden wir, wie bisher regelmäßig aus Karlsruhe, erfahren, daß das Finanzgebaren des Staates verfassungswidrig sei. In der Zwischenzeit haben die Politiker weitere Wege der Umgehung des Grundgesetzes gefunden. Es ist wie eine Hydra mit zwanzig Köpfen, das Schmarotzertum dieser unaufrichtigen Politiker ist sogar immun gegenüber staatlichen Verfassungs- und Kontrollorganen.

Politiker unterlaufen den Sinngehalt des Grundgesetzes auf allen Ebenen ununterbrochen. In der freien Wirtschaft muß eine Investition abgeschrieben werden. Irgendwann ist sie nämlich nichts mehr wert und muß ersetzt werden. Parallel dazu erwartet der Kreditgeber, daß die Schulden auch im gleichen Maße getilgt werden, wie die Investition an Wert verliert. Nicht so bei den öffentlichen Haushalten. Der Hamburger Senat zum Beispiel kaufte zwischen 1971 und 1989 914 Polizeiwagen für insgesamt 18,2 Millionen D-Mark. Obwohl die meisten von ihnen schon längst verschrottet sind, führt der Senat sie noch immer in den Büchern und bezahlt rund 1,3 Millionen D-Mark Zinsen jährlich für die entsprechenden Schulden. Eine andere Masche der Politiker besteht darin, zum Beispiel Schulden für eine Immobilie aufzunehmen, diese dann an Privatleute zu verkaufen, den Erlös aber nicht zur Tilgung zu verwenden, sondern damit andere Haushaltslöcher zu stopfen. So weiß die Stadt Frankfurt zur Zeit nicht, was ihr alles gehört und wie es finanziell belastet ist. So perfekt haben früher die Kämmerer mit diesem Verwirrinstrument gespielt. Auch werden Investitionen doppelt verrechnet, etwa auf Bundes- und auf Landesebene gleichzeitig; dabei handelt es sich nur um ein und dieselbe Investition.

Der Unfug ist bekannt und wird von den Rechnungshöfen schon lange moniert. 1980 bereits hatte der Wissenschaftliche Beirat dem Bundesfinanzminister eine schärfere Regelung der Schuldenmacherei vorgeschlagen – und wurde ignoriert. 1990 ist der nordrhein-westfälische Finanzminister ebenso gescheitert, Schulden nur noch für Nettoinvestitionen zuzulassen. Die verantwortlichen Politiker dagegen wehren sich konsequent gegen den Versuch, ihre staatlichen Leistungen mit einem Wert zu belegen. Dadurch könnte ihr Tun und Lassen viel zu transparent werden. Sie suggerieren, man solle nur dem Urteil einer gewählten Regierung vertrauen, daß alles seine Richtigkeit habe. Auf dieses dümmliche Argument haben schon die Fugger des Mittelalters vertraut und sind daran eingegangen.

Das Risiko, sich der Regierung blind anzuvertrauen, hat sich seitdem als kein bißchen zuverlässiger erwiesen. Schulden sind nämlich Schulden. Auch der Staat vermag nichts an der Tatsache zu ändern, daß Schulden nur dann zurückgezahlt werden können, wenn sie entsprechend gewinnbringend investiert wurden. Das einzige, wodurch sich staatliche Schulden von privaten unterscheiden, ist, daß der Staat das uneingeschränkte Recht hat, die Schulden ungestraft zu annullieren oder zu entwerten. So gesehen sind staatliche Schulden eigentlich viel riskanter als private und müßten mit entsprechender Vorsicht behandelt werden. Das heißt, der Wert des staatlichen Tuns und Lassens sollte eigentlich besonders genau untersucht werden. Im Umkehrschluß bedeutet das, wann immer Politiker ihre Kreditwürdigkeit mit dem Hinweis auf das Souveränitätsrisiko verteidigen, anstatt deutlich zu zeigen, welchen Wert sie mit ihren Investitionen kreieren, kann man eigentlich schon davon ausgehen, daß das Geld verschleudert wurde. Diese Lehre ist zwar auch schon ein paar hundert Jahre alt, aber offensichtlich gehört sie zur Gruppe jener Weisheiten, die jede zweite Generation wieder neu erlernen muß.

7. Staatsschulden: Der legale Betrug am kleinen Mann

Die Aktien steigen, weil die Renten fallen; dann fällt die D-Mark, weil die Zinsen fallen; aber das könnte ja heißen, daß die Inflation steigt; also steigen die Zinsen, und deswegen fallen die Aktien wieder; und die fallenden Aktien könnten eine schlechte Wirtschaftslage bedeuten, deswegen fällt die D-Mark; dann können die Exporteure aber wieder mehr exportieren, und deswegen steigen die Aktien; und weil die Aktien steigen, werden die Renten einfach im Eifer mitgerissen. Drei Jahre lang war Peer Händler für Zinsen und Devisen und hat sich diesen Unsinn anhören müssen. Für jede Bewegung der Finanzmärkte gibt es eine schlaue Erklärung, warum sie so und nicht anders gekommen ist. Und zu jedem Zeitpunkt kann man sich Empfehlungen besorgen, die in der Regel anfangen mit: einerseits blablabla, andererseits blablabla. Über kein Thema wird so viel so klug dahergeschwätzt wie über volkswirtschaftliche Zusammenhänge. Dabei versteht der allergrößte Teil der Bevölkerung davon nur Bahnhof, und die darüber reden, verstehen oft auch nicht sehr viel mehr davon. Und irgendwo zwischen dem Geschwafel versteckt dann die öffentliche Hand ihren Schuldenberg – nahezu unbemerkt und ziemlich kommentarlos.

Möglich ist das aufgrund des allgemeinen Unwissens über die wirtschaftlichen Zusammenhänge. Sie werden an Schulen nicht unterrichtet, selbst den Studenten an der Uni werden sie oft nicht deutlicher. Was bedeuten diese ganzen Begriffe eigentlich, wie wirken sie sich auf unser tägliches Leben aus, was ist vernünftig und was nicht mehr? Über die Staatsverschuldung ist auch deswegen keine sachliche Information zu bekommen, keine gescheite Interpretation, weil sie sowieso keiner verstehen würde. Selbst der gut mit Allgemeinbildung ausgestattete Bürger wird bei wirtschaftlichen Erläuterungen ins Schleudern geraten. Unglücklicherweise gilt das für die meisten Journalisten auch, und so tragen sie zur allgemeinen Verwirrung bei.

Warum werden wirtschaftliche Grundkenntnisse nicht ebenso an der Schule gelehrt wie Geographie, Physik oder Religion? Weil es zu kompliziert ist? Mathematik, Englisch und Geschichte sind auch komplexe Angelegenheiten, aber deswegen gehören sie trotzdem zum Bildungskurrikulum. Weil es zu unwichtig ist? Was kann eigentlich wichtiger sein, als über die elementarsten Bausteine einer modernen Industriegesellschaft Bescheid zu wissen? Der historische Grund ist, daß diese beiden Wissenschaften noch jung sind. Die Volkswirtschaft entstand erst seit 1776 mit Adam Smith' »Wealth of Nations«, die Betriebswirtschaft ist immerhin etwas älter, sie geht auf die venezianische Renaissance zurück. Die meisten Wissenschaften können dagegen mindestens bis zu den alten Griechen zurückverfolgt werden, teilweise sogar zu den Ägyptern und Babyloniern. Noch heute gibt es jede Menge Akademiker, die Wirtschaftswissenschaften als ernstzunehmendes Fach ablehnen, geschweige denn es für unterrichtungswürdig halten. Den verantwortlichen Entscheidungsträgern in Politik und Wirtschaft kann diese allgemeine Unaufgeklärtheit nur recht sein – so können sie weiter unbehelligt ihr Schindluder mit den öffentlichen Finanzen treiben. Unaufgeklärtheit ist noch immer des Intriganten bester Freund. Und außerdem sind Politiker auch dadurch in der Lage, prächtig zu vertuschen, daß sie die Situation schon längst selbst nicht mehr verstehen.

Was die Politiker mit ihrer Fehlinformation über den öffentlichen Schuldenberg erreichen, ist, daß die Bürger diesen irgendwie als ein Phantom betrachten. Sie vermögen Schulden dieser Art nicht in ihre Welt einzuordnen und ignorieren sie folglich in der politischen Entscheidungsfindung. Dabei könnte man es ja auch bewenden lassen, gäbe es da nicht noch die Frage zu beantworten, wer eigentlich seine Ersparnisse für die Regierung zur Verfügung stellt. Wer ist denn der Gläubiger dieser Schulden? Wenn jeder Säugling mit 29 000 D-Mark verschuldet ist, an wen denn? Die Antwort lautet: »An sich selbst.« Die Deutschen haben keine Nettoverschuldung gegenüber Ausländern, so daß allen Schulden innerhalb Deutschlands deutsche Gläubiger gegenüberstehen.

Der öffentliche Schuldenberg wird über verschiedentlich genannte festverzinsliche Rentenpapiere refinanziert. Da gibt es Bundesanleihen, Bundesobligationen und Bundesschatzbriefe. Dann gibt es Anleihen öffentlich-rechtlicher Institutionen wie zum Beispiel der Landesbanken, der Bahn, der Post, der Treuhand, der verschiedenen Wiederaufbau-Kreditinstitute. Es gibt öffentliche Anleihen der Länder und Kommunen usw. Alle diese Papiere werden auf einem freien Markt erworben, und ihr Preis bestimmt ihre Rendite. Der Schuldenberg ist also in der Tat nicht irgendeine Seifenblase, die jeden Moment platzen kann, sondern eine reale Größe. Gekauft werden die Papiere zum Teil von Privatanlegern, die damit direkte Gläubiger der öffentlichen Hand sind. Der weitaus größte Teil allerdings wird von Versicherungen und Banken gekauft, also von jenen Instituten, denen der Normalbürger seine Ersparnisse überläßt.

Und damit schließt sich der Kreislauf. Der Bürger spart Geld. Er bringt sein Erspartes zur Bank oder spart in einer Lebensversicherung. Bank und Versicherung wiederum geben das Geld der öffentlichen Hand. Diese gibt es für irgendwelche nebulösen, nicht nachvollziehbaren Dinge aus, die letztendlich dem Bürger zugute kommen sollen. Für diese Wohltaten zahlt der Bürger Steuern, mit denen der Staat bei den Finanzinstituten seine Kredite begleicht, und die Banken geben dem Bürger das Sparvermögen bei Fälligkeit wieder zurück. Das ganze System ist schlicht ein großes Verschieben von der linken Tasche in die rechte Tasche.

Dabei steht und fällt das System damit, daß der Staat seine Schulden für solche Dinge ausgegeben hat, die es den Bürgern hinterher wieder ermöglichen, aufgrund von Wirtschaftsaktivitäten mehr Steuern zu zahlen. Das heißt, ob der Wert der öffentlichen Investitionen steigt oder fällt, ob er dem Ausmaß der Schulden entspricht, ist entscheidend für solide Finanzen. Denn wenn es nicht so wäre, dann bekämen die Bürger entweder ihre Ersparnisse nicht zurück oder sie müßten mehr Steuern zahlen, um sie zurückzubekommen, was im Endeffekt genau das gleiche ist: Der Bürger zahlt an sich selbst. Nur wird, wie gesagt, die Bevölkerung über diese wichtige Information im dunkeln gelassen. Lediglich der Bundesrechnungshof konstatiert: »Die Schulden des Bundes werden bei wirtschaftlicher Betrachtungsweise nicht getilgt; die fälligen Tilgungen werden vielmehr im wesentlichen durch neu aufgenommene Kredite finanziert. Dies führt im Ergebnis dazu, daß heute und in Zukunft Zinsen auch für solche Kredite gezahlt werden, deren Gegenwert ganz oder teilweise schon nicht mehr vorhanden ist.« Übersetzt ins Deutsche: Der Staat ist bankrott. Er hat auf der einen Seite mehr Schulden als auf der anderen Seite Gegenwerte – die klassische Definition von Pleite. Auch die OECD hat in einer umfassenden Untersuchung einmal festgestellt, daß der Nettowert staatlicher Investitionen seit den siebziger Jahren stetig gefallen ist – und das, obwohl die Nettoverschuldung sich nahezu jedes Jahr erhöht hat. Viele Gründe also, kein Licht in das Dickicht staatlicher Finanzen dringen zu lassen.

Zurück zu Roger Douglas und seiner Steuerreform. Was er damals wirklich versuchte, war, die Regierung als Vermittlungsorgan aus ebendiesem Kreislauf auszuschalten. Das ist aus zweierlei Gründen notwendig: Erstens ist die Regierung ein höchst ungerechter Verteiler und zweitens ein sehr ineffizienter obendrein. Daß Regierungen ineffizient sind, bedarf wohl spätestens seit dem Zusammenbruch des Kommunismus keiner Erklärung mehr. Jeder Staatseingriff ist systembedingt ganz eindeutig ungerecht. Denn: Der Staat kann seine Aufgaben nur durch Steuern finanzieren, und die zahlt jeder. Das heißt, jeder finanziert alles. Wenn der Staat beschließt, eine teure Fluglinie wie bis vor kurzem die Lufthansa zu subventionieren, dann trägt jeder diese Belastung mit, auch wenn er nie in den Genuß kommt, einmal zu fliegen. Wenn der Staat beschließt, Universitäten zu finanzieren, dann zahlen auch diejenigen, die nie eine Chance haben zu studieren. Wenn der Staat einzelne Industrien subventioniert, sagen wir den Schiffsbau, dann zahlen auch diejenigen, die weder direkt noch indirekt von den miserablen Arbeitsplätzen auf den Werften profitieren können. Jede staatliche Investition, die nicht von der Allgemeinheit insgesamt genutzt werden kann, ist automatisch ungerecht. Von allgemeinem Nutzen sind dagegen sicherlich ein regionales Straßenverkehrsnetz, eine funktionierende Polizei, ein militärischer Schutz, eine effiziente öffentliche Verwaltung.

Darüber hinaus muß der Staat auch überall dort investieren, wo privatwirtschaftliche Märkte noch nicht in der Lage sind, das

Risiko zu bewerten oder zu übernehmen, auch wenn diese keinen allgemeinnützigen Charakter haben. Das sind typischerweise langfristige Investitionen mit einem zwanzig- oder gar dreißigjährigen Horizont, in erster Linie also Infrastruktur, Ausbildung, Technologie sowie innere und äußere Sicherheit. Wenn der Staat alle diese Investitionen mit Ersparnissen aus dem Steuerzyklus finanzieren müßte, dann könnte er sich viele davon nicht leisten. Sie wären aber trotzdem notwendig. Es wäre für einen Staat betriebswirtschaftlich ebenso unsinnig, für seine Investitionen keine Schulden zu machen, wie es für Unternehmen oder Bürger unsinnig ist, für ihre Investitionen keine Schulden zu machen. Sobald sich für diese Investitionen aber private Geldquellen erschließen würden, sollten diese genutzt werden – denn von Konkurrenz geprägte Märkte sind, wie immer wieder gesagt, die sozialste Form der Verteilung volkswirtschaftlichen Gutes.

Japanische Autobahnen werden zum Beispiel zu einem großen Teil von privaten Geldgebern mitfinanziert, obwohl es öffentlich-rechtliche Einrichtungen sind. Die Rendite wird durch Mautgebühren erzielt, die in Japan ungefähr genausoviel ausmachen wie die Treibstoffkosten pro Kilometer. Damit steht der Verkehrsweg Straße in offener Konkurrenz zu den ebenfalls privatwirtschaftlich organisierten Verkehrswegen Schiene, Luft und Wasser. Es gibt keinen Grund zu glauben, daß deutsche Investoren nicht auch an privat gebauten Straßen interessiert wären, und das vielzitierte Grundgesetz ist wohl eher ein praktisches Feigenblatt, hinter dem sich zu verstecken für Politiker einfacher ist, als sich von ihrer Macht zu lösen. Wenn es ihnen in den Kram paßt, siehe bei der Steuergesetzgebung, dann verstoßen sie gegen den Geist der Grundgesetzväter, ohne mit der Wimper zu zucken.

Das gleiche gilt auch für andere staatliche Leistungen, zum Beispiel die Sicherheit. In den USA müssen Veranstalter von Massenereignissen den dafür benötigten Polizeischutz mit 220 Dollar pro Polizist pro Tag bezahlen. Wenn in Deutschland aber 300 Polizisten für ein Bundesliga-Fußballspiel benötigt werden, dann blechen die Vereine nicht einen Pfennig. Das hat nichts mit sozialer Leistung zu tun, sondern ist eindeutig ungerecht gegenüber all denjenigen, die nicht in die Stadien gehen.

Das Interessanteste ist, daß der reiche Teil der Bevölkerung sehr viel mehr von diesen ganzen kostenlosen Bereitstellungen staatlicher Dienste profitiert als der ärmere Teil. Es sind zum Beispiel die aufgrund eines Studiums demnächst Wohlhabenden, die von einer gebührenfreien Universität profitieren. Das ist auch damit nicht zu rechtfertigen, daß sie theoretisch auch höhere Steuersätze zahlen, denn die sind dazu da, einen sozialen Ausgleich zu schaffen. In der Praxis stehen den Wohlhabenden so viele völlig legale Um- und Auswege an der Steuer vorbei zur Verfügung, daß sie die höheren Steuersätze eben doch nicht zahlen. Und dort, wo die Auswege nicht existieren, da wird das Geld entweder schwarz verdient oder die Arbeit halt nicht geleistet. Der theoretische Spitzensteuersatz in Deutschland liegt jetzt bei 57 Prozent plus jede Menge indirekte Steuern, von der Mehrwertsteuer über die Mineralölsteuer bis hin zur Quellensteuer. Für so wenig Nettoertrag arbeitet keiner, und so beträgt die durchschnittliche Steuerbelastung in Deutschland tatsächlich 24 Prozent. Das ist ungefähr das, was ein Facharbeiter aufbringt.

Genau hier passiert die soziale Untat. Die Reichen können entsprechend viele Steuerberater engagieren und Investmentchancen wahrnehmen, um ihren durchschnittlichen Steuersatz wesentlich zu reduzieren, während den Ärmeren fast nichts anderes übrigbleibt, als ihre Steuerlast voll zu zahlen. Einem Zahnarzt gelingt es völlig legal, seine Villa auch von der Steuer finanzieren zu lassen, während 60 Prozent der deutschen Arbeitnehmer unter den hohen Mieten stöhnen. Und was ist mit der Quellensteuer? Auch ein Scherz! 24 Milliarden D-Mark Einnahmen wurden erwartet – zwölf Milliarden sind es geworden. Den Reichen ist es also gelungen, jede zweite gesparte Mark am Fiskus vorbeizuschleusen. Die Chancen, sie zu fassen, sind fast aussichtslos. Die Finanzämter stehen einer unübersehbaren Vorschriftenflut gegenüber. Allein der umstrittene Paragraph 10e des Einkommensteuergesetzes, der Häuslebauern unter die Arme greifen soll, besteht aus dreißig verschachtelten, schwerverständlichen Einzelsätzen, die seit 1987 vom Gesetzgeber fünfmal geändert wurden und dreiunddreißigmal durch den Bundesfinanzhof uminterpretiert wurden. Jedes Finanzamt legt ihn folglich anders aus. Die vorhandene Steuergesetzgebung verstößt in etlichen Punkten gegen die Verfassung, gegen das Willkürverbot, gegen das Gebot zur

Gleichbehandlung, gegen die Pflicht zur Verifikation, gegen den Schutz der Familie usw. – und dennoch tut sich nichts.

Mit 40 verschiedenen Steuern, von denen viele kostspieliger einzutreiben sind, als sie Erträge bringen, zwanzig weiteren Quasisteuern von der Altölabgabe bis hin zum Kohlepfennig, einem komplizierten Sozialversicherungssystem, das aufgrund seines Solidarpakts und Generationenvertrags im Grunde genommen auch nichts anderes als Steuern darstellt, wuchert das System ständig weiter: 122 Änderungsgesetze allein in den letzten zehn Jahren zu den wichtigsten Steuergesetzen. So gestand uns ein Finanzbeamter bei einer Prüfung: »Wenn ich das alles lesen sollte, geschweige denn verstehen, hätte ich für meine eigentliche Arbeit gar keine Zeit mehr.« So klagten denn auch die 21 Oberfinanzdirektoren schon im Mai 1993: Es sei »fast unmöglich, die neuen Gesetze und Verfahrensanweisungen in die Praxis umzusetzen«.

Es war dieser Punkt, an dem der Neuseeländer Douglas kapitulieren mußte. Er ist an den Wohlhabenden gescheitert, deren Privilegien bei einer allgemeinen Steuersenkung uninteressant geworden wären, während sich ihre direkten Ausgaben für dann nicht mehr kostenlose staatliche Leistungen deutlich erhöht hätten. In Deutschland kann ein Single mit spitzensteuerpflichtigem Einkommen beim Kauf einer Wohnung für 350 000 D-Mark mit weit über 100 000 D-Mark Unterstützung rechnen, während ein Industriearbeiter mit drei Kindern bei 60 000 D-Mark noch nicht einmal den Berechtigungsschein für eine Sozialwohnung bekommt. Die steuerlichen Kinderfreibeträge sind für Spitzenverdiener doppelt soviel wert wie für Arbeiterkinder.

Im Jahr 1994 betrug die staatliche Wohnungsbauförderung aus den verschiedenen Töpfen über 50 Milliarden D-Mark, und trotzdem bleiben wir bei 40 Prozent Wohnungseigentum, weil die 50 Milliarden den Besitzenden zugute kommen. Da erhalten die sozialen Wohnungsbaugesellschaften gigantische Zuschüsse, da werden Unsummen für Wohngeld aufgewendet, Zinsabschläge für Einliegerwohnungen gewährt, und das ganze Geld fließt immer nur zu den Kapitalgebern. Ohne einen Pfennig mehr Geld ausgeben zu müssen, könnte der Staat alle seine Wohnungssubventionen auf Eigentumsförderung umstellen. Also statt Wohngeld über Mieter auf den Vermieter umzuleiten, erhält der

Bedürftige den gleichen Zuschuß für ein Mietkaufsystem. Statt verlorener Zuschüsse an die zum Teil chaotischen kommunalen Wohnungsbaugesellschaften Bargeldzuschuß an die zukünftigen Bewohner als Kaufermäßigung. Aber wieviel ausgediente Kommunalpolitiker hätten dann keinen gemütlichen Vorstandsposten mehr in einer Wohnungsbaugesellschaft? Und es wäre dann auch sehr schwer, dem verdienten Genossen oder Parteifreund eine Wohnung zuzuschanzen, womöglich noch als Blockwart – Verzeihung, Hausmeister. Das ist nämlich wieder »in«, seitdem die PDS so vormacht, wie man Wahlen gewinnen kann. Der abgewählte Oberbürgermeister von Kassel, der Oberstudienrat Bremeier, wäre dann auch wieder Lehrer statt Geschäftsführer der Leipziger Wohnungsbaugesellschaft mit 250 000 D-Mark Einkommen im Jahr, was zusammen mit der Pension als Ex-OB deutlich macht, daß sich eine sozialdemokratische Funktionärskarriere noch immer lohnt – bei unseren Umverteilungsgesetzen.

Wie unsinnig sich das deutsche Steuermodell verhält, erkennt man auch an folgenden Zahlen: In den USA mit deutlich niedrigeren Spitzensteuersätzen bei 36 Prozent zahlen die oberen Zehntausend, die etwa fünf Prozent der Bevölkerung ausmachen, 40 Prozent aller Einkommensteuern. Die untersten 50 Prozent der Einkommensskala tragen nur ein Prozent der Steuerlast. Deutschland mit einem Spitzensteuersatz von 57 Prozent hat nahezu die gleiche Verteilung – nur unendlich viel mehr Regeln.

Wie wichtig die hohen Steuersätze für die Besitzenden sind, läßt sich an folgender Geschichte plastisch nachvollziehen. Gerhard Schulz war zu Zeiten der DDR braver Handwerksmeister in Leipzig. Er hielt sich von der herrschenden Kaste fern, und die ließ ihn dafür Werkzeuge bauen, die sie dringend für ihre verrotteten Betriebe brauchte. Mit der Wende engagierte sich Schulz, trat in die CDU ein und kandidierte für die Volkskammer. Als einziger echter Mittelständler der Regierung de Maizière machte er sich Gedanken über eine gerechte Steuer. Aus eigenen Überlegungen kam er auf ein Modell, das einen Spitzensteuersatz von dreißig Prozent ohne viele Abschreibungsmöglichkeiten vorsah. Es sollte für jeden Bürger verständlich sein und niedrige Einkommen ganz verschonen. Da Gerhard Schulz in seiner DDR kaum Erfahrungen mit einer Finanzverwaltung sammeln konnte, bat er seinen westdeutschen Kollegen von der CDU-Mittelstandsvereinigung aus dem Bonner Parlament, ihm doch bei seinen Überlegungen zu helfen. Vor allem könnte ja nach der Wiedervereinigung das vereinfachte Steuerrecht auch für Westdeutschland wenigstens zum Teil interessant sein. Denn soviel hatte Schulz schnell gelernt: Das westdeutsche Steuerrecht ist nicht handhabbar für Ostdeutschland. Damit muß man jahrelang aufwachsen, um es zu verstehen. Aber sein Bonner Kollege, dessen Namen er nicht preisgeben will, machte ihm gleich klar: »Vergessen Sie all Ihre Vorstellungen – das ist zu einfach. Damit verlieren Tausende von Steuerberatern und Finanzjongleuren ihren Job. Und das sind alles unsere Wähler.« So lernte der Ossi Schulz, wo es langgeht. Er hat bis heute noch nicht ganz aufgegeben. Er sitzt auch immer noch im Parlament, aber vorsichtshalber verstecken ihn die Finanzpolitiker seiner Fraktion auf den hinteren Bänken.

Nicht nur im fernen Neuseeland ist der Politiker Douglas mit einem radikalen Plan zur Steuerreform gescheitert. Auch in Deutschland weiß der frühere Bundesfinanzhofpräsident Franz Klein seit vielen Jahren, daß die Amerikaner mit einem halb so hohen Steuersatz wie bei uns dreißig Prozent mehr Steuern eintreiben. Klein: »In keinem mir bekannten Land ist bei den Steuern der Unterschied zwischen scheinbar perfekt gerecht geregelter Theorie und chaotisch ungerechter Praxis so groß wie in Deutschland.« Er hat nachgerechnet, daß in keinem der sieben führenden Industrieländer die Differenz zwischen nomineller und effektiver Steuerbelastung so hoch ist wie in Deutschland.

Johann Wilhelm Gaddum, jetzt Vizepräsident der Bundesbank, hat bereits 1986 einen fertigen Gesetzentwurf unter dem Titel »Steuerreform: einfach und gerecht« vorgestellt. Darin forderte er damals schon eine Steuerfreistellung des Existenzminimums. Wichtiger Kernpunkt seines Entwurfs war die Leistungsfähigkeitsbesteuerung. Eine eingeschränkte Leistungsfähigkeit, wie zum Beispiel das Führen einer Familie, sollte bei der Besteuerung durch ein Familiensplitting berücksichtigt werden. Demnach würde für eine fünfköpfige Familie das zu versteuernde Einkommen erst durch fünf geteilt und dann versteuert – eine deutliche Entlastung der Familien. Die jetzige Praxis berücksichtigt nur das Ehepartnersplitting. Finanzieren wollte Herr Gaddum das mittels einer deutlichen Ausdehnung des Bemessenskreises – es wären also die vielen Ausnahmeregeln, wie Arbeitszimmer zu Hause, entfallen – und einer drastischen Senkung der Steuertarife. Wer sich seinen Gesetzentwurf anschaut, dem fällt zuallererst auf, daß drei Viertel der Paragraphen einfach als unnötig betrachtet und gestrichen worden sind.

Auf die Frage, warum diese Reform damals nicht aufgegriffen wurde, antwortet Gaddum:»Solche Änderungen setzen einen Sturm in Bewegung, vor dem die Politik Angst hat. Meinen Vorschlägen ist dasselbe passiert wie denen der Bareis-Kommission, die von Theo Waigel eingesetzt wurde. Das ist auch nicht verwunderlich, denn die Vorschläge sind sich im Ansatz sehr ähnlich.«

Die Erkenntnisse dieser Expertenkommission, die Vorschläge zur Finanzierung der Existenzminimumfreistellung ab 1996 erarbeiten sollte, wurden nämlich zunächst durch gezielte Halbinformationen verunglimpft und dann in den Papierkorb geworfen. In die Riege der gescheiterten Reformer kann sich ebenfalls der Kölner Professor Joachim Lang einreihen, der unlängst ein komplettes Steuergesetzbuch mit deutlich vereinfachten und reduzierten Steuersätzen vorgelegt hat. Er wird ebenso ignoriert. Keine der Parteien will diese bewiesenen Fakten auch nur ansatzweise in die politische Diskussion einbringen. Sie gehören schließlich alle selbst zu den Gewinnern des Systems.

Außer den Reichen und ihrer Klientel gibt es natürlich noch den staatlichen Apparat selbst, der Interesse an der Beibehaltung der Umverteilungsmaschine hat. Je mehr vom Staat umverteilt wird, desto mehr Macht hat der Apparat, das Leben im Staat zu bestimmen. Und diese Macht wird er so ohne weiteres nicht wieder abgeben, denn schließlich gibt es in Deutschland 6,2 Millionen Arbeitnehmer der öffentlichen Hand; das sind immerhin 17 Prozent aller Beschäftigten im Staat, das heißt, jeder sechste Arbeitnehmer wird aus Steuergeldern bezahlt. Würde der Staat sich aus all den Bereichen zurückziehen, die ihn nichts angehen, dann müßten diese 17 Prozent anfangen, echte Arbeit zu leisten. Jeder, der einen ernsten Schritt in diese Richtung unternimmt, wird sofort aus dieser Ecke attackiert, bevor er das zweite Bein wieder auf den Boden bekommt. Davon können »abgeschossene« Politiker wie Lothar Späth, Jürgen Möllemann und Günther Krause ein

Lied singen. Wer sich mit dem Apparat anlegt, wird über eine Spesenrechnung stolpern, und wenn sie lediglich 8,50 D-Mark ausmacht. Wer mit dem Apparat heult, kann Millionen durch Nichtstun verschwenden. Das ist auch ein Markenzeichen unserer »sozialen Marktwirtschaft«.

Womit würden sich zum Beispiel in einer freien Marktwirtschaft die Beamten und Angestellten befassen, die bisher damit beschäftigt waren, festzustellen, welche der kleinen Kitschspielzeuge in den Überraschungsschokoladeeiern mit nur sieben Prozent und welche mit 15 Prozent Mehrwertsteuer belegt werden müssen? Und die, die pauschal einen Gewinn aus Spielautomaten errechneten, der schließlich höher als der Einsatz war, und dann besteuerten, bis ein Finanzgericht diesen Unfug wieder verbot. Da hatte eine Menge Leute mit zu tun.

Während dieser Unfug passiert, hat Peer drei Jahre lang darauf gewartet, daß ihm das Standesamt Berlin ein Familienbuch anlegt. Wir alle warten sechs bis acht Wochen auf einen neuen Reisepaß oder Personalausweis. In Wiesbaden dauert es bis zu einem Jahr, um eine Grundbucheintragung zu bekommen. Die Flut an Regeln ist überhaupt nicht mehr in die Realität umzusetzen. Der Staat leistet im selben Maße weniger, als er zunehmend mehr kostet.

Hinzu kommt noch, daß die Entscheidungen aller dieser Behörden so gut wie nicht nachvollziehbar sind. Ihre Paragraphendschungel wuchern so wild, daß sie jeden Vorgang nach eigenem Gutdünken de facto ablehnen oder akzeptieren können. Der Rechtsstaat ist auf dem Weg zum Behördenstaat. Für den Antrag auf eine Aufenthaltserlaubnis für Peers japanische Frau zum Beispiel bekam er es mit zwei verschiedenen Ämtern zu tun. Der eine, ein Herr Kraft aus der deutschen Botschaft in Tokyo, bestand auf einem Procedere, wonach der Antrag bei sechs verschiedenen Stellen, quer über die Bundesrepublik und Japan verteilt, per Post während des Poststreiks hin und her geschickt werden sollte. Die andere, eine Frau Kaiser aus dem Ausländeramt in Gelnhausen, war damit zufrieden, denselben Vorgang mit einem Telefonanruf und einem Fax zu bearbeiten. Herrn Kraft war es völlig egal, daß sein Vorgehen drei Monate Zeit in Anspruch genommen hätte und damit die pünktliche Einreise von Peers Frau als Mutter von zwei Kindern deutscher Nationalität unmöglich gemacht hätte. Frau Kaiser war binnen sieben Tage soweit. Wohlgemerkt, es handelte sich dabei lediglich um den Antrag, eine Aufenthaltserlaubnis in Deutschland in die Wege leiten zu können, noch gar nicht um die eigentliche Genehmigung. Auf den Spießrutenlauf, der dafür notwendig ist und der im Vergleich zu Japan und Amerika noch menschenunwürdiger und unzuverlässiger ist, möchten wir hier gar nicht erst eingehen.

Wenn der Staat seine Haushalte nicht mehr decken kann und deswegen Neuverschuldungen auf sich nimmt, dann auch wegen dieser krebsartigen Auswüchse im Behördensystem. Sechzig Prozent der öffentlichen Haushaltsausgaben werden für Personalausgaben aufgebracht. Wenn es gelänge, nur der Hälfte dieses nichtsnutzigen Systems das Handwerk zu legen, dann würde der Staat jedes Jahr 250 Milliarden D-Mark sparen. Damit wäre der Schuldenberg in spätestens elf Jahren zurückgezahlt. Und als doppelter Effekt könnte die freie Wirtschaft ohne diesen Bremsschuh wesentlich mehr Werte schaffen als bisher, so daß die Verschlankung dieses Apparats eigentlich doppelt dringend erscheint.

Aber auch darüber ist im Wahlkampf 1994 kein ernsthaftes Wort gefallen. Vorsichtig soll pro Jahr ein Prozent der Stellen in den Ministerien abgebaut werden, als Maßnahme des »schlanken« Staates. In diesem Tempo bräuchte Deutschland ungefähr 60 Jahre, bis es einen genauso schlanken Staat hat wie Japan heute. Und würden diese ein Prozent tatsächlich gekürzt, dann werden dies sicherlich nicht die teuren leitenden Positionen sein, sondern die unteren Ebenen sind dann davon betroffen. Die hohen Planstellen braucht man, um die unteren abschaffen zu können.

Die Drohung mit dem Schuldenberg eignet sich auch vorzüglich, sich unliebsame Projekte vom Hals zu halten – mit dem Hinweis, das könne der Staat nicht zahlen. Nachdem die Klientel der Schmarotzer bedient wurde, bleibt für die wirklich Bedürftigen dann nicht mehr genügend übrig. Dabei ist das Humbug. Die Kassen sind nicht leer, die Ausgaben sind lediglich schlicht unnötig. Würde der Staat sich auf den Weg machen, vernünftige Investitionen, die bewiesenermaßen entweder volkswirtschaftliches Gut aufbauen oder eine soziale Notwendigkeit darstellen, entsprechend transparent zu refinanzieren, dann hätte er mehr Geld zu Verfügung, als er ausgeben kann. Schwappen doch täglich mehrere hundert Milliarden Dollar an Geldern um die Welt, auf der Suche nach vertrauenswürdigen Projekten. So aber verschleudert der Staat Jahr für Jahr das Geld in nicht nachvollziehbaren Ausgaben und verpfändet die Zukunft zunehmends.

Jahr für Jahr berichten der Bundesrechnungshof und der Bund der deutschen Steuerzahler über diese Zustände. Jahr für Jahr veröffentlichen sie ihre Prüfungen, wobei milliardenweise Verschwendungen aufgezählt werden. Jahr für Jahr werden Interessenkonflikte führender Beamter in allen öffentlichen Einrichtungen aufgedeckt. Jahr für Jahr veröffentlichen aufgrund dessen alle führenden Magazine und Nachrichtensender die skandalösesten Vorkommnisse. Und was passiert? Nichts, gar nichts passiert. Das Schmarotzertum ist so umfassend, daß es bereits als ein unvermeidbarer Bestandteil der Demokratie hingenommen wird. So lästige Institutionen wie der Bundesrechnungshof werden als Alibikontrolleure mehr schlecht als recht behandelt – und nach Möglichkeit von den Büchern ferngehalten.

Um den Bundesrechnungshof ein letztes Mal zu zitieren: »... weist darauf hin, daß die steigende Staatsverschuldung Zinsverpflichtungen zur Folge hat, die den finanziellen Handlungsspielraum des Staates immer stärker einengen. Bezieht man alle finanziellen Belastungen des Bundes in die Berechnungen mit ein, wird die Zinssteuerquote im Jahre 1995 rund 24 Prozent erreichen.« Mit anderen Worten: Jede vierte Mark an Steuern wird schon jetzt für Zinszahlungen ausgegeben. Die Zinszahlungen sind anderthalbmal so hoch wie die Nettoneuverschuldung. Im Grunde genommen nimmt der Staat also neue Schulden auf, um die Zinsen der alten zu zahlen. Aus diesem Teufelskreis wieder herauszukommen, ist ziemlich schwer und wird von Jahr zu Jahr problematischer.

Die addierten Schulden der öffentlichen Hand belaufen sich auf etwa 60 Prozent des Bruttosozialprodukts der Bundesrepublik; damit liegt Deutschland im internationalen Vergleich im guten Mittelfeld. Spitzenreiter sind Italien und Belgien mit über 110 Prozent, Klassenprimus ist mal wieder Japan mit 25 Prozent. Aber ob es 60, 100 oder 10 Prozent sind, ist vom volkswirtschaftlichen Prinzip her egal. Alles, was sich ändert, ist, daß der Staat mehr oder weniger Steuern eintreiben muß, um die Zinsen für all die Schulden zu bezahlen. Und zahlen muß der Bürger sowieso. Allerdings trifft die unsoziale Praxis unseres Steuerrechts die Wenigverdienenden gleich dreifach hart. Sie können weder über Steuerberater verfügen, um die Steuerlast zu mindern, noch haben sie die Option, weniger zu arbeiten, und darüber hinaus ist ihr Arbeitsplatz gefährdet, nachdem die Entscheidungselite aufgehört hat, sich anzustrengen, weil es sich für sie nicht lohnt. Dadurch landet zuviel der Steuerlast bei denen, die sie eigentlich nicht tragen können. Auf diese Art und Weise verdreht sich der für soziale Taten angehäufte Schuldenberg zu einer Geißel eben jener Benachteiligten. Und das nennen wir »soziale Marktwirtschaft«.

8. Die offenen öffentlichen Hände

Im Vergleich zu Manhattan wirkt Jersey City wie ein gesprungenes Wasserglas zu einem Sektkelch. Die eine Stadt hat Stil, Flair, ist das Ziel von Millionen von Touristen aus aller Welt. Sie klettern auf das Empire State Building, und dann schweift ihr Blick über die andere Seite des Hudson auf eine kaputte Städtelandschaft – Jersey City. Eine anonyme Ansammlung rostiger Hafenkais, langweiliger Hochhäuser, löchriger Straßen und maroder Wohnsilos, willkürlich abgegrenzt von einem weiteren Dutzend ähnlicher Städte am anderen Ufer des Flusses gegenüber Manhattan. Zwei Drittel der 230 000 Bewohner von Jersey City sind sogenannte Minderheiten: Latinos, Schwarze, Asiaten. Fünfzehn Prozent der Bevölkerung leben von Sozialhilfe, die Kriminalität war nicht unter Kontrolle zu bringen. Seit 75 Jahren wird die Stadt von einem zutiefst korrupten Apparat der Demokratischen Partei ausgelutscht, bis zuletzt der Bürgermeister Gerald McCann im Gefängnis landete. Jersey City – ein hoffnungsloser Fall?

Ausgerechnet in diesem sozialen Getto wird der stockkonservаtive Republikaner Bret Schundler mit 68 Prozent der Stimmen wiedergewählt, der nach der Verurteilung Mister McCanns für nur ein halbes Jahr das Bürgermeisteramt vorübergehend angenommen hatte. Und das, obwohl Bret Schundler aus dem jüdischen Bevölkerungsteil des New Yorker Völkerchaos stammt, den Schwarze ablehnen. Er ist nicht nur ein reicher Weißer, er hat sich seine Millionen auch noch im Frontempel des Kapitalismus verdient: bei Salomon Brothers an der Wall Street, der Spekulationsbank schlechthin. Der Kontrast zu den Schwarzen, Latinos und Sozialhilfeempfängern, die er jetzt regiert, könnte kaum größer sein. Aber Schundler wird von dem Mann auf der Straße gefeiert. Er hat für sie ein Wunder vollbracht.

Eine seiner ersten Aktionen bestand darin, 60 Polizisten auf Fußstreife zu schicken. Hierbei waren sie verantwortlich für die Entstehung und Unterstützung von Nachbarschaftswachen. Schon fiel die Kriminalität um 14 Prozent, so daß Mister Schundler noch weitere 240 Polizisten von den Schreibtischen weg auf die Straße versetzen möchte. Den Polizisten, denen das gar nicht behagt, weil bisher zwei Drittel von ihnen in Büros herumhockten, meuterten. Jetzt wird der Stadtrat von mehr als 30 Polizisten wegen unbotmäßiger Versetzung verklagt, sie hatten sich daran gewöhnt, das Verbrechen zu verwalten und es nicht zu bekämpfen.

Andere städtische Angestellte, wie Straßenkehrer oder Gärtner, werden jetzt von den Stadtteilen eingestellt und auch bei schlechter Leistung wieder gefeuert. Damit wird die Macht wieder zurück in die Hände der Bürger gelegt. Als nur mehr 78 Prozent der Steuern eingetrieben werden konnten, verkaufte Schundler die Steuerforderungen auf den Wertpapiermärkten der Wall Street. Der Korruption wurde auf diese Weise ein Riegel vorgeschoben, und die Eintreibungsrate stieg prompt auf 91 Prozent. Damit konnten die in den USA üblichen Gemeindesteuern für alle gesenkt werden. Bald fanden sich große Firmen, die sich in Jersey City niederließen, weil die niedrigen Steuern die Stadt zu einem attraktiven Gewerbeort für arbeitsplatzintensive Tätigkeiten machte: zum Beispiel die Abteilungen für die Abwicklung des Zahlungsverkehrs von Banken. Die Stadt wollte sogar sogenannte Schulcoupons ausgeben, eine Gutschrift, die die Schulen gegen Zuschüsse in entsprechender Höhe einlösen konnten. Dadurch sollte erreicht werden, daß die Schulen sich um Schüler bemühen sollten und auf diese Weise zu Leistung und Konkurrenz untereinander gezwungen würden. Gegen so viel Leistungsdruck rebellierten die Lehrergewerkschaften – in Amerika wie anderswo schon immer ein sehr auf seine Privilegien bedachter Beruf.

Können Städte mit privatwirtschaftlichen Methoden geführt werden? Können öffentliche Verwaltungen genauso wirtschaften wie private Unternehmen? Über Jahrzehnte und Jahrhunderte hat das Bürokratentum behauptet, daß der öffentliche Auftrag mit privatwirtschaftlichen Organisationen nicht vereinbar sei. Aber dieser Mythos wird gerade durchbrochen. Städte wie Izumo in Japan, Curitiba in Brasilien, Detroit in den USA, Farum in Dänemark, Braintree in Großbritannien, Delft in den Niederlanden und überall sonstwo beweisen, daß ihre Verwaltungen wesentlich besser funktionieren, wenn sie geführt werden wie ein Unternehmen. In der kalifornischen Stadt Sunnyvale bekommt man eine Baugenehmigung innerhalb von 24 Stunden, werden Graffiti binnen zwei Tagen abgeschrubbt, ist die Polizei in 90 Prozent aller Fälle schon nach sechs Minuten am Tatort. Dabei hat die Stadtverwaltung ein Drittel weniger Angestellte als vergleichbare Städte dieser Größe.

Auch der Oberbürgermeister der Stadt Offenbach, Gerhard Grandke, fordert:»Deutschland braucht eine radikale Reform der öffentlichen Verwaltung. Die Stückkosten der öffentlichen Daseinsvorsorge müssen minimiert werden. Dazu ist es für einen Dienstleiter – und nichts anderes ist ein Rathaus – notwendig, Verantwortung möglichst weit auf die untere Ebene – den Schalter – zu verlagern. Entscheidungen auf dem langen Instanzenweg werden nicht besser – nur teurer.«

Total Quality Management ist also das Stichwort. Im neuseeländischen Christchurch gilt der Kunde als die letzte Instanz für die Beurteilung der geleisteten Qualität. In umfangreichen Studien wurden die Kriterien der Bürgerzufriedenheit ermittelt und dann als Maßstab der Verwaltungstätigkeit und Leistungsbeurteilung der Mitarbeiter genommen. In die Jahresplanung der Budgets werden die Bürger umfassend einbezogen. Alle werden über alles Wichtige ständig und anschaulich informiert und ihre Wünsche bezüglich städtischer Leistungen im Jahresplan aufgenommen. Die Bevölkerung nimmt aktiv daran teil. Kein Wunder, denn sie übt Einfluß aus. Die Stadtverwaltung hat drei Prinzipien strikt einzuhalten: Verantwortlichkeit, Transparenz und Wirtschaftlichkeit. Verantwortlichkeit spiegelt sich in den klaren Rollenprofilen der Ämter wider. Damit dies möglich ist, müssen fast alle Informationen und Prozesse gegenüber der Öffentlichkeit transparent sein. Und gleichzeitig müssen sich sämtliche Leistungen an der Qualität und Wirtschaftlichkeit privater Anbieter messen. Wenn sich ein privater Anbieter findet, der zum Beispiel die Parkuhren effizienter leeren kann, dann bekommt er den Auftrag, und die bislang hierfür zuständige städtische Behörde muß sich einen neuen Job suchen. Christchurch hat im Vergleich zu anderen Kommunen Neuseelands die geringsten Kosten, die niedrigsten Steuersätze und die beste Leistungsbeurteilung. Dabei konnte es seinen Personalstand seit 1989 um dreißig Prozent reduzieren. Phoenix in Arizona hat im Grunde das gleiche gemacht. Alle städtischen Leistungen stehen im Wettbewerb mit privaten Anbietern, die Mitarbeiter bekommen leistungsabhängige Vergütungen, und ständig werden die Bürger gefragt und informiert. Die wichtigsten Informationen über die Stadt stehen rund um die Uhr zur Verfügung, und selbst Straftäter werden über ihre Behandlung durch die öffentlichen Stellen befragt.

Der Stadtstaat Singapur möchte sein gesamtes öffentliches Leistungssystem an Computernetze hängen. Ausgangspunkt ist dafür der Hafen mit all seinen Dienstleistungen: dem Zoll, den internen Transportsystemen, Import und Export usw. Alles wird in einem Softwaresystem, genannt Tradenet, miteinander verknüpft, so daß alle Papierarbeiten für Ozeanfrachter binnen zwei Stunden elektronisch erledigt werden können. Es wird erweitert um ein Medinet-System, das sämtliche medizinischen Einrichtungen miteinander verbindet. Auch Systeme für den Einzelhandel, die Fertigungsindustrie und die Gerichtsbarkeit sind im Aufbau. Für Singapur ist schneller Informationsumschlag ein bedeutsamer Standortvorteil, solche Leistungen sind überlebensnotwendig für die Zukunft. Auch Hongkong arbeitet an einem ähnlichen System. Diese Systeme haben mit dazu beigetragen, daß Singapur und Hongkong bezüglich ihrer Konkurrenzfähigkeit in der jährlichen Rangliste des World Economic Forum noch vor Deutschland zu finden sind.

Die beiden Städte Phoenix und Christchurch erhielten den ersten Platz in einer Ausschreibung der Bertelsmann-Stiftung über Demokratie und Effizienz in der Kommunalverwaltung. In derselben Studie bescheinigte die Stiftung kontinentaleuropäischen Kommunen weitgehende Reformabstinenz. Dabei könnten die Aufgaben um vierzig Prozent kostengünstiger bewältigt werden, wenn Stadtverwaltung wie Unternehmen geführt würden. Und wie immer, wenn es darum geht, liebgewordene Schmarotzerpfründen zu verteidigen, wird die mangelnde Reformfreude auf das Grundgesetz zurückgeführt: Artikel 28, Absatz 2, der die Bundesgarantie für die Gewährleistung der kommunalen Selbstverwaltung regelt. So haben die Kommunen zwar weitgehend Hoheit darüber, wie und wieviel sie ausgeben, da sie das Geld aber nicht direkt von ihren Bürgern bekommen, sondern aus fernen Staatstöpfen, ist es diesen auch egal, wie die Gelder verschleudert werden. Es ist ein System der anonymen Geldverschwendung.

So werden die Kommunen wesentlich durch den komplizierten Finanzausgleich zwischen Bund, Ländern und Gemeinden und durch Schuldenaufnahme finanziert. Letztere hat bereits 18 Milliarden D-Mark erreicht, und trotz der miserablen Finanzlage steigerten die Kommunen 1992 ihre Ausgaben nochmals um zehn Prozent. Die Lokalregenten führen die Ursachen ihrer desolaten Finanzlage in erster Linie auf den Bund zurück. Der habe in den letzten Jahren durch noch mehr Auflagen und neue Aufgaben die Last der Kommunen drastisch erhöht. Die typisch Pawlowsche Reaktion: Der Deutsche Städtetag hat der Verfassungskommission eine Ergänzung des Artikels 28 GG vorgeschlagen, nämlich: »Führen gesetzlich übertragene Aufgaben zu einer Mehrbelastung der Gemeinden und Gemeindeverbände, sind ihnen die erforderlichen Mittel zur Verfügung zu stellen.« Der Präsident des Deutschen Städtetags, Manfred Rommel, befürchtet zum Beispiel, daß die ab 1996 verordnete Kindergartenplatz-Garantie die Kommunen weitere 20 Milliarden D-Mark kosten wird.

Auf Ausgabensteigerungen reagieren die Kommunen reflexartig mit dem Griff zur Pulle der neuen Finanzspritzen. Anders als es gern dargestellt wird, hat das aber mit dem Grundgesetz nichts zu tun – es bleibt den Kommunen nicht verwehrt, sich um die Effizienz ihrer Verwaltung auch einmal selbst zu sorgen. Städte wie etwa Duisburg haben schon einmal einen Anfang gemacht, befragen ihre Bürger regelmäßig über die Qualität ihrer Leistungen und porträtieren ihre Stadt in leicht verständlichen und dadurch transparenten Konzernberichten. Die Stadt als Unternehmen, das sich mit der Industrie vergleichen lassen muß. Und die Stadt Ludwigshafen hat ihr Schicksal mutig in die Hände der Beratungsfirma McKinsey gelegt, um ihre maroden Finanzen mittels einer grundlegenden Neustrukturierung der Verwaltung wieder in den Griff zu bekommen.

Aber das Fieber befällt nicht nur Städte und Gemeinden. Manager wie Werner Zemlin und Rainer Hübner reformieren beispielsweise die Wuppertaler Stadtwerke AG. Als sie mit ihrer Arbeit anfingen, fanden sie dort unter anderem eine unternehmenseigene Schreinerei, die, weil sie sonst nichts zu tun hatte, an Vorstandsschreibtischen bastelte.

Auf allen Auskunftsbüchern für die Mitarbeiter der städtischen Bostoner U- und S-Bahnen in Massachusetts steht groß geschrieben: »Denke zuerst an den Kunden.« Die Aushängetafeln sind gepflastert mit Seminaren und Büchern über Total Quality Government und Lean Management in öffentlicher Verwaltung. Peer interviewte einmal den Beauftragten für indianische Angelegenheiten tief im »Wilden Westen«, in Wyoming, bezüglich der Beschwerden, daß Anträge für Firmengründungen in seiner Behörde bis zu zwölf Monate verschleppt würden. Er antwortete: Ja, das sei mal so gewesen, aber seitdem sie im Jahr zuvor die Total Quality Circle eingerichtet hätten, sei die durchschnittliche Bearbeitungsdauer auf zwei Wochen gesunken.

Das Sacramento Air Logistics Center der US-amerikanischen Luftwaffe verzeichnete 1987 bei seiner Jägerflotte F-11 eine Flugbereitschaft von nur 40 Prozent. Nach einem TQM war sie auf 76 Prozent gestiegen. Eine der banalen Neuerungen: Durch Vereinfachung und Verbesserung der Papierformalitäten für externe Dienstleiter, die auf der Base engagiert waren, wurde der Checkin von 22 Minuten auf acht Minuten verkürzt; eine Einsparung von 1000 Mannstunden pro Jahr war die Folge.

In einer Kriegsveteranenverwaltung wurden gegen die Hinterlegung von Lebensversicherungen Kredite ausgegeben. Die Verwaltung war sich sicher, daß sie die Anträge innerhalb von fünf Tagen erledigen würde und damit einen exzellenten Service biete. Kundeninterviews hatten allerdings ergeben, daß die Anträge eher drei Wochen brauchten. Mit nur wenigen Handgriffen, zum Beispiel der Installation eines Faxgeräts und der Miete eines Postfaches, wurde die Bearbeitungsdauer auf zwei Tage reduziert. Und so geht es immer weiter: im Patentbüro, im Verteidigungsministerium, in Krankenhäusern, in der Umweltagentur, im Arbeitsamt, in Gerichtssälen, Gefängnissen, Fluglotsendiensten usw. Viele der öffentlichen Schulen in Amerika werden privaten Betreibern übergeben, die dann mit demselben Geld bessere schulische Leistungen bei den Schülern erreichen – ob in Baltimore oder in Miami Beach, in Hartford oder in Nashville. Und in Großbritannien werden mittlerweile sechzig Prozent der öffentlichen Leistungen über private Agenturen abgewickelt. Einen Paß auszustellen dauert heute zum Beispiel nur noch neun Tage, früher mußte man darauf einen Monat warten. So eine Maßnahme würde den deutschen Paßämtern auch guttun.

Ronald Reagan hatte bereits 1984 eine Studie in Auftrag gegeben, um die Verschwendungssucht der weitverzweigten Regierung zu untersuchen. Seine Prüfer kamen mit der Erkenntnis zurück, daß durch Maßnahmen zur Effizienzsteigerung jedes Jahr 150 Milliarden Dollar gespart werden könnten. Die eine Hälfte der Kosten entstand durch Mißmanagement und Systemschwächen, die andere Hälfte durch den Mißbrauch von Sozialprogrammen.

Die achtziger Jahre wurden bekannt als die Phase der großen Deregulierungs- und Privatisierungsbonanza in Amerika, aber wie die obigen Beispiele zeigen, ist der Prozeß noch lange nicht abgeschlossen – es gibt noch immer viel Potential für Produktivitätsverbesserungen im öffentlichen Bereich. Dabei war es gar nicht die Reagan-Regierung, die die großen Deregulierungen in Telekommunikation, Transport und Finanzen veranlaßte.

Die Idee, daß der Staat durch Regeln den Wettbewerb verhindert, diesen dadurch ineffizient macht, gewann unter Wirtschaftswissenschaftlern schon in den sechziger Jahren Akzeptanz. Nach der ersten großen Wirtschaftskrise 1974, als die Inflation zu bekämpfen war, begann Washington sich des Themas ernsthaft anzunehmen. Es war das Schlagwort, das in den Cocktailpartys die Runde machte, der moderne Weg raus aus der Misere nachlassenden Wirtschaftswachstums. Die Bewegung gewann an Dynamik. So weit sind wir in Deutschland heute noch nicht.

Ausgerechnet während der Amtszeit eines Demokraten, des Präsidenten Jimmy Carter, wurden die Gesetze zur Deregulierung der oben aufgezählten Branchen sämtlich verabschiedet – mit seiner großen Unterstützung. Als Reagan an die Macht kam, war alles eigentlich schon beschlossene Sache, es wurde nur noch in die Tat umgesetzt. Aber auch in Amerika bilden sich Legenden, die der Wirklichkeit trotzig widerstehen.

Das Resultat stellt sich für den Bürger sehr handfest dar: In Amerika kann man für zwanzig Pfennig pro Minute im ganzen Land telefonieren, und für eine Grundgebühr von dreißig D-Mark kosten lokale Gespräche gar nichts. Die Telefonauskunft ist immer verfügbar. Der Anschluß ist praktisch kostenlos, und manchmal bekommt man das Telefon gleich mitgeschenkt. Dazu gibt es jede Menge Serviceleistungen, wie zum Beispiel eine Mailbox, die den Anrufbeantworter zu Hause erspart. In Deutschland bekommt man für zwanzig Pfennig noch nicht einmal eine Telefoneinheit; alles, sogar ein Faxanschluß, kostet extra, und die Telefonauskunft ist oft blockiert. So groß ist der Unterschied zwischen freiem Wettbewerb und reguliertem Monopol. Die individuellen Erfahrungen werden durch die Experten bestätigt. Clifford Winston aus der Wissensschmiede The Brookings Institution hat berechnet, daß die höhere Produktivität aufgrund der Deregulierung der amerikanischen Wirtschaft jährlich 43 Milliarden Dollar mehr Vermögen erbracht hat. Das meiste davon kam den Konsumenten zugute.

Dabei muß der Wettbewerb nicht notwendigerweise privat sein. Der Eigentümer spielt letztendlich keine Rolle, solange das Unternehmen sich im Wettbewerb um die Gunst der Kunden bemühen muß. Die amerikanische Post ist nach wie vor eine staatliche Einrichtung, im wesentlichen aus gesetzlichen Gründen. Aber sie muß mit einer großen Vielzahl von anderen Logistikunternehmen konkurrieren. Das Ergebnis ist, daß die US-Post für ungefähr 35 Pfennig Briefe über das riesige 4400 mal 5000 Kilometer messende Land innerhalb von zwei Tagen befördert und dabei keinen Pfennig Subventionen benötigt. Die deutsche Post kann selbst für das dreifache Porto und angesichts wesentlich geringerer Entfernungen nicht kostendeckend arbeiten. Auch im Vergleich zur britischen Post ist die deutsche doppelt so teuer. Auffallend ist dabei, daß sie auch genau doppelt so viele Bürokraten in der Verwaltung sitzen hat: nämlich vierzig Prozent der Beschäftigten statt zwanzig Prozent.

Als aber die zaghaften Versuche einer Postreform einsetzten, streikten die Postangestellten tagelang, nahmen praktisch die ganze Bevölkerung als Geisel. Hier wurde sehr deutlich, daß die Postgewerkschaft und die Postler davon überzeugt sind, daß sie und nicht ihre Dienstleistung im Mittelpunkt stehen. Der Bürger, der Kunde, spielt für sie überhaupt keine Rolle. Beschämend, daß die Politik dieser Erpressung zum Teil nachgab. Bezeichnend aber auch die mit den Postlern sympathisierende Berichterstattung der öffentlich-rechtlichen Fernsehanstalten. Hier bekam der Zuschauer folgendes zu spüren: Wenn es um Gebühren auf Kosten anderer geht, müssen wir zusammenhalten.

Mit rund fünfzehn Jahren Verspätung sind die Erkenntnisse, welche Vorteile die Deregulierung und Privatisierung bringen, auch endlich in Deutschland angekommen. Lufthansa, die Bahn, die Telekom – von diesen hoheitlichen Serviceunternehmen beginnt sich der Staat jetzt zu trennen. Dabei ist ihm nur ein entscheidender Strukturfehler unterlaufen: Es geht nicht um die Eigentümerfrage. Es geht um Deregulierung! Denn die Monopole bleiben nach den Pseudoprivatisierungen weiterhin bestehen. Es gibt nach wie vor nur eine Bahn, und die konkurriert mit einem subventionierten Straßensystem. Es gibt zwar jede Menge Anbieter für den Mobilfunk, aber nach wie vor nur eine Telekom für den terrestrischen leitungsgebundenen Verkehr. Der Flugverkehr ist zwar theoretisch frei, und auf manchen Strecken hat sich sogar ein regelrechter Konkurrenzkampf entwickelt, und da kann auf einmal sogar die Lufthansa die Preise senken. Dank dem deutschen Ableger der überaus effizienten British Airlines purzelten auf allen innerdeutschen Strecken, die von beiden Fluglinien bedient werden, die Preise auf die Hälfte. Dort aber, wo die Lufthansa ihr Monopol dank Kapazitätenengpaß behalten konnte, wie auf allen Strecken ab Frankfurt, muß der Passagier immer noch die alten Tarife, die teuersten Inlandsflugpreise der Welt, bezahlen. Es gibt kein schlagenderes Argument für mehr Wettbewerb als diese Entwicklung. Welchen Segen Kapazitätsausweitung und Wettbewerb angesichts der hohen Reisekosten in Deutschland noch erbringen könnte, zeigen die amerikanischen Discountflieger wie Southwest Airlines & Co. Selbst unsere billigsten Strecken sind noch dreimal so teuer wie die hartumkämpften Linien in den USA.

Peer mußte im Dezember 1994 nach Moskau fliegen. Der billigste Wochentagstarif mit Lufthansa oder Delta Airlines war im Reisebüro für 2500 D-Mark zu haben. Das machte ihn stutzig, denn einige Monate zuvor war er mit Delta von New York nach Moskau für 1300 D-Mark geflogen. Halber Preis für dreifache Strecke. Seltsam, dachte er sich und rief in der Frankfurter Verkaufsdirektion bei Delta an. Die bestätigten ihm, daß sie die Tickets Frankfurt – Moskau für 600 bis 900 D-Mark anbieten, worauf eigentlich jedes Reisebüro Zugriff haben müßte. Aber auch nach nochmaligem Anruf bei dem Reisebüro war dieser Preis einfach nicht zu erreichen. Es wurde sogar noch schöner: Von einem Kollegen aus Boston erfuhr er, daß die Lufthansa dort Tickets nach Moskau mit Umsteigen in Frankfurt für 1400 D-Mark verkauft. Denn in den USA muß die Lufthansa konkurrieren. Jetzt ist die Lufthansa zwar privatisiert, aber irgendwie gelingt es ihr, ihre Monopolpreise weiterhin durchzudrücken. Nicht zuletzt, weil der deutsche Kunde an einen freien Markt noch nicht gewöhnt ist. Flugpreise sind für ihn immer noch so eine Art staatliche Gebühr. Der Antimarktwirtschaftler, Gewerkschaftsfunktionär, Staatssekretär, Lufthansa-Vorsitzende und deren Pleitier, Heinz Ruhnau, hat dies dem Kunden ja auch jahrelang eingebleut.

Dabei bleibt selbst in den schon recht weit deregulierten USA noch viel Raum für weitere Verbesserungen. Professor Hopkins von der University of Rochester schätzt, daß allein durch das Einsparen unnötiger Papierarbeit die amerikanische Wirtschaft um 120 Milliarden Dollar im Jahr reicher würde.

Ein Staat hat mehrere Aufgaben zu erfüllen. Er muß für innere und äußere Sicherheit sorgen, er muß eine unabhängige Rechtsprechung gewährleisten, er muß die Gemeinschaft der Gesellschaft fördern, indem er einen Ausgleich zwischen Vorteil und Nachteil schafft. Er muß die Lücken im öffentlichen Leben füllen, die durch privatwirtschaftliche Initiative nicht zustande kommen kann. Für all das benötigt er eine öffentliche Verwaltung, und für all das muß er Steuern einsammeln, um es auch zu bezahlen. Aber um diesen Auftrag zu erfüllen, muß der Staatsanteil nicht 52 Prozent ausmachen, muß der Staat nicht 17 Prozent der Arbeitskräfte beschäftigen. Japan erfüllt alle diese Aufgaben mit einem Staatsanteil von 28 Prozent und nur sechs Prozent an Arbeitskräften im öffentlichen Arbeitsverhältnis. Und dabei fühlen sich selbst die Japaner noch überreguliert und überregiert, entrümpeln gründlich ihre vermoderte politische Landschaft, damit der Staat sich endlich wieder nur um das kümmern möge, was ihn angeht, und sich aus allem anderen fernhält. Japan beschäftigt mit seinen 123 Millionen Einwohnern im Vergleich zu uns ein Drittel an Beamten. Und die es nicht hat, die müssen auch von ihm nicht bezahlt werden. Und wenn es sie nicht gibt, so müssen sie sich auch nicht ständig Gedanken darüber machen, warum sie nötig sind, und müssen sich deshalb nicht immer neue Regeln und Arbeitsbeschaffungsmaßnahmen für sich selbst einfallen lassen. Sechstausend Gesetze und Verordnungen prasseln jährlich auf uns hernieder, erlassen von Brüssel, über Bonn, die Landesregierungen, Gebietskörperschaften bis zum Ortsgemeindebeirat. Noch nicht einmal der größte Cray-Computer kann feststellen, wie viele dieser Verordnungen sich widersprechen oder mit früherer Gesetzgebung in Konflikt geraten. Also brauchen wir wieder Heerscharen von Anwälten, die den Bürger durch dieses Verordnungsdickicht steuern. Es sei uns deshalb die bösartige Unterstellung erlaubt: Diese Verordnungswut ist nichts anderes als ein Arbeitsbeschaffungsprogramm von Juristen für Juristen.

Um die Gemeinschaftsidee in der Gesellschaft zu fördern, darf der Staat keine zu krassen Unterschiede zwischen Arm und Reich zulassen – vor allen Dingen nicht solche, die nicht durch Leistung entstanden sind. In Japan ist deswegen die Erbschaftssteuer so hoch, weil somit fast nichts auf die nächste Generation übertragen werden kann. Denn Erbe ist nicht durch eigene Leistung entstanden. Aus diesem Grunde hört die Steuerprogression in Japan erst bei 65 Prozent auf, einem der höchsten Sätze der Welt. Statt dessen sind die Steuern auf Unternehmen besonders gering, weil wirtschaftliche Leistung belohnt werden soll. Aber deshalb ist die Steuerprogression bis weit in die mittleren Einkommensschichten hinein so gut wie nicht vorhanden. Mit 10 000 D-Mark Monatsgehalt sind immer noch erst 5,5 Prozent Lohnsteuer fällig. Ein konkretes Beispiel beschreiben wir in Kapitel 12 über die schlanke Welle in Staat und Gesellschaft.

Der objektivste Richter von Leistung bleibt der Markt – er entscheidet im Wettbewerb den gesellschaftlichen Wert einer Leistung und honoriert ihn entsprechend. So ist es für eine Gesellschaft, die Leistung fördern und anerkennen will, eine vordringliche Aufgabe, einen Markt zu organisieren – genauer: einen Markt mit Wettbewerb –, je mehr, desto besser, denn um so besser funktioniert die Leistungsbewertung. Wettbewerb zu organisieren bedeutet zweierlei: Produkte durch Standardisierung und Information so vergleichbar zu machen, daß eine möglichst präzise Preisbindung möglich ist. Und: zu verhindern, daß einzelne Firmen Monopolstellungen beziehen.

Der reine Marktliberalismus führt zwangsläufig zur Bildung eines Monopols. Die besten Firmen einer Branche werden die besten Ressourcen an sich ziehen, werden über die größte Preismacht verfügen, werden irgendwann den Markt beherrschen. Es war diese »Gravitationskraft« des Kapitals, die Marx als ungerecht erkannte und ihn zu seinen vielfach mißbrauchten Theorien veranlaßte. Diese besitzt heute noch immer Gültigkeit. In der von Staatseinflüssen nahezu unbeleckten Softwareindustrie kann man leicht feststellen, wie Microsoft und Intel ihre Märkte dominieren, so wie einst IBM und Xerox ihre Märkte kontrollierten. Diese Imperien sind nur durch innere Auszehrung wieder kleinzubekommen, und die ist sowohl schmerzhaft als für die betroffenen Arbeitnehmer sozial ungerecht. Besser ist es, es gar nicht erst soweit kommen zu lassen, den Wettbewerb von Anfang an zu planen und fortwährend zu maximieren. Es gibt in Japan keine wasserdichten Copyright-Gesetze, eben weil sie wettbewerbshindernd sind. Ausländer, die ihre überlegenen Technologien nicht teilen wollen, erhalten keine Importerlaubnis, weil sie bald ein unkontrollierbares Monopol besitzen würden.

Außerdem ist es eine der ureigensten Verantwortungen des Staates, objektive Wertmaßstäbe und einheitliche Informationen über Produkte zu gewährleisten, damit Märkte funktionieren können. Aus diesem Grunde waren Regierungen schon seit Urzeiten dafür verantwortlich, die Gewichte zu eichen, die auf einem Markt verwendet werden, und haben schon seit jeher gegen Fälscher harte Strafen verhängt. Denn der Käufer muß davon ausgehen können, daß, wenn er ein Kilo Ware kauft, die Waage ihm auch ein echtes Kilo anzeigt. Sonst funktioniert der Markt nicht. Der Staat muß deshalb den Beteiligten im Markt, insbesondere aber den Verkäufern, eine Informationspflicht auferlegen. Er hat dafür zu sorgen, daß diese Informationen dem Käufer in verständlicher und vergleichbarer Form zugänglich sind. Nur so kann der

Käufer das Produkt beurteilen, kann er sicher sein, daß der vereinbarte Preis ein fairer Preis ist.

Vordergründig gesehen besteht in Deutschland eine ausgeprägte Informationspflicht, vor allem wenn es sich um technische Angaben handelt: DIN, TÜV, Patentrecht – alles scheint gut geordnet. Aber andere, nicht minder wichtige Bereiche, wie Finanzen, Medizin oder öffentliche Verwaltung, entziehen sich erfolgreich dem Zugriff von zuverlässiger Transparenz. Dagegen gibt sich das System große Mühen, den Wettbewerb zu minimieren, damit bloß keine sozialen Härtefälle entstehen können: nur eine Bahn, nur eine Post, nur eine Telekom, nur einmal Siemens. Dort, wo Konkurrenz entstehen könnte, stehen andere erfolgreiche Mittel zur Verfügung, den Markt in kleine Machtprovinzen aufzuteilen: Ladenschlußgesetz, subventionierte Landwirtschaft, zunftrechtliche Handwerker, Stahlkartelle, Importzölle usw. Und damit der Bürger sich dagegen nicht wehren kann, wird sein Leben in der nächsten Stufe gleich mitverstaatlicht.

Der Zustand der deutschen Wirtschaft ist in den letzten Jahren geschwächt worden, weil wir die Entsozialisierungswellen, die sich überall in der Welt anbahnten, nicht wahrgenommen haben. Mit dem Fall der Mauer fiel uns dann auch noch ein Landesteil zu, der die verrückteste Wirtschaftsform dieses Jahrhunderts mitbrachte: den zentralen Sozialismus stalinistischer Machart. Dagegen waren die Westdeutschen in der Tat eine freie Volkswirtschaft. Die »soziale Marktwirtschaft« Bonner Prägung wurde plötzlich zu einem Exportschlager für den Osten. Sie schien alle Verheißungen zu erfüllen. Sie brachte Markt und damit Bananen und schicke Autos, und zudem war sie ja nicht so kapitalistisch, sondern eher sozial; und das war für die vom Sozialismus eingelullten Menschen sehr beruhigend. Und so wurde ein rachitisches Wirtschaftssystem zum neuen Idol, weil niemand Zeit hatte, der kränkelnden Dame »soziale Marktwirtschaft« mal genauer in den Hals zu schauen.

9. Die Verstaatlichung des Privatlebens

Vorschau auf das Jahr 2030: Mutter und Vater Maier kommen abends um sechs Uhr beide von einem langen Arbeitstag nach Hause. Um acht Uhr morgens verließen sie schon das Haus, denn mit einer Stunde Fahrtzeit, einer Stunde Mittagessen und neun Stunden Arbeit ist der Tag ausgefüllt. Sie haben gerade noch Zeit, ein Abendessen zu bereiten, bis die Kinder Sabine und Martin schon nach Hause kommen. Die Kinder haben auch einen Zwölfstundentag zu absolvieren, denn die Schulzeit ist gestrafft; Abitur macht man mit sechzehn. Die Kindergärten sind zwar keine Pflicht, aber dort lernen die Kinder bereits Lesen und Schreiben, so daß schon mit fünf Jahren eingeschult wird. Die Hausarbeit, das Einkaufen und das Rasenmähen werden von der bosnischen Minna erledigt. Die teilt Familie Maier sich mit drei anderen Nachbarn, ebenfalls voll berufstätigen Familien mit Kindern, denn nur so kann man sie sich leisten. Oma und Opa Maier werden unterdes von polnischen Krankenschwestern versorgt, kostenlos, weil pflegeversichert.

Das ist so ungefähr die Familie der Zukunft à la Norbert Blüm. Der Minister schreibt in seiner Erklärung, warum die Renten sicher sind:

»Entscheidend ist nicht allein, wie viele Junge und Alte es gibt. Entscheidend ist vor allem: Wie viele zahlen Beiträge, und wie viele erhalten Rente. Wer heute behauptet, daß die Renten in 20, 30 Jahren nicht mehr zu finanzieren sind, unterstellt, daß wir dann nicht mehr genug Beitragszahler haben. Das ist nicht zu erwarten. Während wir heute über Arbeitslosigkeit klagen, wird das gerade wegen der Bevölkerungsentwicklung im Jahre 2030 ganz anders aussehen. Wahrscheinlich brauchen wir dann jeden Kopf und jede Hand, damit die vorhandene Arbeit getan wird. Junge Menschen zum Beispiel, für die wir die berufliche Ausbildung so verbessern müssen, daß sie früher eine qualifizierte Stelle antreten können. Oder Frauen, von denen mehr und mehr ins Berufsleben – vielleicht auch mit Teilzeit – einsteigen wollen. Oder ältere Arbeitnehmer, die heute häufig schon vor dem 60. Lebensjahr aus dem Erwerbsleben gedrängt werden.«

Mit dieser Vision beantwortet Herr Blüm die Kritik am in Deutschland herrschenden Generationenvertrag und seiner auf dem Umlageverfahren beruhenden Renten. Die Kritik stützt sich auf die Überalterung der Bevölkerung. Im Jahr 2030 werden die über Sechzigjährigen von derzeit 16,5 Millionen auf 25 Millionen zunehmen. Gleichzeitig glauben die Bevölkerungsforscher, daß die Zwanzig- bis Sechzigjährigen von derzeit 47 Millionen auf fast 36 Millionen schrumpfen werden. Während also heute auf jeden über Sechzigjährigen noch drei Zwanzig- bis Sechzigjährige kommen, werden es im Jahr 2030 nur noch anderthalb sein. Ergo, da heute ein Arbeitnehmer knapp 20 Prozent seines Bruttolohns an die Rentenversicherung abführen muß, um die Renten zu finanzieren, hat er im Jahr 2030 40 Prozent seines Lohns zu opfern, um dann die doppelte Anzahl von Rentnern zu unterstützen. Und weil 40 Prozent des Lohns plus allen anderen Steuern dem Arbeitnehmer fast nichts mehr zum Leben lassen würden, sei das System, so behaupten die Kritiker, in der Zukunft nicht mehr finanzierbar.

Statt 40 Prozent Lohnabzug, wie die Kritiker behaupten, geht die Rentenreform 1992 davon aus, daß die Rentenbeiträge irgendwann von den heutigen 19 Prozent nur auf 29 Prozent steigen werden. Das ist ein Anstieg um 50 Prozent. Also können davon auch 50 Prozent mehr Rentner bezahlt werden. Da sich aber das Verhältnis der über Sechzigjährigen zu den Zwanzig- bis Sechzigjährigen verdoppeln wird, muß die andere Hälfte der Mehrbelastung über mehr Beitragszahler finanziert werden. Je nach volkswirtschaftlichem Kalkül wären bis zu 45 Millionen Erwerbstätige notwendig. Derzeit gibt es aber in Deutschland 34 Millionen Erwerbstätige – wo kann die Differenz dann herkommen?

Deswegen behauptet Blüm, daß die Deutschen dann jeden Kopf, jede Hand und jeden Fuß brauchen, denn es wird in 2030 schließlich überhaupt nur noch 36 Millionen Zwanzig- bis Sechzigjährige geben. Auf jeden von ihnen kommen dann 1,25 Arbeitsplätze. Er muß also ununterbrochen schuften. Deswegen wird die Rentengrenze ab 2001 graduell auf 65 Jahre hochgesetzt. Die vielen Hausfrauen dürfen (müssen) arbeiten. Ausbildungszeiten werden verkürzt, damit die Leute ja qualifizierte Stellen antreten können, die Regelarbeitszeit wird bei vollem Lohnausgleich (diesmal in die andere Richtung) wieder auf 45 Stunden heraufgesetzt, nur damit all die Arbeit geleistet werden kann. Und die muß geleistet werden, sonst sind die Renten nicht sicher. Es wird den Arbeitnehmern auch nichts helfen, wenn sie aufgrund eventueller Produktivitätssteigerungen mehr Geld für ihre Arbeit bekommen, denn die Renten sind jetzt an die Gehaltssteigerungen gebunden. Und wenn das alles so kommt, wenn eine solche durchorganisierte Arbeitsbienenwelt die schöne Zukunft unserer Kinder und Enkel sein soll, so sind dann die Renten in der Tat sicher.

Das sozialstaatliche Universum, an dem gerade gebastelt wird, ergibt so seinen Sinn: Wenn alle arbeiten müssen, braucht der Staat natürlich eine Pflegeversicherung. Denn wer sonst kann sich um die Alten kümmern? Alle ehrenamtlichen Mitarbeiter und alle bis dahin zu Hause gebliebenen Hausfrauen haben dann einen Vollzeitjob, für Pflege hat dann keiner mehr Zeit. Also muß eine staatliche Pflegeversicherung her. Außerdem bleibt für die Kindererziehung auch keine Zeit mehr. Mutter muß arbeiten gehen. Also gibt es die staatliche Garantie auf einen staatlich subventionierten Kindergartenplatz, der dann durch die Steuern finanziert wird. Damit sind die elementarsten Bestandteile der Familie erfolgreich verstaatlicht – alles ist unter Kontrolle. Wahrscheinlich wird das dann doch nicht reichen, also zeigt man sich solidarisch gegenüber den Mitmenschen in den Nachbarländern und teilt mit ihnen die viele überschüssige Arbeit, auf daß sie fleißig in die Sozialversicherungssysteme einzahlen. Aber bloß nie zu Staatsbürgern machen, denn dann könnten sie ja auch Ansprüche stellen. Moderne Sklavenhaltung à la sozialer Marktwirtschaft, »made in Germany«. Doch darüber wird mehr im nächsten Kapitel zu berichten sein.

Spinnen wir die Geschichte der Familie Maier mal ein bißchen weiter: Obwohl beide Elternteile berufstätig sind, sieht es finanziell gar nicht so rosig aus. Der Staat kassiert 29 Prozent für

Rentenbeiträge, fünf Prozent für die Pflegeversicherung, 20 Prozent für Krankenversicherung, und fünf Prozent für die Arbeitslosenversicherung. Gott sei Dank zahlen die Arbeitgeber 50 Prozent aller dieser Versicherungsbeiträge, die sich für den Erwerbstätigen immerhin schon auf 30 Prozent seines Bruttolohns summieren. So steht es zumindest auf dem Papier. In Wirklichkeit gibt es schon keine Feiertage mehr, und der Urlaub beschränkt sich nur noch auf zehn Tage im Jahr. Sonst hätten die Arbeitgeber gedroht, ihre Produktion gänzlich nach Indien und China zu verlegen. Ihre Kunden sind sowieso schon längst dort. Das scheinheilige Abkassieren über die Sozialsysteme können die Politiker so durch die Verdrehung der komplizierten Zahlenspiele selbst noch bis in die Mitte des 21. Jahrhunderts aufrechterhalten.

Die Rentenbeiträge entwickelten sich so, wie in der großen Rentenreform 1992 erwartet. Die Pflegeversicherung wurde im Jahr 2005 anläßlich ihres zehnjährigen Bestehens verdoppelt, dafür fiel dann der Solidaritätszuschlag für die deutsche Wiedervereinigung weg. Die Arbeitslosenversicherung hatte eigentlich nichts mehr mit Arbeitslosen zu tun – die gibt es 2030 ja nicht mehr. Aber sie war nach wie vor dringend notwendig für Umschulungs- und Ausbildungsmaßnahmen aller Art und mußte, um die Arbeitskräfte Deutschlands auf dem neuesten Stand der Technik zu halten, sogar kräftig angehoben werden. Angefangen hatte diese neue Philosophie der Arbeitslosigkeitsverhinderung schon in den achtziger Jahren. Als in der Wiedervereinigung dann fast die gesamte ehemalige DDR mit Geldern aus der Nürnberger Bundesanstalt für Arbeit umgeschult wurde, war die Praxis unumkehrbar etabliert.

Die große Überraschung war die Entwicklung der Krankenversicherungsbeiträge. Obwohl die Seehoferschen Reformen erfolgreich die Kosten in der Allgemein- und Zahnmedizin eindämmten, verdoppelten sich die Kosten hauptsächlich aufgrund von zwei Entwicklungen: die rapide Zunahme an psychischen Krankheiten bei denjenigen, die das Tempo dieser Leistungsgesellschaft nicht mehr aushielten, und die Kostenexplosionen für Kinder und Jugendliche. Hartnäckige Allergien und Atemkrankheiten befielen schon jedes zweite Kind – kein Wunder, denn zum Spielen an der frischen Luft hatten die Kinder keine Zeit mehr. Die müssen ran, Rente erwirtschaften.

Weitere 30 Prozent des Einkommens der Maiers gehen für Steuern und diverse Abgaben weg. Das ist der gleiche Steuersatz wie am Ende des 20. Jahrhunderts. Wenigstens der war stabil geblieben. Doch der Staat leistet dafür immer weniger, denn die Hälfte aller Steuereinnahmen reicht gerade noch, um die Gehälter von drei Millionen öffentlichen Angestellten zu bezahlen, die den Staat verwalten. Gegenüber 1995 stellt das zwar eine Reduktion der Staatsdiener um 50 Prozent dar, ein Erfolg der Offensive »schlanker Staat«, die in der letzten Amtszeit des Kanzlers Kohl noch begonnen wurde und derzufolge jedes Jahr ein Prozent der Stellen abgebaut werden sollten. Dafür wird alles, was dem Staat gehört, oder alle Dienste, die er anbietet, entweder kostendeckend berechnet oder privatisiert. Dazu gehören sämtliche Straßen und die Telekommunikation, aber auch schon Gemeinde- und Stadtverwaltungen.

Die andere Hälfte des Staatshaushalts verschlingen die Zinszahlungen für den öffentlichen Schuldenberg, der im späten 20. und frühen 21. Jahrhundert entstanden ist, bis diese Praxis endgültig als verfassungswidrig gestoppt wurde.

Das Dilemma ist unlösbar. Die Wirtschaft muß alle Produktivitätsfortschritte aufwenden, um die Alterspyramide, sprich: die vielen Renten, zu bezahlen. Jetzt rächt sich der verantwortungslose Schuldenberg aus den üppigen Jahren. Es können keine finanziellen Mittel mehr aufgebracht werden, um die Schulden abzutragen. Die Steuern sind beim besten Willen nicht mehr heraufzusetzen, und die fest etablierten staatlichen Leistungen können einfach nicht mehr gekürzt werden. Schließlich bestehen sie ja fast nur noch aus Gehältern und den wirklich notwendigsten Sozialhilfezuwendungen. Damit ist die Regierung manövrierunfähig geworden, sie kann ihre Haushalte nicht mehr zugunsten von notwendigen Maßnahmen gestalten, sondern ist geknebelt mit Zins- und Gehaltszahlungen.

Aus dem verbleibenden Nettoeinkommen bezahlt Familie Maier ihre vielen Haushaltshilfen, Nachhilfeschulen am Wochenende, Mitgliedsbeiträge für Sportverein und Umweltclub, die Miete und das Essen. Zum Sparen bleibt nichts mehr übrig, Sonderausgaben werden mit Schwarzarbeit am Wochenende finanziert. Auf die Hilfskräfte zu verzichten, ist kein Ausweg. Mit ihnen sind nämlich Steuerprivilegien verbunden, die wegfallen würden, wenn man die Hilfen nicht in Anspruch nimmt.

Natürlich hätten die Maiers bei den momentanen Marktpreisen sich keine für eine vierköpfige Familie angemessene Wohnung leisten können. Deswegen sind sie auf sozialen Wohnungsbau angewiesen wie bereits schon 60 Prozent der Bevölkerung. Die anderen 40 Prozent hatten Glück und erbten Immobilien von ihren Eltern.

Es gibt noch zwei große gesamteuropäische Leistungen: 1999 wurde der Ecu eingeführt, und dann wurde auch das Essen verstaatlicht. Entsprechend dem amerikanischen Vorbild sind im Jahr 2010 die europäischen Essensmarken eingeführt worden, um die Landwirtschaft endgültig vom Markt abzukoppeln. In Wirklichkeit werden damit die Großgrundbesitzer mit Subventionen versorgt, wie das in Europa schon seit 500 Jahren geschieht. Nur dieses Mal wurde das sozial begründet. Damit sind zwei Probleme mit einem Streich gelöst: erstens das Problem, daß europäische Bürger sich zunehmend nicht mehr ausreichend ernähren können, nach all den Abgaben und Steuern fehlt es ihnen einfach an Geld. Zweitens ist damit die europäische Landwirtschaft gerettet, die sich gegen die Billigimporte aus Lateinamerika und Zentralasien nicht mehr durchzusetzen imstande ist. Europa hat allerdings auf den boomenden Weltmärkten keine Chance mehr, sein Lebensstandard ist mittlerweile von Dutzenden ehemaliger Dritte-Welt-Staaten überholt worden. Das hatte sich schon 1994 angedeutet, als Singapur und Hongkong in der Rangliste der konkurrenzfähigsten Staaten sich hinter den USA und Japan noch vor Deutschland etablieren konnten. Italien fand sich 1994 bereits auf Platz 32 wieder. Ende der Vormacht des Abendlandes.

Das ist der »Sozialstaat 2030« – und so sind und bleiben die Renten sicher. Natürlich gehört dieses Szenario ins Reich der Phantasie. Aber nicht, weil unsere Sozialpolitiker vor einer solchen Vision Angst hätten – nein, manchmal glaubt man, daß sie sich die Zukunft genauso vorstellen. Für Blüm, Dressler & Co. ist das der perfekte Sozialstaat: Alle Risiken sind abgesichert, alle Kosten auf die Gemeinschaft abgewälzt. Die Möglichkeit, aufzusteigen, sich aus seiner sozialen Klasse zu befreien, ist zwar vernichtet, weil es keine Chance mehr gibt, der Kostenspirale mittels

Fleiß und Spareigentum entgegenzuwirken, aber soziale Sicherheit, so die politische Losung, hat schließlich ihren Preis. Sie erinnern sich: Im Wahlkampf 1994 wollte Dressler die Überstunden verbieten. Andere hatten die Idee einer Maschinensteuer. Das Ladenschlußgesetz wurde beibehalten, um die Selbstausbeutung der Selbständigen zu verhindern.

Aber haben Sie eine solche Gesellschaft nicht schon einmal kennengelernt? Was unterscheidet diese Vision von der ehemaligen, real existierenden DDR-Gesellschaft? Diese unterscheidet sich vom Wirtschaftssystem der CDU/SPD/FDP des Jahres 1994 nur durch anderen Sprachgebrauch und die politische Ausgestaltung des Staates. Bleibt nur noch die Frage, warum das Wirtschaftssystem Osteuropas nicht überlebensfähig war. Aber bevor wir darüber zu lange nachdenken, stellen wir lieber fest: Hauptsache, die Renten sind sicher. Die waren in der DDR auch schon sicher. Und garantierte Kinderhorte gab es ebenfalls, und jeder war pflegeversichert, und jeder hatte ein Recht auf Arbeit, und das Essen wurde subventioniert, und die einheimischen Produkte wurden vor besseren und billigeren Importen geschützt, und keinem gelang es, sich besserzustellen – es sei denn, er wurde einer der Apparatschiks, dann ging es ihm allerdings besonders gut.

Aber abgesehen davon, daß der Sozialismus schon einmal gescheitert ist, und zwar ironischerweise während der Amtszeit ebenjener Architekten der 2030er Version, der Politiker Kohl und Blüm, Kinkel und Fischer, Scharping und Dressler, wird deren Vision von der deutschen sozialen Marktwirtschaft des 21. Jahrhunderts aus einem viel banaleren Grund nicht in Erfüllung gehen. Es wird nämlich nicht so viele Arbeitsplätze geben, wie in den Kalkulationen vorgesehen sind. Wenn Deutschland für all die Arbeit »jeden Kopf und jede Hand« benötigen wird, dann stellt sich nur die Frage: Wo ist denn die Arbeit heute? Warum gibt es denn die Arbeitslosen, Frührentner, Hausfrauen und überfüllte Universitäten? Doch sicherlich nicht, weil der Arbeitsmarkt händeringend nach ihnen ruft, sondern viel eher, weil für sie keine Arbeit mehr da ist – jedenfalls nicht zu den Bedingungen, für die sie bereit sind, Arbeit anzunehmen. Weil die billigen Arbeitsplätze ins Ausland abgewandert sind und die Regierung Kohl konsequent jeden Schritt verschlafen hat, Deutschland attraktiv für die teuren Arbeitsplätze zu machen, mit denen dieses System der sozialen Sicherheit zu finanzieren wäre.

Der Arbeitsplatz Deutschland ist heute, 1995, in Gefahr, weil er heute unbestrittenermaßen die höchsten Lohnnebenkosten der Welt erwirtschaften muß, Nebenkosten, die dreimal so hoch sind wie die der Amerikaner und doppelt so hoch wie jene der Japaner. Und was haben die Deutschen von diesen hohen Kosten? Der Wirtschaftsforscher Milton Friedman sagte einmal: »Wer Arbeitslosengeld bezahlt, bekommt Arbeitslose, wer Arbeitsplätze bezahlt, bekommt Arbeitnehmer.« Diejenigen, die heute arbeiten, haben gar nichts von den hohen Lohnnebenkosten, sie bezahlen damit im wesentlichen nur die Renten und Arbeitslosengelder der anderen. Für sie sind diese Kosten nur schwerer Ballast ohne Rendite; das merken sie dann, wenn sie selbst in Rente gehen wollen.

Alle reden davon, diese Nebenkosten senken zu müssen, und im selben Atemzug verabschieden diese Schwätzer eine Rentenreform, eine Pflegeversicherung und eine Kindergartenplatz-Garantie, die ebendiese Kosten noch einmal drastisch in die Höhe treiben. Alle reden davon, den Arbeitsplatz Deutschland technologisch und qualitativ verbessern zu müssen, damit er sich durch hochwertige Produkte gegen die Billiglohnländer behaupten und den deutschen Lebensstandard finanzieren kann. Gleichzeitig sollen die Ausbildungszeiten verkürzt und die Arbeitsplatzgarantien verstärkt werden. Alle reden von der Familie als Eckpfeiler der Gesellschaft und sind gerade dabei, dessen Funktionen sämtlich zu verstaatlichen: die Kinder in staatlich bezahlte Kindergärten und Schulen, wo sie von staatlich bezahltem Personal erzogen werden; die Alten ins Altenheim, wo sie von der staatlich organisierten Pflege versorgt werden; und beide Elternteile ab zum Arbeiten, denn irgendeiner muß ja das Ganze finanzieren.

Und dann gibt es noch einen Grund, warum uns diese zweite verstaatlichte Gesellschaft erspart bleiben wird: Das Modell »soziale Rundumversorgung« wird international gerade ausgemustert, weil es nirgendwo funktioniert hat, nicht nur nicht im Osten der Kommunisten, sondern auch nicht im Westen unter sozialdemokratischen Regierungen. Dort, wo es am weitesten gediehen war, in Neuseeland und Schweden, wird es gerade am massivsten zusammengestrichen.

Peer kommt nach Deutschland zurück, ist verheiratet und hat zwei Kinder. Ihm werden Jobs auf der ganzen Welt angeboten. Glauben Dressler, Blüm & Co. wirklich, daß sich eine leistungswillige, familienorientierte Jugend eine Zukunft in ihrem Staat suchen wird? Oder, wenn sie hier bleiben, daß sie dafür arbeiten, um den »Double-income-no-kids-Schmarotzern« der achtziger und neunziger Jahre die Rente und das Altersheim zu bezahlen, weil die jetzt ihr Leben genießen? Bevor Sie jetzt mit dem Totschlagargument kommen: »Aber wo bleibt denn da die Solidarität«, sollten Sie sich mal mit Jürgen Borchert, Richter am Hessischen Landessozialgericht in Darmstadt, unterhalten. Der sagt nämlich: »Durch die Pflegeversicherung wird die Ausbeutung der Familien nochmals verschärft.« Die sechsköpfige Familie Heitsch aus dem niedersächsischen Stadthagen ist eine von vier Familien mit insgesamt 21 Kindern, die beim Bundesverfassungsgericht gegen die Pflegeversicherung klagen, denn dank dem neuesten staatlichen Abzug rutscht sie jetzt endgültig ab in die Sozialhilfekategorie.

Was die Heitschs besonders erbost: Durch die Erziehung von vier Kindern tragen sie mehr zum Erhalt der Sozialsysteme bei als ein kinderloses Ehepaar. Trotzdem sollen sie ebensoviel abführen. Ihre Kinder zahlen dann die Beiträge, aus denen die Kinderlosen später versorgt werden. Sie rutschen heute also in die Sozialhilfe ab, damit eine Pflegeversicherung bezahlt werden kann, die auch später das Vermögen der kinderlosen Pflegebedürftigen schont. Der Beschwerdeführer der Familien beim Bundesverfassungsgericht, Heinrich Pötter, ärztlicher Gutachter beim medizinischen Dienst der Krankenversicherung, charakterisiert deshalb in einem Satz, wozu das ganze System dient: »Die Leistungsausdehnung der Pflegeversicherung führt nicht zu mehr Pflege, sondern zu ungerechtfertigter sozialer Umschichtung.«

Die japanische Gesellschaft hat auch ein Rentenproblem – ein viel dringenderes sogar: Denn statt erst im Jahr 2020 wird es die Japaner schon 2010 treffen; dann wird das staatliche Rentensystem hinten und vorne nicht mehr in der Lage sein, die Renten zu zahlen. Zur Zeit ist das System noch in allerbestem Zustand. Die Rentenbeiträge belaufen sich auf nur 14,5 Prozent des Bruttoeinkommens, fast fünf Prozent weniger als in Deutschland. Dafür gehen die Arbeitnehmer schon ab 60 Jahren in Rente und bekommen dabei 70 Prozent ihres Monatsgehalts ausbezahlt.

Die japanische Regierung weiß aber, daß dies bald nicht mehr so funktioniert. Die jetzige Bevölkerungspyramide und die Vollbeschäftigung bescheren den Sozialsystemen volle Kassen – bald werden sie gähnend leer sein. Anstatt diese Belastung aber auf die jetzt und zukünftig Verdienenden abzuwälzen, erwägt die Regierung ihre Verkaufssteuer (japanische Version der Mehrwertsteuer) von drei Prozent auf sieben Prozent anzuheben und die Differenz gezielt in den Rentenkassen als Puffer aufzubauen. Also nicht Leistung besteuern, sondern Konsum. Außerdem geht die japanische Regierung davon aus, daß sie die Jahre ab 2010, in denen diese schwierige demographische Beule die Volkswirtschaft schwer belastet, mit einer dann beginnenden Staatsverschuldung überbrücken muß. Deswegen hält sie ihre Staatsverschuldung seit Mitte der achtziger Jahre bewußt niedrig und hat ihre Staatsfinanzen so im Griff, daß genügend Geld für die kommende Rentenlücke vorhanden ist. Diese Voraussicht kritisieren die Amerikaner in ihren Handelsgesprächen dann oft als indirektes Handelshemmnis. Nur weil die Japaner den amerikanischen und europäischen Schwachsinn ungehemmter Staatsverschuldung für die heutige Konsumankurbelung nicht mitmachen, werden sie als unfairer Mitspieler im Welthandel bezeichnet.

Japan hat einen zweiten Staatsetat, der bewußt für die Rentenvorsorge geschaffen worden ist. Er ist zwar netto unterfinanziert, aber weitgehend in rentable Projekte investiert – zum Beispiel in die privatwirtschaftlich betriebenen Autobahngesellschaften. Aus den beiden Etats gemeinsam ergibt sich laut der OECD eine Staatsverschuldung von 26 Prozent des Bruttosozialprodukts, im Gegensatz zu 60 Prozent in Deutschland und den USA. Japan wird dadurch wesentlich manövrierfähiger bleiben, auch die zukünftigen Herausforderungen an seine Gesellschaft zu bewältigen, trotz des schnellen Umbruchs der Bevölkerungspyramide.

In der sozialvermarkteten Murkswirtschaft Deutschlands dagegen werden die Familien so reagieren, wie dies jetzt schon die ehemaligen DDR-Bürger tun: Vor lauter sozialem Netz, das die Politiker gesponnen haben, verzichten sie auf Kinder. Wer will schon der letzte Depp der Nation sein? Das Volk stirbt bei sicheren

Renten und einer garantierten Pflege im Altersheim aus. Da helfen auch ein paar soziale Leistungen hier oder da für eine junge Mutter nichts. Wer den Facharbeiter zum Deppen der Nation und eine Frau, die bewußt Kinder großzieht, zum Büttel der Gesellschaft macht, der kann mit unserem Umverteilungssozialstaat keine Anreize schaffen, sondern nur neue Ungerechtigkeiten.

Die Mauer ist gefallen, der Kommunismus zusammengebrochen, weil das System, das die Menschen bevormundete, zutiefst ungerecht war. Da wurde zwar von morgens bis abends Gleichheit gepredigt, aber die Bürger waren der Willkür quasifeudaler Behörden ausgesetzt. »Sozialismus an sich ist eine gute Sache«, so dachten einer Emnid-Umfrage zufolge auch im Sommer 1994 noch 71 Prozent der ostdeutschen Bürger. Nur die Politiker, die ihn mißbrauchten, waren schlecht, so ihre Entschuldigung dafür, daß es nicht funktionierte. Die jahrelange Gehirnwäsche hat ihre Spuren hinterlassen. Die Theorie stimmte, die Praxis war schlecht. Den Menschen im Osten ist es angesichts ihre Informationsstands nicht übelzunehmen, wenn sie nicht wissen, daß beim Sozialismus die Theorie systembedingt nie mit der Praxis übereinstimmen kann.

Und deswegen wird auch der westdeutsche Ansatz unter der Überschrift »soziale Marktwirtschaft«, die sich aber mittlerweile in eine totale staatliche Fürsorge verwandelt, nicht funktionieren. Diejenigen, die rücksichtslos genug sind, das System auszunutzen, haben viel Spielraum, um mit List und Tücke Hab und Gut auf Kosten der Allgemeinheit zu vergrößern, während Leistung und Ehrlichkeit zu wenig führen. Im Osten gehörte zur Nomenklatura, wer sich bedingungs- und skrupellos der Partei und ihren Spielregeln unterwarf. Im Westen gehört zur Nomenklatura, wer kinderlos, staatsangestellt, Verbands- oder Gewerkschaftsfunktionär ist; er schafft es, an die Sozial- und Subventionstöpfe zu kommen. Für ihn hat unsere Gesellschaft stets ein soziales Herz, auch wenn er einmal danebentritt. Die Resozialisierung der ehemaligen Bundeswirtschaftsminister Friderichs und Lambsdorff ist ebenso gelungen wie die des IG-Metall-Stars Franz Steinkühler. Für den hatte die stellvertretende DGB-Vorsitzende Ursula Engelen-Kefer besonders mitfühlende Worte. Nachdem herausgekommen war, daß er für seinen minderjährigen Sohn Aktien im Wert von

500 000 D-Mark aus illegalen Insidergeschäften gebunkert hatte, meinte die Arbeiterfunktionärsdame: Die Fürsorge für den noch minderjährigen Sohn könne man doch verstehen. Also so ganz vertraut Frau Engelen-Kefer unserem Rentensystem wohl doch nicht.

In den USA haben die Senatoren Paul Tsongas von den Demokraten und Warren B. Rudman, ein Republikaner, die Concord Alliance gegründet – eine Allianz über politische Gräben hinweg, um die Zukunft in den Griff zu bekommen. Mit sichtbarem Erfolg warnen sie landauf, landab vor der Staatsverschuldung, schlagen Gesetze vor, wie die gähnenden Löcher wieder zu stopfen sind, welche die Sozialsysteme in die Haushalte Washingtons und der US-Bundesstaaten reißen. Ja, auch die Amerikaner haben Angst vor einem einstürzenden Rentensystem. In den USA wird es nicht über eine separate Kasse finanziert, sondern einfach aus dem Staatshaushalt und damit durch die allgemeinen Steuern von jedermann. So wird das Kind wenigstens beim richtigen Namen genannt. Die amerikanische Katastrophe sieht ungefähr so aus: Die gesetzlichen Rentenversicherungsverpflichtungen der Regierung im Jahr 2070 werden möglicherweise 18 bis 20 Prozent der Bruttolöhne verschlingen. Noch einmal: Im Jahr 2070 werden die Rentner vielleicht 20 Prozent der Bruttolöhne der Arbeitnehmer beanspruchen. Mit anderen Worten: Was in Deutschland heute schon Realität ist, betrachten die Amerikaner als Katastrophe, wenn es sie in 75 Jahren auch erwischt. Dabei sind die öffentlichen Renten in den USA noch nicht einmal so wichtig wie in Deutschland. In Amerika machen sie 37 Prozent aller Einkommen der über Fünfundfünfzigjährigen aus, in Deutschland immerhin 54 Prozent.

Darüber hinaus haben 65 Prozent der Deutschen auch Berechtigung auf Unternehmenspensionen. Allerdings müssen diese Ansprüche nicht auf gesonderten Konten vorfinanziert werden, sondern dürfen mit dem Wert des Unternehmens verrechnet werden. Geht das Unternehmen pleite, sind die Ansprüche in Gefahr. Dadurch kann auch keiner so richtig nachvollziehen, wie es um diese Rentenansprüche wirklich steht. In den USA haben 55 Prozent Anspruch auf eine Betriebsrente. Diese muß in Amerika meistens separat finanziert werden; das heißt, der Anspruch bleibt auch bei einem Bankrott erhalten. Aufgrund der Aktienwertsteigerung der letzten Jahre sind die meisten dieser privaten Pensionskassen deutlich überfinanziert, haben ein fettes Polster, um über viele Jahre hinweg schlechte Zeiten überbrücken zu können. Machen die Amerikaner sich also verrückt wegen nichts? Oder hat Deutschland heute schon jene Katastrophe zu meistern, die den anderen Alpträume verursacht? Zugegebenermaßen ist die Rentenversicherungsproblematik Amerikas nicht der Knackpunkt. Wovor man in den USA tatsächlich Angst hat, das ist der Anstieg der medizinischen Kosten, welche die Rentner verursachen. Die würden dann nämlich von derzeit sieben Prozent auf dann 26 Prozent steigen. Das Problem »medizinische Kosten« in Amerika ist so verkorkst, daß es die amerikanische Gesellschaft immer schwerer belastet; dazu ausführlich in den Kapiteln 24 und 25 über Medizin und Marktwirtschaft. Jedenfalls würden die Krankenkosten und die Renten gemeinsam in der Tat die US-Arbeitnehmer des Jahres 2070 ersticken, genauso wie das in Deutschland schon vierzig Jahre zuvor der Fall sein wird. Der Unterschied ist: In den USA können Politiker Wahlen gewinnen, indem sie versprechen, das Pleitesystem abzuschaffen, weil es nicht mehr reformierbar ist, während in Deutschland Wahlen gewonnen werden, wenn Parteien ankündigen, dieses System sogar noch auszubauen.

Der amerikanische Präsident Clinton, geboren im winzigen Städtchen Hope in Arkansas, einem der ärmsten Staaten der USA, formulierte seine Vision eines sozialen Netzes wie folgt: »Es soll wie ein Rettungsseil beim Erklimmen eines Berges wirken.« Es mitzunehmen, bedeutet zwar mehr Gewicht zum Schleppen, aber es gibt den Mut und die Sicherheit, sich auf den gefährlichen Weg nach oben zu begeben. So hilft sich die Gemeinschaft, und so kommt sie gemeinsam weiter als jeder einzelne für sich.

Das deutsche Sozialsystem ist schon längst kein Rettungsseil mehr, sondern ein schweres Tau, behängt mit dem eisernen Rettungsanker des Sozialmißbrauchs, das von den Leistungswilligen bergauf geschleppt werden muß. Und die deutschen Ziele sind schon längst kein Berg mehr, sondern höchstens noch ein Hügel im europäischen Mittelgebirge. Wer glaubt, daß ein solches System auf die Dauer attraktiv ist, der sollte die Ereignisse des 9. November 1989 noch einmal genauer studieren, als die ostdeutschen Massen der Totalumsorgung entflohen.

Selbst im Einwandererland USA wird Immigration nicht als Lösung des Problems gesehen. Um den Arbeitnehmerausfall bis 2070 durch Immigration auszugleichen, müßten die Neueinwanderer und Gastarbeiter schon ab dem Jahr 2035 die Mehrheit der Arbeitnehmerschaft auf dem Arbeitsmarkt bilden. Das befürworten selbst die Liberalen nicht mehr. In Kalifornien stimmte die Mehrheit der Bevölkerung für ein Gesetz, das den illegalen Einwanderern selbst die Versorgung im Krankenhaus untersagt und den Kindern den Schulbesuch verbietet. So werden die Millionen von Landarbeitern und Hauspersonal praktisch rechtlos gemacht. Diese Volksabstimmung wurde bald vom Obersten Verfassungsgericht annulliert. Aber sie zeigt, daß der »Schmelztiegel Amerika« seine Integrationskraft verloren hat. Rassen und Nationen leben argwöhnisch nebeneinander her, und regelmäßig explodiert das Völkergemisch in bürgerkriegsähnlichen Ausschreitungen, wie dies Los Angeles und New York erfahren mußten. Selbst die großen, in weiten Teilen dünnbesiedelten, aus allen Völkern der Welt zusammengesetzten USA müssen feststellen, daß man nicht ungestraft seine Sozialprobleme auf eine immer neu ins Land drängende, junge und kräftige unterprivilegierte Klasse abwälzen kann.

Doch in Deutschland hoffen viele Politiker und die Angehörigen der Selbstzufriedenen, so ihren Sozialstaat, ihre Renten und ihre Subventionen retten zu können.

10. Auf der Suche nach modernen Sklaven

Nackt bis auf die schlabbrigen Unterhosen, stehen die Männer in Reih und Glied und erwarten ängstlich ihr Schicksal. Ein Arzt im weißen Kittel, gefolgt von zwei Helfern mit Formbögen und Schreibunterlagen, schreitet die Front ab. Jeden einzelnen der meist mageren, eingeschüchterten Kandidaten betrachtet er eingehend, bevor er sein Urteil anhand der vorgegebenen Kriterien zur Weiterverwendung der Männer fällt. Fettpolster: ausreichend. Muskulatur: gut. Dann ein Griff zum Kinn, der Mund wird aufgesperrt: Kaufähigkeit: in Ordnung. Die Männer müssen auch vorpinkeln und werden unter anderem auf Würmer, Blutdruck und TBC untersucht. Nur die ganz Gesunden kommen durch. Die anderen werden abgewiesen.

1971 im deutschen Arbeitsamt in Istanbul. Was für ein Hochgefühl für all die Juniorchefs und Personalmanager. Die Wirtschaft boomte und brauchte Arbeitskräfte. Und hier waren sie zu haben. Zu Tausenden, was schreibe ich, zu Hunderttausenden drängten sie nach »Alemanya«, dem Land, wo Milch und Honig flossen. Die große Chance, der trostlosen türkischen Realität zu entfliehen: Alemanya. Dort lebten Freunde. Schon im Ersten Weltkrieg waren sie die einzig wirklichen Freunde. Und jetzt erst. Der landlose Ziegenhirte Ali aus dem Nachbardorf war vor drei Jahren auf und davon und kam mit einem Ford zurück. Ausgerechnet Ali, der einer der Ärmsten war, hat den Großgrundbesitzer um die Hand der Tochter gebeten und sie gekriegt. Hat dem Alten Geld mitgebracht, damit der sich einen Traktor kaufen konnte. Der Alemanchi-Traktor. Und gleich am Ortsausgang baut er ein Haus mit Zement. Überragt alle anderen Lehmhäuser. Das Alemanchi-Haus. Deutschland, das war das absolute Ziel.

Und so kamen sie zu Hunderttausenden aus allen Teilen Anatoliens, um in Deutschland ihr Glück zu machen. Zwischen dem eigenen Haus, dem eigenen Traktor und einer ansehnlichen Braut aber stand das Arbeitsamt in Istanbul. Hier wurde entschieden, wer seine Papiere bekam und wer nicht. Im Laufe der Jahre bekamen die Deutschen von hier aus den ganzen türkischen Arbeitsmarkt in den Griff. Weil der Andrang gar so groß war, wurde schon in den türkischen Provinzarbeitsämtern vorsortiert. Und das sah dann so aus: 20 Textilfacharbeiter für Lörrach, 80 angelernte Fließbandarbeiter für Rüsselsheim, 150 Bergarbeiter für Lünen, 500 Bauarbeiter und 2000 Hilfsarbeiter für überall.

Das Anforderungsprofil ging an alle türkischen Arbeitsämter, und die schickten dann die entsprechende Menge nach Istanbul. Die Nachfrage nach Fachkräften konnte dabei oft nicht befriedigt werden, so viele hatte die Türkei auch nicht. Die waren schnell vermittelt. Aber für die Hilfsarbeiterjobs hatten sich drei Millionen Türken gemeldet; das bedeutete eine Wartezeit von offiziell acht Jahren und mehr. Da glich es schon einem Lottogewinn, überhaupt bis zur Musterungsstelle in Istanbul vorzudringen. Traf dann in irgendeinem Dorf die Nachricht ein: »Der Ziegenhirt Mechmet darf fahren«, so wurde das letzte Geld für die Busfahrt zusammengekratzt. Aus einigen Teilen Anatoliens dauerte die Anreise bis zu zwei Tage. Meist machte sich der Bürgermeister oder ein wichtiger Verwandter mit auf den Weg. Hing doch vom Arbeitsplatz in Deutschland oft die Zukunft des ganzen Dorfes ab. War einer erst einmal in Alemanya, dann konnte er beweisen, was für ein guter Arbeiter er war und seinen Chef davon überzeugen, daß in seinem Dorf die besten Arbeiter der ganzen Türkei lebten. Wenn der Chef dann reagierte und Arbeiter anforderte, dann schafften diese den Weg nach Deutschland nicht selten unter Umgehung der langen Warteliste.

Wenn es um so viel geht, dann ist die Korruption nicht weit. So mancher türkische Beamte hatte da Mitleid und bescheinigte dem Schuhputzer schon einmal, daß er gelernter Maurer sei. Und weil das die Deutschen bald spitz hatten, wurden Facharbeiterprüfungen eingeführt. Da stand dann der Juniorchef aus Deutschland und ließ eine Truppe vormauern. »Den nehm' ich, den nehm' ich nicht« – so schritt er die Front ab und fällte damit Urteile über die Zukunft ganzer Dorfgemeinschaften. Bei den Filmarbeiten habe ich Türken gesehen, die zitterten beim Mauern dermaßen, daß ihnen der Mörtel von der Kelle rutschte. Bei den Spinnern schaffte es ein ausgewiesener Facharbeiter nicht mehr, den Faden durch eine Öse zu ziehen, so fertig war der Mann.

Rund um das Arbeitsamt hatte sich ein zwielichtiger Basar gebildet. Da wurde garantiert gesunder Urin angeboten. Ein Vorcheck, ob der Blutdruck auch in Ordnung ist, und dann dafür ein Pülverchen verabreicht, das dann später im Urin garantiert das »Aus« bedeutete. Schlepperbanden warben die Nervenschwachen ab, versprachen, sie auf illegalem Weg nach Deutschland zu bringen, auch ohne Tests. Oder sie machten sich an die Abgewiesenen heran, die verzweifelt diesen kriminellen Strohhalm ergriffen, um sich dann, um ihre letzten Habseligkeiten betrogen, am Busbahnhof von Istanbul wiederzufinden oder in Baracken versteckt auf deutschen Baustellen, wo sie von habgierigen Schleppern und skrupellosen Bauunternehmern ausgebeutet wurden.

Niemand in Deutschland erhob gegen diese Abart eines modernen Menschenhandels seine Stimme. Die Arbeitgeber nicht, weil sie doch dringend die Arbeiter brauchten und die Gewerkschaften nicht, weil diese Arbeiter fast automatisch in ihre Organisation aufgenommen wurden – das brachte Mitglieder. Und die deutsche Gesellschaft nicht, weil man bei aller Scheinheiligkeit innerlich doch froh war, daß da Ausländer ins Land kamen, die unsere Dreckarbeit verrichteten.

Es gab damals keine Ausländerfeindlichkeit in Deutschland – im Gegenteil: Der einmillionste Gastarbeiter, der Portugiese Armando Sa Rodrigues, wurde noch mit einem Moped beschenkt. Mittlerweile lebt er wieder arm und krank in seiner Heimat, weil er sich bei einem Arbeitsunfall in Deutschland verletzte. Dieser Masseneinkauf der Ware »Arbeitskraft« wurde regelrecht gefeiert, bewies er doch die Stärke unserer Volkswirtschaft, die Leistungsfähigkeit der Deutschen.

Aber wer kümmerte sich schon darum, was das für Menschen waren, die wir da ins Land holten? Vom ersten Tag an wurden sie ausgebeutet, auch wenn man sie auf der Straße noch nicht zusammenschlug. Ganze Serien von Filmen habe ich damals gemacht: über die überteuerten Wohnbaracken, in denen sie untergebracht wurden; über die Konflikte mit deutschen Kollegen, denen sie durch ihren Fleiß den Akkord verdarben; über Arbeitgeber, welche die Unerfahrenheit der Ausländer ausnutzten und sie unter Tarif beschäftigten. Aber das waren alles eher Randthemen für die Redaktionsleiter. Sich damals für Ausländer einsetzen, das war ungefähr so erfolgreich und populär, wie sich heute für eine funktionierende Marktwirtschaft zu engagieren.

Ein wirklich Liberaler, dem ich viel verdanke und den ich damals als viel zu konservativ empfand, der Leiter der ZDF-»Bilanz«-Redaktion, Wolfgang Schröder, »ließ mich aber machen«, wie Journalisten so flapsig daherreden. Er »ließ« mich wochenlang durch die Türkei fahren und die Folgen der Arbeitskräftewanderung untersuchen. So filmte ich nagelneue Spinnereien und Textilfabriken in der Nähe von Adana in Südanatolien, die gerade mal mit einem Viertel ihrer Kapazität arbeiteten. Die Schweizer Maschinen waren von der Weltbank kreditiert. Der Rohstoff Baumwolle wuchs in unmittelbarer Nähe. Alles schien bestens geplant. Aber nun fehlten die Arbeiter, die diese Fabriken auch zum Erfolg führen konnten. Kaum waren wieder junge Türken angelernt, wurden sie von den Deutschen für ein Zehnfaches des damaligen ortsüblichen Monatsgehalts abgeworben.

In Tavsanli, nicht weit von Bursa, waren wir dabei, wie eine Kohlengrube nur mühsam vor dem Absaufen gerettet werden konnte, weil alle ausgebildeten Bergarbeiter an der Ruhr deutsche Steinkohle förderten. Auch für sie waren die finanziellen Angebote viel zu verlockend. Nicht viel besser erging es der jungen türkischen Automobilindustrie. Überall das gleiche Bild. Der Aufschwung der türkischen Wirtschaft wurde massiv durch die Abwerbung der Fachkräfte behindert. Die Massen der landlosen Schafhirten, der Schuhputzer in den Straßen der Großstädte, der ungelernten Tagelöhner – sie alle blieben zurück. Sie konnten sich nur in die endlose Warteliste der Hilfsarbeiter einreihen. Und die wollte auch in Deutschland niemand.

Für die türkische Politik hatte diese Massenauswanderung ebenfalls fatale Folgen. Die nationalistisch gesinnten Militärs und Hinterzimmerpolitiker profitierten natürlich mehr von den harten Devisen, welche die Gastarbeiter überwiesen, als von einer eigenen Industrialisierung. Mit diesen Devisen ließen sich die Waffenkäufe finanzieren, konnten ehrgeizige Vorzeigeobjekte wie der

Atatürk-Damm umgesetzt werden. Vor allem wurden so die für die Türkei dringend benötigten Investitionen aus dem Ausland behindert. Den einheimischen Industriellen blieben die Monopole erhalten, und für die ländlichen, meist kurdischen Feudalherren wurde unbewußt ein Ventil geschaffen, um die lästige Intelligenz abzuschieben. So blieben sie die unangefochtenen Herrscher im Süden und Osten des Landes.

Doch dieser Frevel gegen die wirtschaftliche Vernunft rächt sich furchtbar. Ich meine hier nicht all die kulturellen Verwerfungen in beiden Ländern, die mit Lichterketten und »neuer Einsicht« bekämpft werden. Aus den anatolischen Bauern mit einem »Schafsgemüt« sind selbstbewußte Bürger geworden, die mit Recht ihre Gleichberechtigung einfordern. Millionen Türken, die im Hin und Her zwischen den Kulturen pendeln, von beiden Staaten im Stich gelassen, lehnen sich mit Recht auf. Da rührt sich dumpfer, nationaler, deutscher Bodensatz, und da leben spitzfindige Juristen auf. Wie war das noch in den Koalitionsverhandlungen 1994: Wenn ein Elternteil in der dritten Generation in Deutschland lebt und das Kind hier geboren ist, dann kann es sich bis zum achtzehnten Lebensjahr entscheiden, welche Nationalität es hat? Ja, solche Probleme bekommt man, wenn man den leichten Weg der Menscheneinfuhr geht. Irgendwann werden sie unlösbar. Jetzt auf einmal stellen wir fest, daß in türkischen Adern nicht das gleiche Blut pulsiert wie in den Adern der »Kasachen« und »Sibirier«, die vor zweihundert Jahren freiwillig aus Deutschland ausgewandert sind. Dabei hätten die Türken wissen müsssen, mit wem sie sich einließen, als sie nach Fettpolstern, Muskulatur und Kaufähigkeit ausgesucht wurden. Auf Sklavenmärkten in Alabama waren das auch schon Kriterien. Und auch damals wurden nicht Menschen eingesammelt oder gekauft, sondern Arbeitskräfte. Die Integrationsversuche dauern dort bis zum heutigen Tag ziemlich erfolglos an.

Nein, außer beim Nationalitätenproblem rächt sich die falsche wirtschaftliche Weichenstellung und die damit verbundenen Konsequenzen, die unsere Politik jetzt nicht mehr in den Griff bekommt. Der Boom, der die Gastarbeitereinfuhr nötig machte, beruhte nämlich nicht nur auf deutscher Tüchtigkeit, sondern auch auf einem künstlich hohen Dollarkurs. Daß der so lange hielt, war allerdings ein Meisterwerk der deutschen Banken, Unternehmer und Politiker. Damals flüsterte noch der große alte Mann der Deutschen Bank, Hermann Joseph Abs, den CDU-Politikern ein, jede Aufwertung zu verhindern, was diese auch schafsgläubig befolgten. Schon damals wurden das finanzpolitische Wissen der Banker und das Marktwirtschaftsverständnis der CDU über- und damit falsch eingeschätzt. Denn wir überfluteten mit Exportwaren die Weltmärkte, vor allem die USA, und haben dafür immer mehr Kapazitäten aufgebaut. Den Fehler haben die Japaner dann wiederholt – auch da waren die Banken schuld.

Die Warnsignale wurden geflissentlich übersehen. Die deutschen Arbeiter reagierten nämlich vernünftig. Sie wanderten aus schlechtbezahlten und anstrengenden Jobs ab. Warum denn noch ins Bergwerk einfahren und tausend Meter unter der Erde einen gefährlichen Job ausüben, wenn es bei Opel in Bochum viel angenehmer zuging? Natürlich hat sich die überirdische Verwaltung der Ruhrkohle nicht verkleinert – im Gegenteil. Die war jetzt völlig damit beschäftigt, eine Strategie zu entwickeln, um ihr Überleben zu sichern. Gab es keine Bergarbeiter mehr, brauchte man auch keine Verwaltung. Die wunderbare Geschichte von der nationalen Energiereserve half, alle verantwortungsvollen Politiker davon zu überzeugen: Türken und Koreaner müssen her, um den Deutschen den warmen Herd zu sichern. Diese nationale Tat fand dann auch nur ihre vordergründige Bestätigung, als 1973 bei der ersten Ölkrise Energie auf dem Weltmarkt plötzlich teuer wurde.

Aber längst gibt es Energie in Hülle und Fülle. Steinkohle frei Hafen Hamburg zu sechzig D-Mark die Tonne. Erdöl ist bei gefallenem Dollarkurs zur Zeit so billig wie seit 1973 nicht mehr, und längst ist sein Verbrauch vom Finanzminister als sichere Einkommensquelle mit besonders hohen Steuern belegt. Atomenergie wurde politisch gestoppt. Und jetzt gibt es zu allem Überfluß auch noch die billige ostdeutsche Braunkohle. Vom Erdgas aus Rußland, Norwegen, Holland und von dem noch nicht einmal mit einbezogenen, aber massenhaft vorhandenen Flüssiggas aus allen Rohöl-Förderstaaten ganz zu schweigen. Aber damals haben wir die fremden Arbeiter geholt und die Bergwerke gerettet. Und die haben wir jetzt: die Bergwerke und die Fremden – die allerdings längst keine Fremden mehr sind. Elf Milliarden D-Mark lassen wir uns die Kohlegeschichte pro Jahr kosten.

Die ganze lange Liste deutscher Krisenbranchen von heute ist Ende der sechziger Jahre am natürlichen Sterben gehindert worden – an der Auszehrung mangels Arbeitskräften. Sie wären eingegangen, weil sie an der unheilbaren Krankheit der Wettbewerbsunfähigkeit litten. Aber sie wurden an den Tropf billiger und unbegrenzter Arbeiterzufuhr gehängt. Gesundet sind sie nicht, sondern Krüppel geblieben. Und diese Krüppel werden jetzt von einer mitleidigen Umwelt immer wieder mühsam mitgezogen, und das verlangsamt den Marsch der ganzen Volkswirtschaft. Wem hat denn damals die Erhaltung der Textilbranche, von billigen Montageplätzen in der Elektroindustrie, von Erntearbeitern in einer subventionierten Landwirtschaft gedient?

Sie alle haben Arbeitsplätze beansprucht, die so unproduktiv waren, daß die Unternehmer die marktüblichen Löhne nicht mehr zahlen konnten. Bis 1973 gab es auch keine Arbeitslosigkeit, hinter der sich Faulenzer verstecken konnten. Dann kam der Trick mit dem Überangebot des Faktors Arbeit. Er wurde gegen unendlich vergrößert. Denn deutsche Arbeitsämter gab es ja nicht nur in Istanbul. In Jugoslawien und Griechenland, Spanien und Portugal und schließlich sogar in Tunis haben die Nürnberger ihre Außenstellen eingerichtet. Die Geschichte der Gastarbeiteranwerbung ist somit auch ein Musterbeispiel dafür, daß eine Behörde, tritt sie erst einmal in Aktion, sich immer wieder Beschäftigung sucht.

Es ist sicher eines der größten Versäumnisse der Gewerkschaften, damals dem Anwerbetreiben kein Ende bereitet zu haben. Die starke Verhandlungsposition, die sich aus dem Mangel ergab, wurde so vertan. Dazu hätten sie jedoch von der Stärke des Marktes überzeugt sein müssen. Aber trotz der Ausdehnung des Arbeitsmarktes konnten immer noch ganz beachtliche Reallohnsteigerungen erzielt werden. Nein, die ganze Stimmung der Wirtschaftspartner war auf Wachstum, Wachstum und noch einmal Wachstum ausgelegt, wobei nur auf die Quantität und nicht auf die Qualität geachtet wurde. Die Opposition fand lediglich außerparlamentarisch statt und war unter anderem damit beschäftigt, Ho Chi-Minh populär zu machen.

Damals wurde auch der deutsche Managertyp gezüchtet, der,

voll aus allen Ressourcen schöpfend, das Verkaufen und die Innovation verlernt hat. Wir haben also kräftig Kapazitäten mit veralteter Technologie und mit nicht marktgerechten Löhnen entwickelt, dabei die falschen Produkte hergestellt und das Ganze auch noch mit einem falschen Wechselkurs auf die Welt geschüttet. Als die »Bilanz«-Redaktion in der Aufwertungsdiskussion Partei für die Marktkräfte nahm, hagelte das sogar eine Abmahnung wegen Verstoßes gegen den Staatsvertrag. Die deutschen Manager hatten sich hinter die CDU geschart und wollten sich nicht ihre Spielwiesen nehmen lassen. Was wiederum nur zeigt, daß es in Deutschland eine funktionierende Marktwirtschaft schon immer schwer hatte.

Der Ölschock von 1973 machte dem Spuk ein schnelles Ende. Plötzlich stellte unsere Industrie fest, daß sie auf dem Weltmarkt nicht mehr uneingeschränkt wettbewerbsfähig war. Aus Fernost drängten die Japaner mit ihren Produkten auf die Märkte, und bald wurde daraus ein Verdrängen der Deutschen. Ganze Branchen krachten ein. Die Kameraindustrie bekam es als erste flächendeckend zu spüren. Japanische Fernsehgeräte und Taschenrechner folgten. Die komischen Autos mit noch unaussprechlicheren Namen, wie Mitsubishi, waren eher noch ein Ärgernis als neue Konkurrenz in Amerika und Randmärkten wie Griechenland und Norwegen.

Aber von 1973 bis jetzt haben die Japaner ihren Anteil am Welthandel immer erweitert, ungefähr so, wie wir ihn verloren haben. Und ein wesentlicher Grund dafür war, daß Japan in den Jahren des Wirtschaftsaufschwungs keine Arbeiter ins Land ließ. Ausschließlich hochqualifizierte Kräfte erhielten eine Arbeitserlaubnis. Das hatte zur Folge, daß die Manager die steigende Nachfrage nur durch den Einsatz immer neuer Technologien decken konnten. Die ersten Schweißroboterstraßen stellten Nissan und Toyota auf. Da wurden die Lücken am Band nicht mit Koreanern oder Thailändern aufgefüllt, sondern es mußte der Kollege Roboter ran. Der Arbeitskräftemangel brachte Japan so einen unglaublichen Produktivitätsvorsprung und machte aus den Managern Hochleistungserfinder in der Produktionstechnik.

Im direkten Wettbewerb ging den deutschen Unternehmern die Puste aus. Jetzt hatten sie die Arbeitermassen in ihren Fabriken, die mit hochgezüchtetem Taylorismus und viel Handarbeit zum Beispiel Radios und Fernsehapparate zusammensetzten, die bald aus dem Markt flogen. 1982 zum Beispiel machte Videocolor in Ulm dicht. 1400 Beschäftigte wurden arbeitslos, davon 400 Deutsche, die fast alle als Angestellte in der Verwaltung und Werksleitung arbeiteten, und rund 1000 Ausländer, meistens Spanier, die am Fließband standen. Ein Meister erzählte, wie es früher zuging. Da fuhren freitags die Busse mit Werksangehörigen nach Andalusien, und jeder, der einen Verwandten mitbrachte, bekam eine Prämie. Montags standen die neuen schon in der Fabrikhalle.

Die Arbeiter wurden in Baracken mit Etagenbetten untergebracht. Das ganze System war darauf ausgelegt, die Produktion mit billigen Arbeitskräften auszuweiten. Gesellschaftliche Konsequenzen spielten keine Rolle. Selbstverständlich wurde Tariflohn gezahlt, und ebenso selbstverständlich fühlten sich alle Beteiligten auch noch ein bißchen als Wohltäter – verschaffte man doch den besitzlosen Landarbeitern ein regelmäßiges Einkommen.

Die Baracken und die arbeitslosen Andalusier fielen nach der Schließung von Videocolor in die Zuständigkeit der Stadt Ulm, deren Kosten für Sozialausgaben danach rapid anstiegen. An wen sollte sie sich auch halten? Videocolor war zwischendurch an den französischen Elektrokonzern Thomson Brandt verkauft worden, und der verlagerte konsequent die Produktion dorthin, wo es am billigsten war, um gegen die asiatischen Konkurrenten bestehen zu können: vor allem nach Spanien und Portugal. Diese beiden Länder waren nämlich in der Zwischenzeit in die Europäische Gemeinschaft aufgenommen worden.

Statt die Menschen zur Arbeit zu karren, hätte die Arbeit zu den Menschen gebracht werden müssen. Mit anderen Worten: Anstatt eine Produktion von solch geringer Effizienz in Ulm aufzuziehen, hätten diese Arbeitsplätze gleich auf die Iberische Halbinsel gehört. Es wäre von vornherein ökonomischer gewesen – und hätte den Marktgegebenheiten entsprochen. Und dieser Markt hat sich im Endeffekt durchgesetzt. Die sozialen Verwerfungen, welche die Massenumquartierung verursachen, zahlen aber nicht jene, die vorher den Profit aus den Ausländern zogen. Die werden jetzt vergesellschaftet.

Auch die Automobilindustrie rationalisierte, um verlorenes

Terrain zurückzugewinnen. Die berühmte Halle 54 bei Volkswagen entstand. Hier hatte man die Roboterstraßen der Japaner sogar noch übertroffen, aber die Arbeitskräfte aus Anatolien und Andalusien gab es auch. Der Weg in die Arbeitslosigkeit begann. Verstärkt wurde er noch durch die demographische Entwicklung. Die geburtenstarken Jahrgänge traten in den Arbeitsmarkt ein, die durch den Krieg dezimierten Jahrgänge gingen in Rente. Aber das hätten die Politiker mit einem Blick auf die Bevölkerungspyramide auch schon fünfzehn Jahre vorher wissen können, als sie noch auf Zuwachs aus dem Ausland setzten. Deshalb ist die blöde Ausrede: »Das haben wir damals alles nicht wissen können!« wirklich blöd.

Seitdem hat sich nicht viel in Deutschland geändert. Noch immer schlagen wir uns mit Industrien herum, die besser schon 1970 verschwunden wären. Was Bergbau, Werften und Stahl allein in den letzten Jahren gekostet haben, dafür hätte sich die Volkswirtschaft eine Altersversorgung erster Klasse leisten können. Noch immer hetzen wir den Japanern hinterher und haben deren Produktions-Know-how nicht eingeholt – im Gegenteil: In Schlüsselindustrien wie Maschinenbau, Werkzeugmaschinenbau und Automobilindustrie sind sie uns noch weiter davongelaufen. In anderen Zukunftsindustrien wie Elektronik und Telekommunikation sind wir gar nicht erst an den Start gegangen.

So muß sich die Regierung mit dem Phänomen herumschlagen, daß die Arbeitslosigkeit trotz eines bescheidenen Wachstums von 2,5 Prozent steigt. Es ist den Betroffenen nur schwer zu vermitteln, daß ihre »Freisetzung« sogar die Voraussetzung für den Aufschwung schafft. Vielleicht ein simples Beispiel dazu: Nur wenn drei das bewältigen, wozu vorher vier nötig waren, haben die drei eine höhere Produktivität erzielt. Und genau dieses Verfahren müssen unsere Industrien zur Zeit beherzigen, wollen sie überhaupt noch auf dem Weltmarkt bestehen. Die Alternative »Absatzsteigerung« ist bei dem zur Zeit lahmen Inlandsmarkt nicht vorhanden.

Aber wer denkt, wir hätten aus der Geschichte gelernt, sieht sich getäuscht. Nach der Wiedervereinigung haben wir jetzt rund sechs Millionen Arbeitslose und schätzungsweise 500 000 illegale Ausländer am Bau. Selbst die IG Bau-Steine-Erden weiß nicht, wie viele legal arbeitende Ausländer da noch hinzukommen. Es sind nach vorsichtigen Schätzungen noch einmal mindestens 100 000. Und das, obwohl ein Anwerbestopp besteht. Von einem Arbeitsmarkt kann man überhaupt nicht mehr sprechen, weil Angebot und Nachfrage völlig unübersichtlich geworden sind. Keiner weiß mehr, was eigentlich los ist. Das gipfelt darin, daß die Nürnberger Bundesanstalt für Arbeit jeden Monat Zahlen vorliest, die höchstens noch als Näherungswert und als Vergleichszahl zu den sonstigen Zahlenkonstruktionen zu gebrauchen sind. Niemand weiß bis heute genau, wie viele Erwerbstätige es in Ostdeutschland gibt. Bei den Recherchen zu diesem Buch konnte uns das weder die Nürnberger Anstalt für Arbeit noch das Statistische Bundesamt Wiesbaden sagen.

Mit viel Mühe und noch mehr Geld werden die Arbeitslosenzahlen heruntergerechnet. Seit 1988 zum Beispiel werden die über Achtundfünfzigjährigen nicht mehr als arbeitslos gezählt. Beschäftigungsgesellschaften im Osten sind in Wirklichkeit nicht viel mehr als Beschäftigungstherapie. Das hilft zwar nicht den Menschen auf Dauer, verringert jedoch die Arbeitslosenzahl. Arbeitsbeschaffungsmaßnahme-Stellen (ABM) stehen im direkten Wettbewerb zur Wirtschaft. Und was da an Umschulung und Weiterbildung alles angeboten wird, ist für die Betroffenen oft nur die einzige Möglichkeit, den eigenen vier Wänden zu entfliehen. Einen Job gibt's danach auch nicht. Jede dieser Einrichtungen kann in einem funktionierenden Arbeitsmarkt sehr hilfreich sein, kann helfen, Angebot und Nachfrage aufeinander einzuspielen. Aber die flächendeckende millionenfache Auslagerung von Menschen aus der Statistik in »Arbeitsersatzmaßnahmen« ist Verschwendung von Geldern. Die jeweils gültige, offizielle Zahl darf ruhig um 25 bis 30 Prozent erhöht werden, um das Ausmaß des Angebots von Arbeitskräften zu beschreiben.

Aber auch auf der Nachfrageseite ist nichts mehr im Lot. Es gibt kaum einen Handwerksmeister, der nicht händeringend nach Fachkräften sucht. Krankenhausabteilungen müssen geschlossen werden, weil es an Krankenschwestern fehlt. Volkswagen hatte anfänglich in Zwickau das Problem, genügend Arbeitskräfte zu finden, obwohl die alten Trabi-Werke Sachsenring gerade 6000 Arbeiter entlassen hatten. Zur Ernte in den Weinbergen um unser

Haus findet alljährlich eine Poleninvasion statt, und mit dem Umbau unseres Domizils konnten wir wochenlang nicht beginnen, weil alle Baufirmen mehr als beschäftigt sind und Aufträge unter 200 000 D-Mark eigentlich gar nicht nötig haben.

Seitdem wir Arbeitslosigkeit im großen Stil haben, ist es nämlich hervorragend gelungen, den Arbeitsmarkt völlig zu verderben. Wir gehen von der Illusion aus, in Deutschland werde die Arbeit knapp, und deshalb müßten wir sie besser verteilen. Gelang es den Antimarktwirtschaftlern, den Arbeitsmarkt bei Arbeitskräftemangel durch die Massenzufuhr von Menschen außer Kraft zu setzen, so haben sie ihn mit Beginn der so erzeugten Arbeitslosigkeit gleich so verregelt, daß er überhaupt nie mehr erstehen kann. Hierin sehen die großen Umverteiler und Zuteiler ihre Chance. Und die Behörde in Nürnberg wächst und wächst. Und weil sie sich selbst auch noch ein Monopol verschafft hat, ist ihre Zukunft gesichert. Die bezahlen wir zwar alle, aber der Leidensdruck scheint nicht sehr groß zu sein, sonst würden wir uns gegen diesen ineffizienten Moloch mehr wehren. Spötter bezeichnen die Bundesanstalt für Arbeit als die größte ABM-Maßnahme überhaupt.

Zugegeben, die Nürnberger Behörde zu reformieren ist schwer. Die Zulassung von privaten Vermittlern ist zwar ein erster Schritt, aber gegen die jahrzehntealte Monopolverwaltung kommen die noch lange nicht an. Als Selbstverwaltungsorgan können sich im Verwaltungsrat die Berufsfunktionäre der Arbeitnehmer und Arbeitgeber profilieren. Unter diesen Kategorien finden dann auch immer noch einige Politiker ein warmes Plätzchen. Das Kartell ist als solches verankert. Und es reicht bis in den letzten Landkreis. Auf allen Ebenen dient es so auch hervorragend zur Versorgung verdienter Politiker. Im Osten avancierte das Arbeitsamt in einigen Regionen zum größten Arbeitgeber – und das bedeutet Macht. Und wo ein Machtmonopol ist, können Wohltaten nach Feudalherrenart verteilt werden. Ein sicherer Arbeitsplatz im ostdeutschen Arbeitsamt – das bot die Möglichkeit, so manchen verdienten Mann aus Ost- und Westdeutschland unterzubringen. So gesehen kann den Nürnbergern an allem gelegen sein, nur nicht an einem freien, funktionierenden Arbeitsmarkt; und unter dieser Perspektive werden sie ihre Stellung mit allen Mitteln verteidigen. Wie will eine Institution, die alles bekämpft, was ihr Konkurrenz machen könnte, aber einen Arbeitsmarkt organisieren, der den Namen »Markt« noch verträgt?

Hier soll jedoch wenigstens ein Absatz all den engagierten Arbeitsvermittlern in der Bundesanstalt gewidmet sein. Natürlich gibt es die. Und die laufen im System auf, holen sich blutige Köpfe. Bericht eines Beamten: Um die schwarzen Schafe herauszufiltern, ist er nicht mehr bereit, Arbeitslosen Zahlungen zukommen zu lassen, die betrunken zur Vorstellung erscheinen, tausend Ausreden haben etc. Er belegt sie mit einer Sperre. Das geht in den Widerspruch, 90 Prozent aller Sperren werden von den Schiedsstellen oder Gerichten aufgehoben. Der Arbeitsamtsbeamte wird ermahnt. Er verursacht zu viele Verfahren. Er ist ein Querulant, und solche werden nicht befördert.

Im Frühjahr 1991 – ich war gerade ein Jahr aus Japan zurück und hatte mich noch nicht ganz an die deutschen Arbeitszeiten gewöhnt – produzierte ich für den WDR einen Film über die Vorschläge der Deregulierungskommission zum Arbeitsmarkt. Morgens drehten wir in Zwickau, danach sollte das Interview in Nürnberg sein. Die Zeit war knapp. Aber die Pressestelle gab sich erst gnadenlos: Um 14.30 Uhr sei Feierabend. Nach langem Hin und Her wartete man bis 15.00 Uhr auf uns. So lernten wir den riesigen Bürokomplex in seiner erholsamen Feierabendstille kennen. Egal, was sich draußen auf dem Arbeitsmarkt tut. Hier herrschen die Arbeitszeitregeln der Beamten und Angestellten des öffentlichen Dienstes. Hier geht man mit gutem Beispiel der deutschen Freizeitgesellschaft voran. Und ich würde dies all den Arbeitsamtsbeschäftigten sogar gönnen, wenn sie wenigstens freien Wettbewerb zuließen. Aber die Nürnberger »Anstalt« ist wie alles in diesem Staat: ein Ausbund der mit sich selbst zufriedenen »sozialen Marktwirtschaft«.

Im Sommer 1993 besuchte ich einige Autozulieferbetriebe im Rhein-Main- und im Rhein-Neckar-Gebiet. Bei Löhr und Bromkamp, wo ich einen Film über die »schlanke Produktion« drehte, sind zum Beispiel Arbeiter aus 19 Nationen beschäftigt, darunter Polen, Rumänen, Marokkaner, Tunesier, ein US-Amerikaner und natürlich auch Türken, Griechen, Spanier – Angehörige der traditionellen Gastarbeiterländer. Doch es war ganz klar, daß viele Arbeiter hier erst lange nach dem Anwerbestopp von 1973 ihre

Arbeitserlaubnis in Deutschland erhalten hatten. Und mitten in der Krise hatte »Löbro« immer noch Bedarf an guten Facharbeitern, die der Markt in Offenbach einfach nicht hergab. Ein etwaiger Zuzug aus Ostdeutschland scheiterte an den hohen Mieten. Von den knapp 2000 Beschäftigten in diesem Betrieb hatte nur knapp ein Drittel die Möglichkeit, an der politischen Willensbildung des Staates teilzunehmen. Denn obwohl man allen die Arbeitserlaubnis erteilt, verweigert man den Ausländern die Wahlberechtigung. Wenn aber zwei Drittel derjenigen, die im »Blaumann« in den Werkshallen »malochen«, nicht die politischen Repräsentanten bei Wahlen mitbestimmen dürfen, dann wird eine ganze Bevölkerungsgruppe ausgegrenzt. Nun mag das bei »Löbro« in Offenbach besonders kraß sein. Aber gehen Sie hinein in die Fabriken Süddeutschlands. An den Werkbänken, dort, wo im klassischen Sinne noch Arbeiter beschäftigt sind, geht nichts ohne Ausländer. Dürften sie alle mitwählen, hätten wir in den Ballungsräumen eine völlig andere Parteienlandschaft. So aber ist der Einfluß einer wichtigen »Einkommensschicht« auf die politische Willensbildung ziemlich abgewürgt. Auf sie müssen die Politiker deshalb auch keine Rücksicht nehmen, von ihnen können ja auch keine Stimmen kommen.

Wie würden die Wahlergebnisse im Arbeitsamtsbezirk Stuttgart aussehen, wenn die dort 85 600 sozialabgabepflichtigen Ausländer mitwählen dürften? Dazu kommen dann noch einmal mindestens genauso viele Familienangehörige und selbständige Gewerbetreibende. Umfragen haben gezeigt, daß die Türken eher zur SPD neigen. Hätte die CDU dann auch noch nur ein Direktmandat im Herzen des Musterländles? Die politischen Veränderungen, die sich ergeben würden, sind gar nicht abzuschätzen, dürften alle Beschäftigten auch wählen, die zur Mehrung unseres Bruttosozialprodukts gebraucht werden. Es wäre sicher auch eine Studie wert, einmal herauszufinden, ob unsere Wirtschafts- und Sozialpolitik auf die Arbeiter im »Blaumann« nicht viel mehr Rücksicht nehmen würde, wären diese durch das Ausländerrecht nicht entmündigt.

Der massenhafte Zuzug ungelernter und angelernter Arbeiter ist einer der wesentlichen Gründe, warum unser Arbeitsmarkt zerstört wurde:

– Er hat verhindert, daß die Unternehmen schneller rationalisieren und auf innovative Produktionsmethoden setzen.
– Er schafft ein Überangebot von wenig qualifizierten Arbeitskräften. Die Wirtschaft muß sich nicht auf dem knappen Markt um Beschäftigte kümmern, sie auch nicht selbst weiterbilden, sondern kann immer auf das Überangebot von Ausländern ausweichen und erhält auf diese Weise unproduktive Arbeitsplätze aufrecht, die nicht mehr in ein hochentwickeltes Land wie Deutschland gehören.
– Er verhindert einen Marktpreis für die Arbeit. Der einzelne, der leistungswillig und fähig ist, ist deshalb zu seinem Schutz auf die Tarifparteien angewiesen, die, statt für ordentlichen Kaufkraftzuwachs zu sorgen, Arbeit immer mehr verteilen. Die Gesellschaft zerfällt in zwei Klassen: die Arbeitbesitzenden und die Arbeitslosen.
– Er schafft ein Ungleichgewicht in der politischen Willensbildung. Ganze Gruppen von Beschäftigten haben keinen Einfluß auf die Staatsgeschäfte. In Deutschland sind dies immerhin schon 4,5 Millionen, also zwölf Prozent der arbeitenden Bevölkerung. Das ist undemokratisch.
– Er führt zu Verteilungskämpfen im unteren Viertel der Einkommensgruppen, was sich allgemein in Fremdenhaß und Ausländerfeindlichkeit manifestiert.
Die Europäische Union hat Freizügigkeit vereinbart. Der gemeinsame Arbeitsmarkt umfaßt also 15 Staaten, die sich mit einer durchschnittlichen Arbeitslosigkeit von elf Prozent herumplagen. In einigen Staaten, wie Frankreich und Spanien, hat die Jugendarbeitslosigkeit schon die 25-Prozent-Marke überschritten. Dies ist das gigantische Reservoir, aus dem unsere Wirtschaft und Gesellschaft schöpfen können. Jede weitere Öffnung, und sei sie noch so menschenfreundlich verbrämt, wird den Arbeitsmarkt noch mehr zerstören, Löhne nach unten ziehen und technischen Fortschritt behindern. Statt für Menschen sollten wir unsere Grenzen lieber für Waren öffnen. Auch wenn Idealisten und Menschenfreunde noch so sehr von einer multikulturellen Gesellschaft schwärmen: Sie existiert nicht für ein ganzes Volk, sondern immer nur für Gesellschaftsgruppen, die sich nicht durch hereinströmende Minderheiten bedroht fühlen.

Es gibt Momente, in denen ich mich schäme, nicht den Mut aufzubringen, und meinen Kollegen, Bekannten und zufälligen Gesprächspartnern ins Gesicht sage: »Du scheinheiliger Schmarotzer.« Da fühlt sich ein leitender Angestellter ganz edel, weil er eine ehemalige thailändische Prostituierte jetzt als Kindermädchen beschäftigt. Also, sie ist ja so dankbar. Bei freier Kost und Verpflegung bekommt sie zusätzlich 500 D-Mark im Monat, und jedes Jahr zahlt er ihr einen Heimflug. Seitdem ist auch seine Frau wieder glücklich, die eine Stelle als Ärztin im Gesundheitsamt antreten konnte.

Oder der kritische Fernsehjournalist, der eine russische Akademikerin zwecks Betreuung seiner beiden Kinder beschäftigt. Auch seine Frau hat jetzt wieder die Freiheit, sich selbst zu verwirklichen. Sie ist zwar lange nicht so gut ausgebildet wie die Russin, aber sie ist Deutsche, und deshalb darf sie sich in der oberen Hälfte des Arbeitsplatzangebots niederlassen.

Die Liste dieser Beispiele ließe sich unendlich verlängern. Putzfrauen, Haushaltshilfen, Gärtner und Gelegenheitshausmeister – wie wäre es um unsere Einkommensoberschicht eigentlich bestellt, wenn sie diese Arbeiten nicht an Ausländer abgeben könnte? Aber auch schon das Lehrerehepaar mit keinem oder gerade einem Kind braucht eine Zugehfrau. Den eigenen Dreck wegmachen ist da viel zu stressig. Und nun stellen Sie sich diesen Arbeitsmarkt ohne Ausländer vor. Könnte es dann sein, daß eine Putzfrau genausoviel verdient wie eine Lehrerin – einfach, weil es mehr Lehrerinnen als Putzfrauen gibt? Jedenfalls würden die Preise für diese »niederen« Arbeiten rapide anziehen. Und das kann nicht im Interesse derjenigen liegen, die Einfluß auf die politische Entwicklung im Staate haben. Und zu dieser Gruppe gehören die Doppeleinkommensfamilien der grün wählenden Beamten genauso wie die Lehrer und Gewerkschaftsfunktionäre der SPD.

Sensibilisiert wurde ich für dieses Thema in der dritten Welt, wenn beim Cocktail der geplagten Frauen der »Entsandten Diplomaten, Firmenvertreter und Entwicklungshilfefunktionäre« sich immer alles um die unfähigen und dummen Hausgehilfen drehte. Da gab es Köche, Gärtner, Kindermädchen, Putzfrauen, Chauffeure – rundum ein Leben halt, wie es sich in den schönsten

Feudalzeiten die Fürsten Mitteleuropas leisteten. Und genauso wie in den Ostpreußenwitzen über die einfältige Magd »Mariellchen« wird über diese domestizierten »Halbwilden« hergezogen. Wie blöd die doch sind. Die können ja noch nicht einmal eine Tischdecke gerade hinlegen. Und wenn die putzen: »So oberflächlich, nicht wie wir Deutschen. Die gehen einfach nicht in die Ecken.«

Die große Anzahl der Haushaltshilfen im Ausland wird mit dem eigenen sozialen Engagement gerechtfertigt. Dadurch bewahre man ja viele Menschen in diesen armen Ländern vorm Hunger. Und weil das so ist, rechtfertigt die feine Gesellschaft auch gleich den Hungerlohn, mit dem man die Leute abspeist. Wie viele Deutsche habe ich erlebt, die nur ein Mindesttaschengeld zahlen. Ich will nicht verschweigen, daß einige ihre Hausangestellten auch fair behandelt haben. Aber mir wurde in der dritten Welt klar, daß sofort wieder eine Klassengesellschaft entsteht, wenn es die gesellschaftlichen und wirtschaftlichen Gegebenheiten erlauben. Der Feudalismus scheint doch tief im Menschen verankert zu sein.

Die soziale Tat entsteht nicht dadurch, daß man ein halbes Dutzend Bedienstete bei miserabler Bezahlung am Leben erhält, sondern indem die Güter und Einkommen gerechter verteilt werden – und damit auch die Arbeit. Szene in Tokyo: Die Frau des Botschafters unterbricht das Gespräch bei einem Cocktailempfang, weil sie schnell in die Küche muß. Sie backt ihr Brot selbst. Darauf die Ehefrau des Vertreters einer politischen Stiftung: »Als ich noch in Kenia lebte und einen Knecht hatte, habe ich mein Brot auch noch selbst gebacken.« Und schon wieder bin ich feige, weil ich den Namen der Stiftung verschweige.

In Japan gibt es ein Gesetz, das nur Firmenpräsidenten sowie im Rang und Einkommen ähnlich positionierten Familien die Anwerbung eines ausländischen, meist philippinischen, Hausmädchens erlaubt. Die zuständige Arbeitsverwaltung kontrolliert den Arbeitsvertrag und wacht genau darüber, daß die Bestimmungen eingehalten werden. Dazu gehört ein eigenes Zimmer in der Wohnung oder adäquates Appartement, das der Arbeitgeber bezahlen muß. Der Mindestlohn betrug zu meiner Zeit bei freier Kost und Logis 800 US-Dollar pro Monat. Ein Tag in der Woche mußte ganz frei sein, und der Arbeitgeber mußte einen Heimflug pro Jahr und alle Anwerbekosten übernehmen. Das Ganze war nicht steuerlich absetzbar, sofern eine Firma nicht den Vertrag übernahm.

Dies war selbst für viele gutverdienende Auslandsdeutsche zuviel. Und deshalb war in Tokyo nicht so sehr die Dummheit der Hausgehilfen das Partygespräch, sondern es ging um die schlimmen Lebensbedingungen in Japans Metropole, wo es die Einheimischen noch nicht einmal mehr nötig haben, sich um unseren Dreck zu kümmern. Am schlimmsten traf es diejenigen, die aus der dritten Welt nach Japan kamen. So hatten sie sich einen Auslandsaufenthalt nicht vorgestellt. Und ein Teil dieses Frustes ist dann in dem Buch von Angela Terzani nachzulesen, der Ehefrau eines *Spiegel*-Korrespondenten, die ein bescheuertes Japanbuch geschrieben hat, weil es alle einschlägigen Vorurteile verfestigt. Die Familie Terzani ist dann wieder nach Bangkok weitergezogen, und dort läßt es sich, umgeben von vielen billigen Arbeitskräften, natürlich viel besser über das Elend der Welt schreiben.

Wenn ich das Engagement der FDP für die Öffnung der Grenzen für Asylbewerber, für ein liberales Einwanderungsgesetz und die großzügige Handhabung bei Arbeitsgenehmigungen sehe, dann beschleicht mich das ungute Gefühl, daß sie hier vor allem ihre Klientel bedienen will, die mittelständischen und freiberuflichen Akademikerhaushalte, die somit preiswerten Zugriff auf frisches Haus- und Putzpersonal erhalten. Denn in Deutschland sind die Preise für »niedere Arbeiten« ebenfalls gestiegen. Mit dem sogenannten Hausmädchenerlaß hat die FDP es zwar geschafft, einen Teil der Kosten, die entstehen, wenn man die Hausarbeit nicht selbst erledigen will, auf den Steuerzahler umzulegen; aber dies hilft noch lange nichts, wenn es einfach nicht genügend Frauen gibt, die dringend auf ein paar Mark angewiesen sind, um über die Runden zu kommen.

Aber auch unsere Sozialpolitiker sind ausgesprochen ausländerfreundlich. Da mischt sich ihr internationales Solidaritätsbewußtsein mit den Zukurzgekommenen auf der ganzen Welt mit handfesten egoistischen Motiven. Die gängige Argumentation: »Wir benötigen den Zustrom junger ausländischer Arbeitskräfte, weil wir durch die geburtenschwachen Jahrgänge nicht genügend Nachwuchs haben, der unser Sozialsystem finanziert. Wer soll die

Renten bezahlen, wenn bald auf drei Beschäftigte zwei Rentner kommen?« Lassen Sie mich das übersetzen: »Weil in unserer Gesellschaft, aus welchen Gründen auch immer, die Familien keine Kinder mehr haben wollen, die doch nur Lasten und Pflichten verursachen, können wir unseren Sozialstaat nicht mehr bezahlen. Aber weil mit dieser Wahrheit keine Wahlen zu gewinnen sind, versuchen wir es mit Ausländern. Die schaffen dann für uns.«

So ähnlich, meine lieben Sozialpolitiker, war die Argumentation immer, wenn es um die Beschaffung von Arbeitskräften ging. Die kriegerischen Spartaner im alten Griechenland nannten sie »Heloten«. Sie mußten arbeiten, hatten aber sonst keine Rechte. Das demokratische Athen hatte dafür Sklaven. Diese Form menschlicher Ausbeutung hielt sich bis in die geschichtliche Neuzeit. Auch so unumstrittene Vorbilder wie die Gründer der freiesten aller Verfassungen, der amerikanischen, die Freiheitshelden George Washington und Thomas Jefferson, waren Sklavenhalter. Auch sie machten einen feinen Unterschied zwischen denen, die das Geschick eines Staates lenken, und denen, die dafür schuften müssen – auf daß die anderen die Muße und das Geld haben, eine hohe Kultur zu entwickeln.

Als weitere Variante bietet sich das preußische Drei-Klassen-Wahlrecht an. Dabei hatten die Landbesitzer mehr Stimmen als die ungebildeten armen Schlucker. Auch damit kommt man weit, wenn es um die Sicherung der eigenen Macht und des persönlichen Wohlstands geht. Die schönen ostelbischen Herrenhäuser und Schlösser sind ja nicht nur aus den überlegenen Fähigkeiten der adligen Familien entstanden, sondern auf dem Rücken und durch die Ausbeutung ganzer Generationen von Landarbeitern, die alle nie gefragt wurden, ob sie mit ihren Lebensverhältnissen einverstanden waren.

Wenn wir also jetzt die kräftigen Ausländer benötigen, um unser überzogenes und unfinanzierbares Sozialsystem zu retten, dann haben wir wieder eben jene Voraussetzungen geschaffen, die schon in den siebziger Jahren erfolgreich angewendet wurden: Kauffähigkeit, Fettpolster und Muskulatur. Dies sollte bitte beachten werden, wenn jetzt die Basis für ein Einwanderungsgesetz nach gewissen »Kriterien« erstellt wird.

»Geht den Deutschen die Arbeit aus?« fragt Professor Horst

Siebert in seinem Buch und beweist wissenschaftlich schlüssig, daß dies natürlich nicht der Fall ist, sondern daß wir die Arbeit wegregeln. In einem kurzen Absatz stellt er dabei fest: Ausländer sind nicht das Problem. Dies ist für sich allein genommen richtig. Die Gastarbeiter, die Aussiedler aus Mittelasien und Sibirien, der Zustrom ostdeutscher Umsiedler, sie alle waren arbeitshungrig, leistungsbereit und im richtigen Alter. Deshalb haben sie zum Wachstum beigetragen und es nicht behindert.

Trotzdem: Die Massenzufuhr von einfachen Arbeitskräften hat die Entwicklung der Volkswirtschaft behindert, hat Unternehmer eingelullt und verhindert, daß Sozialpolitiker sich auf die Einnahmen beschränken müssen, die erwirtschaftet werden. Weder die Pseudoliberalen mit ihrem Dienstmagdsyndrom noch die Sozialpolitiker sind bereit, jedem Arbeitnehmer, der für die Volkswirtschaft das Bruttosozialprodukt miterwirtschaftet, Steuern zahlt, die Rentenversicherung vor dem Kollaps bewahrt – jedem, egal wo er geboren und aufgewachsen ist, auch das Wahlrecht zu geben. Nur dann wäre es fair, Einwanderung zu erlauben. Wer das Wahlrecht aber nicht will, der ist, ob er es wahrhaben will oder nicht, tief im Innern ein Feudalist geblieben, ein Ausbeuter.

Die spezifisch deutsche Zukunftsangst, verbunden mit der Bequemlichkeit des Wohlstandsdrittels, hat dazu geführt, daß in Deutschland im Jahr 2030 etwa 15 Millionen Menschen weniger leben als heute. Was ist da so schlimm dran, außer daß dann die Politiker von Helmut Kohl bis Rudolf Dressler zugeben müssen, daß die Mahner wie Kurt Biedenkopf recht gehabt haben mit der Feststellung, daß wir dringend unser Rentensystem ändern müssen. Aber sonst? Die Grünen müßten Halleluja rufen. Der Druck auf die Natur nimmt ab. Wir brauchen keine neuen Baugebiete, keine neuen Gewerbegebiete, nur ein paar wiedervereinigungsbedingte Infrastrukturergänzungen. Abnahme des Kohlendioxidausstoßes? Kein Problem. Wir unterschreiten selbst die jetzt geforderten Mindestmengen Gleichberechtigung der Frauen? Die Wirtschaft wird hinter jeder Arbeitskraft her sein, die sie nur fassen kann. Denn nicht nur, daß wir soviel weniger geworden sind, wir sind auch noch viel älter, und damit haben die Jüngeren alle Chancen.

Wohnungsnot, Arbeitslosigkeit, überfüllte Universitäten, der

163

Mangel an Kindergärten – dies alles könnte im Jahr 2030 Geschichte sein, Erinnerung an die schlimmen neunziger Jahre, vor denen Großeltern und Eltern warnten, so wie ich noch meinen Großvater über die Inflation zwischen den Weltkriegen habe erzählen hören.

Natürlich wird die Mitte Europas nicht eine unterbesiedelte Reichtumsinsel in einer überbevölkerten Welt bleiben. Natürlich wird der Druck der legalen und illegalen Einwanderung groß sein, wird sich eine Gemengelage aus Wirtschaftsinteressen und Sozialromantik für eine großzügige Einwanderung aussprechen. Aber gegen all diese Versuchungen hilft nur ein basisdemokratischer Grundsatz: Wer hier arbeitet und lebt, muß auch wählen dürfen. Wenn dieser Grundsatz nicht verankert wird, sind wir wieder auf dem Weg zu einem Mehrheitsvolk von Herrenmenschen mit einer großen ausländischen Minderheit, die für uns arbeiten darf. In Lichterketten und Gedenkminuten zeigen wir uns dann erschrocken, weil dieses Modell nicht funktioniert, weil das untere Drittel der Gesellschaft mit den Einwanderern um die zu kurze Decke der schlechtbezahlten Jobs kämpft. Und dieses untere Drittel will sich nicht an die Spielregeln halten, die wir ihm vorgeben. Die ziehen mal als Glatzen oder Autonome durch die Straßen, »klatschen« einen Ausländer »auf«, spucken auf die ganzen Betroffenheitskundgebungen, die ihren Ausschreitungen folgen.

Dies ist kein deutsches Phänomen. In Frankreich und Italien, in Großbritannien und Belgien, in jedem westeuropäischen Land macht die Unterklasse mobil, rückt in ihrer grenzenlosen Dummheit nach rechts. In Osteuropa ist es eher noch schlimmer. Dort fehlen die Jahre demokratischer Toleranz und wirtschaftlichen Aufschwungs, den wir erleben durften. Aber Schuld an dieser Entwicklung haben auch all die schönen Sonntagsschwätzer, die aus ihren Biedermeierstuben mit Abscheu den Mob beobachten. Wo immer ich in der Welt war – ich habe kein Land gefunden, in dem eine multikulturelle Gesellschaft auf Dauer funktioniert hat. Bei den ersten wirtschaftlichen Schwierigkeiten reißt der Graben auf, entlang an Religionen, Rassen, Hautfarben, Sprachen oder Arm und Reich.

Eine Gesellschaft, die dies nicht will, sollte sich deshalb auch nicht überfordern. Die Illusion, wir könnten eine friedliche multikulturelle Gesellschaft in Deutschland schaffen, in der der Ausländeranteil, darunter viele Afrikaner, Moslems und Mittelasiaten, über zwanzig Prozent liegt, muß scheitern, so wie sie überall auf der Welt scheitert. Die Befriedigung unserer Wirtschaft mit billigen Arbeitskräften darf deshalb keine Ausrede für ein großzügiges Asylverfahren oder ein liberales Einwanderungsgesetz werden. Durch Heirat, schon vorhandene Familienbande, durch die Einbindung in die Europäische Union wird es weiterhin zu einem kontinuierlichen Zustrom von Menschen in die Mitte Europas kommen. Diesen Menschen gegenüber müssen wir uns fairer verhalten, als es bisher der Fall war. Aber es kann nur funktionieren, wenn wir nicht gleichzeitig den Anspruch erheben, das Elend der Welt aus sozialen Gründen oder Menschenrechtsverletzungen bei uns lösen zu wollen. Dann hätten ungefähr zwei Milliarden das Recht, nach Deutschland einzuwandern. Kommen werden aber nur die, die von Banden hierhergeschleppt werden oder die clever genug sind, sich hierher durchzuschlagen. Beides darf kein Kriterium dafür werden, in Deutschland leben zu können.

Lothar Späth hat in einem *Spiegel*-Interview einmal seine Vision der zukünftigen Gesellschaft in Deutschland so ausgedrückt: Die gut ausgebildeten, flexiblen Leistungsträger arbeiten im Jobsharing mit ihren ebenso gut ausgebildeten Frauen. Sie legen eine schöpferische Pause ein, wechseln Beruf und Wohnort. Sie gehören zur Generation der Erben, sind deshalb materiell schon von Haus aus ziemlich unabhängig, polyglott und natürlich Kenner der Kunstszene. Auf der anderen Seite gibt es eine große Zahl schlecht Ausgebildete, die in ebenso unterbezahlten Service- und Pflegeberufen arbeiten. Ja, so kann das hinhauen. Aber nur mit dem preußischen Drei-Klassen-Wahlrecht.

Und das Ganze ist natürlich nur aus einer westdeutschen Perspektive so zu sehen. Denn die Ostdeutschen fühlen sich sowieso noch als Bürger zweiter Klasse.

11. Ostdeutschland: Bürokratismus statt Staatswirtschaft

Bernd Tenner weiß mit seiner Energie kaum, wohin: ein Dynamiker – dabei immer lachend und unter Dampf. Gerade 36 Jahre ist er alt und schon Besitzer dreier Unternehmen, die alle florieren. Ein Musterknabe der freien Marktwirtschaft. Dabei stammt er aus dem Osten, dem brandenburgischen Elsterwerda, einem Städtchen zwischen Nirgends und Irgendwo. Zu Zeiten des real existierenden Sozialismus versorgte ein riesiges Kombinat den Ostblock mit Melkmaschinen und die Stadt mit Arbeitsplätzen. Aber jenseits der Oder werden die Kühe offensichtlich wieder mit der Hand gemolken, und diesseits haben alle Ställe schon so eine Zitzensuckelmaschine.

Tenner, der fixe Junge, merkte schnell, daß es keinen Sinn hat, auf irgendeine Hilfe oder Versprechungen zu warten, und machte sich mit einem Kollegen auf, um Werkzeugmaschinen zu verkaufen. Zu DDR-Zeiten standen die Firmen danach Schlange, jetzt konnte der Nachholbedarf endlich befriedigt werden. Nur, und auch das merkte er schnell: Diese verkorkste Ostwirtschaft brach zusammen, die konnte nichts mehr kaufen, die mußte erst mal wieder produzieren. Und so entschloß er sich, Unternehmer zu werden.

Sein Freund hatte als Sportler schon vor der Wende Kontakte zu einem Vereinspräsidenten im Westen, der war hauptberuflich Anwalt, spezialisiert auf Unternehmensverkäufe und Konkurse. Von ihm wollten sie sich bei einer Firmengründung beraten lassen. Doch der Anwalt hatte einen besseren Vorschlag. Er bot ihnen einen Betrieb an, der dringend saniert werden mußte. Tenner fuhr mit seinem Freund in das nordhessische Frankenberg, und dort fanden sie die »Rhein-Ruhr Maschinenbau GmbH«. Der letzte Besitzer hatte sich gerade erschossen. Zwei Dutzend Arbeitsplätze und viel Know-how zur Herstellung von Sandstrahlmaschinen waren seine Hinterlassenschaft. Sonst war der Eindruck nicht überzeugend. Vom Westen hatten sie sich eigentlich etwas anderes erwartet.

Zurück im platten Elsterwerda kam die Erleuchtung: Im verunsicherten Osten klingt schon eine westliche Firmenbezeichnung vertrauenerweckend. Eine Maschinenfabrik »Ostelbe«- oder »Elstertal« würde es kaum schaffen. Aber die »Rhein-Ruhr GmbH« – das war es. Bedenken wegen der geographischen Verlegung hatten sie nicht. Auch Frankenberg liegt nicht an Rhein und Ruhr, sondern an der Eder. Tenner und Freund verschuldeten sich bis über beide Ohren, indem sie ihre Häuser bis an die Grenze des Möglichen beliehen, und in der Kreissparkasse Frankenberg fanden sie einen Partner, der den beiden das notwendige Vertrauen schenkte.

Mittlerweile beschäftigt Tenner 800 Mitarbeiter und macht 30 Millionen Mark Umsatz. Dafür baut er versetzbare Tankanlagen, Lkw-Aufbauten, Stahlcontainer und ähnliches. Inzwischen war es der kleinen Kreissparkasse doch etwas mulmig geworden. So bemühte sich der Jungunternehmer um ein Darlehen der Sächsischen Aufbaubank, das ihm selbst bei strengster Auslegung der Richtlinien auch zustand. Er füllte alle Formulare aus – und hörte nichts mehr. Wochen vergingen, Anrufe blieben in den Vorzimmern stecken. Da kündigte sich Ministerpräsident Kurt Biedenkopf in Riesa an, wo Tenner mittlerweile seinen Hauptbetrieb hat. Ein Bekannter ließ die Sachbearbeiter der Sächsischen Aufbaubank wissen, Tenner werde die Geschichte dem Ministerpräsidenten erzählen. Die sofortige Reaktion darauf: »Das ist Erpressung.« Aber jetzt wurde der Antrag wenigstens bearbeitet. Der Sachbearbeiter reiste an, begutachtete das Unternehmen, bestellte Tenner nach Dresden, wälzte dort genußvoll in den Akten und verkündete dann: »Jetzt geht erst einmal die Sekretärin in Urlaub, die die Unterlagen bearbeiten könnte, danach mache ich Urlaub, und dann werden wir weitersehen.« Auch nach den Urlaubssorgen dauerte es dann noch einmal drei Monate, bis die Mittel endlich frei waren und Tenner investieren konnte. Der unverschämte Beamte: ein Westimport aus Baden-Württemberg. Auf ihn hat Tenner eine heillose Wut. »Das einzige, was hier richtig blüht, ist die Bürokratie«, schimpft er. »Die blüht auf anstatt der blühenden Landschaften, die uns versprochen wurden.«

Dies ist nicht die Ausnahme im Osten, sondern die Regel. Im Frühherbst 1994 bin ich entlang der deutschen Ostgrenze gefahren – von Usedom bis Görlitz – und in jedem Ort, in jeder Fabrik, von Politikern aller Parteien immer die gleiche Klage: »Der Westbürokratismus übersteigt unser Vorstellungsvermögen. Wir kommen nicht weiter, wir kommen nicht dagegen an.«

Forst, eine Stadt an der Neiße, wurde von allen Plagen heimgesucht, die Deutschland seit 1933 zu bieten hatte. Bis kurz vor Kriegsende arbeiteten hier 356 Textilbetriebe. Dann erklärten die Nazis Forst zur Festung, was zur Folge hatte, daß sie von den einmarschierenden russischen Truppen fast dem Erdboden gleichgemacht wurde. Durch die Oder-Neiße-Grenze verlor sie ein Drittel ihres Stadtgebiets. Schließlich hatten auch die roten Machthaber kein Interesse an diesem Restposten von Stadt und ersetzten, was noch übrig war, durch Plattenbauten. Und mit der Wende kam dann Joseph G., Westjurist, bis zum 33. Lebensjahr auf der Uni. Er wurde gleich Leiter des Amtes für offene Vermögensfragen, womit die schreckliche Rechtslage für die Regelung der Eigentumsrechte beschrieben ist. Und dieser Jurist behindert nun alles buchstabengenau, so wie sich nur ein Juristenhirn immer neue Komplikationen ausdenken kann. Mit dem Ergebnis: Diese geplagte Stadt hat die schlechteste Abarbeitung aller offenen Grundstücksfragen im Land Brandenburg.

Landrat Dieter Friese will, daß Jurist G. mir in seinem Beisein erklärt, warum er die Entwicklung durch seine juristischen Spitzfindigkeiten, durch Verzögerungen und Rechthaberei verhindert. G. verweigert entgegen dem brandenburgischen Presserecht jede Aussage. Als wir ihn filmen wollen, hält er die Akten vor dem Kopf, die er eigentlich bearbeiten sollte, und hüpft vor seinem Vorgesetzten durchs Zimmer, um sich vor der Kamera zu verstekken. Wie Unternehmer Tenner, so auch Landrat Friese: Sie würden die Westimporte am liebsten aus der Stadt jagen.

In Usedom ist das gelungen. Dort hat ein »Spätachtundsechziger«, der über die Grünen zur SPD gekommen war, einen Entwicklungsplan für die Ferieninsel erstellt, in dem zwar Platz für die Natur, aber nicht mehr für die Menschen war, die hier lebten.

Er sagte auch ganz offen: »Usedom ist zu dicht besiedelt.« Er hat allerdings den Fehler begangen und sich zur Landratswahl aufstellen lassen; da konnten die Usedomer das machen, was mit den verbeamteten Westimporten nicht möglich ist: Sie ließen ihn durchfallen.

Wir lebten noch in Tokyo, als die Mauer fiel. Unsere japanischen Nachbarn kamen, gratulierten uns, feierten mit uns, als ob das Ereignis mitten in Tokyo stattgefunden hätte. Angesichts der gewaltigen Aufgaben, die da auf Deutschland zukamen, der riesigen Finanzmittel, die für den Aufbau benötigt werden, war ich mir ganz sicher, daß damit eine Entstaatlichung der Bundesrepublik stattfinden würde. Ich konnte mir einfach nicht vorstellen, daß irgendeine Regierung auf den wahnwitzigen Gedanken kommen könnte, Ostdeutschland über die Staatsfinanzen aufzubauen. Zwanzig Jahre dauerte es, bis es möglich war, den Stuttgarter Flughafen um 1380 Meter zu verlängern und die Autobahn dabei um 300 Meter nach Norden zu verlegen. Wenn Ostdeutschland in diesem Tempo modernisiert werden sollte, so meine Vermutung, verödet die Region, oder dieses Vorhaben wird zu einem der größten bürokratischen Abenteuer der Menschheitsgeschichte. Aber genau diesen Ehrgeiz entwickelte eine Koalition der »sozialen Marktwirtschaft«. Sie hat die Wirtschaftsvereinigung verbürokratisiert und jammert jetzt über den hohen Anteil des Staates am Bruttosozialprodukt, der damit auf die bedenklichen 52 Prozent anstieg. Helmut Kohl hat einmal gesagt: »Wenn der Staatsanteil des Bruttosozialproduktes über 45 Prozent liegt, dann ist das Sozialismus.« Wie recht er hat! Nun hat er alles getan, daß wir in seiner Definition des Sozialismus leben. Da ist es dann kein Wunder, wenn darin auch eine PDS einen respektablen Platz findet.

Wenn jetzt der hohe Staatsanteil mit der Wiedervereinigung entschuldigt wird, dann ist dies entweder eine bewußte Lüge, oder diese Regierung ist wirklich von allen guten Marktwirtschaftsgeistern verlassen. Die politische Schlagseite unseres Staates wird deutlich, wenn die Regierung für ihr halbherziges marktwirtschaftliches Gestottere auch noch kritisiert wird, weil sie zuviel Markt mit ihrer kalten Privatisierung im Osten eingeführt und damit eine Ellbogengesellschaft gezüchtet habe. Da die Angriffe von links kommen, sieht es in der Öffentlichkeit auch noch so aus, als ob die Probleme in den neuen Bundesländern tatsächlich mit der Marktwirtschaft zusammenhängen. So wird dieser Begriff, der untrennbar mit wirtschaftlicher Freiheit verbunden ist, zunehmend mit all den Sünden in Zusammenhang gebracht, die eigentlich Stalins Zentralwirtschaft, sozialistischer Neidwirtschaft und westdeutscher Bürokratenperfektion anzulasten sind.

»Wir haben die Marktwirtschaft in der DDR eingeführt«, dröhnt es immer noch aus allen Propagandalautsprechern. Dabei sind schon die Vokabeln verräterisch. Marktwirtschaft kann man nicht einführen – Marktwirtschaft läßt man zu. Man kann nur »bürokratische Regeln einführen« – und man kann als Staat Regeln festlegen, nach denen der Markt leben darf. Zum Beispiel Regeln, die möglichst viel Wettbewerb, möglichst freie Entfaltung, möglichst wenig Staat vorsehen. Aber diese Regeln haben wir nicht in Ostdeutschland eingeführt.

Ohne Infrastruktur keine Entwicklung. Also kümmerte ich mich nach meiner Rückkehr aus Japan in Magazinbeiträgen für verschiedene Sender um das Verkehrschaos und darum, wie die Regierung diesen Mißstand beseitigen will. Ich kam ja aus einem Land, in dem eine private Schiene gegen eine private Autobahn und private Airlines konkurriert. Für alle drei Verkehrsträger finden sich genügend Kapitalgeber, weil sie auf eine gute Verzinsung hoffen. Dies, so dachte ich, wäre doch ein Vorbild für die verrotteten ostdeutschen Verkehrswege.

Im November 1990 traf ich Siegfried Ballschuh, so eine Art Zwischenministerpräsident des Nochbezirks Dresden. Sofort nach der Wende hatte das CDU-Mitglied in den USA mit erfahrenen Baugesellschaften Kontakte aufgenommen, um ihnen die Lizenz für den Bau der Autobahn von Dresden nach Görlitz zu verkaufen. Die Gespräche gediehen hervorragend. Die Amerikaner kamen schnell zur Sache, weil sie auf Anhieb abschätzen konnten, daß sich das Projekt auch für sie rechnen würde. Für die Autobahn Halle–Magdeburg interessierte sich ein italienisches Konsortium, und auch die deutschen Großbaukonzerne schalteten sich ein, wollten bei diesem Riesengeschäft nicht abseits stehen. Alle gingen damals davon aus, daß die Projekte in fünf Jahren abgeschlossen sein könnten.

Aber dann brach das westdeutsche Planungsrecht über die Ex-

DDR herein, und der Gedanke der sozialen Gerechtigkeit und Gleichheit wurde auf den Straßenbau übertragen: Es sei nicht vertretbar, daß im Osten die Autobahnen Geld kosteten, und im Westen seien sie kostenfrei, das sei eine Benachteiligung des Ostens.

Zustand heute: Für die Autobahn Halle–Magdeburg ist der Spatenstich erfolgt. Fertigstellung? Da wäre es leichter, einen Sechser im Lotto zu erzielen, als den Termin vorauszusagen.

Und Dresden–Görlitz? Nun, diese Strecke eignet sich wenigstens für eine Satire. Das Teilstück Dresden–Bautzen, von Hitler ziemlich fertig übergeben, wird immer noch auf vier Spuren erweitert. Die werden garantiert noch in diesem Jahrtausend fertig. Zwischen Bautzen und Weißenberg gab es auch schon eine Autobahn, aber auf diesem 14 Kilometer langen Teilstück hatten die Witzbolde von der SED 66 Getreidehallen errichtet – für schlechte Zeiten. Mit der Wende fielen die jetzt in den Besitz der Treuhand, die sie prompt weitervermietete. Nun schoben die Bautzener ihre Einkaufswagen über die Autobahn, weil in einer Halle ein Supermarkt, in der nächsten ein Möbellager und in der dritten ein Getränkemarkt untergebracht wurden. Gott sei Dank hatte die Treuhand noch nicht alle 66 vermieten können, als die beherzte, neu etablierte sächsische Regierung schnell mit der Abrißbirne die Lagerhallen in Trümmer legte. Doch jetzt begann ein Streit, wie ihn wieder nur beamtete Juristen erfinden können. Treuhand und Verkehrsministerium argumentierten, es müsse zunächst festgelegt werden, ob es sich da um eine Autobahn oder die Grundmauern von Getreidehallen handele. Sicher sei jedenfalls, daß die Bauwerke über Jahre hinaus nicht als Autobahn gedient hätten. Auf keinen Fall könne der Freistaat Sachsen über die vierspurige Betonstrecke als Straße verfügen. Wieder schuf Biedenkopfs Regierung Tatsachen, indem sie immer abwechselnd eine Fahrbahn neu asphaltieren ließ und dem Verkehr übergab. Jetzt, wo wieder Fahrzeuge rollen, sahen auch die Juristen ein, daß es doch eine Autostraße gewesen sein muß. Aber für die vollständige Inbetriebnahme als Autobahn muß, wie bei einem Neubau, das ganze Planungsrecht noch einmal durchgehechelt werden, und das kostet Millionen und Jahre.

Schließlich das letzte Teilstück zwischen Weißenberg und der polnischen Grenze bei Görlitz. Hier hatten die Nazis nur die

Brücken geschafft. Aber die können auf keinen Fall mehr in die Planung des Neubaus miteinbezogen werden. Denn auf der aufgeschütteten Erde an den Brücken haben sich Biotope gebildet, die, wie immer in diesen Fällen, ganz einmalig sind. Deshalb stehen diese Brücken jetzt unter Naturschutz. Es ist schon eine Überlegung wert: Welch schrecklicher Verlust für die Menschheit, wenn Adolf diese Brücken nicht hätte bauen lassen. Dann gäb's jetzt auch keine Biotope. Für die Autobahn aber wird eine neue Trasse gebaut, die aus Gründen des Naturschutzes einen 2,5 Kilometer langen Tunnel für 230 Millionen Mark erhält. Fertigstellung vielleicht noch in diesem Jahrtausend.

Wenn Sie ab Januar Ihre 7,5 Prozent Solidaritätszuschlag bezahlen, dann denken Sie daran: Auch Ihnen gehört ein Stück Tunnel an der polnischen Grenze, auch Sie haben ein Biotop gerettet, und vor allem ersparen Sie damit einem amerikanischen Investor, eine Autobahn in Deutschland zu bauen.

Es gibt viele Gründe, warum wir unsere Autobahnen nicht privatisieren. Aber es gibt noch mehr Gründe, es zu tun. Nur ein halbes Dutzend nordeuropäischer Staaten und Regionen in den USA und Kanada haben gebührenfreie Autobahnen. 1990, im Jahr der ökonomischen Wiedervereinigung, bestand die große Chance, hier den Staatsanteil massiv zu senken, die Infrastruktur im Osten schnell dem Westen anzugleichen und gleichzeitig den Finanzbedarf für die Verkehrswege weitgehend außerhalb der Staatshaushalte zu decken. Wir haben damals für eine Sendung mit Professor Hans-Jürgen Ewers, Wirtschafts- und Verkehrswissenschaftler der Uni Münster, und Professor Norbert Walter, Leiter der volkswirtschaftlichen Abteilung der Deutschen Bank, ausgerechnet, daß sich das westdeutsche Autobahnnetz für 130 Milliarden D-Mark verkaufen ließe. Mit den 130 Milliarden D-Mark hätte man die Deutsche Bundesbahn entschulden und dann auch veräußern können, die Reichsbahn sanieren und privatisieren sowie die neuen notwendigen Autobahnen im Osten gleich von interessierten Gesellschaften bauen lassen können. Das Wirtschaftsmagazin *Forbes!* hat noch weiter gerechnet: Die Eigner der deutschen Autobahnen könnten mit einer Kapitalrendite von 7,8 Prozent rechnen, bei zehn Pfennig Gebühr pro Kilometer. Das wäre noch nicht einmal halb so teuer wie ein Kilometer Bahnfahrt erster Klasse. Für solch eine Rendite ließe sich das Geld schnell auftreiben.

Wenn dazu noch dem Osten das westdeutsche Planungsrecht acht Jahre erspart geblieben wäre, anstatt es dann mühsam durch ein Beschleunigungsgesetz etwas zu entschärfen, dann wären wir sicher weiter.

Wie war das noch? »Wir wollen den Osten durch gebührenpflichtige Autobahnen nicht benachteiligen.« Nach der jetzigen Regelung muß diese Region noch Jahrzehnte warten, bis ihre Infrastruktur westeuropäischen Standard erreicht. Und dies ist eine viel größere wirtschaftliche und soziale Benachteiligung. Aber – und das hier nur als kleiner Einschub – es gibt ja auch Politiker, die glauben, man könne ohne Straßenbau wirtschaftlichen Aufschwung erzielen. Die verlassen sich dann darauf, daß die Standortbenachteiligung durch kontinuierlichen Subventionsnachschub ausgeglichen wird. Aber – und da muß ich kein Prophet sein – mangels Geld wird das bald aufhören.

Was für den Straßenbau richtig wäre, gilt auch für die Telekommunikation. Laut klingen die Fanfarenstöße der Bundespost, der heutigen Telekom, wie viele Telefonanschlüsse sie im Osten verlegt hat. Welche gigantischen Summen sie investiert, welches Wunder sie in den neuen Bundesländern vollbringt. Aber noch immer gibt es Neubausiedlungen von Dresden bis Rostock, die keinen Telefonanschluß haben und wo auch nicht absehbar ist, wann es eine Verbindung zur Außenwelt gibt, die in einer führenden Industrienation üblich ist.

Warum war es nicht möglich, das Telefonnetz der Ex-DDR in Regionen aufzuteilen, diese nach dem neuesten Stand der Technik international auszuschreiben und dafür ein Zeitlimit von 18 Monaten zu setzen? Die Antwort: Damit wäre das Monopol der Telekom gebrochen und der gesamte politische und wirtschaftliche Selbstbedienungsladen, der sich um unser Postmonopol rankt, vom Futtertrog abgedrängt worden. Damit wären schon 1990 ausländische Netzbetreiber nach Deutschland gekommen, die das feine Gespinst zwischen der Beziehungswirtschaft der Telekom, ihren deutschen Lieferanten, ihren deutschen Banken und ihren politischen Pöstchen zerrissen hätten. Es wäre auch nicht möglich gewesen, daß sich der Finanzminister aus der Kasse der Telekom einfach mal so fünf Milliarden D-Mark herausholt; und es wäre nicht möglich, die deutschen Telefongebühren hoch zu halten, um damit allerlei Ineffizienz zu finanzieren. Jetzt wird dieser verbraucherfreundliche Zustand erst 1998 beginnen, wenn dank der europäischen Gesetzgebung die Zeit der Monopolisten zu Ende geht. Statt die Wiedervereinigung als großen Wurf für die Wettbewerbs- und Marktwirtschaft zu nutzen, klammert man sich ängstlich an staatlichen Monopolen fest, die dann doch unter dem Druck der internationalen Entwicklung zusammenbrechen. Die zögerlichen, halbherzigen Schritte der Telekomprivatisierung, mindestens fünf Jahre zu spät, kosten den deutschen Verbraucher Milliarden – und die Ostdeutschen müssen dafür um so länger mit Provisorien leben.

Natürlich veröffentlicht die Regierung ihre Erfolgsmeldungen über das Tempo der Entwicklung im Osten, aber da es keine Partei der liberalen Wettbewerbsgesellschaft in Deutschland gibt, werden ihr nicht die Alternativen aufgezeigt, die eine wirklich staatsferne Wirtschaft leisten könnte. Statt dessen viel Kritik von der Linken, die noch mehr Staat verlangt, der die Halbherzigkeiten schon zu weit gehen. So wird Deutschland ein Land, dessen politisches Spektrum antiliberal, dafür immer staatsgläubiger und umverteilungsorientierter ist, mit linken intellektuellen Idealisten und unheilbaren Marxisten als akzeptierten Gesprächspartnern. Es regiert eine Partei der gemäßigten Marktwirtschaft, die angegriffen wird von einer SPD, die eine gemäßigte Marxwirtschaft vertritt und wiederum auf eine grüne Beamten- und Verregelungstruppe Rücksicht nimmt und gleichzeitig glaubt, inhaltlich mit Altkommunisten um die Wähler im Osten buhlen zu müssen. Da war kein Hauch von Freiheit, von Aufbruch, von Offenheit. Da quellen preußischer Mief, Dirigismus, Klassenkampf, Kungel- und Monopolwirtschaft, Ängstlichkeit und Staatsverdrossenheit, da verweben sich alte und neue Ideologien zu einem furchtbar lähmenden, ungenießbaren Gebräu, in dem die großartige Idee einer freien Wettbewerbsgesellschaft und der politischen Befreiung von 17 Millionen Menschen ertränkt wird.

Das ist und will kein Buch über sämtliche Sünden der wirtschaftlichen Wiedervereinigung sein. Folglich schreiben wir auch nicht über die Treuhand, die einen verrotteten Staat liquidieren mußte und dabei für die Sünden der Vergangenheit verantwortlich gemacht wurde. Daß in einer solchen gewaltigen Behörde, wo es um so viel Macht und Milliarden ging, dann mindestens genausoviel Korruption herrschte wie außerhalb der Treuhand, genausoviel Dilettantismus wie in allen Behörden und Ministerien, ist dann nur natürlich. Sich darüber auszulassen würde von den ordnungspolitischen Fehlern ablenken. Das wäre ein eigenes Buch wert.

Wir wollen aber beschreiben, daß es eine Alternative zur Bürokratisierung des Ostens gegeben hätte, wenn Deutschland über wirklich starke politische Kräfte verfügte, die bereit sind, den Staatsanteil zurückzudrängen, und dies nicht nur als Lippenbekenntnisse kurz vor der Wahl in einigen mittelständischen Unternehmerkreisen von sich geben, damit diese mangels anderer Möglichkeiten wieder ihre Spenden lockermachen. Es war der Staat ganz allein, der diese wirtschaftliche Wiedervereinigung versiebt hat. Er hätte die Rahmenbedingungen schaffen müssen. Er hätte das Monopoly nicht zulassen dürfen, das sich unter seinen Augen abspielte. Doch als die herrschenden politischen Kräfte ihre Posten und ihren Einfluß über die ihnen neu zugewachsenen Staatsbetriebe gesichert hatten, durften auch die westdeutschen Konzerne zur Selbstbedienung schreiten: Oder was war das, als sich die großen westdeutschen Lebensmittelketten die DDR in Regionen aufteilten und das Kartellamt ihnen dabei tatenlos zusah? Wie anders ist der Raubzug der Stromkonzerne zu sehen, gegen den sich die Städte in langwierigen Prozessen zu wehren versuchen? Oder die Aneignung der Staatsversicherung durch die »Allianz«, der Interflug durch die Lufthansa usw., usw.

Ein Beispiel muß genügen, um die Struktur der Übernahme deutlich zu machen, sonst würde wirklich der Rahmen des Buches gesprengt. Es geht dabei um die Kaligrube in Bischofferode, wo sich exemplarisch abgespielt hat, wie sich Marktwirtschaft diskreditiert und wie verfilzt unser Staatsmonopolkapitalismus ist.

Die Bilder der im Hungerstreik darbenden Kalikumpel aus dem katholischen Eichsfeld beherrschten tagelang die Nachrichten. Alle waren gegen sie: die Regierungen in Thüringen und

Bonn, die Gewerkschaft und das Kalimonopolunternehmen, das gerade mit Staatsgeldern geschaffen wurde. Alle sagten: Die Grube in Bischofferode hat keine Zukunft. Festgestellt hat dies die bundeseigene Wirtschaftsprüfungsgesellschaft »Treuarbeit«. Die Wirklichkeit sah allerdings anderes aus. Bischofferode mußte weg, damit kein unabhängiger Wettbewerber auf dem Markt für Unruhe sorgen konnte. Noch zu DDR-Zeiten hatte das mitteldeutsche Kalikombinat die Weltmärkte mit billigem Kali bedient. Da es dafür Devisen gab, spielten die wahren Kosten keine Rolle. So war das eben mit allen DDR-Produkten. Das ganze riesige Kombinat erbte die Treuhand, die damit einen Milliarden D-Mark fressenden Subventionsempfänger am Bein hatte, der so gut wie unveräußerlich war. Wer will schon defizitäre Bergwerke? Bei der Treuhand in Berlin war für diese Branche Klaus Schucht zuständig, als ehemaliger Manager der Ruhrkohle wie geschaffen, ein Monopolunternehmen mit staatlicher Überlebensgarantie gegen alle Vernunft zu organisieren.

In Westdeutschland besaß die BASF-Tochter »Kali und Salz« mit Sitz in Kassel die Konkurrenzbergwerke. Nun handelte die Treuhand einen Übernahmevertrag aus, bei dem die »Kali und Salz« die Mitteldeutschen Kalibergwerke übernahm. Und hier beginnt der erste böse Sündenfall wider eine offene demokratische Gesellschaft: Dieser Vertrag wurde nie veröffentlicht. Zwar darf der Steuerzahler Subventionen bezahlen, aber dann hat er den politischen Drahtziehern gefälligst zu glauben, daß alles seine Ordnung habe. Soviel sickerte aber durch: Der BASF-Konzern kassierte für die Übernahme der ostdeutschen Gruben etwa 1,4 Milliarden D-Mark vom Staat, und die Treuhand, also wieder der Steuerzahler, übernahm noch für drei Jahre 90 Prozent der Verluste, die in Ostdeutschland anfielen. Wieviel es später sein würden, wurde offengehalten.

Nun wollte unglücklicherweise der mittelständische Unternehmer Johannes Peine aus Scherfede in Westfalen die Bischofferoder Grube übernehmen. Dieses Bergwerk hatte seinen Absatz nach 1989 sogar noch gesteigert, weil es als einzige Grube eine Qualität lieferte, die von nord- und westeuropäischen Konkurrenten der BASF-Tochter »Kali und Salz« benutzt wurde, um Düngemittel herzustellen. Wenn nun Bischofferode wegfiel, wüchse das Monopol von »BASF/Kali und Salz«. Diese praktizierte aber ein anderes Kaliumherstellungsverfahren, so daß Bischofferode nur störte. Deshalb mußte mit allen Mitteln verhindert werden, daß Johannes Peine in den Besitz der Grube kam.

Mein Interview bei »BASF/Kali und Salz« in Kassel war eine denkwürdige Veranstaltung. Der Sprecher war voll darauf eingestellt, mit sozialen Argumenten zu hantieren. Um die Arbeitsplätze in den anderen Kaligruben ginge es, wollte er mir weismachen. Das Unternehmen handle deshalb verantwortlich, wenn es die Schließung von Bischofferode fordere. Als ich ihm sagte, daß es die Aufgabe einer Aktiengesellschaft sei, Gewinne zu machen, und nicht Arbeitsplätze zu erhalten, kam er ins Stottern. So fragen Journalisten nicht. Journalisten fragen fast immer nur nach Arbeitsplätzen und Umwelt, und deshalb sind sie mit vorgefertigten Stanzen schnell zufriedenzustellen. Der Sprecher rang nach Luft, öffnete sogar das Fenster. Als ich dann auch noch auf einem klaren »Ja« oder »Nein« beharrte, ob »BASF/Kali und Salz« die Schließung der Grube zur Vorbedingung für eine Übernahme der Mitteldeutschen Kali AG gemacht habe, war es ganz aus. Das ginge mich nichts an. Sie müßten aus gesamtgesellschaftlicher Verantwortung die deutsche Kaliindustrie retten, und darauf konzentriere sich das Werk.

Ein Sprecher der Treuhand – bitte verzeihen Sie, wenn ich ihn hier verschone und nicht seinen Namen nenne – bestätigte »off the records« das Monopoly. Selbstverständlich bestehe die BASF darauf, daß der mögliche Konkurrent plattgemacht werden müsse. Unter dem Antimarktwirtschaftler Klaus Schucht (der mittlerweile als Lückenbüßer sogar Wirtschaftsminister im rotgrünen Kabinett von Sachsen-Anhalt geworden ist) haben sich dann alle auf Kosten der Steuerzahler geeinigt: Die Gewerkschaften IG Chemie und IG Bergbau und Energie nutzten ihre Aufsichtsratsmandate, um ihre Pfründe zu sichern; beim Mittelständler Peine wären sie leer ausgegangen. Die BASF nutzte ihre guten Kontakte zum Kanzler – schließlich vertritt der ja Ludwigshafen, den Firmensitz, im Bundestag –, und so wurde eine supergroße Koalition zusammengeschmiedet, die nach außen vorgab, pragmatisch im Sinne Deutschlands und der Arbeitsplätze zu handeln. Und die dabei wieder mal ein Stück Glaubwürdigkeit der Wettbewerbswirtschaft zu Grabe trug. Auch der »liberale« Wirtschaftsminister Günther Rexroth trug da sein Scherflein bei: Er untersagte dem Kartellamt, sich mit dem Fall zu beschäftigen.

Leider hatten die Kumpel in Bischofferode die falschen Freunde. Leider zogen nicht die Verteidiger von Wettbewerb und Markt in Bischofferode auf, versammelte sich nicht die Mittelstandsvereinigung der CDU zur großen Protestkundgebung gegen dieses unsittliche Staatskartell, fuhren keine FDP-Abgeordneten ins Eichsfeld, um ihre Sympathie für diese Streiter gegen einen weiteren Subventionsskandal zu demonstrieren, die von ihrer Gewerkschaft schmählich geopfert wurden. Nein – sie alle blieben brav zu Hause und feilten an ihren verlogenen Sonntagsreden. Dafür pilgerte die PDS nach Bischofferode und erklärte den Kumpels: So ist er nun mal, der Kapitalismus. Und Stefan Heym kam, und es barmte ihn, wie elend die Hungerstreikenden dalagen, und Gregor Gysi wußte zu erklären, daß ihnen das bei einer linken Regierung nicht passiert wäre. Alle, die den Kumpeln helfen wollten, forderten staatliche Unterstützung für die Grube, nicht eine einzige Gruppierung sagte: Laß den Johannes Peine doch beweisen, daß er mit den Kumpels klarkommt; verbietet das Monopol. Und weil nur die nach dem Staat rufende Linke aus dem Skandal ihren Nutzen zog, hatten die heimlichen Monopolfreunde ein leichtes Spiel: dort die Sozialisten und hier die Marktwirtschaftler. Und so konnte es passieren, daß im ZDF eine Sondersendung der Wirtschaftsredaktion lief, in der das Monopol nicht ein einziges Mal in Frage gestellt, sondern den Bergleuten auch noch vorgehalten wurde, sie würden gegen die eigene Gewerkschaft vorgehen; da könne man sehen, wie borniert sie seien.

Nur Professor Wernhard Möschel, Mitglied der unabhängigen Monopolkommission, die auch das Wirtschaftsministerium berät, warnte vor einer »unheiligen Allianz«. Mit solchen Monopolen schädige Deutschland seine internationale Wettbewerbsfähigkeit, und die Politik verliere ihre »Handlungsfähigkeit«. »Gegen den Markt kann man nicht streiken«, sagte Möschel damals, »wohl aber gegen eine Regierung.« Wenn sich die Politik aber in alle Marktvorgänge hineinziehen läßt und das Monopolyspiel nicht verhindert, sondern sogar aktiver Mitspieler ist, kommt es zu Hungerstreiks wie in Bischofferode. Mit Recht fragen dann die

Kalikumpel: Warum werden elf Milliarden jährlich für die Ruhrkohle gezahlt, aber für uns sind noch nicht einmal 50 Millionen übrig? Aufschlußreich die Aussage des Bischofferoder Betriebsrats Hanno Rybicki:»Mit dem Peine waren wir uns einig, daß wir auch auf eine Gehaltserhöhung verzichten, bis die Grube aus den roten Zahlen ist. Und wenn wir es gemeinsam nicht schaffen, dann müssen wir halt dichtmachen. Aber wir wollen unsere faire Chance.«

Die Absprache, auf eine Gehaltserhöhung zu verzichten, soll, so der Treuhandsprecher, bei der Gewerkschaft die Entscheidung, Bischofferode zu liquidieren, erheblich beschleunigt haben.

So haben wir die Marktwirtschaft in Ostdeutschland eingeführt.

Und deshalb verzeihen Sie mir, wenn ich keine weiteren Beispiele beschreibe:

- vom großen Raubzug der Immobilienhändler;
- von der Übereignung des Grund und Bodens in Westhände, einfach weil dort das Geld und die steuerabschreibefähigen Einkommen sitzen;
- von den zweit- und drittklassigen Beratern, die den Unternehmen die letzten Ressourcen abnahmen;
- von den Verlagen, die sich die Monopolzeitungen unter den Nagel rissen; und
- von den Managern der großen Konzerne, die, in die Treuhand abgeordnet, aufpaßten, daß da möglichst kein ernstzunehmender Wettbewerber entsteht. Keinem, der so handelte, ist ein Vorwurf zu machen, weil er ja regelrecht dazu eingeladen wurde. Wenn heute die PDS unter den Parteien im Osten einen soliden dritten Platz einnimmt, dann sicher nicht, weil die Marktwirtschaft im ersten Anlauf versagt hat, sondern weil für die Menschen als sichtbares Ergebnis eine autoritäre Bürokratie gegen eine demokratischere Bürokratie ausgetauscht wurde. Das historische Versagen trifft vor allem die FDP, die im Osten einen höheren Stimmenanteil als im Westen hatte und den in fünf Jahren ähnlich ruinierte, so wie die ganze Idee einer freiheitlich organisierten Wirtschaft im Osten schwer an Ansehen verloren hat.

TEIL 3

Wie die deutsche Wirtschaft den Wettbewerb gegen Japan und die USA verliert

12. Die schlanke Welle

»Nu, Parolen an den Wänden – das kennen wir auch aus der DDR. So von wegen: Wir wollen die Produktion steigern; wir wollen sauber und fleißig arbeiten. Nur zu DDR-Zeiten, da stand noch: ›Für den Sieg des Sozialismus‹ oder ›Aus Solidarität zum 20. Parteitag der SED‹.« Der Gummiarbeiter in Gotha betrachtet skeptisch den Aushang der Phoenix-Werke, welche die VEB Gummiwerke übernommen haben. »Drei Jahre fehlten die Parolen, und schon geht es wieder los«, denkt er. Seit bei Phoenix die schlanke Welle rollt, verändern sich die Fabriken. »P3S« und »Pit« heißen die Slogans: P3S steht für – »Phoenix – schlank, schnell, stark«; »Pit« für »Problemlösung im Team«. Unter den großen Tafeln sind neuerdings auch Boxen mit der Aufschrift »Betriebliche Verbesserungsvorschläge« angebracht. Aber auch die imponieren dem gelernten DDR-Arbeiter nicht. »Neuererwesen hieß das bei uns früher. Da gab es eine Norm: 2000 Vorschläge im Jahr wollten die haben, und 2000 haben sie auch gekriegt. Geändert hat das auch nichts.« Und darin ist sich der ehemalige DDR-Arbeiter mit seinen westdeutschen Kollegen in anderen Unternehmen einig. Sie sind sehr skeptisch, ob das, was da als »schlanke Produktion« durch die Fabrikhallen schwappt, wirklich mehr ist als nur eine neue Sau, die durch die Dorfstraße getrieben wird, und die dann doch beim Metzger landet. So wie alle anderen vorher auch: kaum gegessen, schon vergessen.

Wenn die Mitarbeiter in Ost und West so skeptisch sind, dann mit Recht. Denn beide haben, wenn auch aus völlig unterschiedlichen Ursachen heraus, erlebt, wie wenig solche von oben angeordneten Aktionen bewegen und wie kurzlebig sie in der Regel sind. Doch die Schlankheitskur, die jetzt Deutschland erfaßt, hat schon eine andere Qualität. Professor Dr. Manfred Hessenberger ist ein in jeder Beziehung sympathischer Mitmensch. Ich habe ihn bei einem Vortrag vor dem Mercedes-Management des Werkes Sindelfingen kennengelernt, wo er für die Logistik zuständig ist. Seither halten wir Kontakt. Als er erfuhr, daß ich einen Film über »lean production« in Deutschland und Japan drehen würde, machte er mich auf eine seiner Beobachtungen in den japanischen Bahnhöfen und Fabrikhallen aufmerksam. Dort kehren die Putzleute, indem sie in jeder Hand einen Besenstiel vor sich herschieben, an dem vorne je ein breiter Besen befestigt ist, die im 60-Grad-Winkel miteinander verbunden sind. Mit einem einzigen Gang durch die Halle haben die japanischen Reinigungsleute 50 Prozent Fläche mehr gesäubert als nach der in Deutschland üblichen Kehrmethode. Der Dreck sammelt sich schon in der Spitze des Besenwinkels zu einem Häufchen, muß also nicht nach der deutschen Kehrmethode erst noch zusammengefegt werden.

Professor Hessenberger hat diese Innovation bei Mercedes eingeführt und damit in den betroffenen Bereichen die Produktivität um 50 Prozent erhöht. Einer seiner Freunde hat sofort mit der Produktion solcher Besen und dem Verkauf im Einzelhandel begonnen. Für mich das klassische Beispiel für »lean production« überhaupt. Es geht dabei nämlich nicht um High-Tech, nicht um eine gigantische Innovation, nicht um das Ergebnis vieler Sitzungen, nicht um eine Verbesserung durch Gruppenarbeit. Hier ist einem Automobilmanager, der mit offenen Augen durch die Welt geht, eine ganz simple Kehrmethode aufgefallen, und er war nicht zu stolz und eingebildet, um sie zu übersehen.

Die Rezession öffnete vielen deutschen Managern die Augen. Vom hohen Roß heruntergestoßen, waren vor allem die Automobil-, Werkzeugmaschinen- und Maschinenbauer bereit, auch einmal von denen zu lernen, die offensichtlich mehr Erfolg hatten als sie. So lautete bald ein richtungweisendes Schlagwort: »Von den Japanern lernen heißt siegen lernen«. Die japanische Zauberformel ließ sich wieder im Schlagwort »lean production« zusammenfassen, und seither ist »schlank« das Wort, wenn die Zukunft beschrieben wird. Schlanke Produktion, schlankes Management, und ganz langsam spricht es sich herum, daß auch ein »schlanker Staat« etwas Schönes wäre.

Ausgelöst wurde die Schlankheitskur aber in den USA. Verfaßt und herausgegeben vom Massachusetts Institute of Technology (MIT), erschien dort das Buch »Die zweite industrielle Revolution«. Da können auf 296 Seiten die deutschen Manager nachlesen, wie Amerikaner erklären, was die Japaner bessermachen. Und dabei sind ihnen plötzlich die Augen aufgegangen. Leider steht in dem Buch nicht drin, warum deutsche Manager dies früher nicht selbst feststellen konnten, obwohl sie doch fast alle auch schon einmal in Japan waren.

Und da gab es noch zwei Entwicklungen, die plötzlich wahrgenommen wurden. Noch 1965 benötigten die Japaner 250 Arbeitsstunden für die Produktion eines Autos, die Deutschen gerade 110. Aber während die Japaner ihre Zeiten massiv herunterfuhren und 1990 bei unter 50 Arbeitsstunden angekommen sind, dümpeln die Deutschen wohlgefällig vor sich hin. 1990 lagen sie noch bei 90 Stunden, 40 mehr, als die Japaner brauchen. Der Schnittpunkt der Entwicklungen war schon 1975 erreicht, und am bedenklichsten dabei ist die lange Leitung, die Arroganz, 15 Jahre lang den japanischen Vorsprung mit allen für unsere Arbeitsplätze negativen Folgen nicht einmal wahrgenommen zu haben.

Parallel feierten die Japaner geradezu sensationelle Erfolge mit Luxusautos auf dem wichtigsten Überseemarkt USA: Im Nu überholten Honda mit dem Accura, Nissan mit dem Infiniti und vor allem Toyota mit dem schon legendären Lexus die deutschen BMW und Mercedes. Die Alarmglocken schrillten, als zur Niederlage auch noch der Hohn kam: In einer Anonce zeigte Toyota auf der einen Hälfte einen Mercedes und auf der anderen Seite einen Lexus sowie einen Toyota-Mittelklassewagen, bildete zusätzlich eine »Concorde« mit Eiffelturm ab und schrieb dazu: »Kaufen Sie einen Mercedes oder zwei unserer Wagen, fliegen Sie außerdem mit der ›Concorde‹ nach Paris, und rufen Sie Ihre Lieben zu Hause an: alles für denselben Preis.« Die gängigen Erklärungsmuster von den unfairen Japanern, die alles nur kopieren, reichten für diesen Einbruch und Spott nicht mehr aus.

Außerdem beschrieben die Buchautoren, ohne dabei allerdings einen Namen zu nennen, was sie in den japanischen Werken so alles vorfanden. Beim Bau von Luxusautos verglichen sie die Lexus-Produktion mit einem deutschen Hersteller, der weltweit für seinen hohen Qualitätsanspruch bekannt ist. Doch während die Japaner es schafften, ihr Auto gleich weitgehend fehlerfrei zu produzieren, wimmelte es bei den Deutschen von Meistern und Spezialisten in gediegenen Kitteln, die erst durch Nachbesserung die Qualität erzeugten, die der Kunde erwarten kann. Ergebnis: Bei den Deutschen waren ungefähr so viele Arbeitskräfte mit der Nachbesserung beschäftigt, wie Toyota überhaupt nur Mitarbeiter in der Produktion für das vergleichbare Auto benötigte.

Die Manager und Unternehmer, also diejenigen, die nach meiner Meinung hoffentlich immer noch die Hauptverantwortlichen für die Wirtschaft sind, müssen sich die Frage gefallen lassen: Warum bedarf es einer amerikanischen Studie über japanische Verhältnisse, um den Deutschen die Augen zu öffnen? Diese Frage kann man in mehreren Doktorarbeiten untersuchen lassen, in Kommissionen klären, und man kann sie in Büchern voller Ausreden beantworten.

Ich versuche es mit einem ganz einfachen Beispiel, an dem jeder Japanbesucher feststellen kann, was da anders ist als bei uns. Wir gehen zu einem x-beliebigen Autohändler in Tokyo und fragen: »Wie lange muß bei Ihnen ein Kunde auf ein neues Auto warten?«

»Das dauert höchstens zwei bis drei Wochen bis zur Zulassung«, entschuldigt er sich und macht uns dabei darauf aufmerksam, daß leider davon eine Woche draufgeht, bis die Polizei überprüft hat, ob wir auch einen eigenen Abstellplatz auf eigenem oder gepachtetem Grund und Boden nachweisen können.

»In Deutschland dauert das oft sechs Monate und länger«, sagen wir. Der Händler lächelt verlegen, glaubt, uns nicht verstanden zu haben. »Doch, in Deutschland ist es völlig normal, auf sein Auto ein halbes Jahr und länger zu warten. Und je länger die Wartezeit, desto stolzer ist die Autofirma. Zeigt es doch, wie beliebt sie ist.« Der Händler kichert jetzt.

Wir sind doch aus Westdeutschland, will er noch bestätigt haben, bevor er endgültig davon überzeugt ist, wir wollen ihn veralbern. Deutschland, dieses Land von Mercedes und BMW, von Volkswagen und Audi – dort sollen solch unglaubliche Zustände herrschen? Nein, das kann ihm keiner weismachen.

Es gelingt uns, ihn dann endgültig aus dem Gleichgewicht zu bringen, als wir ihm erzählen, daß es in Deutschland verboten ist, an Samstagnachmittagen und sonntags Autos zu verkaufen. Da darf der Händler zwar seinen Laden aufschließen, aber dem Verkaufspersonal ist es untersagt, mögliche Kunden beraten. Er darf auch nicht Gäste, die sich bei ihm aufhalten, mit Getränken bewirten, ohne das vorher anzumelden. Wenn wir dann noch das deutsche Rabattgesetz und das Gesetz gegen den unlauteren Wettbewerb mit seinen Auswüchsen erklären könnten, wie dadurch Abmahnvereine entstehen, die zweitklassigen Anwälte die Chance eröffnen, die Händler mittels Abmahnvordrucken auch bei der kleinsten abweichenden Formulierung, die gegen eines dieser Antiwettbewerbsgesetze verstößt, mit Bußgeldern zu überziehen – wenn uns dies auch noch gelungen wäre –, ja, dann könnten wir mit diesem Programm sicher in Japan in einem Kabarett auftreten. Denn für voll nehmen würde man so etwas nicht.

In Japan machen die Autohändler 90 Prozent ihrer Geschäfte an Wochenenden. Dann, wenn die ganze Familie Zeit hat, um so ein doch recht teures Produkt anzuschaffen. Weil Frauen und Kinder mitreden, sind die Wagen auch innen mehr mit Komfort ausgestattet als bei uns. Papi, der Motorfreak, hat nicht das alleinige Sagen.

Der Kampf um den Kunden, der knallharte Wettbewerb, war und ist eine der Hauptantriebsfedern japanischen Wirtschaftens. Wartezeiten sind da tödlich. Also habe ich jedes gängige japanische Auto innerhalb von drei Wochen vor meiner Tür stehen. Den japanischen Herstellern blieb von Anfang an keine andere Wahl: Der Kunde steht im Mittelpunkt, also muß ich meine Produktion so organisieren, daß ich den Kunden auch bedienen kann. Wie haben wir uns amüsiert über die fünfzehn Jahre Wartezeit der Ostdeutschen auf ihren Trabi und dabei gar nicht gemerkt, wie wir uns selbst lächerlich machten mit der monatelangen Wartezeit auf einen Wagen westdeutscher Produktion.

In Toyota City, so die gängige Lehre, hat »lean production« ihren Ursprung. Hier wurde zuerst dieses Produktions- und Managementprinzip angewandt. Und in dieser Stadt haben wir versucht, nachzuempfinden, warum die japanischen Manager soviel effizienter arbeiten, die Wünsche ihrer Kunden soviel besser befriedigen können als die Europäer mit ihrer Zuteilungsmentalität.

Bei Toyota, wie in ganz Japan, mußten die Manager immer mit

knappen Ressourcen auskommen. Dies erschließt sich selbst dem flüchtigen Besucher: Natürlich kann er sich zunächst einmal darüber aufregen, wie häßlich dieses Siedlungskonglomerat mit seinen zusammengewürfelten Wohnstädten, Fabriken und Verkehrswegen ist. Aber hier kostet der Quadratmeter Boden zwischen 20 000 und 100 000 D-Mark. Alles ist dicht bebaut, und deshalb muß alles auf engstem Raum abgewickelt werden. Bis vor kurzem hatte Toyota alles – Verwaltung, Produktion und Zulieferbetriebe – rund um Toyota City gruppiert. Da blieb für große Lagerhaltung einfach kein Platz mehr, und die wenigen Flächen, die zur Verfügung standen, waren so teuer, daß es einfach ein unvorstellbarer Luxus gewesen wäre, darauf Waren abzustellen, nur weil man keinen intelligenteren Produktionsablauf zustande bringt.

Weiteres entscheidendes Merkmal einer schlanken Produktion ist das Wissen um die Ressource Mensch. Inspiriert unter anderem von dem amerikanischen Wirtschaftswissenschaftler James Deming und auch durch die eigene Situation, ist japanischen Managern schon immer bewußt, daß es nichts Wertvolleres gibt als eine gute, motivierte Belegschaft. Da es, wie bereits beschrieben, in Japan keine Gastarbeiter gibt, pflegen die Konzerne ihre Beschäftigten. Sie wissen auch, daß sie nur gute Mitarbeiter bekommen, wenn sie sehr gut zahlen und ihre Beschäftigten intelligent einsetzen.

»Lean production« kennen die Japaner nicht, den Kern der von den MIT-Wissenschaftlern beschriebenen Produktionsmethode nennen sie »Kaizen« – was einerseits mit ganzheitlichem Denken, andererseits mit kontinuierlichem Verbesserungsprozeß übersetzt werden kann. Je nach Unternehmen ist dies eine Arbeitsmethode, die alle Kollegen dazu anhält, ständig kleine und große Verbesserungen im Produktionsablauf vorzuschlagen. Bei uns hieß das einmal »betriebliches Vorschlagswesen«. Nur konnte es in einem deutschen Unternehmen Monate dauern, bis da überhaupt eine Antwort kam. Natürlich gab es auch mal eine Prämie. Aber das Ganze war weder sonderlich gut noch systematisch organisiert.

Ein Beispiel aus einem süddeutschen Lebensmittelunternehmen: Ein Mitarbeiter schlug vor, daß von jeder der aus gesetzlichen Gründen vorgeschriebenen Proben die Charge so entnommen wird, daß das Unternehmen dabei 300 000 D-Mark im Jahr sparen kann. Dieser Vorschlag wurde abgelehnt, weil der Bereichsmanager Angst hatte, seine Vorgesetzten würden sich dann bei ihm erkundigen, mit was er sich bis jetzt so eigentlich beschäftigt habe.

Bei Toyota und auch in den anderen guten japanischen Unternehmen – und ich betone hier »gute«, denn auch im Fernen Osten gibt es schlecht geführte und schlecht gemanagte Betriebe – aber werden alle Verbesserungsvorschläge sofort bearbeitet. Die Werker am Band fühlen sich ernst genommen, sie spüren, daß sie etwas zu sagen haben. Die Entwicklungs- und Produktionsingenieure arbeiten mit ihnen zusammen, oft schon im Vorfeld eines neuen Fahrzeugtyps.

Und so haben sich hunderte und tausende kleinere und größere Verbesserungen entwickelt, die sämtlich den Mitarbeitern und damit der Produktion zugute kommen. Wenn ein Arbeiter zum Beispiel auf einem Sitz, der wie ein Jojoseil aufgehängt ist, am Fließband entlang von Montageplatz zu Montageplatz schwingt, dann war dies nicht die überlegene Planung eines Produktionsingenieurs, sondern ein Verbesserungsvorschlag der Arbeiter selbst.

Wenn man genau in japanischen Produktionshallen hinschaut, dann sieht man Hunderte dieser kleinen Verbesserungen, die das Arbeiten erleichtern, Fehler vermeiden helfen und die Produktion beschleunigen. In einem deutschen Automobilunternehmen konnte ich dagegen einmal beobachten, wie die Reifen montiert werden. Die Reifen mit den Felgen kamen von oben nachgerollt, und der Arbeiter mußte immer das komplette Rad nehmen und an dem Auto montieren, das sich langsam auf dem Fließband weiterbewegte. Beim vierten Rad waren das dann schon etwa zwanzig Meter, die er, das Rad tragend, zurücklegen mußte. In Japan stand er auf einem Fließband, das parallel zum Montageplatz lief, und die Räder wurden auf den Meter genau hinter ihm, von oben kommend, bereitgestellt. Auf meine Frage an den deutschen Arbeiter, ob er eine Lösung wie in Japan nicht besser fände, verneinte er. Dann würde er weniger schwer arbeiten und folglich sein Arbeitsplatz einer niedrigeren Lohngruppe zugeordnet. Der Zeitvorteil der japanischen Produktion betrug 162 Prozent.

Diese Vorteile der japanischen Kaizen-Methode wurden mit der »Lean«-Welle auch in Deutschland endlich registriert. Das Opel-Werk in Eisenach ist da wahrscheinlich am konsequentesten vorangegangen. Selbst die gelbe und rote Kordel, die über jedem Arbeitsplatz am Band hängt, wurde übernommen. Damit kann jeder Arbeiter entweder Hilfe (gelb) holen oder das Band (rot) stoppen, wenn er daran zieht. Damit wird verhindert, daß bis dahin erkannte Fehler, die ja eine Angelegenheit der Vorgänger waren, endgültig zugebaut werden.

Erstaunliches spielt sich seither in deutschen Werkshallen ab. Ein Beispiel aus der Fertigung der Bremsanlagen bei Mercedes-Benz in Esslingen. In Arbeitsgruppen diskutieren die Facharbeiter, was sie bessermachen können. Seit dem Wiederaufbau nach dem Zweiten Weltkrieg wurde ihre Erfahrung, ihr Wissen so nicht mehr gefordert.

Das Ergebnis ist beeindruckend. Maschinenanlagen im Wert von über zwanzig Millionen D-Mark, teilweise gerade mal vier Jahre alt, werden überhaupt nicht benötigt, waren zuviel, haben die Produktion nur gestört und verteuert. Die Werker wußten dies, aber die Investitionspläne wurden woanders beschlossen. Und jetzt flogen die Maschinen alle wieder raus. Die frühere Verschwendung wird auch in Zahlen sichtbar. Allein bei dieser Arbeitsgruppe im Werk Esslingen: 30 Prozent höhere Produktion bei Personaleinsparung von 30 Prozent.

Nicht viel anders ein Beispiel aus dem Mercedes-Werk in Bremen: Dort sollten die Näharbeiten für die Sitze fremdvergeben werden. Die Werksleitung ging von der richtigen Überlegung aus, daß Textilarbeiten im IG-Metall-Tarif überteuert sind. Doch dann haben sich die Näherinnen zusammengesetzt und ihre Arbeitsplätze durchrationalisiert.

Dabei stellten sie Erstaunliches fest: Durch Umgruppierungen der Maschinen zum Beispiel konnten sie 390 Kilometer unnötige Wendebewegungen einsparen. Lächerlichkeiten wurden entdeckt: Da gab es eine Anweisung, daß das Nahtband in den Kopfstützen dieselbe Farbe haben mußte wie das Leder außen. Dabei bekam dieses Nahtband nie jemand zu Gesicht. Aber das Umstellen der Maschine dauerte jedesmal über eine halbe Stunde. Ganze Maschinenplätze wurden unnötig. Für jede Verbesserung übernahm eine Kollegin die Verantwortung und sorgte auch für die Umsetzung in die Praxis. War der Vorgang abgeschlossen, dann schrieb sie auf eine eigens dafür aufgestellte Tafel, auf der alle Verbesserungsvorschläge aufgeführt waren: »Erledigt«. Und jeder Verbesserungsvorschlag war mit einem Sparschwein gekennzeichnet, das die Einsparungssumme auf seinem rosigen Leib trug. Am Ende waren es schließlich 595 000 D-Mark, und damit konnten die Näherinnen jede Konkurrenz außer Haus unterbieten. Fürs erste hatten sie ihren Arbeitsplatz gerettet. Die Projektleiterin Heike Nagel damals: »Wir kennen unsere Arbeitsplätze doch am besten. Wir wissen doch am ehesten, was richtig ist.« Diesen schlichten Lehrsatz hatten deutsche Manager über Jahrzehnte in aller Arroganz vergessen.

So sind es in Deutschland vor allem die Arbeitnehmer vor Ort, die »lean production« umsetzen, die mitmachen. In Deutschland kämpfen sie zur Zeit dabei um den Erhalt ihres Arbeitsplatzes – mehr ist für sie trotz der Produktionssteigerung nicht drin: Sie müssen nun ausbaden, was bisher falsch lief.

Während der fetten Jahre hatten sich in Deutschlands Unternehmen gravierende Fehler eingeschlichen, die aber niemand zu adressieren wagte. Solange noch Geld verdient wurde, störten nur die Mahner. Das waren dann die Michael-Kohlhaas-Aspiranten. Da gibt es die für alle sichtbaren Klippen im Unternehmen: Der Produktionsablauf war zu umständlich, die Organisation bestand aus zu vielen Hierarchien, die Maschinenverfügbarkeit war unzulänglich – viel zu viele Reparaturen und Wartungszeiten, die Rüstzeiten kosteten Stunden und Tage an Produktion. Und dann die durch die Mitarbeiter bedingten Probleme: der viel zu hohe Krankenstand, die schlechte Arbeitsmoral, die ungenügende Ausbildung, die Fluktuation, der übelwollende Betriebsrat. Und an all diesen Klippen strandete das Produktionsschiff regelmäßig.

Deutsche Manager hatten bisher eine einfache Lösung der Probleme: Der Wasserstand wurde erhöht – durch Kapitalinvestitionen und Aufstockung der Arbeitskraftreserven. Europa ist groß, der Rußlanddeutschen gibt's viele, und zur Not sind ja da noch die Illegalen.

Im Endeffekt zahlte dies alles der Kunde: mal mit schlechten Produkten, mal mit miesem Service, mal mit langen Lieferzeiten –

jedenfalls solange der Kunde so blöd ist und mitspielt. Und da haben die Deutschen einfach viel Geduld, das macht es für Manager so einfach. Wenn der Kunde sich aber verweigert, gab es für viele Branchen bisher in Deutschland wieder einen Ausweg: den Kunden indirekt zur Kasse zu bitten. Das Unternehmen beklagte laut sein Schicksal, beschwor den drohenden Verlust der Arbeitsplätze und sammelte dafür von der Regierung Subventionen ein.

Die Schwerstarbeit, die nämlich die hohen Gehälter der Manager und Unternehmer rechtfertigt, aber muß darin bestehen, die Klippen abzubauen, so daß das Unternehmen auch bei niedrigem Kapitalfluß und knappen Arbeitskräften floriert, weil es sich am Kunden orientiert. Diese »Tortur« haben sich in der Vergangenheit viele deutsche Unternehmer und Manager erspart, weil unser Wirtschaftssystem es ihnen erlaubte. Und deshalb ist es unfair, sie allein dafür verantwortlich zu machen. Wir alle, wir, die als Kunden uns alles wie Schafe gefallenlassen, die wir uns immer wieder dazu verleiten lassen, Parteien zu wählen, die mit unseren Steuergeldern unfähige Manager subventionieren, die uns dann mit unseren eigenen Steuern und Abgaben bei Wahlen erneut beschenken und bestechen. Wir alle haben das Fett in den Unternehmen und im Staat mitangefressen, das uns jetzt in Atemnot bringt.

Und wir alle freuen uns über jede Nachricht, die Entwarnung signalisiert, die es uns vielleicht doch erlaubt, so weiterzumachen wie bisher. Seit Ende des »Superwahljahres 1994« zum Beispiel wird die Voraussage der Sachverständigen aus ihrem Wirtschaftsgutachten für 1995 wie eine Fanfarenmeldung hinausposaunt. »Es ist mit einem Wirtschaftswachstum von 2,6 Prozent zu rechnen.« Der Kanzler sagt's in jedem Interview – als ob dies sein Verdienst wäre. Die Wirtschaft tut so, als ob dieses allein auf der Auslandsnachfrage beruhende Wachstum nur wegen ihrer Produktivitätssteigerung zustande käme. Alle klopfen sich auf die Schulter. Dabei ist die Wirklichkeit eher lauwarm. Mit diesen 2,6 Prozent Wachstum liegen wir auf Platz sechs der Industrienationen: hinter Kanada (+4,4 Prozent), England (+3,2 Prozent), den USA (+3 Prozent), Frankreich (+2,9 Prozent) und Japan (+2,7 Prozent). Und auch bei der Zunahme der Produktivität erwartet die OECD für die Bundesrepublik ein Abflachen der Steigerungskurve um 30

Prozent, während für die Japaner eine entsprechende Zunahme vorausgesagt wird. Auch wenn die absoluten Zahlen weniger dramatisch aussehen, so gibt es doch keinen Grund, sich zurückzulehnen und zur Tagesordnung überzugehen.

Ein Beispiel aus der brutalen Realität der »lean production«: Der Autozulieferer Löhr und Bromkamp in Offenbach, Marktführer für Gelenkwellen in Europa, Tochter des englischen GKN-Konzerns, wurde 1993 mit dem ersten Preis ausgezeichnet für seine herausragenden Leistungen zur Steigerung von Effizienz und Effektivität in der Fertigung. Die Jury: Unternehmensberater, Fachverlage und Fachzeitschriften. Die Preisverleihung übernahm Tyll Necker, Präsident des BDI.

Löhr und Bromkamp hatten in kürzester Zeit ihr Unternehmen auf den Kopf gestellt. Mittelpunkt der innerbetrieblichen Revolution: Information der Mitarbeiter durch Transparenz sowie Visualisierung und Beteiligung der Belegschaft durch den konsequenten Ausbau des betrieblichen Vorschlagswesens.

Etwa alle zwei Monate wird ein neues eigenes Video produziert und in Abspielterminals angeboten, die in Pausenräumen und Halleneingängen von jedem Mitarbeiter gestartet werden können. Nach anfänglicher Skepsis sind diese Videos heute regelrecht umlagert. Sie stärken auf der einen Seite die Identifikation mit dem Unternehmen, und auf der anderen Seite bieten sie Chancen, dem Mitarbeiter zu erklären, was »schlanke Produktion« bedeutet und inwieweit Fortschritte erzielt werden.

An jedem Arbeitsplatz stellen sich die Mitarbeiter auf Tafeln vor und beschreiben ihre Tätigkeit und Verantwortung. Sie treten dabei aus der Anonymität hervor, haben ein Gesicht, denn diese Vorstellung ist mit einem Foto ergänzt. Nummern werden zu Persönlichkeiten – und diese Persönlichkeiten klar erkennbar Aufgabengebieten zugeordnet. An jeder Maschine machen Punkte in den Farben Blau, Hellblau und Weiß deutlich, wer für welche Maschinenpflege verantwortlich ist. Werker und Instandhalter zeigen so mit ihrer Unterschrift, wann und wie sie die Maschine warten.

Überall auch Tafeln, auf denen die Verbesserungsvorschläge der Arbeitsgruppe aufgelistet sind. Auch hier: Visualisierung als Ansporn. Denn die Tafeln sind mit Polaroidfotos beklebt: Die zeigen, wie es vorher war und wie es nach der Verbesserung ausschaut. Dabei handelt es sich nicht immer um große Produktionssteigerungen, es geht auch um Verschönerungen am Arbeitsplatz, um Verbesserungen, die mehr das Klima des Miteinander als den Arbeitsablauf betreffen.

Löhr und Bromkamp achteten daruf, daß jede Arbeitsgruppe einen Paten hat, der für ständige Verbesserungsvorschläge sorgt. Damit werden Reaktionen wie in der vorher beschriebenen süddeutschen Lebensmittelfabrik verhindert. Denn wenn bei Löhr und Bromkamp aus einer Abteilung nichts kommt, muß der Vorgesetzte damit rechnen, daß ihm noch Führung per »Herrschaftswissen« unterstellt wird, und dann hat er ein Problem. Nicht das deutsche »Alles ist unter Kontrolle« ist hier gefragt, sondern das japanische »Alle wissen Bescheid«. Sonst kann Kaizen nicht funktionieren.

Löhr und Bromkamp haben außer den Prämien, die es für Verbesserungen bei Einsparungen von Produktionskosten gibt, noch einen zweiten Anreiz für Verbesserungsvorschläge eingeführt. Monatlich wird ein Preis unter allen Mitarbeitern verlost, die sich an dem betrieblichen Vorschlagswesen beteiligt haben. Da kann eine Reise für zwei Personen in die Dominikanische Republik oder nach Kenia gewonnen werden, eine Videokamera und am Ende des Jahres sogar ein Auto. Der Manager, der das alles bei Löhr und Bromkamp eingeführt hat, Dr. Uwe Loos: »Die Kosten für diese Preise sind ›Peanuts‹ [Kleinigkeiten] im Vergleich zu dem Ruck, der dadurch durchs Unternehmen geht.« Das Wort »Peanuts« kann man also so oder so benutzen.

Bei Löhr und Bromkamp sind Angehörige aus 19 Nationen beschäftigt. Diese multikulturelle Zusammensetzung hat die konsequente Umsetzung von »lean production« nur unwesentlich behindert. Das zeigt auch, daß Arbeiter aller Nationen mehr Leistung erbringen, wenn sie sich ernst genommen fühlen, an ihrem Arbeitsplatz mitbestimmen dürfen. Und es zeigt vor allem, daß »lean« überall auf der Welt funktioniert und deshalb den deutschen Unternehmen nur eine Atempause gönnt, solange sie schneller sind als ihre Konkurrenten im Ausland. Aber abgesehen von Japan, das diese Produktionsidee perfektioniert hat, sind auch andere Staaten zur Zeit zumindest genauso schnell wie wir. Und dies muß das preisgekrönte Unternehmen Löhr und Bromkamp bitter erfahren, obwohl es eine phantastische Produktionssteigerung von rund dreißig Prozent in einem Jahr schaffte.

Das Schwesterwerk bei Le Mans in Frankreich, das zum selben englischen Konzern gehört und die gleichen Produkte herstellt, genießt bei seiner britischen Mutter ein höheres Ansehen als die preisgekrönte deutsche Fabrik, weil in Le Mans die Produktion um zwanzig Prozent billiger ist. In dem Fall, in dem die Produktionsmethode gleich fortschrittlich ist, entscheiden wieder die Rahmenbedingungen der Tarifparteien und des Staates. Und die sind in Frankreich entsprechend günstiger. Deshalb werden zusätzliche Aufträge lieber nach Frankrreich als nach Offenbach vergeben. Gegen miserable staatliche Rahmenbedingungen kann kein Unternehmen auf die Dauer anproduzieren. Die Konsequenz: Ist ein Unternehmen schlank und rank, wird es seine Produktion nehmen und dorthin gehen, wo es entsprechende staatliche, schlanke Rahmenbedingungen vorfindet. Und das praktizieren zur Zeit tagtäglich viele deutsche Betriebe, auch wenn sie es zunehmend in aller Heimlichkeit betreiben, um nicht als Vaterlandsverräter angeprangert zu werden.

Unglücklicherweise haben die deutschen Manager mit »Kaizen«, dem kontinuierlichen Verbesserungsprozeß, erst angefangen, als ihnen das Wasser bis zum Hals stand. Damit können sie ein wesentliches positives Element dieser Arbeitsorganisation kaum ausspielen: nämlich die Motivierung der Mitarbeiter, an solchen Kaizen-Arbeitsmethoden mitzuwirken, weil damit auch ihr Einkommen steigt. Im Gegenteil: In vielen Betrieben wird durch die Einführung der »schlanken Produktion« ersichtlich, wieviel Personal überflüssig ist, und deshalb wird »schlanke Produktion« bei den Arbeitern und Gewerkschaften gern mit Entlassungen gleichgesetzt. Ein verheerender Effekt.

Bei dem japanischen Zuliefererbetrieb TDF, einer Gußschmiede mit 1200 Beschäftigten im Norden des Landes, habe ich Masashi Suzuki kennengelernt, einen Manager, der in Japan für seine überdurchschnittlichen »Kaizen-Erfolge« bekannt ist.

Das Unternehmen blitzt vor Sauberkeit, es sieht eher aus wie eine sterile Lebensmittelfabrik denn wie ein Schmiedewerk. Kaizen, das ist in Japan vor allem auch Sauberkeit, Ordnung und immer wieder Information. Jedes bewegliche Werkteil hat einen genau vorgegebenen Platz, der entsprechend markiert ist. Diese Präzision hat auch die Unfallhäufigkeit auf ein absolutes Minimum gesenkt. Das Materiallager heißt »Kanban« – Bahnhof –, was die zeitgerechte Lieferung der Materialien bedeutet. Jede Vorratsstelle ist mit roten Strichen markiert. Geht die Lagerhaltung über diese Markierung hinaus, ist sie zu umfangreich, die Bestellung oder die Verarbeitung aus dem Gleichgewicht. Mit einem Blick lassen sich auf diese Weise die gesamte Materialzulieferung und ihre Effizienz erfassen.

Mit dem gleichen Prinzip werden die fertigen Werkstücke verwaltet. Auch hier sind die Produkte so gekennzeichnet und gelagert, daß sofort erkennbar ist, ob die Produktion nachhinkt oder schon Teile hergestellt werden, die zu diesem Zeitpunkt vom Kunden noch gar nicht benötigt werden.

In diesem Unternehmen habe ich auch den Unterschied zwischen einer südeuropäischen, einer deutschen und einer japanischen Fabrik kennengelernt. Mir fiel nämlich auf, daß es im ganzen Unternehmen unter den Drehbänken keine Ölwannen gab. Das liegt daran, so wurde mir erklärt, daß die Maschinen so gut gewartet werden, daß sie nicht tropfen. Die Arbeiter haben vorgeschlagen, die Maschinen, an denen sie beschäftigt sind, auch selbst zu pflegen. Dafür wird einmal in der Woche eine Stunde vor Feierabend die Produktion vorzeitig beendet. In Südeuropa und der dritten Welt fließt das Öl aus den Maschinen auf den Boden und verdreckt die Fabrik. Auch wer die DDR-Klitschen sah, kennt dieses Phänomen, in Westdeutschland dagegen wurde und wird fein säuberlich eine Ölwanne unter die Maschine gestellt. Doch diese vordergründige Sauberkeit täuscht darüber hinweg, daß die Maschine nicht ordentlich gewartet wird.

Die ganze Produktion bei TDF ist so ausgelegt, daß sogar schwere Schmiedeteile in kleinen Mengen in kürzester Zeit geliefert werden können. Das verlangt einfach die Kundenbezogenheit des Unternehmens. Die Ausrede, aus technischen oder logistischen Gründen erst in zwei Monaten liefern zu können, ist von vornherein nicht vorgesehen. Die Produktion richtet sich vollkommen nach den Bedürfnissen des Marktes, der, will man überleben, bedient werden muß.

So dauert selbst die Rüstzeit für schwerste neue Schmiedestücke nur etwa 15 Minuten: Die Arbeiter haben mit den Entwicklungsingenieuren ein spezielles Transportsystem erdacht. Nicht mehr die einzelnen Formen werden ausgewechselt, sondern der gesamte Preßkopf. Er steht schon auf einem Schienenwagen bereit und wird vorgeheizt, während die Produktion mit dem alten Schmiedeteil noch läuft. Mitten unter seinen Angestellten sitzt Masashi Suzuki und erklärt seine kunden- und mitarbeiterfreundliche Wunderfabrik.

»Unser ›Kaizen‹ hat schon eine recht lange Geschichte, es begann 1974. Für einen Betrieb von unserer Größe ist es schwierig, bei der wirtschaftlichen Entwicklung mitzuhalten. Wir müssen effektiv und gewinnbringend arbeiten, deshalb begannen wir mit ›Kaizen‹. Wir haben ›Kaizen‹ konsequent vom obersten Management bis zum einfachen Arbeiter eingeführt. Das hat seit 1986 zu einer starken Steigerung geführt, so daß wir uns aus den roten Zahlen herausarbeiten konnten. Das war unser größter Erfolg. Außerdem stieg die Produktivität um 40 Prozent. Die Quote der Reklamationen sank um 95 Prozent. Wir haben inzwischen eine Ausschußquote von nur 0,3 Prozent erreichen können. Die Warenlagerung konnten wir seit Einführung von ›Kaizen‹ senken.«

»Glücklicherweise ist für ›Kaizen‹ die Motivation in der Belegschaft sehr hoch«, fährt Suzuki fort. »Nehmen wir beispielsweise unser freiwilliges und selbständiges ›Kaizen‹-Studium. Die Beteiligung ist hier sehr gut. Auch unsere ›Kaizen‹-Pausenzirkel sind gefragt. Was ›Kaizen‹ betrifft, sind alle im Betrieb sehr kooperativ. Die Einstellung zu unserem Betrieb ist durch ›Kaizen‹ auch erheblich besser geworden. Wir machen Gewinn, und so steigt der Bonus, das Gesamtgehaltsniveau erhöht sich. Da all dies verwirklicht werden konnte, ist die Grundeinstellung für uns ein großes Glück, daß durch ›Kaizen‹ unser Ansehen in den Augen der Angestellten gestiegen ist.«

Für dieses »Kaizen-Bewußtsein« hat die Bezahlung entscheidende Bedeutung. In den meisten Unternehmen Japans ist das Entlohnungssystem ein Geheimnis. Wer einen Schlüssel gefunden hat, wie er die Arbeitnehmer am Produktionserfolg sowohl durch individuelle Leistung als auch durch Gruppen- und Gesamtergebnisse beteiligen kann, behält dies für sich – als einen großen

Vorteil gegenüber dem Wettbewerber, denn bei allen gilt der Lehrsatz: Der gute und zufriedene Mitarbeiter ist das wertvollste Kapital des Unternehmens.

Masashi Suzuki hat dieses Geheimnis bei TDF für uns etwas gelüftet. Sein konkretes Beispiel:

Vier Jungarbeiter treten mit 18 Jahren in das Unternehmen ein: Sie alle erhalten den gleichen Lohn. Entsprechend dem Wechselkurs Ende 1994 sind dies zirka 2200 D-Mark. Aber sie beteiligen sich unterschiedlich am betrieblichen Vorschlagswesen und unterscheiden sich auch bei der Qualität der abgelieferten Arbeit. Mit 30, also nach zwölf Jahren, erhält A, der Beste, schon 800 D-Mark mehr als D, der Schlechteste, der nur den Tariflohn erhält.

Im Alter von 40 Jahren klafft das Einkommen dann schon deutlich auseinander: Der aktivste Arbeitnehmer kommt auf 5540 D-Mark Grundgehalt; 2300 D-Mark mehr als der Tariflohn. Leistung lohnt sich also in Japan – auch für den einzelnen im selben Tarifsystem. Und mit 50 Jahren hat sich das Verhältnis zwischen den Mitarbeitern so verschoben, daß der Beste schon mehr als doppelt soviel verdient wie der Kollege, der gerade so seine Pflicht tut: A liegt also mittlerweile bei 7219 D-Mark und D nur bei 3581 D-Mark. Wohlgemerkt, dies hier sind die monatlichen Grundgehälter des einzelnen ohne die Überstunden und den Bonus, der sich aus dem Gewinn errechnet und mit einem bis sieben Monatsgehältern dazukommt.

Die Jahresgehälter der vierzigjährigen Arbeiter bei TDF betragen so zwischen 75 000 und 110 000 D-Mark. Dies sind alles konkrete Zahlen, von denen ein deutscher Arbeiter, und mag er sich noch so sehr anstrengen, nur träumen kann. Ohne die individuellen Leistungslöhne und ergebnisorientierten Gehälter bleibt »lean production« so, wie es in Deutschland gerade probiert wird, unvollständig. Mitarbeiter nur mit der Angst zu motivieren, daß sie mitmachen müssen, um ihren Arbeitsplatz zu erhalten, reicht auf die Dauer nicht aus!

Wir erzählen Herrn Suzuki, daß in Deutschland »lean production«, also »Kaizen«, ohne solche finanziellen Anreize geschieht und zum Teil wegen der Lohnkostenkrise sogar noch die betrieblichen Sonderzahlungen gekürzt werden.

Darauf Herr Suzuki: »Wenn das der Fall wäre und die Jahresgehälter aufgrund der Einführung von ›Kaizen‹ gekürzt würden, dann gäbe es wohl bei niemanden ein so gutes ›Kaizen‹-Bewußtsein. Niemand würde aktiv daran teilnehmen.«

Ich habe diesen deutschen Ansatz von »lean production« auch noch anderen japanischen Managern erzählt. Die Reaktion war immer die gleiche. Sie hielten den Kopf schräg, sogen leicht pfeifend die Luft durch ihre Zähne, schauten mich an und waren sicher, daß ich ihnen den größten Blödsinn erzählte. Denn so verquer könne doch niemand sein, Mitarbeiter unter Drohungen und ohne finanziellen Anreiz zu Höchstleistungen zu motivieren.

»Kaizen« in Japan beinhaltet auch, ja, ist vor allem leistungsgerechter Lohn. »Lean production« in Deutschland ist zur Zeit noch Maschinenrücken unter Beteiligung der Arbeitnehmer. Und daher auf Dauer nicht erfolgreicher als viele andere Heilslehren, die in den Betrieben verkündet wurden. Das Wesen, der Geist von »Kaizen« fehlt in Deutschland, und er kann nur entstehen, wenn die Manager endlich lernen, den Kunden als einzigen Auftraggeber zu akzeptieren.

Entsprechend uninformiert antworten die Manager in einer Umfrage des Verlags »moderne Industrie«, was sie unter »lean production« verstehen. Wie nicht anders zu erwarten, stehen für sie statt Mitarbeiter und Kunden die betrieblichen Abläufe im Mittelpunkt. In folgender Reihenfolge zählten sie ihr Verständnis der neuen Produktionsmethode auf (Angaben in Prozent):

Weniger Hierarchie (75), Ergebnisbewußtsein (65), übergreifende Arbeit (62), kürzerer Durchlauf (61), Gruppenarbeit (56), reduzierte Fertigungstiefe (35), Nullfehlerproduktion (30), Personalabbau (26), Just-in-Time-Fertigung (24), weniger Investition (15), Alternative zu CIM (Computer-Integriertes Produzieren) (4), Auslandsverlagerung und ein neues Schlagwort (2).

Wer sich nur die Aspekte der »schlanken Produktion« heraussucht, die ihm gerade zur Disziplinierung seiner Arbeiter ins Programm passen, wird selbstverständlich scheitern. Allein die Ausreden, warum Geld nicht alles ist oder mit Geld Arbeiter nicht zu motivieren sind, würde ganze Bücher füllen. Sie stimmen aber immer nur für die anderen. Wenn es um sie selbst geht, wissen Manager schon sehr gut, warum Geld auch Motivation ist.

Endgültig zum Scheitern verurteilt aber ist »lean production«

bei uns, weil es in den Fabriken beginnt und dort auch wieder endet. Das eine oder andere Unternehmen versucht es auch noch mit schlankem Management. Aber wie schon gesagt – das nützt nichts, wenn der Staat nicht auch mitspielt, und hier sind wir wieder bei dem alles erstickenden Abgabenstaat.

Deshalb noch einmal zurück zum vierzigjährigen Arbeitnehmer in Japan, dem konkreten Fallbeispiel von TDF: Yoshio Kazamura ist ein sehr guter Facharbeiter. Er ist verheiratet und hat zwei Kinder. Sein Jahreslohn betrug:

1993   114 365,– DM
also   9 530,– DM im Monat
Davon werden einbehalten:

5,5 % Lohnsteuer	= 524,15 DM
3,2 % Gemeindesteuer	= 304,96 DM
und 8,3 % Sozialabgaben	= 791,00 DM
Er bekommt also etwa	7900,00 DM ausgezahlt.

Seine täglichen Ausgaben unterliegen nur einer fünfprozentigen Verkaufssteuer. Vom Rest muß er allerdings auch Eigenvorsorge fürs Alter, die Ausbildung der Kinder und Zuzahlung für kleine Krankheiten bestreiten, wie wir in den Kapiteln über Bildung, Renten und Gesundheitsmodelle in diesem Buch beschreiben werden.

Dazu vergleichbare Zahlen von Mercedes-Benz:

Auch hier kostet ein vierzigjähriger Arbeiter das Unternehmen im Schnitt 10 500 D-Mark im Monat. Auf dem Gehaltszettel findet er brutto 5400 D-Mark und in die Hand gibt's gerade 3900 D-Mark. Die gewaltige Differenz von 6400 D-Mark zwischen seinen Lohnkosten und seinem Nettoeinkommen wird von der Umverteilungsmaschinerie beansprucht.

Zur Beschreibung eines »schlanken Staates« gehört auch der Vergleich zwischen den Lohnsystemen in Japan und Deutschland: 7910 D-Mark netto gegen 3900 D-Mark netto. Das unterschiedliche System macht deutlich:

Der japanische Arbeitnehmer wird also als mündiger Bürger behandelt und nicht über eine kostspielige Totalfürsorge gegängelt, die sich längst als unbezahlbar erweist. Der Japaner entscheidet selbst, ob er das Geld für eine hohe Rente, für die Bildung seiner Kinder oder für Reisen nach Hawaii ausgibt.

Nun werden Sie diese Zahlen anzweifeln. Das paßt nicht in das Bild, das bisher von Japan gezeichnet wurde. Sofort wird auch der Hinweis auf die viel höheren Lebenshaltungskosten kommen, deshalb könne man diese Zahlen nicht miteinander vergleichen. Dieser Vergleich ist für uns so niederschmetternd, daß einfach eine ganze Latte von Ausreden hermuß, damit wir wieder ruhig zur sozialabgesicherten Tagesordnung übergehen können. In Kapitel 16 über die Japaner werden aber noch mehr Fakten folgen, die Sie beunruhigen sollten. Zu den Lebenshaltungskosten nur soviel: Wir haben in Japan als Ausländer etwa 25 Prozent mehr verbraucht als jetzt in Deutschland.

Wir reden so gern, daß wir individualistischer seien, nicht so gruppenbezogen wie die Japaner, daß wir uns mehr ausleben müssen und daher auch kreativer sind. Aber in Wirklichkeit ist der Japaner viel mehr Individuum, muß viel mehr für sich selbst sorgen und ist deshalb auch ein eigenständigerer Mensch. Wir wollen zwar das Recht haben, zu tun und zu lassen, was wir wollen, aber dafür soll dann die Gesellschaft die Verantwortung übernehmen. Unser angeblicher Individualismus basiert auf einem Egoismus zu Lasten der Allgemeinheit. Den Staat, dem wir die gigantischen Umverteilungsmittel zur Verfügung stellen, setzen wir so in die Lage, diese Umverteilung vorzunehmen. Dabei bekommen die am meisten, die am lautesten schreien, die kräftigsten Ellbogen haben, die am hemmungslosesten schmarotzen, ohne sich zu schämen. Ein Staat, der die Mittel gar nicht erst hat, kann auch nichts verteilen.

Wenn die Schlankheitskur auch in Deutschland Erfolg haben soll, dann muß sie beim Staat anfangen, und nicht am Fließband. Alle, die ihre individuellen Rechte einklagen, sollen sie auch bekommen, aber im gleichen Maße müssen sie Verantwortung für sich selbst übernehmen. Tatsächlich sind im Gegensatz zu den Japanern wir die Gruppenmenschen, wir verlassen uns auf die Verstaatlichung unserer persönlichen Bedürfnisse, damit wir unseren Egoismus um so individualistischer auf Kosten aller ausleben können.

13. Der Fluch von »Made in Germany«

1985 traf sich ein Unterausschuß der DIN, der »Deutschen Industrie Norm Gesellschaft«, um über folgendes Thema zu beraten: Brauchen wir in Deutschland eine Norm für »Qualitätssicherung«? Weltweit, vor allem aber in Japan und den angelsächsischen Ländern, entwickelten sich Maßstäbe, die für jeden Lieferanten und Käufer, also für jeden Kunden, in allen Produktionsstadien deutlich macht, nach welchen Qualitätsnormen gearbeitet wird. Es gab sechs Abstimmungsberechtigte, nur einer war dafür, fünf aber dagegen. Befürworter war der einzige Praktiker, Dr. Wolfgang Hansen, langjähriger Präsident der Deutschen Gesellschaft für Qualität, die Gegner: alles Verbandsjuristen. Für sie, die in Sitzungen, Hinterzimmern und Kungelkreisen Interessenpolitik betreiben, war klar: Deutschland heißt »made in Germany«, da brauchen wir keine weitere Qualitätssicherung.

Nun hat die Europäische Union einen Weltwettbewerbsreport erstellt, um zu sehen, wo die Europäer im Vergleich zu anderen Konkurrenten stehen. Die wichtigen Wirtschaftsinstitute, Industrieverbände und Konsumentenvereine der Nationen wurden befragt, wie sie die Qualität der Produkte der jeweils anderen Länder einschätzen. Diese Umfragen wurden mit der Realität verglichen, um festzustellen, wie weit die Umsetzung der Qualitätssicherung und damit eine gleichbleibende Produktqualität tatsächlich verwirklich ist.

Das Ergebnis: Japan nimmt einen einsamen Spitzenplatz ein, sowohl was Image als auch Realität angeht. Trägt man dann die Umfrageergebnisse auf einem Diagramm ein, das von den Vektoren Image und Wirklichkeit gebildet wird, so zeigt es sich, daß alle Staaten auf einem mittleren Korridor liegen; das heißt, Image und Wirklichkeit stimmen ziemlich überein. Das geht am unteren Ende der Skala mit Griechenland und Portugal los, in der Mitte sind zum Beispiel Frankreich und die USA und ganz oben, wie gesagt, Japan. Nur Deutschland liegt weit außerhalb des Korridors. Da ist das Image weitaus besser als die Wirklichkeit. Mit anderen Worten:»Made in Germany« hält nicht mehr das, was es verspricht. So schwebt Deutschland in der Gefahr, tief abzustürzen, wenn die Kunden herausfinden, daß Germany mit einem Marketingbegriff aus längst vergangenen Zeiten wirbt. Und ist dieser Ruf erst einmal ruiniert, dann wird es um so schwieriger, ihn wieder zu reparieren. Wer das nicht glaubt, kann ja in Großbritannien nachfragen, wie die Schlamperei der sechziger und siebziger Jahre eine große Industrienation schnell auf den Hund gebracht hat. Inbegriffe höchster Wertarbeit und Ingenieurskunst, von Rolls-Royce bis Jaguar, sind dabei zum Gespött geworden.

Aber wenn ich in Vorträgen auf diese Gefahr hinweise, sehe ich meist nur ablehnende Mienen, die ungefähr ausdrücken:»Aber das kann uns doch nicht passieren! Schließlich ist ›made in Germany‹ doch etwas ganz anderes.« Zugegeben, mein Mut, es wieder einmal mit einem Citroën XM zu versuchen, endete in einer verzweifelten Mischung aus Wut und Hilflosigkeit. Die elegante Form und vor allem ein Zahlen-Sicherheitscode gegen Diebstahl (mein BMW war mir gerade am hellichten Tag von einem bewachten Parkplatz gestohlen worden) verführten mich. Aber die Diebstahlsicherung wäre gar nicht nötig gewesen. Das Auto war sowieso jeden Monat mindestens einmal in der Werkstatt, und ich hörte lange Vorträge, warum der Schaden eigentlich gar nicht existiert, der da immer wieder auftritt. Das über 70 000 D-Mark teure Auto hatte nämlich die Angewohnheit, in voller Fahrt die gesamte Elektronik auszuschalten, so daß ich, von Adrenalinschocks gejagt, das ausrollende Fahrzeug ohne Lenkhilfe noch auf die Standspur wuchten mußte. Die Tricksereien und Kundenbeschimpfungen, die auch noch folgten, ergänzten das Bild einer Automobilfabrik, die ihre Regierung unter Druck setzt, nur ja keine Japaner ins Land zu lassen, weil sie deren Konkurrenz nicht standhalten könnte. Zumindest zu meinem Fahrzeug paßte das Etikett »made in Trance«.

Natürlich sind wir da besser. Und weil wir das wissen, vergessen wir vor lauter Arroganz, daß auch wir nicht nur spitze sind, wie wir im Kapitel vorher beschrieben haben. Die Gefahr liegt in der Selbstzufriedenheit. Auf der Einladung zum Automobilkongreß 1991 in Augsburg stand als erster Satz: »Wir Deutsche bauen die besten Autos der Welt.« Dieser Kongreß fand noch vor der großen Krise, noch vor der Kurzarbeit bei Mercedes und der 28-Stunden-Woche bei Volkswagen, statt. Als ich meinen Vortrag mit dem Spruch begann: »Es interessiert den Rest der Welt leider nicht, was wir von uns denken. Aber unsere Autos sind für fast alle Staaten in der dritten Welt am Markt vorbeiproduziert, weil sie technisch zu aufwendig sind, nicht den lokalen Bedürfnissen entsprechen, und für die Staaten der ersten Welt sind unsere Fahrzeuge zu teuer; wir sind also außerhalb Europas weit hinter die asiatische Konkurrenz zurückgefallen«, da erntete ich noch wüste Beschimpfungen. Ein Ausbruch von Entrüstung ist mir besonders in Erinnerung geblieben: Ein Mercedes-Manager stürmte auf mich zu und sagte: »Das Image von Mercedes ist so unschlagbar. Was Sie da erzählt haben, wird auf uns nie zutreffen.« Zur Ehrenrettung dieses Mannes sei gesagt, daß er mir dann zwei Jahre später seine Entschuldigung überbringen ließ. Er war Gott sei Dank noch lernfähig.

Lernfähigkeit setzt allerdings voraus, daß man sich überhaupt informieren will. 1991 veranstaltete das mittelständische japanische Unternehmen »star-micronics« den ersten gesamtdeutschen Schülerwettbewerb. Das ließ sich die Computerdruckerfirma aus der Provinzstadt Shizuoka zwei Millionen D-Mark kosten. Je drei Schüler pro Schule mußten als Gemeinschaftsarbeit drei Aufsätze schreiben. Die Themen: 1. »Tokyo: Wie stelle ich mir das Leben in einer Stadt mit 27 Millionen Einwohnern vor?« 2. »Sind uns die Japaner ähnlich, oder unterscheiden sie sich sehr von uns?« 3. »Immer mehr japanische Waren überschwemmen unser Land. Woran, glaubst du, liegt das?«

Beim ersten Aufsatzthema kam heraus, daß deutsche Schüler vor einer großen Stadt Angst haben und sich vor allem in der Provinz wohl fühlen. Zum zweiten Thema stellten sie fest, daß wir uns doch sehr von den Japaner unterscheiden, wobei sie mangels eigener Erfahrung im wesentlichen die Stereotypen wiederholten, die sich in der Tagespresse finden. Zum dritten Thema schrieben sie Abhandlungen, die bei so manchem deutschen Manager und

Unternehmer kalte Rückenschauer auslösen müßten. Hier konnten die Kids zwischen 16 und 18 Jahren aus eigener Anschauung erzählen. Sie haben es sich dabei nicht leicht gemacht. Sie haben in Einkaufsstraßen ihre Mitbürger über japanische Waren befragt, sich in Umfragen in der Schule erkundigt, wie ihre Mitschüler darüber denken und welche Produkte bekannt und beliebt sind. Dabei kam heraus, daß im Schnitt das erste Taschengeld deutscher Jugendlicher für eine größere Investition an japanische Konzerne geht. Videorecorder, Computerspiele, Walkman, Radio- und CD-Recorder, Kameras usw. Über 80 Prozent der Jugendlichen haben in ihren Zimmern japanische Geräte, und was für die deutschen Manager besonders niederschmetternd sein dürfte: Die Jugendlichen sind mit diesen Geräten überaus zufrieden. Sie bescheinigen in ihren Umfragen den Produkten: Sie seien preiswert, zuverlässig, bedienerfreundlich, und vor allem hätten sie einen hohen Prestigewert. Eine Schülergruppe hinterfragte diese Ergebnisse im Fachhandel und hörte dort die Aussage: »Selbst wenn ein deutsches Gerät billiger angeboten wird, wollen die jugendlichen Käufer eine japanische Marke, um bei ihren Freunden bestehen zu können.«

Dies alles weiß jetzt die Firma »star-micronics«. Entsprechend baut sie ihr Marketing aus. Sie hat aber auch die Adressen von über tausend Jugendlichen, die besonders an Japan interessiert sind und möglicherweise für das Unternehmen einmal in der einen oder anderen Form wichtig werden könnten. Dafür erhielt in jedem Bundesland die Siegerschule eine Computerdruckeinheit im Wert von etwa 20 000 D-Mark, und die Sieger aus acht Bundesländern durften nach einem Wettbewerb, bei dem die Japantauglichkeit getestet wurde, eine zehntägige Reise nach Fernost antreten.

Können Sie sich noch erinnern, was für ein Image die Japaner vor 25 Jahren hatten? Plastikhersteller, Billigproduzenten für die Marktnischen uninteressanter Produkte. Sie waren keine Konkorrenz, eher mitleidig belächelte Kopierer. Vor allem wußten wir genau: Die können gar nichts selbst erfinden, und deshalb bleiben wir denen immer einen Sprung voraus. Trotz dieses miserablen Images haben sie uns in vielen Bereichen ein- und überholt. Welche Chancen aber bieten sich jetzt japanischen Konzernen mit diesem hervorragenden Image? Die befragten jungen Leute finden es später überhaupt nicht mehr diskriminierend, von Mercedes auf einen Toyota umzusteigen. Das, was wir für dauerhaften nationalen Vorsprung halten, schmilzt wie Schnee in der Sonne, wenn Image und Wirklichkeit nicht mehr übereinstimmen. Und mit nationalem Pathos kann man nur sich selbst etwas vorgaukeln. Je armseliger eine Nation, desto mehr muß nationales Getöse die Probleme überlagern. Außerhalb der Landesgrenze ist das Gedröhne dann geschäftsschädigend. Und eine Nation wie die unsere kann nur ihren Wohlstand erhalten, wenn sie ihren Export, ihre internationale Wettbewerbsfähigkeit immer wieder neu erobert. Überlassen wir Frankreich dem Protektionismus und seinem »Made-in-Trance-Auto«. Sich mit schlechteren Konkurrenten zu messen wirkt wie Baldrian – einschläfernd auch am hellichten Tag.

So, wie die zum großen Teil falsch verstandene »schlanke Welle« durch die deutschen Unternehmen schwappt, kommt jetzt springflutartig auch noch ISO 9000 auf die Wirtschaft zu. Hinter diesem Begriff versteckt sich eine weltweite Norm, die ein Systemmodell für Qualitätsmanagement beschreibt. Die International Organisation for Standardisation (ISO), ein Dachverband aller wichtigen Normenorganisationen der Welt, hat sich in Genf für diese Vereinheitlichung der Bewertung von Qualitätsmanagement entschlossen. Dabei wurden weitgehend die englischen Vorschriften übernommen, weil, wie schon beschrieben, die Deutschen bisher eine solche Norm nicht für nötig hielten und deshalb auch nur einen geringen Einfluß auf ihre Ausgestaltung hatten.

Die ISO 9000 ist keine Qualitätsnorm für ein Produkt – und schon das will nicht in die Köpfe unserer Wirtschaftsgewaltigen. Das Weltunternehmen Siemens wirbt sogar für seine neueste Computergeneration: jedes Gerät ISO 9001 zertifiziert. Auf gut deutsch: Wir haben ein Zertifikat, aber nichts verstanden. Geprüft auf seinen Verwendungszweck bei ISO 9000 wird das Management. Ein Qualitätsmanagement, das die Norm verlangt, ist ein Management, das sich für seinen Verwendungszweck eignet. Im Endeffekt handelt es sich also um ein System, eine Norm, die darlegt, ob das Management geeignet ist, ordnungsgemäß einen

Betrieb zu führen. Damit sind von dieser neuen Springflut alle Manager in sämtlichen Bereichen, in Produktion und Handel und auf allen Hierarchieebenen, betroffen.

Es war ein zum Teil trostloses Erlebnis, als ich mit einem ISO-9000-Auditor durch kleine und große deutsche Betriebe zog. Wie gut auch immer das Produkt war, das die Unternehmen anboten – was sich dahinter an Chaos, Inkompetenz und Herrschaftswissen abspielt, ist so unglaublich, daß es für Satiren nicht taugt, weil es zu unrealistisch anmutet. Jedes der Beispiele, das hier folgt, stammt aus einem bekannten großen deutschen Unternehmen. Aber weil wir den Berater schützen müssen, kann ich leider die Firmennamen nicht nennen.

Der kaufmännische Direktor, Herr über zwei Milliarden Umsatz, erläßt eine handgeschriebene DIN-A4-große Dienstanweisung über die Wiederverwendung von ausgeschriebenen Filzstiften aus Kostengründen. Als einer seiner Assistenten von ihm erwischt wird, als der Filzstift ausgeht, fragt er ihn, was er nun mit der leeren Hülle zu tun gedenkt: Der Assistent überlegt, sieht den Plastikmantel des Stiftes und sagt: »Natürlich werfe ich den nicht in den Papierkorb. Das ist Sondermüll.« – »Falsch«, sagt der Direktor. »Sie haben meine Dienstanweisung nicht gelesen.« Dann klingelt er seine Sekretärin herbei, die mit einer Einwegspritze aus dem Verbandskasten und einem Tintenfaß kommt. Darauf zieht der Direktor die Tinte in die Einwegspritze und impft damit den Filzstift. »Das nächste Mal lesen Sie meine Dienstanweisung«, wurde der Assistent noch ermahnt.

Vom selben Direktor wird erzählt, daß er früher abends die Papierkörbe der Sekretärinnen untersucht hat, ob die weggeschmissenen Radiergummis auch weit genug abradiert waren. Der Mann ist noch im Amt, um »made in Germany« zu produzieren. Dabei wäre er ein Fall für ein betriebswirtschaftliches Seminar: »Wieviel kostet das Unternehmen ein ausgeschriebener Filzstift, wenn sich ein Manager mit einem Jahresgehalt von 750 000 D-Mark darum kümmert?«

In einem benachbarten Unternehmen unterhalten der Geschäftsführer und der Produktionschef in einem High-Tech-Unternehmen schwarze Kassen. Tritt irgendwo ein kleines Problem in der Produktion auf, schicken sie die Mitarbeiter mit dem Geld aus der schwarzen Kasse in den nächsten Baumarkt, um Ersatzteile zu holen, und dann wird der Schaden selbst behoben. Das dauert so nur Stunden. Wenn sie den offiziellen, in den Dienstanweisungen vorgeschriebenen Weg über die Beschaffung einhalten, so haben sie ausgerechnet, rutscht bei den kleinen Gewinnmargen die ganze Produktion in die roten Zahlen. Dann dauert jeder Vorgang Tage. Die beiden haben ständig Angst, daß ihre schwarze Kasse entdeckt wird. Sie ist ein Grund zur fristlosen Entlassung. Auf der anderen Seite haben sie keine Möglichkeit gefunden, angesichts der Bürokratisierung ihres Unternehmens, dieses Problem legal aus dem Weg zu schaffen, ja, noch nicht einmal, es irgendwo einem verständigen Vorgesetzten nahezubringen. Die beiden verdienen aber auch schon je 350 000 D-Mark.

In einem mittelständischen Unternehmen ist ein Akkord vorgeschrieben, der erfahrungsgemäß 25 Prozent Ausschuß produziert. Der Berater schlug einen Produktionsablauf vor, bei dem nur die Gutteile bezahlt würden und sich somit das Betriebsergebnis um 180 000 D-Mark im Monat verbessern könnte. Voraussetzung wäre allerdings, daß davon an Mitarbeiter die Hälfte, also 90 000 D-Mark, ausgeschüttet werden. Der Unternehmer lehnte ab, er wollte alles. Als die Mitarbeiter damit nicht einverstanden waren, weil die Produktionsveränderung dann zu ihren Lasten ging, hat er lieber auf den Mehrgewinn von 90 000 D-Mark verzichtet und alles beim alten gelassen.

Die Forschungs- und Entwicklungsabteilung eines weltweit operierenden Maschinenbaukonzerns war für ihre Ineffizienz bekannt. Was sie entwickelte, konnte niemand im Unternehmen gebrauchen, und was dringend benötigt wurde, weigerte sich der Entwicklungschef abzugeben. Dies war unter seiner Würde. Er darf ungestraft weitermachen. Er ist ein Freund des Vorstandssprechers, und man will keine Unruhe im Betrieb. Das Unternehmen hat seit Jahren keine Dividende mehr ausgeschüttet.

Ein Meßgerätehersteller hat neben dem Montage- einen Demontageplatz. Dort werden 25 Prozent der Produktion wieder auseinandergenommen, weil das Endprodukt nicht funktioniert. Das geht seit Jahren so. Der Berater mißt die Walzen nach, die eingebaut werden, und stellt fest, daß starke Abweichungen vorliegen. Dies wußte der Produktionsleiter nicht, darum hatte er sich nicht gekümmert. Dafür war der Einkauf zuständig, und der wiederum läßt sich nicht in der Produktion blicken.

Ausnahmen, sagen Sie? Nein, das ist die Regel bundesdeutschen Wirtschaftens. Jeder kennt aus seinem Arbeitsbereich Unzulänglichkeiten, hirnrissige Betriebsabläufe, schwachsinnige Dienstanweisungen. Das ist der Alltag. Und dieser Alltag wird mit neuen Dienstanweisungen zugedeckt, weil das natürlich viel bequemer ist, als die Fehlerquellen an ihrer Wurzel zu packen und auszurotten. In vielen Fällen müßte da erst einmal die Führung weg. Und deshalb ist ISO 9000 in deutschen Unternehmen so unbeliebt. Da kann man sich nicht mehr mit dem Hinweis auf ein gutes Endprodukt, so unnötig teuer es auch hergestellt wurde, zurückziehen, da wird das Management auf seinen Verwendungszweck, auf seine Funktionstauglichkeit überprüft. Unternehmen, die das konsequent und mit Ernst betreiben, können mit enormen Verbesserungen ihrer Betriebsergebnisse und einer genauso erfreulichen Zunahme ihrer Kundenzufriedenheit rechnen. Kodak in Stuttgart zum Beispiel hat nach der ISO-Zertifizierung die dabei zutage getretenen Schwachstellen beseitigt und seine Kosten um 13 Prozent im Schnitt gesenkt.

Gestern »lean production«, heute »ISO 9000«, morgen »Total Quality Management« und übermorgen die »fraktale Fabrik« – wobei anläßlich einer launigen Festrede bei der Fraunhofer-Gesellschaft die Steigerung »fraktal, banal, anal« vorgeschlagen wurde. Fast 500 deutsche, angelsächsische und zunehmend auch japanische Begriffe geistern durch die Wirtschaft. Aber sie alle helfen nicht, wenn Unternehmen immer nur Kosmetik betreiben, in Wirklichkeit aber in alten, festgefügten Schemata weiterarbeiten.

Das Mißtrauen der Mitarbeiter wächst mit jeder Schulung, auf der hehre Grundsätze verkündet werden: Zielvorstellungen für Umsätze, neue Unternehmensstrukturen, die allerletzten Führungskonzepte, die endgültige Qualitätsnormsicherung. Kaum ist das Seminar beendet, gehen die Grabenkriege und »Corporate Games« wieder los. Die in der inneren Emigration lebenden Frustbeulen drücken sich vor der Arbeit, die Karrieremacher hintertreiben den guten Vorschlag des Kollegen, der Vorstand will seine Ruhe, der Aufsichtsrat erst recht. Statt neue Gemeinsamkeit vorzuleben, verteidigen die Vorstände ihre Vorstandskantine, ihre sorgfältig ausgetüftelte Dienstwagenordnung, den speziell für sie reservierten Parkplatz und Aufzug. Zuviel Nähe zum gemeinen Volk war schon den ostelbischen Großgrundbesitzern zuwider.

Diese ganzen Übungen kann man sich sparen, wenn der Wettbewerb seine heilsame Rolle spielen darf, den Ausleseprozeß steuert. In einer weitgehend freien Wettbewerbsgesellschaft übernimmt der Kunde die ihm zustehende Rolle des Schiedsrichters. Er entscheidet über das Produkt. Er ist dann der einzige Auftraggeber. Versagt das Management, verheddert es sich in zu viele Intrigenspiele, geht das Unternehmen pleite; der Manager steht als Versager da, verliert seinen Job. Passiert es ihm zweimal, kann er sich als Buchhalter bewerben oder zur Sozialhilfe gehen. Er wird also alles versuchen, erfolgreich zu sein. Soweit die schöne heile Märchenwelt einer funktionierenden Wettbewerbsgesellschaft.

Bei uns kann einem Manager kaum etwas Besseres passieren, als mehrfach vorzeitig entlassen zu werden. Drei Abfindungen, und er ist bis zur Rente saniert. Rekordhalter ist da sicher Günter Prinz vom Axel-Springer-Verlag. Zweimal ausgezahlt mit 27 Millionen D-Mark, mehrere Millionen auch noch an Abfindungen verpulvert, wurde er zu guter Letzt Vorstandsvorsitzender im selben Unternehmen. Auch ein Leistungsprinzip.

Eine andere Alternative, schlechte Ergebnisse auszugleichen, ist ein Solidarpakt mit den Gewerkschaften, um staatliche Mittel zu erbetteln. Der Bankrott in der Marktwirtschaft gilt als besonders anrüchig – gehen doch Arbeitsplätze verloren. Nur, wenn Pleiten für Großunternehmen nicht mehr möglich sind, wird irgendwann alles unter wettbewerbsverzerrenden Regeln stattfinden. Dann kommt dann so eine Variante wie die nordrhein-westfälische heraus, wo von der Landesbank und deren Aufkäufen über die Kohle- und Stromkonzerne bis hin zu den sogenannten privaten Medien alles miteinander verwoben ist. Man muß kein Prophet sein, um vorauszusagen, daß diese Praxis keine Zukunft hat.

1986 auf dem Flug von Tokyo nach Manila: Der damalige Außenminister Hans-Dietrich Genscher erzählte seine Vision von der Entwicklung der Weltgeschichte. Der Computer und die Elektronik, so seine einfache Botschaft, zerstören den zentral geführten Ostblock. Je rascher und je mehr Informationen der Welt zur Verfügung stünden, desto schneller werde sie sich entwickeln. Der Computer mache es nicht nur möglich, sondern er verlange regelrecht, daß möglichst viele Menschen Zugang zu möglichst vielen Informationen hätten. Daraus entstünden immer schnellere Entwicklungszyklen. Für den zentral gesteuerten Ostsozialismus bedeute dies so oder so das Ende. Entweder er behindere auch in Zukunft den Zugang zu Information für jeden, dann würde er sich aus der alles entscheidenden Welt der Elektronik ausklinken und falle wirtschaftlich immer weiter zurück, bis er in sich zusammensacke. Oder er beteilige sich an der neuen Welt. Dann müsse er allen Bürgern die Freiheit einräumen, Informationen zu sammeln und zu benutzen, und damit sei er genauso schnell am Ende. Die Entwicklung hat gezeigt, wie richtig Genscher mit seiner Vorausschau lag.

Was für den Ostblock galt, trifft auch auf unsere Wirtschaft zu. Konzerne, die sich noch Hierarchien und Herrschaftswissen leisten, werden schnellen, wendigen Unternehmen unterliegen. Die große Veränderung in der Welt, welche die Neuzeit einleitete, begann mit dem Buchdruck, der dann folgenden Pressefreiheit und der Veröffentlichung unabhängiger Gedanken. Dies war der Anfang vom Ende des Feudalzeitalters, der Beginn der Demokratien. Damals entstand das Lied: »Die Gedanken sind frei.« Die Durchdringung der Unternehmen mit Computernetzen, mit für allen zugänglichen Informationen, ist das Ende der Feudalherren in den Betrieben. Jetzt spielt die Musik: »Der Zugang zur Information wird unkontrollierbar.« Hoffentlich hören die Regulierungswächter der deutschen Medienwelt auch bald einmal diesen Hit, denn sie versuchen noch immer, aus Kiel, Saarbrücken oder anderen »Weltmetropolen« das Fernsehen der Nation zu gängeln.

Wer in Zukunft mündige Mitarbeiter haben will, kann sie nicht mehr mit ein paar Daten über den Krankenstand, die Fehlerquote und die Umsatzvorgaben abspeisen. Der wird sie am Ressourcenmanagement beteiligen müssen, das heißt, ihnen volle Information über das Kapital, das Personal, über das Ziel und die Wege zum Ziel geben, und bei allem wird die Belegschaft mitreden wollen. Sie wird sich auch nicht mehr mit der jetzigen Lohnaufteilung zufriedengeben. Unternehmertypen, die ein erfolgreiches Unternehmen in Zukunft braucht, wollen auch am Gewinn beteiligt sein. Und ich rede hier nicht nur vom Topmanagement und seinen Tantiemen, sondern von jedem Mitarbeiter.

Wenn wir schon von innen heraus die Reform für echte Wettbewerbsstrukturen nicht schaffen, so wird uns diese von außen aufgedrängt. Je mehr und je schneller wir deregulieren, desto schneller wird der Kunde zum Manager der Betriebe und sich die Spreu vom Hafer trennen. Die Privatisierung der Telekom erfolgt doch nicht freiwillig, obwohl Politiker uns das glauben machen; sie beugt sich dem internationalen Zwang, weil sie sonst in die technologische Bedeutungslosigkeit versinkt. Die Elektronik macht vor Ländergrenzen keinen Halt, und die Kontrolle der Information wird immer schwieriger. Wenn der Expräsident des Bundesverbandes der Deutschen Industrie, Tyll Necker, laut Zeitungsmeldungen auf einen Aufsichtsrat bei der privaten Post verzichtet, weil ihm die Nähe zur Politik nicht gefällt, dann zeigt sich, welche lächerlichen Rückzugsgefechte im Bonner Starenkasten noch durchgeführt werden.

Hierarchien, die sich heute noch wie in einer Festung verteidigen, werden irgendwann austrocknen. Niemand wird ihre Festung erstürmen wollen, da ihre ganze Burg nur noch als Museum taugt. Alle Unternehmen, die nach dem Motto geführt werden: »Das beruhigt sich alles wieder!«, »Wir haben schon viele Stürme erlebt« und »Je mehr Mitarbeiter einer führt, desto wichtiger ist er«, dürfen sich langsam nach einem Liquidator umschauen. In einem solchen Klima gedeihen keine Unternehmer, da gedeihen jene Menschen, die mit Versprechungen auf eine Karriere am Pförtnerhaus ihre verfassungsmäßigen Grundrechte abgeben, wie Jürgen Fuchs, Geschäftsführer des Softwarehauses Plönzke, zu sagen pflegt.

Unternehmen, die bestehen wollen, müssen Mitarbeiter fördern, die Widerspruch wagen; die bereit sind, etwas zu verändern, auch wenn sie dabei Fehler begehen; die mündig genug sind und nicht auf ein perfektes Dienstanweisungssystem zurückgreifen müssen; die nicht erst über die Schulter schauen, ob der Chef auch nickt, und die Kollegen es nicht merken, wenn man einen mutigen Schritt nach vorne in die Kniekehle des Kollegen macht.

212

Je mehr Informationen zur Verfügung stehen, desto selbständiger wollen die Menschen entscheiden – der Kunde wie auch der Mitarbeiter. Unternehmen, denen es gelingt, dafür die richtige Organisation zu schaffen, werden vor der Zukunft keine Angst haben müssen. Die brauchen auch keinen internationalen Protektionismus, keine trickreichen Handelsbarrieren; die sind auf Ladenschluß und Subventionen nicht angewiesen. Und es gibt sie ja schon. Alle zeichnen sich dadurch aus, daß es ihnen bessergeht als ihrem Konkurrenten. Hier sei nur der amerikanische Multi Hewlett Packard erwähnt, der dieser modernen Unternehmensführung weitgehend entspricht und dabei satte Gewinne mit einer stolzen und zufriedenen Mannschaft einfährt. Wenn die überaus erfolgreiche Filiale in Deutschland trotzdem unter Druck ist, dann aus den gleichen Gründen wie Löhr und Bromkamp. Es nützt nichts, in Deutschland der Beste zu sein, wenn die Schwesterunternehmen dank besserer Rahmenbedingungen trotzdem billiger sind.

Hewlett Packard hat erkannt, daß seine einzigen Auftraggeber die Kunden sind, die damit über das Wohl und Wehe des Unternehmens entscheiden. Den Kunden wiederum treten Mitarbeiter gegenüber, und nur deren Engagement kann die Käufer zufriedenstellen. Also ist das wichtigste der Mitarbeiter. Um diesen entsprechend zu motivieren, muß er am Erfolg des Unternehmens teilhaben. Dies kann auf vielfältige Weise geschehen: Gewinnbeteiligung, begünstigtes Sparen mit Firmenaktien, ein attraktives Sozialpaket, die Gehaltsfindung und Beförderung ausschließlich auf Grundlage erzielter Ergebnisse, von Fähigkeiten und persönlicher Initiative sowie die Besetzung von Führungspositionen, möglichst aus den eigenen Reihen.

Weil sich die hervorragenden Mitarbeitermodelle und die Erfolge von Hewlett Packard weltweit herumsprechen, hat das Unternehmen auch keine Probleme, den Nachwuchs für sich zu rekrutieren, der ihm hilft, weiter an der Spitze zu bleiben. Heute schon beträgt der Anteil der Mitarbeiter mit akademischem Abschluß über 50 Prozent, der Anteil der Mitarbeiter mit Fachabschluß (kaufmännisch, technisch, gewerblich) beträgt 40 Prozent, und der Anteil der Beschäftigten ohne Berufsabschluß liegt unter fünf Prozent.

Auf all den vielen hundert Seminaren und Führungskräfteschulungen, die so jährlich landauf, landab gehalten werden, treten immer wieder dieselben Firmen auf, die Vorbildliches nachweisen können, die auf dem Weg von der feudalistischen zur demokratischen Fabrik schon ein gutes Stück vorangekommen sind. Dazu gehört auch Mettler Toledo, der Waagenbauer aus Albstadt. Dort ist es gelungen, die Produktion so zu gestalten, daß heute jeder Kunde nach seiner Bestellung in garantiert fünf Tagen beliefert wird. Früher war auch bei Mettler Toledo die in Deutschland übliche Mindestzeit von acht Wochen die Norm. Aber bei Mettler Toledo wurden alle heiligen Kühe geschlachtet, die Kunden als alleiniger Maßstab akzeptiert, die Mitarbeiter in den Mittelpunkt gerückt.

Wenn Sie heute auf eine Fabrik stoßen, die Ihnen etwas von acht Wochen Lieferzeit erzählt, weil das nun mal nicht anders ginge; wenn Ihnen Ihr Autoverkäufer sechs Monate Wartezeit aufschwatzen will, gehen Sie wieder. Hier büßen und bezahlen Sie für Unfähigkeit. Dieses Unternehmen ist weder schlank, noch erfüllt es die ISO 9000, auch wenn es mit dem Zertifikat wirbt. Das Management dieses Unternehmens ist nicht für seinen Verwendungszweck geeignet. Sie dürfen noch aus einem anderen Grund bei solchen Firmen nicht kaufen: Sie unterstützen damit nur den Restfeudalismus, der uns alle immer noch in unserer Freiheit behindert. Und wenn Ihnen nichts anderes übrigbleibt, weil alle Möbelfirmen Sie nicht sofort beliefern können, dann sehen Sie, wieviel Wettbewerbswirtschaft bei uns noch fehlt.

Die Gewinne von Hewlett Packard zeigen, daß sich die Kunden gut aufgehoben fühlen. Verwunderlich ist nur, wie schwer sich Unternehmen tun, solche demokratischen Unternehmensmodelle zu übernehmen, weil sie immer noch glauben, das Feudalzeitalter gehe nie zu Ende, auch nicht in den Betrieben. Doch an die Ewigkeit ihrer Herrschaft haben Kaiser und Könige bis hin zu den Nazis und Stalinisten auch geglaubt.

14. Der Kunde: Störenfried oder König?

Meine Mutter hat nie vergessen, wie es 1939 war. Aus beruflichen Gründen mußten meine Eltern im Jahr des Kriegsbeginns mit zwei kleinen Kindern in eine neue Stadt ziehen. Kaum jemand war bereit, ihnen etwas zu verkaufen: weder der Milchmann noch das Textilgeschäft, noch der Bäcker. Keiner war an einem neuen Kunden interessiert. Nur die sehr herzliche Familie Wehner, die einen Lebensmittelladen hatte, versorgte sie mit dem Nötigsten. Die hatten Verständnis für eine junge Mutter. Sie wurde in die Kundenkartei aufgenommen, und den ganzen Krieg hindurch und in den Hungerjahren der Nachkriegszeit lösten meine Eltern ihre Lebensmittelkarten bei den Wehners ein.

Meine Eltern erzählten bis an ihr Lebensende die Geschichten, wie schwer es war, etwas zu beschaffen: in der Weimarer Zeit, den Inflationsjahren, der Naziherrschaft und im Krieg. Nach der Währungsreform war wenigstens fürs tägliche Essen gesorgt, aber ich weiß noch, wie wir uns freuten, als nach vielen Jahren Wartezeit endlich das Telefon von der Post installiert worden war, und ich erinnere mich, daß es über ein Jahr dauerte, bis der erste VW-Käfer endlich abgeholt werden konnte.

Auch meine zehn Jahre ältere Schwester hat Jahre ihrer Jugend damit verbracht, anzustehen. »Irgendwo gibt es Vorhangstoff«, machte ein Gerücht die Runde. Und schon wurde die ältere Schwester losgeschickt, sich in die Warteschlange einzureihen. In Ostdeutschland war das sogar bis 1989 ein Stück Alltag. Und so etwas prägt. Es prägt nicht nur den Käufer, der, in eine Demutshaltung gepreßt, es nicht wagt, aufzumucken: Er könnte ja wieder leer ausgehen. Es prägt auch den Verkäufer, der, in die Position des Mächtigen versetzt, seine Waren verteilt – und nur wer sich unterwürfig genug zeigt, findet Gnade.

Es müssen diese traumatischen Erlebnisse sein, tief im Innern verwurzelt, warum wir in Deutschland als Kunden ein fast paranoides Verhalten an den Tag legen. Wir lassen uns immer noch behandeln wie Bittsteller. Wir nehmen Ladenschlußzeiten in Kauf, wir akzeptieren Lieferzeiten, betteln Handwerkern hinterher – und vor allem lassen wir uns von einer Serviceindustrie abspeisen wie der letzte Dreck. Wir verhalten uns immer noch so, als ob wir dankbar sein dürfen, in die Kundenkartei aufgenommen zu werden. Und die Verkäuferseite schafft es immer noch, durch allerlei Regeln, die den Markt verengen, uns nicht aus unserer Demutshaltung herauszulassen. Hier ist ein geistiger Befreiungsschlag nötig.

Sie, der Kunde, wollen etwas kaufen. Sie bezahlen das mit echtem, hart verdientem Geld, nicht mit Bezugsscheinen. Vergessen Sie das nie. Auf der anderen Seite der Verkäufer: Er kann nur Geld verdienen, wenn Sie ihm freiwillig – das sollten Sie gleichfalls nie vergessen: freiwillig – seine Waren abkaufen. Und auch das müssen Sie begreifen: Es gibt ein Warenangebot im Überfluß. Wenn der Verkäufer Sie nicht Ihren Zeit- oder Qualitätsvorstellungen gemäß bedienen will, gehen Sie gleich wieder weg – nur so lernt er, daß Sie der König sind und er der Bittsteller. Wenn uns diese geistige Transformation aus der Mangelwirtschaft in die Angebotswirtschaft nicht gelingt, haben wir im internationalen Wettbewerb von vornherein keine Chance.

Zu Zeiten des hohen Wirtschaftswachstums und des schier unersättlichen Nachholbedarfs an Konsum und Gütern verkaufte sich noch praktisch alles von allein, was akzeptable Preise und Qualität hatte. Traditionell sind Firmen als Verteilungsorganisationen aufgebaut. Organisationen, in denen die vier klassischen Wirtschaftsressourcen, nämlich Arbeit, Kapital, Rohstoffe und Informationen, zusammengeführt werden, um möglichst viele Produkte zu möglichst geringen Kosten zu erzeugen. Da die Kosten in den Boomzeiten und während der großen Nachfrage nicht das Problem waren, beschäftigten sich die Manager weitestgehend damit, für ihr rasantes Wachstum genügend gut ausgebildete Arbeitskräfte zu bekommen, Bankkredite zu erhalten oder Eigenkapital zu erwirtschaften, Zulieferungen zu sichern und die richtigen Informationen zu erschnüffeln.

All dies waren knappe Güter, nicht nur für die einzelnen Firmen, sondern auch in der Volkswirtschaft allgemein. Erfolg und Mißerfolg eines Unternehmens hingen entscheidend davon ab, ob es dem Unternehmen gelang, diese Wirtschaftsressourcen an sich zu binden und dann geschickt einzusetzen. Das war die klassische Aufgabe des Managements: die Verteilung und Kontrolle der knappen Ressourcen. Wer diese Ressourcen verplemperte, hatte keine Chance, denn dazu waren sie zu kostbar.

Aber stimmen im ausgehenden 20. Jahrhundert diese Paradigmen eigentlich noch? Ist es denn nicht so, daß es keinen Mangel an Ressourcen mehr gibt, sondern daß die Kunden fehlen? Unternehmen aller Industriebranchen könnten ohne Probleme viel mehr produzieren, wenn es nur eine größere Zahl kaufkräftiger Kunden gäbe. Als die DDR zusammenbrach, verkündete die westdeutsche Industrie, daß es überhaupt kein Problem sei, mittelfristig die 17 Millionen Ostdeutschen mit der in Westdeutschland vorhandenen Produktionskapazität mitzuversorgen – und tat es dann auch.

Trotzdem gebärden sich die meisten Unternehmen noch so, als ob sie auf knappe Ressourcen angewiesen seien, aber Kunden in Hülle und Fülle hätten. Wie anders wäre sonst die ständige Mißachtung der Kundenwünsche und Mißhandlung der Kaufwilligen zu verstehen? Zu teure Rohstoffe, geizige Banken und zu anspruchsvolle Arbeitnehmer – sie alle sind dafür verantwortlich, daß die Produkte zu teuer werden und deswegen der Absatz nicht stimmt. Eingefangen in der Denkstruktur »Kosten-plus-Profitspanne-gleich-Preis«-Mentalität, verlangt der Manager deshalb nach Subventionen und Protektionismus, um seinen Absatz, mit diesem wiederum sein Unternehmen und folglich die Arbeitsplätze zu sichern. Das Arbeitsplatzargument muß immer dabeisein, um die SPD und Gewerkschaften mit ins Boot zu ziehen. Schließlich, sagen die Unternehmen – und da haben sie ja nicht ganz unrecht –, sei es unmöglich, unter den deutschen Rahmenbedingungen auch nur annähernd zu Weltmarktpreisen zu produzieren.

Unternehmen, die sich aus diesen Denkstrukturen befreien können und den Kunden als Mittelpunkt akzeptieren, weil sie nur von ihm das Geld bekommen, das sie am Leben erhält, finden sich plötzlich in einer völlig neuen Kostenstruktur wieder. Alles, was sich da hinter den Schreibtischen herumdrückt, ohne zur Wertschöpfung beizutragen, gefährdet den Betrieb. Jede Dienstanweisung, die sich mit inneren Strukturen beschäftigt, ist unnütz. Jedes Organisationsschema, das die Mitarbeiter vom Kunden fernhält, muß samt seinem Erfinder schnell abgeschafft werden. Vielleicht gibt es aber noch Hoffnung, auch für uns Deutsche. Vielleicht schaffen wir es, die Untertanenmentalität endgültig abzulegen, bestehen in der Zukunft darauf, als Kunde bedient zu werden. Dann würde einem nämlich auffallen, daß es gar keine Ressourcenknappheit mehr gibt. Rohstoffe, Energie, Informationen, Produktionsstätten, Menschen, die arbeiten wollen – alles ist im Überfluß vorhanden. Diese Aussage fordert alle die heraus, die mit Knappheitstheorien Zukunftsängste auslösen. Die verfestigen ihre Macht und zwingen den Kunden in die Demutshaltung, behandeln den Bürger als Untertan. Und weil wir die Überwindung der Kluft zwischen dem real existierenden Überfluß und der propagandistisch verkündeten Knappheit als entscheidend für eine Zukunft in Freiheit betrachten, haben wir diesem Thema das Kapitel 28 gegen Ende des Buches gewidmet.

Wenn Ressourcen nicht mehr knapp sind, dann muß man sie auch nicht mehr sorgfältig rationieren und verteilen. Nein, richtiger: Wenn Ressourcen nicht so knapp sind wie die Kunden, dann sollte das Management doch im Grunde, anstatt Ressourcen zu verteilen, darauf achten, daß keine Kunden mehr verlorengehen. Eine Firma wird nach wie vor eine Finanz-, Personal- und Planungsabteilung benötigen. Aber die wichtigeren Abteilungen, der Kundendienst, das Marketing und der Verkauf, die bisher eine eher untergeordnete Rolle spielten, die geben den Ton an. Gute Zeiten für Macher, schlechte für Paragraphenreiter und Erbsenzähler. Freiwillig werden die ihre Machtpositionen nicht räumen, und so manches Unternehmen werden sie bei ihrem Scheitern mit in die Pleite reißen.

Die neue Ära hat schon begonnen – bei der Kaufhauskette Nordstrom an der Westküste der USA zum Beispiel. Sie bietet Mode für Frauen an. Nordstrom hat sich völlig dem Kunden verschrieben. Dort werden die Verkäuferinnen nach einem Schlüssel bezahlt, der sich nach dem Verkauf pro Stunde richtet. Simple umsatzabhängige Verkaufsprovisionen mit dem Argument, daß sich die Verkäufer dann mehr anstrengen, etwas zu verkaufen, hat mittlerweile jeder. Aber dieser Anreiz birgt auch einen Nachteil: Die Käufer verlassen oft den Laden mit Kram, der ihnen aufgeschwatzt worden ist, und ärgern sich erst zu Hause darüber – als Kunde sind sie dann verloren. Damit sind zwar die absoluten Verkaufszahlen erst einmal gestiegen, aber längerfristig wurden die Kunden vergrault. Das entspricht also nicht dem Geist des Zeitalters des Kunden.

Nordstrom hat deswegen die Formel mit einem kleinen Kniff etwas kompliziert, indem es nicht reicht, am Ende des Tages soundsoviel verkauft zu haben und dann die vielleicht zehn Prozent als Provision einzustreichen, sondern zunächst werden die Verkäuferinnen nach ihrem stündlichen Verkaufsdurchschnitt gemessen. Im nächsten Schritt konkurrieren die Verkäuferinnen sogar untereinander, zu welchen Tageszeiten oder Wochentagen sie arbeiten dürfen. Wer die konstant höchsten stündlichen Verkaufsdurchschnitte hat, der bekommt auch die lukrativsten Tageszeiten, also abends, am Wochenende oder während eines Sonderverkaufs. Dann steigen die Verkaufsdurchschnitte natürlich noch einmal an. Für eine flotte Verkäuferin zahlt sich der Erfolg doppelt aus: zuerst durch die höheren Provisionen und dann durch die Zuteilung der besseren Tageszeiten, die nochmals zu höheren Beteiligungen führen. Die Provisionen steigen sogar progressiv. Mit anderen Worten: Je mehr Umsatz sie erzielt, desto höhere Prozentanteile erhält die Verkäuferin. Man braucht nicht viel Phantasie, um sich auszudenken, daß es unter der Belegschaft ziemlich »darwinistisch« zugeht. Im Büro, zu dem die Verkäuferinnen ständig Zugang haben, können sie permanent abfragen, wie ihre stundendurchschnittliche Leistung im Vergleich zu der ihrer Kolleginnen steht.

Eine Verkäuferin kann an einem langsamen Vormittag, an dem irgendwie nichts los ist, überprüfen, ob alle im Laden nicht vorankommen oder ob es nur an ihr selbst liegt. Sie kann dann sofort Gegenmaßnahmen einleiten. Wenn der Durchschnitt nur täglich oder gar wöchentlich errechnet würde, würde ihr diese Information gar nichts mehr helfen. Denn der nächste Tag, die nächste Woche ist wieder ein ganz anderes Geschäft. Der stündliche Durchschnitt erlaubt es Nordstrom ganz automatisch, auf die geringsten Fluktuationen im Geschäft zu reagieren, ohne daß irgend jemand das planen, vorhersehen oder überhaupt analysieren muß. Jeder Tag ist anders: Ob es regnet oder nicht, ob die Konkurrenz einen Sonderverkauf veranstaltet, ob eine Anzeigenkampagne läuft usw. – alles beeinflußt den Umsatz. Die Verkäuferinnen von Nordstrom passen ihren Verkaufsstil automatisch diesen Gegebenheiten an, weil sie »Sofort«-Information darüber haben, was Sache ist. Für den Streß werden sie aber auch ordentlich entlohnt. Die besten unter ihnen erzielen Jahresgehälter von deutlich mehr als 100 000 D-Mark. Wer allerdings das Tempo nicht mitzuhalten vermag, wird bald wieder gehen. So zieht Nordstrom die besten Verkäuferinnen der Region an. Als eine Gewerkschaft versuchte, diese kapitalistischen Arbeitsbedingungen zu knacken, wurden ihre Vertreter von 90 Prozent der Belegschaft abgewählt. Die Verkäuferinnen wollten es so und nicht anders.

Sie werden sich jetzt wahrscheinlich denken, daß bei Nordstrom die Kunden von total gehetztem Personal abgefertigt werden. Genau das Gegenteil ist der Fall. Nordstrom ist in der Branche wegen seines nicht zu schlagenden Service gefürchtet. Es stellt sich nämlich heraus, daß die Verkäuferinnen nur einen konstant höheren Durchschnitt halten können, wenn sie sich eine loyale Kundschaft aufbauen. Sie kennen also von ihren Kundinnen alle Maße, sie sind mit deren Geschmack und deren Bedürfnissen vertraut. Sie haben ihre eigenen Visitenkarten und rufen ihre Kundinnen jedesmal an, wenn ein interessanter Sonderverkauf stattfindet oder auch nur ein schönes Stück ins Sortiment gekommen ist, das dieser Kundin gefallen könnte. Und es ist üblich, daß die Verkäuferin die Kleider nach dem Verkauf abends zum Haus der Kundin liefert. Diese Zeit wird sie nicht aufschreiben, denn sie will ja nicht mit zuviel abgerechneten Stunden ihren Durchschnitt verschlechtern. Es passiert auch ständig, daß eine Verkäuferin ein Stück, das Nordstrom selbst nicht im Angebot hat, bei der Konkurrenz einkauft, um es der Kundin weiterzuveräußern. Das ist eine Praxis, die von Nordstrom unterstützt wird; denn nichts soll der absoluten Zufriedenheit des Kunden im Wege stehen. Also informieren sich die Verkäuferinnen auch, was die Konkurrenz im Laden führt und was sich dort gut verkauft. Sie sind bestens informiert – ein Wettbewerbsvorteil, der im Zeitalter der Elektronik wichtiger ist als der Preis.

Dabei handelt es sich bei Nordstrom keineswegs um eine kleine Boutique – im Gegenteil: Es sind richtig große Kaufhäuser, die sich auf Mode für Frauen spezialisiert haben, inklusive Schmuck und Kosmetika. Die Preise sind eher durchschnittlich, und die Kunden stammen aus allen Bevölkerungsschichten. Die hohen Gehälter gleicht Nordstrom mit wesentlich geringerem Aufsichtspersonal und Hierarchiestrukturen aus. Denn solche Verkäuferinnen müssen nicht zum Arbeiten angehalten werden. Und weil das Personal sehr genau über die Wünsche der Kundinnen informiert ist, vermeidet Nordstrom das Einkaufen von Ladenhütern.

Bei Nordstrom hat die Kundin die Kontrollfunktion des Managements übernommen. Indem das Schicksal der Verkäuferin völlig in die Hand der Kundin gelegt wird, erübrigen sich ganze Abteilungen, die in traditionell geführten Unternehmen nur viel Geld kosten. Aber welche Funktion haben Manager eigentlich noch in einem Unternehmen, in dem die Arbeitnehmer nicht mehr beaufsichtigt werden müssen?

Die erste und wichtigste Aufgabe ist es, denjenigen, die tatsächlich in Kundenkontakt stehen, bei ihrer Arbeit zu helfen. Manager sind für Training, für Rückfragen, für Rat und Hilfe zuständig. Manager kontrollieren nicht mehr, sie unterstützen. Die Manager stehen also im Dienst der Kundenberater und nicht umgekehrt. Wer als Manager nicht in der Lage ist, seinen Kundenberatern bei ihrer Arbeit zu helfen, der hat keine Daseinsberechtigung. Wer als Manager seinen Kundenberatern anhand von Dienstvorschriften nur das Arbeiten erschwert, wird von diesen ziemlich schnell entlassen – er stört das Geschäft. Die Manager eines Nordstrom-Kaufhauses werden zum Beispiel nach einem Schlüssel bezahlt, der sich nicht nach Verkauf pro Stunde richtet, sondern nach dem Verkauf pro Verkäuferin. Das heißt, er wird alles nur in seiner Macht Stehende tun, um seinen Verkäuferinnen möglichst freie Entfaltungschancen zu geben. Dabei ist es auch nicht unüblich, daß eine Verkäuferin ein höheres Einkommen bezieht als ihre Vorgesetzten.

In der obersten Führungsebene schließlich werden nur noch strategische Überlegungen angestellt: wo ein nächstes Kaufhaus zu gründen ist; wer befördert wird; welche Bank man gnädigerweise mit seinem Konto betraut. Da es wesentlich weniger mittleres Management gibt, gibt es auch insgesamt einen geringeren Koordinierungsbedarf, was wiederum die Zentrale verkleinert, Entscheidungen beschleunigt und Mißverständnisse verhindert. In einem Unternehmen, das sich nach dem Kunden richtet, ist im Grunde genommen die gesamte Hierarchie umgestülpt. Ganz oben steht der Kunde, der alles bestimmt. Dann kommen die Kundenberater, die diese Bestimmungen ausführen. Darunter steht das mittlere Management, dessen Aufgabe darin besteht, die Kundenberater bei ihrer Arbeit zu unterstützen, und ganz unten sind die Strategen am Werk, die lediglich dafür sorgen, daß die strategischen Ressourcen bereitstehen und daß das System nicht korrumpiert wird.

Der seit Herbst 1994 eingesetzte Sanierer von Siemens-Nixdorf, Gerhard Schulmeyer, restrukturiert das Unternehmen genau nach diesem Prinzip. Er schreibt: »Nehmen wir einen Personalmanager in der Zentrale. Der muß jetzt zu den Leuten ans Band gehen und fragen: Braucht ihr mich überhaupt? Und wenn die nein sagen, dann ist der in trouble.«

Hier noch ein Beispiel: Die Treppe war spiegelglatt – ein Ausrutscher –, schon hatte die neue Winterjacke einen tiefen Riß am Ärmel. Sehr ärgerlich – für die harten Winter in Boston hatte Peer sich eine besonders gute Jacke gekauft, mit Daunenfedern und atmungsaktivem Gore-tex, knapp 400 D-Mark teuer – sie sollte eigentlich für die nächsten paar Jahre ausreichen. Nur, der Riß in dem Nylongewebe konnte nicht wieder wasserdicht repariert werden. Dann würde Feuchtigkeit in die Daunen eindringen. Sehr ärgerlich – aber ohne Zweifel Peers Schuld. Er war auf der Treppe halt unachtsam.

Allerdings hatte er sich nicht vorgestellt, daß so eine teure Jacke schon gleich bei der kleinsten Belastung kaputtreißt. Also rief er drei Monate später, nachdem der Winter endlich vorbei war, den Hersteller LL Bean an und fragte um Rat. Der konnte auch nicht weiterhelfen, außer daß die Firma ihr Versprechen einlösen würde, jede Ware jederzeit wieder zum vollen Kaufpreis zurückzunehmen, sofern der Kunde nicht vollständig zufrieden damit sei. Also schickte Peer das nun wertlose Stück zurück und bekam umgehend 400 D-Mark erstattet, ohne langes Fragen und ohne Zögern.

Fast jeder, dem Peer diese Geschichte erzählt, reagiert spontan: »Na, dann wird der Laden ja bald bankrott sein.« Das Gegenteil ist aber erstaunlicherweise der Fall: LL Bean rangiert in Kundenumfragen immer wieder an erster Stelle, und die Branche ist sich einig, daß der Firma der Titel »Marktführer« gebührt.

LL Bean wurde 1912 von Leon Leonwood Bean gegründet. Er erfand damals den fürchterlich häßlichen, aber recht praktischen »Maine Hunting Boot«: einen Schuh, der bis zum Knöchel aus Gummi besteht, darüber aus Leder gefertigt und innen gefüttert ist. Also ideal für das naßkalte, matschige Wetter Neuenglands, im Nordosten der USA. Dieser Schuh wird noch heute in Rekordmengen abgesetzt. Aber darüber hinaus verkauft LL Bean mittlerweile Freizeitklamotten jeder Art, Outdoor-Sportausrüstungen bis hin zu Möbeln und Küchengeräten. Die gesamte Produktlinie ist etwas ökologisch angehaucht und bietet relativ preisgünstig Hochqualitätsware für den Lebensstil eines Outdoorfreaks an. Der Umsatz liegt mittlerweile bei über einer Milliarde D-Mark pro Jahr.

Als der alte Leon Bean 1967 starb, lautete das Firmenmotto: Verkaufe gute Ware mit einem vernünftigen Profit, behandle deine Kunden wie normale Menschen, und sie werden immer wieder zurückkommen.« Sein Enkel Leon Gorman, der die Firma übernahm, wollte diese Firmenphilosophie noch etwas ausbauen, indem er anfing, die Schuhe und bald das gesamte Sortiment mit einer lebenslänglichen Zufriedenheitsgarantie zu versehen. Wer sich den Maine-Jagdschuh kaufte, dem wurde zugesichert, daß der Schuh sein ganzes Leben lang nicht kaputtgehe. Und selbst wenn der Schuh nicht kaputt ist, aber dem Käufer irgendwann einmal nicht mehr gefällt – auch zwei Jahrzehnte später –, dann bekommt er sein Geld zurück.

Zuerst wollte das wohl auch keiner glauben. Aber dann sprachen sich immer mehr Geschichten herum, daß LL Bean sein Versprechen tatsächlich einlöste, und so fing der Umsatz an zu steigen, das Unternehmen florierte. Diese Garantie gilt heute noch immer für das gesamte Warensortiment von LL Bean. Und nein, die lebenslänglichen Schuhe sind nicht sündhaft teuer: Sie kosten ungefähr 80 Mark. Sie sind zwar häßlich, aber warm, bequem und praktisch unverwüstlich. Gute Qualitätsarbeit.

Jeder Geschäftsmann, vom Kneipenwirt über den Tankstellenbetreiber bis hin zum Banker, kennt den Wert einer Stammkundschaft. Stammkunden sichern einen Basisumsatz und damit eine planbare Grundlage für das Geschäft. Darüber hinaus sind Stammkunden auch noch billig. Sie verursachen keine Werbekosten, denn sie müssen nicht erst noch gewonnen werden. Der Stammkunde weiß in der Regel genau, was er will; das heißt, es gibt keine Mißverständnisse, und der Verkaufsvorgang nimmt weniger Zeit in Anspruch. Darüber hinaus kennt man sich, und so macht die Arbeit einfach mehr Spaß. Weil Stammkunden wesentlich profitabler als Einmalkunden sind, bekommen sie in jeder Branche Rabatte und Nachlässe.

Nach seinem Erlebnis mit der Winterjacke wird Peer in Zukunft alle seine Freizeitklamotten bei LL Bean bestellen. Und nicht nur er. Er kann sich darauf verlassen, daß alles, was nicht genau seinen Vorstellungen entspricht, einfach wieder zurückgeschickt werden kann. Er ist also schon nach seinem ersten Kauf Stammkunde geworden. Gehört hat er von dieser Firma von seinen Freunden, die auch schon Stammkunden dort sind. Der Service von LL Bean ist so gut, daß keine Werbung mehr nötig ist – diese »Ungeheuerlichkeit«, daß man seine Schuhe auch nach fünf Jahren wieder zurückgeben kann, spricht sich ganz von allein herum. Das ist viel wirksamer als irgendein Werbeposter, auf dem schließlich alles mögliche versprochen werden kann. Allein durch die Einsparung seines Werbeetats könnte LL Bean wahrscheinlich schon die höheren Rücknahmekosten ausgleichen. Allein dadurch, daß LL Bean eine sehr loyale Stammkundschaft hat, erfreut er sich besonders hoher Gewinnmargen.

Der Clou aber ist, daß LL Bean gar keine höheren Rücknahmekosten hat. Und LL Bean hat natürlich nicht nur Stammkunden, denn sonst hätte die Firma nicht so schnell wachsen können. Darüber hinaus bietet LL Bean die hohe Qualitätsware auch noch zu wesentlich niedrigeren Preisen an. Die besagte Winterjacke hätte in einem Laden an der Straße zwanzig bis dreißig Prozent mehr gekostet. Was ist also das Erfolgsrezept?

Jeder Mitarbeiter bei LL Bean weiß: Wenn die Kunden nicht absolut mit der Ware zufrieden sind, dann kommt sie wieder zurück. LL Bean fordert die Kunden sogar regelrecht dazu auf, die

Ware zurückzuschicken. Dabei bittet die Firma, die Gründe zu nennen, warum der Kunde etwas zu bemängeln hat. Das zwingt die Einkäufer bei LL Bean, die Ware unter dem Aspekt zu prüfen, ob der Kunde diese Qualität akzeptiert, bevor sie überhaupt in das Sortiment aufgenommen wird. Auch ihr Schicksal in der Firma hängt somit von der Zufriedenheit des Kunden ab. Denn wenn zuviel Ware wieder zurückkommt, dann haben sie keine Aufstiegschancen.

Auch der Lieferant weiß, daß LL Bean ein zweitklassiges Produkt nicht in sein Sortiment aufnehmen wird, und bietet so etwas von vornherein gar nicht mehr an. Selbst wenn der Lieferant einmal LL Bean überlisten kann, so daß anschließend LL Beans Kunden verärgert sind, dann wird LL Bean nie mehr wieder etwas von dieser Quelle kaufen.

Das alles sorgt dafür, daß LL Bean sich mit weniger Ladenhütern herumplagen muß, denn die Einkäufer haben schon weitestgehend nur das gekauft, woran die Kunden auch wirklich interessiert sind. Als Kataloghaus hat LL Bean den weiteren Vorteil, das Kaufverhalten der Kunden in einer Datenbasis speichern zu können und so eventuelle Trends viel besser zu analysieren.

Auch die Kataloggestalter in der Marketingabteilung werden darauf achten, daß nichts in dem Katalog steht, was dem Produkt nicht entspricht. Peers Winterjacke wieder als Beispiel: Das Produkt hatte eine exzellente Qualität. Aber in dem Katalog fehlte der Hinweis, daß das atmungsfähige Material nicht sehr reißfest ist. Vielleicht hätte Peer das wissen sollen, aber das war nicht der Fall, und der Katalog schwieg sich darüber aus. Deswegen war Peer mit seinem Einkauf nicht zufrieden. Wenn es noch mehr Kunden so ergangen ist wie ihm und die alle ihre Jacke zurückgeschickt haben, dann wird der nächste Katalog vielleicht einen Vermerk haben, daß dieses spezielle, teure, atmungsfähige Material nicht reißfest ist.

Deswegen will LL Bean auch, daß unzufriedene Kunden die Waren zurückschicken. Anders kann LL Bean nämlich nichts über die Unzufriedenheit erfahren. Es ist besser für die Firma, das Geld zurückzuerstatten, auf diese Weise den Kunden weiterzubehalten und über die falsche Verkaufsinformation Bescheid zu wissen, als daß der Kunde verärgert zu Hause sitzt, nie wieder etwas aus dem

Katalog kauft und allen Freunden und Arbeitskollegen von seinem Mißmut berichtet. So kann der Kunde der Zuverlässigkeit der Verkaufsinformationen vertrauen. Das Produkt soll genau der Beschreibung entsprechen, nicht mehr und nicht weniger.

Alles was nichts mit Kundenzufriedenheit zu tun hat, zum Beispiel Öffnungszeiten, Lieferzeiten, schlecht ausgebildetes Personal, widerspricht damit dem Schlankheitsgeist. LL Bean hat selbstverständlich einen 24-Stunden-Service – denn das Geschäft soll bereit sein, wenn der Kunde dazu Zeit hat und nicht, wenn es dem Unternehmen gerade paßt. Unternehmen, Branchen, Industrien, Volkswirtschaften, die nach wie vor nur mit Ladenschlußgesetzen und Wartezeiten über die Runden kommen, haben vom Schlanksein noch nichts begriffen.

Die beiden Beispiele aus dem Kleiderverkauf sollen nicht den Eindruck erwecken, daß das Prinzip der absoluten Kundenorientierung nur für den Einzelhandel sinnvoll ist. Es handelt sich dabei auch nicht um eine Neuorientierung der Verkaufsabteilung. Es ist die völlige Neuorientierung der Firma nach einer anderen Denkordnung – eben dem »schlanken Management«.

Auch wenn Sie es leid sind, daß wir hier ständig eine schöne heile Welt des Königs Kunden vorstellen, mit der Sie so gar keine persönliche Erfahrung haben – es folgt noch ein Beispiel: Es kommt aus der notorisch kundenunfreundlichen EDV-Branche. Vielleicht gehören Sie ja zu den glücklichen Menschen, die sich ein neues Softwarepaket kaufen, es in Ihren Computer reinschieben und sofort damit produktiv arbeiten können. Wenn Sie nicht zu diesen Auserwählten gehören, herzlich willkommen im Club der ahnungslosen Mehrheit. Auch dieses Buch wurde auf einem Computer geschrieben, aber noch immer komme ich mit den Programmen nicht klar. Sie und ich stellen eine Mehrheit völlig vernachlässigten Kundenpotentials dar, das zwar gern noch öfter den Computer benutzen würde, aber beim besten Willen keine Zeit hat, daraus eine Vollbeschäftigung zu machen.

Scott Cook ging das ganz genauso, als er seine Firma Intuit gründete. Ohne eine Ahnung von Computerprogrammen zu haben, scharte er ein paar Softwareprogrammierer um sich und erteilte ihnen den Auftrag, ein Finanzprogramm für Familienhaushalte zu entwickeln. Dieses Programm würde automatisch Überweisungen ausdrucken, Schecks schreiben, den Kontostand überprüfen, die Steuerabrechnung erledigen und die Ausgaben nach Kategorien monatlich aufschlüsseln. Vor allen Dingen aber sollte auch ein absoluter Computerneuling mit dem Programm genauso spielend umgehen können, wie einen Kochherd zu bedienen oder Auto zu fahren. Dementsprechend sollte das Programm auch »Quicken« heißen, was auf deutsch etwa »Schnellstens« bedeutet.

In allen Entwicklungsphasen des Produktes wurden deshalb Computerneulinge eingeladen, um zu testen, wie sie damit umzugehen imstande waren. Technische Entschuldigungen wurden nicht akzeptiert. Wenn der potentielle Kunde das Programm nicht benutzen konnte, war es nicht verkaufsfähig – egal, ob das den Ingenieur nervte oder nicht. Selbst nachdem »Quicken« fertig entwickelt und auf dem Markt ein Verkaufsschlager wurde, sind Topmanager Kunden vom Laden bis nach Hause gefolgt, um im Detail zu untersuchen, was alles schieflaufen könnte, wenn ein Kunde zum erstenmal mit »Quicken« in Kontakt kommt. Sogar in diesem Test haben die Manager noch dazugelernt und die nächsten Versionen entsprechend umgestaltet.

Das größte Problem der Firma Intuit bestand darin, daß der breite Markt ihr anfangs nicht glauben wollte, wie einfach das Programm zu bedienen war. Also gab Scott Cook im Frühjahr 1991 eine Anzeigenkampagne auf:»Bestellen Sie eine Kopie von ›Quicken‹. Wenn es Ihnen gefällt, dann schicken Sie uns bitte zwölf D-Mark. Wenn Sie damit nichts anfangen können, dann behalten Sie es bitte trotzdem.« Der normale Verkaufspreis für das Programm lag zu dem Zeitpunkt ungefähr bei 80 D-Mark, und der nächstbeste Konkurrent bot sein Programm für 200 D-Mark an. Eigentlich war diese gefährliche Anzeige eine Bankrotterklärung – ideell wie finanziell. Doch leitete sie den Beginn einer Erfolgsstory ein.

Jeder in der Firma Intuit wußte, daß mit einer solchen Anzeigenkampagne selbst die so gewonnenen zufriedenen Kunden das Überleben der Firma nicht garantierten. Nein, die Kunden mußten hellauf begeistert sein, ihre kühnsten Erwartungen in Erfüllung gehen, so daß sie nicht nur die lächerlichen zwölf D-Mark an die Firma schickten, sondern allen ihren Freunden davon erzählten.

Allen in der Firma war klar, daß es keine Fehlertoleranz gab. Auch nur die geringste Qualitätsschlappe, und Intuit stand vor dem Aus. Da gab es keinen mehr, der noch kontrollierte, der korrigierte, der dafür zuständig war, die kleinen Schlampereien der vorherigen aufzuräumen. Alle zogen an einem Strang.

Das ist der Geist des Toyota-Produktionssystems. Wenn bei Toyota ein Qualitätsmangel am Band entdeckt wird, dann wird das Band gestoppt und nicht wieder angefahren, bevor das Problem behoben ist. Der Unterschied zwischen einem produzierenden Gewerbe und einem Dienstleistungsunternehmen ist, daß Toyota diese Qualitätskontrolle durchführen kann, bevor das Produkt den Kunden erreicht. Mit »Service« läßt sich das per Definition nicht bewerkstelligen. Der »Service«, das ist der Kundenkontakt, und das Ergebnis kann in der Regel nicht so leicht bemessen werden. Solch radikale Angebote wie von Intuit oder LL Bean dienen eigentlich nur dazu, um herauszufinden, ob der Kunde wirklich begeistert vom Service ist. Das heißt, ob der Service »Total Quality« gerecht ist. Diese Information kostet zwar Geld und Nerven, aber offensichtlich lohnt es sich. Seit Herbst 1994 möchte der Softwaregigant Microsoft Intuit für anderthalb Milliarden Dollar kaufen. Zuvor hatte der erfolgreichste Programmanbieter der Welt versucht, seine eigene Version auf den Markt zu bringen und ging kläglich damit ein. Zwar waren sich alle Softwarekritiker darin einig, daß Microsoft ein tolles Produkt entwickelt hatte, nur konnten die Kunden leider damit schwer umgehen – und so wurde es ein Flop.

15. Der Manager der Zukunft

Stellen Sie sich vor, Sie seien ein Unternehmer in irgendeiner x-beliebigen Dienstleistung, egal ob Einzelhandel, Gastronomie, Fluggesellschaft oder im Reinigungsdienst. Wenn alle Ihre Arbeitnehmer automatisch nur das tun, was Ihre Kunden zufrieden und glücklich macht, dann könnten Sie auf teure Kontrolleure und Aufpasser verzichten. Wenn alle Ihre Zulieferer automatisch nur beste Ware liefern, dann hätten Sie keinen Ärger mehr und könnten sich aufs Wesentliche konzentrieren. Wenn alle Ihre Kunden auf Ihre Firma schwören und sämtlichen Freunden erzählen, wie toll Sie sind, dann haben Sie verschwindend geringe Werbekosten. Und weil Sie mit all diesen Einsparungen auch noch billiger als alle Ihre Konkurrenten sind, verzeichnen Sie ein nicht zu stoppendes Umsatzwachstum. Angesichts dieses Umsatzwachstums bei ansteigender Profitabilität reißen sich die Banken darum, Ihnen Geld zu geben. Ihren Arbeitnehmern macht es einen Heidenspaß, bei Ihnen zu arbeiten, weil alles so perfekt klappt und es keine griesgrämigen Vorgesetzten gibt, die nur kontrollieren wollen. Und natürlich auch, weil sie gut verdienen. Sie haben also auch keine hohen Personalfluktuationen, folglich geringere Neuausbildungskosten, und können sich zudem auf dem Arbeitsmarkt auch noch die besten Kandidaten herauspicken. Was würden Sie als Unternehmer nicht alles dafür geben, um eine solche Firma zu besitzen?

Nun haben ja auch schon viele Manager von diesen und ähnlichen Fallbeispielen aus dem vorherigen Kapitel gehört und sich teure Gurus zu noch teureren Seminaren eingeladen, um auch endlich schlank und toll dazustehen. Aber weil sie auf halbem Weg stehenbleiben, geht das meistens daneben.

So hat die Hotelkette Ramada die Pentakette in Deutschland

übernommen. Und sofort redete das Topmanagement von Stammkundschaft, Loyalität, Qualität etc. In typischer Topmanager-Verteilungsmentalität wurde sinngemäß verfügt: »Ab sofort ist der Kunde als König zu behandeln.« Gleichzeitig wurden im Zuge von Einsparungsmaßnahmen noch mehr Stellen unten an der Kundenfront gestrichen und die Angestellten mieser behandelt als je zuvor. Fachkräfte wurden durch Aushilfen ersetzt: Aus der Neuorientierung wird ein Programm zur Kosteneinsparung in der Hoffnung, daß der Kunde wieder geduldig wie ein Schaf alles mitmacht. Daß das nicht funktionieren kann, ist sehr leicht zu verstehen. Das so agierende Management aber wird ausschließlich danach beurteilt, ob es den Profit kurzfristig gesteigert hat. Nur das fördert die Karriere. Den miesen Ruf des schlechtgeführten Hotels baden dann die Nachfolger aus. So rationalisiert man erst den Service, dann den Kunden und schließlich sich selbst weg.

Genau der gleiche Unfug passiert in allen Ländern, wenn Firmen gebührenfreie Kundendienst-Hotlines einrichten, weil das mittlerweile dazugehört. Die Firmen glauben, damit schon einen erheblichen Beitrag zur Verbesserung ihres Kundendienstes geleistet zu haben. Dann werden allerdings aufgrund der traditionellen Kostenmentalität die notwendigen Mittel gekürzt, um genügend Hotline-Kundenberater einzustellen und sie entsprechend auszubilden. Sollte ein entnervter Kunde nun tatsächlich den Fehler begehen, die gebührenfreie Hotline anzurufen, wird er die ersten Minuten von einem Anrufbeantworter beschwichtigt: »Bitte warten Sie, Ihr Anruf ist uns wichtig, hängen Sie bitte nicht auf«, um dann später von einem mißlaunigen Menschen bedient zu werden, der noch weniger Ahnung hat als der Kunde selbst. Bei Citroën mußte ich mich einmal bei einer kaugummikauenden unwilligen Notrufbeantworterin durchsetzen, die partout nicht glauben wollte, wo ich mich gerade mit meinem Fahrzeug befand, und den Servicewagen dann tatsächlich zum falschen Autobahnabschnitt schickte.

Unternehmer fragen sich immer wieder, warum sie so viel Geld für Training und Ausbildung ausgeben sollen, wenn die guten Arbeitnehmer dann doch wieder gehen. Darauf gibt es nur eine Antwort: Was ist, wenn die Arbeitnehmer nicht ausgebildet werden – und bleiben? Nicht die lebenslängliche Arbeitsplatzgarantie ist attraktiv für den guten Mitarbeiter, sondern die lebenslängliche Garantie, immer Arbeit zu finden.

Taco Bell, ein Fast-food-Unternehmen mit mexikanischen Spezialitäten, war ein typisch amerikanisches Dienstleistungsunternehmen. Mit den Superbilliglöhnen der berüchtigten »Burgerflipperjobs«, die während der Reagan-Ära für den enormen Arbeitsplatzzuwachs sorgten und die zu Recht verspottet werden, fraß sich das Unternehmen mit sagenhafter Geschwindigkeit durch den Arbeitsmarkt. Bei einer durchschnittlichen Beschäftigungsdauer von fünf Monaten war es völlig sinnlos, die Einwanderer, Analphabeten, Schüler und sonstigen Aushilfskräfte auszubilden. Also wurde bis ins nervtötende Detail vorgeschrieben, wie eine Portion Fast-food herzustellen sei. Die Ketchupflasche war schon so konstruiert, daß selbst das schlichteste Gemüt die richtige Menge Ketchup auf den Burrito klatschen würde. Dementsprechend motiviert und engagiert gaben sich dann auch die Arbeitnehmer. Sie kümmerten sich um nichts. Es war ihnen alles egal. Völlig abgehetzte Filialmanager, die selbst auch nur mickrige Gehälter bekamen, mußten sämtliche Entscheidungen treffen und permanent alles kontrollieren, damit bloß keine der unendlich vielen Regeln der Zentrale verletzt wurden. Aber obwohl alles so billig zuging, klappte der Laden einfach nicht. Die Kosten ließen sich nicht unter Kontrolle bringen, und der Umsatz stieg deutlich niedriger als im Branchendurchschnitt.

1982 wurde Taco Bell von Pepsi gekauft. Im Laufe der achtziger Jahre wurden dann einige Veränderungen vorgenommen: Die Manager wurden besser ausgebildet, der Produktionsprozeß wurde verbessert, das Menü zuerst vereinfacht, später wieder erweitert; die Filialen wurden computerisiert, modernisiert und umgebaut. Aufgrund dieser Programme schloß Taco Bell wieder an den Fast-food-Industriedurchschnitt an, aber mittlerweile ging es allen ziemlich schlecht. Steigende Lohn- und Immobilienkosten zerstörten die Rentabilität, und die Kunden wurden immer unzufriedener. So konnte es nicht weitergehen. 1989 begann Vorstandsvorsitzender John Martin seine Strategie noch einmal völlig zu überdenken.

Von zwei umfangreichen Kundenstudien 1987 und 1989 wußte John Martin, was seine Kunden von Taco Bell verlangten: ein

Essen, »schnell, zuverlässig, sauber und warm«; das alles zu einem billigen Preis – mehr war an seinen Fast-food-Buden nicht gefragt. John Martin fiel auf, daß alle diese Attribute nur durch das Servicepersonal in der Filiale zu kontrollieren sind. Durch nichts und wieder nichts konnte ein Manager ein paar Meilen entfernt garantieren, daß diese Maßstäbe eingehalten wurden. Mit dieser Erkenntnis wollte er die Firma umkrempeln und ließ sich von einem führenden internationalen Beratungsunternehmen in Sachen Reengineering beraten. Es war jener »top-down approach«, das »von oben herab« an der Blockademauer des mittleren Managements völlig abblitzte. Nicht sehr viel tat sich. Danach versuchte er es nochmals anders herum: Er stellte eine neue Sorte von Filialmanagern ein: Leute, die über bewiesene Führungsqualitäten verfügten und die sich unternehmerisch bewährt hatten. Diese Manager wurden ein halbes Jahr lang intensiv ausgebildet, sowohl in der Küche als auch als Personalführungskraft. Wenn sie dann Filialmanager wurden, bekamen sie ein kompliziertes Gehaltspaket, dessen Höhe sich aus vielen verschiedenen Komponenten zusammensetzte. Außerdem wurde nochmals ein neues Computersystem eingeführt, das den Filialmanager am Ende des Tages über 46 verschiedene Parameter informierte, komplett mit vergleichbaren Durchschnittswerten und Abweichungen. Ausgestattet mit diesen Informationen, einer besseren Ausbildung, mehr Kenntnissen in Menschenführung und deutlich größerer Entscheidungskompetenz, fingen diese neuartigen Filialmanager an, neue Akzente bei Taco Bell zu setzen. Da aus der alten Zeit die Fluktuation der Filialmanger so hoch war, konnten nach zwei Jahren fast alle früheren Filialchefs auf freiwilliger Basis ausgetauscht werden, oder sie hatten sich der neuen Philosophie angepaßt.

Erstes Gebot der neuen Unternehmenskultur: Die Filialmanager mußten ihre Angestellten besser behandeln und ihnen ebenfalls mehr Entscheidungsgewalt übertragen. Die entmündigten Verkäufer durften plötzlich wieder denken, und siehe da: Der Job machte ihnen mehr Spaß. Die durchschnittliche Beschäftigungsdauer stieg von fünf auf acht Monate an, Ausbildung wurde so eher möglich. Die Filialmanager entwickelten ihre eigenen Methoden, die Angestellten am Profit zu beteiligen. Die Kunden wurden zufriedener, die Kosten fielen, der Umsatz stieg gewaltig an. Es gab aber immer noch den personellen Überhang oberhalb der Filiale. Vor der Veränderung gab es acht Hierarchiestufen, in denen jeweils ein Manager fünf bis sechs untergebene Führungskräfte kontrollierte.

John Martin machte diesem mittleren Management klar, daß es entweder weiterhin seine Grabenkriege ausfechten konnte – dann flog es raus – oder anfing, sich wieder interessante Aufgaben im Unternehmen zu suchen: Bei Umsatzsteigerungen von 25 Prozent im Jahr waren schließlich genug Chancen vorhanden. Manche Filialleiter verdienten mittlerweile mehr als die ihnen übergeordneten Manager, und so erkannten die, was die Stunde geschlagen hatte. Mit großer, nie erwarteter Begeisterung begannen sie, durch verbesserte Methoden ihre eigenen Jobs zu eliminieren, wo immer es ging, damit sie an neue, interessantere Aufgaben herankamen. Als Resultat verkleinerte sich die Managementhierarchie von Taco Bell von 1,25 Manager pro Filiale auf 0,35 Manager. Ihr gesamter Gemeinkostensatz fiel von 10,9 Prozent des Umsatzes auf 6,2 Prozent. Der Antrieb zu Veränderung und Fortschritt innerhalb der Firma kommt inzwischen aus der mittleren Führungsschicht, und das Topmanagement versteht sich mittlerweile lediglich als Koordinator. Nur noch 0,35 Manager pro Filiale bedeutet auch, daß selbst die Filialchefs mehrere Filialen gleichzeitig betreuen können. Mit anderen Worten: In den meisten Filialen wird mittlerweile unbeaufsichtigt gearbeitet. Und das Interessante daran ist, daß die Kundzufriedenheit in den unbeaufsichtigten Filialen, wo also das Kundendienstpersonal in eigenständigen Teams arbeitet, wesentlich höher ist als in Filialen, in denen noch mehr mit Kontrolle und Aufsicht gearbeitet wird.

John Martins Erfolg beruht auch auf der Erkenntnis, daß sich alles nur um den Kunden drehen darf. Von dieser strategischen Position aus hat er allen in der Organisation, die in Kundenkontakt stehen, und zwar vom Filialleitern bis hin zum einfachen Verkäufer, die notwendigen Informationen und Befugnisse erteilt, um die Kunden glücklich zu machen. Alles andere in der Firma wurde unnötig und folgerichtig eliminiert, wodurch die Kosten drastisch fielen. Der Kampf um Erfolg in der Fast-food-Industrie ist damit aber noch nicht gewonnen. Auch andere Ketten, meist neugegründete wie »Au Bon Pain« oder »Boston Chicken«, haben diese neue Managementphilosophie übernommen und die gleichen Resultate erzielt: niedrigere Kosten, bessere Preise, rapides Umsatzwachstum, besser bezahlte Arbeitnehmer und glückliche Aktionäre. Die alten Sieger, »McDonald's«, »Kentucky Fried Chicken«, »Burger King« und andere, die sich noch nicht umgestellt haben, verlieren Marktanteile. Ähnlich wie die Fabrikhallen von der schlanken Welle überschwemmt und liebgewonnene Organisationsdiagramme ertränkt werden, so wird in den USA zur Zeit eine Dienstleistungsindustrie nach der anderen mit der neuen Kundendienstphilosophie umgebaut. Mit einem kleinen Unterschied: Da der Kundendienst erst aufgebaut werden muß, gehen noch nicht einmal Arbeitsplätze verloren. Im Gegenteil – neue, gesicherte Arbeitsplätze entstehen.

Es gibt in Amerika eine Motelkette namens Hampton Inn (eine Tochter des Marriot-Konzerns), wo man für ungefähr 80 D-Mark übernachten kann. Das ist in den USA immerhin schon ein Mittelklassepreis, also gemütliche Betten und Ausstattung, Kabelfernsehen, großes Bad und freundliches Personal. Wer am nächsten Morgen nicht völlig zufrieden ist, braucht nicht zu zahlen – egal aus welchem Grund. Und das nicht erst, nachdem er fünf Formulare ausgefüllt und zwei Gesichtskontrollen absolviert hat. Nein, es wird sich freundlich nach dem Grund der Unzufriedenheit erkundigt, sich für die Information bedankt und entschuldigt und versprochen, es das nächste Mal besserzumachen.

Daraufhin kommt mein Schwiegersohn, der im Hotelgewerbe arbeitet, mit dem Argument: »Aber es gibt doch so viele Gäste, denen kann man's aus Prinzip nicht recht machen.« Das ist sicherlich richtig. Wir sind uns auch sicher, daß für 95 Prozent aller Hotels dieser Welt das Angebot der kostenlosen Übernachtung schnurstracks im Bankrott enden würde. Weil es nämlich in Hotels mit sieben und mehr Managementebenen, in denen jeder nur seine kleinen idiotischen Grabenkriege um Zuständigkeiten führt und in denen das Personal mies behandelt, schlecht bezahlt, unzureichend ausgebildet und ständig ausgetauscht wird, gar nicht anders sein kann, als daß der Gast mindestens einmal pro Tag unzulänglich bedient wird. Und weil diese Gäste normalerweise keine andere Möglichkeit haben, ihre Wut abzureagieren, fangen sie an, unschuldiges Hotelpersonal zu piesacken. Das wiederum findet das Personal ungerecht und läßt seine daraus resultierende schlechte Laune am nächsten Gast aus. Und so dreht sich alles im Kreise.

Denken Sie daran, wenn Sie demnächst morgens wieder anstehen, nur um die Rechnung im Hotel bezahlen zu dürfen. Zwei Damen hinter dem Schalter mühen sich ab, draußen wartet Ihr Taxi, und mit Ihnen erdulden Dutzende Übernachtungsgäste das Ritual der Abrechnung. Jeden Morgen in jedem Hotel das gleiche. Es muß wohl so sein: Allmorgendlich wird das Management völlig davon überrascht, daß die Gäste ausziehen und bezahlen wollen. Deswegen sehen sie sich auch nicht in der Lage, das Personal und die Technik so einzusetzen, daß zu dieser überraschenden Stoßzeit genügend Mitarbeiter vorhanden sind. »Aber nein«, werden Sie fragen, »was für einen Quatsch schreiben die denn? Das weiß doch jeder, daß morgens die Hotelgäste auschecken«. »Jeder« weiß es vielleicht, aber nicht die deutschen Hotelmanager. Denn sonst würden sie das Problem ja lösen, wie dies in USA und Japan in vielen Fällen geschieht. Wir haben uns deshalb zur Angewohnheit gemacht, statt uns anzustellen, ins Büro des Managers zu gehen, um ihn zu fragen, ob er unser Geld wolle. Meistens will er es. Aufgeschreckt bedient er dann. Dabei können Sie feststellen, daß hinten im Bürotrakt meistens gerade Kaffeezeit ist, wenn vorn die Kunden an der Kasse Schlange stehen. So gesehen würden wir tatsächlich in kaum einem deutschen Hotel die Rechnung nach den Maßstäben der Hampton-Inn-Kette bezahlen wollen.

Wer aber ein Hotel betritt, in dem das Personal aufgrund der Managementphilosophie hervorragend ausgebildet und bezahlt wird, auch dementsprechend mit Entscheidungsvollmacht ausgestattet ist, so daß nicht jeder Kleinkram vom Manager genehmigt werden muß, und hochmotiviert den Gast zufriedenstellt, der wird sich auch nicht beschweren. Die höheren Gehälter für das Personal sind möglich, weil es weniger Führungsaufsicht benötigt und deren Vorgesetzte den ganzen Tag lang über nichts anderes nachdenken, wie denn das Personal bei seiner Arbeit mit den Kunden noch besser unterstützt werden kann.

Zurück in die deutsche Gegenwart: Sie sind immer wieder imposant, die Türme der deutschen Bankenwelt in der Frankfurter Innenstadt, Deutschlands dichteste Ansammlung von Wolkenkratzern. Peer wurde einmal von einem guten Freund gefragt: »Du hast doch eine Zeitlang für die Deutsche Bank gearbeitet. Was machen die denn eigentlich da drin? Wenn ich Kunde der Bank bin, kann ich denn da mal rein?«

Nein, als Kunde der Bank kommt man da nicht herein. Und wenn man mal wirklich versehentlich etwas mit einem der 6000 Mitarbeiter der Deutschen Bank, die in den gläsernen Türmen an der Frankfurter Taunusanlage arbeiten, zu tun hat, dann kann man nicht einmal die Tiefgarage benutzen, auch nicht für Geld. Was machen die da eigentlich? Die Frage ist banal, aber gar nicht dumm. Was tut eine Bank denn? Ein Automobilkonzern baut Autos in einer Produktionshalle, und dort haben Kunden nichts zu suchen. Aber was macht eine Bank? Eine Bank nimmt Geld von ihren Kunden, zahlt Zinsen, gibt das Geld an einen anderen Kunden und bekommt Zinsen. Eine Bank verkauft auch Aktien an Kunden, übernimmt Zahlungsverkehr für Kunden und verrichtet etliche weitere Dienstleistungen dieser Art.

Automobilkonzerne können Autos auch ohne Kunden bauen. Wenn die Autos nicht bald verkauft werden, geht die Firma theoretisch pleite – es sei denn, staatliche Unterstützung rettet sie, damit keine Arbeitsplätze vernichtet werden. Aber eine Bank kann nicht auf Vorrat Kredite vergeben. Vielleicht würde sie ja gern, aber sie braucht für die Produkte, die sie verkauft, einen echten Kunden. Ein Kredit ist erst dann vergeben, wenn der Kunde ihn sich nimmt – vorher ist es kein Kredit. Was immer Dienstleistungsunternehmen auch »machen«, sie können das nur, wenn sie einen Kunden dazu haben. Sonst »machen« sie gar nichts. Und deswegen ist die Frage durchaus berechtigt, was die 6000 Deutsche-Bank-Mitarbeiter in zwei gläsernen Türmen »machen«, wenn Kunden da noch nicht einmal hineindürfen. Das gleiche gilt natürlich auch für jede andere deutsche Bank und, bis auf wenige Ausnahmen, für fast alle Banken dieser Welt. So banal, platt, logisch und offensichtlich das auch klingen mag – aber wofür braucht eine Bank eine Zentrale?

Jedes nicht subventionierte Unternehmen dieser Welt leitet seine Daseinsberechtigung aus dem Bedienen eines Kunden mit einem Produkt ab. Worin sich Dienstleistungsunternehmen besonders auszeichnen, ist, daß sie nicht im geringsten funktionsfähig sind, wenn ihnen die Kunden fehlen. Eine Tankstelle kann kein Benzin verkaufen, wenn keine Kunden da sind. Solange keine Autos an der Zapfsäule stehen, »macht« eine Tankstelle gar nichts.

Schauen Sie sich das nächste Mal beim Betreten Ihrer Bankfiliale genau um. Sie sehen da: gestriegelte Banklehrlinge und Kundenberater, die hinter einem eleganten Tresen stehen und darauf warten, daß Sie sich zu ihnen begeben. Sind Sie schon jemals in eine Bank gegangen, und jemand ist auf Sie zugekommen, hat Ihnen einen Kaffee und einen Platz angeboten? Hat Sie gefragt: »Was darf's denn sein?« und sich beeilt, alle Ihre Überweisungen usw. zu erledigen, während Sie sich im Sessel ausruhen? Wie oft sind Sie statt dessen in eine Bank gekommen, und Ihnen wurde erklärt: Dafür bin ich nicht zuständig, das geht nicht; darauf müssen Sie warten; bitte selbst ausfüllen; das darf ich nicht; da muß ich meinen Chef fragen usw.? Kommen Sie sich dabei so vor, als ob die Bank Sie bräuchte, ihre Existenz von Ihnen abhängt; oder ist es nicht vielmehr so, daß Sie auf des Bankers Wohlwollen angewiesen sind?

Richtig organisiert, würde es die Bank nichts zusätzlich kosten, ob der Kundenberater hinter dem Schalter steht oder dem Kunden entgegenkommt. Es wäre aber ein großer Unterschied im Selbstverständnis des Unternehmens: Hat die Bank für den Kunden oder der Kunde für die Bank dazusein? Letzteres ist tief in das Berufsethos der Bankangestellten eingraviert, und wir als Kunden sind schon dankbar, wenn wir überhaupt noch bedient werden. Die amerikanische Unternehmensberatung AT Kearney hat diesen Zustand in einer Studie belegt. Sie vergleicht den Telefonservice von deutschen mit amerikanischen Bankfilialen. Dabei erzielten auf einer Skala von 0 bis 100 die Deutschen 53 Punkte, die Amerikaner mehr als 80. Die Commerzbank erwies sich mit 62 Punkten als der Spitzenreiter unter den Deutschen, aber auch dort war der Service teilweise erbärmlich – Beispiel Filiale Frankfurt: Der potentielle Kunde wurde gefragt: »Warum wollen Sie gerade bei uns ein Konto eröffnen? Sie haben wohl im Telefonbuch unter C geblättert.«

Das Beispiel Bank ist hier stellvertretend beschrieben für fast alle Dienstleistungsindustrien, die zwar von »Service« reden, aber eigentlich »mißmutige Verrichter« sind. Sie erinnern sich an den Lufthansa-Häuptling aus dem Vorwort: »Lesen Sie mal das Kleingedruckte«. Ob Hotels, Transport, Versicherungen, Krankenhäuser – der gleichen Seuche begegnet man immer wieder: Der Kunde ist eine lästige Nebenerscheinung des Geschäftemachens. Zwar kursieren so dumme Sprüche wie »der Kunde ist König« und »Konkurrenz belebt das Geschäft«, aber wenn der Kunde in Deutschland einmal im Mittelpunkt steht, dann bedeutet das ja wohl zuallererst, daß er im Wege ist. Folgerichtig glauben auch 52 Prozent der Deutschen einer Emnid-Umfrage aus dem Jahr 1994 zufolge nicht, daß diese Sprüche stimmen.

Wer muß sich denn in Dienstleistungsunternehmen mit den guten Kunden abgeben? In allen Banken stehen die Kundenberater immer auf der ganz untersten Stufe der Hierarchie. Sie haben mit die niedrigsten Gehälter und werden vom Rest der Bank mitleidig belächelt. Als Banklehrling muß man mal da seinen Dienst geleistet haben, damit man sich für den Rest seiner Karriere noch daran erinnern kann, wie ein Kunde aussieht. Ein schauderhaftes Erlebnis. Wenn Banker an ihre Lehrlingsjahre zurückdenken, hört es sich dann so an, wie wenn andere von ihrer Zeit bei der Bundeswehr erzählen.

Wie macht man denn Karriere in der Bank? Indem man möglichst weit weg vom Kunden ist. Die Karriere macht man in der Geschäftszentrale, dort in den gläsernen Türmen, wohin den Kunden der Zutritt verwehrt ist. Dort gibt es drei Kategorien von Abteilungen. Die eine verordnet und erfindet täglich neue Richtlinien und Verordnungen, wie die unterste Ebene, fünf Hierarchiestufen tiefer, mit den Kunden umzugehen hat.

Die zweite Kategorie achtet darauf, daß alle diese Verordnungen auch geflissentlich eingehalten werden. Es ist einleuchtend, daß ihre Personalstärke und Macht proportional davon abhängt, wie viele Verordnungen es gibt. Um sich also selbst zu erhalten, unterstützen sie die erste Kategorie in ihrer Verordnungswut, wo immer es geht.

Die dritte Kategorie trifft die Entscheidungen. Es ist ja klar, daß nur dort, wo Verordnungen geschrieben und kontrolliert werden, auch Beschlüsse gefaßt werden können. Also sitzt fast die gesamte Entscheidungshoheit des Dienstleistungsunternehmens in der

Zentrale, so weit wie möglich vom Kunden entfernt. Ausschließlich in der Zentrale gibt es echte Verantwortung zu verteilen, mit Kunden befassen sich schließlich nur die Trottel. Dabei geht es nicht etwa um Geschäftsverantwortung – nein, das könnte ja gefährlich werden. Es handelt sich ausschließlich um Entscheidungsverantwortung. Zentrale entscheidet, Filiale muß zahlen. Zentrale hat es sich anders überlegt, Filiale muß anschließend wieder zahlen. Das führt natürlich dazu, daß alle Manager, die in der Filiale irgendwie die Gewinnverantwortung tragen, fast permanent mit der Zentrale am Verhandeln sind. Der Kunde spielt für den Erfolg keine Rolle, wichtig ist, die Entscheidungen der Zentrale zu seinen Gunsten zu beeinflussen. Aufgrund der ständigen Quengeleien der Filialen ist folgerichtig das Stabspersonal in der Zentrale völlig überlastet, was zu langwierigen Entscheidungsstaus führt. Also wird die Zentrale immer größer und teurer – aber das macht ja nichts, weil die Kosten einfach den Filialen angelastet werden.

Es wäre ungerecht, solche Mechanismen nur auf Banken zu beziehen. Die finden sich überall, ein solches System kennt jeder Manager. Der Dienst am Kunden ist eben nicht eine Wunderrezeptur, mit der man dahinsiechende Unternehmen wieder kurieren kann, um die alten Machtstrukturen zu erhalten. Der Dienst am Kunden muß das Unternehmen in seinem Aufbau bestimmen. Der Kunde wird zum alleinigen Manager – zum König –, denn er hat das Geld. Von allein werden die wenigsten Manager diesen Wandel nicht nachvollziehen. Viel zu sehr thronen sie auf ihren prestigebeladenen Positionen als Manager, die sie als Privileg für ihr Elitedasein betrachten. In einer Volkswirtschaft ohne Subventionen, ohne den Wettbewerb behindernde Regeln aber wird sich diese schöne Welt des Kunden durchsetzen. Stellen Sie sich vor: niemals Schlange stehen, keine Lieferzeiten, alles klappt, alle sind freundlich. Ihre Ware ist gut und preiswert. Und wenn Sie das nie erleben konnten, dann deshalb, weil Sie politischen Parteien auf den Leim gehen, die Ihnen ihre heile Welt der Umverteilung und staatlicher Bürokratie einreden. Aber jeder bekommt, was er wählt. Die sechs Jahre in Japan haben uns gezeigt, daß es anders geht.

16. Die Japaner: Musterschüler mit Kratzern

Wie war das noch in der Schule? Da schrieb man mühsam eine Drei plus in einer schwierigen Klassenarbeit, war ganz stolz, und zu Hause meckerte der Vater:»Der Meyer, der hat eine Eins. Nimm dir mal den Meyer zum Vorbild.« So langsam stieg der Haß auf diesen Meyer, diesen Streber, diesen verfluchten Musterschüler. Die ständigen Ermahnungen des Vaters machten ihn auch nicht sympathischer. Und wenn der Meyer dann mal einen Fehler beging, dann stieg die Schadenfreude ins Unermeßliche, damit sah man den schon sitzenbleiben. Und außerdem hoffte man, daß dieser Bücherwurm auch endlich eine Freundin finde, die ihn vom Lernen ablenkte. Damit man dem Vater melden konnte: Der Meyer, der schreibt auch nur noch eine Drei.

So ungefähr halten wir es mit den Japanern. Je mehr sie uns als Vorbild dargestellt werden, desto unsympathischer werden sie uns. Je länger sie uns mit ihren Produkten das Leben schwermachen, desto mehr hoffen wir, daß sie auch endlich eine Freundin haben, also etwas fauler würden. Und wenn sie auch Probleme haben, dann ringt sich ein tiefer Stoßseufzer der Erleichterung aus unserer Brust:»Es ist geschafft, wir brauchen uns nicht mehr weiter anzustrengen, endlich beruhigen die sich auch.« Und vor unserem geistigen Auge sehen wir den Niedergang der Söhne Nippons, wird uns bestätigt, daß dieser fernöstliche Spuk ein vorübergehender Hokuspokus war.

Wenn wir nur die Artikel der letzten drei Jahre in deutschen Zeitungen über Japan gelesen hätten, käme wahrscheinlich viel Mitleid mit Japan auf. Von Pleiten ist da die Rede, von Entlassungen, schweren wirtschaftlichen und politischen Krisen. Wieder glänzt der *Stern* mit einer Sex-Titelgeschichte. Das paßt ins Bild: pervers und erfolglos. Und was mir auch noch auffiel, ist, wie viele

Deutsche, die sonst partout nichts Gescheites über Japan zu sagen haben, genau über die Krise informiert sind. Das hat fast schon manische Züge.

Vergleichen wir die japanische Krise mit ganz nüchternen Zahlen von 1994: Die Arbeitslosenzahl stieg von 2,3 auf 2,9 Prozent (Deutschland: 8,3 Prozent), die Handelsbilanz veränderte sich von plus 110 Milliarden Dollar auf 141 Milliarden Dollar (Deutschland: 36 Milliarden Dollar). Das Zinsniveau stieg von 1,5 auf 2,5 Prozent (Deutschland: 6,5 Prozent). Die Inflation tendierte um 1,5 Prozent (Deutschland: 3,5 Prozent), und der Staatshaushalt, nach acht Jahren im Plus, rutschte erst 1993 und 1994 in ein leichtes Defizit, weil Milliarden Dollar in Infrastrukturmaßnahmen, also in Investitionen gesteckt wurden. Lediglich beim Wachstum verzeichneten die Japaner 1993 ein Minus von 1,9 Prozent, ebensoviel wie wir. Aber auch das ist 1994 schon wieder umgeschlagen. Hätten wir nur annähernd solche Zahlen, kein Mensch würde von Krise reden – im Gegenteil: Voller Übermut könnten wir vor Kraft nicht laufen. Wenn Sie dann noch in Rechnung stellen, daß Japan im letzten Jahr praktisch eine Aufwertung von etwa 30 Prozent gegenüber seinen Hauptkonkurrenten und von 60 Prozent gegenüber Ländern wie Italien, Spanien und Schweden verkraftet hat, ohne daß die Lichter ausgingen, dann wird deutlich, wie robust diese Volkswirtschaft ist und daß sie sich noch lange nicht verabschiedet hat.

Allerdings steckt Japan in zwei tiefen Krisen: Einmal hat die korrupte Dauerregierungspartei der Liberaldemokraten ihre absolute Macht verloren und rettet sich ähnlich wie die Regierungen in Italien vor dem Ende der Christdemokraten mit ihren Erzfeinden, den Sozialisten, bis zur nächsten Wahl über die Runden. Sie weiß genau, daß dann die Reformer endgültig die Kraft haben werden, die politischen Weichen neu zu stellen. Nur über eines sollten Europäer und Amerikaner sich im klaren sein: Diese Reformparteien wollen ein noch wettbewerbsfähigeres Japan. Sie wissen, daß sie dabei noch mehr deregulieren und internationalisieren müssen. Es wird eine Abrechnung mit einer neuen Feudalklasse, die sich vierzig Jahre lang am Trog der Macht gemästet hat. Mit diesem Wechsel werden aber auch all diejenigen Lügen gestraft, die glaubten, Japan sei gar keine Demokratie, weil immer dieselben Leute regieren. Im Unterschied zu den korrupten Führern Europas sitzen die Tunichtgute Japans im Gefängnis, vorneweg Shin Kanemaru, so eine Art japanischer Andreotti. Auch die zweite Krise ist real: die Finanzkrise. Ihre Wurzeln wurden schon 1985 im Plaza Akkord gelegt, als die Finanzminister der G7, der sieben größten Wirtschaftsnationen, im New Yorker Plaza Hotel beschlossen, den Yen um 30 Prozent aufzuwerten. Damit sollte die japanische Exportmaschine abgeschaltet werden. Was sie dabei übersahen: Mit dieser Aufwertung machten sie die Japaner auch über Nacht um 30 Prozent reicher. Und die fingen an, sich wie Neureiche zu benehmen. Sie zogen über die Welt und gingen shopping wie einst Jacqueline Kennedy oder heute Lady Diana. Sie kauften, was gerade zu haben war. Sony kaufte in Hollywood Columbia Pictures und CBS-Records, da zog Erzrivale Matsushita gleich und schnappte sich MCA. Die Saison-Gruppe kaufte die Intercontinental-Hotelkette und Aoki die Westin Hotels. Das Rockefeller-Center ging an Mitsubishi, in Hawaii wechselten gleich 18 der 20 Hotels an Waikiki Beach die Besitzer. Von 1986 bis 1991 erwarben japanische Unternehmen allein in den USA bei 180 US-Computerherstellern, 84 Finanzdienstleistern, 59 chemischen und 59 pharmazeutischen Firmen, 43 Maschinenbauunternehmen und 42 Metallverarbeitern Mehrheits- oder Minderheitsbeteiligungen. Die Europäer blieben von einer ähnlichen Invasion verschont, aber dennoch ist in Deutschland die Strecke, die erlegt wurde, ansehnlich: Dazu gehören die Dunlop-Reifenwerke in Hanau, Schloß Gymnich und Schloß Katz, das Hamburger Hotel Vier Jahreszeiten, der Textiledle Boss und Dutzende von Weingütern rechts und links des Rheins.

Auch in Japan selbst begann ein Monopoly ohne Kapitalgrenzen. Die Grundstückspreise stiegen in schwindelnde Höhen: 400 000 Mark der Quadratmeter in der Innenstadt von Tokyo. Allein der Grundstückspreis der Stadt Tokyo deckte schon den Grundstückspreis der ganzen Fläche Bundesrepublik Deutschland. Die Börsenkurse stiegen mit, immer neue Rekorde: Der Nikkei-Index zielte auf die 40 000-Yen-Marke, im Frühjahr 1995 ist er wieder bei 17 000 Yen. Japan geriet in einen Rauschzustand. Geld kostete nichts mehr. Unternehmen bauten Kapazitäten auf, nur weil die Refinanzierung der Investitionen sich auf Null zubewegten. Die zehn größten Banken der Welt waren alle in Japan ansässig. Und doch verstieß dieser Rausch gegen ein vernünftiges solides Wirtschaften, und deshalb wird er von der Ökonomie her genauso bestraft wie der bürokratisch organisierte Umverteilungsunsinn in Deutschland. Das wirtschaftliche Einmaleins stimmt immer, und wer falsch rechnet, der muß draufzahlen.

Es gibt eine nie im letzten begründete, aber doch stichhaltige Theorie, auf die viele Indizien hinweisen: Auf dem Höhepunkt der Spekulationswelle wählte Japans Beamtenelite Yasushi Mieno zum Gouverneur der Bank von Japan. Bekannt als unbeugsamer Stabilitätsanhänger, unbestechlich weder durch Geld noch Macht, erledigte er die Aufgabe, die ihm zugedacht war, kühl und professionell – wie ein Chirurg, der am offenen Herzen operiert. Er brachte die Seifenblase der überdrehten Finanzspekulanten bewußt zum Platzen, entlarvte die finanziellen Zaubertricks und Exzesse und ließ sich dabei von keinem Politiker einschüchtern. Dabei besitzt die Notenbank Japans offiziell nicht die Unabhängigkeit der Deutschen Bundesbank. Vor allem Kanemaru versuchte ihn durch Diffamierungen zu stoppen. Doch Mieno siegte, indem er die Öffentlichkeit auf seine Seite zog und die Reformer hinter sich wußte.

Mieno hob den Diskontsatz stark an und beschränkte strikt das Geldmengenwachstum. Er handelte wie ein Terminator, der dazu ermächtigt war, die gefährdete japanische Wirtschaft wieder auf den Boden der Tatsachen zurückzuholen und die gesunde Realwirtschaft langfristig zu sichern.

Japans Rückschlag einschließlich des beängstigenden Einbruchs an der Börse ist Bestandteil einer kühnen Strategie, die darauf abzielt, die Wettbewerbsfähigkeit des Landes auch im nächsten Jahrhundert zu sichern. Unsere Häme und Schadenfreude sind gänzlich unangebracht. Nach dem Ende des Abschwungs wird es sich zeigen, daß die beginnende Inflationsgefahr schon im Ansatz erstickt wurde, die Spekulanten an ihrem eigenen Fieber auf den Finanzmärkten umgekommen sind, sich die Lebensqualität der Arbeitnehmer verbessert und die wildgewordenen Immobilienpreise sich wieder der Finanzkraft des Durchschnittsbürgers angepaßt haben. Das alles bei einer Arbeitslosenzahl, die bisher drei Prozent nicht überschritten hat.

Nehmen wir die Lebensqualität der Arbeitnehmer: Mieno hat verkündet, er werde die Kapitalschraube für die Banken erst wieder lockern, wenn die Grundstücks- und Immobilienpreise wieder so gefallen seien, daß sich ein durchschnittlich verdienender Facharbeiter mit einem »Fünfjahresgehalt« eine Eigentumswohnung oder ein Eigenheim leisten kann. Davon sind wir in Deutschland ziemlich genau zehn Jahre entfernt. In der Zeitschrift der Deutsch-Japanischen Handelskammer Tokyo fand sich in der Septemberausgabe 1994 die kleine Notiz: Eine 74 Quadratmeter große Wohnung, eine halbe Stunde Fußweg von der Yamanote-Linie in Tokyo entfernt, kostet jetzt 4,95 Jahresgehälter eines Arbeitnehmers. Die Yamanote-Linie ist die Ringbahn in der Innenstadt von Tokyo, also praktisch das Zentrum. Als Preis für die Wohnung wird 42,31 Millionen Yen angegeben, das durchschnittliche Jahresgehalt eines Angestellten mit 8,54 Millionen Yen. Dagegen eine Vergleichszahl von 1991: Damals kostete die gleiche Wohnung noch 52,92 Millionen Yen. Das bedeutet, Mieno hat sein Ziel erreicht.

Komisch: Diese Notiz habe ich in keiner deutschen Zeitung abgedruckt gefunden. Das paßt nicht in die Japan-Niedermache-Meldungen. Da müßten wir ja schon wieder anfangen, uns mit dem Musterschüler ernsthaft auseinanderzusetzen und darüber nachzudenken, ob unsere noch befriedigenden Leistungen mit dem »Sehr gut« des Japan-Meyer auf die Dauer akzeptabel sind oder ob er uns immer weiter abhängt.

Für diese Gesundung müssen die Banken bluten. Sie waren zusammen mit den Aktienhändlern und dem organisierten Verbrechen die Hauptschuldigen am finanziellen Riesenrad. Was die sich leisteten, kann wirklich nur noch als Satire verstanden werden. Dagegen sind die Deutsche Bank und ihr Immobilienflop Schneider wirklich nur Peanuts. Da lebte zum Beispiel eine kleine Kneipenwirtin namens Nui Onoue in Osaka. Sie hatte zwar ganz gute Beziehungen zur Unterwelt und kannte sich auch als ehemalige Barfrau durch die Erzählungen ihrer ehemaligen Banker-Kunden ganz gut in deren Geschäften aus – aber wie es ihr gelungen ist, den Banken so lange Kredite abzuschwatzen, daß sie schließlich in der Liste der 25 reichsten Leute der Welt auftauchte, hat bis heute niemand beantwortet. Als die Börsenkurse zusammenkrachten und auch Frau Onoues Reich kollabierte, stellte sich heraus, daß sie allein die unvorstellbare Kreditsumme von drei Milliarden Dollar ohne auch nur den Anschein einer Sicherheit aufnehmen konnte. Alles in allem streiten sich die Experten noch, ob es nun 350 oder 550 Milliarden Dollar sind, die die Banken für ihren Leichtsinn mit den vielen Onoues ausgleichen müssen. Vermutlich liegt die Wahrheit irgendwo in der Mitte.

Als die amerikanischen Sparkassen 200 Milliarden Dollar verjuxt hatten, packte die konservative Bush-Regierung das Mitleid. Sie erstattete Banken die Verluste, weil sie sich in einem Gesetz dafür verbürgt hatte. Wenn es um die eigene Mischpoke geht, dann werden alle grundsätzlichen Bedenken über Bord geworfen. Gerechtfertigt wurde das Gesetz mit der Einlagesicherheit für die kleinen Sparer. Von den Sparkassen wurden wenige eigene Sicherheitsleistungen erbracht. Und wie erbarmungswürdig die Banker ja waren, wußte Bush aus der eigenen Familie – hatte sein Sohn doch in einer Sparkasse von Denver mitgedealt.

Die japanischen Banken konnten mit einem solchen Mitleid nicht rechnen. Sie müssen Pfennig für Pfennig ihrer selbstverschuldeten Verluste abstottern. Die Notenbank achtete zwar mehr noch als die Regierung darauf, daß es nicht zu einer riesigen Pleitewelle mit unabsehbaren Folgen kam. Aber sie hängte den Banken den Kapitalbrotkorb so hoch, daß sie gerade noch hineinschauen konnten.

Noch nie waren Wolkenkratzer in Tokyo und Osaka so preiswert. Die Grundstückspreise purzelten, und wenn jetzt auch der Durchschnittsjapaner wieder zu Eigentum kommen kann, dann handelt es sich dabei wahrscheinlich um einen Familienvater um die Dreißig. Denn siebzig Prozent der Japaner haben sowieso schon Wohnungseigentum. Aber für sie besteht jetzt natürlich die Möglichkeit, eine größere Wohnung zu kaufen. Neubauten in Japan sind fast genauso groß wie Neubauten in Deutschland; während jedoch unsere Quadratmeterzahlen pro Wohnung schrumpfen, steigen sie in Fernost. Auch die liebgewonnene Vorstellung, die Japaner hausen alle in »Hasenställen«, taugt so nicht mehr, um die japanische Lebensqualität abzuwerten.

Sicher haben Sie auch gelesen, daß die japanischen Automobilkonzerne Mitarbeiter entlassen müssen. Das stimmt: Nissan reduzierte seine Belegschaft um 3000 Beschäftigte, bei der vergleichbaren Autokrise in den USA entließen General Motors 70 000 und Mercedes 34 000. Das selektive Wahrnehmungsvermögen, das wir uns bei Japan leisten, ist fast schon ein Fall für den Psychiater. Jede für Japan negative und damit für uns angeblich positive Meldung wird mit einem »Na siehste« sofort überall publiziert und auch im Hirn gespeichert, alle für Japan aber positiven Entwicklungen in unseren Zeitungen noch nicht einmal in Nebensätzen erwähnt. Eine der wenigen Ausnahmen ist die *Frankfurter Allgemeine Zeitung*, wo allerdings erst Vater Odrich und jetzt seine Tochter Barbara so eine Art alleiniges Familienunternehmen für sachliche Japan-Information unterhalten.

Gegen die Vorurteile über Japan anzurennen ist fast sinnlos. »Die Japaner wohnen in Kaninchenställen, dann will ich auch keine Mikroelektronik!« Mit dieser Feststellung beendete Friedhelm Farthmann, noch nicht einmal der einfältigste unter den SPD-Politikern, die Podiumsdiskussion einer sozialdemokratischen Technikveranstaltung 1986. Aber solchen oder ähnlichen Schwachsinn muß ich mir anhören, seitdem ich nach meiner Rückkehr aus Japan in der Bundesrepublik Vorträge halte. In Esslingen behauptete eine IG-Metall-Funktionärin, daß in Japan nur 60 Prozent der Straßen asphaltiert seien. So rückständig sei das Land. Das habe ihr vor zehn Jahren ein Kollege gesagt, und »der war dort«. In Nürnberg beharrte ein mittelständischer Unternehmer darauf, daß sich Japaner für Mindestlöhne in einer 60-Stunden-Woche geradezu totschuften. Er war auch eine Woche da und hat es gesehen. Warum die Japaner im Durchschnitt älter werden als wir, konnte er mir dann nicht beantworten.

Dabei sind alle Informationen über Japan leicht zugänglich. Und man muß nicht lange suchen. Zum Beispiel gibt es die Informationszeitschrift der Deutschen Industrie- und Handelskammer in Tokyo. Auf deutsch sogar. Dort ist unter anderem in der Novemberausgabe 1994 zu lesen: »Die Arbeitszeit sinkt«. Ein Auszug aus dem Artikel im Wortlaut:

»Das Arbeitsministerium errechnete in einer Untersuchung, die im Dezember 1993 bei 5300 Unternehmen durchgeführt wurde, daß 1993 in Firmen mit mehr als 30 Arbeitnehmern durchschnittlich 39 Stunden und 51 Minuten gearbeitet wurde, 12 Minuten weniger als 1992. Erstmals wurde eine durchschnittliche Arbeitszeit von weniger als 40 Stunden festgestellt.

Die Untersuchung ergab um so kürzere Arbeitszeiten, je größer die Unternehmen sind: In Großunternehmen mit mehr als 1000 Beschäftigten wurde durchschnittlich 38 Stunden und 37 Minuten, in mittelständischen Unternehmen mit 100 bis 999 Mitarbeitern 40 Stunden und 5 Minuten und in kleinen Unternehmen mit 30 bis 99 Beschäftigten 42 Stunden und 9 Minuten gearbeitet. Die Branchen mit den kürzesten Arbeitszeiten sind Finanzen und Versicherungen mit 36 Stunden und 41 Minuten.«

Soweit das Zitat. Gleichzeitig veröffentlichte das Arbeitsministerium, daß die Zahl der Überstunden im Vergleich zum Vorjahr pro Monat auf durchschnittlich 11,6 Stunden oder 3,6 Prozent angestiegen sei.

Zur Erinnerung: Japan hat gerade mal drei Prozent Arbeitslose. Das zeigt, daß die Position der Arbeitnehmer immer noch sehr stark ist, daß Arbeit im Übermaß vorhanden ist und somit die Nachfrage nach Arbeitern immer noch größer ist als das Angebot auf dem Markt. Die Überstunden erklären die hohen Einkommen. Japaner müssen sich ihren Lebensstandard nicht in der Schwarzarbeit finanzieren, sie können das in ihrem Betrieb. Und wie im Kapitel über die schlanke Welle bei den Einkommensvergleichen schon aufgeschlüsselt, läßt ihnen der Staat das Geld und schöpft die Mehrarbeit nicht durch eine unsoziale Steuerprogression bei kleinen und mittleren Einkommen ab.

Die Vereinten Nationen veröffentlichen seit 1990 einen »Human Development Report«, in dem sie die Wirtschafts- und Sozialdaten der Staaten miteinander vergleichen sowie Trends und Entwicklungen aufzeigen. In diesem Zusammenhang wird auch eine Rangliste der Nationen erstellt, geordnet nach dem Human Development Index, dem HDI. Berücksichtigt werden dabei unter anderem die Ausgaben für Bildung und Gesundheit, für soziale Gerechtigkeit, die Selbstmordrate und die Zahl der Bücher pro Kopf der Bevölkerung, die Lebenserwartung ebenso wie die Militärausgaben. Dreimal lag dabei Japan auf Platz eins, 1994 auf Platz zwei hinter Kanada. Deutschland findet sich auf Platz zwölf. Auch ganz schön, wenn man bedenkt, daß die Liste bis Platz 173 geht und mit Afghanistan, Sierra Leone und Guinea endet.

Ein Vergleich der Zahlen aus dem 1993er Report zeigt, warum die Japaner als die zivilisierteste und für die Zukunft am besten gerüstete Nation dastehen. Sie haben ein Pro-Kopf-Einkommen von 25 840 Dollar, wir 22 090 Dollar. Der private Sektor konsumiert 57 Prozent des Bruttosozialprodukts, bei uns 54 Prozent, dafür kommt der öffentliche Sektor mit neun Prozent zurecht, bei uns verschlingt er 18 Prozent. Die Steuereinnahmen machen 13 Prozent des Bruttosozialprodukts aus, bei uns 27 Prozent. Die Inflationsrate, über einen Zeitraum von zehn Jahren betrachtet, beträgt durchschnittlich 1,5 Prozent, bei uns 2,7 Prozent. Wobei sie ab 1991 erst richtig auseinanderklaffte (Japan 1991: 1,9 Prozent, Deutschland 4,4 Prozent). Japan investiert 33 Prozent seines Bruttosozialprodukts, und die Sparrate liegt bei 34 Prozent. Wir investieren nur 22 Prozent und sparen 28 Prozent. Obwohl Japan in absoluten Zahlen fast das zweieinhalbfache Volumen unseres Nationaleinkommens hat, exportiert es nur neun Prozent und importiert sieben Prozent. Für uns lauten die Vergleichszahlen 28 Prozent beim Export und 24 Prozent Import. Dies wiederum zeigt, daß wir viel mehr auf den Weltmarkt angewiesen sind als die exportstarken Japaner. Um so mehr hängt unser Wohlstand von der internationalen Wettbewerbsfähigkeit ab.

Auch für Linke und Grüne ein paar Vergleichszahlen. Japan ist zu 66,7 Prozent mit Wald bedeckt, Deutschland mit 29,7 Prozent. Japan gibt (1990) ein Prozent seines Bruttosozialprodukts fürs Militär aus, wir 2,8 Prozent. Damit betragen die Militärausgaben nur acht Prozent des Betrages, den Japan für Erziehung und Gesundheit aufwendet. Für Deutschland ist diese Zahl immerhin 20 Prozent fürs Militär. Und dann noch eine Zahl, die Japan unter den Industriestaaten zum Musterknaben macht. Japans Waffenexport in die dritte Welt macht nur 0,01 Prozent der weltweiten Aufrüstung aus. Wir sind da mit 1,57 Prozent beteiligt, die Amerikaner mit 21,97, Frankreich mit 8,07 und Großbritannien mit 7,10 Prozent. Wer sonst nichts hat, hat halt noch Waffen.

Dies schreiben wir nicht, weil uns vor lauter Japan-Faszination nichts Besseres mehr einfällt, sondern weil es kaum ein Land auf der Welt gibt, mit dem wir uns wirtschaftlich so intensiv auseinandersetzen müssen und über das wir ein so schmähliches Halbwissen haben, gepaart mit arroganter Ignoranz. Wie sollen wir in der zunehmend globalen Auseinandersetzung bestehen, wenn wir unsere Konkurrenten noch nicht einmal kennen? Die Weltbank hat eine Rangfolge erstellt, in der die Einkommensunterschiede untersucht wurden. Auch da schneidet Japan am besten ab. In keinem anderen wichtigen Industrieland sind die unteren zwanzig Prozent der Einkommen den oberen zwanzig Prozent so nahe. Die Reihenfolge: Japan, Schweden, Belgien, Holland, Deutschland, Italien, Frankreich, Großbritannien, Kanada, Schweiz, Neuseeland, Australien und, am schlechtesten, die USA. Im Auftrag des *Economist* hat das Britische Institut für »Public Policy Research« herausgefunden, daß eine Volkswirtschaft über längere Zeit um so robuster wächst und die Produktivität um so schneller steigt, je ausgeglichener die Einkommensverhältnisse sind. Es gibt also viele Gründe, von den Japanern zu lernen und nicht auf die angelsächsische Variante der Klassenkampfgesellschaft hereinzufallen, auch wenn wir uns mit der englischen Sprache und der amerikanischen Hauruck-Wirtschaft leichter anfreunden können als mit japanischen Schriftzeichen und der verwirrenden Dichte einer Megastadt wie Tokyo.

Und dann gibt es da noch ein Phänomen, über das besonders viel spekuliert und besonders ungenau berichtet wird: die niedrige Kriminalitätsrate. Entgegen allen westlichen Prognosen und vielleicht auch stillen Hoffnungen ist die Rate gewalttätiger Verbrechen in Japan von 1970 bis heute fast um zwei Drittel zurückgegangen – ja, zurückgegangen. In Deutschland kamen 1992 vier Morde auf 100 000 Einwohner, in den USA 9,5 und in Japan einer. Die Aufklärungsrate beträgt 96 Prozent. Aber auch die Chance, als Dieb gefaßt zu werden, ist sehr hoch. Sie liegt bei 76 Prozent. Dabei werden von 1000 Menschen in Japan zwölf, in Deutschland 44 und in den USA 53 von einem Dieb beklaut.

Schnell sind meine Kollegen bei der Hand und wollen dies damit erklären, daß Japan ein Polizeistaat, ein Überwachungsstaat ist. Wer schon einmal in Tokyo war, hat sicher auch die Polizeistationen gesehen, die 24 Stunden besetzt sind. Die Polizisten dort kennen ihren Bezirk genau, klingeln mindestens zweimal im Jahr an der Haustür, plaudern mit den Bewohnern. In der engen Verbindung zwischen Polizei und Nachbarschaft liegt sicher ein Grund für das friedliche Leben im Fernen Osten. Denn ein Polizist

ist im Durchschnitt in fünf Minuten und 49 Sekunden am Tatort. So genau führen sie in Tokyo Buch.

Statt sich Erklärungen über kulturelle oder genbedingte Abstinenz von Kriminalität in Japan zurechtzulegen, sollte lieber eine Polizeiorganisation studiert werden, für die der Begriff »schlanke Verwaltung bei höchster Effizienz« gilt. 1990 kam auf 556 Japaner ein Polizist, in Amerika auf 379 Bürger ein Cop, und in Frankreich wurden 268 Bürger von einem Polizisten betreut. Die Japaner agieren mit einer gewissen Großzügigkeit in kleinen Fällen, jedoch mit Härte bei Schwer- oder Dauerverbrechern. Es kann vorkommen, daß ein kleiner Dieb beim erstenmal im wahrsten Sinne des Wortes davonkommt, indem ihm der Polizist die Ohren langzieht. Aber in der nordjapanischen Stadt Sendai mußte ein Straßenräuber für drei Jahre hinter schwedische Gardinen, weil er zum drittenmal geschnappt wurde. Er hatte einer alten Dame die Handtasche gestohlen, Inhalt: acht Mark.

Es gibt in Japan noch den Konsens, daß Verbrechen die Gemeinschaft stört. Weil alle ehrlich sind, betrügt auch der Labile nicht. Dazu seien zwei Zahlen genannt, die aus einem Fabelland stammen könnten, würden sie nicht in der Polizeistatistik stehen. 1991 wurden bei der Polizei 4,1 Millionen Fundsachen abgegeben, aber nur 2,9 Millionen verlorene Gegenstände gemeldet. Und fast noch erstaunlicher ist: 200 Millionen D-Mark Bargeld, in vielen kleinen Summen, wurden bei der Polizei abgegeben, weil das Geld ein anderer Bürger verloren hatte. Vielleicht verstehen Sie jetzt, warum wir uns in Japan wohl gefühlt haben.

Neben der effizienten Organisation der Polizei dürfte aber der Hauptgrund, warum Japan so friedlich ist, seine schon beschriebene ausgeglichene Gesellschaft sein, in der es keine krassen Unterschiede von arm und reich gibt. Mit 50 Jahren verdient ein Facharbeiter mit mittlerer Reife immerhin noch 85 Prozent seines gleichaltrigen Kollegen mit Hochschulabschluß. Die niedrige Arbeitslosenrate, das kontinuierliche Wachstum, der Konsens in der Gesellschaft, daß der Staat nicht in das Privatleben des einzelnen einzugreifen hat – dies alles spiegelt sich in der geringen Steuerlast, der niedrigen Staatsquote am Bruttosozialprodukt und in einer Gesellschaft mit viel »Gemeinsinn« wider.

Aber wenn schon einmal deutsche Politiker oder Wirtschaftler nach Japan schielen, um etwas zu übernehmen, dann fällt ihnen gleich das MITI ein, das Ministry for International Trade and Industry. Eine Superbehörde, der geheimnisvolle Kräfte nachgesagt werden; eine Planungsbehörde, die Japans Aufschwung und seine Strategien plant. So etwas hätte man dann auch gern. Wenn es doch jemanden gäbe, dem man so die Verantwortung zuschieben könnte, für alles Gemach oder auch Ungemach. Die Versuchung ist groß, nach dem Vorbild des MITI eine Industriepolitik für uns abzuleiten.

Doch gegen unsere Form des Wirtschaftens wäre auch ein MITI machtlos. Es kommt schließlich nicht darauf an, ein neues Ministerium oder eine übergeordnete Behörde zu kreieren, sondern auf den Geist, der in den Amtsstuben herrscht. Wir haben ja ein Kartellamt zur Kontrolle von Monopolbildungen. Aber wie schon beschrieben, wurde dieser Behörde bei der Kalifusion die Wächterrolle sogar verboten. Und auch sonst setzen sich die Regierungen aller Schattierungen und Farbenspiele über den Wettbewerb hinweg, wenn dies der eigenen Machterhaltung dient.

Es ist ja völlig falsch zu sagen, wir hätten keine Industriepolitik. Natürlich greifen wir sogar mehr in den Markt ein als das MITI: Als die japanischen Kohlegruben nicht zum Weltmarktpreis fördern konnten, gingen sie alle ein. Das MITI hat sie nicht gerettet. Wir dagegen haben die Ruhrkohle AG erfunden. Und wie wir seit dem 7. Dezember 1994 wissen, haben wir sie mit Mitteln am Leben erhalten, die verfassungswidrig waren, wie dem Kohlepfennig. Das mußten die Karlsruher Verfassungsrichter den Bonner Murkswirtschaftlern erst beibringen. Und noch am selben Abend erklärt der »liberale« Wirtschaftsminister Günther Rexroth, daß nun neue Wege gefunden werden, diese unnütze und unsinnige Wirtschaftsbranche mit sieben Milliarden D-Mark durchzubringen. Da redet dann der starke Mann der nordrhein-westfälischen SPD, Wolfgang Clement, daß es um die Erhaltung einer Region gehe. Also, wenn wir schon sieben Milliarden D-Mark für 100 000 Beschäftigte der Ruhrkohle zahlen, dann schickt die Leute mit diesem Geld doch wenigstens nach Mallorca und nicht 1000 Meter unter die Erde. Was die da unter schwersten Bedingungen herausholen, braucht doch niemand mehr. Es ist unsozial, Menschen bei vollem Lohnausgleich sinnlos ihre Gesundheit ruinieren zu lassen.

Lang ist die Liste solcher Sünden gegen den Wettbewerb. Die Bürokraten sind immer nur fähig, Verlierer zu unterstützen. Gewinner helfen sich selbst.

Das stimmt auch für Japan. Immer dann, wenn das MITI den Wettbewerb forcierte, in den Markt eingriff, wenn sich ein Monopol herausbilden wollte, dann hatte es Erfolg. So zum Beispiel, als der KIRIN-Brauerei Werbeverbot erteilt wurde, weil sie sechzig Prozent Marktanteil hatte. Heute gibt es wieder einen sehr virulenten Biermarkt. Und immer dann, wenn das MITI anfing, Branchen zu unterstützen, indem es sie vor ausländischer Konkurrenz schützte, sie mit Steuermitteln beschenkte, sie billige Kredite bekamen, um noch einmal zu investieren – immer dann verzeichnete auch das MITI einen Mißerfolg. Zusammen mit der Harvard-Universität hat das MITI seine Unterstützungspolitik, also das, was wir als direkten Eingriff in den Markt bezeichnen würden, untersucht. Heraus kam eine Liste, bei der jene Branchen am erfolglosesten waren, die das meiste Geld bekommen hatten. Wie in Europa, wie überall in der Welt: Bürokraten stehen immer auf der Seite der Verlierer und behindern die Gewinner.

Wir zählen nur die Arbeitsplätze, die wir erhalten, nicht aber die, die dadurch nicht geschaffen werden. Professor Hans Joachim Quaisser vom Stuttgarter Max-Planck-Institut hat einmal ausgerechnet, daß wir in Europa acht Millionen Arbeitsplätze mehr hätten, wenn wir die gleiche Arbeitsplatzdichte in der Elektronik und Kommunikationsindustrie aufwiesen wie die USA und Japan. Statt dessen haben wir die Firmen am Leben erhalten, die aus der Zeit wilhelminischen Größenwahns und Göringscher Vierjahresplandiktaturen stammen. Die können wir jetzt noch mit Resten der DDR-Planwirtschaft ergänzen. Die Produkte, mit denen wir das tägliche Leben meistern, bauen Sony, NEC, Panasonic, Microsoft, Intel, Xerox, Hewlett Packard und Genentech.

32 Prozent beträgt der Anteil des Staates an Japans Volkswirtschaft, bei uns 52 Prozent. Das ist der Unterschied. Eine auf Wettbewerb getrimmte Volkswirtschaft steht unserer staatlich eingelullten Subventions- und Bürokratenwirtschaft gegenüber. Die Manager, die Japan hervorbringt, können sich bei uns gar nicht erst entwickeln. Die Japaner müssen den Markt erobern, um weiterzukommen, die Deutschen benötigen die richtigen politi-

schen Verbindungen, um an Subventionen oder Hermes-Kredite zu gelangen. Wenn es stimmt, daß Staatswirtschaften schwächer sind als freie Wettbewerbswirtschaften, dann haben wir gegen die Japaner nie eine Chance, solange unsere Wirtschaft nicht in die Freiheit des Marktes gestoßen wird. Im Moment sind wir auf der Straße der Verlierer. Um mit dem Bild aufzuhören, mit dem dieses Kapitel angefangen hat: Japan-Meyer, der Klassenprimus, ist gerade dabei, nach einer großen Dummheit sich wieder auf seine Hausaufgaben zu konzentrieren, noch besser als vorher, während wir mit unserer Drei plus zufrieden sind, mit dem Lernen aufhören, weil wir glauben, mit der Note »Befriedigend« können wir uns ruhig in die Sommerferien verabschieden.

17. Die Amerikaner: Totgesagte leben länger

Es war so ein Gefühl zwischen Mitleid und Hochmut, zwischen Sympathie und Genugtuung: Unser großer Bruder, die Vereinigten Staaten, stolperte wirtschaftlich von einem Problem ins andere, schien nur noch als Militärmacht zu taugen. Das war zwar für unser aller Sicherheit bedenklich, aber auf der anderen Seite bestätigte dies doch unser abendländisches Selbstwertgefühl: Der alte Kontinent würde bald wieder die Führung in der Welt übernehmen, die alles überschattende Macht des neureichen Ablegers aus Übersee nur eine kleine Episode im Verlauf einer langen Menschheitsgeschichte bleiben. Der amerikanische Mohr hatte seine Schuldigkeit getan, zweimal das heillos zerstrittene Europa wieder auf die Füße gestellt, man würde es ihm in den Memoiren danken.

Im Grunde haben wir es ja immer schon gewußt, daß diese kulturellen Oberflächler, diese Popfanatiker auf der anderen Seite des großen Teichs nur dank ihres Rohstoffreichtums kurzfristig vom Lauf der Geschichte bevorzugt waren. Jetzt endlich, nachdem dieses Jahrhundert über weite Strecken von diesem großen tolpatschigen Bruder dominiert worden war, hat Europas Stunde wieder geschlagen. Unsere Kultur ist eben doch Hollywoods seichten Unterhaltungsfabriken überlegen – und was die gebildeten Überzeugungseuropäer schon immer wußten: Über kurz oder lang würde sich das auch auf die wirtschaftliche Leistungskraft auswirken.

Das Amerika am Ende der achtziger Jahre quoll geradezu über vor Problemen, die sich jeder Lösung zu entziehen drohten. Die Kluft zwischen arm und reich wurde immer größer und war zunehmend schwerer zu überbrücken. Ausgedehnte Teile der USA, insbesondere die Städte, sind auf das Niveau der dritten Welt heruntergewirtschaftet. Aids und Drogen breiteten sich seuchenhaft aus, in den Innenstädten herrscht Krieg. Und zusätzlich strömen Millionen mittelloser Immigranten illegal ins Land und verschärfen die Krise.

Auch der Wirtschaft ging die Puste aus. Mit »Deindustrialisierung« beschrieb die Presse das Phänomen, als die Industriestrukturen ganzer Landschaften im Nordosten und im Mittleren Westen wegbrachen. Zwar waren während der Reagan-Jahre fast zwölf Millionen neue Arbeitsplätze geschaffen worden, aber meist nur zu Billigstlöhnen. Diese Sorte von Jobs ging in die Geschichte ein unter dem Namen »Burgerflipper«. Es handelte sich um Arbeitnehmer, die in Fast-food-Restaurants arbeiteten und gerade mal das Mindesteinkommen von 4,80 Dollar pro Stunde verdienten. Lee Iacocca, der charismatische Boß vom Automobilbauer Chrysler, höhnte: »Reagan schafft Arbeitsplätze: McDonald's-Verkäufer in den USA und High-Tech-Produzenten in Japan.«

Als Güterproduzenten nahm die Amerikaner keiner mehr ernst. Ihre lächerlichen Autos machten sie zum Gespött jeder Cocktailrunde. Die Vehikel waren teuer, stillos und unzuverlässig. Und Hand aufs Herz – wann hatten Sie das letzte Mal ein amerikanisches Produkt gekauft oder auch nur im Angebot gesehen? Die Japaner machten sich über ihren Handelspartner lustig: Er solle sich erst wieder einmal anstrengen und arbeiten lernen. Ein Volk, das Analphabeten aus den Schulen entläßt, hätte wohl keinen Grund, sich über seine schlechte Handelsbilanz zu beschweren. Und der Spott gipfelte in der Forderung: »Die amerikanische Regierung soll der Bevölkerung die Kreditkarten wieder abnehmen, da die leider nicht damit umgehen kann und nur Schulden macht.« Es war ausgemachte Sache, daß es nur noch eine Frage der Zeit war, bis die amerikanische Industrie und die Gesellschaft zusammenbrächen.

Und selbst da, wo Amerika noch eine Spitzenstellung hatte, schien dies von Nachteil: zum Beispiel in der Anzahl der Juristen. Ganz offensichtlich war die Gesellschaft dabei, in Rechtsanwälten zu ersaufen. Schon bei den Präsidentschaftswahlen von 1988 war es ein Wahlkampfthema, daß die USA 70 Prozent aller Rechtsanwälte dieser Welt ertragen müsse, die Staat und Gesellschaft zu Tode prozessierten. Was die Rechtsanwälte nicht schafften, das erledigten die wildgewordenen Finanzmärkte, die Firmen in der Luft zerrupften wie eine schlachtreife Weihnachtsgans. Der S & L-Sparkassen-Skandal mit 200 Milliarden Dollar Verlust drohte die amerikanische Bankenwelt zu sprengen, und die Repräsentanten der Wall Street waren auf den internationalen Finanzmärkten nur noch Menschen zweiter Klasse. Die Deregulierung wurde ebenfalls als gescheitert eingestuft. Seitdem der Luftverkehr der freien Konkurrenz ausgesetzt war, klappte nichts mehr. Koffer kamen mal an, mal auch nicht. Passagiere verpaßten ihre Anschlüsse, weil die Airlines nur noch pro forma einen Flugplan hatten. Kein Wunder, so die Kritiker, denn zu solch niedrigen Preisen war selbst das Busfahren schon teurer. Auch in der deregulierten Telekommunikation ging es drunter und drüber. Es war ein Kunstwerk, aus einer Telefonzelle ein Ferngespräch zu führen. Schwere Unfälle auf den schlecht gewarteten Eisenbahnstrecken zeigten, wohin es führt, wenn sich der Staat aus dem Transportsystem zurückzieht und alles dem Markt überläßt.

Waren alle diese Probleme schon schwer genug, so lief der Regierungsapparat in Washington völlig aus dem Ruder. Der Staatshaushalt ließ sich überhaupt nicht mehr unter Kontrolle bringen. Schulden häuften sich zu Beträgen mit zwölf Stellen vor dem Komma auf. Ausgeschrieben sieht das so aus: Die Verbindlichkeiten der USA belaufen sich auf 4 500 000 000 000 Dollar, das sind in Worten viertausendfünfhundert Milliarden Dollar. In recht tolpatschiger Weise versuchte Washington den Japanern klarzumachen, daß sie den konsumhungrigen Amerikanern bitte nicht soviel verkaufen sollten – und um der Sache Nachdruck zu verleihen, zerschlugen ein paar Senatoren japanische Hifi-Geräte vor dem Capitol.

Nein, Amerika war am Ende und damit die Idee des amerikanischen »Hau-ruck-Kapitalismus«, der sich langfristig eindeutig gegenüber der sozialen Marktwirtschaft Europas nicht behaupten konnte. Wir schreiben dies so ausführlich, weil viele Europäer ihre Zeitungsüberschriften aus den achtziger Jahren offensichtlich schon wieder vergessen haben. In den Sechzigern hieß das Schlagwort noch »Die amerikanische Herausforderung, die USA auf dem Weg zur Weltherrschaft«. Irgendwie hat die Alte Welt ein Problem damit, sich nicht abwechselnd als einschmeichelnder Underdog oder herablassender Bildungseuropäer mit dem nordatlantischen Partner auseinanderzusetzen.

Aber Hochmut kommt nun mal vor dem Fall. Heute, nur fünf Jahre später und am Vorabend des nächsten Jahrtausends, stellt sich Amerika in einem ganz anderen Licht dar. Während Europa sich mit einer hartnäckigen Strukturkrise herumschlägt, konnten die Amerikaner ein Wirtschaftswachstum von vier Prozent vorweisen. Die daraus resultierenden Importe helfen auch den Europäern wieder über die Runden. Leider leitet die deutsche Industrie davon die einlullende Propaganda ab: So schlecht geht's uns Deutschen ja doch nicht. Die Wahrheit ist noch immer: Wenn Amerika einen Husten hat, bekommen wir die Grippe, geht's in den USA aufwärts, ziehen unsere Exporte an – eine wirtschaftliche Abkopplung hat da nie stattgefunden.

Mittlerweile hat Europa auch begriffen, daß ein auf dem Papier »vereinigtes Europa« keinen Wirtschaftsaufschwung bedeutet, wenn damit nicht auch ein freier Austausch der Güter verbunden ist. Und der Wegfall des Eisernen Vorhangs und damit der Zugang zu den Staaten Osteuropas bedeutet erst einmal Kosten und neue Wettbewerber. Ein paar Minimarktwirtschaften wie Tschechien, Ungarn oder Slowenien kommen zwar auf die Beine, aber im Weltmaßstab ist damit kein Staat zu machen.

Die Amerikaner haben mit der NAFTA (Nordamerikanische Freihandelszone) gerade eine neue Ära der wirtschaftlichen Zusammenarbeit von Mexiko, Kanada und den USA eingeläutet, und dieses Freihandelsabkommen wollen sie laut der Erklärung von Miami im Dezember 1994 auf den ganzen nord- und südamerikanischen Kontinent ausdehnen. Märkte wie Mexiko, Chile, Argentinien, Kolumbien oder Venezuela sind von einer Qualität und Größe, die mehrere Klassen über denen osteuropäischer Staaten stehen. Außerdem wird sich Amerika immer stärker seiner asiatischen Nachbarschaft bewußt – schließlich sind auch die USA pazifischer Anrainer, und die Städte der Westküste von Seattle bis San Diego sind fest in das Handelsnetz chinesischer Familien eingebunden.

Selbst die Totgeglaubten melden sich zurück: die amerikanischen Automobilbauer. Zwar konstruiert ein erheblicher Teil der amerikanischen Autofabriken nach wie vor jämmerliche, nicht exportfähige Kutschen, aber vereinzelte GM-Erzeugnisse (General Motors), wie auch viele Modelle im Angebot von Chrysler und Ford, zeugen davon, daß die Amerikaner ihre Hausaufgaben gemacht haben und sich mittlerweile mit hohem Qualitätsbewußtsein zur Wehr setzen. Japanische Erfolgsmarken werden bereits zurückgedrängt. Aber nicht nur im Autobereich macht sich bemerkbar, daß die amerikanischen Fertigungsindustrien sich schon seit gut sieben Jahren mit »Kaizen«, »lean production«, »Kanban« und »Just-in-Time« befassen – also gut fünf Jahre länger als die Deutschen.

Sogar auf dem von den Japanern scheinbar unangefochten beherrschten Gebiet der Elektronik konnten amerikanische Hersteller Marktanteile zurückerobern und greifen erfolgreich auf dem gesamtasiatischen Markt an. Dies schaffen die Amerikaner nicht dank einer staatlich geförderten Industriepolitik, wie sie in Europa und Deutschland als Antwort auf die japanische Herausforderung verlangt wird, sondern weil diese Nation immer noch Kräfte zu mobilisieren vermag, die in jeder freien Gesellschaft vorhanden sind.

Das Global Institute der Unternehmensberatung McKinsey untersuchte 1992 und 1993 die Produktivität verschiedener Fertigungs- und Dienstleistungsindustrien und kam dabei zu dem Schluß, daß Amerika den Japanern wieder überlegen ist und beide Europa im Grunde weit abgehängt haben. Dies verdanken die USA vor allem dem Servicebereich. Die deregulierten Branchen der Transport- und Kommunikationsindustrie haben sich an den Wettbewerb gewöhnt und entwickeln dabei ganz neue Maßstäbe. Es mag zwar sein, daß die Japaner die Paradigmen der Fertigungsindustrie neu definiert haben, aber die neuen Paradigmen der Dienstleistungsindustrie werden zur Zeit in Amerika formuliert. Sie basieren auf Kundennähe, Ausbildung, Entscheidungsfreiheiten, flachen Hierarchien und freundlichen Chefs.

Nach den ersten Turbulenzen entpuppen sich etliche Deregulierungsreformen als überaus erfolgreich. Aber jetzt, wo der Niedergang Amerikas keine Schlagzeilen mehr hergibt, nimmt die Berichterstattung in den deutschen Medien den Erfolgsteil der wirtschaftlichen Befreiung nicht mehr wahr. Selbst die vielgeschmähte Firmenfledderei an der Wall Street erweist sich recht häufig als eine positive Entwicklung. Im Laufe der achtziger Jahre haben 20 000 Firmenkäufe und Zusammenführungen stattgefunden. Davon wurden nur 300 angefochten, und lediglich 160 stellten sich als erfolgreiche »feindliche« Übernahmen heraus. Was sich wirklich abspielte, war eine komplette Umstrukturierung der amerikanischen Industrie. Die Konzerne der sechziger Jahre wurden in leistungsfähige Einheiten zerlegt, die mit weniger Gemeinkostenballast und kürzeren Entscheidungswegen schneller auf den Markt reagieren können. Der Zerfall der amerikanischen Großindustrie hat einer flexiblen Kleinindustrie Platz gemacht, deren aggressiver Erfolgsmaßstab immer nur heißt: »Wir wollen die Besten sein.« Diese Firmen werden mittlerweile wegen ihrer leichtfüßigen Art »Gazellen« genannt. 70 Prozent aller neuen Arbeitsplätze der letzten Jahre in den USA wurden von ungefähr 100 000 solcher Gazellen geschaffen, allesamt Firmen, die in den letzten fünf Jahren ein jährliches Umsatzwachstum von 20 Prozent verzeichneten – und das während einer Rezession! Es ist abzusehen, daß diesen Gazellen der amerikanische Markt bald zu klein wird. Und dann heißt es für die hochmütigen Europäer, sich warm anzuziehen. Gegen eine solch aggressive Expansion hilft unsere abendländische Kultur und Tradition nämlich nicht.

Auch das übliche Klischee von der kurzsichtigen amerikanischen Planung steht im Widerspruch zu der Tatsache, daß ausgerechnet in der Luft- und Raumfahrttechnik und in der Biotechnologie, also zwei der zukunftsträchtigsten Industrien überhaupt, die Amerikaner die Nase weit vorn haben. Hier erweist sich unsere abendländische Tradition eher als Hindernis. Der alte Kontinent verpaßt immer wieder bei neuen Technologien den Anschluß, weil dies nicht in sein kulturelles ideologisches Konzept paßt. Da kommt immer wieder durch, daß Galilei gegen besseres Wissen erklären mußte: »Die Erde ist nicht rund.«

Aber mit der Rückmeldung Amerikas auf den Weltmärkten wird sofort davor gewarnt, sich nur ja nicht von dem dort praktizierten Kapitalismus anstecken zu lassen – das Totschlagargument: »Aber solche Zustände wie in Amerika wollen wir nicht«, womit die Slums der Innenstädte, die ausufernde Kriminalität, die unzureichende medizinische Versorgung vieler Bevölkerungs-schichten gemeint sind. Diese Mißstände sind real und in der Tat kein Vorbild. Aber das große Amerika hat viele Facetten, und es ist sicher angebracht, das anzunehmen, was dieses Land immer wieder so erfolgreich macht. Die Slums sind dabei keine unver-meidbare Konsequenz.

Aufgrund der Deregulierungen der letzten Jahre haben die USA sehr gute Chancen, mit ihrer Volkswirtschaft als der bei weitem leistungsfähigsten ins nächste Jahrtausend zu starten. In der Einschätzung des World Economic Forum standen die USA 1994 auf Platz eins, nachdem zuvor die Japaner fünf Jahre lang vorne gelegen hatten. Das ist das Amerika, mit dem wir konkur-rieren, mit dem wir mithalten müssen, wenn wir unseren Lebens-standard behalten wollen. Wir konkurrieren nicht mit dem schwarzen Sozialhilfeempfänger aus der New Yorker Bronx. Die deutsche Industrie muß sich mit dem überaus produktiven Hoch-leistungsteil der amerikanischen Volkswirtschaft auseinanderset-zen – ob sie diesen für sozial gerecht hält oder nicht.

Dennoch ist es wichtig zu wissen, wodurch diese amerikanische »Zwei-Klassen-Gesellschaft« entstanden ist. Wir müssen ihr ja nicht nacheifern. Denn es besteht kein Zweifel daran, daß ein Teil der Produktivität durch den Klassenkampf aufgefressen wird. Und dies ist dann wieder ein Wettbewerbsnachteil.

Wie kann es sein, daß siebzig Prozent der Vermögensbildung in den USA in den letzten zehn Jahren von dem einen Prozent der Reichsten der Gesellschaft abgegriffen worden sind? Wer genau hinschaut, der stellt fest, daß der Zuwachs an Millionären in erster Linie aus Sportlern, Schauspielern und Kriminellen bestand. Ein mittlerer Drogendealer verdient steuerfrei ungefähr eine halbe Million. Erst dann kommen Unternehmer, Banker und Vorstände. Der Wirtschaftswettbewerb ist also nicht schuld an dieser unglei-chen Vermögensverteilung, er hat die Leute nicht überdurch-schnittlich reich gemacht.

Die Konzentration der Vermögensbildung kam deswegen zu-stande, weil der Boom der Immobilien und Aktien alle diejenigen begünstigte, die vorher schon zu den Besitzenden gehörten. Ei-gentum vor Leistung – das ist ein Grundsatz, der in den USA Reagans praktiziert wurde und der auch in Deutschland gepflegt wird. Zuletzt haben wir diesen rückwärtsgerichteten Eigentumsliberalismus mit den bekannten negativen Folgen bei der Übernahme Ostdeutschlands angewendet. Und jedesmal, wenn in Deutschland ein subventionierter Acker zu Bauland wird, bestätigen wir erneut das Prinzip: Spekulation vor Leistung und daß Besitz bei uns mächtiger ist als Leistungsvermögen.

In den USA und in Deutschland wird im Gegensatz zu Japan ererbtes Eigentum mehr geschützt, als Leistungsträgern zum Durchbruch zu verhelfen. Die niedrigen Erbschaftssteuern erlauben den Beruf »Sohn« oder »Tochter«. In den USA wird wenigstens durch einen niedrigen Steuersatz und durch genügend Risikokapital Unternehmertypen trotzdem eine Chance eingeräumt. Die ist bei uns mit sehr hohen Hürden versehen.

Leistung zu versteuern – das ist eine beliebte politische Maxime, mit der die Besitzenden ihre Vormacht verteidigen. Sie hat nichts mit Wettbewerb zu tun – im Gegenteil: Je serviceorientierter die modernen Industrienationen werden, desto erfolgbestimmender wird der Faktor »Mensch«. Im freien Wettbewerb wird es dem Feudalkapital dann nicht mehr gelingen, sich besser durch Geld- oder Immobilienanlagen zu verzinsen, als dies eine leistungswillige Mannschaft kann. Erfolgreiche Unternehmen werden ihren Mitarbeitern einen größeren Anteil der Wertschöpfung gewähren müssen als bisher, wo das Kapital oft im Mittelpunkt stand, wenn zum Beispiel Dividenden trotz Verlusten aus der Substanz bezahlt werden. Finanzexperten haben nachgerechnet, daß jeder Dollar an Kapitalrendite zwölf Dollar an Arbeitnehmergehalt erwirtschaftet. Eine überproportionale Vermögensbildung der Kapitalgeber kann also nur stattfinden, wenn sich das Kapital nicht in einer demokratischen Wettbewerbsordnung vermehrt, sondern durch feudale Prinzipien, durch Subventionen und durch Landbesitz.

Nachdem die Klasse der Besitzenden sich etabliert hat, klafft der Graben zwischen denen, die haben, und denen, die nicht haben, immer weiter auseinander. Im gleichen Maße geht der gesamtgesellschaftliche Konsens verloren. Die amerikanische Kriminalität ist nicht so hoch, weil die Amerikaner ein Volk mit krimineller Veranlagung sind, sondern weil der Staat die Kontrolle über die untersten Schichten, nahezu 30 Prozent der Bevölkerung, verloren hat. Diese leben in ihren Innenstadtgettos und verödeten Industrielandschaften, der Ausbeutung preisgegeben. Sie sind Opfer eines Spinnennetzes von korrupten Gemeindefunktionären, kriminellen Gewerkschaften und der Mafia. Jeder Dollar öffentlicher Zuwendungen verschwindet in den Taschen dieser Paten. Diese mafiose Struktur belegt sie mit einer unsichtbaren, hundertprozentigen Steuer, sie schöpft alle Vermögensbildung ab.

Das öffentliche Schulsystem in New York zum Beispiel ist mit das teuerste der Welt und gleichzeitig eines der miserabelsten. Auf jeden Lehrer kommen anderthalb Funktionäre in der Verwaltung, aber die Gewerkschaften verhindern konsequent jede Reform. Immer wieder werden ein paar Schulen aus dem System eliminiert, sollen geschlossen werden, weil die Zustände selbst für dieses System unhaltbar wurden. Doch viele Lehranstalten schließen nicht, sondern finanzieren sich dann privat und machen teilweise mit denselben Lehrern weiter. Sofort tritt eine Leistungssteigerung ein – weniger Schüler verlassen vorzeitig die Schule, die Abschlußzeugnisse weisen bessere Noten auf.

Die Grundstückspreise selbst in den elendsten Innenstädten sind in der Regel doppelt so hoch wie in den reichen Vororten. Kein Wunder also, daß dort nicht investiert wird. Künstlich hochgehalten werden diese Preise durch die teils korrupten, teils inkompetenten Stadtverwaltungen und durch die Mafia, die oft der größte Grundbesitzer ist. Die Ursache ist eindeutig: Würden die Preise nachgeben, kämen Fremde herein und mit ihnen vielleicht demokratischere und damit unkontrollierbare Kräfte – die Machtstruktur der jetzigen Herren ginge verloren. Auf diese Art und Weise ist der New Yorker Unterwelt bereits die berüchtigte West Side Manhattans entglitten – heute ist sie ein vornehmer Stadtteil.

In diesem Brei wird die Kriminalität regelrecht gezüchtet. Dabei sind die Opfer des Terrors meist wieder die Armen selbst. In den reichen Vororten herrscht vergleichsweise Ruhe, sind die Häuser nicht mit Alarmanlagen versehen und oft nicht einmal abgeschlossen, ohne daß etwas passiert. Irgendwo dazwischen wird zur Zeit der Mittelstand aufgerieben. Da hilft auch das 60-Milliarden-Dollar-Sofortprogramm nicht, das Präsident Clinton veranlaßt hat.

Eine der größten Quellen der Kriminalität ist die Drogenindustrie, die auch wieder zur Mafia gehört. Sie nutzt die Gesellschaft wie einen Selbstbedienungsladen. In Boston werden die meisten gestohlenen Autos für Drogenkuriere gebraucht und nicht, um sie zu Geld zu machen. Die Beschaffungskriminalität ist für die Drogenbarone eine unwichtige Nebenerscheinung.

Zehn Milliarden Dollar jährlich gibt der amerikanische Staat nun schon für die Drogenbekämpfung aus. Die 10 000 Kilometer lange Grenze nach Süden ist elektronisch und aus der Luft mit modernster Technologie abgesichert. Die Gefängnisse sind fast zur Hälfte mit Rauschgiftkriminellen gefüllt, und Polizei sowie Kriminaljustiz sind zu einem Viertel mit Drogenfällen beschäftigt. Trotz allem floriert der Handel ungebremst, und alle beteiligten Drogenkämpfer sind sich einig, daß sie höchstens zehn Prozent des Umschlags aus dem Verkehr ziehen können. Und das alles, weil in den USA pro Jahr 3000 bis 4000 Menschen an Drogenmißbrauch sterben. Im Vergleich: 90 000 sterben an Alkoholkonsum, 320 000 sterben jünger als nötig, weil sie rauchen. In Deutschland sterben 1550 Menschen pro Jahr an Drogen.

Alles, was dem Staat bisher mit diesem Kampf gelang, war, die Transportkosten vom Ursprungsland zum Endverbraucher noch einmal zu erhöhen – und damit die Kriminalität zu steigern. Zu einer Entscheidung, diese Drogenindustrie ins Leere laufen zu lassen, indem man den Kampf einfach aufgibt, kann sich die Gesellschaft aber noch nicht durchringen. »Das gefährdet die Staatsmoral«, sagen auch die, die am Drogengeld verdienen, denn eine Freigabe würde Millionen von Geschäftsleuten, zwielichtigen Bankern, Wirtschaftskriminellen und Immobilienmaklern erheblich schaden. Folglich nimmt man eher den Bürgerkrieg auf der Straße in Kauf. Die davon Betroffenen können sich dagegen nicht wehren. Lieber setzt man die Minderjährigen auf den Schulhöfen der Gefahr der Schlepperbanden aus, die neue Kunden besorgen müssen, um ihre eigene Abhängigkeit finanzieren zu können.

Die Justiz hat resigniert, kämpft gegen die Kriminalität nicht mehr an. Für ein geklautes Auto bekommt ein Knacker in Amerika im Schnitt anderthalb Tage Gefängnis – ein Geschäft, das sich lohnt. Für einen Mord gibt es immerhin schon 1,8 Jahre im Durchschnitt. Diese Angaben errechnen sich aus der Wahrscheinlichkeit, verhaftet, verhört und verurteilt zu werden. Angesichts einer solchen Rendite braucht man sich nicht zu wundern, daß Kriminalität ein blühendes Wachstumsgeschäft ist.

In Deutschland sind die Zustände noch nicht so schlimm. Aber wir sind auf dem besten Weg dorthin. Auch bei uns ist die Polizei überlastet. Die Reviere sind eigentlich schon zu einer Vorinstanz in der Rückerstattungsbürokratie der Versicherungen geworden. Um das Verfahren zu beschleunigen, erhält man deswegen gleich ein Formular zur Unterschrift vorgelegt, auf dem man zur Kenntnis nimmt, daß die Staatsanwaltschaft die Verfolgung einstellt. Mit diesem Papier in der Hand zahlt die Versicherung sofort.

Unser Nachbar, ein Polizist, erzählte uns von Verurteilten, die zwei Jahre auf einen Gefängnisplatz warten mußten. Ein Freund berichtete die Story, wie ein Waffenhehler zu vier Jahren Haft verurteilt wurde. Nach einem halben Jahr hatte er schon Tagesausgang, weil er eine Arbeitsstelle vorweisen konnte. Seitdem läßt er sich jeden Morgen von seinem Fahrer im Mercedes 600 SEL am Gefängnis abholen, und abends kommt er wieder zurück. Er arbeitet in einer Bar. Das sind die Schildbürgerstreiche, die den Staat aushöhlen, die Staatsmoral ins Lächerliche ziehen.

Die Zustände in Amerika zeigen, daß solche Strukturen, einmal fest etabliert, kaum wieder zu beseitigen sind. Dabei ist es nur der Stärke der amerikanischen Gesellschaft anzurechnen, daß sie mit dieser Kluft überhaupt noch leben kann – Deutschland wäre an einem vergleichbaren Ausmaß der Ungerechtigkeit bereits zerbrochen.

Deswegen empfiehlt niemand ernsthaft, das Modell USA uneingeschränkt zu übernehmen. Aber wir können daraus lernen, wie man verhindert, daß eine solche gesellschaftliche Unterschicht gar nicht erst entsteht. Leider ziehen wir mit unseren sozialideologisch geprägten Denkstrukturen die falschen Schlüsse: Die USA sind ein Staat, in dem man der freien Marktwirtschaft und der Macht des Kapitals huldigt, und deshalb muß ein großer Teil der Leistungsschwachen halt auf der Strecke bleiben – so einfach ist das. Man erinnere sich nur an Manchester im letzten Jahrhundert. Und weil man bei uns eine solche Unterschicht nicht will, wird sie als das Ergebnis von Kapitalismus und Marktwirtschaft hingestellt.

Diese Argumentation ist jedoch falsch und gefährlich dazu. Der Sozialetat der amerikanischen Regierung beläuft sich im ganzen auf 860 Milliarden Dollar, mehr als die Hälfte des gesamten Regierungshaushalts. Davon gibt Washington Jahr für Jahr 50 Milliarden Mark an direkter Sozialhilfe aus. Leider nutzt dies nur der Korruption, die sozial Schwachen haben davon wenig. Für verschimmelte Sozialwohnungen, manchmal fensterlos, manchmal nur mit zerbrochenen Scheiben und ohne Trinkwasser, in der minderjährige, alleinstehende Mütter in zwei Räumen drei Kinder aufziehen sollen, bezahlt der Staat mehr Mietzuschuß, als eine Familie in den Vororten privat aufbringen muß. Dies sind Fälle, wie sie regelmäßig in der Zeitung *Boston Globe* beschrieben werden. 70 Prozent der Sozialhilfeempfänger sind ledige Mütter, die meistens selbst aus zerrütteten Familienverhältnissen stammen. Armut schafft Armut. Das einzige Bestreben dieser Frauen ist es, aus dem Teufelskreis herauszukommen, aber das geht erst, wenn die Kinder das schulpflichtige Alter erreicht haben, und bis dahin sind die Chancen zur Weiterbildung für die Mütter oft vertan.

Vierzig Prozent der Armutsschicht sind Schwarze; das Resultat einer rassistischen, zutiefst klassenbewußten Gesellschaft, der es schwerfällt, die Grenzen der Gruppenzugehörigkeit aufzuheben. Erst 1968, also vor noch nicht einmal drei Jahrzehnten, wurden die Rassen per Gesetz endgültig gleichgestellt – aber wer sich heute in den feinen Zirkeln der Cocktailgesellschaft umschaut, der wird feststellen, daß die faktische Gleichberechtigung noch einige Generationen dauern wird. Daran sind die Schwarzen nicht unbeteiligt. Sie verhalten sich genauso rassenbewußt wie die Weißen – Peer hat es erlebt: Sogar auf dem liberalen Harvard-Campus waren Weiße unerwünschte Gäste bei Veranstaltungen von Schwarzen für Schwarze. Diskriminierung hat also nichts mit Geld zu tun und ist auch nicht ein Privileg der Weißen.

Weitere 27 Prozent der Armen sind Immigranten. Dabei werden nur die legalen Einwanderer gezählt; die Dunkelziffer ist sicher noch höher. Das ist das Resultat einer liberalen Einwanderungspolitik, die moderne Version des Bürgers zweiter Klasse. Wenigstens hat Amerika dank dieser Einwanderer kein Rentenproblem – die Bevölkerungspyramide überaltert so bald nicht.

Auch das hat nichts mit Markt und brutalem Kapitalismus zu tun – es ist schlicht der Wunsch der Wohlhabenden, genügend Hauspersonal zu beschäftigen beziehungsweise subventionierte Industrien wie die Textilbranche und die Landwirtschaft mit billigsten Lohnarbeitern zu versorgen.

Die amerikanische Bevölkerung ist die sozialdemokratische Gefühlsduselei mittlerweile endgültig satt. Das unterscheidet sie von Europa. Sie gibt ihren Politikern in Washington, in jedem Staat, in jeder Stadt eindeutig zu verstehen, daß sie für korrupte Machtsysteme unter dem Vorwand sozialen Ausgleichs keine Sympathien mehr übrig hat. Bei den Wahlen vom November 1994 haben die Republikaner keinen einzigen Sitz verloren, dafür büßten die Demokraten ihre Mehrheit im Repräsentantenhaus ein – zum erstenmal seit 1954. Es sind jene Demokraten, die seit den Jahren der ersten Wirtschaftskrise 1973 jede vernünftige Initiative, die Staatsfinanzen unter Kontrolle zu bekommen, verhinderten. Sie verteidigten die unsoziale Sozialpolitik, weil sie dadurch ihren Filz in jedem Winkel der Washingtoner Politmaschine kontrollierten. Und die Republikaner kümmerten sich dort, wo sie an der Macht waren, ausschließlich um ihre Klientel.

Alle drei Vorgänger im Präsidentenamt – sei es Carter, Reagan oder Bush – hatten ihre Last mit dem demokratischen Abgeordnetenklüngel, und auch Clinton erging es nicht viel besser. Clintons wichtigste politische Errungenschaft, das Handelsabkommen mit Mexiko und Kanada, NAFTA, wurde mit einer republikanischen Mehrheit verabschiedet – auf die eigene Partei war kein Verlaß.

1992 hatten die Demokraten eher zufällig noch einmal ihre Chance, sich zu profilieren: Präsident Clinton wurde lachender Dritter und Sieger im Kampf Ross Perot gegen George Bush. Ohne den unabhängigen Kandidaten Perot, so ergaben alle Analysen, wäre Bush im Amt geblieben. Daß ein Perot überhaupt so weit kommen konnte, demonstriert schon die Verdrossenheit der Bevölkerung über den politischen Hamsteraktivismus in Washington.

Aber immerhin, Clinton war keine schlechte Wahl, eine ganze Generation jünger als die Altherrenriege der Vorgänger, und im übrigen ein Gouverneur aus dem Land – und damit nicht Teil des Establishments. Aber dann verpatzte auch er seine große Chance:

die Gesundheitsreform. Eingeklemmt zwischen mächtigen Interessenblöcken der medizinischen Zünfte, die ihre monopolistischen Pfründen sichern mußten, und einem gähnenden Abgrund an Kosten, die die Volkswirtschaft schwer belasteten, wählte er den typischen Weg eines »demokratischen« Parteipolitikers: Er wollte das System verregeln und halb verstaatlichen. Das machte zwar seinen linken Parteiflügel ganz glücklich, aber die demokratische Mitte war dafür nicht zu haben, und die Republikaner liefen dagegen Sturm. Auch Clintons Vorschläge zu einer Sozialreform rochen arg nach noch mehr staatlichem Eingriff, und genau das ist die Bevölkerung leid. Sie möchte den Staat vom Hals haben, und alle Politiker, die auf gesellschaftliche Probleme mit nur noch mehr Dirigismus reagieren, haben keine Chance mehr. Das vernichtende Wahlergebnis für die Demokraten im Herbst 1994 macht dies deutlich.

Für die Slumbewohner in den Städten aber ändert das alles ziemlich wenig. Die amerikanische Armutsschicht ist das Ergebnis einer falschen Politik und nicht die Folge wirtschaftlicher Effizienz einer Wettbewerbsgesellschaft. Wer sich damit tröstet, daß Deutschland aufgrund seiner »ausgeglichenen« Gesellschaft, seiner sozialen Marktwirtschaft keine Slums zu fürchten hat, lügt sich in die Tasche. Wer Einwanderungsgesetze fordert, um die Rentenversicherung zu bezahlen, und die Kriminalität mit Samthandschuhen bekämpft, der wird die Slums trotzdem bekommen.

Dann übernehmen wir die Fehler Amerikas, aber weigern uns, dort von ihm zu lernen, wo es besser ist: zum Beispiel auch in der Demokratisierung der Finanzmärkte.

18. Auch Geld kann demokratisch sein

Peers Freund Michael macht sich selbständig. Nachdem er ein paar Jahre in der Firma seines Vaters mitgearbeitet hat, kauft er ihm eine der Filialen ab und gründet seine eigene GmbH in Deutschland. Derselbe Bankdirektor, der schon seinen Vater finanziert hatte, gibt auch Michael den Startkredit für den weiteren beruflichen Werdegang. Michael ist sich seines Konzeptes sicher und mit dem Geschäft, Softwareentwicklung, gut vertraut. Wahrscheinlich wird er Erfolg damit haben.

Was wäre passiert, wenn Michael nicht »Sohn« gewesen wäre? Michael wäre nach wie vor jung, hätte sich erfolgreich in der Firma hochgearbeitet, hätte ein paar ausgezeichnete Ideen, mit denen sich die Geschäftsleitung nicht auseinandersetzen will, möchte sich deshalb selbständig machen und sein Konzept verwirklichen. Ein gar nicht so seltener Fall. Aber an wen könnte Michael sich wenden? Der Bankdirektor, der ihn jetzt als seriösen Sohn finanziert, würde einem ihm unbekannten jungen Spund nicht einmal einen Termin einräumen. Noch entscheidender: Von wem könnte Michael sich Rat besorgen, wie eine Softwarefirma zu gründen und entwickeln wäre? In Deutschland hätte Michael nur geringe Chancen, das Startkapital zu bekommen.

Ein weiterer Freund von Peer, Gary, macht sich ebenfalls selbständig. Gary ist Amerikaner und hat die letzten Jahre in Osteuropa gearbeitet. Dort ist ihm eine Geschäftslücke aufgefallen: Es gibt keinen Informationsservice für Investoren in osteuropäische Aktien und Renten. Er hat ausreichende Kontakte, um solch einen Informationsservice aufzubauen, und möchte ebenfalls den Sprung in die Selbständigkeit wagen. Dazu hat er in Amerika mit einem »Venture Capitalist«, einer Investorengemeinschaft, die in Unternehmensgründungen investiert, Kontakt aufgenommen.

Diese Gruppe hilft ihm mit Geld und Wissen, denn sie hat sich auf osteuropäische Unternehmensgründungen spezialisiert und kennt eine ganze Menge der damit verbundenen Haken und Ösen. Als Gegenleistung für das Geld und die Ratschläge verlangt der Venture Capitalist einen Eigenanteil von dreißig Prozent und auch Vorkaufsrechte für alle weiteren Geschäftsideen Garys. Diese dreißig Prozent können in ein paar Jahren mehrere Millionen Dollar wert sein, sich aber auch als Verlustgeschäft herausstellen, wenn Gary nicht in der Lage ist, die Firma hochzuziehen.

Der amerikanische Venture Capitalist erfüllt die Voraussetzung, die Michael gebraucht hätte, um sich in Deutschland ohne Vater selbständig zu machen. Dabei ist nicht das Geld entscheidend, sondern die Art und Weise, wie es bereitgestellt wird. Besonders für Unternehmensgründungen ist Eigenkapital von wesentlicher Bedeutung, weil nur dieses flexibel genug ist, sich den Risiken anzupassen.

Was eine Aktiengesellschaft ausmacht, ist die Bündelung einer großen Anzahl von Geldgebern, die in eine unbestimmte Unternehmung investieren möchten. Auf diese Weise erhalten große Konzerne oder Projekte genügend flexibles Kapital, das sich den Risiken anpaßt. Schon der Suezkanal in Ägypten wurde 1869 durch viele kleine Kapitalgeber in Frankreich finanziert, die sich an dem Risiko beteiligten, indem sie eine Aktie der Firma des Ferdinand de Lesseps kauften. Ein einzelner großer Kapitalgeber hätte sich nicht gefunden, und eine Bank schon erst recht nicht, um eine solche Firma zu finanzieren. Die meisten Ökonomen sind sich einig, daß die Erfindung der Aktiengesellschaft im Venedig des 16. Jahrhunderts ungefähr das gleiche für die moderne Marktwirtschaft bedeutet wie die Erfindung der Demokratie in der griechischen Antike für die moderne Politik. Ohne Aktiengesellschaften gäbe es keinen Suezkanal und keine moderne Industriegesellschaft.

Investitionen bergen Risiko, es gibt keine fehlerfreie Investition. Es gibt aber eine Risikobandbreite von ziemlich »sicher« bis hin zu reiner Lotterie. Je höher das Risiko der Fehlinvestition ist, desto höher muß die Rendite sein. Nur so können die Gewinne einer erfolgreichen Investition die Verluste einer anderen ausgleichen. Wenn die Rendite zu niedrig für das vorhandene Risiko ist, wird nicht investiert. Dementsprechend verhalten sich die Geldinstitute. Bei der Kreditvergabe schätzen Banken das Risiko der Investition ein und bestimmen dementsprechend einen Risikoaufschlag auf ihren Marktzinssatz. Dieser Risikoaufschlag ist praktisch eine Versicherungsprämie. Die möglichen Kreditausfälle sollten sich einigermaßen über die Aufschläge finanzieren, denn schließlich ist die Bank verpflichtet, ihre eigenen Kredite wieder samt versprochenen Zinsen zurückzuzahlen. Lohnt sich für den Unternehmer die Investition trotz des Risikoaufschlags, dann wird sie durchgeführt, sonst nicht. Der Kapitalmarkt funktioniert nach Angebot und Nachfrage, wie jeder andere Markt auch, wobei die angebotene Rendite der Preis für das nachgefragte Risiko ist. Für Kreditüberwachung und Kreditverwaltung erhebt die Bank eine Gebühr oder beansprucht einen Teil der Zinsspanne. Damit verdienen Banken ihre Profite und ihre Daseinsberechtigung.

Aus verschiedenen Gründen ist die Kreditvergabe mit Zinsen nur bis zu einem gewissen Risikoniveau praktikabel. Das bedeutet aber nicht, daß es darüber hinaus nicht trotzdem finanzierungswürdige Projekte gäbe. Also haben sich Eigentums- und Gewinnbeteiligungsmodelle entwickelt, die diese Hochrisikoinvestitionen finanzieren können. Das prominenteste dieser Modelle ist der Aktienmarkt.

Die Gründe, warum Eigentumsmodelle besser geeignet sind, Hochrisikoinvestitionen zu finanzieren, wird an Garys Beispiel deutlich: Angenommen, für sein Vorhaben benötigte er 100 000 Mark, und die Chance einer Fehlinvestition läge bei 20 Prozent. Umgekehrt würde sich das Kapital in einem Jahr verdoppeln, wenn er Erfolg hat. Eine Bank müßte dann auf ihren Standardzinssatz von zehn Prozent diese 20 Prozent als Risikoaufschlag verlangen, also 30 Prozent. Wenn Gary Erfolg hat, dann zahlt er der Bank am Ende des Jahres 30 000 D-Mark Zinsen und behält 70 000 für sich. Geht sein Vorhaben aber schief, dann schuldet er der Bank 130 000 D-Mark und muß Bankrott anmelden. Der Venture Capitalist würde auch 30 Prozent Rendite erwarten, um sein Risiko abzusichern, aber er verlangt die Rendite nicht als Zinsen, sondern in Form von Dividenden. Für 100 000 D-Mark überläßt Gary ihm 30 Prozent der Firma. Macht die Firma 100 000 D-Mark Gewinn, bekommt der Venture Capitalist 30 000 D-Mark

Dividende zurück, plus den Wert seines Firmenanteils. Muß die Firma Verluste hinnehmen, geht der Venture Capitalist leer aus, aber Gary ist nach wie vor im Geschäft. Macht die Firma größeren Gewinn als erwartet, dann erhält auch der Venture Capitalist entsprechend mehr.

Genau darin liegt der entscheidende Unterschied zwischen Kreditinvestition und Anteilsinvestition. Letztere ist wesentlich flexibler. Dafür, daß der Venture Capitalist in einem Jahr gar nichts bekommen könnte, erhält er im nächsten Jahr vielleicht doppelt soviel wie erwartet. Bei Zinsen geht das nicht, die müssen jedes Jahr bezahlt werden, egal, wie die Ertragslage ist. Darüber hinaus hat der Anteilseigner wahrscheinlich auch mehr Wissen als der Banker, um das Unternehmen effektiv zu unterstützen, und erhöht dadurch die Erfolgschancen. Also wird der Unternehmer bei hohem Risiko die Anteilsinvestition in seine Firma vorziehen, weil er dadurch flexibler wird, die Rendite zu erwirtschaften. Umgekehrt wird der Unternehmer bei Investitionen mit niedrigem Risiko die Zinszahlung vorziehen, weil er dadurch nicht Anteile seiner Firma verkaufen muß. Auf der Kapitalgeberseite sind den Bankern niedrige Risiken mit niedrigeren Zinsen ebenfalls lieber, weil ihre Zahlungen damit überschaubar bleiben. Die Anteilsinvestoren bevorzugen dagegen hohe Risiken mit hohen Renditen, weil sie dort ihr Spezialwissen am besten einbringen können.

Die Grenze zwischen Niedrig- und Hochrisiko läßt sich wissenschaftlich nicht definieren. Sie hat ausschließlich etwas mit der Risikobereitschaft der Investoren und Unternehmer zu tun. Weniger risikobereit bedeutet mehr Kreditfinanzierung, mehr risikobereit bedeutet mehr Anteilsfinanzierung. Allerdings haben geduldige Menschen die großen Finanzmärkte über die letzten 60 Jahre rechnerisch unter die Lupe genommen und dabei festgestellt, daß die Grenze dieser Risikobereitschaft in der Regel bei ungefähr sechs Prozent der Fehlinvestition liegt. Mit anderen Worten: Wenn der Marktzinssatz sieben Prozent beträgt, dann verlangen Anteilsinvestoren eine Rendite von mindestens 13 Prozent an aufwärts, mit jeweils steigendem Investitionsrisiko. Im Bereich zwischen sieben und 13 Prozent hingegen werden die Banken tendenziell eine Kreditfinanzierung übernehmen. Im historischen Schnitt haben die amerikanischen Venture Capitalists denn auch eine Rendite von 16 Prozent für ihre Investitionen erwirtschaften können.

Für eine zunehmend reifere Industriegesellschaft werden funktionierende Aktienmärkte immer wichtiger. Denn immer mehr Bürger verfügen über Sparkapital, das sie nicht mehr unbedingt zum Lebensunterhalt benötigen und deshalb auch zu höheren Renditen einsetzen wollen, als es nur bei einer Bank zu verzinsen. Auf der anderen Seite wird auch mehr Hochrisikokapital benötigt. In einer modernen Industriegesellschaft gibt es mehr, aber dafür kleinere Unternehmen, die sich mit neuen Technologien neue Märkte erschließen. All diese Unternehmen müssen aber erst einmal gegründet werden, und Unternehmensgründungen stellen fast immer eine Hochrisikoinvestition dar. Auch neue Technologien sind mehrheitlich Hochrisikoinvestitionen. Da Banken sich, wie oben beschrieben, nur in begrenztem Ausmaß dazu eignen, neue Unternehmen und neue Technologien zu fördern, muß ein modernes Finanzsystem Mechanismen entwickeln, um das sich anhäufende risikobereite Kapital zu den lukrativen risikoreichen Investitionen zu lenken.

Gerade in diesem Punkt allerdings versagt das deutsche Finanzsystem. Es gibt praktisch keine einigermaßen funktionierende Möglichkeit der geordneten Hochrisikoinvestition. Das fängt schon mit den deutschen Aktienmärkten an. Deren erstes Problem ist, daß das deutsche Bilanzierungsrecht den Unternehmen erlaubt, Bilanzen vorzulegen, die kaum das Papier wert sind, auf dem sie stehen: Wer sich eine deutsche Aktie kaufen möchte, der hat keine Möglichkeit, sich über die wahren Vermögens- und Produktionsverhältnisse des Unternehmens zu informieren. Daimler-Benz, der erste deutsche Großkonzern, der sich völlig den amerikanischen Regeln unterwarf, mußte 1993 für die ersten neun Monate unter amerikanischer Rechnungslegung zwei Milliarden Mark Verlust ausweisen, in den deutschen Berichten waren es nur 180 Millionen D-Mark. Wie soll sich da der Aktieninhaber als Miteigentümer der Firma in Deutschland informieren, ob sein Kapital vernünftig investiert wird?

Er kann es nicht und investiert deshalb auch nicht. In Deutschland gilt der Aktienmarkt als Roulettespiel, für die meisten Sparer ein nahezu unseriöses Ansinnen. Trotz gegenteiliger Beteuerungen ist das den Universalbanken im Grunde durchaus recht, denn dadurch müssen sich die Firmen weiterhin über ihre Kredite finanzieren. Würden die Kapitalströme der Bürger zunehmend über die Börse laufen, so verlören die Banken an Macht, Einfluß und Profiten. Anstatt Kapital zu lenken, ist deshalb auch die primäre Funktion des deutschen Aktienmarktes, die Großindustrie miteinander zu verflechten. Bei Börseneinführungen sind deutsche Unternehmen im Schnitt älter als 50, in den USA dagegen nur 13 Jahre. Im Gegensatz zu den USA und Großbritannien unterhalten die meisten deutschen Großunternehmen nicht einmal Kommunikationsstellen, sogenannte Investor-Relations-Abteilungen, für ihre Aktieninhaber.

Wie schädlich dieses System für die deutsche Industrie ist, hat Professor Manfred Perlitz von der Uni München einmal ausgerechnet: Die deutschen Konzerne, die unter starkem Einfluß von »Bankfurt« stehen, erwirtschafteten 1990 bis 1992 nur eine Durchschnittsrendite von 1,8 Prozent gegenüber 7,5 Prozent bei den unabhängigeren Unternehmen. Außerdem hinkte ihr Wachstum um 28 Prozent hinterher.

Wie völlig widersinnig der deutsche Aktienmarkt funktioniert, erkennt man auch aus dem Gerücht, das immer und immer wieder die Runde macht und dem zufolge alle Aktienbeteiligungen der Deutschen Bank bereits mehr wert sind als der Marktwert der Deutsche-Bank-Aktien. Man wird es nie genau nachprüfen können, denn nach wie vor ist es kaum möglich zu erfahren, was alles dieser Bank gehört. Allzufern von der Wahrheit kann es aber nicht sein. Das bedeutet theoretisch, wenn man morgen die Deutsche Bank auflösen könnte, wären die freiwerdenden Aktienpakete mehr wert als heute. Das ist allerdings graue Theorie. Praktisch heißt es, daß es keine Methode auf dem deutschen Aktienmarkt gibt, Manager zur vollen Wertentfaltung der von ihnen kontrollierten volkswirtschaftlichen Güter zu zwingen.

Hinter diesen Zahlen steckt leider mehr als nur Profite und Macht. Dahinter verbergen sich auch Millionen von Arbeitsplätzen, Millionen von Einzelschicksalen, deren Lebensgrundlage nur dieser eine Arbeitsplatz und kein anderer ist. Sie müssen das Unheil wieder ausbaden, das von den Feudalherren in den Finanzetagen der Banken angerichtet wird. Unternehmen, die von inkompetenten und vorteilsbedachten Banken bevormundet werden, können diese Arbeitsplätze auf Dauer nicht sichern. Und so offenbart sich ausgerechnet in Deutschland, dem Hort der sozialen Marktwirtschaft, die Tücke des Kapitals am rücksichtslosesten. Denn in Frankfurt darf das Kapital ungeniert allein regieren, es unterliegt keiner demokratischen oder einer Aktionärskontrolle; es kann ungeahndet Fehlentscheidungen treffen. Dank dem deutschen Bilanzierungs- und Bankenrecht ist mal wieder eine der Grundfesten demokratischer Regelung erschüttert, bilden sich mal wieder Monopole der Macht, die Ungerechtigkeiten produzieren.

Beispiel: die Metallgesellschaft. Es ist eines der effizientesten Unternehmen Deutschlands und weltweit sogar konkurrenzfähig. Weil dazu aber auch kompliziertere Finanzierungen notwendig sind als nur der in Deutschland übliche banale Kredit, mußte sich die amerikanische Tochter in derivativen Produkten tummeln, den berüchtigten komplizierten Sicherungsinstrumenten für Finanzrisiken. Deren Eigenart ist es, große Gewinn- und Verlustschwankungen auszuweisen, die aber bei vernünftiger Handhabung anderen Gewinnen und Verlusten entgegenstehen und somit die Gewinnlage des Unternehmens insgesamt stabilisieren. Bei der Metallgesellschaft beliefen sich diese Derivaten-Positionen einmal auf 1,3 Milliarden D-Mark Bewertungsverluste.

Der Aufsichtsrat unter Führung des Deutschbankers Ronaldo Schmitz verordnete die sofortige Liquidierung der Bestände. Der international anerkannte amerikanische Experte Steve Hanke, der auch als Wirtschaftsberater für Präsident Reagan arbeitete, ist sich allerdings sicher, daß die Positionen eine geniale Sicherungsstrategie darstellten, also alles andere als Spekulationsfehler waren, weil ihnen andere Bewertungsgewinne gegenüberstanden. Er wirft dem Aufsichtsrat Dummheit oder Hinterlist vor, denn diese Positionen hätten auf keinen Fall aufgelöst werden dürfen. Unterstützt wird er dabei von Berechnungen des Chicagoer Nobelpreisträgers Merton Miller, der den mathematischen Beweis für das Versagen des Deutschbankers erbracht hat. In ein paar Jahren haben die Gerichte es endlich aussortiert, denn Information ist in solchen Fällen fast nie zu bekommen. Aber völlig ungeachtet, wer tatsächlich was falsch gemacht hat – das Image der Metallgesellschaft ist erst einmal ruiniert, für die Folgen müssen die Arbeitnehmer eines eigentlich starken Unternehmens den Kopf hinhalten.

Daß der deutsche Kapitalmarkt im Eimer ist, trotz europäischer Zentralbank und manchem neuen Gesetz, gibt der Branchenprimus Deutsche Bank selbst zu. Um im internationalen Finanzgeschäft nicht den Anschluß zu verlieren, hat die »Blaue«, wie sie im Branchenjargon genannt wird, ihre internationalen Investment-Banking-Einheiten nun doch nach London verlegt. Sie weiß auch schon längst, daß die deutschen Methoden nicht nur wettbewerbshemmend sind, sondern (oder gerade deswegen) die eigene Kompetenz hinterherhinken läßt.

Der deutsche Aktienmarkt bietet für kleine Firmen auch kaum eine Möglichkeit, sich in eine Aktiengesellschaft zu wandeln. Gesetze und Regeln machen den Weg in Richtung Eigenkapital zum Hürdenlauf, und dann kommen die horrenden Gebühren der monopolistischen Banken noch hinzu. Einer Vereinfachung der Gesetze stehen auch die Gewerkschaften entgegen, sie fürchten in einer demokratischeren Industriestruktur einen Verlust ihrer Macht. So gibt es nur 656 öffentliche Aktiengesellschaften in Deutschland, im Gegensatz zu 1950 in England. Das bedeutet, daß die vielen kleinen und mittleren Firmen, die angeblich das Rückgrat der deutschen Volkswirtschaft bilden, keinen Zugang zum Hochrisikokapital haben. Mit lediglich 17 Prozent Eigenkapitaldeckung haben sie Schwierigkeiten, riskante Technologien zu erschließen oder riskante Ideen zu wagen. In Amerika sind 60 Prozent üblich. Kein Wunder also, daß Deutschland, wie Professor Hans Joachim Quaisser vom Max-Planck-Institut in Stuttgart schilderte, den Anschluß an Zukunftstechnologien weitestgehend verpaßt hat. Kein vernünftiger Unternehmer wird sich mit einer neuen, gewagten Technologie einer Bank ausliefern, um dann hinterher vielleicht Konkurs anmelden zu müssen, weil die Investitionen fehlgeschlagen sind und der Kredit fällig wurde. Es wäre sogar hochgradig leichtsinnig und den Arbeitnehmern gegenüber unverantwortlich, die Firma für eine riskante Technologie aufs Spiel zu setzen.

So ist auch der permanente Ruf nach Finanzierung durch den Staat leicht zu verstehen, wenn es sich um neue Technologien handelt. Weil die Unternehmer keine Möglichkeit haben, das Investitionsrisiko auf die Kapitalmärkte abzuwälzen, fordern sie den Staat auf, das Risiko zu übernehmen. Der Staat, stets willig, sich in alles einzumischen, was ihn nichts angeht, folgt diesem Ruf selbstverständlich nur zu gern – jede Subventionsmark sichert schließlich treue Wählerstimmen. Risikoübernahme durch den Staat ist zwar ein Widerspruch in sich, weil damit eben jene Flexibilität und Agilität wieder verlorengehen, mit denen kleine Unternehmen die Herausforderung der neuen Technologie besser meistern als die großen, aber im politischen Kalkül ist das egal.

Deutschland konnte mit diesem Problem bisher relativ gut umgehen, weil GmbHs und Kommanditgesellschaften eine ähnliche Rolle spielten. Hatte jemand eine gute Idee und brauchte Geld, dann lud er seine Nachbarn, Freunde, Verwandte oder Geschäftsfreunde dazu ein, Teilhaber an der GmbH zu werden. So sind viele der berühmten schwäbischen Maschinenbauunternehmen groß geworden. Mittlerweile reicht das GmbH-Modell aber nicht mehr aus. Sein entscheidend einschränkender Faktor ist, daß GmbH-Beteiligungen am liebsten nur im inneren Bekanntenkreis gehandelt werden – dort, wo man sich halt sehr genau kennt. Doch die Finanzkraft des Bekanntenkreises ist aber in der Regel zu schwach, als daß er den typischen Kapitalbedarf einer neuen Technologieentwicklung abdecken könnte.

Andererseits gibt es mittlerweile einen beachtlichen Anteil der Bevölkerung, der richtig Geld zum Investieren hätte: Ärzte, Rechtsanwälte, Bauern, Kleinunternehmer und Erben, die sich für solche Hochrisikorenditen interessieren würden. Es existiert aber kein öffentliches System, das die beiden Gruppen miteinander verbindet. Es gibt keinen vom Staat eingerichteten Kleinaktienmarkt, an dem sie einander finden könnten. Die wichtigste Funktion des Staates wäre hier wieder wie in allen Märkten, die Anbieter der Investition, also die Unternehmer, dazu zu zwingen, umfassende Informationen über sich selbst und die Investition öffentlich zugänglich zu machen. So könnten sich die Kapitalgeber genau darüber informieren, wo sie ihr Geld eventuell investieren möchten. Außerdem müßte der Staat mit scharfen Augen und strengen Bestrafungsmaßnahmen über die Integrität dieser Informationen wachen, so daß die Kapitalgeber sich der Seriosität des

Unternehmens einigermaßen sicher sein können. Wo es einen solchen Kleinaktienmarkt gibt, bildet sich dann auch schnell eine Venture-Capital-Szene, die Unternehmen auf dem Weg zum Aktienmarkt begleiten.

Wieviel Hochrisikokapital es in Deutschland gibt, erkennt man schon an dem bloßen Ausmaß, in dem zwielichtige Finanzfirmen wohlhabenden Deutschen das Fell immer und immer wieder über die Ohren ziehen. Auf diese Art und Weise geht Deutschland einiges an kostbarem Risikokapital verloren, sehr zum Leidwesen der deutschen Volkswirtschaft und des Erhalts deutscher Arbeitsplätze.

An diesem Punkt angekommen, lautet der übliche Einwand, daß das deutsche Finanzsystem zwar zu teuer, zu konservativ und zu intransparent ist, aber dafür wenigstens sicher sei. Es sei immer noch besser als das amerikanische oder gar als das japanische System. Solche finanziellen Achterbahnen, Pleitenphasen, Finanzjongleure und Wildwest-Methoden, mit denen dort mit fremder Leute Geld umgegangen wird, will man hier in Deutschland nicht.

Wie in Kapitel 16 schon beschrieben, ist das japanische Finanzsystem wirklich nicht nachahmenswert; deswegen wird es auch gerade reformiert. Das obige Urteil über die amerikanische Finanzwelt kann aber einer genaueren Prüfung nicht standhalten. Die meisten Gesetze des auf Transparenz und Fairneß getrimmten amerikanischen Finanzrechts gibt es in Deutschland erst seit kürzestem, und sie werden wahrscheinlich auch nicht so stringent umgesetzt werden. Kein Wunder also, daß es in den USA scheinbar mehr Skandale gibt. In Deutschland sind sie nämlich tagtägliche erlaubte Praxis. Die Gesetze, wegen denen der Oberjongleur Michael Milken zum Beispiel zehn Jahre Gefängnis bekam, werden in Deutschland erst seit September 1994 strafrechtlich angewendet und gehören oftmals immer noch nicht zum Unrechtsbewußtsein der deutschen Banker.

Bei uns bleiben vor allem die regelmäßigen Krisen aus der USA-Bankenwelt im Gedächtnis haften. Erst war es der amerikanische Öl- und Landwirtschaftsboom, dann waren es die Dritte-Welt-Schuldenabschreibungen, dann kam der Sparkassen-S & L-Skandal zum Vorschein. Die nächste Pleitewelle schwebt schon über den Märkten: wenn amerikanische Bürger den Trend der letzten Jahre umdrehen und Guthaben aus ihren Aktienfondsinvestments in die Zinsmärkte umschichten. Der Punkt wird unweigerlich kommen, denn die Zinsen klettern immer höher, und die Aktienpreise bleiben stabil. Wenn es soweit ist, wird zwar nicht die Welt zusammenbrechen, aber für reichlich Aufruhr dürfte gesorgt sein. Aber bevor wir uns wieder schadenfroh über die dummen und unverantwortlichen Amerikaner hermachen, sollte uns klar sein, daß Deutschland die Alternative, in einen transparenten Aktienmarkt zu investieren, gar nicht ernsthaft anbietet. Wenn es in Deutschland eine Niedrigzinsphase wie bis vor kurzem in Amerika gäbe, dann wären die deutschen Bürger gezwungen, ihr Geld mit einer Nettorendite unterhalb der Inflationsrate anzulegen. Das wäre dann die völlig legale Volksberaubung. Da dies informierte Bürger nicht mit sich machen lassen, bringen sie ihr Geld ins Ausland. In Amerika gibt es zumindest die Möglichkeit für das Volk, sich in höhere Renditen zu flüchten, und wer dabei verantwortungsvoll handelt, wird keinerlei Einkommenseinbußen zu verzeichnen haben.

Das gleiche gilt auch für den S & L-Skandal. Wenn davon die Rede ist, dann wird gern übersehen, daß die allermeisten Anleger überhaupt keinen Schaden davongetragen haben. Ihre Bankeinlagen sind nämlich bis zu 100 000 Dollar versichert. Der letztendliche Schaden, für den der Steuerzahler aufkommen mußte, bewegt sich in der Endabrechnung um die 170 Milliarden Dollar, also etwa 250 Milliarden Mark, und ist über einen Zeitraum von ungefähr zehn Jahren entstanden. Dagegen verliert der deutsche Steuerzahler jedes Jahr allein eine unbekannte, kaum zu berechnende Summe in Milliardenhöhe an Steuern, weil die deutsche Finanzwelt ihre Gewinne völlig legal in den Bilanzen verstecken darf. Hans Dieter Meyer vom Bund der Versicherten kämpft bereits seit 1982 für mehr Transparenz der Vermögensverhältnisse im Versicherungswesen. Es sind mittlerweile 8000 Milliarden D-Mark an Überschüssen, die diese Industrie verwaltet, ohne daß es irgendwie praktikable Rechtsmöglichkeiten für die Versicherten gibt, sicherzustellen, daß diese zu neunzig Prozent wieder ausbezahlt werden, wie es der Gesetzgeber eigentlich vorgesehen hat. Dagegen ist der amerikanische S & L-Skandal wirklich

»Peanuts« – denn immerhin spielt er sich in einer Volkswirtschaft ab, die viermal so groß ist wie die unsere. Womit die Unfähigkeit der S & L-Bankmanager nicht entschuldigt werden soll. Sie wurden wie fast alle Banker einfach maßlos überschätzt, wenn es ums Geld geht.

Auch über den finanziellen Wirrwarr Amerikas wird regelmäßig berichtet. Es stimmt, das Angebot an finanziellen Produkten ist dort schon überwältigend. Um einigermaßen einen Verbraucherschutz bei diesen komplizierten Instrumenten zu gewährleisten, macht die amerikanische Rechtsprechung gnadenlos jeden Verkäufer verantwortlich, wenn ein Kunde finanziellen Schaden erlitten hat, weil ihm eine riskante Investition aufgeschwatzt wurde. Auch hier ist der Vergleich zu Deutschland interessant, wo die Banken oft erst nach Gerichtsentscheidungen auf höchster Ebene ihren Verbraucherschutzpflichten nachkommen.

Immerhin ist das Angebot in Amerika so gut, daß die Citibank, die den amerikanischen Servicestandard mittlerweile in der ganzen Welt in mehr als 2000 Filialen anbietet, auch in Deutschland jedes Jahr um 20 Prozent wächst. Die große Innovation Telefonbanking wurde von Citi nach Deutschland gebracht – und siehe da, auch deutsche Kunden genießen diese Bequemlichkeit. Welch ein Klassenunterschied zur Deutschen Bank: Dort werden Kontoauszüge den Kunden gebührenpflichtig zwangsverschickt, wenn sie der Kunde nicht innerhalb von sechs Wochen abholt.

Das Argument von der Verwirrung, die konkurrierende Anbieter stiften können, das auch häufig in Verbindung mit der Versicherungsderegulierung verwendet wird, erinnern uns doch sehr an Vormundschaft. Schließlich sei der Bürger zu unwissend, um wichtige Entscheidungen zu treffen, und muß daher vor sich selbst geschützt werden – so der Gedankengang. Die, die so denken, würden sich wahrscheinlich in Pekinger Regierungsbüros in guter Bekanntschaft wähnen. Dort denkt man nämlich auch so.

TEIL 4

Der mühsame Abschied vom bürgerlichen Ständestaat

19. Schule: Ideologenstreit statt Bildungsinhalte

Peers Frau Tomoko hatte das Privileg, im »exzellenten« japanischen Schulsystem aufzuwachsen. Mathematik, Literatur und Geschichte wurden von jung an in sie hineingedroschen, bis zu jenem hohen Standard an Wissen, mit dem Japan in den Leistungsvergleichen immer wieder auffällt und international führend ist. Auf keinen Fall jedoch würde sie den eigenen Kindern eine japanische Jugend zumuten wollen. Sie weiß, daß sie von ihren Lehrern bis zum zwölften Schuljahr nur einseitig, das heißt mit Fakten und Wissen, auf das Erwachsensein vorbereitet wurde.

Tomoko bedauert, daß sich ihre Persönlichkeit erst nach der Schule entfalten durfte. In der Schule ließ das Leistungsprinzip des riesigen Lernpensums keinen Spielraum dazu. Sie weiß auch, daß ihr die japanischen Behörden geschichtsverfälschendes Lehrmaterial aufzwangen, ausgerechnet in ihrem Lieblingsfach. Und sie hat in schrecklicher Erinnerung, wie zu viele Lehrer durch ständige Hänseleien an ihrem Selbstwertgefühl rüttelten. Eigenarten des japanischen Schulsystems, die in den Leistungsvergleichen nicht vermerkt werden.

Obwohl Reformen angekündigt sind, bleiben die Zustände unverändert. Tomokos achtjährige Cousine wird zum Beispiel in der Schule brutal von der Gemeinschaft ausgeschlossen – von Lehrern und Schülern gemeinsam – weil sie aufgrund einer Krankheit unterdurchschnittlich groß ist. Zwei weitere Cousins wurden ihre gesamte schulische Laufbahn lang diskriminiert, weil sie zwei Sprachen beherrschten, nämlich Japanisch und Deutsch. Auf der anderen Seite haben Peer und Tomoko auch japanische Ehepaare als Freunde, für die es als besonders schick gilt, wenn ihre Nachkommen mit drei Jahren schon lesen können. Das Leistungsprinzip greift gnadenlos schon im Kindergarten zu.

Tomoko verbrachte ihr zwölftes Schuljahr als Austauschschülerin des American Friendship Service, einer weltweiten Jugendaustausch-Organisation, in einem vornehmen Vorort von New York. In dieser amerikanischen High-School, die sich bewußt um einen großen Schüleraustausch mit der ganzen Welt bemühte, wurde sie mit unterschiedlichsten kulturellen Betrachtungsweisen vertraut gemacht. Dort wurden ihr Eigenständigkeit zugetraut, Teamarbeit vermittelt und ihre Kreativität gefördert. Eine umfassende Wissensbasis, die sie auf die Universität vorbereiten würde, war nur ein Teil des Lehrprogramms. Ihr wurde auf vielerlei Weise geholfen, Selbstvertrauen und Selbstdisziplin zu entwickeln, und parallel dazu wurde ihr eingeschärft, daß alle diese Güter zu sozialem Bewußtsein verpflichten. Auch diese Erlebnisse spiegeln sich nicht in den offiziellen Statistiken der Leistungsfähigkeit des amerikanischen Systems, die diesem im wesentlichen nur Versagen attestieren.

Die alte amerikanische Pioniertradition legte Wert auf Bildung, meistens waren die Schule und die Kirche die ersten Gebäude einer neuen Siedlung, zu Zeiten, als in Europa der Masse der Schulbesuch von den Feudalherren verboten wurde. Dem jungen amerikanischen Volk war klar: Nur eine gebildete Gesellschaft würde ihre demokratischen Rechte verteidigen, würde sich Wohlstand und Frieden erlauben können. Bildung war eine der wichtigsten Aufgaben der neuen Gemeinschaft. Und so kommt es, daß auch heute noch amerikanische Gemeinden ihre Schulen weitestgehend selbst finanzieren.

Der historisch gewachsene Ehrgeiz, die Schulen unmittelbar im öffentlichen Bewußtsein zu verankern, führte im 20. Jahrhundert zur Pervertierung des Systems. Denn aufgrund der krassen Unterschiede im Lebensstandard einzelner Regionen kommt es vor, daß die reichen Vororte bis zu 25 000 D-Mark pro Schüler für ihre öffentlichen Schulen ausgeben, während in den verslumten Innenstädten oft kaum 5000 D-Mark pro Schüler übrigbleiben. Und an diesen bereichern sich dann noch korrupte, inkompetente und aufgeblähte Stadtverwaltungen. Es sind die armen Schuldistrikte, die für die verheerenden Statistiken sorgen, wonach es nirgendwo sonst in der industrialisierten Welt so viele Schulabgänger gibt, die weder lesen noch schreiben können. Verschiedene Reformen, die

Finanzierung der Schulen auf überregionaler Basis zu übernehmen, sind zwar allerorten eingeleitet worden, doch scheitern sie meist an dem Widerstand der reichen Kommunen. Im Staat Michigan werden zum Beispiel die Schulen über die nächsten Jahre zunehmend mit einer Zigarettensteuer finanziert.

Dieses System trifft mehr und mehr auch den amerikanischen Mittelstand, der zuweilen in Gemeinden mit schlechten Schulstrukturen lebt, weil die örtliche Schulbehörde keine ausreichenden Mittel bekommt. Der Mittelstand schickt seine Kinder dann in private Lehranstalten oder zieht in eine Gemeinde mit besseren Schulen um. Dafür nimmt er oft sogar reale Einkommenseinbußen in Kauf. Wer nicht absacken will, der investiert in die Bildung seiner Kinder.

Peers ehemalige Nachbarn zogen von Boston in den New Yorker Stadtteil Manhattan. Um für ihre dreijährige Tochter einen privaten Kindergartenplatz zu bekommen, mußten die Eltern im September Aufsätze schreiben, Interviews führen und Zeugnisse abgeben, um dann vielleicht im März zugelassen zu werden. Für den Kindergarten! Denjenigen, die sich dieses private System nicht leisten können, eröffnet sich für ihren Nachwuchs der soziale Abgrund. So hat die Art und Weise, wie das Schulsystem in Amerika finanziert wird, einen wesentlichen Anteil an der Existenz einer Armutsklasse. Wer in der falschen Gegend aufwachsen muß, der hat fast keine Chancen mehr, aus dem Loch herauszuklettern. Soviel zur amerikanischen Tellerwäscher-Legende.

Diese unzulänglichen Zustände in den USA dienen gern dazu, hochmütig über den Atlantik zu schauen und dabei auf die durchgängig hohe Qualität des deutschen Systems hinzuweisen. Leider wird dabei übersehen, daß Deutschland weder mit den amerikanischen Slums auf den Weltmärkten konkurriert noch dorthin seine Spitzenqualitätsprodukte exportiert. Statt dessen wird sich die deutsche Wirtschaft den Herausforderungen stellen müssen, welche die außerordentlich gut ausgebildete amerikanische Elite ihr entgegensetzt. Jene Elite, deren Wertschöpfung der deutschen weit überlegen ist; man betrachte sich nur Industrien wie Elektronik, Kommunikation, Finanzen oder Handel. Und diese Wertschöpfung schafft natürlich auch einen wesentlich höheren Lebensstandard.

Das gleiche gilt auch für den deutschen Wettbewerb mit den Japanern. Mit den kleinen Zulieferbetrieben, die in Japan aussterben, weil sie schon dort nicht wettbewerbsfähig sind, müssen wir uns nicht auseinandersetzen. Der deutsche Manager steht aber im Wettbewerb mit solchen japanischen Arbeitnehmern, die in den Jahren nach dem Schulabschluß Kreativität und Problembewußtsein entwickeln konnten. Und die sind so zahlreich, daß sie uns mit ihrer Produktvielfalt und Innovation mehr und mehr von den Weltmärkten verdrängen.

Dennoch, wenn wir aus eigener Erfahrung in den drei Kulturen eine Bilanz der schulischen Systeme ziehen, eine Bilanz für die richtige Mischung zwischen Drill und Persönlichkeitsentwicklung, zwischen Chancengleichheit für sozial Schwachgestellte und effektiver Ausbildung der Elite, zwischen Wissensvermittlung und dem Erhalt von Wissensneugierde, zwischen dem Ernst des Lebens und der Unbeschwertheit eines Kindes, sind wir davon überzeugt, daß das deutsche Schulsystem unter den dreien das erfolgreichste ist. Mit 5600 D-Mark pro Schüler ist es obendrein relativ preiswert. Peers Erfahrungen an den beiden internationalen Eliteuniversitäten Sophia in Japan und Harvard in Boston bestätigen, daß deutsche Studenten dort in der Regel überdurchschnittlich gut abschneiden.

Das deutsche Abitur vermittelt ein vergleichsweise tiefes historisches und philosophisches Problembewußtsein und auch ein vergleichsweise umfangreiches mathematisches und naturwissenschaftliches Wissen. Seine für die Eltern kostenfreie Finanzierung läßt Mitschülern aus allen Bevölkerungsschichten eine Chance, ihre schulische Entwicklung unabhängig vom Geldbeutel ihrer Familie zu gestalten. Peer ist nach seinen Erfahrungen mit diesen anderen Systemen auch ein Befürworter des Halbtagssystems. Es zwingt die Schüler von früh auf, in eigenständiger Disziplin den Tag und die zu bewältigenden Aufgaben zu gestalten.

Es ist deswegen für die deutsche Wettbewerbssituation sicherlich von Vorteil, wenn mittlerweile ein Drittel der deutschen Schüler das Gymnasium besucht. Es handelt sich dabei um eine exzellente Bildungseinrichtung, deren breite Inanspruchnahme das Gesamtbildungsniveau Deutschlands deutlich verbessert und damit den Wohlstand und die Sicherheit der Gesellschaft fördert.

Den anderen zwei Dritteln steht das ebenfalls vorbildliche duale System von Lehre und Berufsschule zur Verfügung, das in Handwerks- oder Dienstleistungsberufen eine gründliche Ausbildung bereithält. Ein System, um das Deutschland in der Welt beneidet wird und das zum Beispiel auch Präsident Clinton in seine Bildungsreformen miteinfließen lassen will.

Die Klage, daß die Zunahme der Abiturienten der förderungswürdigen Elite die Chance nimmt, sich entsprechend zu profilieren, ist kurzsichtig. Das Gymnasium sollte, so die Argumentation der Bildungstraditionalisten, ausschließlich wieder der »echten« Intelligenz zur Verfügung stehen. Das würde auch das Universitätenproblem lösen und den Real- und Hauptschulabschluß wieder aufwerten. Dies wäre aber ein Schritt in die Vergangenheit, zurück zur Nachkriegsgeneration, als nur acht Prozent eines Jahrgangs das Abitur ablegten. Aus dieser Zeit stammt gleichfalls die höhere Einschätzung des vermeintlich selektiveren bayerischen Abiturs. Mittlerweile ist der Gymnasialanteil auch in Bayern auf 27 Prozent gestiegen, etwa im Vergleich zu Hessen mit 35 Prozent, wo die Gesamtschulen ihr angebliches Unheil anrichten.

Wer so argumentiert, möge bitte erklären, wie im 21. Jahrhundert selbst einfache Berufe mit nur neun Jahren Schulausbildung zurechtkommen sollen. Vielleicht reicht es noch für einen Hilfsarbeiterjob, aber schon das tägliche Leben wird für diese Menschen zu kompliziert, um es zu begreifen. Mit zu wenig Ausbildung schafft man sich eine Gruppe in der Bevölkerung, die am Produktivitätswachstum nicht mehr teilnehmen kann, und verurteilt sie damit zur schleichenden Verarmung. Der erste Schritt in Richtung Zwei-Klassen-Gesellschaft. Die Arbeitsämter müssen dann durch teure Umschulungsmaßnahmen, durch zweite und dritte Bildungswege die Defizite der Arbeitnehmer wieder ausgleichen, die sich in ihrer Jugend aufgrund einer zu kurzen Schulzeit angesammelt haben.

Anstatt die Zahl der Schüler im Gymnasium zu beschränken, sollte eher umgekehrt die Hauptschule abgeschafft werden, denn sie führt Deutschland zunehmend in Richtung Armutsgetto – die Konsequenzen sind in Amerika zu besichtigen. Das gesellschaftliche Ziel muß sein, nicht einer kleineren begabten Gruppe Privilegien zu verschaffen, sondern alle Bildungsreserven der Nation zu mobilisieren, indem eine Grundausbildung so breit wie möglich gestreut wird. Im internationalen Maßstab ist das die Fachhochschulreife nach dem zwölften Jahr der Oberstufe und nicht der Realschulabschluß mit 16 Jahren. Letzterer wird auch dadurch nicht wertvoller, daß mehr Schüler gezwungen werden, ihn anstelle des Abiturs zu machen.

Für die weniger Begabten sollten auch besonders gutes Lehrpersonal und ausreichende Finanzmittel zur Verfügung stehen, damit sie in einer Leistungsgesellschaft mithalten können. Zum Beispiel könnten wir uns vorstellen, daß Computer in einer Haupt- und Realschule besser eingesetzt sind als im Gymnasium. Gymnasiasten sollten den Umgang mit Computern von allein lernen, sonst sind sie sowieso an der falschen Schule. Für die Gesellschaft aber ist es wichtig, diese neuen Medien auch Schülern am unteren Leistungsspektrum nahezubringen.

Ein Modell, wie die Haupt- und Realschulen aufgewertet werden können, sind die additiven Gesamtschulen. Die Gesamtschule verschafft den leistungsschwachen Teilen der Bevölkerung eine Chance, sich an die Ressourcen, welche die Leistungsstarken immer wieder an sich binden, anzuschließen, und bietet damit echte Chancengleichheit an. Dagegen haben reine Hauptschulen keine starken Stimmen im politischen Kampf um Zuwendungen, weil deren Schülerzahlen schneller sinken als an anderen Schulen und das soziale Milieu der Eltern nicht zur zu bedienenden Klientel der Bildungspolitiker gehört.

Die ideologische Grundsatzdebatte um Gesamtschulen und Gymnasien wird nahezu klassenkämpferisch geführt. Die Klasse der Intelligenten und vom Elternhaus Bevorteilten kontra die Klasse der Arbeiter, die diesen nicht im Weg stehen sollen. Die gefälligst so bald wie möglich arbeiten sollen, als Bauarbeiter muß man schließlich weder Integrale rechnen noch Englisch sprechen können. Selbst uns bekannte SPD-Genossen haben plötzlich Skrupel und machen sich auf die Suche nach einem Gymnasium, wenn es um eine Schule für den hoffnungsvollen Nachwuchs geht.

Leider wird die Debatte aber nicht um Bildungsinhalte, um Lehrerqualität und Engagement der Schulleitung geführt – denn diese Kriterien sind es letztendlich, welche die Qualität der Schule ausmachen. Peer hat eine Gesamtschule in Hessen besucht, anschließend ein Gymnasium in Rheinland-Pfalz. Unterschiede im Lehrstoff fand er keine, Unterschiede im Lehrkörper sehr wohl. Am Gymnasium gab es wesentlich mehr vom Dünkel getriebene Altkader, denen das Lehramt mangels pädagogischer Kenntnisse schon längst hätte entzogen werden sollen.

Noch deutlicher war der Unterschied an der sozialen Schichtung des Schulhofs zu erkennen. Peers Gesamtschuljahrgang bestand aus sieben Klassen, drei Hauptschul-, drei Realschulklassen und einer Gymnasialklasse. Dieses Leistungsprofil reflektierte einen ländlichen Bezirk, in dem damals überwiegend Bauern und Stahlarbeiter der lokalen Passavantwerke lebten. Die Gymnasiasten konnten sich nicht den sozialen Spannungen entziehen, die dadurch entstanden, daß manche früher als andere arbeiten müssen, daß manche nicht so leistungsfähig sind wie andere, daß Deutschland einen achtprozentigen Ausländeranteil an der Bevölkerung hat. Wenn es für diese Dörfer, 25 bis 40 Kilometer von Wiesbaden entfernt, keine Gesamtschule gegeben hätte, wäre nur eine Handvoll Zehnjähriger jeden Morgen mit dem Bus in das Gymnasium nach Wiesbaden gefahren. Wer also von Chancengleichheit spricht, der soll additive Gesamtschulen zumindest für strukturschwache Gebiete zulassen.

Aber auch für Städte bieten Gesamtschulen Vorteile. Peers Klasse wurde im gymnasialen Zweig ausschließlich von Studienräten unterrichtet, wie das für ein Gymnasium üblich ist. Für sie entstand also kein Nachteil. Aber wegen ihres Leistungsanspruchs bekamen die Hauptschüler ebenfalls die Chance, von Studienräten unterrichtet zu werden. Da die Lehrer den Gymnasialstoff kannten und im selben Lehrverbund unterrichteten, konnten sie das Niveau der Hauptschulklassen nach oben schrauben. Die Gesamtschule erlaubte auch, daß es zwischen den drei Ebenen Fluktuationen gab, die an Gymnasien zwar theoretisch möglich sind, aber praktisch nicht vorkommen. In Peers Klasse konnten drei Schüler im Lauf der Zeit in das Gymnasium aufsteigen, zwei andere wechselten an die Realschule. Wir halten es für einen Dünkel zu glauben, als Gymnasiast um seine Bildung am gymnasialen Zweig einer additiven Gesamtschule fürchten zu müssen. Eine gute Gesamtschule mit guten Lehrern und guter Ausstattung wird ein hohes Bildungsniveau vermitteln können, und ein schlechtes

Gymnasium mit mangelnder pädagogischer Qualität nur ein niedriges. Eines vermag das Gymnasium jedoch mit Sicherheit nicht zu leisten: einen Beitrag zur Chancengleichheit, einen Beitrag zu einer Gesellschaft, in der sich die Privilegierten nicht auf ihre eigenen Inseln absetzen können. Gesamtschulen konfrontieren Schüler von jung auf mit den Problemen der Gesellschaft und zwingen die zukünftige Elite, sich mit diesen Problemen vertraut zu machen.

Die Grenzen, die dieses Schulsystem mit seinem Drei-Klassen-System zwischen den Bevölkerungsschichten errichtet, können hinterher durch Leistung kaum mehr überbrückt werden. Mit der Art und Weise, wie an den Universitäten eine sich selbst bedienende und sich selbst genügende Elite gezüchtet wird, beschäftigt sich das nächste Kapitel. Aber auch für diejenigen, die nicht den Weg der Universität wählen, sondern eine Ausbildung anfangen, sind die Perspektiven, für Leistung belohnt zu werden, knapp bemessen. In den praktischen Ausbildungen wie dem Handwerk hat sich die politische Diskussion an der Lehrstellenfrage festgebissen. So lautstark aber das Gezänk um ausreichende Lehrlingsplätze ist, sowenig schert man sich um das Schicksal der Gesellen, die sich dann oft im ständischen Spinnengewebe des deutschen Meistersystems verheddern. Mehr dazu im späteren Kapitel über das deutsche Handwerk – das Fossil.

Zumindest für die männlichen Jugendlichen gibt es noch eine Hürde zu überwinden, bevor sie ins Erwachsenenleben entlassen werden, eine Hürde, die Amerikaner und Japaner nicht haben: die Bundeswehr. Sie droht jeden leistungsfähigen männlichen Achtzehnjährigen erst mal ein Jahr lang einzubunkern, anstatt diesen wertvollen Zeitabschnitt zum Lernen und zur Lebensorientierung zu verwenden. Sie werden dadurch vor allem ein Jahr älter als ihre Konkurrenten in den anderen großen Wirtschaftsnationen.

Für taktische Überlegungen ist ein Wehrdienst irrelevant. Es sind die gut ausgebildeten Spezialisten, welche die Schlagkraft und damit die eindeutige Überlegenheit einer Armee ausmachen – nicht das Fußvolk. Daß für ein effizientes Militär kein Wehrdienst notwendig ist, zeigen die hochgerüsteten Armeen der USA und Großbritannien. Auch Frankreich setzt im Ausland nur die

Fremdenlegion ein, nicht die Wehrdienstler. Warum also diese zusätzliche Belastung eines allgemeinen Wehrdienstes?

Die allgemeine Wehrpflicht wird in Deutschland mit historischen Erfahrungen begründet. Deutsche Militärs, damals geprägt vom Großgrundbesitz, haben sich jeweils gegen die Demokratie gestellt und sie bekämpft. Der allgemeine Wehrdienst sollte die neue Bundeswehr stärker mit der Gesellschaft verweben, verhindern, daß eine deutsche Armee erneut zum Staat im Staat verkommt. Die historische Basis dieser Argumente liegt schon drei Generationen zurück. Seitdem aber hat sich Deutschland durch eine stabile Demokratie ausgezeichnet, die mehr Vertrauen verdient. Und die ostelbischen Junker stellen auch nicht mehr das Offizierskorps. Die Bundeswehr hat sich nichts zuschulden kommen lassen, mit dem man ihr Engagement um den freiheitlichen deutschen Staat in Frage stellen könnte. Wer also noch immer an der Fähigkeit zweifelt, daß Deutschland ein Berufsheer bilden und kontrollieren kann, der stellt im Grunde die Festigkeit unserer Demokratie in Frage.

Die Bundeswehr bleibt zudem eine ungerechte Einrichtung. 25 Prozent der Wehrdienstpflichtigen entscheiden sich gegen den Militärdienst. Auch ein Zeichen der tiefen demokratischen Gesinnung der Generation, die Deutschland im 21. Jahrhundert führen wird. Friedensgesinnung leben, nicht Gewehrläufe putzen. Dafür werden diese Zivilhelden in der Gesellschaft nach wie vor benachteiligt, müssen drei Monate länger dienen, werden immer noch von Karriereberatern darauf hingewiesen, daß eine Kriegsdienstverweigerung nachteilig für den beruflichen Werdegang sein könnte.

Wenn schon ein Dienst für die Gesellschaft notwendig ist, dann wenigstens für alle, und dann auch für denselben Zeitraum. Warum eigentlich kein soziales Jahr für alle Achtzehnjährigen, Frauen und Männer, wehrtüchtige und nicht wehrtüchtige gleichermaßen? Oder auch nur ein halbes Jahr? Wichtig ist nicht die Dauer, sondern der Auftrag, junge Menschen mit der sozialen Verpflichtung eines jeden Bürgers vertraut zu machen. Wir leben in einer Gemeinschaft, in der wir füreinander dasein müssen, auch auf gesellschaftlicher Ebene. Dieser soziale Einsatz könnte gleichfalls internationale Einsatzmöglichkeiten vorsehen, ähnlich dem amerikanischen Modell des Peacecorps. Seine Einsätze in der dritten Welt helfen zwar nur selten, das dortige Elend zu mindern, aber sie tragen enorm zum Verständnis der Weltprobleme bei.

Mit dem sozialen Jahr würde auch die Ungerechtigkeit abgeschafft, daß Frauen sich dieser gesellschaftlichen Verantwortung bisher entzogen haben. Hat doch die feministische Bewegung bislang noch keinen Anspruch auf Gleichberechtigung dazu verlauten lassen. Angeblich wird damit ein Ausgleich geschaffen für die Jahre, die Frauen verlieren, wenn sie Kinder bekommen. Was ist aber mit all den Frauen, die keine Kinder haben wollen bzw. jenen, die mehrere Kinder großziehen? Es klingt nach Ausrede. Wäre der politische Wille tatsächlich vorhanden, dann könnte der Ausgleich für die Frauen, die wirklich Kinder bekommen, über eine vernünftige Familienpolitik gerecht und sozial gestaltet werden.

Das soziale Jahr könnte helfen, das Verständnis für die unterschiedlichen sozialen Gruppierungen im Land zu wecken. Bei der Zunahme der Einzelkinder im Staat ist das für viele eine Chance zu erkennen, daß das »Ich« nicht alles im Leben ist und daß die sozialen Verpflichtungen nicht mit dem Zahlen von Steuern erledigt sind.

20. Die Studenten: Elite auf Staatskosten

»Das ist ja wohl das Allerdümmste, was man machen kann: den Wert der Bildung in Geldbeträgen auszudrücken«, schnaubte ein Betriebswirtschaftsstudent in einer Diskussion über deutsche Universitäten. Es ging darum, ob es fair sei, daß das deutsche Studium eigentlich nichts kostet. Bei solchen Diskussionen hat Peer es erfahrungsgemäß schwer, bis er mit deutschen Studenten auf einen Nenner kommt. Die individuellen Erfahrungen sind jeweils zu unterschiedlich. Die Argumente seiner ehemaligen Klassenkameraden berufen sich dabei im wesentlichen auf die Erkenntnis, daß das Studieren in Deutschland immer teurer wird. Stichworte: Wohnungsknappheit, überfüllte Lehrsäle, die ein zügiges Studium verhindern, Wartezeiten bis zum Wunschstudium, gestiegene Diplomanforderungen. Aufgrund dieser Verzögerungen koste ein Studium mittlerweile gut und gerne 90 000 D-Mark. Unglaublich – Deutschlands Bildung auf dem Weg in die Katastrophe, der Sozialstaat versagt. Von kostenlos kann also gar keine Rede sein, und dann wollen diese Politiker die »Bafög«-Leistungen auch noch mehr streichen.

Die andere Seite. Für Peers Studium in Japan zahlten wir jedes Jahr 15 000 D-Mark an die Sophia-Universität. Der Harvard-Universität zahlte Peer aus eigener Tasche 40 000 D-Mark im Jahr. In Deutschland aber muß sein Bruder Sven für sein Physikstudium an der Technischen Hochschule Darmstadt außer Verwaltungsgebühren und Büchern nichts an die Universität zahlen. Also kostet ein deutsches Studium die stolze Summe von Null und nicht 90 000 D-Mark, wie landläufig in der Presse beschrieben.

Was dabei als Studienkosten betrachtet wird, sind schließlich Lebenshaltungskosten, mit denen sich alle Bürger in dieser Republik herumplagen müssen. Es ist eine »traurige« Wahrheit, daß das

Leben in Deutschland Geld kostet, die Gesellschaft ist noch nicht voll verstaatlicht – Gott sei Dank nicht. Bei einer durchschnittlichen Studiendauer von sieben Jahren verbraucht ein deutscher Student 13 000 D-Mark im Jahr, 1100 D-Mark im Monat. Das sind vielleicht 400 D-Mark Warmmiete für ein Zimmer in einer Wohngemeinschaft, 200 D-Mark für Auto oder öffentliche Verkehrsmittel, 100 D-Mark für ein paar fixe Ausgaben wie Krankenversicherung, und der Rest dient der Ernährung. Das sind typische Lebenshaltungskosten für Alleinstehende in der Ausbildung und hat mit dem Studium an sich gar nichts zu tun.

Den Lebenshaltungskosten stehen auch Einnahmen gegenüber. Denn schließlich haben Studenten ja Semesterferien und auch während des Studiums viel Zeit zum Nebenerwerb. 12,3 Stunden pro Woche arbeiten sie laut *Wirtschaftswoche* im Schnitt. Darüber hinaus werden sie, wenn nötig, mit »Bafög« gefördert, haben bei guter Leistung Zugang zu einem Stipendium oder bekommen möglicherweise von den Eltern Unterstützung. Würden wir in der Gesellschaft anfangen, Tätigkeiten nach Lebenshaltungskosten zu berechnen, kämen dabei interessante Ergebnisse heraus. Warum soll eigentlich nur ein Studium 90 000 D-Mark kosten? Eine dreijährige Lehre kostet dann dreimal 13 000 bzw. knapp 40 000 D-Mark. Ein teures Vergnügen, so eine Lehre! Denn wie gesagt, so wie die Studenten kalkulieren, werden nur die Lebenshaltungskosten betrachtet, nicht die Einnahmen.

Man kann das beliebig weiterspinnen: Einen Familienvater mit zwei Kindern kostet es im Jahr 50 000 D-Mark, damit er für eine Bank arbeiten kann. Überhaupt, rechnet man so eine Beschäftigungsdauer von 30 Jahren einmal hoch, dann käme selbst ein Fließbandarbeiter auf mehr als eine Million D-Mark, die ihn seine Tätigkeit kostet. Deutschlands zukünftige Elite lernt auf diese Weise, die eigentliche Leistung der Universitäten gratis in Anspruch zu nehmen, und beschwert sich anschließend über den hohen Preis ihres Lebensstandards. Es ist die Perversion des Sozialstaats in Reinstform.

Daß diese absurde Rechnerei als salonfähig gilt, zeigt, wie tief sich das Schmarotzertum an den deutschen Universitäten und damit in die Führungselite Deutschlands hineingefräst hat. Laut dem Anspruchsdenken dieser Elite soll der Staat gefälligst nicht nur das Studium zum Nulltarif verschenken, sondern zusätzlich auch noch die Lebenshaltungskosten, damit sie gemäß dem Humboldtschen Ideal unbeschwert ihre Genialität austoben darf!

Nicht einem einzigen Studenten, mit dem Peer diskutiert hat – und das waren viele aus den verschiedensten Disziplinen – waren die eigentlichen Kosten seines Studienplatzes bekannt. Die sind nämlich erklecklich und können in ihrem Ausmaß durchaus mit denen amerikanischer Eliteuniversitäten mithalten. Der deutsche Steuerzahler blättert für einen Studienplatz durchschnittlich 12 000 D-Mark im Jahr hin. Dabei liegen die tatsächlich verursachten Kosten sogar bei 22 000 D-Mark pro Studienplatz. Die Differenz finanziert sich mit Drittmitteln hauptsächlich im medizinischen Bereich und Verwaltungseinnahmen. Die direkten Kosten für den Steuerzahler allein ergeben bei sieben Jahren Studiendauer immerhin schon 72 000 D-Mark pro Studium. Aber weil nicht alle Studenten auch ein Diplom machen, liegen die Kosten pro Universitätsabschluß schon eher bei 110 000 D-Mark.

Dann kommt noch hinzu, daß die Studenten für diese Zeit auch Rentenansprüche bei der Sozialversicherung geltend machen können, die gesellschaftliche Infrastruktur, wie zum Beispiel Straßen und Transport, insbesondere in den Unistädten benutzen, »Bafög«-Vergütungen und verbilligte Konditionen in den Krankenversicherungen erhalten usw. Diese Inanspruchnahme volkswirtschaftlicher Ressourcen werden in der Fachsprache Entzugskosten genannt und machen laut Experten das Drei- bis Vierfache der direkten Kosten aus. Ein Universitätsabschluß belastet den deutschen Steuerzahler somit irgendwo zwischen 300 000 und 400 000 D-Mark. Das volkswirtschaftliche Aufkommen für deutsche Studenten beläuft sich folglich auf mehr als 55 Milliarden D-Mark im Jahr, ungefähr soviel wie derzeit die jährliche Neuverschuldung der öffentlichen Hand. Doch die meisten deutschen Studenten sehen nur ihre 90 000 D-Mark Lebenshaltungskosten, und das finden sie schon unverschämt. Eine typische Aussage lieferte ein Chefarzt. Auf die Frage, ob sein hohes Arztgehalt denn gerechtfertigt sei, betont er: »Ja, denn schließlich hatte ich ja auch eine sehr teure Ausbildung.« Er vergaß, daß diese Ausbildung ihn nichts gekostet hat. So erzieht man sich Schmarotzer.

Immerhin treten in Deutschland jedes Jahr 290 000 neue Studenten diesen akademischen Erlebnisurlaub an, davon 90 000 an Fachhochschulen. 91 Prozent der hochschulberechtigten Männer beginnen ein Studium, aber nur 69 Prozent der Frauen. Jeweils zwei Drittel von ihnen werden nach durchschnittlich sieben Jahren einen Abschluß schaffen, die anderen steigen vorher aus.

Die kostenlose Universität leitet sich aus dem Grundgesetz ab. Darin werden in Artikel 12, Absatz 1 die freie Berufswahl der Bürger und damit das Recht auf einen Studienplatz garantiert. Entscheidet sich also jemand dafür, Arzt zu werden, dann muß er das tun können, ohne daß so profane Dinge wie Geld ihm den Weg zu seinem Ziel verstellen dürfen. Also müssen die Universitäten staatlich organisiert und kostenfrei sein, sonst wäre laut gängiger Rechtsprechung der letzten 30 Jahre das Grundrecht verletzt.

Auch wenn der Bogen von freier Berufswahl zur kostenlosen Universität etwas weit geschlagen scheint, so ist diese Rechtsprechung nicht gerade verwunderlich. Sind doch die beteiligten Rechtsanwälte, Richter und Rechtsexperten selbst Begünstigte dieses Systems, haben bei der Verwirklichung des Sozialstaats in erster Linie nur an ihre eigene Schicht gedacht.

Und in der Tat erscheint die Rechtfertigung mit dem Grundgesetz eine gerade gut passende Ausrede dafür zu sein, die politisch schwierigen Reformen gar nicht erst anzufassen. Ein Verhaltensmuster, das uns auch schon bei der Steuerreform und der Privatisierung begegnet ist.

Nur Abiturienten und Akademiker erhalten auf diese komfortable Art und Weise eine freie Berufswahl. Das gilt für die anderen Schichten nicht: Krankengymnastiker/innen, Altenpfleger/innen, medizinisch-technische Assistenten/innen, um nur drei Berufe aus dem Medizinbereich zu nennen. Sie alle müssen für ihre Ausbildung zahlen, der Arzt studiert umsonst.

Einige Studenten rechtfertigen diese Privilegien noch mit dem Hinweis, daß sie später mit ihren höheren Gehältern auch höhere Steuersätze in Kauf nehmen müßten und so indirekt ihr Studium zurückzahlen würden. Das ist die abenteuerlichste Entschuldigung. Denn die Steuerprogression dient, wie wir bereits geschrieben haben, schließlich der unstrittig notwendigen sozialen Umverteilung von Begünstigten zu weniger Begünstigten und nicht dem Zurückzahlen vorheriger staatlicher Leistungen. Und selbst wenn es so wäre: Was ist mit jenen Studenten, die einfach nur so herumstudieren oder das Studium abbrechen? Wann zahlen die ihre Studienkosten zurück?

Ganz im Gegenteil: Eine Studie der OECD hat nachgerechnet, daß die einkommensschwachen und nichtakademischen Bevölkerungsschichten überproportional stark die staatlichen Hochschulausgaben finanzieren müssen. Leider kommen die wenigsten der Studenten auf den Gedanken, daß, wenn sie schon das Studium nicht zahlen, dies schließlich anderen überlassen bleibt. Zum Beispiel der Theoretische-Physik-Student, der gerade an seiner Doktorarbeit herumbastelte, als Peer ihn fragte, ob er es für angebracht hielte, daß der deutsche Steuerzahler ihm diese Ausbildung finanziert. Ob er denn glaube, daß sich diese Investition jemals wieder für den Steuerzahler auszahlen würde. Er gestand, daß er bis dato noch nie darüber nachgedacht habe. Aber eigentlich finde er schon, daß auch Theoretische Physik wichtig sei und vom Staat bezahlt werden müsse. Mit anderen Worten: All die Schreiner, Busfahrer, Fließbandarbeiter usw., die nur mit großen Mühen ihre vierköpfigen Familien über Wasser halten können, sollten weiterhin mithelfen, sein Studium zu finanzieren. Und unsere Arbeitslosen, die keinen Job finden, weil der Arbeitsplatz in Deutschland aufgrund der Sozial- und Steuerabgaben zu teuer ist, die müssen halt sehen, wo sie bleiben. Für ihn lohnt es sich auf alle Fälle.

Ein sozialer Staat, und mit diesem Etikett brüsten sich die Deutschen, zeichnet sich dadurch aus, daß die leistungsfähige Elite den Staat und damit die Schwächeren unterstützt. Das vorherrschende Denken an den Unis ist genau umgekehrt. Dort wird Anspruch auf Unterstützung durch den Staat erhoben, weil dieser sich schließlich um seine Elite kümmern müsse. Wer mit deutschen Studenten über Finanzen diskutiert, der merkt sehr schnell, daß das für sie die entscheidende Errungenschaft einer sozialen Politik ist: Jeder darf so viel und so lange studieren, wie er oder sie will, unabhängig vom Geldbeutel der Eltern und – was wichtiger ist – unabhängig vom Ziel. Kein Wunder also, daß die deutsche Elite eine glühende Verfechterin der sozialen Marktwirtschaft ist. So wie sie heute von unten nach oben verteilt, ist sie nämlich auch ihr größter Nutznießer. Denn Arbeiterkinder sind trotz aller sozialen Ansprüche nach wie vor weit unterproportional an den Hochschulen vertreten.

Von ihnen schaffen acht Prozent den Eintritt in die Universität –
im Gegensatz zu 49 Prozent aller Beamtenkinder. Na also.
Ebenjenen Vorwurf machen deutsche Bildungsdogmatiker ja
immer dem amerikanischen System: Es sei teuer, ungerecht, unsozial, von Seilschaften durchzogen. »Nein, Zustände wie in
Amerika wollen wir ja schließlich nicht.« Aber was herrschen
denn für Zustände an amerikanischen Universitäten? Für seine
zweijährige Harvard-Ausbildung mußte Peer der Universität
80 000 D-Mark zahlen. Die Lebenshaltungskosten sind dabei
noch nicht einmal berücksichtigt. Dafür bewegen sich die durchschnittlichen Anfangsjahresgehälter bei 150 000 D-Mark. Das ist
der Durchschnitt, wohlgemerkt; der Zeiger schlägt nach oben bis
über 200 000 D-Mark aus.

Von solchen Einkommen kann man die Schulden, die im Laufe
des Studiums auflaufen, ohne viele Probleme wieder zurückzahlen. 89 Prozent aller Harvard-Business-School-Studenten haben
für das Studium Kredite aufgenommen, und die durchschnittliche
Verschuldung liegt bei 75 000 D-Mark. Der Rest finanziert sich in
der Regel aus vorher Angespartem. Die Kredite werden von Banken vergeben und vom amerikanischen Staat garantiert – denn
Bildung ist, wie beschrieben, dem amerikanischen System ein
Wert an sich. Nahezu alle von Peers Kommilitonen hätten sich
das Studium nicht von ihren Eltern bezahlen lassen können. Aber
an Geld scheitert kein Studium. Für Härtefälle stehen finanzielle
Beihilfen zur Verfügung; wer etwas leistet, wird auch unterstützt.

Dagegen wird deutschen Studenten empfohlen, als Anfangsge-
halt nicht mehr als 60 000 D-Mark zu fordern, also zwei Drittel
weniger als bei Harvard-Absolventen. Wem es gelingt, in die
hochbegehrten Traineeprogramme der Banken einzusteigen, der
bekommt dann 90 000 D-Mark. Offensichtlich sind Harvard-Ab-
gänger aber der internationalen Großindustrie diese Gehälter
auch wert, es zwingt sie ja schließlich keiner, zu zahlen. Erfolgreiche Firmen wie Proctor & Gamble oder ABB stellen mit Vor-
liebe Harvard-Leute ein. Auch einer der erfolgreichsten deutschen Konzerne, Bertelsmann, rekrutiert mit viel Engagement in
Harvard.

Jeder Absolvent ist Teil eines Netzwerks, in dem 37 000 Harvard-Business-School-Abgänger und 200 000 Harvard-University-Abgänger in der ganzen Welt an den Hebeln der Macht sitzen. Dieses Netzwerk allein ist ein Mehrfaches dessen wert, was Harvard die Studenten an Zeit, Energie und Geld kostet. Dabei dekken die hohen Studiengebühren noch nicht einmal die Hälfte der tatsächlichen Studienkosten. Die andere Hälfte wird durch Spenden, darunter auch von Ehemaligen, bestritten. Denn sie wissen, daß ihr Netzwerk nur so lange wertvoll ist, wie weiterhin die besten Kandidaten neu aufgenommen werden. Würde die Ausbildung zu teuer, bestünde die Gefahr, daß qualifizierte Kandidaten es sich nicht mehr leisten könnten und von Reichen ersetzt werden. Die durchschnittliche Qualität würde so sinken und der Ruf darunter leiden. Das Netzwerk wäre dann nicht einmal mehr halb soviel wert.

Damit kein Mißverständis entsteht: Harvard-Studenten sind keine Genies mit außergewöhnlichen Intelligenzquotienten. Jeder von ihnen hat auf dem Weg zu Harvard wesentlich intelligentere Mitstudenten und Kollegen überholt, die durch verschiedene Umstände daran gehindert wurden, ihre Fähigkeiten in entsprechenden Erfolg umzusetzen. Oft genug war es nur Bequemlichkeit. Auch der typische Strebertyp hätte keine Chancen in Harvard. Amerika erhebt keinen lautstarken Anspruch, eine gerechte Gesellschaft zu sein – im Gegensatz zu Deutschland. Wer aber in die amerikanische Elite aufgenommen werden will, der muß sich in erster Linie dem Wohl der Gesellschaft verpflichten – auch das im Gegensatz zu Deutschland.

Für Peers Zulassung zu Harvard war seine akademische Leistung an der Sophia-Universität nicht ausschlaggebend. Wichtiger war, daß er in Tokyo eine studentische Vereinigung geführt hatte, die sich durch kostendeckende Serviceleistungen um eine Vertiefung des sozialen Engagements auf dem Campus bemühte. Das reichte vom Bereitstellen von Computern über Studienreisen in die japanischen Provinzen bis hin zu Partys in der Mensa. Bedeutsam für Harvard war auch, daß er beweisen konnte, sich mit sozialen Problemen auseinandergesetzt zu haben: zum Beispiel als er in der elften Klasse mittels der Schülerzeitung einen schülergetragenen Spendenaufruf für blutkranke Kinder in Sardinien organisierte. Sein Abiturdurchschnitt hat zwar keine Preise gewonnen, aber dafür war er seit dem dritten Gymnasialjahr als Klassensprecher in die Schülermitverwaltung gewählt. All das war wesentlich wichtiger als die Noten.

In Deutschland dagegen erhält man Zugang zur Elite mittels genau dieser Noten. Soziales Engagement wird nicht gefragt. Und mit guten Noten verbindet diese Elite dann einen Anspruch auf Privilegien, anstatt ihre Leistungsfähigkeit als Pflicht zu erkennen, sich für das Wohl der Gemeinschaft um so mehr einzusetzen. Deswegen haben wir Ärzte, die sich dazu »herablassen«, Patienten zu behandeln, denn schließlich schuldet die Gesellschaft ihnen diese hoheitliche Stellung nun mal; Rechtsanwälte, die einem »den Gefallen tun«, Rechtsbeistand zu leisten; Manager, die in ihrer Position »verehrt« werden müssen; Professoren, denen das Unterrichten unheimlich lästig ist – ihnen allen »schuldet« die Gesellschaft das Privileg der Hoheit, weil sie ja schließlich intelligent sind.

Aber abgesehen von der unsozialen Finanzierung der Universitäten, in der sich die herangedeihende Elite bedienen läßt, verursacht die kostenlose Universität noch eine weitere soziale Schieflage: auf dem Arbeitsmarkt. Auf diesem Arbeitsmarkt steht Jahr für Jahr ein Viertel eines Jahrgangs im durchschnittlichen Alter von 28 Jahren ohne Arbeitserfahrung schon recht überaltert und überakademisiert herum. Wenn die Wirtschaft sich dort ihre Arbeitskräfte einkauft, kann sie, weil ein Überangebot an diesen Ex-Studenten besteht, die Gehälter weit unter dem Kostensatz der Ausbildung nach unten drücken. Da die Studenten aber ihr Studium nicht bezahlen mußten, können sie die vergleichsweise niedrigen Gehälter auch akzeptieren. Im Nettoeffekt führt das dazu, daß die Arbeitgeber sich die Ausbildung ihrer Mitarbeiter vom Staat bezahlen lassen.

Diese Marktverzerrung führt zu ganz typischen Symptomen: Ressourcen werden verschwenderisch eingesetzt. Die Industrie kann sich diese überakademisierten Arbeitnehmer zwar subventioniert einkaufen, vermag aber nicht genügend akademische Arbeitsplätze für sie bereitzustellen. Also werden sie auf Vorrat angeworben und mit Aufgaben betraut, die eigentlich auch Fachhochschüler oder sogar gut ausgebildete Lehrlinge bewältigen könnten. So sind die jungen Nachwuchskräfte in ihrem Job gelangweilt, und während sie nach Verantwortung streben, zeichnet sich vor ihnen der Beförderungsstau ab. Bestenfalls verlieren die frischen Arbeitnehmer auf diese Weise bald ihre Energie und Initiative, treiben dann halt so mit. Schlimmstenfalls entwickeln sie sich zu einem Fahrradfahrer und Intriganten und beginnen den Betrieb durch Grabenkriege zu stören, weil das der einzige Weg ist, überhaupt die Karriere zu beschleunigen.

So entsteht dann auch das typisch deutsche Betriebsklima: Oben liefern sich die Intriganten erbitterte Schlachten, in der Mitte leisten mehr recht als schlecht Resignierte ihre Routine ab, und unten schwebt das Schwert der Arbeitslosigkeit. Es ist das klassische Ergebnis einer Subvention: Eine unter ihren eigentlichen Kosten erstandene Ressource, in diesem Fall Managementnachwuchs, wird verschwendet. Müßte die Wirtschaft die Kosten der Universitäten via Gehälter zahlen, dann würde sie wesentlich sorgfältiger damit umgehen.

Die sinnvollste Methode, die Wirtschaft zu zwingen, diese Ausbildungskosten zu übernehmen, wäre es, den Studenten Studiengebühren zuzumuten. Diese Studiengebühren könnten ohne weiteres in einem großzügigen Kreditprogramm finanziert werden, ähnlich der jetzigen »Bafög«-Regelung, so daß sie erst dann zurückgezahlt werden müssen, wenn die Finanzkraft des Studenten ansteigt: nach seinem Studium. Wer Studiengebühren bezahlen muß, der macht sich vor Studienbeginn Gedanken darüber, für welchen Lebensweg das Studium eingesetzt werden soll und ob es dafür tatsächlich taugt. Der überlegt sich schon vorher, wie gut die Chancen sind, dieses Studium auch zu absolvieren, und welche Möglichkeiten bestehen, sich damit einen guten Arbeitsplatz zu sichern. Denn nur mit diesem Arbeitsplatz lassen sich die aufgelaufenen Schulden auch wieder abbezahlen.

Wenn jedes Semester Geld kostet, dann wird auch weniger zwischen den Studiengängen gewechselt werden, und die Studenten werden sich bemühen, das Studium straffer durchzuziehen. Weil weniger Studenten überhaupt erst anfangen und jene, die sich zum Studium entschlossen haben, schneller studieren, würde auch die Kapazität an Studienplätzen wieder ausreichen, womit die Lernbedingungen an den Universitäten verbessert würden. Insgesamt würden so alle früher anfangen zu arbeiten, sowohl die Studenten als auch alle, die dann nicht studieren. Mit 28 Jahren hat man nämlich einen Lebensabschnitt erreicht, an dem man sich eigentlich mit einer Familiengründung beschäftigt, sich auch schon mit Hypotheken belastet. Während es für einen Fünfundzwanzigjährigen ein Abenteuer sein mag, einen Teil der Berufsausbildung in Hongkong zu verbringen, kann dies für den knapp Dreißigjährigen ein potentieller Alptraum sein. So wird die Chance zur Öffnung gegenüber der Welt, zum Kennenlernen neuer Tätigkeiten verpaßt. Es ist einer der vielen Bausteine, die zum Behördendasein deutscher Unternehmen führen. Anstatt die Universitätsausbildung als Vorsprung zu verwenden, neue Horizonte für flexible und spritzige deutsche Unternehmen zu erschließen, zementieren die deutschen Akademiker den Amtsstubenmief auch noch.

Mit Studiengebühren wären, selbst wenn sie nur einen Teil der tatsächlichen Kosten decken würden, auch genügend Mittel frei, um ausreichend sozial- und naturwissenschaftliche Stipendien für den talentiertesten akademischen Nachwuchs zu vergeben. Der kann dann in gezielter und großzügig ausgestatteter Forschung die Wissensbasis der Nation erweitern. Es ist schon richtig: Man kann nicht alle Bildung mit Geld bewerten, nicht alle Forschung läßt sich durch Gehälter begleichen. Deswegen soll sich der wirklich begabte Wissenschaftler auch der Unterstützung der Gesellschaft sicher sein. Aber zwischen der Förderung der zwei Prozent echten Wissenschaftler unter uns und einem Universitätsfreipaß für ein Drittel der Bevölkerung ist ja wohl noch ein großer Unterschied.

Auch ohne Studiengebühren sind die Wehklagen darüber, daß das deutsche Studium immer länger dauern muß, nicht nachzuvollziehen. Da gibt es zum Beispiel Peers guten Freund Ralf. Er hat mit acht Semestern Politische Wissenschaften bis zum Diplom und noch einmal zwei Jahren bis zur Promotion sein Studium in der Regelstudienzeit beendet und dabei nur knapp das »Magna cum Laude« verfehlt. Seine Mutter hat Ralf und seine Schwester alleinstehend großgezogen, konnte also keinen Pfennig für sein Studium abzweigen. Ralf finanzierte sich seinen Lebensunterhalt während des Studiums, indem er als Assistent für einen deutschen Bundestagsabgeordneten in Bonn arbeitete. Er wurde in den Binger Stadtrat gewählt, und während der Promotion hatte er schon zu drei Vierteln eine Stelle als leitender Angestellter in einem

Landesministerium angenommen. Auch der Urlaub kam nicht zu kurz. Aber Ralf legte sich nicht in einem Mittelmeerland an den Strand, sondern lernte fremde Länder und Kulturen kennen. Er reiste durch Pakistan und China und war oftmals in Mexiko. Englisch und Französisch lernte er in der Schule, Italienisch und Spanisch brachte er sich später selbst noch bei. Ein Genie? Nein, diesen Schluß würde sein Abiturdurchschnitt auf keinen Fall zulassen. Ehrgeiz, Zielorientiertheit und harte Arbeit zeichnen Ralfs Erfolg aus; er ist aus dem Holz, aus dem die Führungseliten der Welt geschnitten sein sollten. Ralf hat nicht Vater Staat angebettelt und sein Schicksal beklagt, sondern selbstverantwortlich sein Lebensziel verfolgt, um in eine Position zu gelangen, die es ihm ermöglicht, die Gesellschaft mitgestalten zu können.

Aber anstatt daß der Staat diese Einsatzkraft zu schätzen wußte, wurde Ralf von ihm behindert. Denn mit seinen hohen Steuersätzen, die er für seine nebenerwerblichen Gehälter bezahlte, hat er seine faulen Kommilitonen mitfinanziert, die mit ihrer Herumlungerei auch noch die Qualität von Ralfs Bildung einschränkten. Somit gilt auch für die deutschen Universitäten der oberste Leitspruch deutscher Umverteilung: nicht von Reich zu Arm, sondern von Fleißig zu Faul.

Anders als Herumlungern kann man das ja kaum bezeichnen. Wenn Ralf schon so nebenbei ein komplettes Studium mit Auszeichnung in der Regelstudienzeit absolvieren konnte – was tun eigentlich all die anderen, die sieben, acht und noch mehr Jahre die deutsche Uni besuchen und damit angeblich voll ausgelastet sind? Schon kurz nach dem Abitur zeichnet sich dieser Schlendrian ab, wenn der Studienneuling einfach mal was anfängt – sagen wir Biologie. Ein Jahr später kommt die Zulassung zum begehrten Tiermedizinstudium, nach weiteren zwei Jahren ist das dann zu mühselig, und die Wahl fällt dann auf Studium der Literatur.

Das mag ein schönes Leben sein, auch moralisch nicht verwerflich – solange es nicht auf Kosten anderer geht. Schließlich kann es ja nicht zuviel verlangt sein, wenn man sich schon als neunzehnjähriger Erwachsener eine Lebensentscheidung zutraut. Nichtstudenten müssen sich bereits mit 16 Jahren für eine Lehre entscheiden. Studenten nehmen dagegen als Bildungsgrundrecht in Anspruch, daß der Staat diese Eskapaden vollständig finanziert.

Ist das Studium erst einmal abgeschlossen, fängt das gleiche Spiel wieder an. Neun Jahre nach dem Abitur fand Peer heraus, daß die meisten seiner Klassenkameraden noch immer studieren. Der eine ist gerade mit Betriebswirtschaft fertig geworden, und studiert jetzt Volkswirtschaft weiter, weil er keinen Job bekommt. Großartig bemühen um einen Job will er sich aber auch nicht. Der andere hat vor zwei Jahren Betriebswirtschaft sogar mit Auszeichnung beendet und seitdem keine Lust zu arbeiten – tut es deswegen auch nicht. Eine andere Bekannte fängt gerade ein drittes Studium an, weil Studieren Spaß macht. Noch ein anderer studiert im selben Studiengang immer weiter, weil ihm nichts Besseres einfällt. Das sind alles Originalaussagen – und sie ließen sich beliebig fortsetzen.

Diejenigen in Peers Jahrgang, die neun Jahre nach der Schule endlich eigenständig mit Beendigung ihres Studiums einen Beruf ausüben bzw. wissenschaftliche Arbeit leisten, sind eindeutig in der Minderzahl. Wenn Sie sich also bei der nächsten Gehaltsabrechnung fragen, wofür Ihre Steuern verwendet werden, dann wissen Sie es jetzt: Sie ziehen sich unter anderem damit eine Elite heran, deren Anspruch es ist, vom Staat finanziert zu werden, und dies ihr Leben lang nicht mehr vergißt.

»Wer zu lange auf deutschen Universitäten studiert, der ist fürs Leben untauglich«, so lautet eine Weisheit des Stuttgarter Oberbürgermeisters Manfred Rommel. Das fängt schon bei den Lehrern an. Als Lehrer deutscher Schulen kann man es sich leisten, leichtfertig mit dem Leistungsprinzip umzugehen. Das Geld kommt monatlich vom Staat, und die Beförderung erfolgt nahezu automatisch, wenn auch in den letzten Jahren stärker gebremst. Wenn Peers Deutschlehrer Theaterfahrten organisieren oder Klassenlehrer sich engagiert für die Gemeinschaft einsetzen, dann bleibt das ihr persönliches Engagement und hilft ihnen für ihre Karriere nichts. Umgekehrt: Herrschsüchtige und pädagogisch minderbemittelte Lehrer, die täglich ihr Hoheitsgefühl neu bestätigen müssen, haben dadurch keine Nachteile.

In den Universitäten sieht es nicht anders aus. Dort dominiert das Humboldtsche Bildungsideal, jedenfalls wird damit alles begründet. Dabei weiß keiner so genau, was mit ihm heute eigentlich gemeint ist. Schlagwörter kursieren wie: Bildungsfreiheit für alle,

Bildung als Grundrecht, Einheit von Lehre und Forschung. Auf alle Fälle hat es zur Folge, daß die Professoren verbeamtet sind und sich deshalb nur am Rande um Studenten zu kümmern brauchen. Wer etwas von seinem Professor braucht oder gar einen Doktorvater haben will, der muß sich dem hohen Herrn zunächst einmal als privater Lakai verdingen. Als Peer sich überlegte, in Deutschland zu promovieren, erklärte ihm ein relativ bekannter Professor: »Ihre Doktorarbeit wird mich ungefähr 20 Tage im Jahr kosten, dafür erwarte ich, daß Sie zumindest die Hälfte Ihrer Zeit für mich arbeiten.« Wie er von seinen Freunden mittlerweile weiß, hätte er es damit sogar noch gut getroffen.

Prompt fragt man sich: Für wen sind die Professoren eigentlich da? Für sich selbst oder für die Studenten? Für welchen Auftrag, mit welchem Selbstverständnis werden sie vom Staat bezahlt? Offensichtlich glauben viele unter ihnen, daß Studenten nur stören, wenn sie ihr einträgliches wissenschaftliches Hobby betreiben. Übrigens, wenn diese vom Staat bezahlten Professoren mit ihrer wissenschaftlichen Arbeit außerhalb der Universität Geld verdienen, dann müssen sie davon nichts dem Staat oder der Universität abgeben. So entstehen jede Menge Millionäre unter den Professoren, die sich ihre wissenschaftliche Arbeit nach wie vor vom Staat bezahlen lassen und sie dann in persönlichen Profit umwandeln. Wie könnte es auch anders sein? Die Professoren sind ja nur die andere Seite derselben Medaille des vom Staat verwalteten und alimentierten Systems, das Leistung eher zufällig erwirtschaftet, sie jedoch nicht mehr verlangt.

Die staatliche Organisation der Universitäten macht jede Effizienzbetrachtung unmöglich. Der Kanzler der Saarbrücker Universität, Hermann Josef Schuster, formulierte das so: »Allerdings kann ich nicht umhin, festzustellen, daß die totale finanzielle Abhängigkeit der Hochschule vom Staat eine wichtige Ursache für die Reformschwäche des Hochschulsystems zu sein scheint.« Dabei ist Reformschwäche ein schmeichelhaftes Wort. Seit mehr als 25 Jahren läuft die Diskussion um die zu langen Studienzeiten, mangelnde Kapazitäten, wenig leistungsorientierte Ergebnisse, arbeitslose Akademiker. Damals wurde mit viel Ach und Krach der Numerus clausus und die ZVS eingerichtet (Zentralstelle für die Vergabe von Studienplätzen), aber geändert hat sich an den

Zuständen nur, daß sie noch schlimmer wurden. Mittlerweile sind die Universitäten bei 200 Prozent ihrer Kapazität angekommen, und die durchschnittliche Studiendauer bis zum Diplom hat sich auf 6,1 Jahre erhöht. Die durchschnittliche Verweildauer auf der Uni ist sogar noch ein bis zwei Jahre höher. Mit knapp 28 Jahren sind deutsche Hochschulabgänger beim Eintritt in das Berufsleben fünf Jahre älter als die Absolventen von amerikanischen, japanischen oder britischen Universitäten. Sie bekommen aber keine Mark mehr Durchschnittsgehalt, keine bessere Anfangsposition, keine besseren Karrierechancen. Sie sind schlicht fünf Jahre älter, das ist alles.

Wer sich von der Leistungsorientierung unserer Universitäten ein Bild machen will, bei der beamtete Professoren den Nachwuchs im akademischen Vorruhestand ausbildet, der sollte zum Beispiel versuchen, Diplomanden und Doktoranden über die Relevanz ihrer wissenschaftlichen Forschung auszufragen. Könnten die Ergebnisse ihrer wissenschaftlichen Arbeit irgendwo nutzbringend eingesetzt werden? Nur eine Minderheit der Studenten wird den Sinn der Frage überhaupt verstehen, geschweige denn, sie beantworten können. Die häufigste Antwort, die Peer zu hören bekam, lautete, daß das ein Thema ist, mit dem der entsprechende Professor sich nun mal beschäftigt, und wozu der das macht, ist entweder unergründlich oder uninteressant.

An der Harvard-Universität werden alle Professoren auch von den Studenten beurteilt. Wer pädagogisch nicht auf der Höhe ist oder sich dem akademischen Werdegang seiner Studenten nicht ausreichend widmet, der hat keine Chance. In Peers erstem Jahr dort gab es zum Beispiel eine Lehrergruppe, die einen Kurs neu konzipierte. Das Ergebnis war aber so katastrophal, der pädagogische Ansatz so miserabel, daß der gesamten Gruppe im Sommer gekündigt und der Kurs eingestellt wurde. Nur wer überdurchschnittliche pädagogische Leistung bringt, kann befördert werden, neben herausragender wissenschaftlicher Arbeit natürlich. Diese Regelung führt dazu, daß Studenten ständig Zugang zu ihrem Professor haben, auch wenn dessen Zeit für nebenerwerbliche Beratungstätigkeiten bis zu 30 000 D-Mark und mehr am Tag wert ist. Einer von Peers Professoren handelte sich eine Rüge ein, weil er für seine Studenten immer nur alle zwei oder drei Wochen Zeit hatte. Die Norm ist nämlich eine Woche. Schließlich ist er zuerst Professor, also Lehrer, dann wissenschaftlicher Forscher, danach Berater der Industrie. Das geht auch gar nicht anders, weil die Studenten für ihre hohen Gebühren entsprechende Betreuung erwarten. Schließlich gibt es auch noch andere gute Universitäten. So trifft denn für die deutschen Universitäten gleichfalls zu: Was nichts kostet, taugt auch nichts.

Dafür fehlt es den deutschen Professoren und Univerwaltungen nicht an Arroganz. Folgende sinngemäß zitierte Antwort hat Peer gleich ein paarmal auf die Anfrage bekommen, ob er vielleicht auch in Deutschland studieren könne:

»Ihr ausländischer Universitätsabschluß kann eigentlich gar nicht nach Deutschland transferiert werden. Aber wenn wir gutmütig sind, können wir über eine Anrechnung als Grundstudium nachdenken. Sie wissen ja, wir haben in Deutschland einen sehr hohen Anspruch, und irgendwo muß man ja einen Unterschied machen zwischen den minderwertigen Abschlüssen im Ausland und dem geschätzten deutschen Diplom.«

Die deutschen Universitäten haben in der Tat einen hohen wissenschaftlichen Anspruch. Die Studenten sollen selbständig forschen, Wissen ergründen und zu Akademikern heranreifen. Deswegen ist »verschultes System« auch ein arges Schimpfwort. In einer Schule herrschen noch zuviel Disziplin und Gemeinsinn, ist der Bezug zur Praxis noch viel zu stark – Werte, welche die wissenschaftliche Reinheit verunstalten könnten. So kommt es, daß die akademischen Thesen, mit denen sich deutsche Sozialwissenschaftler beschäftigen, oft nur im Nirwanaland ihr Unwesen treiben. Da erfuhr ein deutscher Professor einmal, daß Peer sowohl in Japan als auch in Amerika Betriebswirtschaft studiert habe, woraufhin er ihm anbot: »Ja, dann kommen Sie danach zu mir, dann kann ich Ihnen es endlich richtig beibringen.« Und das war nicht spaßig gemeint.

Was bei dieser Arroganz im Fach Betriebswirtschaft zum Beispiel herauskommt, ist aus einer Studie des World Economic Forum 1993 bei einem Vergleich der Effizienz des Managements aller 22 OECD-Länder herauszulesen: Das deutsche Management rangierte gerade noch auf dem vorletzten Platz. An der Kölner Universität, die über eine renommierte Betriebswirtschaftsfakultät verfügt, gibt es noch nicht einmal einen Lehrstuhl für Personalführung – was ist Management aber eigentlich anderes?

Einer von Peers Klassenkameraden, der dort studierte, fand, daß sein Studium schon längst zum Herunterleiern hochkomplizierter Doktrinen verkommen war, mit ein paar lästigen eingeschobenen Seminaren. Zu Prüfungsterminen mußte er dann ein paar Bücher auswendig lernen. Gerade in Köln seien die Repetitoren berühmt-berüchtigt. Mit Unternehmensführung habe das alles nichts zu tun gehabt.

Das Institut der Deutschen Wirtschaft hat 1993 eine Wertung der Wirtschaftsstudiengänge an deutschen Hochschulen durchgeführt und kam dabei zu dem Ergebnis: »Ein an den Anforderungen des Beschäftigungssystems orientiertes Ausbildungsangebot ist vor allem an den Fachhochschulen zu finden.« Dem kann Ansgar Kinkel vom Verlagsbüro Schirmer in Köln nur zustimmen. Er beschäftigt vorzugshalber Fachhochschüler, weil »Unistudenten noch nicht einmal wissen, wie man einen Brief schreibt«. Deshalb stimmt: In dieser Form des Studierens sind ausländische Studenten nicht geübt. Ihre praxisnahen Qualifikationen sind für ein deutsches Diplom nicht geeignet.

Weil folglich kaum Erfahrungen eines eventuellen Auslandsaufenthalts in das deutsche System transferierbar sind, macht der auf diese Weise gezüchtete Provinzialismus der deutschen Elite Deutschland zum Maß aller Dinge. Für einen Staat, dessen Wohlstand so erheblich von Exporterfolgen abhängt, wirkt sich der limitierte deutsche Tellerrandhorizont fatal aus. Die wirklichkeitsfremden Wissensanforderungen des deutschen Diploms sind somit der letzte Sargnagel einer Ausbildung, die eine internationale Managementkultur verhindert. Das fängt mit dem dreizehnten Schuljahr an, das die deutsche Ausbildung schon nicht mehr kompatibel mit dem Rest der Welt macht, geht mit der Bundeswehr weiter, die einen weiteren Altersnachteil bedeutet, und endet bei einem viel zu ausgedehnten Studium, das sich darüber hinaus nicht mit in der Praxis einsetzbaren Fertigkeiten befaßt.

So kann die Deutsche Bank zum Beispiel ihre Trainingsprogramme zur internationalen Förderung ihrer Mitarbeiter nur mit Mühe bestücken. Dabei bieten diese zweijährigen Auslandsaufenthalte oft einen real verdoppelten Lebensstandard, kostenlose Sprachprogramme und mehr Entscheidungsverantwortung – von dem Abenteuer, fremde Länder und Kulturen kennenzulernen, einmal ganz abgesehen. Aber die Besetzung dieser Stellen scheitert häufig an mangelndem Interesse: weil die Frau dann ihren Job verliert, das Haus nicht weitervermietet werden kann, Kinder unterwegs sind oder man sich schlicht nicht verändern will. Ein Leid, wie es uns viele Manager deutscher Unternehmen in Japan geschildert haben, und dabei ging es nicht nur um Stellen im fernen Nippon, sondern auch um Aufenthalte in europäischen Nachbarländern. Für einen Konzern wie die Deutsche Bank, der immerhin schon 22 Prozent Belegschaft in ausländischen Tochterunternehmen beschäftigt, ist dies ein dringendes Problem.

Ausgestattet mit dieser Provinzialität, helfen den Deutschen dann auch ihre weitreichenden Sprachkenntnisse nicht mehr, über die viele dank der guten Gymnasialausbildung noch verfügen. Aber wen kümmert das schon? Schließlich gibt es ja die Vollkaskogesellschaft – insbesondere für die Elite –, mit der man sich problemlos vor den Folgen der internationalen Konkurrenzschwäche Deutschlands schützen kann. Wenn die Wirtschaft dann ins Stottern kommt, hat die Elite für die Betroffenen den guten Rat parat: Jeder sollte den Gürtel erst einmal enger schnallen.

In so viel Selbstzufriedenheit, so viel Ineffizienz und staatlicher Bevormundung gedeihen auch prächtig nationale Klüngeleien der Selbstbedienung. Allen voran steht da die »Studienstiftung des deutschen Volkes«. Ein hochtrabender Name, hinter dem sich eine Organisation verbirgt, die laut Broschüre vom Staat und privaten Spenden getragen wird. In der Tat finanziert sich der 52-Millionen-Mark-Haushalt zu 90 Prozent aus staatlichen Quellen, genauer gesagt, aus dem Etat des Bildungs- und Wissenschaftsministeriums. Ziel der Studienstiftung, deren Schirmherrschaft immerhin der Bundespräsident innehat, ist: ». . . im Bildungsabschnitt zwischen der Reifeprüfung und der abgeschlossenen Promotion eine Spitzengruppe von etwa einem Prozent aller Studierenden zu identifizieren und sie durch ein breites Spektrum geistiger und materieller Angebote zufördern.« Ein holdes und vernünftiges Vorhaben, nur leider ist die Studienstiftung nach dem deutschen Organisationsprinzip »Schlechte Regeln sind besser als gar keine« auch zu einem Förderverein für Insider verkommen. Und das funktioniert so:

Als bester Absolvent von 9500 Studenten der japanischen Sophia-Universität sowie auch mit der Zulassung zum Master-Programm der Harvard Business School wollte Peer bei der Stiftung anfragen, ob er denn aufgenommen werden könnte. Es ging ihm nicht so sehr um Geld, das wäre nicht so viel gewesen, sondern darum, erfolgreiche deutsche Kommilitonen mit gleichen Interessen kennenzulernen. Auf seinen ersten Brief erhielt er natürlich zunächst einmal gar keine Antwort. Drei Monate später rief er aus Tokyo an und fand den zuständigen Herrn Helm vor, der von seinem Brief natürlich nie etwas gehört oder gesehen hatte. Wahrscheinlich ist er damals sofort in einer Akte verschwunden und nicht mehr aufgetaucht. Warum sollte diese Bürokratie auch anders sein?

Für Herrn Helm war die Sachlage ziemlich eindeutig. Für die Studienstiftung kann man sich nicht bewerben, sondern nur von bestimmten deutschen Professoren vorgeschlagen werden. Da Peer aber nicht in Deutschland studiert hatte, konnte ihn auch kein deutscher Professor empfehlen, also war er leider »out«. »Es tut uns ja wirklich leid, aber so sind die Regeln nun mal«, bedauerte Herr Helm. Peer wollte sich damit allerdings noch nicht zufriedengeben und antwortete sinngemäß: »Die Charta der Studienstiftung besagt eindeutig, daß die besten ein Prozent der deutschen Studenten zu fördern seien, und Auslandsstudien werden ausdrücklich empfohlen. Wenn die Studienstiftung also eine Regel macht, die die im Ausland studierenden Deutschen von vornherein ausschließt, dann verstößt das gegen ihre Charta. Im übrigen wäre es gerade für Deutsche im Ausland wichtig und für die Studienstiftung interessant, eine Chance für den Anschluß an die deutsche Elite zu bekommen, so wie es für die deutschen Studenten interessant wäre, über Kommilitonen im Ausland Kontakte dorthin knüpfen zu können.«

Eine Lösungsidee für das Problem war, daß die Stiftung ihm eine Reihe von deutschen Professoren vermittelte, die regelmäßig Studenten vorschlagen, und dann könne Peer mit denen in einem Test oder einem Gespräch seine Vorschlagsberechtigung unter Beweis stellen. Ziemlich peinlich berührt und irritiert, versprach der Sachbearbeiter, sich in einer Woche wieder bei ihm zu melden.

Das tat er natürlich nicht, sondern Peer rief dort zwei Wochen später wieder an: Ja, er sei ein ungewöhnlicher Fall, und man wisse nicht so recht, wo man ihn eingliedern könne, und bla bla bla... Eine weitere Woche später fand der Stiftungsangestellte dann wohl das, wonach er verzweifelt gesucht hatte. Schließlich sei Peers Harvardstudium ein Zweit- oder Aufbaustudium, und dafür gäbe es auch eine Regel, welche die Förderung solcher Studiengänge untersage.

Auch dieses Argument ist natürlich völlig widersinnig. Denn ein japanischer Bachelor-Degree wird in Deutschland arroganter-weise kaum als Grundstudium anerkannt, geschweige denn als abgeschlossener Studiengang. Also kann ein Studium zur Vervoll-ständigung des Abschlusses im deutschen Sinne auch kein Aufbau-studium sein, wenn das Erststudium nicht akzeptiert wird. Und die dreijährige Unterbrechung, um zu arbeiten, ist Voraussetzung dieser besonderen Fachrichtung, nämlich Management. Denn wer nicht mindestens zwei Jahre Berufserfahrung nach dem Bachelor-Degree hat, wird zu einer MBA-Schule gar nicht erst zugelassen. Aber Herr Helm konnte darauf nur antworten: »Das tut uns sehr leid, aber so sind die Bestimmungen nun mal.«

Die eigentliche Nachricht haben wir durchaus verstanden: »Outsider sind hier unerwünscht.« Um ehrlich zu sein: Wir wären auch sehr überrascht gewesen, wenn eine deutsche Institution mit Peer etwas anzufangen gewußt hätte. Ob Professoren, Personal-abteilungen oder Stiftungen − sie alle waren von der Minderwer-tigkeit und Irrelevanz seiner Japan-Ausbildung überzeugt.

Stutzig wurde Peer aber erst, als er unter seinen deutschen Freunden herumfragte, ob sie die Studienstiftung kennen würden, darunter auch solche, die aufgrund ihrer Leistungen klar zu dieser einprozentigen Spitzengruppe der Besten gehören würden. Sein guter Freund Ralf zum Beispiel − aber die Einrichtung war ihm völlig unbekannt. Oder Matthias, ein ausgezeichneter Biologe, der fast direkt nach dem Abitur das Vordiplom ansteuerte, weil er schon so viel Vorwissen angesammelt hatte.

An der Harvard-Universität traf Peer dann gleich Dutzende von Studienstiftlern. Da gab es nämlich ein vom Volkswagenwerk eingerichtetes Stipendium für jeweils acht deutsche Studenten pro Jahr, denen die gesamten Studien- und Lebenshaltungskosten für zwei Jahre Studium an der Kennedy School der Harvard-Universität bezahlt wurden, der Fakultät für politische Wissenschaften. Solch ein Stipendium hatte insgesamt einen Wert von ungefähr 100 000 D-Mark und wurde vorzugsweise innerhalb der Studienstiftung vergeben, obwohl seine Verwaltung über den DAAD, den Deutschen Akademischen Austauschdienst, erfolgte. Und wer vorher noch nicht Studienstiftler war, der wurde es dann automatisch. Das ist doch wohl besonders merkwürdig. Denn schließlich kann man doch Studienstiftler nur per Vorschlag werden! Noch schöner: Das Stipendium setzt einen Diplomabschluß oder etwas Vergleichbares voraus, und der amerikanische Abschluß der Kennedy School wiederum ist auch »nur« mit dem deutschen Diplom gleichgesetzt. Es handelt sich also eindeutig um ein Zweitstudium, und das darf doch laut Regel gar nicht gefördert werden. Die uralte Masche ist also wiederzuerkennen: Regeln sind dazu da, Unerwünschte auszugrenzen, während sie für die eigene Klientel mal eben außer Kraft gesetzt werden.

Das Allerschlimmste ist aber, daß ein Vollstipendium für die Harvard-Universität eigentlich eine Geldverschwendung ist. Die Volkswagenstiftungsstipendien (seit 1993 werden sie von einer neuen Geldquelle gefördert) wurden mit dem Ziel eingerichtet, das internationale politische Bewußtsein einer deutschen Elite zu fördern. Allerdings bestehen keine Auflagen, sich hinterher auch wirklich politisch zu betätigen. Mit dem Abschluß der Harvard Kennedy School verdient man in den USA mindestens ein Jahresgehalt von 100 000 D-Mark, in der Privatwirtschaft deutlich mehr. Weil man in Amerika die interessanteren Jobs bekommt, bleiben viele der Stipendiaten folgerichtig erst einmal dort. Würde die gleiche Menge Geld, anstatt acht Vollstipendiaten so luxuriös auszustatten, an 30 Teilstipendiaten vergeben und dann auch mit der Auflage, diese Ausbildung hinterher sinngemäß einzusetzen, wäre es immer noch ein sehr großzügiges Angebot.

Andere Quellen für Stipendien sind von ähnlichen Beziehungssystemen abhängig. Die vier großen politischen Stiftungen machen ihre Präferenzen wenigstens noch offenkundig, staatlich geförderte Klüngelkreise bleiben sie trotzdem. Ebenso arg steht es aber auch um den DAAD, einer weiteren Institution, aus der der Stallgeruch der Amtsschimmel weit nach draußen riecht. 28 000 Studenten verhilft er jährlich mit einer Unzahl an Programmen, deren Vielfalt ein ganzes Buch füllt, zu einem Auslandsaufenthalt. Alle diese Programme sind zwar mit einem Dschungel von Zulassungskriterien versehen, unterliegen aber einer sehr mageren Überprüfung tatsächlicher Leistung und Förderungswürdigkeit. Diese wunderbaren Regelwerke des DAAD haben folgerichtig zur Gründung eines neuen Berufszweiges geführt: des professionellen Tourismusstudenten.

Auf Peers verschiedenen Reisen durch die Welt traf er des öfteren Angehörige dieser Spezies. Zum Beispiel Simone. In einem klapprigen, alten Bus begegnete er ihr bei einer Abenteuerreise durch das Karakorumgebirge im Norden Pakistans. Er finanzierte sich diese Reise selbst, Simone wurde vom deutschen Steuerzahler bezahlt. Sie absolvierte nämlich gerade ein halbjähriges Reisestipendium zur Untersuchung der Ausbreitung des Buddhismus entlang der alten Seidenstraße. Sie mußte dem DAAD noch nicht einmal einen Studienbericht abliefern und hatte einen Heidenspaß in Zentralasien. Diesem Reisestipendium folgte ein einjähriges Stipendium in den USA, und Simone wußte auch schon, daß ihr nächstes Stipendium sie nach Australien führen würde. Wie das möglich sei, erklärte sie sinngemäß folgendermaßen: »Das ist eigentlich ganz einfach. Man muß nur schauen, welche Qualifikationen notwendig sind, diese erfüllen, und schon ist man unterwegs. Weil die meisten Programme nie vollständig vergeben werden, gibt es da fast nie ein Problem.« Mit anderen Worten, diejenigen, die zielstrebig und zügig studieren wollen, haben aufgrund der Regeln keine Möglichkeit, interessante und wichtige Auslandserfahrungen zu sammeln. Diejenigen, denen es egal ist, was sie machen, die nur auf den Universitäten herumhängen, weil sie sonst nichts zu tun haben, die nutzen das Regelwerk so richtig aus, um auf Staatskosten die Welt zu bereisen. Im übrigen kostet der DAAD im Jahr 1995 den deutschen Steuerzahler 365 Millionen D-Mark.

Der DAAD wird von einem halben Dutzend öffentlicher Geldgeber finanziert – darunter mehrere Ministerien – aber zum größten Teil vom Auswärtigen Amt. Darüber hinaus hat das Auswärtige Amt seine Finger auch in dem nicht sehr lukrativen, aber äußerst prestigeträchtigen amerikanischen Fulbright-Stipendium. Dieses wird von der US-Regierung an talentierte Studenten aus aller Welt vergeben, um eine Beihilfe für das Studium an amerikanischen Masterprogrammen zu leisten, also dem fünften und sechsten Universitätsjahr. In Deutschland wird das Programm jeweils zur Hälfte von der amerikanischen Regierung und vom Auswärtigen Amt finanziert.

Laut Charta und Zielsetzung des Fulbright-Programms wäre Peer zum Beispiel ohne jeden Zweifel für ein Teilstipendium qualifiziert gewesen. In der Tat wurden sehr viele ausländische Harvard-Studenten in diesen Zirkel aufgenommen. Aber in der Form, in der das Auswärtige Amt das Programm in Deutschland ausschreibt, hatte Peer wieder keine Chance. Es verlangte nämlich das deutsche Zwischendiplom und einen Englisch-Kompetenznachweis. Äquivalente Zwischendiplome waren nicht zugelassen. Also fragte Peer nach, wie es denn sein könnte, daß Regeln wider die Intentionen des ausländischen Geldgebers erfunden werden und auf diese Weise Leute wie ihn ausgrenzen. Daraufhin bekam er wortwörtlich erklärt: »Ja, das müssen Sie schon verstehen, wir vertreten schließlich das Interesse der deutschen Universitäten. Wenn Sie an keiner deutschen Uni studieren, dann brauchen wir Sie auch nicht in unseren Programmen zu berücksichtigen.«

Unser Universitätswesen ist ein gigantischer Wirtschaftszweig. Weit vom Markt entfernt, ist es voll mit sich selbst beschäftigt, mit dem Erkämpfen der Milliarden aus den verschiedenen Haushalten und dem Verteilen dieser Steuergelder auf die Empfänger. Das ganze Gebilde hat in dieser Form nur eine Existenzberechtigung: den sozialen Anspruch, kein Kind dürfe wegen seiner Herkunft am Studieren gehindert werden. Geld dürfe keine Rolle spielen, das wäre ungerecht.

Aber warum gilt das nur für die akademische Ausbildung? Die Ungerechtigkeit, daß der Arzt sich kostenlos ausbilden lassen kann, aber ein Kurs für Altenpflege Geld kostet, haben wir schon erwähnt. Und das gilt für fast alle Berufssparten. Wer Sprachen studiert, kann dies umsonst tun; wer aber eine Fremdsprache für seinen Beruf erlernt, muß für den jeweiligen Kurs zahlen. Und so geht das endlos weiter.

Am übelsten sind die Handwerker dran. Die müssen sogar eine teure Meisterprüfung aus eigener Tasche zahlen, wollen sie sich selbständig machen. Und dabei lassen unsere Politiker keine Chance aus zu erklären, daß das Handwerk die Säule unserer soliden mittelständischen Wirtschaftsstruktur sei. Doch diese Sympathiekundgebungen haben viele Gründe: Genug, um ihnen ein ganzes Kapitel zu widmen.

21. Der deutsche Meister: Das Fossil

Ottilie Taschner war 53 Jahre lang eine unauffällige, fleißige Frau. Vier Kinder hat sie großgezogen, und weil die Rente ihres früh verstorbenen Mannes hinten und vorne nicht reichte, schaffte sie tagsüber am Fließband in einer Waschmaschinenfabrik. Am Wochenende wusch und bügelte sie für die »besseren Herrschaften«, die in den Villen ihres Wohnorts Honnef zwar keine Zeit, aber dafür das Geld hatten, sich diese Dienstleistung zu kaufen. Frau Taschner hat nie geklagt, war nie verzagt. Einfach ein Muster von leicht regierbarer Bürgerin. Ach, wären sie doch nur alle so!

Aber dann geriet auch sie in die Fänge des Bürokratenmolochs, und dieser zerstörte ihr Weltbild, ihren Glauben an die Obrigkeit; vor allem aber zerriß er ihren Leitspruch »Üb immer Treu und Redlichkeit«. Und das kam so. Die Waschmaschinenfabrik ging pleite. Das Management hatte Märkte und Entwicklungen verpennt. Ottilie verlor ihren Arbeitsplatz. Mit 53, das war ihr klar, hatte sie keine Chance mehr. Aber da war ja noch ihr Einkommen aus der Wäscherei. Da hatte sie sogar vielen Familien absagen müssen, weil sie es einfach nicht schaffte. Ottilie Taschner faßte den Entschluß: »Bevor ich zum Arbeitsamt gehe, mache ich mich selbständig.«

Aus der Konkursmasse konnte sie ganz billig drei Waschmaschinen und einen Trockner erstehen. Um ja alles richtig zu machen, ging sie zum Amtsgericht und ließ ihre neue Firma eintragen: »Ottilie Taschner. Waschen und Bügeln«. Sie rechnete sich aus, daß sie auf keinen Fall weniger verdienen würde als früher, wenn sie wie bisher ihre 60 bis 70 Stunden pro Woche arbeitete.

Aber noch nicht einmal sechs Wochen waren vergangen – der Start hatte geklappt –, da kam der Hammer der Wirtschaftsordnung, die sich »soziale Marktwirtschaft« nennt, diesmal repräsentiert durch den Regierungspräsidenten von Köln:

»§ 7 des Gesetzes zur Ordnung des Handwerks in der Fassung der Bekanntmachung vom 28. Dezember (BGBl 1966, I S. 1), zuletzt geändert durch § 25 des Gesetzes vom 24. August 1976 (BGBl I, S. 2525) und durch Artikel 1 der Verordnung vom 10. Juli 1978 (BGBl I, S. 984) wird in die Handwerksrolle eingetragen, wer die gesetzlichen Voraussetzungen erfüllt.«

Sie, Ottilie Taschner, habe aber bei ihrer Geschäftsanmeldung nicht nachgewiesen, daß sie im Besitz des Meisterbriefes im Textilreinigungshandwerk sei. Die gesetzlichen Anforderungen müsse sie innerhalb eines Monats nachweisen, andernfalls müsse der Betrieb sofort eingestellt werden. Zuwiderhandlungen würden mit einem Bußgeld und Zwangsmaßnahmen geahndet.

Ottilie Taschner verstand die Welt nicht mehr. Wie, bitte schön, sollte sie in einem Monat eine Meisterprüfung absolvieren? Sie hatte ja überhaupt keinen Beruf gelernt. Und so schrieb sie an den Regierungspräsidenten, daß dies doch wohl nur ein Mißverständnis sei. Sie wasche wie bisher, wie es alle Hausfrauen machen, wie sie ihre große Familie saubergehalten hat und seit Jahren die Wochenendkunden zufriedenstellt. Wegen der Pleite ihres Betriebes aber müsse sie dies jetzt mit drei Waschmaschinen erledigen, und sie begreife überhaupt nicht, daß es ihr so schwergemacht würde, sich durch ihrer eigenen Hände Arbeit weiterzuernähren. In ihrem Alter bliebe ihr doch sonst nur der Gang zum Arbeitsamt oder die Schwarzarbeit. Beides empfinde sie aber als Unrecht.

Doch jetzt wurde der Kölner Regierungspräsident erst richtig böse. Bei so viel Aufmüpfigkeit und Uneinsichtigkeit mußte ein Exempel statuiert werden. Sofort aufhören solle sie. Und dann zählte der Regierungspräsident auf, warum Ottilie Taschner kein Recht hat, als selbständige Unternehmerin arbeiten zu dürfen:

– ihr Alter rechtfertige keinen Ausnahmefall,
– da könne ja jeder kommen,
– ihr Verhalten werte die Meisterprüfung ab,
– und im übrigen habe sie ihre Lage selbst verschuldet,

und im folgenden wörtlich der wohl abwegigste Teil des Briefes, der Frau Taschner endgültig in tiefste Verzweiflung stürzte:

»Es ist auch nicht von Bedeutung, ob die technische Abwicklung in Ihrem Betrieb die gleiche ist wie in jedem Haushalt. Dies ist bei der Beurteilung handwerklicher Fragen im Rahmen dieses Antrageverfahrens irrelevant.«

Diese Geschichte ist leider kein Märchen, auch keine Übertreibung eines Journalisten. Sie ist ein Beispiel für die real existierende Wirtschaftsform der Bundesrepublik Deutschland, die als »soziale Marktwirtschaft« in den neuen Ländern eingeführt wurde.

Ottilie Taschner hatte Glück. Einer ihrer Waschkunden war Rechtsanwalt. Er war genauso empört wie sie und nahm sich des Falles an. Nach langem Hin und Her – wenn der Jurist Gebühren verlangt hätte, wäre Ottilie Taschner schnell am Ende gewesen – und der Drohung des Anwalts, er würde diesen Fall bis zum Bundesverfassungsgericht hochklagen, weil das Verhalten des Regierungspräsidenten gegen das Grundrecht der freien Berufsausübung verstoße, gab die Behörde etwas nach. Also, wenn sich Frau Taschner auf zwei Waschmaschinen beschränke, dann dürfe sie weitermachen, weil sich dann der Regierungspräsident vorstellen könne, daß sie so nach Hausfrauenart waschen würde. Sie dürfe dies aber nur mit den im Einzelhandel üblichen Waschmitteln machen. Und seither wäscht Ottilie Taschner mit zwei Waschmaschinen und hätte für vier Arbeit. Seitdem geht sie nicht mehr zur Wahl und hat Verständnis für jeden Schwarzarbeiter, der den Mumm aufbringt, den Staat übers Ohr zu hauen.

Ein Einzelfall, so ein Schwachsinn kann doch nicht Methode haben! Doch, das ist tagtäglich in Deutschland praktiziertes Recht. Ein ganzes Heer von Beamten und Funktionären ist sehr wirkungsvoll damit beschäftigt, freien Bürgern das Recht auf »selbständige Arbeit« zu verbieten, sie sogar in den Ruin zu treiben. Dabei entwickeln sie eine Effizienz und eine Energie, die man sich bei der Bekämpfung der Kriminalität wünschen würde.

Der Kaufmann Gerhard Schulte ist dafür auch ein Beispiel. Er baute im Großraum Karlsruhe Mehrfamilienhäuser mit Eigentumswohnungen, die er dann weiterverkaufte. Dafür brauchte er Maurer, Verputzer, Zimmerleute, Dachdecker, Elektriker, Installateure, Fliesenleger – halt alle Berufe, die an einem Bau tätig sind. Gerhard Schulte hatte fünf Mitarbeiter, darunter erfahrene Maurer und Fliesenleger, für den Rest beauftragte er jeweils Firmen, die gerade verfügbar waren oder ein günstiges Angebot machten.

So ging das geschäftlich zwei Jahre gut. Aber aufgrund des intensiven Arbeitseinsatzes verblieb wenig Zeit für die Ehe, und die ging dabei in die Brüche.

Es war morgens um halb sechs, als es klingelte und gleich ein halbes Dutzend Beamte seine Wohnung stürmte. Bevor er richtig wach war, klingelte das Telefon, und seine geschiedene Frau rief völlig aufgelöst an und wollte wissen, was er verbrochen habe. Bei ihr hätten sieben Beamte die Wohnung besetzt, das sechsjährige Kind aus dem Bett gezerrt und würden jedes Zimmer auf den Kopf stellen. Dazu hätten sie einen gültigen Hausdurchsuchungsbefehl vorgelegt.

Gerhard Schultes »Verbrechen«: Er war unternehmerisch tätig, er baute Häuser, aber dazu war er nicht befugt. Er hatte keinen Maurermeister beschäftigt. Sein Pech: Er war ehrlich, das heißt, verzichtete auf Schwarzarbeiter an seinem Bau, rechnete alles über das Finanzamt ab und legte so die Fährte zu seinem »gesetzeswidrigen« Tun. Ohne Meister, und zwar bei jeder einzelnen Sparte einen anderen, darf er nicht tätig werden. Bei der Hausdurchsuchung wurde kistenweise alles abgeschleppt, was auch nur im entferntesten mit seiner Arbeit zu tun haben könnte – mit dem Ergebnis, daß er wochenlang absolut lahmgelegt war, weder eine Rechnung bezahlen noch einen Termin am Bau einhalten konnte. Allein die Art der Beschlagnahme drohte ihn zu ruinieren.

Dabei hatte er ja nichts verheimlicht. Alles, was die Beamten im Auftrag der Gewerbeaufsicht beim Regierungspräsidenten mitgenommen hatten, hätte er ihnen auch freiwillig gezeigt. Er war sich ja keiner Schuld bewußt. Seine Hinweise, daß er noch nie einen Meister auf seiner Baustelle gesehen habe, auch dann nicht, wenn er einen offiziellen Handwerksbetrieb engagiert habe, halfen nichts. Es gehe ja nicht darum, daß ein Meister die Arbeit mache, sondern daß nur ein Meister die Erlaubnis habe, sich selbständig zu machen. Die krause Logik ist Recht, und damit basta.

Gerhard Schulte wurde zur Zahlung von rund 220 000 D-Mark verurteilt, weil er eindeutig tätig geworden sei, um aus unternehmerischer Arbeit einen Gewinn zu erzielen. Dieser Gewinn würde wieder in seiner Gänze als Bußgeld abgeschöpft. Der Bußgeldbescheid kam zusammen mit der ersten Mahnung. Das war dann Schulte doch zuviel. Er legte Beschwerde ein, verhandelte mit der

Gewerbeaufsicht, und frei nach den Geschäftsmethoden eines indischen Basars war dann die Behörde auch mit 25 000 D-Mark zufrieden. Gerhard Schulte baut immer noch Häuser – doch jetzt als Generalunternehmer. Rechtlich gesehen koordiniert er nur noch. Jetzt ist er nicht mehr verantwortlich für das, was auf dem Bau geschieht. Geändert hat sich de facto nichts: Auch heute betritt kein Meister seine Baustellen, denen ist diese Kleinarbeit viel zu unwichtig; das können alles die Gesellen, Hilfsarbeiter und Lehrlinge erledigen.

Ausgang dieser aberwitzigen Geschichten ist das deutsche Handwerksrecht, das es so nur noch in Luxemburg und Österreich gibt. Ein Muster von Regelwerk, das unter dem Deckmantel aller möglichen hehren Begriffe nichts anderes als eines der undemokratischsten Monopole schützt.

Wenn die Handwerker feiern, zum Beispiel beim alljährlichen Sommerfest in Bonn, dann fehlt kein Politiker. Wer wollte dieser Säule des Mittelstandes nicht Respekt erweisen? »Handwerk hat goldenen Boden«, und »das ehrbare Handwerk« – irgendwie ist es ihm gelungen, über Jahrhunderte eine Aura der Zuverlässigkeit und Bodenständigkeit zu erhalten. Da klatschen die Zimmerleute in schönen Trachten ihr Traditionslied, Bäcker mit weißen Hüten verteilen frisch gebackene Brötchen, es riecht nach leckerer Wurst. Es ist so eine Mischung aus heimeligem Wohlbefinden, eingebettet in Vergangenheit und tragbarer wirtschaftlicher Gegenwart, die das Handwerk über alle Zweifel erhaben macht. Die Funktionäre verstehen es geschickt, diese positive Stimmung auszunutzen und bei den Politikern dafür zu verwenden, daß nichts und wieder nichts an diesen undemokratischen Verhältnissen geändert wird.

Die ersten Handwerksregeln stammen aus dem Mittelalter, dem 13. Jahrhundert. Viele unserer mittelalterlichen Städte sind noch heute geprägt von der Bedeutung ihrer ehemaligen Zünfte. Sie trugen entscheidend dazu bei, ihren Städten wirtschaftliche Geltung zu verschaffen, sorgten für Bildung und Krankenhäuser, stellten meist den Magistrat, verteidigten Stadt und Bürgerrechte gegen Adel und Kirche. Auf der anderen Seite garantierte oft nur die Mitgliedschaft in einer Zunft das Wohnrecht. Wenn einer gegen das Handwerksrecht verstieß, wurde er im schlimmsten

Falle der Stadt verwiesen. So gesehen haben Ottilie Taschner und Gerhard Schulte Glück, daß sie heute leben und nicht damals. Beide dürfen in ihrer Stadt weiterwohnen. Der Fortschritt ist doch wohl unübersehbar.

Doch es war schon einmal besser. 1810 wurde in Preußen die allgemeine Gewerbefreiheit eingeführt. Damit war die Ausübung eines Handwerks an keinerlei Auflagen mehr geknüpft. Zugegeben, auch keine besonders gute Idee, weil jetzt allzuviel Bruch abgeliefert wurde. 1897 erließ das Deutsche Reich ein Handwerksschutzgesetz, mit dem die Handwerkskammern als öffentlich-rechtliche Selbstverwaltungskörperschaften etabliert wurden. Dies bedeutete sicher einen wichtigen Schritt hin zur Qualitätssicherung – obwohl der Begriff »Made in Germany« , der von den Handwerkskammern gern zitiert wird, wenn es darum geht, die heutigen Verregelungen zu rechtfertigen, genau in der handwerkskammer- und zunftlosen Zeit entstand.

Auch die Ergänzung des Handwerksrechts im Jahr 1908, als der sogenannte kleine Befähigungsnachweis festgeschrieben wurde, der festlegt, daß nur ein Meister die Berechtigung hat, Lehrlinge auszubilden, dürfte ein weiterer Fortschritt gewesen sein. Es blieb den Faschisten vorbehalten, das Handwerk zu entdemokratisieren. Seit 1935 darf nur noch derjenige sich selbständig als Handwerker niederlassen, der auch eine Meisterprüfung nachweisen kann oder einen Meister beschäftigt. Damit war das mittelalterliche Zunftwesen in seiner engsten Auslegung wieder hergestellt. Die engstirnige Abgrenzung, die Überwachung wirtschaftlicher Tätigkeit durch den Staat, festgefügte, den Wettbewerb hemmende Zulassungsbeschränkungen – dies alles macht Fälle wie die von Ottilie Taschner und Gerhard Schulte erst möglich. Sie sind deswegen keine Ausreißer, sondern systemimmanent, die große Nachteile für die Kunden und die Volkswirtschaft mit sich bringen.

Nach dem Krieg hatten die Amerikaner konsequent dieses die freie Marktwirtschaft behindernde Gesetz aufgehoben. Doch schon 1953, nur kurze Zeit nach der Gründung der Bundesrepublik, wurde das Gesetz, das die Ideologie des faschistischen Ständestaates widerspiegelte, wieder in Kraft gesetzt. Das ist ein Beispiel dafür, warum eine Wettbewerbswirtschaft in Deutschland keine Chance hat. Eine große Gruppe derjenigen, die selbständig, also als

Unternehmer, an der Gestaltung der Marktwirtschaft teilnehmen müßten – die Handwerker –, sind die erfolgreichsten Vertreter eines regulierten Ständestaates. Und wenn wir dann noch den Einzelhandel und seine Angst, sich ohne Ladenschluß behaupten zu müssen, die sogenannten freien Berufe mit ihren staatlich genehmigten Gebührensätzen, die Ärzte und die Krankenkassen, die Rechtsanwälte mit ihren Anwaltszwängen dazunehme, dann haben wir nur aus dem Bereich des selbständigen Mittelstands sämtliche wichtigen wirtschaftlichen Berufsgruppen aufgezählt, die alles wollen, nur keine echte Marktwirtschaft, weil diese ihre Monopole und Einkommensgarantie gefährden könnte. So verteidigen sie gemeinsam die soziale Marktwirtschaft als das bessere aller Modelle, spielen sich dabei als die Leistungsträger auf, die sozial handeln, und denken doch ausnahmslos nur an ihre Einkommensabsicherungen, an ihre Quasi-Monopole. Sie denken ausschließlich an sich.

Die Vernichtung von Arbeitsplätzen wird dabei bewußt in Kauf genommen. Die Bürokraten im Staatsdienst exekutieren das Handwerksrecht noch engstirniger, als dies selbst einige Handwerkskammern möchten, und vor allem kleinlicher, als dies der Gesetzgeber gemeint hat.

In einer süddeutschen Kleinstadt habe ich einen gebrochenen Mann getroffen. Mit Erich Garais bin ich zusammen zu seinem letzten Rohbau gefahren, einem Dreifamilienhaus. Da standen moderne Maschinen, ein Kran, Lastwagen, alles sauber aufgeräumt, alles bestens gepflegt. 14 Jahre hat er Rohbauten erstellt, bis zu 15 Mitarbeiter beschäftigt und jetzt, mit 56 Jahren, wird seine Existenz, sein Lebensinhalt vernichtet. Er kann nur stockend darüber sprechen, will es nicht glauben. Er war für die CDU im Gemeinderat, seine Frau die Seele des Gesangvereins. Alle kennen ihn als ehrlichen Unternehmer. Nie hat er Beschwerden wegen seiner Bauten, dafür lange Listen zufriedener Kunden. Aber er muß innerhalb eines halben Jahres dem Regierungspräsidium Tübingen mitteilen, daß er seinen Betrieb liquidiert und abgemeldet hat. Grund: Sein Maurermeister hat gekündigt und ist in den öffentlichen Dienst übergetreten. Dort hat er kürzere Arbeitszeiten, kann im Büro sitzen und noch im Nebenerwerb dazuverdienen.

Ohne Maurermeister aber darf er sein Unternehmen nicht weiterführen. So steht es in der Handwerksordnung. Garais hat annonciert, in den lokalen Zeitungen, in der überregionalen Presse. Es hat sich niemand ernsthaft beworben. Nur ein längst pensionierter Meister mit 69 Jahren wollte gegen die Zahlung von 15 000 D-Mark jährlich seinen Namen hergeben. Das wäre zwar rechtlich in Ordnung gewesen, aber dieser Trick ging gegen Garais' ehrliche Seele, obwohl auch er wußte, daß dies heute gang und gäbe ist, daß sich alte Meister als Konzessionäre zur Verfügung stellen und dafür noch einmal kräftig abkassieren. Jede Ordnung, die Mangel erzeugt, schafft sich so ihre Korruption selbst.

Garais hat sogar angeboten, daß ein junger Meister das Geschäft nach sieben Jahren, wenn er seine Altersversorgung gesichert hat, ganz übernehmen kann, mit allen Maschinen und Kunden. Aber die jungen Meister, die er ansprach, waren alle an der Selbständigkeit nicht interessiert, sondern eher auf solche Posten aus, wie ihn sein ehemaliger Meister jetzt innehatte. Nämlich raus aus dem rauhen Wetter und hinein in die warme Stube. Dies alles schilderte er in einem Brief an das Regierungspräsidium, und dort saß eine Sachbearbeiterin mit dem irreführenden Namen Höflich. Garais stellte einen Ausnahmeantrag nach Paragraph acht der Handwerksordnung. Der sieht vor, daß eine Ausnahmebewilligung für die Fortführung des Geschäftes möglich ist, wenn der Antragsteller die »zur selbständigen Ausübung des betreffenden Handwerks notwendigen Kenntnisse und Fertigkeiten nachweist und ein Ausnahmefall vorliegt. Der Ausnahmefall liegt laut § 8 Abs. 1 Satz 2 HwO dann vor, wenn die Ablegung der Meisterprüfung für den Antragsteller eine unzumutbare Belastung bedeuten würde. Gründe hierfür müssen sich unmittelbar aus der Person des Antragstellers selbst ergeben.«

Garais war sicher, daß er beide Punkte erfülle. 14 Jahre hat er ohne Reklamationen Häuser gebaut, und mit 56 Jahren glaubte er, sei es wohl unzumutbar, noch die Meisterprüfung nachzumachen – und das bei laufendem Geschäft. Doch das Regierungspräsidium sah das anders. Ohne auch nur eine Angabe von Garais vor Ort zu überprüfen, verfaßte der leitende Regierungsdirektor Gerhard Gänzle das wirtschaftliche Todesurteil. So was liest sich dann so: »Wer eine Firma gründet und zur selbständigen Handwerksausübung von Anfang an einen technischen Betriebsleiter beschäftigt, sollte sich bewußt sein, daß er auch das Risiko trägt, wenn der Betriebsleiter die Firma unverhofft verläßt. Das Regierungspräsidium vertritt die Auffassung, daß es Ihnen ohne weiteres zugemutet werden kann, einen Nachfolger für Ihren ausgeschiedenen Betriebsleiter einzustellen. Nachdem Jahr für Jahr zahlreiche Maurergesellen ihre Meisterprüfung mit Erfolg ablegen, dürfte es Ihnen ohne größere Schwierigkeiten gelingen, einen geeigneten Maurermeister für Ihren Betrieb zu finden. Da ein Ausnahmefall aus den oben genannten Gründen nicht bejaht werden kann, ist es unerheblich, ob Sie die notwendigen Kenntnisse im Maurerhandwerk besitzen.«

Und weil tief im Innern die Tübinger Beamten noch einen Rest von zynischer Menschlichkeit besitzen, fügten sie beratend hinzu: Sie würden empfehlen, den Antrag auf Ausnahmegenehmigung zurückzuziehen. Dadurch fielen keine Kosten an. Bliebe Garais bei seinem Antrag, so werde auch dieser zurückgewiesen. Dann koste es Geld.

Garais ist in die Falle gelaufen. Er hat ihn zurückgezogen. Nachdem wir uns um den Fall für einen Film des Süddeutschen Rundfunks gekümmert haben, meinte die zuständige Handwerkskammer Reutlingen, daß bei dieser Sachlage wohl doch eine Ausnahmegenehmigung gerechtfertigt sei. Leider habe Garais keinen Antrag gestellt, so daß man ihm jetzt auch nicht mehr helfen könne.

Dieses Meisterstück von Schreibtischtätern stammt nicht aus der Sowjetischen Besatzungszone, als die Kommunisten die Unternehmer zwangsenteigneten oder kollektivierten. Dies ist Tübingen, Westdeutschland, 1992 – auch wenn Sie es nicht glauben wollen. Und während der Exekution ist auch niemand dem irregeleiteten Beamten in die Arme gefallen und hat die 15 Arbeitsplätze gerettet. Die durfte er zerstören. Irgendein anderer Unternehmer bekommt dann wieder Subventionen und Steuerermäßigung auf Staatskosten, wenn er einige der Arbeitslosen von Garais einstellt; vor allem, wenn die es jetzt vorziehen, zwischendurch mal ein Jahr schwarz auf dem Bau zu arbeiten und während dieser Zeit Arbeitslosenunterstützung beziehen. Einen Zorn auf den Staat und das System, das ihre Firma vernichtete, haben sie allemal.

Unser System ist paranoid, es gehört dringend auf die Intensivstation.

Weil das Handwerk der zweitgrößte Wirtschaftsbereich nach der Industrie ist, hat es natürlich auch eine entsprechend große Bedeutung für die Wirtschaftsverfassung unseres Landes. Es gibt 125 Handwerksberufe, rund 677 000 Betriebe mit etwa 4,6 Millionen Beschäftigten. Löst ein solcher, bis ins letzte Dorf reichender Wirtschaftszweig eine Flut von Regeln, Restriktionen und Behinderung individueller Freiheitsrechte aus, dann ertränkt er natürlich viel Liberalität, Spontaneität und Wachstum. Auf der anderen Seite hat sich das Handwerk als krisensicherer und stabiler als die Industrie gezeigt, und es wäre deshalb unverantwortlicher Leichtsinn, mit einem Schlag die ganze Handwerksordnung außer Kraft zu setzen.

Im Auftrag des Bundeswirtschaftsministers hat sich deshalb die Deregulierungskommission mit dem Handwerk beschäftigt, um Vorschläge zu machen, wie die Leistungsfähigkeit zu erhalten, die Behinderungen und einer freien Gesellschaft widersprechenden Entfaltungsbeschränkungen aufzuheben seien. Die Kommission kam dabei zu dem Ergebnis, daß es in Deutschland ungefähr 300 000 neue Existenzgründungen gäbe, wenn die Verknüpfung zwischen der Meisterprüfung und einer selbständigen Ausübung des Berufes aufgehoben würde. Sehr vorsichtig formulierten die Professoren, Unternehmer, Gewerkschafter und Verbandsvertreter der Kommission ihren Vorschlag:

»Anspruch auf selbständige Ausübung eines Handwerks hat jeder Handwerker, der die Gesellenprüfung abgelegt hat und darüber hinaus den Meisterbrief erworben hat oder mindestens fünfjährige praktische Tätigkeit im erlernten Beruf nachweisen kann. Der Meisterbrief bleibt weiter Voraussetzung für die Berechtigung der Lehrlingsausbildung.«

Wahrlich keine Revolution, die da vorgeschlagen wird, sondern nur etwas mehr Transparenz und dadurch weniger Heuchelei. Viele der Altgesellen, die heute schon ganze Baustellen in alleiniger Verantwortung betreuen, könnten dies dann auf eigene Rechnung bewerkstelligen. Denn wenn heute ein Handwerker so lange auf sich warten läßt, dann liegt es vor allem daran, daß es nicht genug Meister gibt, die einen Betrieb eröffnen, und keine Gesellen, die sich selbständig machen dürfen. Diese Knappheit hält natürlich den Wettbewerb klein und die Preise für den Konsumenten hoch.

Außerdem schlug die Deregulierungskommission vor, die Abgrenzungen zwischen den verschiedenen Handwerksberufen zu überprüfen. Da gibt es Bäcker und Konditor. Der eine darf keinen Kuchen, der andere kein Brot backen. Da gibt es Straßenbauer und Landschaftsbauer. Die einen pflastern im Park, die anderen die Straße. Wo ein Park aufhört und eine Straße anfängt, war jahrelang ein mit harten Bandagen ausgetragener Rechtsstreit. Da gibt es Metallbauer, Metalldrücker, Maschinenbaumechaniker, Werkzeugmacher, Landmaschinenmechaniker, Karosserie- und Fahrzeugbauer – und alle wachen eifersüchtig darüber, daß der »Berufsfremde« ja nicht einen Handgriff macht oder ein Werkzeug benutzt, das dem anderen in seiner Handwerksrolle zugeordnet ist.

Doch die Deregulierungskommission hätte sich ihre Arbeit sparen können. Aufgeschreckt allein schon von der Fragestellung, eilten die Handwerksfunktionäre, vorneweg CSU-Mitglied und Präsident der Truppe, Heribert Späth, zum Kanzler. Der versicherte ihnen, es werde nichts geschehen. Per Handschlag, so wird in der Kommission kolportiert, soll abgemacht worden sein, »daß den Treuesten der Treuen nichts passiert«. Als Zugabe für seine Treuen, deren Funktionäre dann vor den Wahlen entsprechende Parolen ausgeben, überzeugte der Supereuropäer Kohl dann bei den Maastrichter Verhandlungen seine europäischen Partner davon, daß das Berufsrecht nicht auf europäischer Ebene verhandelbar sei, also auf gut politisch: Die deutsche Handwerksordnung übersteht sogar die europäische Deregulierung. Unsere D-Mark war leichter zu opfern als eine undemokratische, ständische Berufsordnung aus faschistischer Zeit. Das zur Situation der »Marktwirtschaft und ihres Ansehens« in Deutschlands sogenannter konservativer Regierungspartei.

Die Handwerksfunktionäre sagen natürlich nicht: »Es geht uns um unser Geschäft«, das wäre ehrlich und verhandelbar. Nein, es geht ihnen angeblich um die Qualität der Arbeit und um die Sicherheit des Kunden. Sie führen ständig das Verbraucherinteresse im Munde und bevormunden uns, die Verbraucher, damit. Sie lassen nicht zu, daß wir uns auf dem Markt selbst aussuchen, ob uns für die Reparatur eines Wasserhahns ein Geselle reicht, der sofort kommt, oder wir zwei Dutzend Meisterbetriebe anrufen müssen, die uns abwimmeln, weil ihnen der Auftrag zu gering ist. Dies ist auch keine allgemein polemische Aussage, sondern Ergebnis eines Tests, den wir in Heilbronn vorgenommen haben.

Wir, die Verbraucher, brauchen keinen Vormund. Wir sprechen für uns selbst. Um die Diskussion zu versachlichen, wäre es also erst einmal notwendig, die Interessenlagen zu definieren. Für die bestehenden Handwerksbetriebe stellt sie sich so dar:

Wer jetzt ein Geschäft eröffnen will, benötigt einen Meisterbrief. Den bekommt er nur durch die Meisterprüfung, und die ist in der Tat eine Qualifizierung, die allerlei persönliches Engagement und Fähigkeiten voraussetzt. Im Gegensatz zu unseren Akademikern, die ihre Studien und Prüfungen kostenlos vom Staat offeriert bekommen, müssen die Meisterschüler dafür je nach Bedarf einige zehntausend Mark hinblättern. Damit nicht genug – es ist dies die einzige Qualifizierung, die sich nicht in Fernkursen bewältigen läßt. Die Meisterschüler, die ja auch schon fünf Gesellenjahre hinter sich haben müssen, sind also in der Regel Ende Zwanzig, verheiratet und haben nicht selten schon Kinder. Für einige Jahre müssen sie jetzt abends büffeln, an Wochenenden in die weit entfernten Schulungszentren fahren oder, wie fast überall noch notwendig, mehrere Wochen Intensivkurse belegen. Wer davor zurückschreckt, wird gar nicht erst zugelassen.

Das hat zur Folge, daß sich viele Gesellen eine Meisterprüfung einfach nicht leisten können. Die Hürden sind zu hoch. Anders ist das mit den Söhnen der Firmeninhaber. Die wissen ja, daß sie von ihren Vätern den Betrieb übernehmen können, und entsprechend wird der Betrieb den Sohn mitfinanzieren und unterstützen. Er muß zwar auch lernen, aber kann viel leichter freigestellt werden. Das heutige Selbstverwaltungs- und Prüfungssystem begünstigt so die schon vorhandenen Betriebe. Das hat den schönen Nebeneffekt, daß unerwünschte Konkurrenz ferngehalten werden kann. Bei den Schreinern in Nordhessen stehen immer noch die Namen auf den Zeichnungen, so daß die Obermeister wissen, ob es sich bei dem Prüfung um den Sohn eines der Ihren handelt oder um einen Neuling, der dann möglicherweise als Konkurrent auf den Markt tritt.

In Nordhessen konnten wir auch einen Fall recherchieren, bei dem die Obermeister im Laufe der Prüfung rechtswidrig eine Zeichnung zerrissen haben. Der so Abgewiesene hat sie dann in abgewandelter Form über einen anderen Meisterschüler, Sohn eines Schreinermeisters, wieder eingereicht. Der hat dann die Prüfung bestanden. Der Geschädigte, der nicht aufgeben wollte und trotzdem eine kleine Werkstatt weiterbetrieb, bekam schon mehrfach Besuch von der Polizei, wird mit Anzeigen wegen unerlaubter Gewerbeausübung verfolgt und hat trotzdem keine Chance, seine Arbeit je zu legalisieren, weil die Obermeister immer noch dieselben sind, die ihn als Konkurrenten fürchten. Seinen Fall will ein Anwalt allerdings zum Anlaß nehmen, bis hinauf zum Bundesverfassungsgericht das Recht auf selbständige Arbeit einzuklagen. Deshalb achten die Beteiligten sorgfältig auf ihr Inkognito, damit die Handwerkskammer nicht im Vorfeld schnell eine Ausnahmeregelung trifft und auf diese Weise ihre ziemlich sichere Niederlage in Karlsruhe verhindert.

»Das Recht auf Arbeit« hat Horst Mirbach sein Buch über das Handwerksrecht betitelt. Er gibt darin Tips, wie dem Allmachtsanspruch der Handwerkskammer begegnet werden kann. Einst arbeitete der Jurist als Beamter in der Abteilung Handwerk des Wirtschaftsministeriums. Dort war er ständig mit Konflikten wie den bereits geschilderten konfrontiert. Aber nachdem er seinen Ratgeber geschrieben hatte, fingen die Probleme für ihn an. Der Handwerksmeister und Abgeordnete Rudolf Ruf aus Karlsruhe forderte seine Entfernung von diesem Posten und machte dem Ministerium Vorwürfe, weil es die Veröffentlichung nicht verboten hatte. Vom Recht auf freie Meinungsäußerung hatte dieser Volksvertreter noch nichts gehört. Aber er war erfolgreich. Ohne Anhörung wurde Mirbach vom beamteten Staatssekretär Otto Schlecht in die Umweltabteilung versetzt und auf diese Weise unschädlich gemacht. Der so hochgepriesene Marktwirtschaftler Schlecht weiß, was sich gehört, wenn die Lobby antritt. Dann ist auch für ihn der freie Markt nur noch eine Manövriermasse für politische Spiele. Auch Jürgen Möllemann, als er noch Wirtschaftsminister war, hatte keine Zeit, zu diesem Thema ein Interview zu geben. Dafür schleppte er in derselben Woche Franziska van Almsick durch die »Wetten-daß«-Sendung. Das ist das feine Gespür, was Stimmen bringt und was Stimmen kostet. Und das ist typisch, wie die Grundsatzfragen unserer Wirtschaftspolitik abgemeiert werden. Der Bundestagsabgeordnete Rudolf Ruf ist mittlerweile stolzer Träger des Bundesverdienstkreuzes, der Jurist Mirbach ganz aus dem Wirtschaftsministerium ausgeschieden.

Zur Zeit ist das Handwerk im Osten Deutschlands eine der tragenden Säulen der wirtschaftlichen Erholung. Aber wir sehen darin keinen Grund, das Handwerksrecht zu rechtfertigen – im Gegenteil: Auch im Osten wirkt es preistreibend, begünstigt die Besitzenden und benachteiligt viele. Wir haben einige Tests gemacht. Altgesellen, die viele Jahre im Osten in Betrieben arbeiteten und nicht zur Meisterprüfung zugelassen wurden, weil sie sich politisch nicht konform genug gezeigt hatten oder einfach als Selbständige unerwünscht waren, wurden auf Wartezeiten von bis zu fünf Jahren für den Kursbeginn verwiesen. Dann sind die ersten Marktchancen schon weg. Wieder so ein Beispiel, wie wir die Staatswirtschaft durch Bürokratenwirtschaft im Osten abgelöst haben.

Außer den Filialen der größeren Westbetriebe profitierten die wenigen bereits vom SED-Regime geduldeten Handwerker von dieser Lösung. Zur Wende gab es rund 85 000 mit rund 430 000 Beschäftigten. Sie waren der Kollektivierung und Zusammenfassung in Produktionsgenossenschaften entgangen, weil sie unbedingt gebraucht wurden, um wenigstens die Häuser der Bonzen und Partei instand zu halten. Dies brachte eine automatische Nähe zur Staatsmacht, und deshalb war das Ansehen des »roten Mittelstandes« in der Bevölkerung nicht hoch. Trotz des konfiskatorischen Steuersatzes von neunzig Prozent ging es den Handwerkern weitaus besser als den meisten DDR-Bürgern. Das westdeutsche Handwerksrecht kam daher den bestehenden Strukturen im Osten entgegen: nicht zuviel Wettbewerb, Zugangsbeschränkungen und Funktionärstum. Nur hat dies leider mit Markt- und Wettbewerbswirtschaft überhaupt nichts zu tun.

22. Der Kampf der Freiberufler gegen den Wettbewerb

Fragen Sie einmal in Ihrem Bekanntenkreis herum – Ihren Lebensmittelhändler zum Beispiel: »Haben wir Marktwirtschaft?« – »Aber natürlich«, wird er sagen und auf die Konkurrenz verweisen, die ihm durch den Supermarkt entsteht. Ob er deshalb für die Aufhebung des Ladenschlusses sei, können Sie weiter insistieren. Und dann werden Sie hören, daß sein Verband mit guten Gründen für den geregelten Ladenschluß sei. Dies würde noch mehr die Supermärkte fördern. »Nein, der Ladenschluß muß bleiben«, und allemal: »Irgendwann muß ja auch Feierabend sein.«

Fragen Sie Ihren Arzt, was er von Marktwirtschaft hält: »Oh, ja – alles, nur keinen Sozialismus.« Und er sei natürlich auch dafür, daß der Patient mehr Eigenanteil bezahlen müsse. Aber wenn Sie dann nachhaken, was er von einer auch für Laien verständlichen Rechnung halte, die er jedem Patienten geben müsse, damit dieser nachprüfen kann, was er, der liebe Doktor, da eigentlich berechne; und was er von einem richtig harten Wettbewerb halte, wenn sich nämlich noch drei, vier Doktoren in seinem Stadtbezirk niederließen, dann werden Sie einen langen Vortrag hören, wo und wann im Sinne des Patienten, also in Ihrem Interesse der Wettbewerb natürlich nicht dem freien Markt überlassen werden dürfe.

So können Sie weitermachen. Der Landwirt wird erklären, warum die Nahrungsmittel nicht dem freien Markt übereignet werden können, wahrscheinlich droht er mit einer Hungersnot. Und dann die Natur. Der freie Markt kennt keine Verantwortung. Also wird nur jener Bauer, der sein Land liebt und pflegt, unsere Kulturlandschaft erhalten. Dafür müsse der Steuerzahler schon Verständnis aufbringen. Die Versicherungsagenten werden das Bundesaufsichtsamt für Versicherungen verteidigen und auf die

Risiken hinweisen, welche die EU-Richtlinie mit sich bringt, nach der auch ausländische Versicherungen sich jetzt bei uns ausbreiten dürfen. Die Zeitungsverleger und Redakteure der Lokalzeitung schätzen das Monopol ihres Blattes. Der Mann, der den Strom abliest, kann Ihnen begreiflich machen, warum das Elektrizitätswerk ein Monopol für die Region braucht; der Taxifahrer, warum es richtig ist, daß seine Lizenz von der Gemeinde vergeben werden muß usw. Irgendwann müssen Sie sich dann die Frage stellen, wo wir eigentlich noch Marktwirtschaft praktizieren. Und jeder, den Sie fragen, wird Ihnen zustimmen, daß wir zuviel Bürokratie, zuviel Regeln haben und daß es so nicht mehr weitergeht. Aber in seinem Beruf sei das nun mal anders, da könne kein freier Markt herrschen, weil sonst der Mißbrauch zu groß und gefährlich sei. Mehr Markt, das betrifft immer nur die anderen. Oder er wird Ihnen erklären, warum in seiner Branche ein kannibalistischer Wettbewerb herrsche, der nicht verstärkt werden dürfe. Weil dies sonst gegen die Verfassung oder gegen das gesamtwirtschaftliche Interesse verstoße. So etwas werden Sie in der nächsten Zeit von unseren Bankern zu hören bekommen.

Eine Lehrstunde dieser Reflexreaktion gegen mehr Wettbewerb war der Umgang mit den Vorschlägen der Deregulierungskommission. Wie schon am Beispiel des Handwerks beschrieben, ging es hier wirklich nicht um die Wiedererweckung eines sozial kalten Manchesterkapitalismus. Aber dieses Gremium unterbreitete Vorschläge, wie Verkrustungen, Fehlentwicklungen und Überbleibsel aus antidemokratischen Zeiten und den damit verbundenen Standesrechten aufgehoben und auf diese Weise Kräfte für Wachstum und mehr wirtschaftlicher Gerechtigkeit freigesetzt werden könnten.

Die Kommission dehnte ihre Nachforschungen auch auf Gebiete aus, die sich bisher sehr geschickt aus der Debatte um Entstaatlichung und Deregulierung herausgehalten hatten. Das sechste Kapitel ihrer Untersuchung widmeten die Professoren, Wirtschaftler und Gewerkschafter, die in die Deregulierungskommission berufen worden waren, den Bereichen Rechtsberatung und Wirtschaftsprüfung – einem Zweig der sogenannten freien Berufe also. 550 000 Personen arbeiten in diesem Dienstleistungssektor, und wenn man die überdurchschnittlichen Einkommen betrachtet, die hier erzielt werden, so wird die volkswirtschaftliche Bedeutung schon sichtbar.

Nun hat es mit den freien Berufen in Deutschland sowieso eine eigenartige Bewandtnis. Versuchen Sie doch einmal, mit einem Anwalt, Architekten, beratenden Ingenieur, Arzt oder ähnlichem Vertreter der sogenannten »freien Berufe« einen Preis für seine Tätigkeit frei auszuhandeln. Und auch Freiberufler werden zwangsweise in Standesorganisationen samt deren Zwangsabgaben zusammengefaßt. Meine freischaffenden Kollegen beim Fernsehen müssen sich zum Beispiel ständig dagegen wehren, nicht gegen ihren Willen in die Künstlersozialkasse aufgenommen zu werden. Auch die Sender folgen Richtlinien – deren Herkunft nur unklar erklärt wird –, wonach freie Mitarbeiter trotzdem wie Festangestellte in die staatlichen Sozialkassen zahlen müssen, ob sie nun eine eigene Firma haben oder nicht. Also ist das Wort »Freiberufler« da schon eine arge Übertreibung. Wobei diese sogenannten Freiberufler oft überhaupt nichts dagegen haben, sich mit Hilfe staatlicher Regeln den Wettbewerb vom Hals zu halten.

Wer schon einmal ein Haus gekauft oder auch nur eine besondere Unterschrift benötigt hat, kennt die Institution des Notars. Je nach Bundesland gibt es Schutzvorschriften, die einer Lizenz zum Gelddrucken gleichkommen. In Baden die Amtsnotare, in Württemberg die Bezirksnotare, in Bayern und Hamburg die Nurnotare. Und weil es Landstriche gab, in denen ein Anwalt auch Notar sein konnte, was so ein klein wenig wie Wettbewerb aussah, hat eine Novelle zur Bundesnotarsordnung eine Bedürfnisprüfung für das ganze alte Bundesgebiet vorgeschrieben, womit endgültig sichergestellt ist, daß hier von freier Wirtschaft oder gar Wettbewerb nicht mehr die Rede sein kann. Faktisch hat der Staat die Totalfürsorge übernommen, arbeiten die Notare fast wie Beamte – nur ihre Honorare gehören zu den attraktivsten der Freiberufler. Deshalb eignet sich dieser hochangesehene Stand besonders zur Beschreibung der Bundesrepublik und ihrer heuchlerischen Elite. Denn um es gleich vorwegzunehmen: Mit keinem Vorschlag zur Deregulierung ist die Kommission so gegen die Wand gelaufen wie mit ihren Empfehlungen zur Entmonopolisierung der Notare und Rechtsberufe. Deshalb, ihr lieben Notare, ein herzliches Willkommen im »Club der Selbstbediener«.

Die Begründungen für die Notarsrechte sind alle ehrenwert, beim Lesen wird einem richtig feierlich zumute. Nach Paragraph eins BNotO, der Bundesnotarordnung, übt der Notar ein öffentliches Amt aus und unterliegt insoweit der Aufsicht der staatlichen Justizverwaltung. Und die kann bezahlte Nebentätigkeiten erlauben. Zugegeben, die Notare unterliegen auch Beschränkungen. Sie dürfen nur in ihrem Amtsbezirk tätig werden, nebenher keine Firmen betreiben und einiges mehr. Aber dafür werden sie als Monopolisten mit starrer Gebührenordnung um so großzügiger entschädigt.

Wir haben einmal eine Sendung über »Ärger am Bau« gemacht, und die Notare entpuppten sich dabei als eines der größten Ärgernisse. Da wurden bei Wohnungsbaugesellschaften ein Dutzend Paare in den Raum geladen, und der Notar rasselte dann den Kaufvertrag mit all den komplizierten Begriffen der Grundbucheintragungen, den Zinsberechnungen, Haftungsklauseln, Eigentumsübertragungen etc. herunter. Wer das nicht verstand und nachfragen wollte, wurde mit der Bemerkung abgespeist, daß draußen noch andere Käufer warteten, die sich nicht so anstellten. Diese Abfertigung in Rudeln brachte den Notaren einen schönen Batzen Geld. Eigentlich wären sie vom Gesetzgeber her verpflichtet, neutral die Interessen von Käufer und Verkäufer abzuwägen, aber es waren die Baugesellschaften, welche die Notare beauftragten und damit deren Geldquelle darstellten, nicht die Käufer. Und so stellte sich bei den Recherchen heraus, daß hinterher die Baugesellschaften meistens viele, die Käufer wenig Rechte hatten. Der damalige Staatssekretär im Bundesjustizministerium, Alfons Bayerl, war so erschrocken, daß er versprach, das Bundesnotarsrecht straffer zu fassen, und die Bundesnotarskammer redete von schwarzen Schafen.

Doch möglich wird die arrogante, hoheitsvolle Haltung vieler Notare, weil sie sich selbst mit Hilfe des Gesetzgebers die Aura einer über den Niederungen des schnöden Mammons stehenden Respektsperson verschafft haben. So werden ihre Lizenzen zum Gelddrucken begründet: »Nicht Gewinnerzielung und Preiswettbewerb, sondern Objektivität und Leistungswettbewerb stehen bei unserem Beruf im Vordergrund.« Die Regulierungen seien erforderlich zum Schutz der Mandanten, im Interesse der Gerechtigkeit, der Funktionsfähigkeit der Rechtspflege etc. Und dann kommt's ganz dick: »Nur wer durch Marktzugangsbeschränkungen wie die Bedürfnisprüfung und durch staatliche Preisfestsetzung die Garantie auskömmlicher Einnahmen hat, ist von Parteiinteressen wirklich unabhängig usw.« Das kennen wir doch schon. Alle sind nur um den Bürger besorgt, der natürlich absolut unfähig ist, seine Interessen selbst wahrzunehmen. Und alle Menschen sind von Natur aus Verbrecher. Das wird auch Notaren unterstellt, die unter Marktbedingungen arbeiten müßten. Sie würden zu einer unkalkulierbaren Spezies Mensch, die, weil sie am Hungertuch nagt, ihre schwache Klientel über den Tisch zieht. Und das verhindern wir mit Gesetzen, mit Regeln.

Was uns bei dieser Logik überhaupt nicht in den Kopf will: Warum verbeamten wir dann nicht die Notare, bezahlen sie wie einen Amtsrichter und sind damit alle Sorgen des Amtsmißbrauchs los? Ein Amtsrichter jedenfalls ist viel billiger zu unterhalten als ein Notar, der in der Regel ein Vielfaches verdient. Bei jedem Hauskauf erhält er ein Prozent des Kaufpreises. Nun rechnen Sie mal nach, was da für ein Stundenlohn zusammenkommt, wenn die Verträge für eine Reihenhaussiedlung gleich zwanzigfach ausgefertigt und dann in wenigen Minuten vorgelesen werden. Die eigentliche Arbeit erledigen bei den überlasteten Notaren längst wesentlich geringer bezahlte Mitarbeiter. Und richtig große Notarskanzleien in einigen Großstädten beschäftigen Scharen angestellter Juristen, von denen sie sich Verträge entwerfen und Beurkundungen vorbereiten lassen. Diese Monopolauswüchse zeigen auch, zu was Bedürfnisprüfungen führen.

Aber bei beamteten Notaren müßte man dann höchstwahrscheinlich so lange auf eine Dienstleistung warten, wie dies heute schon bei Grundbuchämtern der Fall ist, bei denen es je nach Stadt und Region bis zu zehn Monate dauern kann, um eine Auflassung oder Grundbucheintragung zu erhalten. Dadurch liegen Hunderte von Millionen Investitionsmittel brach, und für einzelne Bauherren, Kaufwillige und Unternehmen entstehen Verluste, die sich gesamtwirtschaftlich auch auf eine dreistellige Millionenzahl addieren. Fragen Sie einmal Ihren Abgeordneten, was er gegen diesen Mißstand zu tun gedenkt. Wenn er überhaupt je etwas davon gehört hat, haben Sie aber Glück gehabt.

Und während die Regeln für die Häuslekäufer zu einer unentrinnbar hohen Gebühr werden, behindern sie den Notar, in schwierigen Fällen, einer komplizierten Millionenerbschaft zum Beispiel, eine umfassende Beratung zum kostendeckenden Preis vorzunehmen. Er kann ja nur bedingt nach Aufwand und Stunden abrechnen, weil er die Gebührenordnung einhalten muß. Streitet sich also ein weitverzweigter Clan jahrelang um ein Erbe von, sagen wir einmal: zehn Millionen Mark, so bleibt dies für die Honorarabrechnung unmaßgeblich. Die Gebühr steht fest, egal, wieviel Kopfzerbrechen die Sippe dem Notar bereitet, wieviel Zeit sie ihn in Anspruch nimmt. Das Geld, das er in einen solchen Fall investiert, holt er sich wieder bei den vielen Eigentumswohnungen und Hausbauern. So greift auch hier unsere subventionierende Form der sozialen Marktwirtschaft: Die sozial Schwächeren subventionieren die Stärkeren.

Und selbst bei diesem Beispiel stimmt das eiserne Gesetz, daß starre Regeln zu Unwirtschaftlichkeit führen – denn im Endeffekt behindern solche Vorschriften die Wettbewerbsfähigkeit der deutschen Notare und Wirtschaftsprüfer. Dies ist vor allem bei internationalen Erbschaftsfragen oder komplizierten Gesellschafterverhältnissen der Fall. Und weil die Notare gleichfalls in ihrer Tätigkeit außerhalb des Amtsbezirks gebremst werden, sich auch nicht in Sozietäten mit Wirtschaftsprüfern zusammentun dürfen, werden solche umfassenden auch finanziell interessanten Verträge zunehmend an Notare ins Ausland gegeben. Denn daß der Bedarf in der Bundesrepublik unzureichend befriedigt wird, zeigt sich an den von Regelungen weniger gehemmten Notarkollegen im Ausland, vor allem in Zürich und Bern, welche die fetten Brocken wegschnappen.

Historisch gesehen wäre eine weitgehende Deregulierung des Notarrechts wieder eine Rückkehr zu den Ursprüngen. Der Beruf ist entstanden, als sich Käufer und Verkäufer unabhängige Mittler für ihren Handel suchten. Es war dann der Staat, der diese Mittlertätigkeit weitgehend unter seine Kontrolle brachte, womit er sich neben einer zuverlässigeren Rechtspflege auch eine bessere Kontrolle seiner Bürger und deren wirtschaftlichen Aktivitäten aneignete. Wenn man der Argumentation folgt und sagt, daß die rechts- und wirtschaftsberatenden freien Berufe auf höhere Gemeinschaftsgüter wie Gerechtigkeit angelegt sind und deshalb eine staatliche Regulierung zu rechtfertigen sei, dann können wir uns wirklich von der Idee einer freien Gesellschaft verabschieden.

Die Deregulierungskommission vermerkt dazu nicht ohne Häme, daß schließlich die Wach- und Schließgesellschaften zum Schutz von Hab und Gut, die Autohersteller zur Verwirklichung von Mobilität und Freizügigkeit und die pharmazeutische Industrie zur Volksgesundheit beitrage. Sie alle arbeiten folglich für höhere Güter und müßten deshalb reguliert werden. Die Gefahr besteht, daß, wenn dieser Gedanke nur einmal zu laut geäußert wird, er sofort in all diesen Branchen Zustimmung fände und sich dann alle vom lästigen Markt verabschieden würden.

Je weniger Berufen wir den Glorienschein einer besonderen Ethik zubilligen, desto weniger werden wir hinterher enttäuscht, wenn auch sie sich neben einem zweifelsohne vorhandenen Berufsethos vor allem nach einem möglichst hohen Einkommen und einer möglichst hohen Verzinsung ihres eingesetzten Wissens und Kapitals bemühen. Mit dieser schlichten Feststellung sind viel einfacher wirtschaftliche Rahmenbedingungen und ethische Verhaltenskodizes aufzustellen. Der ideologische Schmus einer zur höheren Gerechtigkeit verpflichtenden Kaste nimmt im Zuge einer informierten Gesellschaft zunehmend komische Züge an.

Mit den Affären um die Metallgesellschaft, den Bauspekulanten Schneider und die Pleite des Sportausrüsters Balsam sind ja nicht nur die Banken in Verruf geraten, sondern auch die Wirtschaftsprüfer. Es zeigt sich, daß ihre Testate oft auch nicht immer das halten, was der Briefkopf verspricht. Da muß nicht gleich ein Gefälligkeitsgutachten bestellt werden, da reicht für das Wirtschaftsprüfungsbüro schon die Absicht, den Konzern als Kunden nicht zu verlieren. Also wird man ihm nicht zu nahe treten. Dies wird auch nicht durch noch so viel berufsethische Rhetorik oder vom Gesetzgeber eingeschränkten Markt anders. Hier helfen nur möglichst viel Wettbewerb und eine umfassende Pflicht zur Information, damit sich Kunden und Öffentlichkeit ein Bild über die Leistungen von Notaren, Wirtschaftsprüfern, Sachverständigen und Rechtsberatern machen können. Ein Restrisiko, daß man trotzdem an den Falschen gerät, läßt sich auch dann nie ausschließen. Doch dies ist einfach der Preis dafür, daß man es hier mit

Menschen wie du und ich zu tun hat. Aber wenn es um klare Haftungsregelungen geht, die einem Geschädigten dieser Berufsgruppen schnell zu seinem Recht verhelfen könnten, sperren sich die Berufsverbände erfolgreich. Die Notare sind da besonders fein heraus, sie haften wie Beamte für fahrlässige Amtspflichtsverletzungen nur, wenn der Geschädigte nicht auf andere Weise, zum Beispiel durch eine eigene Versicherung, entschädigt wird. Hier haben wir eine Abart der eierlegenden Wollmilchsau geschaffen: den Freiberufler mit der Absicherung des Beamten. Eine Meisterleistung der Regelwirtschaft.

Wir gehen einmal davon aus, daß man natürlich nur den Schutz des Verbrauchers im Auge hat, wenn die Honorarrahmen für »freie Berufe« in solch einer Art Gesetz festgeschrieben werden. Eigentlich sollten Gesetze so verfaßt sein, daß sie jeder versteht. Das trifft schon längst nicht mehr zu, und deshalb erzielt die Juristenbranche seit Jahren überdurchschnittliche Zuwachsraten. Tatsächlich gibt es auch einmal einen Taxifahrer, der es trotz seines Jurastudiums nicht so recht weiterbringt. Der muß dann allerdings als Gegenbeispiel für viele tausend wohlsituierter Anwälte herhalten, die herrlich mit einer Gebührenordnung und Gesetzen leben, die ihnen die Klientel nur so zutreiben.

Meistens brauchen streitende Ehepartner einen Rechtsbeistand, wenn sie sich trennen. Aber warum sollte das seltene Paar, das sich gütlich auseinanderlebt, nicht auch ohne Anwalt auskommen? Warum müssen beide noch Gebühren abladen? Das Argument, man müsse den Gutgläubigen gegen sein Unglück schützen, ob der nun will oder nicht, bedeutet, daß die Richter, die eine Scheidung aussprechen, eigentlich überflüssig sind. Die haben weder einen gesunden Menschenverstand noch beschäftigen sie sich vernünftig mit einem Fall; die sitzen nur da oben und segnen ab, was die Anwälte zusammenstreiten. Immer wenn Gesetze zum Schutz des Konsumenten gemacht werden, die ihn eigentlich entmündigen, dafür einem anderen Berufsstand Zwangspfründen schaffen, sind Mißtrauen und Widerstand zu erwarten. Vor allem, wenn, wie in diesem Fall, die Gesetze auch noch von Juristen erstellt werden, die dann Juristen zugute kommen.

Dank der Deregulierungskommission wird die Bundesrechtsanwaltsordnung von den schlimmsten Vernagelungen etwas befreit.

Auch hier hat das Bundesverfassungsgericht etwas nachgeholfen, als es 1992 die bisherige Rechtsprechung weitgehend für verfassungswidrig erklärte, die Rechtsanwälte in ihrem Grundrecht als freie Wirtschaftsbürger weitgehend einengte. Ein Zweitberuf ist ihnen praktisch untersagt.

In der Vergangenheit hatte man zwar das Recht, einen Anwalt seines Vertrauens zu wählen, doch der mußte in dem Zuständigkeitsbereich des entsprechenden Amts- oder Landgerichts wohnen. Sonst war wieder ein Korrespondenzanwalt fällig. Informationen über die Leistung seines Büros durfte ein Rechtsanwalt schon gar nicht veröffentlichen. Das verstieß gegen die Standesehre. Der Klient schnupperte an der Tür, um herauszufinden, ob diese Kanzlei eher für Tierschutz, Ehe- oder Verkehrsrecht geeignet war. Wer keine Nase hatte, durfte dann so eine richtige Bauchlandung machen. Umgekehrt hatten es die sogenannten prominenten Anwälte leicht. Ihre Popularität, zum Beispiel als Bundestagsabgeordneter und Mitglied in einer Sozietät, konnte gut auf Außenwerbung verzichten. Eine solche Kanzlei bekam von ganz allein so viele interessante Fälle, daß sich einer aus der Sozietät den Nebenjob als Abgeordneter leisten konnte. Das Informations- und Werbeverbot benachteiligt deshalb nur die ganz normalen Rechtsanwälte, denen die Fähigkeit zur Selbstdarstellung in den Medien fehlte. Wo immer Informationsverbote bestehen, üben sie den gleichen Effekt aus: Sie beschützen die Klasse der Einflußreichen, behindern den Wettbewerb. Und wie auch immer die scheinheiligen Begründungen formuliert sind – dies geschehe zum Vorteil des Kunden –, so dienen sie doch in Wirklichkeit dazu, genau diesen Kunden zu übervorteilen.

Eine besonders bemerkenswerte Leistung haben die Architekten zuwege gebracht: die HOAI, die Honorarordnung für Architekten und Ingenieure. Dagegen ist unser verwinkeltes Steuerrecht sogar noch leicht erfaßbar. Dazu ein Auszug für eine Dienstleistung, die jeden einmal treffen kann. Nämlich Paragraph 24, der mit »Umbauten und Anbauten von Gebäuden« überschrieben ist. Da steht:

»(1) Honorare für Leistungen bei Umbauten und Modernisierung im Sinne des § 3 Nr. 5 und 6 sind nach den anrechenbaren Kosten nach § 10, der Honorarzone, der der Umbau oder die

Modernisierung bei sinngemäßer Anwendung des § 11 zuzuordnen ist, den Leistungsphasen des § 15 und der Honorartafel des § 16 mit der Maßgabe zu ermitteln, daß eine Erhöhung der Honorare um einen Vomhundertsatz schriftlich zu vereinbaren ist. Bei der Vereinbarung der Höhe des Zuschlags ist insbesondere der Schwierigkeitsgrad der Leistungen zu berücksichtigen. Bei durchschnittlichem Schwierigkeitsgrad der Leistungen kann ein Zuschlag von 20 bis 33 v. H. vereinbart werden. Sofern nicht etwas anderes vereinbart ist, gilt ab durchschnittlichem Schwierigkeitsgrad ein Zuschlag von 20 v. H. als vereinbart.«

Es folgt ein zweiter nicht minder verquerer Absatz, aus dem ich nur herauszulesen vermag, daß man auch noch höhere Zuschläge beanspruchen kann, wenn die Leistungsphasen höher bewertet werden können.

Das sind die Formulierungen, »aus denen die Prozesse wachsen«. Die sind von so wunderbaren Worten durchsetzt wie »durchschnittlich«, »höher zu bewerten«, »sinngemäße Anwendung«. Da ist alles möglich und nichts. Dieses Werk könnte von einer gemischten Juristen-Architekten-Kommission stammen, zur Erfindung von Gebühren im beiderseitigen Interesse.

Bei der jetzt geltenden Gebührenordnung bestraft sich ein Architekt selbst, wenn er die Baukosten senkt. Er würde sich nur Standesfeinde schaffen, sollte er unsere ganzen teuren Bau-DIN-Normen in Frage stellen. Vor allem hat er keinen Grund, etwas anderes zu machen als alle anderen auch, denn vor Preiswettbewerb geschützt, gehört er mit zu jenen auserwählten Freiberuflern in Deutschland, die sich erfolgreich durch Marktordnungen, in diesem Fall durch Standesordnungen, vor allzuviel Wettbewerb schützen. Ihr Einsatz ist gering: nach dem kostenlosen Studium in die gebührengeschützte Praxis. Dies wäre ja alles noch hinzunehmen, wenn unsere Freiberufler nicht so lautstark von einer Marktwirtschaft reden würden, deren Leistungsträger sie seien.

Eine entlarvende Episode spielte sich Ende 1994 ab, als die Zahnärzte der Öffentlichkeit vorrechneten, sie würden ab sofort ohne Honorar arbeiten müssen, weil aufgrund des Gesundheitsreformgesetzes die Kassen leer seien. Das erstaunte deutsche Publikum wurde samt Karies aufs nächste Jahr vertröstet. Nun hatten die Ärzte in einem Punkt recht: Ein System, das pauschal zu

Jahresanfang die Gebühren für ganze Bezirke festlegt, ist dirigistisch, kann auf die Dauer nicht funktionieren. Von da bis zur totalen Verstaatlichung der Ärzte ist es nur ein kleiner Schritt. Aber als dann der forsche Minister Horst Seehofer ankündigte, er werde ihnen wegen Leistungsverweigerung die Kassenzulassung aberkennen, da kam der Aufschrei: Seehofer vernichtet unsere Existenz.

Also, das verstehen wir nicht. Als frei niedergelassenen Zahnärzten kann ihnen niemand verbieten, Patienten außerhalb des kassenärztlichen Rahmens zu behandeln. Sie wären wirkliche Freiberufler. Aber vor so viel Freiheit hatten die Zahnbohrer dann doch wieder Angst. So frei wollen sie ja gar nicht sein. Sie wollen die geschützten kassenärztlichen Vereinigungen, die ihnen die Patienten in die Wartezimmer treiben, und dann möglichst wie echte Freiberufler abkassieren. Aber das Thema Ärzte und Krankenkosten verdient ein eigenes Kapitel, auch weil sich mit dieser Zunft und deren Organisationen alle Staaten schwertun und weil es diesem rasant wachsenden Wirtschaftszweig besonders erfolgreich gelingt, sich Wettbewerb und Markt zu entziehen.

23. Ärzte: Selbständige mit Einkommensgarantie

Sind Sie ihm schon begegnet? Dem notleidenden Arzt in Ihrer Nachbarschaft, der seine Praxis schließen und bankrott erklären muß? Dessen Einnahmen nicht einmal mehr für das Nötigste reichen, geschweige denn für einen Benz in der Garage? Haben Sie von einer Schwemme arbeitsloser Hausärzte etwas gespürt? Nein? Das ist aber eigenartig. Denn »Kassenärzte befürchten Pleitewelle« – so die Überschrift der *Rhein-Main-Presse*. »Es ist zu befürchten, daß im nächsten Jahr 10 bis 20 Prozent der Praxen pleite gehen«, führte der Vorsitzende der Kassenärztlichen Bundesvereinigung, Winfried Schorre, aus. Das war im Oktober 1993. Nicht nur Winfried Schorre, sondern rund um die Welt jammern und wehklagen die Ärzte über ihr schlimmes Schicksal, das die Gesundheitsreformen ihnen bescheren. Uns dagegen ist bekannt, daß in der Finanzbranche Mediziner besonders beliebte Ziele für jede Form von Steuerspar- und Hinterziehungsmodellen sind. Das bedeutet wohl, daß Ärzte erstens über durchweg beachtliche Ersparnisse verfügen und zweitens besonders willig sind, diese den Behörden zu verheimlichen.

Trotzdem werden wir weiterhin unsere Augen offenhalten auf der Suche nach einem Pleitearzt – aber bislang sind uns eher gebeutelte Patienten begegnet. Das kennen Sie aber mit Sicherheit: überfüllte Wartezimmer, unfreundliches Personal, falsche Diagnosen, unnütze Behandlungen, verpfuschte Operationen und zu alledem noch obendrauf: saftige Rechnungen, auch wenn diese von den Krankenkassen bezahlt werden und Sie in der Regel nichts davon sehen. Wer macht den Patienten eigentlich etwas vor? Warum müssen sich Patienten das alles gefallen lassen? Warum werden Patienten vom System behandelt wie unmündige und unkundige kleine Kinder, die sich zu fügen haben? Wer bezahlt hier eigentlich wen? Wer hat wohl deswegen wem dankbar zu sein, wer hat sich nach wem zu richten?

Ich bin mir sicher, daß Sie eine ähnliche Geschichte wie die folgende entweder schon selbst erlebt haben oder von Freunden oder Kollegen her kennen: Ein zweijähriges Kind hatte eine Vergrößerung des linken Hodens, und die Eltern gingen mit ihm zum Arzt. Die erste Diagnose lautete:

»Es ist eine Wassercele. Kleine Kinder haben das hin und wieder, und es geht wahrscheinlich ganz von allein weg.«

Also kein Grund zur Beunruhigung. Ein halbes Jahr später wurde die Wassercele noch größer, und die beunruhigten Eltern gingen zu einem anderen Arzt. Diesmal war die Diagnose:

»Ja, es ist eine Wassercele. Das ist nichts Gefährliches, aber wir empfehlen auf alle Fälle eine Operation. Der Eingriff an der Wassercele findet zwar unter Vollnarkose statt, ist aber in einer Stunde erledigt. Das Kind kann noch am selben Tag wieder nach Hause. Es wird nur ein paar Tage brauchen, um sich von der Narkose zu erholen. Wenn allerdings nicht operiert wird, dann könnte sich der Zustand zu einem Leistenbruch weiterentwickeln, und das wird dann schon viel komplizierter. Außerdem könnte der Bruch auch akut werden und die Därme einklemmen.«

Etwas verdutzt über die völlig verschiedenen Behandlungsvorschläge der beiden Doktoren wollten die Eltern mehr wissen.

»Wie kommt denn eine Wassercele zustande? Was hat die denn mit einem Leistenbruch zu tun?«

Der Arzt: »Ja, das wissen wir auch nicht genau, aber wir vermuten, daß Flüssigkeit durch die Bauchdecke in den Hodensack sickert und sich dort ansammelt. Das würde bedeuten, daß es eine Öffnung in der Bauchdecke gibt, die sich dann in einen Bruch weiterentwickeln könnte.«

»Und wie hoch ist die Wahrscheinlichkeit, daß sich ein Bruch entwickelt?«

Arzt: »Das wissen wir nicht, weil wir in der Regel eine Wassercele operieren, es also gar nicht soweit kommen lassen.«

»Aber woher wissen Sie denn dann, daß sich eine Wassercele in einen Bruch entwickelt?«

Arzt: »Das wissen wir nicht, aber übliche Praxis ist, eine Wassercele zu operieren.«

Man kann sich vielleicht vorstellen, wie verzweifelt die Eltern nach dem Gespräch waren. Sollten sie ihren zweijährigen Sohn dem Trauma einer Operation unterziehen, weil ein anerkannter Arzt der Kinderchirurgie es empfahl? Oder sollten sie ihren Zweifeln nachgeben, daß hier irgend etwas faul an der Sache war? Sie riefen einen Freund an, der gerade sein Medizinstudium beendet hatte, und fragten ihn nach seiner Meinung über Wassercelen. Er bestätigte, daß Wassercelen ungefährlich seien. Er riet außerdem dringend dazu, solch kleine Kinder auf keinen Fall zu operieren, sofern es nicht unbedingt nötig sei. Kinder in diesem Alter wüßten überhaupt nicht, was mit ihnen in den vielen Vor- und Nachbereitungen passiere, und es könnte lange dauern, bis das psychologische Gleichgewicht wiederhergestellt sei. Eine Woche später wurde die Entscheidung, nicht operieren zu lassen, erleichtert, als die Sekretärin des Chirurgen anrief und fragte:

»Möchten Sie den Operationstermin übernächste Woche nun wahrnehmen oder nicht?«

»Welchen Termin?«

Klinik: »Ja, der Doktor hatte schon einmal einen Termin für Sie vorgemerkt, denn sonst hätte er nichts frei für die nächsten zwei Monate.«

»Machen Sie immer Operationstermine, ohne Ihren Patienten davon zu verständigen?«

Klinik: »Wissen Sie, wenn Sie Ihr Kind nicht operieren lassen, dann müssen Sie mit gravierenden Konsequenzen rechnen, also haben wir Sie schon einmal eingeplant.«

Dieses Beispiel hat sich in den USA abgespielt. Aber die sich dabei offenbarende Skrupellosigkeit dieses Arztes, seinen Operationsplan möglichst vollzupacken, ist nicht nur typisch für Amerika. Wir kennen ähnliche Geschichten von Freunden und Verwandten, die genau die gleiche Masche in Deutschland, Japan und Italien erlebt haben. Das Versagen der Gesundheitssysteme, den Patienten als Kunden anzuerkennen und ihn als Mensch zu behandeln, ist weltweit gleich. Sämtliche Beteiligten sind weitgehend damit beschäftigt, das System so zu nutzen, daß sie gut dabei wegkommen. Die Geschichte mit der Wassercele zeigt beispielhaft die wichtigsten Strukturfehler, an denen alle diese Gesundheitssysteme kranken: den Mangel an Transparenz und den Mangel an Konkurrenz. Die fehlende Transparenz verleitet Ärzte dazu, das System an jeder Ecke auszunutzen, und die mangelnde Konkurrenz sorgt dafür, daß Ärzte sich um Qualitätsarbeit und Kundenservice nur marginal zu kümmern brauchen. Beides treibt die Kosten in die Höhe und macht eine gesicherte Krankenversorgung zunehmend schwieriger.

Der Mangel an Transparenz wirkt sich in Deutschland besonders tragisch aus, weil der Kunde die Rechnung noch nicht einmal zum Gegenzeichnen bekommt. Es besteht also überhaupt keine Kontrollmöglichkeit. Selbst sogenannte Skandale werden unter Ausschluß einer informierten Öffentlichkeit abgehandelt. Sowohl während als auch nach dem Herzklappenskandal im Sommer 1994 wußte keiner Bescheid, um was es wirklich ging. Zuerst ergingen sich die Krankenkassen in wüsten Behauptungen über systematische Korruption in der gesamten Herzchirurgie Deutschlands. Dann konnten sie nur eine Handvoll Fälle belegen. Die Ärzte wiederum attackierten die ineffizient arbeitenden Versicherer, anstatt sich entschieden gegen die schwarzen Schafe in ihren Reihen zu wehren. Und die Bürokraten nutzten die Chance, um mal wieder nach noch mehr Kontrolle zu rufen, die sie dann selbst wahrnehmen würden. Dabei beschäftigt sich das System in erster Linie über die Köpfe der Patienten hinweg schon jetzt mit sich selbst. Keine einzige der beteiligten Parteien sah eine Lösung in der konsequenteren Kontrolle der Preise und Angebote durch den Patienten selbst.

Richtig ist zumindest, daß die Chefärzte, um die es sich bei diesem Skandal handelte, solche kleinen Bestechungsbeigaben überhaupt nicht nötig haben – und insofern, glauben wir, liegen beide Seiten wohl richtig. Die Ärzte können in solch lächerlichen Geschenken wie einer Traumreise oder einem Auto überhaupt keinen Bestechungsversuch entdecken, viel zu gering wäre der Zusatzverdienst. Aber offensichtlich nimmt man mit, was geboten wird. Und die Kassen waren es leid, daß sie fortlaufend pro Rechnung in Tausenderbeträgen betrogen werden, ohne daß die Mediziner überhaupt ein Unrechtsbewußtsein entwickelten. Chefärzte ergattern ihre Millionenverdienste nämlich ganz legal über den schönen Begriff »Ärztekette«. Danach kassiert der Chefarzt bei jeder privaten Behandlung seiner Patienten mit, egal, ob er nun tatsächlich präsent ist oder nicht. Der baden-württembergische Landesrechnungshof hat zum Beispiel drei Chefärzte näher überprüft. Einem von ihnen gelang es, binnen drei Wochen 201 Patienten mit 355 Narkosestunden abzurechnen, aber nur bei acht Fällen war er tatsächlich dabei. Während auf diese Weise völlig legal Millionenbeträge zusammenkommen, wird die Arbeit durch vom Staat bezahlte Helfer mit vom Staat angeschafften Geräten in vom Staat unterhaltenen Klinikräumen verrichtet.

Und wie könnte es anders sein? Wie schon beim Handwerksrecht, so geht auch diese schöne Regel der Ärztekette auf ein Gesetz aus dem Jahr 1939 zurück – faschistische Bestechungszusagen des »Führers« an einzelne Stände, um die Elite für den braunen Staat zu gewinnen. Ein halbes Jahrhundert später dürfen sie die Gesellschaft immer noch ungestraft und nahezu unbemerkt weiterhin schröpfen.

Darüber hinaus zwingt das deutsche System Ärzte und Versicherer förmlich zu Tricks mit Haken und Ösen, um sich einen Vorteil zu erkämpfen. Der Patient spielt dabei höchstens eine nebensächliche Rolle. Das funktioniert so: Auf regionaler Ebene handeln die Krankenkassen mit einer Vereinigung von Ärzten ein Budget aus, das im kommenden Jahr verbraucht werden darf. Die Vereinigung verteilt dann diesen Etat unter ihren Ärzten gemäß einer Punkteanzahl, welche die Ärzte der Vereinigung melden. Für ungefähr 2500 verschiedene ärztliche Leistungen bekommt der Doktor unterschiedliche Punkte angerechnet, für ein Telefonberatungsgespräch zum Beispiel 80, für ein Röntgenbild zwischen 360 und 900. Je mehr Punkte die Ärzte sammeln, desto höher ist ihr Honorar, das sie von der Vereinigung bekommen.

Wie gesagt, ist der Topf der Arztkosten insgesamt in der Region vorher festgelegt. Theoretisch überwacht die Vereinigung den Service und die Rechnungsstellung der Ärzte. Aber wie will sie denn in der Praxis verhindern, daß die Ärzte ein paarmal am Tag zu oft unnötig den Blutdruck messen und damit Punkte sammeln, wenn dies der Patient nicht gegenzeichnen muß? Alles, was diese Form von Überwachung erreichen kann, ist, daß die Ärzte bei ihren Spielchen kreativer sein müssen. Da der Geldtopf letztendlich einem Limit unterliegt, nimmt jeder unehrliche Arzt in einer Region den anderen, den ehrlichen, effektiv Einkommen weg.

Weil die ehrlichen aber wissen, daß die Kontrolle kaum möglich ist, bleibt ihnen nichts anderes übrig, als auch ein bißchen zu mogeln. Nun kann man im Grunde sagen, daß es egal ist, wie viele Spielchen die Ärzte untereinander treiben, weil die Gesamtkosten dadurch nicht betroffen werden und sich die Unehrlichkeit so zu einem Nullsummenspiel entwickelt.

Das trifft leider nicht zu, weil die Punkteinflation einen wichtigen Bestandteil am Verhandlungstisch für den Etat des nächsten Jahres darstellt. Auf dieser Ebene läßt sich schließlich nicht mehr herausfinden, ob die Anzahl der Punkte aufgrund von regionalen demographischen Veränderungen, von epidemischen Krankheiten, von normalen statistischen Abweichungen oder infolge von mehr Unehrlichkeit gestiegen ist. Weil der Patient, der Leistungsempfänger, außen vor gelassen wird, bleibt das System unter sich. Der Patient darf nur zahlen und hat als Vormund die Politiker.

Aus diesem Grunde wollte Bundesgesundheitsminister Horst Seehofer dieser Verfahrensweise einen Riegel vorschieben, indem er verschiedene Leistungen deckelte – zum Beispiel die »konservatorischen« Arbeiten an Zähnen, Plomben. »Niemand sollte gezwungen sein, umsonst zu arbeiten«, schrieben die Zahnärzte dann auf Protestplakate, die sie in ihren Praxen aufhängten. Das hat aber keiner verlangt, diese Aktion entlarvte sich als der Versuch einer privilegierten Kaste, ihre unkontrollierbaren Pfründen weiter zu verteidigen.

Denn als Seehofer drohte, ihnen die kassenärztliche Zulassung abzuerkennen, jammerten sie, das würde ihre Existenz vernichten. Wieso eigentlich? Jeder Zahnarzt, dem die Deckelung nicht paßt, kann sich doch auf dem freien Markt bewähren. Da ist er Seehofer los.

200 000 Mark verdienen Zahnärzte in der Regel im Jahr. Damit zählen sie nicht zu den Superreichen, aber es geht ihnen überdurchschnittlich gut. Vor allen Dingen bei den wunderbar geregelten Arbeitszeiten und dem vielen Urlaub ein doch noch attraktiver Beruf, möchte man glauben. Und das Argument, sie müßten umsonst arbeiten, war von Anfang an Unfug. Sie bekamen für 1994 genausoviel Geld für genausoviel Arbeit wie 1993. Untereinander hatten die Ärzte diese Summe Geld nur so widersinnig aufgeteilt, daß gegen Herbst 1994 manche Kollegen bereits ihr

Budget aufgebraucht hatten. Das war aber ihr Problem, nicht das der Patienten, und mit Seehofer hatte das schon mal gar nichts zu tun. Sie haben sich schlicht untereinander die Gelder weggerafft. Der Zahnärzteaufstand verdeutlicht jedoch noch ein anderes Problem. So begrüßenswert die Seehoferschen Reformen auch sind, sie laufen noch immer in der Rille der sozialistischen Verteilungsplatte. Auf den Punkt gebracht, bedeuten die gedeckelten Töpfe, daß die Ärzte ihr Gehalt schon Anfang des Jahres überwiesen bekommen und es dann im Laufe des Jahres mehr oder minder lustlos abarbeiten. Wie sorgfältig, wie aufwendig, ist dabei völlig egal. Es klingt schon langweilig, aber es ist trotzdem wahr: So ähnlich war es in der DDR auch. Nur haben die Ärzte dort viel weniger verdient. Seehofer schickt seine Ärzte eben nicht in die freie Konkurrenz miteinander, er ist gerade dabei, das System quasi zu verstaatlichen – womit er wieder perfekt in die Riege der sozialen Murkswirtschaftler paßt, die in Bonn in allen Fraktionen regieren.

Die Krankenhäuser werden noch undurchsichtiger verwaltet. Grob gesagt werden am Ende eines Jahres die gesamten Kosten eines Krankenhauses durch die Anzahl der abgerechneten Patiententage geteilt. Das ergibt den Etat, mit dem das Krankenhaus im nächsten Jahr seine Patiententage vergütet bekommt. Dabei spielt es keine Rolle, welche Leistung der Patient genau in Anspruch genommen hat. Folglich wird das Krankenhaus versuchen, seine Betten so gut zu füllen wie nur möglich, am besten mit Patienten, die schon weitestgehend genesen sind. Die verursachen nämlich praktisch keine neuen Kosten, bringen aber genausoviel Geld in die Kasse wie ein vom Krankenwagen angelieferter Schwerverletzter, der wieder zusammengeflickt werden muß. Deswegen ist es auch wesentlich schwieriger, in ein Krankenhaus hineinzukommen, als wieder heraus. Nur als gesunder Patient sind wir für ein Krankenhaus ein guter Patient. Dr. Werner Mendling von der Sankt-Antonius-Klinik in Wuppertal meinte angesichts der langen Frist, die Mütter nach einer Geburt in deutschen Kliniken verbringen: »Schließlich leben Kliniken auch von belegten Betten.«

Demnächst wird es eine neue Kostenregelung, die »Fallpauschalen«, geben, wonach ein Krankenhaus zum Beispiel pro behandelter Blinddarmentzündung eine festgesetzte Summe bekommt. Aber wir garantieren Ihnen, ändern wird sich an der Raffgier nichts, obwohl zugegebenermaßen der Leistungsansporn anders aussehen wird: Dann sind Sie nur noch als kranker Patient ein guter Patient – egal, ob Sie wirklich krank sind oder nicht. Sie haben die Schwelle eines Krankenhauses noch nicht richtig überquert, da werden Sie schon als todkrank eingestuft, und dringend wird eine komplizierte Behandlung für nötig befunden. Nur so rechnen Sie sich. Und kaum ist die Behandlung überstanden, wird sich Ihre Genesung so fabelhaft gestalten, daß Sie sich wundern werden, wie schnell Sie wieder zu Hause sind. Das macht die Fallpauschalen so richtig sympathisch! Also noch einmal: Warum verstärken wir nicht den Wettbewerb? Warum lassen wir Ärzte nicht miteinander konkurrieren? Warum können wir nicht auf eine unabhängige Beratung zurückgreifen, die uns erklärt, was passieren wird und was die Alternativen sind, und warum uns etwas empfohlen wird? So könnte der Patient mitentscheiden und bliebe nicht unmündig.

Beide Zahlungssysteme, die alte Umlage wie auch die neue Fallpauschale, höhlen die moralische Integrität der medizinischen Versorgung aus. Warum sollten Ärzte anders sein als alle anderen Bürger? Natürlich sind auch Ärzte ehrgeizig und möchten mehr Geld verdienen, so wie die allermeisten Menschen. Da aber durch das System bedingt der Schlüssel zu Geld und Ruhm in Leistungspunkten und Patiententagen liegt, ist es ganz natürlich, daß die Ärzte in der Regel bemüht sind, an ihren Kunden eher mehr Punkte aufzuschreiben, als für deren Gesundheit notwendig ist. Zudem ist es dem deutschen Kunden auch egal, wie hoch die Kosten seiner Behandlung sind, denn die Versicherung zahlt ja schließlich, und er hat keine Ahnung, was eine Leistung kostet. Das Prinzip, daß die Gesundheit des einzelnen nicht vom Geldbeutel abhängen soll, ist richtig. Leider ist es dem Kunden aber auch gleichgültig, ob eine Behandlung unnötig ist, ob der Arzt zu teure Rechnungen schreibt, was der Apotheker verdient oder wer da sonstige kleine Betrügereien betreibt.

Wie hoch die Kosten sind, die durch diese Form des Versicherungssystems entstehen, kann man im Vergleich zum japanischen System erkennen, das bei gleicher Leistungsfähigkeit 20 Prozent billiger ist als das deutsche. Das japanische System ist dem deutschen in vielen Punkten sehr ähnlich. Es besteht aus öffentlich organisierten Krankenkassenverbänden, die auf Berufsgruppen zugeschnitten sind. Die Zugehörigkeit zu einer Versicherung ist Pflicht, und die Prämien sind an das Gehalt gekoppelt. Es gibt aber einen wesentlichen Unterschied: Im japanischen System muß der Kunde einen Teil an jeder Arztrechnung selbst zahlen.

In den Kapiteln über die schlanke Welle präsentierten wir Ihnen bereits den Facharbeiter Yoshio Kazamura und wie gering seine Abzüge im Vergleich zu einem deutschen Facharbeiter sind. Natürlich muß er dafür mehr Eigenvorsorge treffen. Wie das im Gesundheitswesen für den Japaner aussieht, beschreibt die OECD in ihren jährlichen Erhebungen über die finanzielle Situation eines verheirateten Facharbeiters mit zwei Kindern. Ihr zufolge beträgt der Krankenversicherungsbeitrag 8,4 Prozent des monatlichen Grundgehalts. Das heißt, auf den Bonus, der ungefähr ein Drittel seines Jahresgehalts ausmacht, muß er genausowenig Krankenversicherung zahlen wie auf die normalen Überstunden, die noch einmal 20 Prozent des Gesamtgehalts beisteuern. Das monatliche Grundgehalt des durchschnittlichen OECD-Japaners beträgt 3660 Mark, davon 8,4 Prozent macht 307 Mark. Sein Arbeitgeber zahlt davon die Hälfte, so daß für den Arbeiter, nennen wir ihn Tanaka, effektiv 153 Mark Krankenversicherung zu zahlen sind. Von seinem jährlichen Nettoeinkommen von 56 220 Mark zahlt er also gerade 3,3 Prozent Krankenversicherung. Diese umfaßt ähnlich wie in Deutschland allgemeine medizinische und Zahnarztkosten sowie angemessene Krankentagessätze. Kosten im Ausland werden bis zu dem Grad übernommen, den die Behandlung in Japan gekostet hätte.

Das sind aber noch nicht die gesamten Krankenkosten des OECD-Japaners Tanaka. Er muß auch von jeder Arzt- oder Medikamentenrechnung zehn Prozent zahlen. Eine Plombe kostet ihn zum Beispiel 4,50 Mark, die er direkt beim Zahnarzt bezahlt. Damit weiß er, daß der Gesamtpreis seiner Plombe 45 Mark beträgt. Seine Frau und Kinder müssen für 20 Prozent der Rechnungen aufkommen. Diese Selbstbeteiligung ist insgesamt für die ganze Familie monatlich auf 880 Mark begrenzt. Darüber hinaus erstattet die Versicherung die vollen Kosten. Für chronische

Krankheiten gibt es Sonderregelungen. Für schwache Einkommensgruppen beträgt die Obergrenze 483 Mark monatlich.

Angenommen, Tanakas Vater arbeitet in einem Ministerium. Für ihn als öffentlichen Angestellten gilt fast das gleiche System, nur daß er 0,2 Prozent mehr, also 8,6 Prozent des monatlichen Grundgehalts, zahlt. Demnächst wird er pensioniert und rutscht aus diesen Arbeitnehmerversicherungssystemen heraus. Er wird dann von einem anderen System versichert, das durch die städtischen Verwaltungen für alle nicht anderweitig Versicherten organisiert wird. Während die Versicherungsverbände für Arbeitnehmer fast ausschließlich kostendeckend arbeiten, werden die städtischen Systeme mit mehr als 50 Prozent vom Staat subventioniert. Dadurch bleiben die monatlichen Beiträge sehr gering, und der alte Tanaka kann es sich leisten, in Pension zu gehen. Herrn Tanakas Großmutter ist auch noch am Leben. Sie ist jetzt schon 89 Jahre alt, keine Seltenheit in Japan. Ab dem siebzigsten Lebensjahr kommen Pensionäre noch einmal in ein anderes System. Auch in dieser Versicherung gibt es eine Selbstbeteiligung, die allerdings jetzt nur noch 8,80 D-Mark pro Behandlungstag (4,40 D-Mark für Einkommensschwache) beträgt. Die Kosten für die Versicherung der über Siebzigjährigen werden anteilsmäßig von allen anderen Versicherungsverbänden übernommen, inklusive einer staatlichen Subvention von 20 Prozent.

Theoretisch könnte Herrn Tanakas Familie jeden Monat eine schwere Krankheit treffen oder eine Operation anfallen. Theoretisch könnte es passieren, daß er jeden Monat den Höchstbetrag von 880 D-Mark Eigenbeteiligung erreichen würde, was ihn dann finanziell zwar belasten, aber nicht vernichten würde. In der Realität passiert das im Normalfall nicht. Die Statistik zeigt, daß seine mittlere Belastung bei 153 D-Mark Prämie und 64 D-Mark Eigenbeteiligung pro Monat liegt. Zusammen entsprechen diese 217 D-Mark also nur 4,6 Prozent seines Nettoeinkommens.

Sein deutscher OECD-Kollege Meier verdient 50 000 D-Mark brutto. Er muß im Schnitt 12,9 Prozent Krankenversicherung auf das Bruttogehalt zahlen, auch für die Überstunden und sonstige Zulagen. Auch er teilt sich diese Prämie mit dem Arbeitgeber. So zahlt Herr Meier einen Beitrag von 268 D-Mark im Monat. Das sind absolut schon einmal fast 25 Prozent mehr, als Herr Tanaka zu entrichten hat. Hinzu kommt aber noch, daß Herr Meier seine 268 D-Mark von einem wesentlich geringeren Nettoeinkommen abzweigen muß, so daß er 10,2 Prozent seines Nettoeinkommens für die Krankenversicherung bezahlt. Also mehr als doppelt soviel wie Herr Tanaka.

Die Tanakas werden sich aufgrund der Eigenbeteiligung ihre Arztrechnungen im Zweifel genau anschauen. Sie werden, so gut sie können, darauf achten, daß sie nur für Leistungen zahlen, die sie wirklich bekommen oder nötig haben. Durch die Eigenbeteiligung ist das ganze System gezwungen, die verursachten Kosten zu erfassen, und nur so werden diese überhaupt erst eingrenzbar. Diese Form der Transparenz hat zur Folge, daß Japan 6,86 Prozent seines Bruttosozialprodukts für Krankenversorgung ausgibt, während es in Deutschland 8,25 Prozent sind.

Transparenz allein schafft aber noch nicht alle Probleme aus der Welt. Das USA-System ist zum Beispiel extrem transparent, da die Ärzte die Rechnungen immer direkt den Kunden ausstellen. Die Kunden reichen sie bei der Versicherung ein und bekommen das Geld zurück. Es gibt keine öffentlich organisierte Krankenversicherung, außer für Sozialhilfeempfänger und Rentner. Weil durch eine Regelung in der Steuergesetzgebung Arbeitgeberaufwendungen für Krankenversicherung steuerfrei sind, werden die Krankenversicherungsbeiträge typischerweise vom Arbeitgeber entrichtet. Dieser kann sich von einer Versicherung ein Leistungspaket auswählen, das dann mit einem entsprechenden maßgeschneiderten Preis versehen wird. Arbeitsplätze in den USA werden in ihrer Qualität schon seit langem danach beurteilt, wie gut die angebotene Krankenversicherung ist. Auch Gewerkschaften haben viel dazu beigetragen, eine bessere Versorgung der Arbeitnehmer zu gewährleisten.

Dieses System hat gleich auf mehreren Ebenen bei der Kosteneindämmung versagt. Lediglich in einigen der Versicherungspakete waren Selbstbeteiligungen vorgesehen, in den meisten aber nicht. Dadurch konnte es den Patienten auch wieder egal sein, was die Behandlung kostete. Nur das Beste und Teuerste war gerade gut genug. Diejenigen ohne Selbstbeteiligung gaben damit das Tempo der Preiserhöhungen vor, während jene mit Selbstbeteiligung sehen konnten, wo sie blieben.

Viel wichtiger aber war, daß kein direkter Kontakt zwischen Versicherung und Arzt besteht. Die Versicherungen waren hilflos den immer teureren Rechnungen der Patienten ausgesetzt. Sie konnten nicht kollektiv mit den Ärzten verhandeln. Deswegen haben die Versicherungen angefangen, Höchstzahlungen für bestimmte Leistungen festzulegen, bei deren Überschreitung sie die Zahlung verweigerten. Oder sie haben insgesamte Höchstzahlungen festgelegt, wie etwa 100 000 Dollar pro Jahr, um sich gegen die wuchernden Forderungen zu schützen. Damit hatten die Versicherungen de facto die Etatverantwortung auf den Patienten übertragen, der jetzt über die Kosten der Behandlung mit seinem Arzt verhandeln muß.

Das fundamentale Problem an dieser Situation ist, daß ein Patient sich mit einer denkbar ungünstigen Verhandlungsposition konfrontiert sieht. Sofern der Kranke überhaupt verhandlungsfähig ist, kann er ja schließlich nur selten damit drohen, die Behandlung nicht durchführen zu lassen. Er ist auf den Arzt angewiesen. Er hat auch nicht immer die Zeit, von einem Arzt zum nächsten zu laufen, bis er einen findet, der billiger ist – falls ihm das sein Gesundheitszustand überhaupt noch erlaubt. Abgesehen davon geht es dabei auch um das eigene Leben, und da möchte man ja eigentlich nicht die zweitbeste, aber billigere Lösung akzeptieren. Die Ärzte behalten in dieser Situation zwangsläufig die Oberhand.

Auch diese Situation hatte die Versicherungsindustrie erkannt und fing an, sogenannte Health Management Organisations, kurz HMOs, zu gründen. Diese »Gesundheits-Management-Organisationen« handelten mit einer Anzahl von Ärzten in einer Region feste Sätze für bestimmte Behandlungen aus, und bündelten die dann in ein Paket von Leistungen, das sie auf dem Markt als Krankenversicherung verkauften. Einem HMO konnte man entweder einzeln oder als Firma beitreten. Aufgrund ihrer kollektiven Verhandlungsfähigkeit vermochten die HMOs die Kosten für ihre Patienten erheblich zu senken. So wurden sie sehr populär.

So toll war diese Regelung aber auch nicht, wie sich schnell herausstellte. Die Ärzte nutzten nämlich jede Möglichkeit, Sonderbehandlungen anzubieten, die nicht eindeutig durch den Vertrag mit den HMOs abgedeckt waren, und so sahen sich die

Patienten schon wieder gezwungen, auf die Rechnung draufzu-
zahlen. Außerdem mußte man häufig den Arzt wechseln, je nachdem, mit welchem Arzt oder welcher Klinik die HMO gerade den
besseren Vertrag aushandeln konnte. Nicht selten wurden deshalb
Behandlungen mittendrin abgebrochen und mußten dann von
anderen Ärzten weitergeführt werden, die weder den Patient
kannten noch die Behandlungsmethode. Wenn Spezialkenntnisse
verlangt wurden oder HMO-Ärzte einfach nicht kompetent waren, dann blieb dem Patienten nichts anderes übrig, als sich außerhalb der HMOs behandeln zu lassen: Schon hatten sie dann wieder
eigenes Geld zu bezahlen.

So konnten die HMOs weder die Monopolkraft der Ärzte entscheidend brechen noch eine durchgängige Sicherheit für ihre
Versicherten bieten. Die Kostenspirale drehte sich also ungebremst weiter in die Höhe. Viele Firmen, insbesondere im Servicebereich, waren unterdessen gar nicht mehr in der Lage, ein Kran-
kenversicherungspaket für ihre Arbeitnehmer anzubieten – wenn
doch, dann häufig nur ein völlig unzureichendes. Da die Arbeitgeber es sich auch mit Steuervergünstigung nicht mehr leisten konnten, eine Versicherung abzuschließen, wurde es für Arbeitnehmer
erst recht unmöglich, sich ohne Steuervergünstigung individuell
zu versichern. Dieses Schicksal hat mittlerweile 58 Millionen
Amerikaner ereilt, die ganz oder zeitweise im Jahr nicht kranken-
versichert sind. Das sind vor allem die, die einen Arbeitsplatz
haben, der keine Krankenversicherung mehr einschließt. Wer
Sozialhilfeempfänger ist, bekommt die staatliche Versorgung. 76
Millionen aller Amerikaner sind unterversichert, das heißt sie
würden eine schwere Krankheit oder Operation mit hohen Kosten
finanziell wahrscheinlich nicht überleben. Andere haben eine Al-
tersgrenze in der Versicherung und müssen danach sehen, wie sie
zurechtkommen. 81 Millionen Amerikaner sind zwar versichert,
aber aufgrund chronischer Leiden de facto an ihren Arbeitsplatz
gekettet. Wechselten sie nun die Stelle, dann würde die nächste
Versicherung die chronischen Krankheiten als Vorbedingung
nicht mehr akzeptieren. Das betrifft zum Beispiel auch alle, die
Krebs hatten, aber geheilt wurden.

Die beiden staatlichen Systeme »Medicaid« für Sozialhilfeempfänger und »Medicare« für Rentner sind unterdessen infolge der

Kostenexplosion so sündhaft teuer geworden, daß sie den Staat regelrecht in den Bankrott treiben. Obwohl es die staatliche Hilfe nur für diese beiden Bevölkerungsgruppen gibt, bringt der Staat mittlerweile 42 Prozent aller Kosten auf, die für die medizinische Versorgung in den USA ausgegeben werden. Zwar haben mehrere Gesetzesanläufe immer wieder versucht, Ärzte dazu zu zwingen, die Behandlungskosten für Medicaid und Medicare zurückzuschrauben, aber da die Ärzte im Einzelfall auf diese Programme nicht angewiesen sind, konnten sie sich deren Zugriff stets entziehen.

Das amerikanische System wird oft fälschlicherweise als ein Schreckgespenst für das an die Wand gemalt, was passiert, wenn die Krankenversorgung einer freien Marktwirtschaft ausgesetzt wird. In der Tat ist das, was sich in Amerika abspielt, ein Horrorszenario. Es ist eine Volkswirtschaft, die über 13 Prozent ihres Bruttosozialprodukts für die Gesundheitsvorsorge ausgibt – mehr als doppelt soviel wie Japan –, an der aber ein Drittel der Bevölkerung überhaupt nicht oder nur unzureichend teilnehmen kann und ein weiteres Drittel unter den Kosten fast zusammenbricht. Das zeigt: Die Geldgier der Mediziner kennt überhaupt keine Grenzen. Aber mit freiem Markt hat das überhaupt nichts zu tun. Der freie Markt in den USA besteht darin, daß sich jeder seine individuelle Versicherung aussuchen kann. Dadurch fehlt ihm die Verhandlungskraft gegenüber den Ärzten, was diese in eine absolute Monopolstellung versetzt. Und Monopole, besonders die für unabwendbare Güter, haben schon immer zu übersteuerten Preisen und miserabler Qualität geführt.

Die eigentliche Lehre aus dem amerikanischen Modell ist, daß die Deutschen und Japaner dankbar sein können, universale, einkommensprogressiv gestaltete Krankenversicherungssysteme zu haben, die den Ärzten Paroli bieten können. Deswegen ist aber noch lange nicht alles in Ordnung.

Dazu noch einmal das Beispiel mit der Wassercele. Bei ihrem Bemühen, die richtige Entscheidung zu treffen, haben die Eltern so gut wie keine Information erhalten. Sie konnten sich nirgendwo erkundigen, wie gut die Ärzte waren, mit denen sie redeten – sahen sich deren Beurteilung also hilflos ausgesetzt. Zum Beispiel wäre ein Qualitätskriterium, wie oft die verschiedenen Ärzte beim selben Befund operieren oder den Eingriff unterlassen und wie die jeweilige Heilungsquote ist, hilfreich gewesen.

Aufgrund solcher Informationen kann der Patient sich den Arzt mit der höchsten Heilungsquote aussuchen. Diese Informationen gibt es nicht. Für manchen Pfuscher aber würde das den Ruin bedeuten. Der Mythos, daß jeder Arzt gleich gut ist, wäre beseitigt, und die Ärzte müßten miteinander nach Qualitätsmerkmalen konkurrieren. Selbst Ärzte tappen völlig im dunkeln. Auch sie können nur in sporadischen Ansätzen ihre Behandlungsmethode systematisch auf ihre tatsächliche Wirksamkeit überprüfen. Denn alles, was etwas mit Medizin zu tun hat, ist nicht durch einen Informationsaustausch miteinander vernetzt. Wenn Patient und Arzt besser informiert wären, dann könnten sie verantwortungsbewußtere Entscheidungen treffen. Weil es diese Informationen aber nicht gibt, bleibt der Kauf von medizinischen Dienstleistungen ein Roulettespiel. Außerdem kann sich jeder Arzt als Dr. Allwissend aufspielen. So sind wir Blinde den Einäugigen hilflos ausgeliefert.

Alle Industriestaaten sind bemüht, die Kostenspirale ihrer Gesundheitsausgaben unter Kontrolle zu bekommen. Aber es gibt keine Gesundheitsreform, in der diese Allwissenschaft der Ärzte ernsthaft in Frage gestellt wird. Nirgendwo werden die Ärzte gebeten, miteinander um die Gunst ihrer Kunden zu konkurrieren, und haben damit auch keinen Anlaß, Qualitätsservice zu bieten. Im Gegenteil: Überall wird im Zuge der Sparmaßnahmen der Dialog mit dem Patienten immer weiter heruntergekürzt. Mit solchen Kürzungen lassen sich zwar schnelle Einsparungen erzielen, aber die Wurzel der Kostenexplosion, nämlich der Mangel an Konkurrenz und Informationen, wird damit nicht bekämpft.

Ärzte werden lediglich dann miteinander konkurrieren, wenn sie ihre Ware auf einem Markt anbieten. Und einen Markt in medizinischer Versorgung kann es nur geben, wenn der Einkäufer möglichst vollständig über die Ware im Bilde ist. Wie bereits erwähnt: Die Aufgabe des Staates ist es, seinen mündigen Bürgern die objektiven Wertmaßstäbe und einheitlichen Informationen zu gewährleisten, damit diese als Einkäufer eine verantwortliche Entscheidung treffen können – damit Märkte funktionieren können. Und bisher erfüllt keine Reform, egal in welchem System, diesen Anspruch. In den verschiedenen Systemen versuchen die Aufsichtsbehörden alles mögliche zu regeln: die Anzahl der Ärzte, den Katalog der Behandlungsmethoden, die Zahlungssysteme, die Medikamente, die Anzahl der Apotheker usw. Wenn wir uns ein Auto zulegen möchten, dann können wir uns zwei Dutzend Magazine kaufen, die uns alle gründlich über alle Vor- und Nachteile von jedem Fahrzeugtyp informieren. Wenn wir uns einen Anzug kaufen, dann dürfen wir den probeweise anziehen. Wenn wir uns ein Haus kaufen, dann können wir es durch einen unabhängigen Gutachter schätzen lassen. Aber wenn wir zum Arzt gehen, dann müssen wir blindes Vertrauen in seine Kompetenz haben, auch wenn es um unser Leben geht. Mit welchem Recht nehmen sich alle Ärzte dieser Welt eigentlich die Arroganz heraus, so über ihre Patienten zu verfügen?

Wenn ein Markt für ärztliche Leistungen entstehen soll, dann denken wir nicht an das amerikanische System – im Gegenteil: Dort ist die Monopolstellung der Ärzte sogar noch besser ausgebaut als in Deutschland oder Japan. Die Forderung lautet lediglich, daß die Ärzte bitteschön über ihr Handeln und Tun Rechenschaft ablegen müssen, und zwar gegenüber dem Patienten, ihren Kunden.

In Ihrer Stadt gibt es vielleich 20 Zahnärzte, und Sie brauchen jetzt eine Brücke. Zu welchem gehen Sie denn dann? Warum können Sie denn nicht in einem Verbrauchermagazin nachschauen, welcher Zahnarzt die besten Brücken einbaut? Zugegeben: Das »System Mensch« ist ein überaus komplexes Werk, und Informationen darüber sind sehr kompliziert. Daher müssen diese besonders gut veranschaulicht werden. Aber nur weil etwas schwierig ist, ist das doch kein Grund, den Bürger für dumm und unmündig zu erklären! Das paßt nicht zum Geist eines freiheitlichen und demokratischen Staates.

Bei allen seinen marktorientierten und größtenteils wegweisenden Reformen folgt Horst Seehofer in diesem Punkt einem falschen Prinzip: Anstatt die Ärzte miteinander konkurrieren zu lassen, möchte er ihre Anzahl begrenzen und schafft damit Monopolstrukturen. Anstatt ihnen einen Anreiz für guten Service zu geben, limitiert er ihr Einkommen. Immerhin möchte Seehofer die Ärzte zwingen, künftig einen vierstelligen Behandlungscode auf der Rechnung für die Krankenkassen zu vermerken, damit diese die Rechnungen schneller überprüfen können. Der Kunde wäre damit aber noch immer keinen Deut schlauer, denn wer kann schon etwas mit 9000 Codeziffern anfangen, selbst wenn er persönlich diese Rechnung bekäme. Sogar diese marginale Form von Transparenz haben die deutschen Ärzte zunächst einmal verhindern können. Das ursprüngliche Startdatum für diese Forderung vom Januar 1994 wurde um ein Jahr verschoben. Schließlich wissen die Ärzte durchaus, wo sie den Anfängen wehren müssen, wenn sie ihre Informationsmachtposition aufrechterhalten wollen.

In den deutschen Reformen gibt es weder Anzeichen für eine vollständige Kostentransparenz noch dafür, daß Ärzte sich einer nachvollziehbaren Prüfung ihrer Dienstleistung unterziehen müssen. Wenn man in Deutschland den japanischen Schritt gehen würde und per Eigenbeteiligung auch noch die Kostenkontrolle im Detail erreicht, dann könnte sicherlich noch viel Geld eingespart werden. Mit Transparenz und Konkurrenz sind bestimmt noch gewaltigere Einsparungen möglich. Die Chancen dafür stehen gar nicht so schlecht. Wie das aussehen könnte, lesen Sie im folgenden Kapitel, Stichwort: »Total Quality Management.«

24. Gesundheitsindustrie: Tausend Regeln, nur kein Markt

In einem Vorort der kanadischen Metropole Toronto gibt es das »Shouldice Hospital«, gegründet im Jahr 1945 von Earle Shouldice, der während des Zweiten Weltkriegs die »Shouldice-Methode« für Leistenoperationen entwickelte. Eine Leistenbruchoperation ist ein häufiger, unangenehmer Eingriff. Aufgrund eines anatomischen Konstruktionsfehlers hat jeder dritte Mann irgendwann in seinem Leben dieses Problem. Nur wenige Frauen sind davon betroffen. Da eine Leistenbruchoperation nichts Besonderes ist, kann und wird sie von Chirurgen vieler Fachrichtungen in jedem allgemeinen Krankenhaus durchgeführt. Die Patienten benötigen ungefähr zwei Wochen, bis sie wieder arbeitsfähig sind.

Die Shouldice-Klinik dagegen hat sich ausschließlich auf solche Eingriffe spezialisiert. Die Klinik verfügt über 89 Betten und zwölf Chirurgen. Jeder von ihnen bewältigt am Vormittag drei bis vier Operationen. Nachmittags werden die Patienten für den nächsten Tag vorbereitet. Das ganze Gebäude ist für Leistenbruchpatienten angelegt. Das heißt niedrige Treppenstufen, kein Teppich, an dem Patienten hängenbleiben könnten, hohe Betten, spezielle Toiletten usw. Der Operationssaal konnte mit lediglich 30 000 Dollar vollständig eingerichtet werden, weil ja ausschließlich die speziellen Geräte für diese Art von Operation notwendig waren.

Die Shouldice-Methode, in der die Chirurgen spezialisiert sind, ist zwar komplizierter auszuführen, aber für den Patienten schonender. Trotz des Durchtrennens der Bauchmuskeldecke sind in der Regel nur eine lokale Anästhesie und eine Schlaftablette notwendig. Nach nur 45 Minuten ist die Operation beendet, und der Patient wird aufgefordert, vom Operationstisch selbst aufzustehen und zum Rollstuhl zu laufen – natürlich mit Unterstützung des

Arztes. Das Aufstehen vom Operationstisch ist von großer psychologischer Bedeutung, damit der Patient Selbstvertrauen in sein Bewegungsgefühl gewinnt und von Anfang an die wichtige Gymnastik unter Anleitung der Krankenschwestern aktiv mitmacht.

Noch am selben Abend essen die frisch Operierten gemeinsam mit den Neuankömmlingen an einem Tisch. So findet ein Erfahrungstaustausch über die Operation am nächsten Morgen statt. Die neuen Patienten schlafen beruhigter und sind für den Eingriff entspannter – ein wichtiger Erfolgsfaktor. Nach vier Tagen verlassen die frisch Operierten die Klinik, ohne auf fremde Hilfe angewiesen zu sein. Aber viele bitten darum, noch einen oder zwei Tage bleiben zu dürfen, weil sie die Atmosphäre als angenehm empfinden. Spätere Komplikationen treten in weniger als einem Prozent der Fälle auf. Dann wird der Patient kostenlos nachbehandelt. Genesungsdauer und Nachsorgequote sind wahrscheinlich 50 Prozent besser als bei normalen Kliniken. Aber genau läßt sich das nicht bestimmen.

Einmal im Jahr lädt die Klinik auch zu einem Check-up ein, der im Operationspreis mit inbegriffen ist. Viele der Patienten organisieren in Toronto regelmäßige Zusammenkünfte mit den Freunden, die sie in der Klinik gefunden haben. Werden Kinder in der Klinik behandelt, dann dürfen die Eltern dort kostenlos übernachten und essen. Man hat in der Klinik herausgefunden, daß es billiger ist, wenn die Eltern auf die Kinder aufpassen, als wenn eine Krankenschwester das übernimmt. Abgesehen davon, daß die ganze Operation aufgrund der freundlichen Atmosphäre in einen regelrechten Urlaub ausartet, ist die Behandlung auch noch 50 bis 70 Prozent billiger als in normalen Krankenhäusern. Trotzdem ist die Klinik äußerst profitabel und zahlt hohe Gehälter.

Der Erfolg der Shouldice-Klinik kann nicht anhand der Operationsmethode erklärt werden, denn sie läßt sich schließlich überall durchführen. Der Erfolg beruht darauf, daß der gesamte Ablauf konsequent auf den Kunden abgestimmt worden ist. Alles richtet sich nach seinen Bedürfnissen: von der Treppenstufe über den Zeitplan der Chirurgen bis hin zum Essensarrangement und zur Krankengymnastik. Das Ergebnis ist eine verbesserte medizinische Qualität, ein freundliches Serviceangebot und eine deutliche Senkung der Kosten.

Denken Sie einmal nach: Wann haben Sie das letzte Mal erlebt, daß sich Ihr Arzt, das Krankenhaus, die Krankenversicherung, also irgend jemand in unserem System, nach Ihren Bedürfnissen gerichtet hätte? Für alle diese Institutionen sind Sie doch immer nur ein Vorgang, ein Fall, wie es so wortwörtlich im Fachjargon heißt! So ist es auch nicht verwunderlich, daß der Apparat sich nur mit sich selbst beschäftigt und sich dabei auch noch einredet, das müsse so sein, um Kosten zu sparen. So haben die wenigsten der Akteure in unserem medizinischen Apparat auch nur eine Ahnung davon, was der Kunde wirklich braucht, denn er wurde nie gefragt.

Preisfrage: Welcher Posten ist in einem normalen Krankenhaus am teuersten: a) die medizinische Pflege, b) die Geräte oder c) sonstiges?

Sie ahnen die Antwort: c) »sonstiges«. Dieser Posten macht mehr als 50 Prozent aus. Darunter fallen die Kantine, das Haus- und Putzpersonal, die Verwaltung, das Gebäude etc. Damit wird deutlich, daß gewaltige Einsparpotentiale vorhanden sind, ohne die medizinische Qualität auch nur anzutasten.

Darin liegt auch der eigentliche Grund, warum das Medizinsystem Konkurrenz benötigt. Nur indem der Kunde als Patient über die Kompetenz der Ärzte informiert ist und dadurch eine aktive Entscheidung treffen kann, zu welchem Arzt er gehen will, werden schlechtere Ärzte sich entweder verbessern oder aus dem Markt fliegen. Aber noch viel wichtiger ist, daß der gesamte Apparat den Patienten dann wieder als Mensch behandeln muß. Der Apparat wird vom Kunden abhängig und nicht umgekehrt.

Statt dessen entfernen sich alle Reformbestrebungen sogar noch weiter von diesen Prinzipien und damit vom Menschen. Die Diagnose wird immer technischer abgewickelt, der Dialog aus Zeitgründen eingespart. Die Behandlung mit der Maschine bringt schließlich das Geld. Die Ängste der Patienten sind eine hinzunehmende, bedauerliche, aber unvermeidliche Nebenerscheinung. Der Kranke wird zunehmend als ein Defekt betrachtet, den der Apparat zu korrigieren hat, um sich zu amortisieren.

Frauen gebären ihre Kinder schon seit Beginn der Schöpfung. Und der Vorgang ist überall der gleiche. Ob es Deutsche, Japanerinnen oder Amerikanerinnen sind – es gibt keine Unterschiede in der Geburt: Am Ende kommt immer ein Baby dabei heraus. Insofern müßte ja auch bei gleichem Standard die medizinische Versorgung in der ganzen Welt immer die gleiche sein. Weit gefehlt. In den USA kostet eine normale Geburt ungefähr 10 000 D-Mark, und die Mutter ist nach zwei Tagen wieder zu Hause. Die meisten Versicherungen zahlen nämlich nur für zwei Tage, was den Familien enorme Probleme verursacht. Zum Beispiel wurde in den Vereinigten Staaten kürzlich ein neues Symptom in den Behandlungskatalog aufgenommen: das Hungersyndrom einwöchiger Säuglinge. Bei vielen Müttern ist der Fütterungsrhythmus 36 Stunden nach der Geburt noch nicht richtig in Gang, wenn sie nach Hause geschickt werden. Manchmal kommt er aber auch nie zustande – mit dem Ergebnis, daß die Babys unzureichend ernährt werden. In Extremfällen merken unerfahrene Mütter das erst dann, wenn ihr Säugling vor lauter Hunger in Ohnmacht fällt, und dann ist es häufig zu spät. Aber es muß ja schließlich gespart werden. Mehr als zwei Tage ärztliche Aufsicht gibt es in einem der reichsten Länder der Welt nicht. In Amerika sind Väter bei der Geburt toleriert. 24 Prozent aller Geburten enden mit einem Kaiserschnitt.

In Japan kostet eine Geburt um die 6000 D-Mark, und die Mutter bleibt fünf Tage in der Klinik. Väter werden nur in der Ausnahme bei der Geburt zugelassen, und 8,5 Prozent der Entbindungen sind Kaiserschnitte. Die Geburtsstationen in Japan sind berüchtigt dafür, Entbindungen vorzuplanen. Bequemt sich der Nachwuchs nicht, zur vorgesehenen Stunde das Licht der Welt erblicken zu wollen, dann kommen häufig Saugglocke und Zange zum Einsatz. Schließlich werden die Krankenhäuser pro Geburt bezahlt, und der Kreißsaal muß produktiv bleiben. Interessanterweise gibt es an den Wochenenden weniger Geburten. Das ist übrigens ein Ergebnis des tollen Systems der Fallpauschalen, wie sie Horst Seehofer für deutsche Krankenhäuser ab dem 1. Januar 1996 vorschreibt.

In Deutschland bleibt die Mutter mit dem Kind meistens sieben Tage im Krankenhaus – Anwesenheit des Vaters im Kreißsaal ist erwünscht, und 15,8 Prozent der Geburten enden mit einem Kaiserschnitt. Für Deutschland ist es unmöglich herauszufinden, was eine Geburt kostet, weil die entsprechenden Statistiken nicht einmal erhoben werden, geschweige denn ausgewertet. Aber es verwundert auch nicht, daß die Mutter in Deutschland am längsten im Krankenhaus bleibt. Schließlich werden die Krankenhäuser pro Tag bezahlt und nicht pro Leistung.

Die Kosten beziehen sich in allen drei Fällen auf eine normale Geburt. Ein Kaiserschnitt ist dann noch einmal wesentlich teurer. Dabei fällt auf, daß deutsche Privatpatientinnen häufiger durch Kaiserschnitte entbinden als Kassenpatientinnen. Alle drei Länder weisen sehr ähnliche Säuglingssterblichkeitsraten auf, so daß kein Unterschied in der Zuverlässigkeit der unterschiedlichen Systeme besteht. Allerdings sind die Unterschiede in den Kosten wie auch in der Anzahl der verursachten Operationen und der damit nochmals vermehrten Kosten erstaunlich groß. Zum Beispiel die Kaiserschnittquote: Noch 1970 wurden in den meisten Industrieländern nur bei fünf Prozent der Entbindungen Kaiserschnitte vorgenommen, jedoch 1990 schon bei 15 Prozent.

Im Grunde genommen überrascht das alles deshalb nicht, weil die Patientinnen dem System angepaßt werden. Und ein Kaiserschnitt bringt nun mal mehr Geld als eine Normalgeburt. Wenn die Systeme auf die Patientinnen eingehen würden, dann müßten sie im Falle einer Geburt nahezu identisch sein. Aber der Vergleich zeigt: Das System sucht sich erst seine Finanzquellen und versorgt dann je nachdem, wie diese sprudeln, seine Kunden.

Das System verteidigt seine Privilegien sogar mit gezielten Falschinformationen. So erstellte Dietrich Berg von der Deutschen Gesellschaft für Gynäkologie ein Gutachten, aus dem hervorgeht, daß Babys in Heimgeburten ein dreimal so hohes Sterberisiko hätten, und deswegen, so wörtlich, »sei es unverantwortlich für eine Mutter, nicht im Krankenhaus zu entbinden«. Folgerichtig entbinden auch 99 Prozent im Kreißsaal. Das Gutachten kommentiert Dr. Wagner von der Weltgesundheitsorganisation (WHO) allerdings ganz anders: Es sei höchst unwissenschaftlich erstellt worden, indem nicht vergleichbare Meßgruppen benutzt wurden – die Studie dürfe auf keinen Fall verwendet werden.

In der Tat gibt es weltweit nur eine wirklich sorgfältig durchgeführte Studie zu diesem Thema, und zwar in Schweden, wo 70 Prozent aller Babys zu Hause zur Welt kommen. Dabei wurden keinerlei Risikounterschiede festgestellt. Allerdings bezeichneten es die Frauen, welche die Geburt daheim erlebten, als ein rundherum glücklicheres Erlebnis. Die Hausgeburten verursachen nur ein Drittel der Kosten, die in einer Klinik anfallen.

Peer und Tomoko haben die Geburt ihrer beiden Kinder keinem dieser Systeme anvertraut. Statt dessen waren sie bei einer kleinen japanischen Hebammenklinik, der Igarashi-Sensei in Kawasaki, zu Gast. Schon sechs Monate vor der Geburt wurden sie dort als Eltern unter Anleitung von Igarashi-Sensei auf die Geburt vorbereitet, und es war eine Aufnahmebedingung, daß der Ehemann mit zur Entbindung kam. Tomoko hatte ihr eigenes Zimmer mit Vollpension und vollständiger Betreuung für fünf Tage. Zusammengerechnet kostete die Geburt 3500 D-Mark.

In Frau Igarashis Klinik richtete sich alles nach der Mutter und dem Kind. Wir möchten Sie hier nun nicht langweilen mit den vielen kleinen Details, die dazu beitrugen, daß Mutter und Kind während und nach der Geburt optimal betreut wurden. Das Ergebnis entsprach jedenfalls dem der Shouldice-Klinik: 50 bis 70 Prozent Kostenreduktion, verbesserte medizinische Qualität und eine Atmosphäre, die es Tomoko leichtmachte, im »Krankenhaus« zu sein.

Anders klingen die schockierenden Berichte aus Krankenhäusern in Deutschland, Japan und Amerika. Geschichten von künstlich eingeleiteten Geburten, damit der Terminkalender des Krankenhauses eingehalten werden kann; von Hochschwangeren, denen Bärenfelle umgebunden werden, damit sich das Kind nicht mehr im Bauch dreht; von lebensgefährlichen Plazentavergiftungen, weil die Nachgeburt nicht komplett herausgeholt wurde; von Geweberissen und Schnitten, die wochenlang nicht verheilten; von Frauen, die mit ihren rasenden Wehenschmerzen mutterseelenallein gelassen werden; von Krankenschwestern, die selbst noch keine Kinder hatten, und von Ärzten, die für fünf Frauen gleichzeitig zuständig sind; von Vätern, denen der Zugang zu den Neugeborenen verweigert wird; und von jungen Müttern, die nur aus lauter Angst vor dem doch ganz natürlichen und eigentlich beglückenden Vorgang der Geburt kein zweites Kind mehr haben wollen. Dies alles sind konkrete Fälle aus Peers deutschem, japanischem und amerikanischem Bekanntenkreis.

Vielleicht erkennen Sie auch die Schlankheits-Prinzipien wieder. Kostenreduktion, Qualitätsverbesserung und zufriedene Kunden werden eben nicht durch blindes Einsetzen von Technologie, radikale Mechanisierung der Abläufe und die intensive Kontrolle des Menschen als Fehlerquelle erreicht. Sie lassen sich nur schaffen, indem man den Menschen wieder in den Mittelpunkt aller Dinge stellt, sowohl als Kunden als auch als Arbeitnehmer. Indem man nicht Produkte herstellt, sondern Lösungen für Probleme, welche die Menschen nun einmal haben. Indem man den Menschen bestimmen läßt, was für ihn von Nutzen ist, und nicht das System vorschreibt, was er verbrauchen darf oder muß. Indem die Maschine sich nach dem Menschen richtet und nicht umgekehrt.

Ein weiteres Beispiel: Rückenoperationen in Florida. Anders als in Deutschland dürfen Ärzte in den USA für sich werben. In Deutschland ist Werbung untersagt, weil sie ja dazu führen könnte, daß Ärzte miteinander konkurrieren – was man ja vermeiden will. Da machte zum Beispiel das Florida Spine Institute in allen Zeitschriften Reklame für seine Lasertechnik-Rückenoperation. Weil Peer gerade an diesem Buch arbeitete, wurde er neugierig und rief die gebührenfreie Nummer in Florida von Boston aus an. Eine freundliche Dame erbot sich, ihm mehr Information zu schicken. Schon am nächsten Morgen hatte er per Expreßkurier eine Broschüre und ein Video in der Hand, anhand dessen er sich über die Klinik und ihre Arbeit informieren konnte.

Jetzt besser im Bilde, rief er wieder an und wurde an eine Krankenschwester vermittelt, die sich nach seinen genauen Beschwerden erkundigen wollte. In einem Vorabgespräch würde festgestellt, ob seine Rückenprobleme von dem Institut überhaupt behandelt werden könnten. Im Florida Spine Institute ist zum Beispiel eine Korrektur von Bandscheibenvorfällen nicht möglich. Es vermag aber geschwollene, entzündete und verrutschte Bandscheiben zu behandeln. Wer unter diese Kategorie fällt, kann für drei Tage nach Florida zu einer Untersuchung fliegen. Dort wohnt der Patient in einem Luxushotel am Strand und kann jede freie Minute in der Sonne baden. Mit 1000 Dollar pro Tag ist das zwar nicht billig, aber auch nicht teurer als ein normaler amerikanischer Krankenhausaufenthalt.

Nach der Untersuchung legt der Arzt fest, ob zunächst eine

Gymnastiktherapie angebracht ist oder ob man gleich operieren sollte. Die meisten Patienten fangen mit einer Gymnastiktherapie an. Wer sich aber gleich oder später dem Eingriff unterzieht, dem werden mit Lasertechnik Teile der Bandscheibe, die den Rückenmarksnerv einklemmen, verdampft. Dazu ist keine eigentliche Operation notwendig, sondern es genügen zwei kleine Schnitte an der Wirbelsäule. In einen wird der Laserstab eingeführt und in den anderen eine kleine Kamera. Der ganze Vorgang ist in einer Stunde erledigt, der Patient erhält nur eine örtliche Betäubung und ist während der Operation bei Bewußtsein. Er kann, wenn alles erfolgreich abläuft, schmerzfrei vom Operationstisch aufstehen und braucht noch nicht einmal im Krankenhaus zu bleiben. 90 Prozent aller Patienten, die aufgenommen werden, können entweder mittels Gymnastik oder per Operation geheilt werden. Mit Operation kostet der Aufenthalt 14 000 Dollar.

Das Florida Spine Institute beweist ein paar ganz wesentliche Punkte. Erstens: Vielleicht gibt es in Deutschland ja auch eine Lasertechnik-Rückenschmerzen-Klinik. Aber wie würden wir die denn finden? Sollten Sie nicht selbst unter Rückenbeschwerden leiden, so kennen Sie doch sicherlich jemanden aus Ihrer Familie oder Ihrem Bekanntenkreis, der schon von Pontius zu Pilatus gelaufen ist und nie wußte, ob er an einen Spezialisten oder einen Quacksalber geraten ist. Da Ärzten in Deutschland die Werbung für ihre Dienste untersagt ist, kann der Kunde auch keine Wahl treffen. Es geht alles nur über Hörensagen. Und da eine solche Klinik ihre Dienste nicht anpreisen darf, ist es auch dementsprechend schwieriger, sie zu etablieren. Denn bis sich ihre Leistungen herumgesprochen haben, können Jahre vergehen.

Zweitens: Woher wissen wir, ob im Florida Spine Institute nicht Scharlatane arbeiten? In den USA können wir uns wenigstens, so gut es irgend geht, beim Anbieter informieren, da dieser Informationen bereitwillig zur Verfügung stellt. In Deutschland oder Japan bleibt uns außer Vertrauen gar nichts. Das ist noch weniger.

Drittens: Die Unterstellung, daß Krankenversorgung immer teurer werden muß, ist falsch. Genau das Gegenteil trifft zu. Neue Technologien, die auf den Markt kommen, ermöglichen es zunehmend, ein inneres Leiden von außen zu behandeln. Körperteile werden mit Laser verdampft oder mit Ultraschall zertrümmert.

Winzige Scheren und Messerchen schwimmen fernbedient im Körper herum, Computer und Magnetresonanz können einen Körper dreidimensional von innen abbilden, neue Werkstoffe als Prothesen können haargenau eingepaßt werden, neue Medikamente vermögen Anomalien chemisch zu bereinigen, die Genforschung schwere Krankheiten über Nacht zu heilen.

Wenn der Körper, wie es seit Hunderten von Jahren praktiziert wird, nicht mehr aufgeschlitzt zu werden braucht, dann muß auch nichts mehr wochenlang verheilen. Dann können auch keine Komplikationen aufgrund von Vollnarkose und Verunreinigungen mehr auftreten. Dann wird auch kein Chirurgiebesteck mehr im Bauch vergessen.

Je kürzer sich der Patient im Krankenhaus aufhält und je weniger drastisch der Eingriff in seinen Körper ausfällt, desto eher besteht die Chance, daß er wieder schneller gesund ist. Wenn Patienten nicht mehr wochenlang im Krankenhaus genesen müssen, dann bedeutet das gigantische Einsparungen. Und außerdem ist der Patient erheblich früher wieder produktiv, das heißt seine Krankheit verursacht nicht nur geringere Kosten, sondern er verdient auch eher wieder Geld. Da kann der Laser ruhig ein paar tausend Mark mehr in der Anschaffung kosten als das Skalpell. Dafür sinken die Nebenkosten nahezu auf den Nullpunkt. Wir sind nicht gegen die Technologie im medizinischen Bereich – ganz im Gegenteil: Wir begrüßen technologischen Fortschritt, der es uns allen ermöglicht, ein gesünderes Leben zu führen. Aber nur so lange, wie die Technologie sich nach dem Patienten richtet und nicht nach den Kostenrechnungen der Klinik und dem Einkommen der Ärzte.

Viertens: Das Beispiel zeigt den Abschied von Großstrukturen. Das allgemeine Krankenhaus ist in seiner Fülle von angebotenen Leistungen viel zu komplex. Hinter »sonstiges« verbergen sich, wie schon beschrieben, Essen, Verwaltung, Reinigung, Rasenmähen und ähnliches. Ein solcher Apparat kann nicht allen Bedürfnissen gerecht werden und schon gar nicht effizient arbeiten. Viele kleine Spezialkrankenhäuser, die ihr Einsatzgebiet perfekt beherrschen, können ihr Preis-Leistungs-Verhältnis wesentlich besser gestalten. Dort können sich alle Abläufe nach dem Rhythmus der Patienten und ihrer besonderen Bedürfnisse richten, vom

Personal angefangen über das Essen, die Besuchszeiten, die medizinischen Instrumente bis hin zur Managementorganisation.

Bei unseren Recherchen sind wir noch keiner Gesundheitsreform begegnet, welche die Lean-Management-Prinzipien berücksichtigt, mit denen ein Shouldice-Hospital, eine Frau Igarashi und ein Florida Spine Institute ihren Service anbieten. Insofern kann man nur darüber spekulieren, was passieren würde, wenn die Gesundheitsindustrie nach diesen Gesichtspunkten umgekrempelt werden würde. Es gibt aber keinen Grund zu glauben, daß nicht ebenfalls für diese Branche gilt, was in allen anderen Wirtschaftszweigen schon Wirklichkeit wird: Die Kosten fallen, die Qualität wird verbessert, und die Zufriedenheit der Kunden steigt. Denn wie diese drei Beispiele belegen, unterliegt auch die Gesundheitsindustrie den gleichen organisatorischen Prinzipien wie jede andere Industrie auch.

Wenn die Politiker, Reformer und Couchstrategen, anstatt die veralteten Modelle zu debattieren, damit beginnen, die heiligen Kühe zu schlachten, und die ständischen Ärzte einem freiheitlichen Wettbewerb und einer demokratischen Informationspflicht aussetzen, dann lösen sich viele Probleme von allein. Sicherlich nicht alle. Chronische Krankheiten, alte Menschen und medizinische Härtefälle werden immer teuer bleiben. Aber die machen auch heute nur ungefähr 30 Prozent der Gesamtkosten aus.

30 Prozent, das ist auch die andere magische Zahl. Es sind immer 30 Prozent, die bei konsequenter schlanker Produktion, bei »Kaizen«, eingespart werden – so wie das schon in vielen deutschen Betrieben passiert ist. Das heißt: Eine moderne Industriegesellschaft kann es sich problemlos leisten, auch den Alten und Schwerkranken ein würdiges Leben zu garantieren; sie muß sie nicht vertrösten, ihrem Schicksal überlassen, weil angeblich kein Geld da ist. Insofern plädieren wir für eine soziale Marktwirtschaft, jetzt und sofort, aber eine solche, die ihren Namen wirklich verdient. Es geht!

TEIL 5

Die Zukunft der Welt wird nicht im deutschen Biotop entschieden

25. Auf dem Sonnendeck der Titanic

Von den Finanzen über das Bildungssystem, die Handwerker, die Freiberufler bis zum Gesundheitswesen haben wir diese Wirtschaftszweige und Berufsgruppen beschrieben, weil ihre Verbände und Standesorganisationen bei jeder Gelegenheit den Eindruck erwecken, als seien sie für die Marktwirtschaft. Von den Lehrern einmal abgesehen, die mit der Gewerkschaft Erziehung und Wissenschaft eine Organisation haben, die offen für Umverteilung plädiert, reden alle anderen von mehr Leistung, weniger Sozialabgaben, klagen über Sozialmißbrauch und zu viele Regeln. Aber als wir genau hinschauten, haben wir auch bei ihnen mehr Regeln als Freiheit gefunden. Regeln, die sich die Berufsgruppen zum Teil selbst ausdenken, um sich vor zuviel Wettbewerb zu schützen. Freiheit hat auch etwas mit Mut zu tun. Und mit welchem Wirtschaftszweig man sich in unserer Republik auch beschäftigt – jeder von ihnen fürchtet sich vor zuviel Wettbewerb, also vor zuviel Freiheit.

Im letzten Jahrhundert wuchs der politische Liberalismus zu einer großartigen Idee heran, die den Völkern Befreiung vom Feudalismus versprach: die Selbstbestimmung des Menschen durch wirtschaftliche Unabhängigkeit. Die Kolonien, voran Südamerika, schüttelten das Joch ihrer europäischen Unterdrücker ab; das Bürgertum in Europa verlangte seine Unabhängigkeit vom Adel. Die Pressefreiheit, das Recht auf Schulbildung, das Wahlrecht, die Gleichberechtigung der Frauen, das Recht auf freie Religionsausübung, also all die Grundrechte des Menschen, die wir heute als Basis unserer Gesellschaft verstehen, wären ohne den historischen Liberalismus nicht denkbar. »Die Würde des Menschen ist unantastbar.« Dieser erste und wichtigste Satz unseres Grundgesetzes wurde damals geprägt.

Der historische Liberalismus war eine großartige Idee, und er war eine Antwort auf die Unterdrückungsmechanismen seiner Zeit. Er schaffte es aber nicht, Lösungen anzubieten, welche die Ausbeutung der befreiten, aber landlosen Massen durch die beginnende Industrialisierung verhinderten. Je mehr Liberalismus mit Kapitalismus gleichgesetzt wurde, desto mehr verlor er seine Anziehungskraft auf die Arbeitermassen, die sich von der Befreiungstheorie des Sozialismus mehr angezogen fühlten. Manchesterliberalismus, Manchesterkapitalismus – damit wird neben der Entstehung der riesigen Industriemonopole auch die Verelendung der Massen beschrieben. Es sind Schlagwörter, mit denen sich keine politische Idee des ausgehenden 20. Jahrhunderts mehr identifizieren möchte.

Der historische, traditionelle Liberalismus gestattete diese Monopole, er erlaubte auch weiterhin Großgrundbesitz. Sein Laissez-faire diente vor allem der neuen Klasse der Kapitalisten und Agroindustriellen. Wenn heute der FDP der Lapsus herausrutscht, sie verstehe sich als die Partei der »Besserverdienenden«, dann darf sie sich nicht wundern, wenn sie mit diesem traditionellen Liberalismus in Verbindung gebracht wird und, als Klassenpartei eingestuft, keinerlei Anziehungskraft auf die »Leistungsträger« der Nation ausübt.

Wir benötigen jetzt eine neue Partei der Freiheit, die dem im letzten Jahrhundert gewachsenen Gegensatz von Kapitalismus und Sozialismus die Grundlage entzieht. Die aktuelle politische Diskussion dreht sich immer noch um diese Begriffe, da werden immer noch die Klassenkampfkonflikte von gestern und vorgestern ausgefochten. Doch diese Ideologien erweisen sich als absolut untauglich, um die dringlichsten Probleme der Welt, wie Rüstungskontrolle, Energiesteigerung, weltweite Märkte, die Einkommensunterschiede zwischen Nord und Süd, das Wiedererwachen fundamentalistischer Strömungen, die globale Umweltbedrohung, die internationale Kriminalität und den ungebremsten Bevölkerungsdruck zu lösen. »Sie streiten sich um die Liegestühle auf dem Sonnendeck der Titanic«, beschreibt der amerikanische Zukunftsforscher Alvin Toffler dieses anachronistische Gerangel.

In Deutschland beschäftigen wir uns täglich mit absolut nebensächlichen Themen, die nur im Moment höchst aktuell erscheinen und einen gewissen Unterhaltungswert haben. Wer Parteivorsitzender einer Mini-FDP ist – wer die SPD beim nächsten Wahlkampf wieder zu einem Ergebnis um 37 Prozent führt – wie ein Kanzler Kohl eine aussagenschwache CDU domestiziert? Dies alles gehört zu den Kämpfen einer ideenarmen Fin-de-siècle-Gesellschaft. Auch Gewerkschaften und Arbeitgeberverbände kämpfen noch gegeneinander, halten den Gegensatz von Kapital und Arbeit aufrecht. Dagegen beweisen weltweit Unternehmen, daß sie um so erfolgreicher sind, je mehr Belegschaft und Management zusammenarbeiten.

Nach dem Krieg hatte uns die amerikanische Vormacht zusammen mit Ludwig Erhard den Rücken gestärkt und so eine offene und damit sozial gerechte Wirtschafts- und Gesellschaftsordnung ermöglicht. Aber je älter diese Bundesrepublik wurde, desto mehr ständische Ordnungen eroberten sich wieder direkt oder durch die Hintertür ihre alten Positionen. Es macht sich erneut bemerkbar, daß Deutschland keine eigene freiheitliche bürgerliche Revolution auf die Beine gebracht hat. Wir trennen uns so schwer von den wilhelminischen Industriefossilien Kohle, Stahl und Schiffsbau. Auch die ständischen Reste kleinbürgerlicher Abschottungen, die in den völkisch orientierten Gesetzen der Nazis ihren Niederschlag fanden, werfen wir nicht endgültig über Bord. Dazu gehören die Zwangsmitgliedschaften in Berufskammern wie denen der Architekten, Pflichtbeiträge zu Industrie- und Handelskammern, Zulassungsbeschränkungen für Handwerker – selbst die Kirchensteuer. Im Zeitalter der Information und Globalisierung sind das alles kostenverursachende Hemmschuhe und Arbeitsplatzbeschaffungsmaßnahmen für Funktionäre.

Auch der historische traditionelle Liberalismus hat ausgedient. In keinem Land Europas spielt er noch eine bedeutende politische Rolle. Er hat die Monopolbildung zugelassen, er verteidigt die Rechte der Besitzenden und blockiert damit die Aufstiegschancen der Leistungswilligen. In der Eigentumsfrage hat er sich nicht deutlich genug vom Feudalismus verabschiedet, der Machtausübung durch den Besitz von Grund und Boden. Jedes Gut ist vermehrbar, Land nicht. Die Eigentumsrechte an Grund und Boden müssen deshalb so geregelt werden, daß sie die wirtschaftliche Entwicklung eines Landes nicht behindern.

Bei den Vereinbarungen zur Wiedervereinigung war es aber gerade die FDP, die das verhängnisvolle Prinzip »Eigentum geht vor Entschädigung« verlangte. Wie vielen Bürgern der ehemaligen DDR ist heute der wirtschaftliche Aufstieg verwehrt, weil sie den Banken keine Immobilien als Sicherheit anbieten können? Statt dessen betreiben wir die Refeudalisierung Ostdeutschlands so, als ob der dort früher ansässige Adel eine Stütze demokratischer Strukturen gewesen wäre. Irgendwann im Mittelalter raubten die Feudalherren ihre Ländereien zusammen, wurden ihnen für Dienste bei Hofe ganze Dörfer samt Einwohnern geschenkt, und 1990 bekommen sie es zum Teil wieder. Eigentum geht vor Entschädigung: Was für eine Restaurierung, welch feudales Gedankengut steckt dahinter!

Die heute so erfolgreichen Länder Asiens haben alle mit einer gründlichen Bodenreform begonnen. In Japan wurde sie noch vom amerikanischen Statthalter MacArthur organisiert. In Südkorea drückte sie Syngman Rhee durch, und in Taiwan war es Chiang Kai-Check. Alle drei standen sicher nicht gerade im Ruf, ein Herz für Linke zu haben. Aber jedem von ihnen war klar, daß eine Gesellschaft, die den Besitz von Grund und Boden belohnt, die Leistungswilligen und Leistungsfähigen in ihrer Entwicklung behindert. Hongkong und Singapur, die beiden anderen Tigerstaaten, bestehen praktisch nur aus Stadt, hatten daher gar nicht erst das Problem mit dem Landadel.

Europa tut sich schwer. In Utrera, südlich von Sevilla, zeigte mir einmal der Bürgermeister, warum seine 40 000 Einwohner zählende Stadt keinen einzigen Industriebetrieb aufweist. Ihm stand dafür noch nicht einmal ein Hektar Land zur Verfügung. Alles gehörte den Großgrundbesitzern, den andalusischen Granden, die sich auf ihren großen Haciendas die Zucht von Kampfstieren leisteten, während die Bevölkerung nach Deutschland ging, um Arbeit zu finden. In Utrera erzielten die Sozialisten nach der Franco-Diktatur immer mehr als 70 Prozent.

Beim Nachbarn im Westen, Portugal, stellte sich das Problem noch krasser dar. Da beherrschten einige Familien das ganze Land südlich des Tejo. Es gab nur verarmte Landarbeiter, von denen zu Beginn der Revolution gegen die faschistische Diktatur gerade 50 Prozent lesen und schreiben konnten. Auch das war und ist

Europa. Im Norden Portugals, vor allem in der Region um Porto, gehört der Boden Kleinbauern. Die winzigen Flächen ernähren sie kaum, aber sie sind Eigentümer. Bei den ersten freien Wahlen siegten im Süden die Kommunisten, im Norden die Konservativen und gemäßigten Sozialdemokraten.

Und wir spielen in Ostdeutschland wieder Kaiserreich. Während sich die Welt auf die Auseinandersetzung zwischen den beharrenden Kräften des aussterbenden Industriezeitalters und den Revolutionären des Informationszeitalters vorbereitet, führen wir noch einmal das Gefecht von vorgestern: Agrarier gegen die Industrie, Anspruch auf Grundbesitz statt Investition. Daran ändern auch die ständigen Novellierungen der Gesetze zu den Vermögensfragen nichts. Das, was sich da abspielt, ist losgetreten von einer Partei, die sich liberal nennt, und wird von Christdemokraten realisiert, die einem eigentumsorientierten Leistungsgedanken anhängen. Bewahrt und erhalten werden die Leistungen der Großväter und Väter, auch wenn damit den heutigen Leistungswilligen die Zukunft versperrt wird.

Den globalen Wettbewerb werden die Völker und Regionen gewinnen, die am undogmatischsten die Chancen des Informationszugangs nutzen – und die dabei bereit sind, diese Informationen einer möglichst breiten Öffentlichkeit zugänglich zu machen:
- Das fängt in den Betrieben an, wo das Herrschaftswissen von Abteilungsleitern in Zukunft zur sicheren Pleite führt.
- Das geht über Bürokratien weiter, die dem Bürger Einblick in ihre Tätigkeit verwehren, wenn er wissen will, für wen und für was er seine Steuern zahlt.
- Das wird den Arzt betreffen, der seinen Patienten erklären muß, warum er operiert und wieviel das kostet.
- Das wird die Politiker betreffen, die sich nicht mehr auf eine Repräsentationsdemokratie zurückziehen können und das damit begründen, daß die Masse eh nicht weiß, was für sie gut ist.

In Deutschland wird dieser rückwärtsgewandte Kampf besonders verbissen geführt. Der deutsche Hang zum Grundsätzlichen wirkt sich dabei nicht immer segensreich aus. Bert Brecht beschrieb das Urgefühl deutschen Grübelns einmal so: »Aus dem Land der dunklen Wälder komme ich.« Während Kommunikation, der schnelle Transport von Wissen und Ware, der offene

Wettbewerb von Systemen und Gedanken, die Welt verändert, bricht bei uns die Angst vor der Mobilität aus. Während in fast allen Regionen gigantische Verkehrsprojekte im Bau und in Planung sind, so ein Superhighway von Indien nach China und Singapur, von Hongkong nach Peking, von Japan unter dem Meer hindurch nach Korea und dann weiter bis nach Europa; während die Planer dieser die Erde verändernden Ideen sogar sicher sind, derartige Projekte finanzieren zu können, weil sie nur einen Bruchteil der heutigen regionalen Militärausgaben ausmachen, bauen wir Straßen zurück, haben eine neue Gefahr entdeckt: den Individualverkehr.

Es ist beängstigend, was sich da abspielt. Im »Talk im Turm«, der von Erich Böhme moderierten SAT1-Diskussionsrunde, entwickelte eine Vertreterin der deutschen Greenpeace-Sektion zum Thema Gefahren des Automobils Vorstellungen, die einen ziemlich massiven Eingriff in das Recht des Bürgers bedeutete, sich mit seinem eigenen Fahrzeug fortbewegen zu dürfen. Als Erich Böhme fragte, wie sie das politisch und parlamentarisch durchsetzen wolle, antwortete sie sinngemäß: »Wenn das nicht mit Zustimmung der Bürger in einer Demokratie möglich ist, muß diese eingeschränkt werden.« Statt Freiheit und Information Bevormundung durch den Staat – zur Not mit Zwangsmaßnahmen.

Deutschland ist wieder auf dem Weg, Freiheit einzuschränken. Das Pflänzchen, das nach dem Krieg kräftig wachsen durfte, wird von neuen Doktrinen bedroht, welche diesmal aus einer dumpfen Umwelt-Weltuntergangsstimmung ihre Berechtigung ableitet. Die Demokratie droht zu einem Ritual zu verkommen, in der wir als Bürger alle vier Jahre die rund 660 Parlamentarier wählen können, die dann mittels einer Flut von Gesetzen die bestehenden Freiheitsspielräume noch einmal einengen. Eine Gruppierung, die sich dem Aufbruch ins Informationszeitalter und den damit verbundenen Freiheitchancen verschrieben hat, sucht man vergeblich.

Eine FDP, die unter der Überschrift »Bewahrung der Bürgerrechte« einen Katalog vorlegt, von Verhinderung des Lauschangriffs bis zur exzessiven Einschränkung des Strafrechts, der direkt vom Pressesprecher der Mafia stammen könnte – die brauchen wir so nötig wie ein Loch im Kopf. Und eine FDP, die an

deutschnationale großbürgerliche Grundbesitzertraditionen an-
knüpfen will, wie Herr von Stahl, die ist so hilfreich wie die erste
Strophe des »Deutschlandliedes« vor den Parlamenten in War-
schau und Prag.

Nur eine Partei, die Leistungswillen, Leistungsbereitschaft, In-
formationsfreiheit und Mobilität durchsetzt, böte jene geistigen
Grundlagen, die es unserer Gesellschaft ermöglichen, sich weiter-
zuentwickeln. Diese Partei gibt es in Deutschland zur Zeit nicht.
Im Gegenteil, statt offener zu werden, schnüren wir uns im Moment gerade ein.

Zu allen Zeiten der Menschheitsgeschichte war die Schaffung
von Straßen ein Akt der Befreiung, eine Gelegenheit, sich fortzu-
bewegen, Kontakte außerhalb der eigenen begrenzten Welt aufzunehmen. Diktaturen haben diese individuelle Reisemöglichkeit
immer beschnitten. Bis in die jüngste Geschichte haben autoritäre
Regime auf Massentransportmittel gesetzt, weil sie diese kontrollieren können. Straßen und Autos waren ihnen suspekt. Der Besitz eines Privatfahrzeugs war zum Beispiel in Südkorea bis in die
siebziger Jahre verboten.

Ulbricht und Honecker versuchten, den Deutschen in ihrem
Herrschaftsbereich die individuelle Fortbewegungsmöglichkeit
einzuschränken, das Auto zu vermiesen. Sie ließen die Straßen
verrotten und verordneten ihren Bürgern den ulkigsten Kleinwagen der Welt. Alles mußte mit der Bahn transportiert werden.
Ergebnis: Die ostdeutsche Bahn war zum Schluß genauso marode
wie die Straßen. Doch als ob dieser Dirigismus nicht deutlich
genug versagt hätte, versuchen die Anhänger der neuen deutschen
Heimeligkeit nichtsdestotrotz jetzt in ganz Deutschland, den Individualverkehr zu behindern. Als Vehikel dient der Umweltschutz.
Kaum ein Tag, an dem nicht über zuviel Straßenbau geklagt, über
den Umweltkiller Auto geschrieben, über den mobilen Wahn der
Deutschen lamentiert wird. Gleichzeitig wird die Schiene propagiert und suggeriert, daß wieder ein Zeitalter der Bahnen beginne,
bei dem wir Deutsche ganz vorne lägen. Daran ist so ziemlich alles
falsch, auch wenn eine solche Behauptung hierzulande schon fast
einem publizistischen Selbstmord gleichkommt.

Von der Parole, es beginne wieder ein Zeitalter der Schiene,
spürt man außerhalb Deutschlands und der Nordschweiz nichts.

Ganz pragmatisch überlegen einige Staaten, wo eine Schnellzug-trasse angebracht wäre und ob sie sich dann auch rechnet. Bisher sind an der Finanzierung schon alle Projekte in den USA geschei-tert. In Asien, vor allem in Japan, gibt es ein hervorragendes Zugsystem, das allerdings völlig privatwirtschaftlich betrieben wird, ohne jegliche Subvention. Rückgrat ist der »Shinkansen«, der Superschnellzug, vergleichbar unserem ICE, im Gegensatz zu diesem allerdings schon seit 1964 in Betrieb und bei ständiger Erweiterung des Schienennetzes. Zwischen Osaka und Tokyo ver-kehrt er im Vierminutentakt und mit einer Geschwindigkeit von 260 Stundenkilometern – das zur Eigenpropaganda, wir seien in der Bahntechnik führend.

In Japan hatte ich 26 Kilometer von zu Hause in mein Studio zu fahren. Auf der Autobahn benötigte ich dafür 40 Minuten. Aber das kostete dann pro Tag 24 Mark. Auf der normalen Straße dauerte es zwischen einer und anderthalb Stunden, und mit der privaten, subventionslosen S-Bahn brauchte ich eine halbe Stunde und konnte im Dreiminutentakt für 2,20 Mark fahren. Mir mußte niemand Blumenkübel auf die Straße stellen, um mich in die S-Bahn zu zwingen; ich bin auch, wann immer es ging, mit dem »Shinkansen« gefahren, obwohl der teurer als das Flugzeug war. Ich habe mich der öffentlichen Verkehrsmittel bedient, weil sie für mich einfach preisgünstiger und vernünftig waren.

In Japan ist das Autofahren wesentlich teurer als bei uns. Die Autobahnen kosten im Schnitt 20 Pfennig pro Kilometer. Das Benzin ist eine Mark teurer pro Liter. Das Parken in der Innen-stadt in Tokyo kann bis zu 15 Mark die halbe Stunde kosten, und bis auf zwei Autobahnen mit 100 Stundenkilometern sind alle anderen auf 80 Stundenkilometer begrenzt. Bundesstraßen dür-fen mit 50, Landstraßen mit 40 Kilometern pro Stunde befahren werden.

Trotzdem kommt kein Mensch in Japan auf die Idee, das Auto aus ideologischen Gründen mit Kosten zu belegen. Was da so teuer ist, sind Marktpreise. Das Autobahnnetz kostet beim Bau einfach mehr als Flughäfen, also ist das Autofahren teurer als das Fliegen. Der Unterhalt der Straßen in diesem dichtbesiedelten, gebirgigen Land ist sehr teuer und wird über die Mineralölsteuer bezahlt. In ganz Japan gilt Parkverbot, weil die mit öffentlichen

Geldern gebaute Straße nicht als Parkplatz für den einzelnen gedacht ist. Also muß man immer einen gebührenpflichtigen Parkplatz aufsuchen, und dessen Preis richtet sich nach Angebot und Nachfrage.

Sie sehen, es geht uns nicht um den Preis des Autofahrens. Wenn es teurer sein muß als jetzt, zahlen wir auch mehr. Aber wir finanzieren nicht gern als Autofahrer eine schlecht gemanagte Bahn mit, die sich immer noch als kundenfeindliches Monopolunternehmen gebärdet, auch wenn sie jetzt quasi privatisiert ist. Solange der Autofahrer indirekt für die Bahn bezahlen muß, wird diese nie ein echter konkurrenzfähiger Wettbewerber.

Und solange wir aus ideologischen Gründen Züge fahren lassen, in denen keiner sitzt, helfen wir auch der Umwelt nicht. Machen Sie sich doch einmal die Mühe und zählen im Land die Eil- und Personenzüge, die jetzt teilweise im Stundentakt an Ihnen vorbeifahren. Eine schwere Lok, vier Wagen, zwei Passagiere – erst heute abend wieder in Bingerbrück, meinem Heimatbahnhof. Die Passagiere wären billiger im Rolls-Royce zu chauffieren. Aber kein Politiker hat den Mut, sich gegen diese Geisterzüge auszusprechen. Statt zuzugeben, daß hier eine Geld- und Ressourcenverschwendung auch zu Lasten der Umwelt betrieben wird, versucht eine Allparteienkoalition, die Bürger in die Züge hineinzuzwingen. Und es ist genau dieser irrationale Hang zur Bevormundung bis hin zur Gewaltanwendung – selbst im Verkehr – der praktische, marktgerechte, kostengünstige Lösungen verhindert.

Wer sich weltweit umsieht, stellt fest: Das Verkehrsmittel der Zukunft ist das Flugzeug. Seit Abzug des Militärs aus Ost und West haben wir in Deutschland mehr unnütze freie Flughäfen als irgendein anderes Land der Welt. In den USA fliegt Southwest Airlines für zwölf Pfennige pro Kilometer. Also würde die Strecke Berlin-Frankfurt knapp 80 D-Mark kosten. Wäre ein »Transrapid«, wenn wir diese Preise auf dem Markt zulassen würden, noch sinnvoll? Wem also wollen wir dieses magnetische Wunderwerk verkaufen, wenn in anderen Ländern der Flugverkehr soviel billiger und soviel schneller ist? Zu solchen Entscheidungen kommen wir nur, weil wir unseren Verkehr dermaßen verregelt haben, daß er an seinen eigenen Kosten erstickt. Hier regiert der Dirigismus pur, zum Schaden unserer Volkswirtschaft.

Eine unheilige Allianz aus klassischen Industrielobbyisten, ängstlichen Konservativen, um Arbeitsplätze besorgten Sozialdemokraten und ideologischen Grünen haben sich gegen eine freie, marktwirtschaftlich orientierte Verkehrspolitik verschworen. Es ist genau wieder die Truppe, die um den Liegestuhl auf dem Sonnendeck der Titanic kämpft. Leider steht sie auch noch am Steuer unseres Staatsschiffes. Und von dort müssen wir sie wegdrängen, bevor sie uns auf einen Eisberg laufen lassen.

Nur eine Bemerkung zum Thema Umwelt und Auto, denn wir haben über den Verkehr geschrieben und den Aspekt Umwelt dabei außer acht gelassen – was den meisten Lesern dieser Zeilen wahrscheinlich unangenehm aufstößt: So, wie es viel zu lange gedauert hat, bis der Katalysator in Europa eingeführt wurde – Pflicht ist er leider immer noch nicht –, so, wie die Autoindustrie viel zu lange zögert, bis sie energiesparende Wagen auf den Markt bringt, so grotesk der Streit um ein paar Kilometer Autobahn wegen Geschwindigkeitsbegrenzung ist, so sicher ist es, daß die Freiheit der individuellen Mobilität stärker sein wird als alle Versuche, den Bürgern diese Freiheit wieder zu nehmen.

Zur Zeit muß das Auto für das Waldsterben herhalten. Zum Waldzustandsbericht 1994 gab es in den Nachrichten dramatische Bilder. Ein Beitrag des Bayerischen Rundfunks in den »Tagesthemen« zeigte kahle Eichen mit einem prosaischen Text über das Ende dieses deutschen Baumes. Und natürlich sei das Auto schuld. So und ähnlich ging es zwei Tage lang. Der Vorsitzende der Schutzgemeinschaft Deutscher Wald, Wolfgang von Geldern, ein ehemaliger CDU-Abgeordneter, verlangte mehr Hilfe für unsere Wälder. Und dabei ist alles ganz anders. Nur keiner zitiert den Waldzustandsbericht, weil alle, die da ihre Kurzfilme machen, ihn nicht gelesen haben. Hätten sie es nämlich getan, müßte man sie der schlimmsten Manipulation beschuldigen. Denn im Bericht steht zu lesen, daß der Witterungsstreß den Eichen zu schaffen macht, dazu Insekten und Pilzbefall, der im Gegensatz zu früher immer weniger chemisch bekämpft wird, was sicher naturnah ist. Nur dürfen wir uns dann nicht über mehr kahle Bäume beschweren.

In Freiburg arbeitet einer der führenden Forstwissenschaftler in Deutschland, Professor Heinz Zöttl, und der weist in Versuchen nach, daß unsere Wälder so gesund und so krank wie eh und je sind. Nur werden seine Veröffentlichungen nicht zur Kenntnis genommen, sie passen nicht in die allgemeine Hysterie. 1980 wurde von Hansjochen Schröter, auch einem Freiburger und dort Leiter der Abteilung Waldschutz an der Versuchs- und Forschungsanstalt, für das Jahr 1992 der Tod der deutschen Fichte vorausgesagt. Ausgerechnet der Fichte geht es zur Zeit wieder ganz gut. Aber die Schreckensnachricht fand damals große Aufmerksamkeit. Zöttl dagegen ist ganz ins Abseits geraten, seit er auch noch festgestellt hat, daß Autos keine Wälder töten. Wenn sie uns nicht ins Bild passen, werden anderslautende Meldungen ignoriert, wir erwähnen sie noch nicht einmal.

Was die Förster und Waldbesitzer verschweigen: Je schlimmer die Horrormeldungen, desto leichter ist es, noch mehr staatliche Mittel für den Wald zu bekommen. Zur Zeit sind es schon 300 D-Mark pro Hektar, und die bekommen ebenfalls alle unsere adligen Großgrundbesitzer, unabhängig davon, wie viele Millionen sie auf ihren Konten haben. Und auch die Staatsförster erhalten so einen netten Ausgleich für ihre Bilanz, wenngleich sie durch Monokulturen die Waldschäden erst richtig fördern.

In den USA, in Skandinavien, in Japan – überall werden die Auswirkungen des Verkehrs auf die Umwelt erforscht. Der Katalysator und Geschwindigkeitsbegrenzungen waren in all diesen Staaten eine Konsequenz – in Deutschland sind es Straßenrückbau, Subventionen, Markteinengungen und ideologische Gefechte wie »Freie Fahrt für freie Bürger« gegen die totale Blockade jeder Straßenbaumaßnahme, wobei der Neubau von Autobahnen geradezu hysterische Reaktionen auslöst. Es fehlt wirklich eine Partei, welche die Befreiung von feudalistischer, traditionsliberalistischer und sozialistischer Denkweise zum Programm hat.

Dabei haben wir hoffentlich deutlich genug beschrieben, daß wir uns keinen Nachtwächterstaat wünschen, in dem Freiheit von Anarchie nicht mehr zu unterscheiden ist. Aber in dem Tempo, wie leistungswillige und leistungsfähige Bürger durch Regeln und Beschränkungen staatlich eingeengt werden, so verabschiedet sich der Staat mit gleichem Tempo, wenn es darum geht, seine Bürger vor Kriminalität zu schützen. Dabei räumt er zum Teil sein Privileg des Machtmonopols sogar freiwillig. Private Sicherheitsdienste statt Polizisten in den U-Bahnen, Ladendiebstahl als Delikt, das nicht mehr verfolgt werden kann, weil die Justiz damit überfordert ist. Welch ein Widerspruch: Auf der einen Seite ist die Zahl der Beamten dermaßen gewachsen, daß jetzt die Rentenansprüche die Staatskassen zu sprengen drohen, auf der anderen Seite müssen selbst des Totschlags Verdächtige freigelassen werden, weil die Ermittlungen nicht im gesetzlich vorgeschriebenen Zeitrahmen vorangetrieben werden können. Wer einmal einen Streifzug durch unsere Gerichtsgebäude unternommen und dabei die vorsintflutlichen technischen Einrichtungen, die Aktenberge auf den Fluren, die Trostlosigkeit der Personalausstattung erlebt hat, wird schnell vergessen, daß er in einem Rechtsstaat lebt.

Für eine friedliche Gesellschaft der Zukunft aber wird die Sicherheit des Bürgers und der Unternehmen vor kriminellen Übergriffen von entscheidender Bedeutung sein. Schon heute betragen der Schaden und die Belastung der Volkswirtschaft durch Einzeltäter, vor allem aber durch das organisierte Verbrechen, weit über 100 Milliarden D-Mark pro Jahr. Genaue Zahlen, und das liegt in der Natur der Sache, sind nicht zu ermitteln. Aber wie lange hat die Gesellschaft in Deutschland einfach nicht wahrhaben wollen, daß wir ein ideales Operativfeld für die Mafia waren, daß nahezu jede italienische Pizzeria Schutzgeld an die Mafia zahlen mußte, die Chinarestaurants an Triaden, Kurden an die PKK, Serben an die serbische Mafia und neuerdings russische Geschäftsleute an die besonders brutalen Moskauer Verbrecherbanden?

Wir haben den Anfängen nicht gewehrt und stehen heute mitten im Krieg der Banden. Das, was sich da als Rechtsstaat organisiert hat, taugt nicht mehr zum Schutz des Bürgers. Im Zeitalter der Computerkriminalität, der weltumspannenden täglichen Milliardenspekulationen, ist unser Rechtsstaat gegen die kriminelle Kraft der großen Drahtzieher nicht gerüstet. Das ist, als jage man Sportwagen mit Trabis, bekämpfe man Raketen mit Pfeil und Bogen.

Wir leben im Zeitalter der immer schneller fließenden Informationen. Da ist Datenschutz ebenso notwendig wie der Zugang zu den Daten für die Verbrechensbekämpfung – eine heute widersprüchliche Aussage. Von der Lösung dieses Konflikts aber werden die Lebensqualität und der Freiheitsspielraum unserer Kinder und Enkel abhängen. Schon heute sind ganze Regionen der Erde für den Normalreisenden wieder so unzugänglich wie vor dem Industriezeitalter, weil brutale Kriminalität, oft mit politischen und religiösen Motiven getarnt, die Region tyrannisiert. Dazu gehören Teile Rußlands, Kolumbiens, Südafrikas, Pakistans, Stadtregionen in den USA und Brasilien, Ausflugsziele in Ägypten und die südliche Inselwelt der Philippinen.

Die sich um die Liegestühle auf der Titanic streiten, haben keine Antworten für die großen Herausforderungen unserer Zeit. Ihre Hilflosigkeit zeigen die Streithähne außer bei der Bekämpfung der weltumspannenden Kriminalität auch angesichts der Zeitbombe der Überbevölkerung und der daraus resultierenden Gefahren für ein ökologisches Gleichgewicht. Zur Lösung beider Themen taugen Sozialismus und traditioneller Liberalismus in der Tat nicht viel. Vierzig Jahre Entwicklungshilfe nach bisherigem Muster kann man getrost als gescheitert betrachten. Sie hat kaum die ärgste Not gelindert. Es handelte sich meistens um Umwegfinanzierungen für die Dienstleistungs- und Exportindustrie der reichen Länder, also um moralisch getarnte Subventionen. Was da bisher stattgefunden hat, ist der erfolgreiche Versuch, mit Regeln, Abschottungen, Spenden, Herrschaftswissen – eben jenen Abhängigkeiten aus dem Feudal- und dem Imperialzeitalter – die eigene Machtposition zu retten. Die internationalen Beziehungen sind ein Spiegelbild der Strukturen aus der Kleinstadt, aus den Verbänden, den Betrieben. Und auch die Ergebnisse sind gleich: Je weniger Freiheit für Wettbewerb und Markt, desto mehr Ausbeutung, Armut, Ressourcenverschwendung und Umweltzerstörung.

Im Jahr 1843 tobte der Kampf um das »corn law« in Großbritannien. Die meist adligen Großgrundbesitzer wollten verhindern, daß auf ihren Feldern Fabriken entstanden. Sie wollten das Gesetz aufrechterhalten, demzufolge auf dem Land nur Weizen angebaut werden durfte. Gleichzeitig verhinderten sie die Einfuhr von Getreide. Diese Regelung bremste die Industrialisierung und kostete das Land Unsummen. Das feudale »Getreidegesetz« verlor gegen die neue Zeit. Damals wurde aus diesem Grund der

Economist gegründet, und seither steht in jeder Ausgabe: »Zuerst im September 1843 erschienen, um teilzunehmen an dem heftigen Kampf zwischen vorwärtsstürmender Intelligenz und unwerter, feiger Ignoranz, die den Fortschritt behindert.«

Lassen Sie uns prüfen, ob das Motto nicht auch noch 1995 stimmt.

26. Vom Umweltluxus der Reichen
und dem Hunger der Armen

Im kristallklaren Meer schimmern bizarre Palmeninseln. Der Nationalpark »Hundert Inseln« in der Bucht von Lindayan auf den Philippinen erfüllt alle Träume vom tropischen Südseeparadies. Weißrosa Korallensandbuchten, geschützte Strände, höchstens ein paar Boote aus den Dörfern der Hauptinsel Luzon, die versprengte Globetrotter zu diesem touristischen Geheimtip bringen. Unverdorbene Natur – auf den ersten Blick wenigstens. Wir ziehen unsere Taucheranzüge an, machen die Unterwasserkamera fertig, sinken in das türkis bis azurblau schimmernde Meer – und geraten dabei in eine Unterwasserwüste. Alles hier ist tot, ein paar kleine bunte Tropenfische huschen über den grauen Meeresboden, verstecken sich in den Löchern der zusammengefallenen Korallenriffe. Ein beklemmendes Bild. So weit wir auch schwimmen, so tief wir auch tauchen, hier ist das Leben vernichtet. Und wie in einem schlechten Film hören wir plötzlich zweimal ein dumpfes »Wumm, wumm«.

Wir tauchen auf. Nicht einmal 300 Meter entfernt haben Fischer zwei Dynamitstäbe ins Wasser geworfen. Nach einigen Minuten treiben die toten Fische zur Oberfläche. Der größte ist 15 Zentimeter lang. Insgesamt reicht die Beute vielleicht für zwei Mahlzeiten, wenn man die Gräten und Flossen mitißt. Schieres Entsetzen packt den Fischer, als einer unserer Begleiter sich als Mitarbeiter des philippinischen Agrarministeriums zu erkennen gibt. Dynamitfischen ist nämlich streng verboten. Unter dem Diktator Marcos wurde das Vergehen sogar mit Todesstrafe geahndet. Jetzt werden die Boote beschlagnahmt; die Lebensgrundlage des Fischers ist damit vernichtet. Aber das sind die Gesetze; die Wirklichkeit sieht anders aus.

Der miserable Fang deckt noch nicht einmal die Kosten für das

Dynamit. Also geben wir dem Missetäter umgerechnet zehn Mark und versichern ihm, daß ihm nichts passiert, wenn er uns mitnimmt in sein Heimatdorf. Wir wollen übers Dynamitfischen mit ihm reden – und mit seinen Nachbarn, dem Bürgermeister, der Polizei, mit allen, die vom Dynamitfischen leben. So nimmt er uns mit nach Pangliao, eine Insel, der wir gleich einen Namen verpassen: »Insel der Einarmigen«.

Die Szenen, die sich uns hier darbieten, sind unwirklich. Schon am Bootssteg kommt uns ein Mann entgegen, der kurz unterhalb des Ellbogens einen Haken statt eines Armes hat, an dem ein Gewicht hängt. Und so geht es weiter. Dem einen fehlt ein Unterschenkel, dem nächsten beide Arme, und in einer Hütte zeigen sie uns sogar einen Mann, der in einem Sack hängt, weil er weder Arme noch Beine hat. Jeder ist ein Opfer des Dynamitfischens. Wir spendieren ein paar Mark, etwa den Tagelohn in der Hauptstadt Manila, was hier draußen ein Vermögen ist. Schon das reicht, um ins Gespräch zu kommen, um akzeptiert zu werden. Ein paar Mark, dann können sie die Schulden beim Dynamithändler bezahlen, brauchen sie beim Fischaufkäufer nicht einen Kredit zu nehmen, um damit den Sprit fürs Boot zu finanzieren.

Schnell wird uns klar: Diese Menschen hier kommen nie mehr aus dem Kreislauf des Hungers und der Armut heraus. Aber bei ihrem Versuch, zu überleben, zerstören sie die Natur so gründlich, daß ihren auch noch so zahlreichen Nachkommen nichts anderes übrigbleibt, als wegzugehen. Ausgebeutet werden sie von Korruption und anderen Unterprivilegierten, die nur eine winzige Sprosse über ihnen auf der Leiter des Elends stehen. Da ist einmal der Dynamithändler, im allgemeinen der Polizist oder der örtliche Militärkommandant selbst. Sie beanspruchen gewöhnlich die Hälfte der Beute, denn sie müssen ihren Vorgesetzten ein Viertel abgeben, damit diese beim Dynamitdiebstahl beide Augen zudrücken. Sollte doch mal einer der beliebten Lapu-lapu-Edelfische zum Fang gehören, dann muß der selbstverständlich auch abgeliefert werden. Den kann man auf dem Markt verkaufen und zu Bargeld machen. Sind Touristenrestaurants in der Nähe, ergibt der Verkauf eines solchen Fisches den Wochenlohn eines Polizisten.

Die Märkte wiederum sind in den Händen der örtlichen Geldgeber. Um hinauszufahren, braucht der Fischer Benzin. Das kostet pro Fahrt fünf Pesos. Die gibt ihm der Händler, der dafür acht Pesos zurückverlangt – rund 60 Prozent Zinsen. Das ist üblich in der dritten Welt, wenn es darum geht, die Habenichtse auszubeuten. Und dann setzt der Händler den Preis für den Fang fest und sorgt so dafür, daß sich an der Abhängigkeit nichts ändert. So war das auch schon vor 20, 30 Jahren, als es noch Fische gab. Aber für die Fischer blieb auch damals nicht mehr übrig. Sie konnten nie Kapital akkumulieren, um aus dieser Abhängigkeit herauszukommen. Sie blieben immer den Monopolstrukturen unterworfen, die sie bis an den Rand des Existenzminimums ausbeuten.

Als dann das Militär Ende der fünfziger Jahre anfing, Dynamit zu verteilen, wurde zwar die alleinige Macht der Händler gebrochen, aber nun gerieten die Fischer zusätzlich in die Fänge einer weiteren Gruppe. Nur mit dem Einsatz von Dynamit konnten sie dem täglichen Hunger entkommen und ihre sich nicht verringernde Schuldenlast bezahlen. Diejenigen unter ihnen, die sich weigerten, dem Militär Dynamit abzukaufen, wurden den Provinzbehörden als angebliche Dynamitfischer ausgeliefert und ihre Boote beschlagnahmt.

»Aber jetzt«, so klagen die Fischer, »werden die Fangergebnisse zunehmend kleiner – trotz des Dynamits.« Und sie müssen immer weiter aufs Meer hinaus, wozu ihre kleinen Boote nicht geeignet sind. In den Gesprächen stellt sich heraus, daß sie keine Ahnung haben, was sie da mit dem Dynamit anrichten. Sie wissen nicht, daß sie damit die Korallen töten und daß damit auch die Fischschwärme wegbleiben. Sie wissen nicht, daß durch die Detonation alles Leben, auch die winzige Fischbrut, stirbt und deswegen die Fänge stetig geringer und die Fische immer kleiner werden. Sie wissen nicht, daß sie dabei sind, eine Unterwasserwüste zu schaffen, die ihnen und vor allem ihren Kindern die Lebensgrundlage nimmt.

Am nächsten Morgen beobachten wir, wie die Ärmsten im Dorf, die noch nicht einmal mehr ein Paddelboot besitzen, mit Netzen, eng wie ein Haarsieb, die Ufer abfischen. Nach ungefähr zwei Stunden haben sie eine Handvoll Fischbrut von ein bis zwei Zentimeter großen Fischen zusammen. Die werfen sie in kochendes Kokosöl und ergänzen damit ihre tägliche Ration Reis. Das ist die einzige Eiweißnahrung, die sie sich leisten können. Nein, sie müssen noch nicht verhungern hier im tropischen Inselparadies der Philippinen. Es reicht gerade zum Überleben und zum Kinderkriegen. Der Versuch, ihnen zu erklären, daß sie mit der Fischbrut auch die letzte Chance vernichten, in ein paar Jahren noch genügend zum Essen zu fangen, ist sinnlos. Sie haben heute Hunger. Und deshalb sind 92 Prozent der Korallenriffe der über 7000 philippinischen Inseln zerstört.

Trotzdem reagieren die Fischer vernünftig, sind sofort bereit, mit dem Dynamitfischen aufzuhören, wenn ihnen erklärt wird, wie sie das Leben unter Wasser zerstören, und wenn ihnen eine ökonomische Alternative zum Überleben geboten wird. Australische und deutsche Meeresbiologen haben zusammen mit einer philippinischen Universität und dem Fischereiministerium vor der Insel Bohol einen Versuch gestartet, finanziert mit der lächerlichen Summe von 20 000 Mark.

Den Fischern wurden Bilder von unzerstörten Korallenriffen gezeigt: die bunte Vielfalt von Millionen Lebewesen, von Pflanzen und Tieren, die Grundlage für den Fischereireichtum und die Fischvielfalt schaffen. Ein intaktes Korallenriff kann bei vernünftiger Befischung Fangergebnisse liefern, die für die eigene Ernährung und für Barerlöse ausreichen, um dem Elend zu entkommen. Vorausgesetzt, die Monopole der Händler werden gebrochen, indem man die Fischmärkte an eine Infrastruktur anschließt.

Vor Bohol haben sich die Fischer, alles Analphabeten, die bisher nur von der Hand in den Mund lebten, spontan zusammengetan und ihre Küstengewässer beschützt. Sie haben alle fremden Boote vertrieben, die möglicherweise mit Dynamit ihre Fanggründe zerstören könnten. Die geringen Barmittel aus dem Forschungsprojekt der Universität, die über die deutsche Entwicklungshilfe finanziert wurden, reichten aus, um den korrupten Militärkommandanten samt seinem Dynamit loszuwerden – und sie mußten sich auch kein Geld zu Wucherzinsen von den Händlern borgen.

Schon nach drei Jahren konnten wieder größere Fische gefangen werden. Das zerstörte Korallenriff wurde durch alte Autoreifen ergänzt, in denen sich schnell wieder eine Artenvielfalt entwickelte. Der Erfolg war Vorbild für eine Nachbarinsel, die von sich aus anfing, sogar ohne finanzielle Unterstützung alte Autoreifen als Riffersatz zu versenken und nur noch Fische ab einer bestimmten Größe zu fangen. Die einfachen Menschen wollten noch mehr von den Studenten und Professoren, die das Projekt betreuten, wissen: über den Zusammenhang von Korallenriffen, Dynamit und einer vernünftigen Fischvermarktung.

So entstand die Idee, der philippinischen Regierung ein Projekt vorzuschlagen, das von deutscher Entwicklungshilfe finanziert würde und der Aufklärung der Fischer dienen sollte. Die Mitarbeiter des Fischereiministeriums und die Universität wollten das lokale Personal stellen. Beabsichtigt war, Filme in den hunderten Dialekten der vielen philippinischen Stämme zu produzieren, welche die Auswirkungen der Dynamit- und der mittlerweile genauso verbreiteten Zyanidfischerei auf die Umwelt und die Lebensgrundlage der örtlichen Bevölkerung zeigen. Damit verbunden wäre eine landesweite Aufklärungskampagne mittels Fernsehen und der lokalen Behörden gewesen, um auf diese Weise das Militär und die Polizei zu neutralisieren.

In einer zweiten Kampagne sollte dann der richtige Umgang mit den gefangenen Fischen demonstriert werden. Aus Unkenntnis und wegen fehlender Kühlketten verdirbt auf den Philippinen noch ein Drittel des Fischfangs. Noch immer landen die doch recht primitiven Kutter aus den Meeren zwischen und um die Inselwelt 1,8 Millionen Tonnen Fisch pro Jahr an. Davon verrotten 600 000 Tonnen, bevor sie den Verbraucher erreichen oder exportiert werden können. Einmal mangelt es an Kühlhäusern, Eismaschinen sowie Transportwegen und -mitteln, zum anderen liegen die Fische in bakterienverseuchtem Uferschlamm, werden nicht ausgenommen, oder sie verfaulen beim Versuch, sie zu trocknen.

600 000 Tonnen, die vergammeln – eine ungeheure Verschwendung. Das ist eine höhere Quote, als in allen Treibnetzen der Welt jährlich gefangen und dann als nicht eßbar vernichtet wird. Aber während die Umweltverbände in aller Welt mit Resolutionen gegen die sinnlose Treibnetzschlächterei kämpfen, regt sich über die philippinische Katastrophe niemand auf.

Ein in der Entwicklungshilfe erfahrenes Consulting-Unternehmen nahm sich des Projekts an. Die philippinische Regierung zeigte sich unentschlossen. Das war ein Vorhaben, bei dem keine großen Summen an einheimische Firmen fließen, keine umfangreichen Bauarbeiten notwendig sind, also kaum Bestechungsgelder anfallen, aber es ist ein Projekt, das die Macht der regionalen Feudalherren einschränkt, die schließlich auf die Zinsen der armen Fischer verzichten müssen und dem illegalen Dynamitverkauf durch das Militär einen Riegel vorschiebt – also ein Projekt, das nicht gerade beliebt ist. Da muß dann schon eine Gebernation deutlich machen, daß sie es will und dies mit einheimischen Idealisten, hier: der Universität, durchziehen.

Aber weder im Entwicklungshilfeministerium noch bei der GTZ, der staatlichen Gesellschaft für Technische Zusammenarbeit, drang die Idee über die Vorzimmer hinaus. »Kein Geld«, hieß es da gleich. Da half auch nichts, daß in diesem Falle mit dem Einsatz von nur 25 Millionen D-Mark auf mehrere Jahre verteilt acht Millionen philippinischen Fischern, der Umwelt und der Ressourcensicherung gedient worden wäre.

Das dumpfe »Wumm«, das zu allen Tageszeiten und in allen Buchten zu hören ist, nimmt auf den Philippinen eher zu. Je knapper der Fisch wird, desto gründlicher werden die Umwelt und die Lebensgrundlage zerstört. Die 25 Millionen D-Mark, die hier einen vielversprechenden Ansatz für eine grundlegende Änderung hätten schaffen können, sind im Zeitalter der knappen Kassen nicht aufzutreiben. Mit Recht wird man entgegenhalten können, daß es wahrscheinlich viele Projekte in der Welt gibt, die nur 25 Millionen kosten und mit denen erhebliche Umweltverbesserungen erzielt werden könnten, in deren Folge die Lebensbedingungen von Völkern sich derart verbessern ließen, daß sie nicht alle irgendwann zum Wegziehen gezwungen werden – daß das insgesamt aber eine gewaltige Summe wäre.

Nichts treibt die Zerstörung der Umwelt schneller voran als die Armut. »Was nutzt es mir, die kleinen Fische nicht zu fangen und zu warten, bis sie groß sind, wenn ich bis dahin verhungert bin?« Diese unausgesprochene Frage der Männer auf der »Insel der Einarmigen« ist mit »grünen« Sprüchen über die Rettung der Erde nicht zu beantworten. Und wo immer ich in der dritten Welt der ungeheuren Umweltzerstörung begegnet bin, steigt eine Mischung aus Wut und Sarkasmus in mir auf: die Realität der Armut auf der einen Seite und die egoistische Umweltdebatte der Reichen auf der anderen Seite. Sagt den Stämmen im Norden Thailands, den landlosen Siedlern am Rand des Amazonas, den Bauern im übervölkerten Java, sie sollten auf die Brandrodung verzichten, weil diese unser Erdklima verändere – und sagt ihnen, daß ihr daraus resultierender Hunger nur das kleinere Übel sei, denn schließlich würden wir ja auch versuchen, unseren Lebensstandard einzuschränken, indem wir jetzt etwa mehr mit dem Fahrrad als mit dem Auto fahren, nämlich immer dann, wenn die Sonne scheint und wir etwas für unsere Gesundheit tun wollen. Sagt ihnen auch, daß wir leider immer weniger Geld hätten, ihnen zu helfen, denn wir verzichten der Umwelt zuliebe auf Wachstum. Und schon sind wir mit den Elenden der dritten Welt solidarisch. Man kann es auch mit den Worten der Firma Xerox ausdrücken, die diesen dummen Spruch an jeden ihrer Kopierer pappt: »Wir tun was.«

Wir tun sogar noch mehr: Im Westen Münchens, wo sich die »Weltstadt mit Herz« in schäbigen Gewerbegrundstücken verliert, klafft eine häßliche Industriebrache: das Gleislager Neuaubing. Zerschlagenes Isolierporzellan, Gummireifen, Müll und die Überreste der Schienen erinnern fast an eine wilde Müllkippe. Aber eines hat die Industriebrache in München mit dem azurblauen Meer im philippinischen Nationalpark gemeinsam: Der Schein trügt. Das Gleislager Neuaubing ist Münchens wertvollstes Biotop. Hier krabbelt ein ein Zentimeter großer Käfer herum, und sein Lebensraum ist der deutschen Gesellschaft 100 Millionen D-Mark wert.

Es wäre ungerecht, die Stadt München oder eine bestimmte Partei für den 100-Millionen-Mark-Käfer verantwortlich zu machen. Denn im Grundsatz stellt niemand diese irrwitzige Entscheidung in Frage. Mit juristischen Spitzfindigkeiten wird nur darüber gestritten, seit wann die Stadtverwaltung wußte, welch wertvolles »Biotop« sich innerhalb ihrer Grenzen entwickelt hat. Als die Bundesbahn diese 143 000 Quadratmeter verkaufte, griff die Stadt München mit Recht zu. 45 Millionen D-Mark bezahlte sie und konnte davon ausgehen, daß sie dieses seit 100 Jahren als Gleisanlage genutzte Areal als Gewerbegebiet mit hervorragender umweltfreundlicher Verkehrsanbindung für 100 Millionen D-Mark wieder veräußern könne.

Aber da hatte man die Rechnung ohne das »Magerrasen-Syndrom« gemacht. Das taucht vor allen in Stadtnähe auf Geländen auf, die mit Natur, so wie sie ein durchschnittlich denkender Mensch versteht, überhaupt nichts mehr zu tun haben.

In München begann der Eingriff vor einem Jahrhundert, als die vom Umweltschutz völlig unbeleckte Eisenbahnverwaltung den Mutterboden bis auf den darunterliegenden Schotter abtrug. Danach wurde, wie bei Gleisanlagen üblich, noch weiterer Schotter aufgeschüttet. Nun rollten während mehr als 100 Jahren nur Züge über dieses künstliche Bahnbiotop, und so entstand ein »Halbmagertrockenrasen« – wie ein Münchner Naturschützer formulierte: »Ein Biotop der eher unscheinbaren Art.«

Es stellte sich heraus, daß das Kommunalreferat der Stadt die 45 Millionen D-Mark der Bundesbahn hinblätterte, als das Planungsreferat schon längst beschlossen hatte, das Gelände zum Naturschutzgebiet erklären zu lassen. Die politischen Gegner in der Stadt kümmerten sich mehr um den Skandal, da offensichtlich die Rechte nicht weiß, was die Linke tut, und daß die Stadt auf diese Art und Weise der Bundesbahn 45 Millionen D-Mark für Brachland bezahlte, das sie jetzt nicht mehr nutzen kann. Die hier aber viel wichtigere Frage, ob ein paar Käfer auf umgegrabenem Schotter 100 Millionen D-Mark kosten dürfen, die wurde nur am Rande diskutiert. Wer möchte schon als Umweltzerstörer gelten und sich mit den wohlorganisierten Umweltverbänden anlegen?

Der CSU-Landtagsabgeordnete Otmar Bernhard hat es gewagt, von einer »unglaublichen Öko-Orgie« zu sprechen, und daran erinnert, daß mit nur 50 Millionen D-Mark rund 75 Kindergärten hätten gebaut werden können.

Der Landesbund für Vogelschutz e.V. erklärte sich kurzerhand auch für Käfer (vielleicht weil sie Vogelfutter sind) zuständig und zog mit der ganzen Intoleranz, die Missionare überall auf der Welt auszeichnet, über den Widersacher her: »... erschreckend für jeden Umweltschützer sind die dilettantischen, von fehlendem ökologischen Wissen geprägten Profilierungsversuche ... das Aubinger Gleislager ist ein letztes Refugium für bedrohte Tiere und Pflanzen in ganz München ... und dieses Bollwerk der bedrohten Natur will der Abgeordnete seiner Wirtschaftsideologie opfern ... Dies stellt einen Angriff auf die moralische Substanz der vielen Hunderttausend im Umweltschutz, im Naturschutz und im sozialen Bereich engagierten BürgerInnen dar.«

Wie würde Klaus Schulze vom Vogelschutzbund erst reagieren, wenn wir mit der selbstlosen Bitte an ihn heranträten, ob er viel-

392

leicht bereit wäre, die Käfer auf der unansehnlichen Gleisland-
schaft zu opfern, um mit dem Erlös von 100 Millionen D-Mark ein
Viertel der Summe für die acht Millionen philippinischen Fischer
auszugeben? Ein besseres Kosten-Nutzen-Verhältnis für die Natur
kann er sich doch wahrscheinlich auch nicht vorstellen. Und wenn
er die restlichen 75 Millionen für die Stadt München auch nicht
braucht – ganz offensichtlich sind sie ihm ja egal –, dann können
wir dafür noch Straßen bauen auf den Philippinen, von den Häfen
in die Verbraucherzentren und Eiswerke, damit die 600 000 Tonnen Fisch nicht mehr verrotten.

Es könnte allerdings auch sein, daß Vogelschützer Klaus
Schulze auch in der dritten Welt gegen den Straßenbau ist; und die
Eiswerke lassen sich zweifelsohne nur mit Energie betreiben, was
zum Anstieg des Weltenergieverbrauchs beiträgt. Da stecken wir
dann im Dilemma: Verbesserung der Lebensbedingungen für die
dritte Welt durch Investition in die Infrastruktur und in Energie
oder Verteidigung der reinen ökologischen Lehre deutscher Um-
weltideologen – erst kommt der Käfer, dann der Mensch?

Natürlich werden Sie sagen: »So ein Quatsch. Die 100 Millionen
D-Mark von München werden den philippinischen Fischern nie
zugute kommen. Die würden höchstens dazu beitragen, Münchner Schulden zu senken. Umweltschutz, den wir hier aus Kostengründen nicht mehr betreiben, wird nur die Gesamtbilanz der
Welt verschlechtern.« Ein solches Argument dürfte angesichts der
heutigen Verteilung des Zugangs zu den Ressourcen auf der Welt
wahrscheinlich zutreffen. Es wäre überhaupt nicht mehr gesichert,
daß München mit den 100 Millionen D-Mark Einnahmen Kinder-
gartenplätze einrichtet – ein Vorhaben, bei dem sogar die Grünen
wacklige Knie bekämen. Diesen schwer verdaulichen Vergleich
haben wir gewählt, um einmal klarzumachen, wie kraß die Um-
weltprobleme in der »ersten« und in der »dritten Welt« auseinanderklaffen und wie scheinheilig unsere moralische Entrüstung
über die Zerstörung der letzten »Naturparadiese« ist. Und zweitens, daß es für den Bürger wieder deutlich werden muß, wofür er
Steuern, Abgaben und Gebühren bezahlt, damit er die Leistung,
die er dafür erhält, auch einschätzen kann. Jetzt, wo nur abkas-
siert wird und das ganze Geld in einem großen schwarzen Büro-
kratenloch verschwindet, wuchert der Unfug auf dem Gleisbahn-

hof, löst die Hilflosigkeit angesichts der Umweltzerstörung in der dritten Welt nur Ärger aus.

Der Konflikt Ökonomie gegen Ökologie ist in den Gründerzeiten der grünen Bewegung in allen Industriestaaten als unüberbrückbare Alternative hochgezüchtet worden. Weite Teile der Bevölkerung wurden ob der apokalyptischen Weltuntergangsvorstellung von der Grünen Welle erfaßt und stimmten ein in den Chor: Wachstum ist schädlich – wir müssen eine neue Bescheidenheit erlernen. Umweltzerstörung wurde gleichgesetzt mit den Kräften des Kapitalismus und der Marktwirtschaft. Während die grüne Bewegung zumindest in Deutschland anfangs von linken Sektierern und marxistischen Gruppen unterlaufen wurde, braute sich im saturierten Bürgertum ein Gemisch aus Schuldbewußtsein und Zukunftsangst zusammen, das den Nährboden für eine Vision à la Biedermeier bereitete.

Hatten sie nicht tatsächlich allzu sorglos die Umwelt verbraucht? Stank der Rhein nicht zum Himmel, und machten sich nicht alle möglichen Allergien breit? Selbst dem hartgesottensten Manager kamen Bedenken, wenn er die von Dermitis gezeichnete Haut seiner Tochter sah. Aus Amerika schwappten die Gesundheitswellen Vollkorn und Müsli auf die Frühstückstische. Der Begriff »Umwelt« rückte ins zentrale Bewußtsein. Es gibt kaum ein Produkt mehr, das nicht in erster Linie wegen seiner Umweltverträglichkeit gepriesen wird. Das fängt mit der 100 000 D-Mark teuren Alukarosse von Audi an und hört bei Bleistiften noch lange nicht auf.

Noch 1972 belehrte mich mein Redaktionsleiter im ZDF, daß er für Umweltthemen keine Sendezeit zur Verfügung stellen könne. Da gäbe es wichtigere, ernsthaftere Probleme. Heute stürzt sich jede Redaktion auf Umweltthemen. Die Sender haben dafür eigene Magazine plaziert, und keine Partei erhebt dagegen Einspruch. Vergessen die Zeit, da die Medienwächter warnten: Aus den »Rotfunkanstalten« würden jetzt »Grünfunksender«.

Heute ist das anders. Heute ist die Fragestellung ob der Käfer von München 100 Millionen D-Mark wert sei, ein Tabu. Niemand möchte sich den Zorn der Umweltschützer zuziehen. Denn wer will schon gern für den Weltuntergang verantwortlich sein? Und so haben die Schwätzer in Sachen Umwelt Hochkonjunktur.

Keine Idee, und sei sie noch so absurd, wird in Frage gestellt, solange sie einen die Umwelt betreffenden Aspekt enthält. Schon die vorsichtig formulierte Forderung, den Umweltschutz einer ökonomischen Prüfung zu unterziehen, ist schwere Ketzerei. So geschehen in Rheinland-Pfalz: Dort hat der Sprecher der Grünen die Anmerkung gewagt, es sei zu prüfen, ob bei Gewerbeansiedlungen die ökologischen Belange immer den Ausschlag geben müßten. Das hat ihn fast seinen Job und sein Mandat gekostet.

So richtig und wichtig es war, die ökonomischen Entscheidungen einer Umweltprüfung zu unterziehen, so wichtig ist es jetzt, die arroganten Ökoauswüchse der im Wohlstand lebenden Berufsgrünen wieder einzudämmen. Infrastrukturmaßnahmen dürfen nicht mehr durch Kleinstbiotope behindert werden, sondern müssen in ihrer gesamten Ökobilanz, und dazu gehört auch die Wirtschaftlichkeit, betrachtet werden. Die ICE-Trasse von Köln nach Frankfurt wird noch nicht gebaut, weil gegen jede nur mögliche Trassenführung ein entsprechender Einspruch vorliegt. Alle sind für die Bahn, aber nicht, wenn sie durchs eigene Tal führt. Umweltschutz ist längst bei uns zum Sankt-Florians-Prinzip mit dem unfrommen Bittgebet verkommen: »O heiliger Sankt Florian, laß mein Haus stehn, zünd' andre an.« Da donnern die Güterzüge seit 1859 durchs Rheintal, schlängeln sich im Fünfminutentakt die Personenzüge durch die Ortskerne von Bingen, Bacharach und Boppard, aber oben im Westerwald und im Taunus erachten es die Bewohner als einen unzulässigen Eingriff in die Natur, wenn jetzt eine ICE-Trasse gebaut würde. Dabei ist die ökologische Gesamtbilanz unumstritten positiv. Wenn Züge in weniger als einer Stunde von Köln nach Frankfurt fahren, wird die Mehrheit der Reisenden feststellen, daß dies die bessere Alternative zum Auto darstellt – so, wie es heute auf den Strecken Stuttgart–Frankfurt und Frankfurt–Hannover auch schon der Fall ist.

So langsam verwandelt sich Deutschland in einen Fleckenteppich von Biotopen-Typen. Alle sind einmalig, alle sind so wertvoll, daß sie nicht verändert werden dürfen. Ja, sogar die Natur darf sie nicht mehr verändern. Der Zustand der Republik wird in einem Status quo festgeschrieben. Das hat die abenteuerlichsten Konsequenzen.

Westlich von Berlin, im Norden Potsdams, erstreckt sich der riesige Truppenübungsplatz »Olympisches Dorf«. Hier übten Hitlers Heere und sowjetische Besatzungstruppen. Die märkischen Kiefernwälder waren für beide nichts anderes als simulierte Kriegsschauplätze, entsprechend gingen sie mit der Natur um. Jetzt endlich besteht die Chance, das Land wieder einer zivilen Nutzung zuzuführen. Dieser arg malträtierte Flecken Erde befindet sich innerhalb des Berliner Ringes, ist angebunden an Eisenbahnstrecken und deshalb sicher geeignet, dringend benötigte Infrastruktur, Logistik, Gewerbe- und Siedlungsland aufnehmen zu können.

Aber schneller als alle Behörden, Dienststellen und Landentwickler zusammen nahmen sich die Umweltschützer des Truppenübungsplatzes an. Sie stellten fest, daß sich hier im Schutz des Militärs seltene Pflanzen und Biotope entwickelt haben, die sich am besten schützen lassen, wenn die Bundeswehr das Gelände wieder übernimmt. Es gibt nämlich auch Gräser, die besser gedeihen, wenn der Sand hin und wieder aufgerissen wird. Panzer für den Naturschutz!

Aber was da bei Berlin geschieht, ist kein Einzelfall. Das Banner der Ökobewegung flattert nahezu über allen verlassenen Militärübungsplätzen, und der größte Horror grüner Biedermänner ist, daß diese von den Panzern und der Artillerie aller in Deutschland stationierten Armeen mißbrauchte Erde jetzt allen Menschen zugänglich wird. Ob im Westen, in Wildflecken in der Rhön oder im Osten bei Jüterbog, ob es sich um die US-Jetpiste in Hahn oder den sowjetischen Zentralflugplatz bei Sperenberg handelt: Naturschützer sind gegen alles, was den Status quo verändern könnte. Und da verbünden sie sich sogar mit den verhaßten Panzern. Es hat mich tief beeindruckt, als mir der Beauftragte für den Naturschutz der Stadt Braunschweig sinngemäß erklärte: »Für die Pflanzen auf dem Sandboden ist es nicht so schädlich, einmal von Panzerketten und den Reifen schwerer Lastwagen umgerissen zu werden, als wenn Wanderer sie ständig niedertreten.« Deshalb ist ihm ein Truppenübungsplatz lieber als ein Wandergebiet. Recht mag er ja haben für seine Pflanzen, aber mir kommt es trotzdem wie eine gedankliche Perversion vor. Auch die ICE-Neubaustrecke von Köln nach Frankfurt wird von einer artenreichen

Magerwiese behindert. Ich schickte meinen Kameramann hin, um dieses kostbare Biotop zu filmen, das letztendlich soviel wertvoller sein soll als die umweltschonende Bahnverbindung. Aber er kam zurück und sagte: Dort können wir nicht filmen, das ist nicht erlaubt. Das ist Sperrgebiet: ein belgischer Truppenübungsplatz.

Längst schon schütteln mehr und mehr durchaus naturverbundene Bürger den Kopf, wenn sich Umweltschützer gegen dringend notwendige Wohn- und Gewerbegebiete wehren. Es besteht die Gefahr, daß die Umweltbewegung ähnlich, wie es in den USA bereits jetzt der Fall ist, ins Abseits gerät. Dort hatte alles längst vor unserer grünen Zeitrechnung einmal begonnen, aber mittlerweile haben sich die Umweltschützer aufgrund überzogener Forderungen so unbeliebt gemacht, daß sie von allen Seiten unter Druck geraten. Daran ändert auch der bekannteste Anwalt der Umweltschützer nichts mehr, der es immerhin als Vizepräsident bis ins Weiße Haus geschafft hat: Al Gore. Sein Buch »Wege zum Gleichgewicht« stand zwar bei uns lange auf den Bestsellerlisten, aber in seinem Heimatland kann er selbst in seinem hohen Amt nur noch wenig bewirken.

Schadenfreude ist da nicht angebracht. Denn das historische Verdienst der »Umweltbewegung« ist es zweifelsohne, die Menschheit wachgerüttelt und damit den drohenden Kollaps ganzer Regionen und Ökosysteme verhindert zu haben. Deshalb ist es für unsere Erde gefährlich, wenn die Ökoschützer jetzt durch überzogene Forderungen und durch eine illiberale Radikalisierung den Gegnern einer vernünftigen Umweltpolitik in die Hände arbeiten.

27. Die Legende von den knappen Ressourcen

Immer neue Hiobsmeldungen prasseln auf die zunehmend verängstigte Weltbevölkerung herab. Jeden Tag werden neue Gifte im Boden, in der Luft, in unseren Nahrungsmitteln gefunden. Jede Naturkatastrophe wird den veränderten klimatischen Bedingungen infolge der globalen Erwärmung zugeschrieben. Solche unbewiesenen Schreckensmeldungen wechseln sich ab mit tatsächlichen Verbrechen an der Umwelt: mit Tankerunglücken und Tschernobyl, mit der Zunahme des Ozons am Boden im Sommer und der Abnahme des Ozons in der Atmosphäre über den Polen. Es ist diese kaum mehr überschaubare Mischung aus Realität und Fiktion, die eine nüchterne Bilanz um eine zukunftsträchtige Umweltpolitik verhindert.

Die ganze Umweltdiskussion wird von einem nicht auflösbaren Widerspruch geprägt: Auf der einen Seite behaupten die Umweltverängstigten, wir verschleuderten die knappen Ressourcen und hinterließen unseren Kindern eine ausgeplünderte Welt, auf der anderen Seite halten sie uns vor, wir lebten in einer Überflußgesellschaft, weil alles im Überangebot vorhanden sei. Und weil sie selbst spüren, daß nur eines von beiden richtig sein kann, wollen sie den Überfluß in einen künstlichen Mangel umfunktionieren. Das geht am leichtesten mit staatlichen Eingriffen und Überreglementierung. Bis jetzt ist es noch jedem sozialistischen System gelungen, Mangel selbst in reichen Ländern zu produzieren und dann diesen Mangel durch Bürokraten verwalten zu lassen. So schaffte es Stalin, in der Kornkammer der Welt, der Ukraine, die Bauern verhungern zu lassen.

Richtig ist, daß wir eher in einer Welt des Überflusses leben. Von nahezu allem haben wir zuviel – und für fast nichts lassen wir einen Marktpreis zu. Wir bestimmen, was knapp sein soll.

Energie zum Beispiel: Wir verbieten die Atomkraft, und schon wird Energie eine Mangelware. Es ist auch leicht, die Nutzung von Kernenergie zu verbieten, weil ihr Marktpreis nie bekannt war. Der Staat hat mit Forschung, Ver- und Entsorgung so massiv eingegriffen, daß wir bis heute eigentlich nicht wissen, was ein Kilowatt sicherer und entsorgter Atomenergie eigentlich kostet.

Auch die Rohstoffe sind nicht knapp, aber wer kennt schon ihren richtigen Preis? Würden wir so viele Rohstoffe verbrauchen, wenn die Löhne in der dritten Welt nicht so ausbeuterisch wären? Müßten wir dann diesen Recyclingirrsinn künstlich organisieren, wenn die Industrie von allein auf teure Verpackung verzichten würde, aus sich selbst ein Interesse an der Wiederverwertung des Rohstoffs hätte? Alles, was jetzt zu einer künstlichen Verteuerung in den Industriestaaten führt, trifft die Entwicklungsländer im Mark. Je teurer wir ihre Rohstoffe in unserem Land recyceln, desto weniger werden wir von ihnen neue Ressourcen abkaufen und desto mehr hindern wir sie daran, aufgrund eigener Leistungen dem Elend zu entkommen. Wir blockieren ihren Handel und ziehen es vor, sie mit Almosen abzuspeisen. Das schafft zwar ein gutes Gewissen, ist aber in der Konsequenz zynisch bis menschenverachtend. An diesem Punkt treffen sich viele Umweltschützer in ihrer menschheitsbeglückenden Theorie mit dem Kommunismus. Der Mensch wird der Ideologie angepaßt – und wenn er dabei draufgehen sollte.

Doch genau hier ist die weltweite Umweltbewegung in die Sackgasse geraten. Mit der Studie des Club of Rome »Grenzen des Wachstums« (1971), die prognostizierte, daß die Rohstoffe der Welt bald zu Ende gingen, war das Stimmungsbild vorgegeben: Wir würden, wenn wir so weitermachten, die Erde zerstören. Das ganze Umweltszenario war auf einer Knappheitstheorie aufgebaut. Deshalb könnten nicht mehr Märkte die Ressourcen regeln, sondern sie müßten verteilt werden. Instinktiv spürten die Bürokraten, welch eine gewaltige Chance sich ihnen hier bot. Sie instrumentalisierten die Umweltpolitik, indem sie ein gigantisches Regelwerk schufen. Statt umweltschützende Rahmenregeln zu definieren und umzusetzen, fingen sie an, den Erdteilen und einzelnen Staaten Ressourcen zuzuteilen – wir denken zum Beispiel da an den Schutz der Meere. Diese Bürokraten sitzen in der UNO, der Europäischen Union, in Staatsregierungen, in großen Konzernen; sie haben sich überall dort breitgemacht, wo sich durch Umverteilen der Angst zum eigenen Vorteil Geld verdienen läßt. Was ist denn eigentlich knapp auf der Erde? Die Menschen: Da leiden wir eher an einer rapide zunehmenden Bevölkerung. Das Kapital: Schwirren nicht Milliarden an Geldvermögen jeden Tag über den Globus und suchen nach vernünftigen Anlagemöglichkeiten? Die Rohstoffe: Verfallen die Preise nicht zuungunsten der Entwicklungsländer, weil mehr angeboten wird, als noch verarbeitet werden kann? Das Wasser? Klagten wir nicht gerade in letzter Zeit über Jahrhundertüberschwemmungen in Nordamerika und Zentraleuropa? Nein, es gibt keinen generellen Mangel auf der Welt. Es fehlt nur an der gleichmäßigen Verteilung, und es fehlt an einem vernünftigen Management, die Ressourcen dieser Welt so zueinanderzubringen, daß sie die Armut, die größte Gefahr für die Erde, beseitigen können.

Statt Marktkräfte zu fördern, verteilen wir um: natürlich zu unseren Gunsten. In Brasilien gäbe es so viel nutzbares Land, daß jeder Einwohner darauf genügend Nahrung anbauen könnte, ohne zu hungern. Der Bevölkerungsdruck auf die eher menschenfeindliche und unfruchtbare Amazonasregion und das damit verbundene Abholzen der Wälder müssen nicht sein. Aber das nutzbare Land befindet sich im Besitz einer kleinen Oberklasse, die damit allein unsere Bedürfnisse befriedigt und dabei unendlich reich wird. Ein Großteil des Geldes legt diese Oligarchie wieder in den Industriestaaten an, so daß in ihrem Heimatland als einzige Ressource der Boden genutzt wird. Angebaut werden Kaffee, Zuckerrohr und vor allem auch Sojabohnen – sämtlich für den Export bestimmt.

Wir kaufen die Sojabohnen als hochwertiges Eiweißfuttermittel für unsere Schweinemästereien. Das hat den Vorteil, daß Schweine nicht zuviel Fett ansetzen. Schließlich wollen wir ja nur hochwertiges und mageres, gesundes Schweinefleisch essen. Doch weil die Futtermittel im Übermaß angeboten werden, sind sie billig. Und so züchten wir mehr Schweine, als wir essen können – auch wenn sie mager sind. Hierzu sei noch angemerkt, daß mageres Schweinefleisch für den Menschen gesund sein mag – eine magere Sau ist es nicht: Für sie gilt, je fetter, desto gesünder.

Weil wir aber viel mehr Schweine züchten, als wir mit unserer eigenen Biomasse (Futtermittel) sattfüttern könnten, verursachen diese Schweinemassen Gülleseen, die unser Boden nicht mehr in einem natürlichen Kreislauf aufnehmen kann. Im Südoldenburgischen sind Bäche und Dümmersee mit der schäumenden Gülleflut verseucht, müssen ganze Güllehochbehälter zur Weiterbehandlung dieser penetrant riechenden Flüssigkeit gebaut werden. Die Ammoniakdämpfe fressen den wenigen Bäumen das Laub von den Ästen, denn – nicht gerade eine populäre Erkenntnis: Auch der Tierbestand zerstört durch seine Ausdünstungen Wald und Atmosphäre. Und dort, wo Tierkonzentrationen gehalten werden, sehen die Wälder nicht besser aus als neben einem ungefilterten, schwefelspeienden Kohlekraftwerk. Dies mußte die Stasi in Thüringen bitter lernen. In Neustadt an der Orla errichteten sie auf einem Waldberg eine »Schweinestadt« für 150 000 Stück Borstenvieh – ganz geheim. Niemand durfte in die Nähe. Die Ammoniakdämpfe der Ställe aber ließen die Wälder verdorren, und bald stand die Schweinestadt weit sichtbar auf einem kahlen Berg.

Selbst wenn die Schweine schließlich geschlachtet sind, bleiben sie ein Umweltproblem. Jetzt müssen sie mit Hilfe von Subventionen wieder außer Landes geschafft werden. Denn, wie gesagt, so viel Fleisch, wie wir produzieren, können wir beim besten Willen nicht verfressen. Um aber die Preise hoch zu halten, sind erhebliche Staatszuschüsse vonnöten. So finden sich dann in aller Welt die Wurstkonserven aus der Europäischen Union, auch in den Ländern, von denen wir vorher den Futterrohstoff Soja gekauft haben. Dort dürfen dann die Reichen, die es sich leisten können, importierten dänischen Schinken kaufen.

Die Perversion des Systems ist leicht zu durchschauen. Und trotzdem wird es weiterbetrieben – in sämtlichen Varianten und Schwachsinnsformen. Alle zahlen drauf: der landlose Pächter in der dritten Welt, die Natur dort wie hier und der Steuerzahler in den Industriestaaten, der mit viel zu hohen Lebensmittelpreisen konfrontiert wird. Schließlich muß er all die unsinnigen Subventionen bezahlen und dann auch noch für die Beseitigung der Umweltschäden aufkommen. Und selbst unsere Bauern haben eigentlich nichts davon. Sie schrammen trotzdem ständig an der Pleite entlang. Die wirklichen Gewinner des Systems sind die

Händler und Transporteure, die Futtermittelhersteller und Lagerhausgesellschaften sowie die Bürokraten in aller Welt, die den ganzen Irrsinn angezettelt haben und in Gang halten.

Die Verwerfungen, die diese weltweite Politik von Subventionen und Handelsbarrieren verursacht, wurde mir ausgerechnet am Rand der Sahelzone in Westafrikas Elfenbeinküste deutlich. Über kaum eine Region in der dritten Welt werden mehr Untersuchungen angestellt als über jenen Gürtel zwischen Sahara und tropischem Regenwald. Kaum einer Region wurden so viele Mitleidsbesteuerungen zuteil, und jede Gebernation hat hier auch irgendein Projekt gestartet. Die Ausbreitung der Wüste nach Süden gilt für viele Klimatologen auch als ein Beweis für die Umweltzerstörung durch die Industrie auf der nördlichen Halbkugel. So dient die Sahelzone gleichfalls als bevorzugtes Experimentierfeld, um verschiedenste Umwelt- und »Dritte-Welt«-Theorien zu beweisen.

Eines der Probleme ist sicher die Überweidung der spärlichen Vegetation. Die Nomadenstämme der nördlichen und mittleren Sahelzone treiben im Laufe des Jahres ihre Rinderherden nach Süden. Die Tiere sind an die trockenen Steppen gewöhnt und kommen so ziemlich gut genährt und gesund am Rand des Tropengürtels an. Die Absatzmärkte aber befinden sich in den großen Städten an den Küsten, 600 Kilometer entfernt. Auf diesem letzten Rest der Etappe erkranken die Tiere in den feuchten Wäldern an Parasiten, gegen die sie in der Steppe keine Abwehrkräfte entwickeln konnten. Sie magern ab, weil das Futter ungewohnt ist. Und sie werden zu hohen Kilometerleistungen pro Tag angetrieben, weil die Hirten wissen, daß jeder Tag Verlust von Tieren und Fleischgewicht bedeutet. Die Hälfte des Wertes der Rinder geht so regelmäßig verloren. Das wiederum veranlaßte die Nomaden im Norden, immer größere Herden aufzuziehen, um den Ertrag zu steigern. Und wachsende Viehbestände bedeuteten eine immer schnellere Überweidung, das bedeutete mehr Wüste, das bedeutete mehr Armut. Das zieht den Versuch nach sich, mehr Tiere zu halten – der Kreislauf des Elends und der Umweltzerstörung, wie er uns überall in der dritten Welt begegnet.

Hier setzte ein Projekt der deutschen Gesellschaft für Technische Zusammenarbeit an. Am Rand der Sahelzone wurden Zukkerrohrfelder angelegt. Das Wasser dazu kam aus einem Stausee, den man an der nördlichen Grenze des Tropengürtels errichtet hatte. Mit dem Zucker wurde wenigstens der Eigenbedarf der Elfenbeinküste gedeckt, ein erfreulicher, aber ökonomisch nicht entscheidender Vorteil für die Wirtschaft des Landes. Wichtig aber waren die Molasse und die Rückstände bei der Zuckergewinnung. Diese wurden jetzt an die Rinderherden aus der Sahelzone verfüttert, die, anstatt beim Marsch durch den Regenwald abzumagern, hier noch einmal richtig gemästet wurden. Neben der Zuckerrohrplantage entstand ein moderner Schlachthof. Tierärzte sorgten dafür, daß nur gesundes Vieh zu Fleisch verarbeitet wurde. Mit anderen Hilfsgeldern wurde eine 600 Kilometer lange Asphaltstraße von der Millionenstadt Abidjan bis in den Norden gebaut. Auf der konnte das Frischfleisch in Kühlwagen in einem Tag bis in die Verbraucherzentren gebracht werden. Pro Kilo kostete das Rindfleisch dann umgerechnet etwa 5,50 D-Mark. Das war sogar billiger als früher, denn eine Kuh lieferte jetzt auch doppelt soviel Fleisch wie früher. Und die 5,50 D-Mark waren ein Marktpreis, der in Abidjan auch erzielt werden konnte. Für dieses Geld funktionierte der Absatz. Für die Hirten wiederum bedeutete dies, daß sie ihre Herden nicht mehr vergrößern mußten, um ein ausreichendes Einkommen zu erzielen.

Doch das Projekt scheiterte. Der Absatz kam ins Stocken. Für 5,50 D-Mark war bald kein Rindfleisch mehr in Abidjan und den anderen Ballungszentren an der Küste zu verkaufen. Hier gab es jetzt Fleisch aus Beständen der Europäischen Gemeinschaft für drei D-Mark das Kilo. Die Brüsseler Bürokraten hatten ihre überfüllten Kühlhäuser im Namen der Entwicklungshilfe geräumt, dafür einige Millionen D-Mark zur Verfügung gestellt und das Fleisch an die unterentwickelten Staaten Afrikas zu einem fast symbolischen Preis abgegeben. Die Verteilung übernahmen die libanesischen Kaufleute, welche die Im- und Exportmärkte Westafrikas kontrollierten, und sie zogen einen satten Gewinn aus dieser Entwicklungshilfespende. Das Projekt am Rand der Sahelzone aber rechnete sich nicht. Gestartet mit dem hochtrabenden Anspruch, Hilfe zur Selbsthilfe zu leisten, haben wir nur unseren EG-Bauern unter die Arme gegriffen und im übrigen ein weiteres Scherflein zur Wohltätigkeitsstatistik beigetragen. So blieb nichts anderes übrig, als das Entwicklungshilfeprojekt dauerhaft zu subventionieren, weil es sonst wieder hätte eingestellt werden müssen. Gegen die unfairen europäischen Bürokraten wäre es nämlich chancenlos gewesen.

Was sich hier an einem Beispiel darstellt, haben Experten der verschiedensten Fachrichtungen, der unterschiedlichsten Organisationen auf der ganzen Welt schon berechnet und dabei herausgefunden, daß kaum etwas so viel Kapital ungerecht von Arm auf Reich umschichtet, so viele Ressourcen vernichtet wie die Agrarpolitik. Allein bei einer Öffnung des europäischen Agrarmarkts nach Osteuropa ergäbe sich eine Gewinnbilanz von knapp neun Milliarden D-Mark. Davon würden die Westeuropäer ungefähr die eine Hälfte der Ausgaben sparen und die Osteuropäer die andere Hälfte an Einnahmen gewinnen. Wohlgemerkt, das sind Nettogewinne, da sind also die Kosten schon abgezogen, die den Bauern im Westen an Verlusten entstehen und die durch Umschichtung der Mittel ersetzt werden.

Noch brutaler veranschaulicht dies eine Agrarweltbilanz. Hier wird noch deutlicher, welchen verheerenden Einfluß die subventionierte Agrarpolitik auf die Umwelt und die armen Länder des Südens ausübt. Kym Anderson und Richard Blackhurst – ersterer ist Wirtschaftsprofessor, letzterer Direktor der Wirtschaftsforschungsabteilung der Welthandelsorganisation GATT – haben alle ihnen zur Verfügung stehenden Daten zusammengetragen und die Auswirkungen der Landwirtschaftssubventionen und Handelsbeschränkungen auf die Umwelt sowie die Verteilung der Weltressourcen zwischen den armen und reichen Ländern ausgewertet. Wenn nur die industrialisierten Länder, also hauptsächlich Japan, die USA, Australien und die Staaten Westeuropas ihren Handel mit Nahrungsmittel liberalisieren würden, entstünde ein Umverteilungseffekt zugunsten der dritten Welt von 62,4 Milliarden Dollar. Und wenn die dritte Welt von ihren nationalisierten Märkten auch noch Abschied nehmen könnte, wäre der Effekt sogar 106,5 Milliarden Dollar pro Jahr. Auch die Industriestaaten würden von diesem Reichtumsschub auf der Welt profitieren. Ihre Bewohner kämen in den Genuß wesentlich niedrigerer Nahrungsmittelpreise und damit eines höheren Lebensstandards.

Weiter ist der Studie zu entnehmen, daß der Verbrauch von

chemischen Düngemitteln um so höher ist, je mehr ein Land seine Landwirtschaft subventioniert. So verteilt man in Thailand zum Beispiel gerade 21 Kilo Dünger auf einem Hektar landwirtschaftlich genutzter Fläche, während es im EU-Schnitt schon 303 Kilo, in Japan 427 und in der sauberen Schweiz sogar 437 Kilo sind. Daraus läßt sich auch errechnen, wie viele Millionen Tonnen weniger Chemie nötig wären, wenn wir den Welthandel liberalisierten und die Agrarsubventionen einstellten. Umweltschutz und Wachstum durch Abschaffung der Bürokratie. Diese Studien werden im Fernsehen nicht zu Filmen verarbeitet. Aber davon soll im letzten Kapitel die Rede sein.

Und so haben es die Ökobewahrer des Käfers von München und die Subventionsakrobaten der EU in Brüssel sowie den angeschlossenen Hauptstädten leicht: Im Namen des Fortschritts verregeln sie diese Welt bis zur Unkenntlichkeit, bis nicht mehr deutlich ist, wer und was eigentlich am Elend der Welt schuld ist. Und weil dies dann niemand mehr genau weiß, werden neue Regeln erfunden, über die man dann trefflich schwätzen kann und die dann bestens geeignet sind, es Schmarotzern zu ermöglichen, das Geld in ihre eigenen Taschen zu lenken.

Die Rindfleisch-Geschichte hat natürlich eine Fortsetzung – in diesem Falle in einem Erlanger Schlachthof. Dort traf ich auf die Bauern, die hier ihr bayerisches Mastvieh abliefern. Jahr für Jahr erzielen sie weniger pro Kilo. Sie müssen deshalb den Viehbestand erhöhen. Vor Jahren haben sie nämlich den Funktionären des Bauernverbandes und den garantierten, weil subventionierten Abnahmepreisen vertraut und sich hoch verschuldet. Sie haben große Mastställe gebaut, investiert, ihren Betrieb auf den neuesten Stand der Massentierhaltung gebracht. Jetzt sind sie von den Banken abhängig. Jetzt strampeln sie sich ab im Laufrad des Finanzkäfigs, abhängig von den Subventionen und damit vom Staat. Eigentlich sind sie Karikaturen eines sogenannten freien Bauernstandes.

Die in deutschen Schlachthöfen geschlachteten Tiere erzielten 8,20 D-Mark pro Kilo auf dem Großmarkt. Der Verbraucher zahlte im Durchschnitt zwölf D-Mark. Das war mehr als doppelt soviel, als das Kilo an der Elfenbeinküste im Endpreis kostete. Entsprechend hoch war also die Subvention, die fällig wurde, um den deutschen Preis unter die Verbraucherpreise von Abidjan zu drücken. Und für alles muß der Steuerzahler herhalten.

Er zahlt die direkten und indirekten Subventionen an den deutschen Bauern. Er zahlt die Lagerhäuser, in denen das überschüssige Fleisch aufbewahrt wird. Er zahlt die Subventionen, mit denen das Fleisch unter den Marktpreis in Westafrika gedrückt wird. Er zahlt die Entwicklungshilfe, und er zahlt die Brüsseler und Bonner Bürokraten, die sich diesen Schwachsinn ausdenken. Außerdem verhindert er so ganz nebenbei die Produktion von gesunden Nahrungsmitteln in einer gesunden Umwelt.

In der Nähe des Starnberger Sees hat sich der Gastwirt und Metzger Hans Hofherr seiner bayerischen Natur verpflichtet. Mehrfach mit dem Umweltpreis der Hotellerie ausgezeichnet, versucht er nur gesunde Lebensmittel in Metzgerei und Gasthof anzubieten. Wer Fleisch bei ihm kauft, erfährt, wie das Tier ernährt wurde, wie alt es war, als es geschlachtet wurde, und woher er es bekommt. Einmal hatte er eine Anzeige aufgegeben in den Landkreisen Starnberg, Garmisch-Partenkirchen, Bad Tölz, Miesbach und Schongau – also dort, wo die Welt noch besonders heil aussieht. Der Text des Inserats: »Welcher Landwirt kann mich beliefern? Suche Salate, Gemüse, Spanferkel und Enten. Ökologische Betriebe bevorzugt.« Er war bereit, 25 Prozent über dem Marktpreis zu zahlen. Aber es rührten sich nur zwei Bauern, die ihm außerhalb der Saison Enten anboten. Die anderen Landwirte sind alle in ihren Milchquoten, Stillegungsprämien, Subventionen von Schnellmastrindern dermaßen eingebunden, daß sie solche Marktangebote gar nicht erst aufgreifen müssen. Warum frischen Salat anbauen, wenn die subventionierte Zuchtsau garantiert mehr bringt? Resigniert stellt der Hofherr Hans fest: »Unseren Bauern fehlt das Erlebnis des Marktes. Seit dem Reichsnährstand der Nazis haben die nie nach Angebot und Nachfrage leben müssen. Und deshalb rechnen sie immer noch nicht, hauen immer noch mehr Dünger auf die Felder, als denen guttut, und produzieren am Markt vorbei in die Lagerhäuser.«

Egal, welche »Subventionitis« Sie sich auch anschauen. Nie hilft sie wirklich dauerhaft denen, für die sie angeblich gedacht war, denn zufrieden sind die europäischen Bauern ja auch nicht. Am europäisch-afrikanischen Rindergekungel zum Beispiel verdienen die auf Subventionshilfe spezialisierten Im- und Exporthändler Europas, die Lagerhalter und Transportunternehmer, die libanesischen Fleischhändler Westafrikas, die Bürokraten in Brüssel, in Bonn und die Verbandsfunktionäre aller Schattierungen, die mit solchen Deals ihre Existenzberechtigung nachweisen. Die Bauern und Verbraucher auf beiden Seiten haben das Nachsehen.

»Ein Planet wird gerettet«: 1992 veröffentlichte der CDU-Querdenker Friedbert Pflüger in diesem Buch seine optimistischen Harmonieperspektiven. Gegen die Weltuntergangsstimmung der Umweltverschreckten formuliert er wegweisende Thesen: »Nicht gegen, nur mit moderner Technik und freier Wirtschaft kann es gelingen, unser Überleben zu sichern.« Und: »Es ist eine gefährliche Illusion, auf den neuen Menschen oder ein neues Weltethos des Verzichts zu warten. Die Ökologie hat keine Chance, wenn sie das natürliche Streben der Menschen nach Wohlstand verneint.« Pflüger hat damit die realistischen Grundsätze aufgeschrieben, mit denen Umwelt- und Entwicklungshilfepolitik gemeinsam zur Verbesserung der Lebensbedingungen auf unserer geschundenen Erde beitragen könnten.

Aber dann feiert er viele kleine Erfolge beim Recycling. Zählt etliche Beispiele auf, in denen sich Unternehmer und Unternehmen zu mehr Umweltbewußtsein bekennen. Da verwischen sich PR-Gags und Wirklichkeit, vor allem aber ist das Buch durchzogen von den politischen Initiativen der Regierung und ihrer Spitzenpolitiker in Sachen Umwelt. Aber er hat ja schon genug Ärger in seiner CDU, und da sind solche Kratzfüße durchaus verständlich. Pflüger hängt auch der Mängeltheorie an und ist tief im deutschen Müllproblem und der damit verbundenen Sammel- und Trennleidenschaft versunken.

Es fällt schwer, über diesen letzten Punkt nicht umgehend ein eigenes Buch zu verfassen. Aber während wir das hier schreiben, hat die Familie gerade ein Müllproblem. Bedingt durch einige Umzüge und die Aufräumarbeiten im Garten ist unsere Garage vollgestopft mit dicken und dünnen Ästen, altem Hausrat, darunter ein Fernsehgerät und ein Videoapparat, zwei Säcken Bauschutt, gelben Säcken mit Plastikmüll, Styropor-Verpackung und der gestrichenen Kiefernholzverkleidung eines Zimmers. Wir wälzen die vielseitige Müllverordnung, erfahren, wie wir die einzelnen Abfallgruppen zu sortieren haben. Wann – und danach muß man wirklich seinen Arbeitsplan aufbauen – wir die dünnen Äste zum Schreddern in einen Wertstoffhof bringen können, aber nur einen Kofferraum voll; die dicken Äste sind dann beim Sperrmüll, Abteilung Garten, anzumelden. Zweimal steht uns jetzt der Sperrmüll im Jahr auf Abruf zu. Aber es muß genau angegeben werden, was wir loswerden müssen – und immer nur eine Sorte Abfall auf einmal. Der Termin wird dann innerhalb von sechs Wochen mitgeteilt, und dagegen gibt es keinen Einspruch. Der Hausmüll wird nur noch alle zwei Wochen abgeholt – seither umweht im Sommer die Häuser angenehmer Duft nach Moder. Und innerhalb von drei Jahren kaufen wir jetzt die dritte Mülltonne für das dritte Müllbeseitigungsverfahren. In der Gemeinde, in die Peer gezogen ist, gibt es bereits sieben Beseitigungsverfahren. Eins davon ist für verbrauchte Windeln, im Abholrhythmus von drei Wochen. Leider kacken die Kinder täglich. Deshalb lagert Peer zur Freude des Ungeziefers, wie alle Bürger dieses Ortes, die Fäkalienwindeln vor der Haustür.

Ein Polizist aus der Gemeinde erzählt mir, neuerdings fänden sie wieder alte Kühlschränke und andere Großgeräte im Wald. Ich gebe zu, daß ich auch versucht war, das eine oder andere illegal loszuwerden, denn die Müllentsorgung zog sich mit vielen Telefonaten, mit viel Arroganz der Entsorger nach dem Motto hin: »Seien Sie froh, daß wir überhaupt kommen.« Da ich kein Lehrer oder sonst der 36-Stunden-Woche unterworfener Arbeitnehmer bin, hat mich diese Müllentsorgung an direkten und indirekten Gebühren über 3000 D-Mark gekostet.

Wir haben einen Müllknall, einen Recycling-Fimmel, der zu einer unnötig hohen Müllsteuer führt, die private Haushalte und Wirtschaft in unverantwortlicher Weise finanziell belastet. Wenn Friedberg Pflüger, wie er in seinen Grundthesen schreibt, an den Markt glaubt – warum nicht auch hier? Wenn die Rohstoffe wirklich so knapp wären, wie als unumstößliches Kredo verkündet wird, warum kann es sich die Industrie dann leisten, Einweggläser und Getränkedosen wettbewerbsfähig auf den Markt zu bringen? Warum lohnt sich noch eine Kunststoffverpackung, die das Produkt verteuert? Ist Papier aus schnellwachsenden, sich regenerierenden Wäldern vielleicht billiger als die Sammelei und das Recyceln? Die raschwüchsigen Bäume verbrauchen auch wieder viel Kohlendioxid, und das Papier taugt als gut brennbares Material für die richtige Durchmischung bei der Müllverbrennung.

Aber Müllverbrennung ist ja auch wieder so ein Tabu in Deutschland. Hier gelten andere physikalische Gesetze als zum Beispiel in Italien, den USA und Japan. Die Italiener verbrennen den Müll in 2000 Grad heißen Öfen so rückstandsfrei, daß die Ängste vor Furanen und Dioxinen unnötig sind. Diese liegen unter allen Grenzwerten. 16 000 deutsche Kommunalpolitiker sind schon zu diesem Wunderwerk gepilgert, das in der malerischen Umgebung des Lago Maggiore weder die Landschaft verschandelt noch die Umwelt verpestet. Das ist so bekannt, daß man sich schon albern vorkommt, es nur zu erwähnen. Von einem einzigen Kieselrot-Sportplatz lokaler Kickervereine wehen in einem trockenen Sommer mehr dieser Elemente, als zehn Müllverbrennungsanlagen durchschnittlicher Größe in derselben Zeit produzieren. Auch das ist den Behörden schon längst bekannt. Aber hier wird der Kampf der Ideologen auf den Ängsten der Bevölkerung ausgetragen. Die unverantwortliche Vertuschungsstrategie der Dioxin-Firmen, die Verharmlosung von Asbest, Holzschutzmitteln und Schwermetallverseuchungen in Häusern und Böden – dies alles hat dazu beigetragen, daß eine nüchterne Diskussion um einen marktwirtschaftlichen und gefahrlosen Umgang mit unserem Abfall nicht mehr möglich ist. Die entstellten Gesichter der Seveso-Kinder wirken noch nach. Hier hat die Industrie aufgrund ihrer Verharmlosung und Vertuschung mit dazu beigetragen, daß jede Glaubwürdigkeit in die Technik verlorengegangen ist und so die Angstmacher leichtes Spiel haben.

Wo immer im Land eine Müllverbrennungsanlage gebaut werden soll, erhebt sich der Protest der Bürger. Niemand will vergiftet werden. Eine Mülldeponie oder gar eine Sondermülldeponie? Gott bewahre! Wer will schon in solch einer Umgebung leben? Also wird kein lokaler Politiker es wagen, für Müllbeseitigung in seiner Stadt oder in seinem Landkreis einzutreten. Im Süden Chicagos hat die Stadt Riverton um eine Müllverbrennungsanlage gekämpft. In dieser nur von Schwarzen bewohnten Stadt gab es sonst keine Jobs. Die Müllverwertungsgesellschaft hätte nicht nur 450 Jobs gebracht, sondern auch noch Gemeindesteuern bezahlt, die ausreichten, um sämtliche Reurbanisierungsprogramme zu finanzieren.

Die Umweltverbände und ein zehn Kilometer entfernt liegendes Krankenhaus leisten Widerstand. Und fast alle, die gegen die Müllverbrennungsanlage protestierten, waren Weiße, die auch verhindern wollten, daß sich die Schwarzen durch den Müll beleidigt fühlten. Leider seien die Schwarzen ja schon so abhängig und arm, daß sie gar nicht mehr wüßten, was für sie gut sei – jedenfalls alles, nur nicht die Müllanlage. In einer Diskussion schaffte es der schwarze Bürgermeister, seinem Hauptwidersacher, dem leitenden weißen Arzt des Krankenhauses, das Eingeständnis abzuringen, daß er auch von der Gefahrlosigkeit der Müllverbrennungsanlage überzeugt sei, er aber aus Prinzip die Müllverbrennung ablehne, weil sie die Verschwendung von Ressourcen fördere.

In der Steiermark lebt die Gemeinde Frohnleiten hervorragend von einer Mülldeponie. Nach dem neuesten Stand der Technik hat man praktisch die Abfallgrube für das ganze steirische Bundesland gebaut und dessen Müll bis ins nächste Jahrtausend vertraglich zu sich umgeleitet. Aus dem verschlafenen Nest wurde die reichste Gemeinde Österreichs. Die drei Bauern, die ihr karges Land für die Anlage hergaben, sind längst Millionäre. In Frohnleiten gibt es Milchzahngeld, Geburten- und Kindergartenzuschuß, Schul- und Studienbeihilfen aus dem Mülltopf und Barschecks bei der Altenehrung. Und trotzdem bleibt genug Geld, um sich allen kommunalen Luxus von einer Allzwecksporthalle bis zum Ökolehrpfad zu leisten. Wenn in 20 Jahren die Deponie einmal voll sein sollte, dann will Frohnleiten so viel Geld auf die hohe Kante gelegt haben, daß es von den Zinsen sein fröhliches Leben weiterführen kann. Über der Deponie wird dann Wald angepflanzt. Ein Goldberg für Jahrzehnte. Übrigens: Die Bewohner dankten ihrem Bürgermeister diese Weitsicht, indem sie ihn mit 72 Prozent wiedergewählt haben.

In Deutschland hat es keine Gemeinde nötig, ihre finanzielle Situation durch eine Mülldeponie oder Müllverbrennungsanlage zu verbessern. Irgendeinen staatlichen Zuschuß, eine regionale Fördermaßnahme, eine Subventionshilfe kriegt sie ja immer. Selbst die Kleinstadt Torgelow, in der wirtschaftlich schwächsten Region, der Uckermark Vorpommerns gelegen, lehnte eine Mülldeponie ab. Entweder waren die wirtschaftlichen Anreize zu gering, oder die wirtschaftliche Not nicht groß genug. Denn trotz einer Arbeitslosenquote von 32 Prozent stimmten bei einer Bevölkerungsumfrage nur 14,5 Prozent dafür und 85,5 Prozent dagegen. Bei einem Versuch, den Bürgermeister darüber zu befragen, verweigerte er am Telefon jede Auskunft. Da wüßte man schon gern, was in den Köpfen der Leute vorgeht.

Wenn es richtig ist, daß Gemeinden und Regionen für sauberes Wasser, das sie in Ballungsräume liefern, bezahlt werden müssen; wenn mit sauberer Luft und gesunder Nahrung Geld verdient werden kann, dann sind Gebietskörperschaften, die ihren Grund und Boden für die Abfallentsorgung zur Verfügung stellen, ebenfalls entsprechend zu entlohnen. Statt regionaler Gießkannensubventionen müßten sich Gemeinden, Kreise und Städte selbst anstrengen, Investoren anzulocken. Und wenn die Entsorger entsprechend mehr bieten, könnte der Engpaß Müllentsorgung wieder kostengünstiger gestaltet werden. Politiker müßten dann auch nicht mehr grundsätzlich gegen Müllverbrennung und Deponien in ihren eigenen Wahlkreisen sein. Es ist schon beschämend, wenn man sieht, wie die jeweilige Oppositionspartei auch noch über eine Regierungsgruppierung herfällt, wenn diese sich einmal für eine mutige Entscheidung ausgesprochen hat. Der blanke Opportunismus setzt sich dann durch. Da schenken sich SPD und CDU nichts – wechselweise hauen sie die Deponie oder Verbrennungsanlage der jeweils regierenden Partei um die Ohren – und die Grünen sind ja sowieso aus Prinzip dagegen.

Sie spüren nicht mehr, wie sie mit ihrer Müllpolitik in die Hände neuer Monopole spielen, mit denen viele reich werden, die aber das Müllproblem nicht lösen. Da gibt es die gigantische Deponie Schönberg, mit der einst die DDR-Bonzen ihre Devisenkassen auffüllten. Was waren das noch für herrliche Zeiten, als man den Müllnotstand nur ein paar Kilometer weiter in unseren östlichen Landesteil verfrachten konnte! War er einmal weg, stellte er für uns ja kein Problem mehr dar. Nach der Wiedervereinigung stolperten dann Politiker gleich reihenweise über die Mecklenburger Müllhalde, die mehr wegen ihrer Skandale die Landschaft verseuchte als wegen ihres ungenügenden Grundwasserschutzes. Das Prinzip Schönberg paßt für alle Müllskandale: Weil die Entsorgungsmöglichkeiten so eingeengt sind, entstehen Monopole, und wo das geschieht, wird es teuer und gewinnt die Korruption. Wer die Genehmigung erhält, eine Deponie zu betreiben oder zu benutzen, hat gleichsam eine Lizenz zum Gelddrucken. Da läßt man schon mal seine Beziehungen spielen. Ein Verwaltungschef hier, ein Minister dort, und zu allem braucht man einen Rechtsanwalt. Und weil führende Politiker nicht selten auch Rechtsanwaltskanzleien unterhalten, sind das dann die ersten Adressen, und dann stolpert schon mal ein Mann wie der damalige schleswig-holsteinische FDP-Vorsitzende Wolfgang Kubicki, der an Schönberg gerade mal 800 000 D-Mark verdient hatte. Übrigens Geld, das bei Ihnen an der Tür für das Müllabholen eingesammelt wird.

In den USA war die Lizenz, Müll einzusammeln, schon immer eine beliebte und sichere Einkommensquelle der Mafia. Ungefährlich, solange man sich nicht beim Bestechen von Vertretern der Stadt erwischen ließ – und dann floß sauberes Geld, das noch nicht einmal gewaschen werden mußte, in Form von Müllgebühr aus jedem Haushalt. In Deutschland ist so etwas nicht nötig. Bei uns gehen die Ökos mit der Politik eine unheilige Allianz ein, und heraus kommt der »grüne Punkt«, ein wunderbares Monopol, das aus dem Witzbuch der ökonomischen Lachnummern stammen könnte.

Der erste Akt ist die Beeinflussung der öffentlichen Meinung, daß Plastik gesammelt und wiederverwertet werden muß, um auf diese Weise die Müllberge zu reduzieren und Rohstoffe zu sparen. Dies läßt sich glaubhaft vertreten, wenn man gleichzeitig den Bürgern bewußtmacht, daß Plastik aus organischen Stoffen besteht, die als Granulat leicht wiederverwertet werden können. Also einmal Sahnebecher, immer Sahnebecher.

Zweiter Akt: Die Industrie, geschockt von der Rücknahmeverordnung, wonach jeder Bürger seinen Sahnebecher nach Gebrauch wieder in den Supermarkt bringen darf, erfindet den »grünen Punkt«. Die Produzenten verpflichten sich, den Plastikmüll zurückzunehmen, der mit einem »grünen Punkt« gekennzeichnet ist. Diesen erhalten nur Betriebe, die sich in einem Verband zusammenschließen und dann auch die Wiederverwertung betreiben. Dafür muß der Verbraucher erst einmal einen Verpakkungskostenaufschlag bezahlen. Hinterher sieht es dann so aus, als ob ihm kostenlos der Plastikmüll abgeholt würde.

Wir Deutschen sind eine folgsame, saubere Nation. Also haben wir unsere Sahnebecher in die Geschirrspülmaschine gepackt, die Waschmittelflaschen ausgespült, die Hundefutterverpackungen abgewaschen – alles für die Umwelt. Wir haben diesen weltweit saubersten Müll in die dafür vorgesehenen Säcke verpackt und uns über seine »kostenlose« Beseitigung gefreut. Ja, und dann diese erschreckenden Bilder von Mülldeponien in Frankreich und Jakarta, wo unser mit gutem deutschem Grundwasser gewaschener Müll auf schäbigen Deponien zwischen all dem Dreck der Welt gelandet war.

Von schwarzen Schafen war da gleich die Rede. Und so etwas dürfe nicht mehr vorkommen. Warten wir ruhig auf den nächsten Skandal. Wo so viel Geld durch ein Monopol zu verdienen ist, wird weiter geschummelt. Und solange der Verbraucher diesen Recyclingquatsch auch noch gern mitmacht, wird die Wurzel des Übels auch nicht beseitigt. Wenn die Verpackungsmaterialien teurer werden als das Recycling, wird die Industrie von ganz allein dahinter hersein, die verwendeten Rohstoffe wiederzugewinnen. Es ist, auch wenn das sämtlichen Staats- und Verordnungsgläubigen aller unserer Parteien gegen den Strich geht, eine Frage des Marktes und nicht der Verteilung oder Zuteilung.

Ach so, fast hätten wir eine Konsequenz dieser Müllphobie vergessen. Die halten wir vorerst allerdings nur in Deutschland für möglich, wo der Blockwart faschistischer und sozialistischer Ausprägung Tradition hat. Im hessischen Riedstadt wurden dem Bürgermeister drei Planstellen für Zivildienstleistende genehmigt. Die gehen jetzt von Mülleimer zu Mülleimer und kontrollieren, ob ja auch kein Plastik im Hausmüll, keine Flasche im Komposteimer, kein Blumenrest in der Restmülltonne liegt. Bei Fehlverhalten gibt es noch eine Extraberatung. Doch der deutsche Bürger muß jetzt lernen, und sei es mit Bußgeld und Müllpolizei, was der Umwelt, Verzeihung, den Entsorgungsunternehmen, dient. Irgendwie ahnten wir es schon immer. Bei dem Wahrheits- und moralischen Absolutheitsanspruch mußte irgendwann der grüne Polizeispitzel geboren werden. Wir wußten nur nicht, daß dies schon vor der Jahrtausendwende der Fall sein würde.

In Manila gibt es den berühmten »Smoky Mountain«. Dort kann jeder, ohne Lehrgeld zu bezahlen, eine Lehrstunde in Sachen Knappheit und Wiederverwertung erleben – vorausgesetzt, er hält den Gestank, die Fliegen und die brutale Wirklichkeit der Armut aus. Bis zu den Waden stehen da Kinder in Essensresten, Kot und Abfall und durchwühlen den Unrat nach Wertstoffen. Jeder Lastwagen, der in der Stadt kostenlos für die Bevölkerung den Müll eingesammelt und hierhergebracht hat, wird bereits an der Einfahrt zu Smoky Mountain von den stärkeren Kindern gestürmt, und noch im Fahren sammeln sie Blechdosen, Plastikfetzen, Metallteile und Stoffreste ein. Alles wird, so gut es irgend geht, in einer schwarzen, stinkenden Brühe gewaschen und sofort weiterverkauft.

Auch im reichen Tokyo gibt es ein interessantes Beispiel: Dort sammeln Händler an den Türen kostenlos die alten Zeitungen und Altpapier ein. Und damit man es nicht wegwirft und nur ja auf sie wartet, geben sie einem dafür eine Rolle Toilettenpapier oder ein Päckchen Papierhandtücher. Ich kann mich noch daran erinnern, wie auch wir als Kinder in der Nachkriegszeit alles gesammelt haben, was nach Wiederverwertung aussah: Zeitungen, Lumpen, Batterien, das Stanniolpapier der Zigarettenschachteln. Unsere »Schätze« haben wir dann einem »Alteisenhändler« verkauft und uns über die Groschen gefreut, die wir dafür bekamen.

Jetzt also soll Müll per Verordnung wertvoll gemacht werden, einen Preis bekommen, den er auf dem Markt nicht hat. Das kann nicht funktionieren. Da kommt dann so eine Mißgeburt heraus wie der europäische Agrarmarkt, wie die Kohle- und Stahlverordnung oder irgendein anderer kapitalverschlingender Schwachsinn, von denen wir in Europa wahrlich genug haben.

Im März 1994 berichtete die ZDF-Sendung »Frontal« von Schatzschiffen, die auf der Elbe bei Magdeburg dümpeln. Gemeint waren Binnenkähne, voll mit »Grüner-Punkt«-Müll. Die gehören der Deutschen Gesellschaft für Kunststoffrecycling (DKV), die das Monopol am hochbegehrten Plastikmüll hat. Wer immer jetzt etwas von dem Abfall haben möchte, zahlt an die DKV. Und viele brauchen den Abfall: etwa die Energieversorgungsunternehmen für ihre Heizkraftwerke. Bis zu 1000 D-Mark pro Tonne erhält die DKV zum Beispiel. Aber da die Energieversorger auch wieder an der DKV beteiligt sind, zahlen sie an sich selbst.

414

Das ist wirklich so. Eigentlich müßten die Energieversorger den Plastikmüll kostenlos an der Haustür abholen. Aber weil sie ihn dann nicht von sich selbst wieder abkaufen könnten, wobei sie einen schönen Reibach auf Kosten der Müllsortierer machen, muß der »grüne Punkt« bleiben. Noch besser, der Verbraucher müßte seinen Plastikmüll noch an der Haustür verkaufen, weil er so begehrt ist. Aber im Namen der Umwelt wurde da eine gigantische Schröpfmaschine der Verbraucher erfunden, die in ihrer Genialität nobelpreisreif ist. Wir zahlen immer: zunächst für den Pauschalbetrag, den die Verpackungsindustrie an den »grünen Punkt« abführen muß, dann für den Strom oder die Wärme, die mit dem Abfall erzeugt wird. Je teurer also diese Ver- und Entsorgung wird, desto mehr verdienen die daran beteiligten Unternehmen und desto tiefer dürfen sie Ihnen in die Tasche greifen. Aber für die Umwelt tun Sie ja alles. Und so befürchten wir, es wird noch eine ganze Weile dauern, bis Sie merken, daß Sie, mit der Knappheitstheorie belogen und in Ihrem Umweltbewußtsein mißbraucht, zu nichts anderem taugen, als ausgenommen zu werden. Aber das ist in Deutschland gut machbar, weil wir traditionell lieber auf Staatsregelungen als auf freien Wettbewerb setzen. Dem Bundesverband Mittelständischer Wirtschaft bleibt dann nur noch zu melden, daß in den letzten fünf Jahren 420 zum Teil hochinnovative Entsorgungsunternehmen von diesen Monopolstrukturen verdrängt oder übernommen wurden. Soviel zum Thema »Arbeitsplätze schaffen durch Umweltschutz«.

Neueste Variante des Müllwahnsinns: Die Plastikabfälle werden in subventionierten Versuchsanlagen wieder zu Öl verarbeitet. Eine Tonne Öl muß dann mit 800 D-Mark »gestützt« werden. Alles egal – Hauptsache, unsere Müllpsychose wird befriedigt, und die Monopole verdienen gut daran. Alternative: Mittelständische Unternehmen zahlen dem Verbraucher an der Haustür eine geringe Gebühr dafür, daß sie seinen Plastikmüll abholen dürfen. Der Verbraucher hat die Möglichkeit, zwischen mehreren Angeboten auszuwählen. Es bildet sich ein Marktpreis, der von der Nachfrage nach Plastikmüll bestimmt wird. Statt Ausgaben hätten die Bürger sogar Einnahmen.

Wenn sich die staatsgläubigen Umweltschützer die Mühe machten, die Ergebnisse ihres Treibens zu analysieren, dann würden sie feststellen, daß sie den gleichen monopolistischen Gesellschaften in die Hände spielen, die sie schon wegen der Energiepolitik angreifen: nämlich den großen Versorgungskonzernen. Versorgung, Entsorgung – diese für den Bürger unausweichlichen Leistungen werden so in kostspielige Strukturen gepreßt, und dies macht uns auch zum teuersten Industriestandort der Welt. Wenn schon die Grünen nicht spüren, daß sie den Wettlauf für die Umwelt angesichts der monopolistischen Strukturen nicht gewinnen können, sollte man doch erwarten, daß sich jene Parteien, die gern von Marktwirtschaft und Wettbewerb reden, sich gegen diese Entwicklung wehren. Aber da sind sich alle einig: Monopole zahlen eher in die Parteikassen, sind zudem leichter als Entsorgung verdienter Politiker zu benutzen (der Hauptgeschäftsführer des »grünen Punktes« ist der abgewählte Frankfurter Oberbürgermeister Wolfram Brück, der ehemalige nordrhein-wstfälische CDU-Landtagsabgeordnete Klaus Evertz wurde auf den Posten eines Leiters der Entsorgungsabteilung der Stadtwerke Krefeld entsorgt). Sie passen halt besser in die öffentlich-rechtliche Staatsstruktur der Bundesrepublik Deutschland. Und so gesehen sind die Grünen tatsächlich eine Altpartei, die mit jeder anderen koalitionsfähig ist. Es wird nicht mehr lange dauern, dann finden sich Altgrüne auch auf Entsorgungsposten.

28. Menschen: Bedrohliches Wachstum

Nichts gibt es auf der Welt so im Überfluß wie Menschen – und leider werden es immer mehr. Jeden Tag kommt eine Stadt von der Größe Münchens hinzu. Nichts belastet die Natürlichkeit der Erde mehr als der Mensch. Dort, wo eine Reaktion der Menschen aufgrund von Wohlstand und Wissen auf diese Übervölkerung stattfindet, geht die Geburtenrate drastisch zurück. Dort sinkt sogar die Belastung der Natur. Aber in ebendiesen Regionen in Europa und Nordamerika ängstigt die Traditionsökonomen und Politiker nichts mehr als eine sinkende Einwohnerzahl. Wachstum war und ist für sie immer noch Massenwachstum. Bei rückläufiger Bevölkerungszahl funktionieren deshalb auch die herkömmlichen Umverteilungsmechanismen nicht, denn das untere Drittel wurde lediglich mit den Brotkrumen, die beim Zuwachs vom Tische fallen, abgespeist. Und dann ist da natürlich auch noch der steinzeitliche kriegerische Reflex der sich latent-unbewußt bis in die Moderne erhalten hat: daß je größer ein Volk ist, desto mächtiger und sicherer es sich auch fühlen könne.

Unbestritten ist die Tatsache, daß mit Wirtschaftswachstum und Wohlstand die Geburtenrate zurückgeht. Und Chemie und industrielle Umweltverschmutzung hin oder her, es ist auch eine Tatsache, daß die Menschen in den Industriestaaten älter werden als die Völker in Staaten mit einem niedrigeren Pro-Kopf-Einkommen. Und an der folgenden Tatsache ist ebenfalls nicht zu rütteln: Demokratische, transparente Gesellschaften mit hohem Pro-Kopf-Einkommen sind toleranter auch gegenüber Minderheiten und deshalb gegen interne Konflikte weniger anfällig als Staaten mit wirtschaftlichen Problemen. Ein Einsatz für qualitatives Wachstum und Demokratie hilft dem Globus mehr als alle moralischen Appelle und Friedensdemonstrationen zusammen.

Die Phase, in der wirtschaftliches Wachstum verteufelt und gleichgesetzt wurde mit Umweltvernichtung und Ausbeutung der dritten Welt, hat in den Köpfen aller Parteien Verwirrung hinterlassen. Auch wenn im Wahljahr 1994 die Regierungskoalition sich mit dem Hoffnungsschimmer brüstete, daß die Volkswirtschaft wieder wachsen würde, so klingt nichtsdestotrotz die Befürchtung durch, daß mit dem Wachstum auch die Umwelt wieder mehr zu leiden hat. Der Zusammenhang von Massenarbeitslosigkeit und niedrigem Wirtschaftswachstum wird zwar akzeptiert, jedoch gleichzeitig auch die durch nichts bewiesene Aussage, daß Wachstumsschübe von sieben, acht Prozent nicht mehr möglich sind. Aber nur so könnte sich bei unserer Wirtschaftsverfassung die Arbeitslosigkeit wieder abschmelzen. Vor so viel Wachstum haben sie alle Angst, jedenfalls mehr als vor der Arbeitslosigkeit. So gesehen sind alle diejenigen, die heute als Politiker im öffentlichen Dienst stehen und saturierte Verbandsposten innehaben, Schwätzer, wenn sie voller Mitgefühl das Schicksal der Arbeitslosen bedauern. Sie fürchten um ihr »umweltbewußtes« Biedermeierleben im eigenen Haus. Dabei rollt eine globale Bevölkerungslawine heran, die all ihre kostspielige Müllvermeidung geradezu lächerlich erscheinen läßt im Vergleich zur Natur und Umwelt, welche die Milliarden heute noch ungeborener Menschen auf diesem Globus dann vernichten. Sie werden Europa oder Deutschland nicht um Erlaubnis bitten.

Doch die Welt beschäftigt sich mit Nebenkriegsschauplätzen, die im Moment als äußerst wichtig und interessant erscheinen. Das größte bisher organisierte Umweltspektakel ging im Juni 1992 in Rio de Janeiro über die Bühne. Es wäre sicher überheblich, dieses Ereignis nur als nutzlose PR-Show für Politiker abzustempeln. Die Veranstaltung hat wichtige Strukturen sichtbar gemacht. Viele Staaten, die bis dahin für sich selbst Umweltschutz als eine Erfindung spätkapitalistischer Ausbeuter ablehnten, haben begriffen, daß sie sich selbst vernichten, wenn sie ihre Lebensgrundlagen zerstören. Rio hat die komplizierten Verhältnisse offengelegt, die eine effiziente Wirtschafts- und Gesellschaftspolitik in der Welt verhindern. Auch der idealistischste Umweltschützer wird zugeben, daß es bei der Erhaltung der Erde doch wohl um die Rettung der Menschheit geht. Natur als Selbstzweck, möglichst noch garniert mit ein paar »Wilden« für Völkerkundeforscher, das ist das im Kern zynische Modell für die Reichen dieser Welt – eine Laune, der man sich in seiner materiell abgesicherten Langweile hingeben kann.

In Rio kam das wichtigste, das alles entscheidende Thema so gut wie überhaupt nicht zur Sprache: das Wachstum der Weltbevölkerung. Weil man religiösen und regionalen Fundamentalisten nicht zu nahe treten will, wird das Problem ausgeklammert. Man fürchtet den moralischen Bannspruch des Papstes und islamischer Eiferer und rettet deswegen lieber Bäume als Menschen. Statt laut zu sagen, daß in einem Land wie Äthiopien, in dem durch Bürgerkriege und Umweltzerstörung vielleicht nur noch die Lebensgrundlage für 15 Millionen Menschen gegeben ist, auf die Dauer nicht 25 Millionen friedlich ernährt werden können, flüchten wir uns in neue Spendenaufrufe. Nein, es wird uns nicht gelingen, gegen die ökologischen Wahrheiten anzuspenden, schon gar nicht auf »umweltfreundliche« Art.

Rio war die Flucht in die Nebenkriegsschauplätze, in die Resolutionen, welche die Folgen von Mißwirtschaft und Ausbeutung beschrieben. Und wenn dann in Deutschland die Durchsetzungsfähigkeit unseres damaligen Bundesumweltministers gelobt wird, dann hob das zwar das eigene nationale Ego und stellten wir überrascht fest, daß Klaus Töpfer mehr drauf hatte, als er in Bonn zeigen durfte – aber unserer Erde hilft das hier und jetzt noch gar nichts. Es besteht sogar die Gefahr, daß bei all der geballten Berichterstattung über die Yanomami-Indianer am Amazonas und »Weißfleckeneulen« im Nordwesten der USA, über Klimakonventionen, Artenschutz und Waldvereinbarung die Menschen bei uns noch ängstlicher geworden sind und sie noch eifriger Müll sortieren, um ihr Scherflein zur Rettung der Umwelt beizutragen und sich dann getrost hinter die Barrieren eines verregelten Welthandels und Forderungen zum Schutz unrentabler Arbeitsplätze zurückziehen.

Wer wirklich dieser Erde helfen will, muß gegen die massenhafte Ausbreitung der Spezies Mensch eintreten, damit dieser nicht gezwungen wird, in Grenzböden vorzustoßen, die letzten Sümpfe trockenzulegen, die tropischen Regenwälder abzuholen, die Korallenriffe der Meere zu sprengen, Landschaften jeder Art zu verwüsten. Eine UN-Studie über die Besiedlung der philippinischen Bergregionen und der Chesapeake-Bay an der US-Ostküste zeigt deutlich, daß alle Versuche, Natur zu retten oder die verschmutzte Umwelt wieder zu sanieren, scheitern, wenn der Bevölkerungsdruck anhält. Dies gilt für Entwicklungsstaaten ebenso wie für die reiche Umgebung der US-amerikanischen Hauptstadt.

Es gibt sogar immer noch Staaten, wie die Türkei, den Iran, Malaysia und Saudi-Arabien, die eine aktive Bevölkerungspolitik betreiben. Sie wollen wachsen, um ihre Großmachtphantastereien verwirklichen zu können. Noch findet sich kein moralisches Gremium, das diese Staaten in ähnlicher Weise ächtet wie andere, die Menschenrechtsverletzungen begehen. Aber vor allem: Staaten, die auf ungebremstes Bevölkerungswachstum setzen, sollten wir nicht den Ausweg bieten, durch Auswanderungsprogramme ihre überschüssigen Menschen bei uns abzuladen.

Und da sind wir wieder bei dem Dynamitfischer von den Philippinen. Er hat heute Hunger und deshalb ein Recht, heute zu essen. Er will heute leben und hat ein Recht dazu. Aber wir können helfen, indem wir ihm erklären, wie er seinen Hunger stillen kann, ohne die natürliche Lebensgrundlage zu zerstören. Und wir haben die Möglichkeit, ihm zu vermitteln, wie er lieben kann, ohne daß seine Partnerin aus einer Schwangerschaft in die nächste getrieben wird. Wir helfen aber nicht, indem wir eine globale Völkerwanderung zulassen, mit der die überbesiedelte Regionen ihren Überschuß regelmäßig in die Welt kippen, ohne gezwungen zu werden, ihre »Menschenproduktion« einzuschränken.

Es war auf der Insel Negros. Soweit wir auch blickten, waren wir umgeben von grünen Zuckerrohrfeldern, und alle gehörten dem philippinischen Botschafter beim Vatikan, Oskar Villadolid. Aufs Geratewohl sind wir in eine der ärmlichen Siedlungen gefahren, in denen die Saisonarbeiter lebten, die hier für ein paar Monate auf den Plantagen Arbeit fanden. Eine ausgemergelte Frau hockte vor der Hütte aus Bananenblättern und Reisstroh, umgeben von sechs, sieben Kindern. In der stockdunklen Küche garte ein kleiner Topf mit Reis und ein paar Zwiebeln. Ihr Mann stand verlegen mit einer Machete in der Hand herum. Sie bettelten nicht, beklagten aber, daß sie ihren Kindern nie ausreichend zu essen geben konnten. Die Zuckerpreise waren gefallen, der Lohn wurde immer schlechter. Sie hatten keinen Grund und Boden, um auch nur ein paar Bohnen oder Maiskolben anzubauen, geschweige denn, ein paar Hühner zu halten. Der Verwalter des Vatikanbotschafters achtete darauf, daß nicht ein Meter vom Zuckerrohrfeld zweckentfremdet wurde.

Während wir uns mit der Familie unterhielten, begann in der Nachbarhütte ein großes Wehklagen. Auf einem Stuhl wurde eine vor Schmerzen ohnmächtige Frau herausgetragen. Sie war hochschwanger. Ihr dürres Männchen, umgeben von einer zeternden Kinderschar, versuchte das einzige Verkehrsmittel der Siedlung, ein altes Motorrad, flottzumachen, um seine halbtote Frau ins nächste Krankenhaus zu bringen. Sie waren so verängstigt, daß sie noch nicht mal um Hilfe zu bitten wagten, obwohl wir einen Minibus hatten. Hier draußen war klar, wer wo hingehörte. Wir fuhren über einen schrecklichen Feldweg 23 Kilometer zum Ort La Calota ins Krankenhaus. Dort Schulterzucken. Die Schwestern machten uns klar, daß wir erst 240 Pesos, damals rund 30 D-Mark, bezahlen müßten, sonst könnten sie der Frau nicht helfen. »Aber sie stirbt doch!« schrien wir das Personal an und zahlten so schnell, wie wir nur das Geld aus der Tasche holen konnten. Im dreckigen, noch von der letzten Nachgeburt verschmierten Kreißsaal untersuchte ein Arzt die Frau, gab ihr eine Spritze und meinte, das Kind habe noch ein paar Tage Zeit bis zur Geburt. Sie habe lediglich einen Wehenkrampf gehabt. Wir zahlten im voraus, und deshalb durfte die Frau bleiben. Der Mann hatte dies alles völlig apathisch über sich ergehen lassen. Ich machte ihm Vorwürfe. Ob er nicht einmal aufhören könne, seine Frau immer nur zu schwängern. »Aber ja«, sagte er. Sie wollten keine Kinder mehr. Aber sie werde schwanger und sie wüßten nicht, was sie machen müßten, damit dies nicht mehr vorkomme.

Dort draußen auf Negros hatten sie noch nichts von Geburtenkontrolle gehört, nichts von den technischen Möglichkeiten einer Schwangerschaftsverhütung, geschweige denn von einer medizinischen Schwangerschaftsunterbrechung. Er war sofort bereit, sich sterilisieren zu lassen, als wir von dieser Möglichkeit berichteten. Aber der Arzt erklärte mir, dies sei auf den Philippinen verboten. Das sei gegen Gottes Willen.

Wir haben uns nach dieser Erfahrung noch mit vielen Großfamilien auf Negros unterhalten. Sie alle empfanden den Kinderreichtum als Fluch. Wenn ihnen eine einigermaßen praktikable Geburtenplanung ermöglicht wird, sind sie sofort alle dazu bereit. Bei den Frauen war eine Sterilisation überhaupt kein Problem. Im Gegenteil: Diese machte sie von den Männern und deren Verhalten unabhängig. Aber die Großgrundbesitzerin und damalige Präsidentin Corazon Aquino hatte jegliche Geburten- und Familienplanung streng untersagt. Sie war streng katholisch. Aber auch nicht so streng, daß sie die katholische Soziallehre zur Kenntnis genommen hätte. So bestätigte auch sie, was für fast alle »Gläubigen« gilt. Sie folgen der Religion dort, wo es ihnen selbst nicht weh tut.

Wer genau hinhört, wird bald feststellen, daß die angebliche Absicherung des Alters in der dritten Welt durch viele Kinder nur noch eine Ausrede ist, mit der wir uns beruhigen. Das ist so eine liebgewordene Ausrede, um sich nicht mit den hartherzigen bis verbrecherischen Regierungen auseinandersetzen zu müssen, die ihrer Bevölkerung die Geburtenkontrolle verweigern. Ich habe viele Frauen und Männer gerade in der dritten Welt getroffen, die liebend gern nur zwei Kinder gehabt hätten. Aber sie werden allein gelassen, weil die politische Elite in Rio niemandem zu nahe treten wollte. Es ist eben einfacher, mit Feudalherren und Großgrundbesitzern über Bäume und Klimaschutz zu reden, als über die Not der Menschen, die sie in ihren Ländern ausbeuten.

Bei der Bevölkerungskonferenz der UNO 1994 in Kairo hat dieses Gezerre dann eine unwürdige Fortsetzung gefunden. Wieder waren es der Vatikan und islamisch-fundamentalistische Länder, die eine klare Stellungnahme zu einer aktiven Bevölkerungspolitik verhinderten. Diplomatische Rücksichtnahme heißt dieser Versuch, sich auf den kleinsten gemeinsamen Nenner zu einigen, der dann allerdings so winzig ist, daß er in der Tagespolitik übersehen wird. Um so wichtiger wäre es, Staaten, denen es gelingt, die Geburtenrate ohne massenhafte Zwangssterilisation, ohne gewaltsame Abtreibungen zu begrenzen, zu unterstützen und ihre Vorbildfunktion herauszustellen. Ich denke da vor allem an Indonesien, das, obwohl islamisch geprägt, seine Geburtenrate zum Stillstand gebracht hat, aber trotzdem dafür in der Weltöffentlichkeit keine Anerkennung findet. In Indonesien mag aus der Sicht westlicher Demokratien noch vieles im argen liegen, aber das Hauptproblem der Menschheit, das Bevölkerungswachstum, hat es vorbildlich geregelt.

Umweltschutz und Entwicklungshilfepolitik sind zwei Seiten derselben Medaille. Es gibt keinen Fortschritt bei der globalen Aufgabe, die Erde bewohnbar zu erhalten, solange es nicht gelingt, Unwissenheit und Armut zu überwinden. Dies läßt sich nicht bewerkstelligen, indem wir in unseren Biotopen leben und mit ängstlicher Biedermeiermentalität wirtschaftliches Wachstum und technologischen Fortschritt behindern. In Posemuckel wird die Welt nicht gerettet.

Und schon droht ein neues, alle bisherigen Gefahren für die Erde übertreffendes Problem: der wirtschaftliche Aufschwung Chinas. Da beginnt doch tatsächlich dieses 1,2-Milliarden-Volk, sich aus der sozialistischen Wirtschaft zu befreien, und selbst dem nun wirklich nicht linkslastigen Bayerischen Rundfunk dämmert die Erkenntnis: »Jetzt erlebt auch China, was Wachstum heißt: Autostaus und Umweltverschmutzung.« Die einfachste Erkenntnis, Umwelt wird durch Armut zerstört, gehört nicht zum Repertoire unseres Umweltverständnisses. Hier fühlt sich einer großartig, wenn er mit der Straßenbahn hin zu seiner Schickimickikneipe und mit dem Taxi nach Hause fährt. Möglicherweise trennt er auch den Müll in sämtliche wiederverwertbaren Sortimente, kauft verpackungsarme Lebensmittel und hat sich sogar schon an Demos gegen Atomkraftwerke beteiligt. Aber natürlich braucht er einen Urlaub in Südostasien und einen im Winter zum Skifahren. Die Umweltbelastung durch den Flug während einer Urlaubsreise nach Australien kann eigentlich nur durch lebenslanges Fahrradfahren wieder ausgeglichen werden. Und selbstverständlich wäscht er sich jeden Tag und wechselt auch täglich seine Wäsche. Er merkt gar nicht, daß sein angeblich umweltfreundliches Verhalten nicht viel mehr ist als ein paar gewissensberuhigende Reflexe. Die Vorstellung aber, daß jetzt 1,2 Milliarden Chinesen soviel Energie und Wasser verbrauchen oder auch nur annähernd einen solchen Lebensstil führen könnten wie er, raubt ihm den Schlaf. Denn alle Prognosen besagen: Die Ressourcen der Welt halten eine wohlhabende Weltbevölkerung nicht aus; dann kippt die Erde um.

Und deshalb schauen sie auch mit großen, entsetzten Augen nach Fernost, vor allem nach China. Wenn Wachstum gleichbedeutend ist mit dem Verbrauch der knappen Weltressourcen, wenn dadurch die Umwelt zerstört wird, dann gibt es in der Tat keine Hoffnung mehr für den Globus. Es sei denn, wir verbieten den zwei Milliarden Menschen Ostasiens, darunter den 1,2 Milliarden Chinesen, ebenso zu leben wie wir. Leider hat auch Friedbert Pflüger in seinem Buch in dieses Horn geblasen. Seine Feststellung: »Allein in Nordrhein-Westfalen gibt es mehr Autos als in ganz Afrika. Wenn die unseren Lebensstandard haben, bricht die Ökobalance der Welt zusammen.« Die Konsequenz: Entweder wir verbieten anderen Staaten unseren Lebensstandard, oder wir begeben uns vorbildich auf deren Niveau herunter.

Doch dazu leben wir jetzt schon zu angenehm. Da können wir uns abends beim Fernsehen so richtig über die Greuelbilder Afrikas entsetzen: über die Bürgerkriege in Liberia, Algerien, im Tschad und in Ruanda, in Äthiopien und dem Sudan, in Südafrika und Angola, in Mozambique und Somalia. Und wenn wir noch einen Krisenherd vergessen haben, so verzeihen Sie uns bitte – diese Liste wird täglich immer länger, und allein das Elend des afrikanischen Kontinents kann selbst für einen politisch interessierten Menschen zu einer Vollbeschäftigung werden, will er nur die großen Trends berücksichtigen.

Keine Angst, für die Afrikaner kann Entwarnung gegeben werden. Die werden noch lange mit sich selbst beschäftigt sein. Die sterben noch lange an Krankheiten und Kriegen. Bis Afrika sich mit den gesundheitsschädlichen Problemen des Automobils und der Energiewirtschaft herumplagen muß, ist die heute lebende europäische Bevölkerung schon längst eines natürlichen Todes verschieden, auch wenn sie dank Chemie in der Medizin dann im Schnitt schon 80 Jahre alt wird. Aber um so mehr plagt uns die asiatische Entwicklung. Und tief in unserem Herzen hoffen wir, wenn uns nachts der Alp drückt, daß dieses asiatische Wirtschaftswunder schnell zu Ende geht, abstirbt, bevor die Milliarden unseren Lebensstandard bedrohen, »unsere« Ressourcen für sich verbrauchen.

In der »guten alten Zeit«, im letzten Jahrhundert, als alles noch seine europäische Ordnung hatte, zwang man die Chinesen,

424

Opium zu rauchen. So ließen sie sich besser ausbeuten. So etwas wäre heute nicht gerade schicklich. Und jetzt, da die Asiaten nicht mehr auf uns hören und sich selbständig gemacht haben, benehmen sie sich so verbissen, daß sie über Rauschgifthandel und seinen Besitz die Todesstrafe verhängen. Es hat sogar den Anschein, daß sie den Spieß umdrehen. Sie produzieren und vertreiben das Rauschgift in Europa und den Vereinigten Staaten und zeigen dann angewidert auf den Verfall der Sitten bei den ehemaligen Kolonialherren.

Auch die zweite europäische, den gesunden Menschenverstand umnebelnde Unterwanderung haben sie entlarvt und merzen sie gründlich aus: den staatsgelenkten Sozialismus. Eigentlich müssen wir Europäer Mao Zedong auf den Knien dafür danken, daß er mit seinem gigantischen Menschheitsexperiment eines chinesischen Kommunismus die gigantische Volksmasse Chinas in das wirtschaftliche Chaos geführt hat und uns somit Zeit ließ, in der Nachkriegsära einen soliden wirtschaftlichen Vorsprung herauszuholen. Zwar hätten wir frühzeitig in Taiwan, Hongkong und Singapur studieren können, zu was Chinesen in der Lage sind, wenn sie ihre kapitalistischen Fähigkeiten ausspielen können, aber unser selbstbezogener abendländischer Blick war mit Scheunentoren aus Arroganz und Wohlbefinden verstellt.

Der chinesisch-asiatische Aufbruch wird weitergehen, egal wie verzagt unsere fehlgepolten Umweltmenschen in den Industriestaaten auch auf dieses Phänomen starren mögen. Sie haben keinerlei Einfluß auf die Entwicklung. 80 Prozent des Kapitals, das in China investiert wird, stammen von Überseechinesen und aus Taiwan. Weder die USA und Europa noch der asiatische Industriestaat Japan können durch Drohungen oder Angebote den Kurs Chinas wesentlich beeinflussen. Selbst die für den Westen so ideell wichtige Menschenrechtsfrage spielt in den bilateralen Beziehungen nur noch eine rituelle Rolle.

Der kürzlich verstorbene ehemalige US-Präsident Richard Nixon warnte seinen jungen Nachfolger Bill Clinton, hier ein Exempel statuieren zu wollen. Sonst könne China in zehn Jahren den USA die Meistbegünstigungsklausel entziehen. Beim Besuch des US-Außenministers Christopher Warren in Peking Anfang 1994 zeigte sich, wie hoch China als Wirtschaftsfaktor schon eingestuft

wird. Während Warren noch standhaft die Menschenrechte ein-
forderte, beeilten sich Kanada und Australien zu versichern, daß
sie nicht den US-Standpunkt teilten. Und Präsident Clinton hat
sich ja auch schließlich mit unverhohlenem Hinweis auf die wirtschaftliche Bedeutung Chinas über seine eigenen Wahlkampfre-
den hinweggesetzt und China im Mai 1994 die Meistbegünstigungsklausel für ein weiteres Jahr verlängert. Der französische
Premierminister Edouard Balladur dröhnte zwar noch bei seiner
Ankunft, er bestehe auf der Freilassung der pünktlich zu seinem
Staatsbesuch verhafteten Dissidenten, akzeptierte dann jedoch
eine läppische Erklärung der chinesischen Regierung als ausreichend.

Die Chinesen werden Straßen bauen, sie werden Kraftwerke
errichten. Sie brauchen, um den ungeheuren Entwicklungsbedarf
zu befriedigen, Strom und Transportleistungen. Wer heute in
China reisen will, hat keine Chance, dabei seine eigenen Vorstellungen oder Vorgaben zu verwirklichen. Er reist, wenn er einen
Platz im Flugzeug oder in der Bahn bekommt. Und die Chinesen
werden diese Engpässe beseitigen wollen und sich dabei sicher
nicht nach dem deutschen Planungsrecht richten. Und je schneller
die chinesische Wirtschaft wächst, desto besser für unseren Globus. Das sozialistische China hat die Wälder abgeholzt und Städte
so verdreckt, daß sie auf Satellitenaufnahmen nur noch als ver-
schmierte Wolke zu erahnen sind. China hatte ein jährliches Pro-
Kopf-Einkommen von 250 Dollar, bevor es seine Wirtschaftsre-
form begann; aber nur noch zehn Prozent des Riesenreichs sind
mit Wald bedeckt. Japan mit 25 000 Dollar Pro-Kopf-Einkommen
verfügt noch über 67 Prozent Wald.

Schon jetzt wissen die Chinesen, daß sie ihren wachsenden
Energiebedarf nicht mit Kohle allein decken können, auch wenn
sie noch so reichlich und noch so billig vorhanden ist. Deshalb
bauen auch sie Nuklearkraftwerke. Und weil wir unsere Industrie,
die einen hohen Sicherheitsstandard für Atomreaktoren aufweist,
auch international eingeengt haben, sind die Russen eingesprun-
gen. Sie verkaufen jetzt den Chinesen einen Atomreaktor. Ich
würde mich wesentlich sicherer fühlen, wenn wir ihn geliefert
hätten. Hysterische Verweigerungsdiskussionen aber lassen die
Welt nicht sicherer werden – weder bei der Ablehnung von Groß-

technologie noch beim Herbeischwätzen einer konfliktfreien Welt.

Mit wachsendem Wohlstand werden die Menschen Chinas sich nicht mehr mit schwarzen, stinkenden Flüssen, verdreckter Luft und vergifteten Lebensmitteln zufriedengeben. Das künftige Szenario von China muß man auch gar nicht auf irgendwelchen Computern simulieren. Darüber braucht man auch keineswegs in Seminaren zu spekulieren, sich nicht mit Weltuntergangsmodellen und Zukunftsangst die Sinne zu vernebeln. Die Entwicklung Chinas ist am Beispiel der Insel Taiwan nachzuvollziehen. Alles, was auf dem großen Festland geschehen wird, hat Taiwan schon hinter sich. Aber weil diese Republik China in Taiwan, so der etwas umständliche Name, auf Verlangen der roten Machthaber in Peking politisch ausgegrenzt wird, ist es weitgehend unbekannt.

Nehmen wir aber Taiwan: Auf der Insel von der Größe etwa der Schweiz leben so viele Einwohner wie in Australien, nämlich 21 Millionen. Die kleine Insel hat 30 Gipfel von über 3000 Metern, fast keine Bodenschätze und ist von Menschen aller chinesischen Provinzen überbevölkert. Bis 1945 war sie japanische Kolonie und wurde danach von der fliehenden Kuomintang-Armee Chiang Kai-Checks 1949 regelrecht überfallen. Das Pro-Kopf-Einkommen betrug 30 Dollar.

Eckfakten des Entwicklungsplans: Eine Landreform enteignete die Feudalherren. Staatliche Fünfjahrespläne schufen eine Grundlage, in der sich die Wirtschaft frei entfalten konnte. Grundstoff und Schwerindustrie wurden staatlich gegründet und dann langsam als Aktiengesellschaften privatisiert. Bei der Entwicklung der Einkommen wurde streng auf eine ausgeglichene Struktur geachtet. Taiwan hat von sämtlichen Industriestaaten das ausgeglichenste Verhältnis der Einkommensschwachen zu den einkommensstarken Bevölkerungskreisen. Bei allen Überlegungen standen Wachstum und Beschäftigung im Vordergrund. Die staatliche Sozialgesetzgebung wurde völlig vernachlässigt. Alles wurde mit undemokratischen autoritären Strukturen durchgezogen. Umweltbelange spielten keine Rolle.

Das Ergebnis: Mit dem Wirtschaftswachstum entstand eine sehr gut ausgebildete Mittelschicht, die es leid war, sich politisch bevormunden zu lassen. Seit 1989 hat sich Taiwan in eine freie demokratische Gesellschaft verwandelt. Dabei ist das Thema Umwelt- und Lebensbedingungen dermaßen in den Mittelpunkt gerückt, daß heute auch in Taiwan Wahlen nur noch mit grünen Themen zu gewinnen sind. Deshalb werden in den nächsten zehn Jahren 300 Milliarden Dollar in die Umweltsanierung gesteckt. Während des Wirtschaftswachstums sind die Geburtenzahlen so zurückgegangen, daß man heute schon eine Überalterung befürchtet und die staatlichen Geburtenbegrenzungsprogramme eingestellt hat. Taiwan hat etwa 60 Milliarden Dollar Devisenreserven, verdient jeden Monat eine Milliarde Überschuß hinzu und ist schuldenfrei. Das Land hat absolute Vollbeschäftigung, und im Moment ist die größte Wachstumsbremse die mangelnde Arbeitnehmerzahl. In einzelnen Industriezweigen, zum Beispiel auf dem Bau und in Textilfabriken, dürfen Firmen deshalb bis zu zehn Prozent Ausländer beschäftigen, vor allem Filipinos und Indonesier, aber keine Festlandchinesen. Dafür investieren die Taiwanesen auf dem Festland, weil sie dort, so ein Industrieller, keinen Ärger mit den Gewerkschaften haben und es außerdem Arbeitskräfte im Überfluß gibt.

So weit ist es also gekommen. Die Kapitalisten weichen aufs kommunistische China aus, um vor den Gewerkschaften Ruhe zu haben.

Ausgangspunkt dieser kurzen Taiwan-Betrachtung war aber das Szenario für die 1,2 Milliarden Chinesen. Wir sollten dringend umschalten in unseren Köpfen, dringend damit aufhören, eine Gefahr für die Weltumwelt durch China zu sehen, sondern die Chancen, die das Wachstum für eine friedlichere Welt bietet. Jetzt müssen Frauen in China noch vor Schwangerschaften Angst haben, weil die Ein-Kind-Politik massiv in die persönliche Lebensplanung eingreift. In Taiwan hat der Staat Angst, Frauen gebären nicht mehr genug Kinder, um die Wirtschaft mit ausreichend Nachwuchs zu versorgen. Das gleiche Phänomen trifft auf die wohlhabenden Staaten Singapur und Hongkong zu. Es ist ja so banal: Wirtschaftliches Wachstum senkt die Geburtenrate, und nur eine sich verringernde Geburtenrate beseitigt den Überfluß an Menschen auf diesem Globus. Allein die Methangase, die bei derzeitigen Geburtenraten Mensch und Tier im Jahr 2100 mit ihren Fürzen in die Atmosphäre blasen werden, belasten die Umwelt mehr als heute das Auto mit seinen viel unschädlicheren Kohlendioxid-Abgasen. In anderen Worten: Wenn das Bevölkerungswachstum nicht gebremst wird, furzen wir uns zu Tode.

In den Zeiten des Kalten Krieges dienten unseren Idealisten die verschiedenen Phasen des chinesischen Kommunismus immer wieder als beispielhaftes Modell, als Alternative zur stalinistischen Variante der Menschheitsbeglückung. Dabei wußte kaum einer, was sich in China wirklich abspielte, denn Journalisten oder auch nur Touristen konnten sich lediglich sehr begrenzt im Land bewegen. Dafür wurden um so mehr die chinesischen Helfer in aller Welt gepriesen. Die Tansam-Eisenbahn von Daressalam nach Lusaka war ein Musterbeispiel für effiziente Entwicklungshilfe überhaupt. Und der tansanische Staatschef Julius Nyerere war kurz vor seiner sozialistischen Heiligsprechung mit seinem auf Pekings Beratern fußenden Versuch eines »grünen Sozialismus« in Afrika gescheitert. Für die Redaktionen auch der öffentlich-rechtlichen Anstalten müßte es doch ein Erlebnis sein, wenn sie heute in den Archiven nachsehen, was sie damals so alles als Zukunftsmodell angepriesen haben. Die Helden der Redakteure damals: Kwame Nkruma in Ghana, Ho Chi Minh in Vietnam, Che Guevara in Kuba, Julius Nyerere – was ist aus diesen »Dritte-Welt-Vorbildern« und ihren Staaten nur geworden? Die Redakteure haben ihre Irrungen da schon besser überstanden als ihre Vorbilder: Einer von ihnen, der Fidel Castro noch 1978 als Glücksfall für sein Land bezeichnete, ist heute Chefredakteur einer Fernsehanstalt.

Über Taiwan, Singapur, Hongkong oder Südkorea würden sie dagegen kaum etwas in den Archiven finden – es sei denn über die Ausbeutung der Arbeiter und die Verfolgung der Dissidenten. Der Aufstieg dieser bitterarmen, ressourcenlosen, von Bürgerkriegen und schweren inneren Konflikten zerstörten Staaten zu den sogenannten vier kleinen Tigern wurde wirtschaftlich nie ausreichend analysiert. Diese Modellstaaten der dritten Welt waren und sind der »Mainstream«-Betroffenheitsgesellschaft der Deutschen viel zu kapitalistisch. Jetzt, wo von Chile und Mexiko bis Vietnam und China eine wirtschaftliche Erfolgsstory nach der anderen zu vermelden wäre, weil ganze Weltregionen begriffen haben, daß sie mit Entstaatlichung schneller vorankommen als mit Sozialismus, Feudalismus und autoritären Bürokratien, jetzt wird es merkwürdig still auf deutschen Fernsehkanälen. Mit diesem Programm haben es die altersversicherten festangestellten Mitarbeiter schwer, das gehört nicht zu ihrem persönlichen Erfahrungsbereich.

29. Wes Brot ich ess', des Lied ich sing'

»Der Intendant soll doch mal zu uns in die Abteilung kommen. Da wo ich arbeite, ist er noch nie gewesen. Der weiß gar nicht, was wir machen, wo wir sitzen, wer wir sind.«

»Wenn ich könnte, würde ich die Platte putzen. Wieso muß ich mich für meine gute Arbeit dauernd beschimpfen lassen?«

»Uns fehlt eben ein richtiges Management!«

»Wir wollen doch alle sparen. Aber ich bin ja noch nie gefragt worden. Mein Chef hat mich noch nie gefragt...«

»Hier gibt es kein Vorschlagswesen. In jeder besseren Firma gibt es so etwas. Hier nicht. Warum denn nicht? Ich könnte ein paar Verbesserungsvorschläge machen. Ich habe das Gefühl, dafür interessiert sich niemand. Ich würde die da oben nur stören.«

»Immerhin! Das Wort Mitarbeiterbeteiligung ist gefallen! Das habe ich heute zum erstenmal gehört!«

»Manchmal geht's bei uns zu... Also, so wird's wohl in der Endphase der DDR unter Honecker auch gewesen sein!«

Das liest sich wie Endzeitstimmung. Frustrierte, hilflose Mitarbeiter kurz vor der Pleite ihres Unternehmens, in ihrer Existenz bedroht. Aber gefunden habe ich diesen Zitatenschatz in der Zeitschrift *Signal*, dem Mitteilungsblatt der IG Medien im ZDF. Gesammelt wurden die Aussagen nach einer Personalversammlung im Dezember 1993, als der Intendant Professor Dieter Stolte als Gast den Mitarbeitern klarmachte, daß die fetten Jahre vorbei seien.

Die da so jammern, sind ein typisches Produkt einer staatsabhängigen Wirtschaft. Eigentlich geht es ihnen gut. Sie verdienen besser als vergleichbare Bevölkerungsgruppen. Der Landesrechnungshof Rheinland-Pfalz beanstandete die üppigen Gehälter: im Schnitt 6600 D-Mark. Die Medienbeamten sind unkündbar und haben vor allem einen Versorgungsanspruch, der seinesgleichen sucht. Und dennoch herrscht eine Unzufriedenheit, daß es einen Stein erweicht. Dabei haben diese Mitarbeiter mit ihrer Kritik inhaltlich sogar recht. Sie vergessen nur, daß sie selbst kräftig mitgeholfen haben, die Situation herbeizuführen, über die sie sich jetzt beklagen. Jahrelang war ihnen ihre soziale Sicherheit und ein Leben ohne Leistungskontrolle so viel wert, daß sie ihre innere Unabhängigkeit mitverkauft haben.

In Staatsbetrieben gibt es kein Leistungsprinzip, keine Mitarbeiterbeteiligung, keine nachvollziehbare Kostenrechnung. Da kommt derjenige am besten durch, der möglichst wenig arbeitet und so auch nicht mit den tausend und mehr Regeln in Konflikt gerät. Noch größeren Erfolg hat, wer jedes Papier, das er verfaßt, gleichzeitig mit den Paragraphen der entsprechenden Dienstanweisung und den darauffolgenden Novellierungen versieht. Soviel Sachkenntnis der bürokratischen Geschäftsgrundlagen erschlägt schon im Vorfeld jedes Gegenargument und damit auch viel Unternehmungslust. Meister dieses Faches haben auch in den Fernsehsendern steile Karrieren hinter sich.

Am 9. Dezember 1994 in den Hauptnachrichten des ZDF: Im kommenden Jahr wird der Sender zum erstenmal zirka 46 Millionen Mark Kredit aufnehmen, im Jahr darauf sollen es dann 300 bis 400 Millionen sein. In eigener Sache wurde da gleich weiter berichtet: »Schuld daran ist der Rückgang der Werbeeinnahmen. Mit einer Erlaubnis, die Werbung auf die Zeit nach 20 Uhr ausdehnen zu dürfen, könnten diese Verluste ausgeglichen werden. Im übrigen erhält das ZDF von den 23,80 Mark Rundfunkgebühren nur 4,02 DM.«

Das ist natürlich eine feine Sache, daß hier eine öffentlich-rechtliche Institution die Möglichkeit hat, via eigenen Massenmedien den für sie zuständigen 16 Ministerpräsidenten auf die Sprünge zu helfen. Diese Kampagne in eigener Sache erinnert mich an den Witz, den Mitarbeiter des Senders gern postulieren: »Das ZDF ist die einzige Verwaltung, die sich einen eigenen Sender leistet«, oder: »Wenn wir hier aufhören zu senden, merkt dies die Verwaltung erst nach zwei Jahren.« Dabei ist die Realität noch schlimmer. Ein Redaktionsleiter eines ARD-Senders glaubte sich einmal in einer besonders starken Situation. Er machte der

432

Verwaltung deutlich, daß er bei den bestehenden Regeln eine Sendung nicht realisieren konnte. Er hoffte natürlich, damit ein schlagendes Argument ins Feld zu führen. Er wurde eines Besseren belehrt. »Bevor die Regeln geändert werden, fällt die Sendung aus«, bekam er zu hören.

Natürlich habe ich lange darüber nachgedacht, ob ich die eigene Zunft, den Journalismus, und vor allem die öffentlich-rechtlichen Sender in solch einem Buch mit einbeziehen soll. Zwanzig Jahre war ich beim ZDF fest angestellt, mittlerweile bin ich acht Jahre freier Mitarbeiter und Produzent bei ARD und ZDF. Noch immer arbeite ich mit vielen Kollegen mal mehr oder weniger freundschaftlich zusammen. Und ich bin sicher, einige werden mir dieses Kapitel übelnehmen und mich der Nestbeschmutzung bezichtigen. Aber es ist natürlich leicht, alles zu kritisieren und den eigenen Beruf, das eigene Umfeld zu schonen, um mögliche Nachteile zu vermeiden. Dennoch gebe ich zu, etwas feige zu sein, verhalten zu schreiben. Denn auch davon bin ich überzeugt: Ein öffentlich-rechtliches Fernsehen bereichert unseren Staat. Dies um so mehr, als es im Rahmen unserer Verfassung frei von Parteipolitik und betriebswirtschaftlich effizient arbeiten könnte. Ich will auch gleich der Mär entgegentreten, jeder Redakteur sei von irgendeiner Partei abhängig. Das ist ebenso maßlos übertrieben wie die Unterstellung, die meisten Sendungen würden aus politischen Motiven in eine Richtung beeinflußt. In den 28 Jahren meiner TV-Berichterstattung wurde mir nicht eine einzige Sendung aus politischen Gründen gekippt. Hin und wieder mußte man für seine Sendung einstehen, kämpfen. Aber das ist nicht zuviel verlangt. Wer sich so viel Freiheit herausnimmt, muß allerdings wissen, daß er nicht Chefredakteur werden kann und schon gar nicht Intendant. Er muß vielleicht noch auf ein paar Privilegien verzichten, aber existenzbedrohend ist das alles nicht. Die parteipolitische Nähe bestimmt jeder Redakteur selbst. Noch immer bieten die Sender einen großen inhaltlichen Freiraum – wenn er von den Redakteuren doch nur beherzt wahrgenommen würde! Aber es »menschelt« auch arg bei Journalisten. Und so habe ich schon manchen erlebt, der auf der einen Seite des politischen Spektrums seine Laufbahn begann und dann als Hundertfünfzigprozentiger auf der anderen Seite mit Parteibuch Karriere machte. Es sind nicht diejenigen, die dem System schaden, weil sie mit einer inneren politischen Überzeugung an die Themen herangehen, sondern diejenigen, die keine Überzeugung haben und deshalb vor jedem zu Kreuze kriechen, der sich ihrer bedient.

Aber sowenig sich die Karreristen gegen die unsittlichen Anträge der Parteien wehren, so sehr haben sie auch die Verbürokratisierung ihrer Sender hingenommen. Sie nehmen für sich in Anspruch, wie Seismographen über die Veränderungen in der Welt zu berichten, zu mahnen, zu kritisieren, teils mit hohem moralischen Anspruch. Aber wenn es um die Erdbeben in den eigenen »Anstalten« geht, wenn ihre Sender zu staatlich bevormundeten Bürokratien degenerieren, dann schweigen sie offiziell, dann sinkt ihr Wahrnehmngsvermögen auf den Nullpunkt.

Wo sind die ARD-Kollegen, die gegen die unsinnige Aufteilung der neuen Sendeanstalten im Osten berichtet haben? Da gibt es schon einen kränkelnden Sender Freies Berlin, und dann muß auch noch Brandenburg eine eigene »Anstalt« bekommen, die nie finanziell unabhängig sein kann. Die gesamte Verwaltung des ORB, seine ganzen Repräsentationspositionen vom Intendanten bis zum Justitiar, vom technischen Direktor bis zur Finanzverwaltung – alles völlig unproduktiv. Ein Regionalprogramm für Brandenburg hätte ein neuer Nordostdeutscher Rundfunk mit einem Bruchteil der Kosten mitproduzieren können. Entschieden wurde wegen einer SPD-Stimme mehr im täglichen Abstimmungspoker der ARD, bei dem jeder Sender eine Stimme besitzt, unabhängig von seinem Leistungsvermögen und Beitrag.

Ausgangslage: Berlin und Mecklenburg-Vorpommern waren zu diesem Zeitpunkt CDU-geführt, Brandenburg war von der SPD dominiert. Also wurde verhindert, daß diese drei Länder eine »Anstalt« bilden, in der die CDU die Mehrheit hat. Aus dem tagespolitischen Kalkül werden Strukturen geschaffen, die dann jahrelang hohe Kosten verursachen. Die Erschaffer solcher Konstruktionen zu ihrem eigenen Nutzen, müssen für die Kosten selbst nicht aufkommen. Das ist einer der Webfehler der ARD. Wenn jedes Bundesland einen eigenen Sender haben möchte, so soll es ihn auch finanzieren. Wer bestellt, zahlt. Das war schon immer eine gute Regel, um Schmarotzer vom Freibier fernzuhalten.

Aber diese Parteispielchen werden mit Zwangsgebühren bezahlt. Dagegen kann sich der einzelne Bürger nicht wehren. Wenn der MDR-Intendant Udo Reiter ein Stück Glaubwürdigkeit des Öffentlich-Rechtlichen zurückgewinnen will, indem er auf eine Gebührenerhöhung 1996 verzichtet, dafür aber echte Reformen innerhalb der ARD anmahnt, dann fallen fast alle anderen Repräsentanten der Gebühreneinsammler über ihn her. Auch der Intendant des Hessischen Rundfunks, Klaus Berg, hat angekündigt, sich der finanziellen Gleichschaltung zu entziehen und kein Geld mehr an unrentable Kleinsender zu zahlen.

Jedem Bundesland soll es unbenommen sein, seinen eigenen Sender zu besitzen, sein eigenes Image zu pflegen und den Landespolitikern ein Sprachrohr zu bieten. Aber solange sie ihre Unabhängigkeit von Bürgern anderer Bundesländer via Umlageverfahren bezahlen lassen, müssen sie damit rechnen, daß ihre Existenzberechtigung insgesamt in Frage gestellt wird. Sie sind dann nämlich würdige Vertreter unserer Subventionswirtschaft: Andere sollen für das eigene Wohlbefinden aufkommen. Wenn es einige Intendanten und ihre Stäbe weniger gäbe, fehlte der ARD nichts. Die regionale Ausgestaltung demonstrieren Sender wie der MDR und NDR auf vorbildliche Weise.

Bevor die ARD höhere Gebühren verlangen kann, sollte sie ausrechnen, was die tägliche Koordinierung der Programme kostet. Dabei denke ich nicht nur an die Reise- und Telefonausgaben, sondern auch an das Personal, das durch den gigantischen Abstimmungsapparat gebunden wird – wie viele Stunden Chefredakteure, Programmausschüsse etc. täglich von Programmarbeit abgehalten werden.

»Medienknecht« hat Heinz Burkhardt, langjähriger Chefredakteur des Bayerischen Rundfunks, sein Buch genannt. Darin beschreibt er ausführlich die Abhängigkeiten, in die sich Journalisten begeben, um Karriere zu machen. Und fast alle Kollegen sagen: »Ja, hätte er doch das Buch geschrieben, solange er noch Chefredakteur war. Das wäre mutig gewesen.« Es wird nie einen Befreiungsaufstand der pensionsberechtigten, wohlbestallten öffentlich-rechtlichen Journalisten gegen den politischen Einfluß geben. Aber sie werden weiterlamentieren. Und deshalb ist ihre Position durchaus zu vergleichen mit den subventionierten Bauern und den vom Kohlepfennig bezahlten Bergarbeitern. Sie sind mehr staatsabhängig, als sie sein müßten.

In Japan besteht die größte öffentlich-rechtliche Fernsehanstalt der Welt, NHK. Hauptunterschied zu den deutschen Fernsehanstalten: Sie muß sich die Gebühren beim Publikum selbst einsammeln. Der Staat legt zwar die Gebührenhöhe fest – und die ist mit 200 D-Mark deutlich niedriger als bei uns –, aber es gibt keine Verpflichtung eines privaten Haushalts, an NHK zu zahlen, wenn man sich für dessen Programm nicht interessiert. Das sieht dann so aus: Der Gebührenkassierer klingelt an der Haustür und sagt: »Ich komme von NHK. Wenn Sie unser Programm einschalten, dann bitte ich um die gesetzliche Gebühr.« Sollte die Hausfrau oder der Familienvater jetzt antworten: »NHK, das schlechte Programm, schauen wir nie!«, so müssen sie auch nicht zahlen. Aber: Über 90 Prozent der japanischen Haushalte zahlen, bekennen sich so freiwillig zur Institution des unabhängigen öffentlich-rechtlichen Fernsehens. Gebührenerhöhungen sind in Tokyo ein Thema der Akzeptanz durch die Bürger, nicht das Ergebnis politischer Spiele. Selbst das Öffentlich-Rechtliche kann sich so am Markt behaupten.

Ich stelle mir das in Deutschland vor: »Ich komme von ARD und ZDF und bitte um die Gebühr.« Testfrage: Wie viele Haushalte würden freiwillig bezahlen und auf diese Weise das Öffentlich-Rechtliche unterstützen? Das wäre doch einmal eine Emnid-Untersuchung wert, oder? Sonst lassen die Sender ja auch alles von Meinungsforschern untersuchen. Alles schön mit Zwangsgebühren finanzieren, damit die eigene Pension sicher bleibt. Ich bin immer wieder überrascht, für wie viele Kollegen dies die wichtigste Frage ist, wenn es um die Finanzkrise der Sender geht. Und so ist es auch nur zwangsläufig, daß sie über andere gesellschaftliche und wirtschaftliche Modelle, die ihrer eigenen, abgesicherten Erfahrungswelt widersprechen, wenig berichten – und wenn, dann meistens unter negativen Vorzeichen. Hier besteht schieres Unverständnis. Zum Beispiel ist es mir noch nicht gelungen, einen Sender von der Notwendigkeit eines Films über die Struktur der Ruhrkohlesubvention zu überzeugen.

Über die privaten Fernsehanstalten schreibe ich deshalb nicht, weil sie bisher nur den Anspruch erheben, mit allen Mitteln

»Kohle zu machen« für ihre Eigentümer, ob die sich nun CDU-oder SPD-nah geben. Sie betreiben für mich bisher »Boulevard-Journalismus«, suchen Masse, somit Werbeeinnahmen, und stehen deshalb außerhalb der Bewertungsmaßstäbe für öffentlich-rechtliche Sender. Um so wichtiger wäre es, daß diese Einrichtungen, die von Zwangsgebühren leben, nicht von Politikern mißbraucht und von ihren Beschäftigten zu heillos verwirtschafteten »Anstalten« umfunktioniert werden.

Es liest sich wie eine Glosse, ist aber Realität: die Beschreibung der Entwicklungsgeschichte einer Dienstreise. Doch vorher schnell noch eine Feststellung: Fernsehen ist Reisen – und deshalb ist die Berichterstattung dieses Mediums in besonderem Maße authentisch. Wer die Reiseetats kürzt, zwingt zur Zweitklassig-keit. Aber es fallen den Bürokraten vor allem die Kürzung der Reise-, Telefon- und Bewirtungskosten ein, wenn das Geld knapper wird.

Die Ausgangssituation: eine Produktionsreise Anfang der siebziger Jahre mit einem Drehtermin in München und Stuttgart. Das Team bestand aus Kameramann, Kameraassistent und Tonmann, damals eine nötige und richtige Größenordnung. Dieses Team fuhr mit einem vollgepackten Opel Admiral, später Mercedes. Kein Luxus, wenn man bedenkt, daß damals pro Jahr gut 60 000 Kilometer zurückgelegt wurden und das zulässige Gesamtgewicht immer voll ausgenutzt werden mußte. Der Redakteur plante die Reise, fuhr mit seinem Privatwagen gegen viel zu geringes Kilometergeld eigenständig zu den Drehorten. Damit war er unabhängig, konnte schon vorfahren, an den Raststätten telefonieren – alles in allem also eine flexible Arbeitsweise.

Damals reisten wir nach München an, machten zum Beispiel unser Interview und fuhren noch abends aus der Stadt heraus in ein kleines Familienhotel. Solche Gasthöfe kannten die Teams im ganzen Land, und sie wurden per Mundpropaganda weitergereicht. Merkmal: preiswerte Zimmer, oft noch unter dem Spesensatz, gutes, preiswertes Essen und ein ebenso preiswertes Bier.

Am nächsten Tag Anreise nach Stuttgart, drei bis vier Stunden Dreharbeit und Heimfahrt Richtung Mainz. Natürlich waren dabei Überstunden angefallen, die von Kameramann und Redakteur nicht aufgeschrieben wurden.

Nun stiegen die Preise, und das Familienhotel kostete mehr als den Spesensatz. Schon mußten Begründungen geschrieben werden. Anfänglich ging das noch ganz gut. Aber die Hotels wurden teurer, die Spesen nicht erhöht; plötzlich kostete das Familienhotel 80 D-Mark, und der Verwaltungsdirektor mußte jetzt die Hotelkosten gegenzeichnen.

Das war die Stunde der Reisekostenstelle: Bei dieser hatte der Redakteur jetzt die Zimmer zu bestellen. Nur dann brauchte er keine Begründung zu schreiben. Da nutzte es auch nichts, daß die Flexibilität völlig verlorenging, weil nicht mehr entsprechend der Dreharbeiten disponiert werden konnte, die von Licht, Wetter, Technik und wechselnden Tatsachen vor Ort abhängen. Alles nur deswegen, weil die Hotels vorher festgelegt werden mußten. Gleichzeitig wurden Redakteure abgemahnt, wenn sie für das Team Überstunden anordneten. Neue Formulare waren vonnöten, und jetzt mußten auch die Kameramänner ihre Stunden aufschreiben. Je nach Planstellenhöhe wurde den Kameramännern die Mehrarbeit mit Geld abgegolten, oder sie mußten diese mit Freistunden kompensieren. Vor allem mußten für alles zunehmend mehr Begründungen geschrieben werden.

Das Ergebnis: Statt im Familienhotel für 80 D-Mark in Günzburg übernachteten nun vier Personen für je 130 D-Mark im Vertragshotel Holiday Inn in München. Am nächsten Tag kam dann noch einmal eine Übernachtung in Stuttgart dazu, in einem ähnlichen Hotel mit ähnlich hohem Preis. Aus einer zweitägigen wurde eine dreitägige Dienstreise, wobei das Team samt Redakteur aufgrund immer ausgefeilterer Eintragungen in das Fahrtenbuch einer wachsenden minuziösen Kontrolle unterzogen wurde. Die Reisekostenstelle wurde Planstelle um Planstelle erweitert und verfolgte unerbittlich jede Selbstbuchung eines Redakteurs. Gleichzeitig konnte sie der Verwaltung vorrechnen, wieviel Geld sie einsparte. Habe sie doch im Vertragshotel Holiday Inn den Preis von 180 auf 120 D-Mark heruntergehandelt, also sparte die Reisekostenstelle pro Dienstreisenden 60 D-Mark pro Nacht. Das Ganze noch einmal in Stuttgart, da kamen leicht auf einer Reise Mainz – München – Stuttgart – Mainz 480 D-Mark Ersparnis bei der Übernachtung zusammen. Dafür erhielt die Reisekostenstelle auch mehr Macht, mehr Planstellen und die Reisenden mehr Auflagen. Daß nach dem alten System die Übernachtungen für diese Reise überhaupt nur 360 D-Mark im Familienhotel gekostet hätten, wollte keiner mehr wissen.

Natürlich war ich so naiv und dachte, dies einmal dem Verwaltungsdirektor oder Intendanten vorrechnen zu müssen. Aber schon mein Chefredakteur meinte, ich solle mich lieber um die Recherchen für meine Filme und nicht um die Verwaltung kümmern. Gegen die Bürokratisierung lehnten sich die Redakteure nie auf, sie taugten nur für lustige Geschichten in der Kantine. Und deshalb haben sie heute kein Recht, Witze über die Verwaltung zu machen. Wobei ein Argument eines Kollegen die Misere verständlich macht: »Du rennst dagegen an. Du suchst einen Schuldigen, warum deine Reise nicht funktioniert, warum die Geräte schlecht gewartet sind. Du läufst wie ein Hamster im Kreis. Nie ist jemand für irgend etwas verantwortlich. Es sind immer Bestimmungen, die keiner gut findet. Und irgendwann mußt du dich entscheiden, ob du Journalist bist oder dich an Dienstanweisungen aufreibst.«

Weil den Anfängen nicht gewehrt wurde, ging der Irrsinn nun erst richtig los. Das Kilometergeld der Selbstfahrer war solch ein Thema. Da die Zeit von hochbezahlten Redakteuren in keiner Kalkulation auftaucht, werden sie schon seit Jahren auf öffentliche Verkehrsmittel gedrängt. Erst kürzlich berichtete mir ein Redaktionsleiter, daß sein Sender die Flugreisen von Berlin nach Hamburg untersagt habe. Er solle mit der Bahn fahren. Überstunden darf er aber auch nicht machen. Erst als er vorrechnete, daß dann aus einer Besprechung von zwei Stunden in Hamburg eine zweitägige Reise mit doppelten Kosten werde, wurde die Bahnreise wieder rückgängig gemacht.

Im ZDF war es der bequemste Weg, sich unangenehme Anfragen wegen des Kilometergeldes zu ersparen, wenn man einen Dienstwagen anforderte. Kilometergeld war nicht möglich, aber jeder hatte das Recht auf einen Dienstwagen mit Fahrer. Wollte man ZDF-eigene Autos benutzen, mußte man einen Selbstfahrer-Führerschein bei der Fahrbereitschaft machen. So wuchsen die Fahrbereitschaft und der Fuhrpark. Irgendwann hatte es auch der letzte kapiert, daß sein eigenes Fahrzeug zwar am wirtschaftlichsten gewesen wäre, er dann aber einfach zuviel Ärger bekommen würde, und so bestellte jeder überall Dienstwagen – mit dem

Ergebnis, daß die Leihwagenfirmen um Mainz gute Geschäfte machten. Aber natürlich gab es da einen Firmenrabatt, und der zählte selbstverständlich als Ersparnis.

Es ging weiter. Als nächstes waren die Flugreisen dran. Nur noch die Reisekostenstelle durfte Flüge buchen. Redaktionsleiter und Chefredakteur mußten nicht mehr dem einzelnen Mißbrauchsfall nachgehen, den es sicher auch gab, sondern sie waren ihre Verantwortung los, was ja auch eine Erleichterung bedeutet. Egal, wie kompliziert die Buchungen bei großen Produktionsreisen auch waren, alles mußte über die zentrale Reisekostenstelle abgewickelt werden, was zu unendlichen Auseinandersetzungen und Koordinierungsproblemen führte. Das Team – da es die Kameraausrüstung als Übergepäck oder Fracht mitnehmen mußte – wurde wiederum von der Abteilung Fracht und Zoll gebucht. Beide Abteilungen wetteiferten um die Gunst der Mitarbeiter zwecks Ausbau der internen Machtbefugnisse. Redakteure, die sich erlaubten, dennoch die Verantwortung für ihre Reisen zu übernehmen und zu organisieren, sahen sich dann der geballten beleidigten Verwaltungsmacht gegenüber. Da wurden dann Begründungen – und waren sie noch so plausibel – nicht anerkannt. Da wurde mit Regreß gedroht, und vor allem konnten diese Redakteure sicher sein, daß sie dank entsprechender Hinweise der übergangenen und beleidigten Dienststellen regelmäßig Besuch von der Revision bekamen. Dies alles war von der Leitung des Hauses so gebilligt und gewollt.

Stück für Stück ging die Eigenverantwortung der Redakteure verloren. Die Zahl der Unterschriften unter den Dienstreiseanträgen vermehrte sich, und alle, die zusätzlich mitbestimmen durften, haben wiederum keine Verantwortung für das Produkt, den Film. Teilweise spielten sich dabei absurde Theater ab. Die Reisekostenstelle übernahm dann auch noch die Buchung der Auslandshotels. Einem Kollegen wurde in Kuwait ein Hotel 20 Dollar billiger als sein früheres gebucht. Dafür schlug dann die Anreise in die Stadt mit dem Taxi mit 50 Dollar mehr zu Buche. Nur mit vielen Telefonaten und Kampf gelang es mir, mich wenigstens in den Städten meiner fernöstlichen Studioregion der Buchungen durch die Zentrale zu erwehren. Und obwohl wir vor Ort, zum Beispiel in Manila, Tokyo und Seoul bessere Konditionen als

Mainz herausgehandelt hatten, wurden Reisegruppen aus der Zentrale in anderen Hotels untergebracht, ohne uns auch nur zu informieren.

Bei all diesem Hickhack ging es immer nur um Macht. Die Leitung des Hauses stützte dabei stets die Kontrollinstanzen, die nun einmal aufgebaut worden waren. Geld spielte da eigentlich nie eine Rolle, obwohl alles damit begründet wurde.

Da eine Relation zwischen Finanzzuweisung und Produktqualität nicht mehr gegeben war, bauten sich auch zunehmend Spannungen zwischen den Teams auf. Mehr und mehr wurde über die Regeln diskutiert, die einzuhalten waren, als über das Produkt. Jeder lernte genau, zu was er eigentlich nicht verpflichtet war. Die Redaktion verwaltete zwar ein Budget. Aber die Abteilung Produktion entschied, ob ein Festangestellter oder ein freier Kameramann/Assistent/Tonmann die Arbeit erledigen sollte. Machte es ein »Festangestellter«, dann kostete das die Redaktion nichts. Wurde ein »Freier« beauftragt, so erfolgte die Abbuchung vom Budget.

Dabei waren freie Teams immer billiger. Sie unterlagen erstens nicht den Arbeitszeitbestimmungen, die eine effiziente Reportagearbeit eigentlich unmöglich machen, und zweitens hatten freie Teams in der Regel eine weitaus größere Arbeitsmoral. Ab 1977 arbeitete ich fast nur mit einem freien Team, das beim Einchecken auf den Flughäfen lediglich 100 Kilo Übergepäck hatte. Feste Teams brachten nie unter 250 Kilo auf die Waage, was sich mit mehreren tausend Mark von Übergepäckkosten zu Lasten der Redaktion bemerkbar machte. Dies lag nicht etwa an einer besseren Ausrüstung, sondern auch daran, daß Musikanlagen, Hobbyfunkgeräte und Prestigegegenstände mitgeschleppt wurden.

Den Entschluß zum freien Team faßte ich bei einer Reportage über die Klassengesellschaft in Frankreich 1977. Um den Unterschied zwischen den Lebenshaltungskosten eines Arbeiters in der Provinz und einem Essen in einem Zwei-Sterne-Restaurant in Paris zu zeigen, erhielten wir die Dreherlaubnis nur, wenn wir auch eine Mahlzeit zu uns nähmen, weil die Gäste nicht gestört werden durften. Das Menü war pro Person auf umgerechnet 150 D-Mark kalkuliert, damals viel Geld. Das Team weigerte sich mitzuessen, wenn ihm dafür 18,50 D-Mark Essensanteil von den

Spesen abgezogen würden. Der Konflikt ließ sich nicht lösen. Dutzende Telefonate mit der Zentrale in Mainz. Es fiel das Wort von der Zwangsernährung (im Zwei-Sterne-Restaurant), und damit war der Drehtermin geplatzt.

Noch 1984 stellte die Revision in einem Bericht über meine Produktionen fest, ».. . da hierbei jeweils das im Kostenvergleich günstige (freie) Kamerateam eingesetzt wurde, konnten erhebliche Kosteneinsparungen für die jeweilige Produktion erzielt werden«. Aber dann weiter: »Die Wirtschaftlichkeit des Einsatzes kostengünstiger arbeitender Fremdteams wird aber in Frage gestellt, wenn in das Entscheidungsfeld neben ausschließlich produktionsbezogenen etatmäßigen Überlegungen weitere gesamtwirtschaftliche Faktoren wie die Auslastung der vor allem für den aktuellen Bereich vorgehaltenen eigenen Produktionskapazitäten, Rückgang der qualifizierten Kameratätigkeit aufgrund von Programmveränderungen und damit zusätzliche freie Kapazitäten in diesem Bereich, arbeitsrechtliche Entscheidungen sowie tarifrechtliche Vereinbarungen und geltende Dienstanweisungen, die den Einsatz von Fremdteams nur für eng umrissene Ausnahmefälle zulassen, einbezogen werden.«

In anderen Worten: Der Redakteur sei in der Lage, billiger zu produzieren, aber unsere hausinternen Regeln zwängen ihn, es teuer zu machen. Weil der Redakteur sich damit nicht zufriedengibt, ».. . störte er die Zusammenarbeit im Hause erheblich«. So wird man zum Querulanten.

Jahrelang dauerte zum Beispiel der Streit, ob zu einem Team zwei oder drei Mitglieder gehören: nämlich Kameramann/Assistent und Tonmann. Mit der Veränderung der Technik, vor allem der Elektronik, war ein Mann absolut überflüssig. Wir hatten in der Schule noch über die verkrusteten englischen Gewerkschaften gelernt, daß dort der Heizer auf der E-Lok mitfahren mußte. Das war nun beim Fernsehen noch extremer. Bei Auslandsstudios wurde selbstverständlich ein Zweimannteam vorausgesetzt, bei Reisen aus der Zentrale war der dritte Mann Pflicht. Wenn man diesen zu Hause lassen wollte, gab es jedesmal einen Riesenzirkus. Angeblich lag das an der Gewerkschaft. Aber auch die Sender weigern sich bis zum heutigen Tage, der neuen, durch die elektronische Welt notwendigen Veränderung mittels einem neuen Berufsbild und einer entsprechenden Bezahlung Rechnung zu tragen.

Die Kollegen, die sich freiwillig der doppelten Belastung des Ton/Assi aussetzten, wurden nicht nur von ihren Kollegen schräg angeschaut, sie erhielten auch vom Sender dafür nicht die geringsten Vorteile. Eher im Gegenteil: Sie störten das Beamtenklima, waren also auch Querulanten. Der Kollege, der mir in Tokyo den Assistenten, Tonmann und Cutter ersetzte, ein multifunktional einsetzbarer Mitarbeiter, war am schlechtesten bezahlt, und nur mit vielen Vorhaltungen an die Verwaltung und Briefen an alle Direktoren – also mit erheblichem, quengeligem Einsatz – gelang es dann endlich, eine Zulage von 400 D-Mark zu ertrotzen. Diese war aber weder zulage- noch alterversorgungsrelevant.

Diesem Mitarbeiter ging es um die Anerkennung seiner Leistung. Dafür hatte er sogar auf die Bezahlung von Überstunden verzichtet. Doch statt dessen wurde er von seinen Vorgesetzten und der Verwaltung förmlich aufgefordert, doch die Überstunden aufzuschreiben, was ein Vielfaches der Zulage ausmachte. So wurde und wird noch immer in den Sendern »gespart«.

Einmal mußte ich schriftlich klarstellen lassen, ob Rosenmontag in Tokyo ein freier Tag für den Kameraassistenten war oder nicht – für solchen Arbeitseinsatz wurde er dann nach Washington versetzt, weil viele solcher Zusammenstöße wegen des Arbeitseinsatzes des Betreffenden zu einem unhaltbaren Betriebsklima führten.

Beim Gipfeltreffen von Tokyo 1986 drängelten sich unter anderem sieben hochbezahlte Chefkorrespondenten, Moderatoren, Hauptabteilungsleiter, Korrespondenten und dazu ein entsprechender Stab an Technik und Hilfskräften, um täglich zwei oder drei Nachrichtenfilmchen zu machen. Das Ergebnis: endlose Koordinierungsprobleme, Krach um jede Minute und beleidigte Redakteure, weil sie so wenig zu tun hatten. Die Anreise war aber so aufwendig, weil eine politisch ausgewogene Truppe zusammengestellt werden mußte, weil aus hausinternen Prestigegründen ein Mitreiseanspruch einzelner Redaktionen besteht. Den verantwortlichen Chefredakteuren fiel es stets leichter, dem Prestigedenken nachzugeben, als eine konfliktträchtige Entscheidung zu treffen, solange es sich um Kollegen handelte, die einen persönlichen Draht zu einem Politiker hatten. Vor allem mußte keiner, der da so üppig das Geld ausgab, es auch verantworten.

Die Krux des Systems ist die organisierte Verantwortungslosigkeit, die durch Kontrolle ersetzt wird. Damit sind Intrigen Tür und Tor geöffnet. Da gibt es Erlebnisse, die so verrückt sind, daß ich über sie nur berichte, weil sie mir schriftlich vorliegen. Weil unbemerkt der Mietvertrag für das Studio Tokyo abgelaufen war und jetzt die Entscheidung anstand, ob das völlig heruntergekommene Studio modernisiert oder ein neues angemietet werden sollte, wurde dem Leiter der Liegenschaften eine Dienstreise nach Tokyo genehmigt. Dort stellte er unter anderem fest: »Herr Ederer arbeitet zuviel, er überfordert Personal und Gebäude.« Die Abteilung »Liegenschaften« formulierte dann den Vorschlag, nur so viele Sendeminuten in Tokyo zu genehmigen, wie das Gebäude und die Technik bewältigen konnten. Über diesen Brief regte sich niemand auf. Und das wiederum brachte mich auf die Palme.

Da hat ein Kollege für über 50 000 D-Mark direkte Kosten eine Drei-Minuten-Sendung auf den Tonga-Inseln gemacht (die indirekten nicht mitgerechnet), und als Ergebnis kommt ein neues Kalkulationsformular heraus. Diesen Kollegen wegen Unfähigkeit ins Archiv zu versetzen, wäre ja viel unangenehmer gewesen. Der durfte noch weiter jahrelang für fast 30 000 D-Mark Kosten im Monat seinen Auslandskorrespondentenjob behalten, obwohl seine Sendeminutenleistung sich auf den Nullpunkt reduzierte. Seine Vorteile: Er hatte nur Ärger mit den Redaktionen, nicht mit der Verwaltung. Solche Auswüchse aber werden geduldet. Der ganze Apparat vertuscht derartige Mißstände, damit er nicht in Verruf gerät und folglich die Leitung des Hauses nicht gezwungen wird, einmal wegen Faulheit und Unfähigkeit einzugreifen. Ein Direktor, auf diesen Vorgang angesprochen, verzog nur sein Gesicht zu einer Leidensmiene. Er drückte sich ungefähr so aus: »Es ist halt schlimm.«

Seit einiger Zeit frage ich die Redaktionsleiter von ARD und ZDF regelmäßig, wieviel sie glauben, daß eine Sendeminute ihrer Sendung kostet. Dabei stellte sich eine erschreckende Unkenntnis heraus. Außer Dr. Heiner Boelte, dem Fernsehdirektor beim SDR, habe ich keinen gefunden, der sich auskannte oder auch nur auskennen wollte. Sie wußten meistens, was im Etat als Minuten-

ansatz ausgewiesen ist, was aber nur einen Bruchteil einer Sendeminute ausmacht. Weder kannten sie ihre eigenen Kosten – nicht
ein einziger wußte, wieviel der Sender monatlich aufwenden muß,
um ihm die großzügige Alterszusatzrente zu bezahlen – noch
hatte einer von ihnen eine Vorstellung, wieviel sein Arbeitsplatz,
also Raum und Einrichtung, kostet. Dazu kommt die naive Trennung in direkte und indirekte Ausgaben, wobei jede Reaktion
bestraft wird, die eigentlich die preiswerteren freien Teams beschäftigt, weil sie diese bezahlen muß, dagegen die viel teurere
Technik im Haus »nichts kostet«.

So werden die hohen Kosten weiter zementiert, findet ein Wettbewerb nach Marktregeln noch nicht einmal im Ansatz statt. Vor
allem hinsichtlich der Technikkosten sind Kalkulationsgrundlagen
zu befolgen, bei deren Anwendung ein freier Produzent nach
wenigen Monaten Konkurs anmelden müßte.

Wenn jetzt fast alle ARD-Anstalten und das ZDF nach Gebührenerhöhung schreien, dann verhalten sie sich nicht anders als die
Ruhrkohle oder die Landwirtschaft, die Werften oder die Postler.
Statt zunächst einmal eine transparente Kostenstruktur zu schaffen, sich dem Wettbewerb und dem Markt zu stellen, wollen sie
vom Staat unter fadenscheinigen Argumenten eine Gebühren-
Bestandsgarantie. Die öffentlichen Sparbekenntnisse können dabei ruhig vergessen werden. Diejenigen, die das öffentlich-rechtliche Fernsehen in zentralistisch geführte Überwachungsstrukturen
geführt haben, so als ob sie alle bei Günter Mittag in die Schule
gegangen seien, wollen jetzt Markt- und Wettbewerbsstrukturen
zulassen? Dies darf mehr als bezweifelt werden. Alles, was Unternehmen zur Zeit von der »schlanken Produktion« übernehmen,
alles, was nach Delegation und Veränderung der Verantwortungsstrukturen auch nur riecht, wird noch nicht einmal im Ansatz
begonnen. Wobei die politisch durchsetzte Verwaltung sich
ebenso sträubt wie die Redaktionen, die regelrecht Angst vor
dieser Aufgabe haben. Die Fernsehstationen haben das gleiche
Problem wie die verfetteten Unternehmen: Abteilungsleiter und
Hauptredaktionsleiter wurden nach allen möglichen Kriterien,
zum Beispiel nach der richtigen politischen Farbe und Anpas-
sungsfähigkeit, ausgesucht – nur nicht nach ihren unternehmeri-
schen Fähigkeiten.

Statt die Herausforderung unserer Zeit anzunehmen, gingen sie zum Bundesverfassungsgericht und ließen sich am 22. Februar 1994 bestätigen, daß sie ein Anrecht auf ausreichende Gebühren haben, um ihren Auftrag erfüllen zu können. Mit Recht wiesen die Richter auf die Bedeutung der öffentlich-rechtlichen Sender für die Meinungsbildung hin und machten darauf aufmerksam, daß nur so die »derzeitigen Defizite des privaten Rundfunks an gegenständlicher Breite und thematischer Vielfalt« ausgeglichen werden können. Auch daß die Sender von der Erpressung der Parteien unabhängiger gemacht werden sollen, ist sicher ein erfreulicher Aspekt des Urteils. Doch das Verhalten von ARD und ZDF zeigt, daß es beiden »Anstalten« nicht so sehr um mehr Unabhängigkeit von der Politik, sondern eher um eine Geschäftsgrundlage geht, die sie vor den notwendigen inneren Reformen schützt – und die würden ein Ende der heutigen Feudalstrukturen bedeuten.

Das ZDF läßt sich von einem Gericht bescheinigen, daß die Rechtsgrundlage die öffentliche Aufdeckung interner Mißstände durch den Landesrechnungshof nicht zuläßt. Damit wird das ganze Feudalgebaren nach Gutsherrenart sichtbar: Sie lassen sich die Gebührenpflicht vom Verfassungsgericht absegnen, und gleichzeitig verneinen sie eine veröffentlichte Kontrolle über das, was sie mit dem Geld der Gebührenzahler anstellen. Das sollen nur noch die Aufsichtsgremien erfahren.

Bisher sind die Sender mit ihren Rundfunk- und Fernsehräten ja ganz gut gefahren. Die kümmerten sich im Zweifelsfall um die Besetzung eines Postens mit politisch genehmen Leuten in den Redaktionen und benutzten die Verwaltung zur Be- und Entsorgung von Partei- und Gewerkschaftskadern, statt sich ernsthaft mit dem Haushaltsplan auseinanderzusetzen. Was da drinsteht, ist sowieso nur bedingt aussagekräftig. Wenn ich von den Personal- und Investitionsansätzen nur des Studios ausgehe, das ich zu betreuen hatte, weiß ich, daß da so gut wie nichts über die tatsächliche Kostenstruktur zu erkennen war. Und weil da nichts deutlich wurde, war es auch unnötig, Sparmaßnahmen vorzuschlagen und umzusetzen. Da gab es den festangestellten Kameramann, der für fast 20 000 D-Mark Kosten im Monat arbeitete, der dazu alle zwei Jahre 68 Tage Heimaturlaub wie wir alle erhielt, aber unbedingt Überstunden aufschreiben wollte, weil ihm die 38,5-Stunden-

Woche zustand. Den wollte ich durch eine Ortskraft ersetzen. Das brachte mir den blanken Haß, viele Besuche der Revision und den Ruf ein, gegen Windmühlen anzukämpfen. Jetzt werden halbherzig solche Einsparungen getätigt, wobei dann gleich ganze Studios schließen müssen, während andere mit einer Feudalausstattung weitermachen dürfen.

Aber wie schon gesagt: Diejenigen, die den kostentreibenden Zentralismus in den letzten Jahren vorangetrieben oder zumindest zugelassen haben, sollen jetzt das Ruder herumwerfen und neue Strukturen schaffen. Aber da wäre noch einmal das Wunder vom brennenden Dornbusch nötig, damit gleich viele »Saulusse« zu »Paulussen« bekehrt werden. Wie sollen diejenigen, die den Fernsehstalinismus mit voller Überzeugung etabliert haben, die gar nicht genug von Kontrollen und Formularen bekommen konnten – wie sollen die jetzt mit derselben Überzeugung ihr Lebenswerk wieder einreißen und schlanke, selbstverantwortliche Strukturen schaffen? Da muß man schon sehr gläubig sein, um solch ein Wunder zu erhoffen.

Es ist sicher auch kein Zufall, daß sich Juristen in der Spitze der Sender am besten zurechtfinden und von den Politikern auch als Statthalter ihrer Interessen gewählt wurden. Immer weniger geht es um Programm, um Kreativität. Auch wenn ein Nichtjurist es bis zum Intendanten schafft, so merkt man schnell, wer im täglichen Geschäft das Sagen hat: die Rechtsabteilung, die Abteilung Honorare und Lizenzen und die Produktion. Die Redakteure haben sich diesen Machtverhältnissen längst untergeordnet oder resigniert. So gesehen steckt der öffentlich-rechtliche Rundfunk wirklich in einer tiefen Krise.

Wenn Unternehmen heute mit »lean production« innerhalb eines Jahres Effektivitätssprünge von 30 Prozent erzielen, dann zeigt das, was bei den Sendern möglich wäre. Ohne daß ein Pfennig am Programm gespart werden muß, stecken in den Apparaten, in den bürokratischen Vorschriften, in Gebäuden und Grundstücken und ihrer festgeschriebenen Unwirtschaftlichkeit enorme Einsparungspotentiale. Solche zu realisieren geht aber nicht mit der zentralistischen Mißtrauens- und Kontrollwirtschaft, wie sie jetzt herrscht. Die Politiker, die bislang die Haushaltsentwürfe der Sender genehmigen, stellen ja selbst in ihren Ministerien ähnliche Märchenbücher her. Sie sind alles andere als geeignet, Abhilfe zu schaffen, was sie auch in der Vergangenheit reichlich bewiesen haben. Das unabhängige Gremium, das vom Bundesverfassungsgericht gefordert wird, ist noch nicht berufen. Die Gefahr besteht, daß da so eine Art ausgewogene »Heinz-Kommission« entsteht, von SPD-nahen Wirtschaftlern wie Heinz Ruhnau und CDU-nahen Wirtschaftlern wie Heinz Dürr, beide erfahrene Leute, die genau wissen, wie man im politischen Umfeld pseudomarktwirtschaftlich agiert. So was würde den heutigen Fernsehgewaltigen am besten passen, weil sich dann niemand umstellen muß.

Die Öffentlich-Rechtlichen haben eine Existenzberechtigung. Ob wir als einziges Land der Welt gleich zwei Systeme, ARD und ZDF, haben müssen, mag allerdings dahingestellt sein. Ein System könnte dann sogar ganz über Gebühren oder Spenden finanziert werden, wie das Public Broadcasting in den USA, wo der Sender Boston aus der Fernsehwüste herausragt. Aber Transparenz und größere Politikunabhängigkeit müssen dann garantiert sein. Moderne Managementmethoden müssen die Feudalstrukturen ersetzen, Kostenmanagement und Eigenverantwortung der einzelnen Redaktionen die jetzigen bürokratischen Machtstrukturen ersetzen. Dazu gehören auch realistische Kalkulationsansätze. Die klammheimliche Expansion von Sendern, besonders im Hörfunkbereich, müßte rückgäng gemacht werden. Fast jede Anstalt hat fünf Wellen, teilweise Musik- und Dudelsender, die auch privat gut fahren konnten.

Die Fernsehsendezeit wird ausgeweitet, aber mit so geringen Mitteln ausgestattet, so daß nur Schmalspurprogramme möglich sind. In den Haushaltsbüchern der Anstalten finden sich Sendereihen mit einem Minutenansatz von 600, 1500 oder sogar mal 2000 D-Mark. Dafür läßt sich natürlich kaum etwas Vernünftiges produzieren, damit kann man höchstens Sendeminuten recyceln. Diese Entwicklung bestätigt die bösen Vorahnungen, daß die Sparmaßnahmen entgegen allen Beteuerungen doch zu Lasten des Programms gehen. Es ist natürlich viel einfacher, den Sendeminutenpreis zu senken, als die Verwaltung abzuschaffen.

Und weil kein Geld fürs Programm da ist, gebärden sich die festangestellten Produktionsleiter und Pensionsredakteure wie ein Bonsai-Lopez, um die Preise für die Freien zu drücken. Mit diesen geringen Summen werden jetzt Produktionsfirmen abgespeist, denen somit kaum Zeit zum Recherchieren bleibt und folglich ein immer oberflächlicheres Programm abliefern müssen. Die Öffentlich-Rechtlichen passen sich so den Schnellschuß-Produktionen der Privaten an und merken nicht, daß sie sich damit erst recht überflüssig machen.

Die Politiker, die diese neuen Programme und Sender beschließen, kümmern sich darum nicht. Auf sie trifft das gleiche zu wie auf die meisten Redakteure: Es interessiert sie nicht, sie haben dafür keine Zeit. Sie glauben dem, was ihnen die Fernsehjuristen und Haushaltsentwürfler vorlegen, und reisen wieder ab, wenn sie die Sicherung ihrer politischen Ziele gewahrt wissen.

Es wäre unfair, nur über die Journalisten und nicht über den öffentlich-rechtlichen Rundfunk zu schreiben, wenn es darum geht, zu erklären, warum eine freie und liberale Wettbewerbswirtschaft in Deutschland keine Lobby hat. In den Vereinigten Staaten und in Japan stehen Wirtschaftsthemen auf der ersten Seite, beginnen damit die Hauptnachrichten, werden sie öffentlich diskutiert. Ich muß immer wieder an den Taxifahrer denken, der mich in Osaka als Amerikaner identifizierte und meinte: »Ihre Nation hat den 64-Megabite-Chip entwickelt, das ist sehr schlecht für uns Japaner. Jetzt müssen wir schnell wieder aufholen.« Ich habe dann versucht, mit deutschen Taxifahrern über den 64-Megabite-Chip zu sprechen...

Handelsblatt, Wirtschaftwoche, der Wirtschaftsteil der *FAZ* – die Themen werden schon angesprochen, aber sie finden ihren Weg nicht in dem Maße ins öffentliche Bewußtsein, wie sie ihrer Bedeutung nach diskutiert werden müßten. Selbst die lokalen Monopolzeitungen opfern dafür nur den Platz für kleine Meldungen irgendwo in den Wirtschaftsseiten. Typisch die Empfehlungen der Kommission für eine Steuerreform im November 1994. Statt sich mit dem Inhalt auseinanderzusetzen, beschränkte sich die Masse der Zeitungen darauf, die oberflächlichen und parteipolitisch eingefärbten Stellungnahmen der Sozialpolitiker des Bonner Farbenspektrums wiederzugeben. Dabei wäre jeder Bürger von einer solchen Steuerreform betroffen, hätte sie direkt in seinem Portemonnaie gespürt. Da wurde wieder einmal eine Chance vertan, die Umverteilungsgesellschaft von unten nach oben klar vor Augen zu führen. Aber dann hätten die Redakteure auch erkennen müssen, daß sie zu den Profiteuren der jetzigen Staatswirtschaft gehören. Da sind die Sprüche von Blüm und Dressler einfacher zu wiederholen: »Steuererleichterung dient den Reichen« – so grundfalsch sie auch sein mögen.

Wenn über eine freiheitlich organisierte, wettbewerbsgetriebene Marktwirtschaft in Deutschland nicht intensiv und offensiv diskutiert wird, dann deshalb, weil die Elite in Wirtschaft, Politik und Publizistik von der subventionierten Bürokratenwirtschaft profitiert. Wir singen alle das Lied dessen, der uns auf Kosten der Schwächeren in der Gesellschaft und künftiger Generationen garantiert, daß uns der Champagner in den Schickimickikneipen nicht ausgeht.

Nachlese: Volkshelden

Schon bei meinem ersten Besuch in Tokyo hat mich der Sengakuji-Tempel magisch angezogen, weil mir die Geschichte, die er verkörpert, lange Zeit unergründlich blieb und ich trotzdem das Gefühl verspürte, hier einen Schlüssel zum Verständnis Japans zu finden. Der Tempel gehört nicht zu den großen Sehenswürdigkeiten Tokyos. Ganz in der Nähe des riesigen Bahnhofs Shinagawa ist er zwischen Neubauten in einer Seitenstraße versteckt. Obwohl er in guten Reiseführern erwähnt wird, habe ich dort ganz selten einen Touristen getroffen. Aber ich war auch nie allein. Immer beteten Leute, steckten frische Räucherstäbchen auf die 47 Grabmale, für die der Schrein errichtet wurde.

Die Geschichte der Männer, die hier verehrt werden, ist auf den ersten Blick für europäische Denkweisen alles andere als anbetungswürdig. Einer hat seine Frau als Hure verkauft, einer zog jahrelang als Trunkenbold und Schläger von Bordell zu Bordell, einer hat seine Tochter seinem Todfeind als Konkubine vermacht. Gescheiterte Existenzen, ehrlos, Abschaum – aber in Tokyo verehrt, und zwar immerhin so, daß jeder einigermaßen gebildete Japaner die Geschichte der hier Begrabenen, die Geschichte dieser 47 Ronin kennt.

Das 17. Jahrhundert ging zu Ende. Nach der Schlacht von Sekigahara hatte sich das Tokugawa-Shogunat in Tokyo fest etabliert, und es begann für Japan eine lange Phase des inneren und äußeren Friedens. Dieser wurde nicht zuletzt dadurch gesichert, daß sich Japan nach außen völlig von der Welt abschloß und nach innen ein System der Überwachung und Rituale festgeschrieben wurde, dem jeder Bürger absolut Folge zu leisten hatte. Schon geringe Abweichungen oder gar Verfehlungen wurden mit dem Tod oder dem Befehl zum Selbstmord bestraft.

Ein unumstößliches Gesetz verlangte, daß alle Fürsten sich regelmäßig auf die lange Reise nach Tokyo aufmachen mußten, um dem Shogun einen Besuch abzustatten. Das hatte für den Herrscher gleich mehrere Vorteile. Einmal hielt er seine Fürsten, die potentiellen Gegenspieler, in Bewegung, und gleichzeitig kosteten diese Reisen viel Geld. Jeder Fürst mußte nämlich auch noch in der Hauptstadt einen Palast unterhalten, in dem ein Teil der Angehörigen ständig wohnte – eine vornehme Umschreibung für staatliche Geiselnahme.

Die so gegängelten und finanziell kurzgehaltenen Fürsten sannen systemimmanent nach allerlei Möglichkeiten, zu Geld zu kommen oder durch Intrigen die Gunst beim Shogun in Macht und Wohlstand umzumünzen. Besonders erfolgreich war dabei Fürst Kira, dem es unter anderem oblag, die Besucher entfernterer Regionen auf ihren Auftritt beim Shogun vorzubereiten. Ein besonders einfältiger und ehrlicher Provinzler war dagegen Fürst Asano, der nicht wahrhaben wollte, daß sein Instrukteur Kira Geld für gute Ratschläge verlangte. Und weil Kira nicht bestochen wurde, ließ er Fürst Asano in die Falle laufen. Ohne Korruption lief schon damals nichts. Fürst Asano trat in der falschen Kleidung vor den Shogun, vollführte die falschen Bewegungen, vergriff sich bei den höfischen Redewendungen. Allerdings merkte er schnell, daß er von Kira zum Narren gehalten worden war. In seiner Wut zog er das Schwert, stürmte auf Kira zu, verletzte diesen aber nur geringfügig, bevor er selbst überwältigt wurde.

Nun war der Triumph des Intriganten Kira vollständig. Ein ehernes Gesetz verbot es, im Shogunatspalast das Schwert zu ziehen. Fürst Asano zog sich also in seinen Tokyoter Palast zurück und zelebrierte dort feierlich den rituellen Selbstmord, das Seppuku. Assistiert wurde ihm dabei von seinem getreuesten Samurai, Oishi. Mit dem Tod des Fürsten war dieser herrenlos, nicht länger Samurai, sondern ein Ronin, ein Ritter ohne Arbeit. Oishi konnte und wollte die Schmach, die seinem Herrn zugefügt worden war, nicht ungerächt lassen. So scharte er 47 der edelsten Ritter des Fürsten Asano um sich, und diese schworen bei ihrem eigenen Blut, ihren Herrn zu rächen. Deshalb heißt der Sengakuji-Schrein auch Tempel der 47 Ronin.

Fürst Kira ahnte natürlich, daß sich die ehemaligen Samurai

nicht so ohne weiteres mit ihrem Schicksal abfinden würden, und war auf der Hut. Und die 47 Ronin wiederum wußten, daß sie keine Chance hatten, ihren geliebten Herrn zu rächen, wenn sie direkt auf Kira losgegangen wären. Also begannen sie ein jahrelanges Versteckspiel, waren bereit, sich zu erniedrigen – so weit, daß sie von ihren Familien verstoßen wurden. Doch Kira blieb mißtrauisch und riß einmal völlig überraschend dem betrunkenen Oishi das Schwert aus der Scheide. Als er sah, daß dieses verrostet war, gab er seine Vorsicht auf. Von einem Ritter, der sein Schwert nicht mehr pflegte, ging keine Gefahr mehr aus.

Dann geschah es in der Nacht zum 14. Dezember 1703. Es war einer der seltenen Schneetage in Edo. Fürst Kira und seine Ritter wärmten sich mit Reiswein, bis sie nicht mehr ganz nüchtern und Herr ihrer Sinne waren. Da schlugen die 47 Ronin zu. Sie enthaupteten Kira mit jenem Schwert, mit dem sich ihr Fürst entleibt hatte. Anschließend brachten sie in einer feierlichen Prozession den Kopf zum Grab vom Fürsten Asano und verkündeten da:

»Wir hätten es nicht gewagt, zu dir zu kommen, bevor wir deine Rache nicht zu Ende brachten. Wir haben den Ritter Kira jetzt hier an dein Grab begleitet. Dein Schwert, das dir so teuer war, bringen wir zurück. Nimm es, und schlage es zum zweitenmal auf das Haupt deines Gegners, und verjage damit für immer deinen Haß. Dies ist die respektvolle Erklärung von 47 Männern.«

Schon damals verneigte sich die japanische Hauptstadt vor dieser Tat. Die 47 Ronin wurden wieder in Ehren in die Familien aufgenommen. Niemand machte ihnen den Vorwurf, daß sie betrunkene Feinde ermordet hatten. Was zählte, war allein die Treue zu ihrem mit Intrigen in den Tod getriebenen Herrn und daß sie lieber sich selbst entehrten, als diese Schmach auf dem Haus Asano und damit auch auf ihren Fmailien sitzen zu lassen. Aber die 47 gingen ihren Weg zu Ende. Weil auch sie gegen ein Gesetz verstoßen hatten, brachten sich alle 47 gemeinsam mit dem rituellen Seppuku um.

Treue zur Gerechtigkeit, so wie sie der Ehrenkodex damals definierte. Dies ist, was die Japaner heute immer noch zum Grab der 47 Ronin pilgern läßt. Und an jedem 14. Dezember ist der Schrein überfüllt, beten Angestellte der Elektronikkonzerne und Geldhäuser zu ihren Vorbildern. Für die Gerechtigkeit darf man sich zwischendurch entehren, wenn damit die höher einzuschätzende Tugend der Treue bewiesen werden kann. Die Rache an einem Betrunkenen – auch sie ist erlaubt, brachte er sich doch selbst durch seine Intrigen in Gefahr. Wie der Bambus unter der Schneelast haben sich die Ritter gebeugt, um dann emporzuschnellen und ihre alte aufrechte Gestalt wieder einzunehmen.

Und mag diese Geschichte auch schon lange her sein, mögen sich die Ehrenkodizes seit 1703 auch in Japan verändert haben – die hohe Verehrung, welche die 47 Ronin genießen, veranschaulicht, daß Japaner Grundsatztreue immer noch höher einschätzen als ihr persönliches Wohlbefinden.

Der Name der Stadt, in der einer der populärsten Räuber und Mörder seinen ersten größeren Banküberfall erfolgreich beendete, klingt wie das Programm der amerikanischen Idee: Liberty. In dem kleinen Städtchen im Norden des US-Bundesstaates Missouri begann die Karriere von Jesse James, dem Helden vieler Hollywoodfilme und Mittelpunkt zahlreicher Geschichten und Legenden. Und bei allen Erzählungen schwingt immer auch ein Hauch von Respekt, ja vielleicht sogar Sympathie mit. Dabei war Jesse James ein brutaler Räuber, Mörder und Bandenführer, der nach damaligem und heutigem amerikanischen Recht an den Galgen gehörte. Statt dessen wurde sein Grab zu einer Pilgerstätte, die sein nicht weniger verbrecherischer Bruder neben dem Geburtshaus pflegte und dabei von den Besuchern auch noch Geld kassierte. Frank James konnte es sich sogar erlauben, »No Kodaks« an das Gatter der Einfahrt zum Hof zu schreiben – damals war Kodak in Amerika noch identisch mit »fotografieren« –, und wenn dann trotzdem ein wohlhabender Herr kam, der sich schon ein Kodak leisten konnte, mußte er extra für die Ehre zahlen, einen lebenden Mörder neben dem Grab eines toten Mörders ablichten zu dürfen.

Bevor ich die »Heldentaten« des Jesse James aufzähle, die ihn für die amerikanische Geschichte so interessant machen, nur eine von seinen vielen Mördertaten. Beim Jahrmarkt in Kansas City raubte er die Tageskasse mit zehntausend Dollar. Und weil er Spaß an den entsetzten Gesichtern der Bestohlenen hatte, inszenierte er das Verbrechen. Mit Schüssen in die Luft machte er einige hundert Besucher auf sich aufmerksam und trieb dann eine Pferdeherde durch den engen Eingang in die Massen. Dabei erschoß er ein zehnjähriges Mädchen, und Dutzende Unbeteiligte wurden von den Pferden niedergetrampelt.

Doch wer damals in Kansas City die Tageszeitung las, lernte einen ganz anderen Jesse James kennen. Nach jedem Banküberfall und Zugraub in der Umgebung brachte die Witwe Zeralda Samuel, die Mutter der James-Brüder, einen Leserbrief zur Zeitung, in dem die Unschuld der Sippe beteuert wurde. Im Gegenteil: Mit Entrüstung wurde da die Mordbrennerei verurteilt. Die James-Familie führte so regelrecht eine Werbekampagne um die Gunst der Öffentlichkeit. Kansas City und Missouri waren im zu Ende gehenden Bürgerkrieg besonders schwer verwüstet worden. Die Mehrheit der Bevölkerung stand auf der Seite des Südens, doch offiziell gehörte Missouri zu den Grenzstaaten, war also offenes Land für eine marodierende Soldateska. Guerilleros beider Seiten terrorisierten die Bevölkerung. Das Militär des Nordens zwang die Bewohner ganzer Landstriche, umzusiedeln, womit den Guerilleros die Sympathisantenszene entzogen werden sollte. Dies war die Lehrzeit der James-Brüder und der meisten ihrer späteren Bandenmitglieder. Mit den wilden Landserhaufen des Südens zogen sie mordend und raubend als politische Desperados durch die Gegend. Für sie galt die nach Kriegsende verkündete Amnestie des Nordens nicht. Als Jesse James, eine weiße Fahne schwenkend, sich ergeben wollte, schossen ihn Nordstaatensoldaten in die Brust und ließen ihn liegen, weil sie sicher waren, daß er sterben würde. Aber wie ein Wunder überlebte er, und schon bald ging er wieder neben seiner Mutter sonntags in die Kirche.

Für einen solch gottesfürchtigen Südstaatenpatrioten hatte der Herausgeber der *Kansas City Times* immer einen donnernden Kommentar übrig, wenn der von den Nordstaaten eingesetzte Gouverneur und seine Sicherheitskräfte die James-Brüder verdächtigten. Das sei alles eine Verschwörung der unfähigen Politiker, tobte der Zeitungsmann, eine Verschwörung gegen den Süden. Hier werde nur auf alte Kriegshelden Jagd gemacht. Und weil die James-Bande auch schon mal ein Gefängnis stürmte, in dem noch ein paar Guerilla-Mörder aus gemeinsamen Südstaaten-

Raubzügen saßen, feierte sie die *Kansas City Times* als König Artus' Tafelrunde und schrieb vom »Rittertum des Verbrechens«.

Jesse James wurde nie vor ein Gericht gestellt, sondern hinterrücks von einem Kumpel erschossen. 5000 Dollar hatten die geplagten Bahngesellschaften auf das Ergreifen von Jesse James ausgesetzt. Bob Ford verdiente sich das Geld, aber niemand dankte es ihm, daß er die Menschheit von einem vielfach gesuchten Verbrecher befreit hatte. Im Gegenteil, sein Verhalten wurde immer mit Verrat, Gemeinheit und feigem Mord gleichgesetzt. Er wurde zehn Jahre später von einem Mitglied der längst aufgelösten Bande über den Haufen geknallt, und keiner weinte ihm eine Träne nach.

Frank James ahnte nach dem Mord an seinem Bruder Jesse, daß auch er angesichts der hohen Kopfprämien nicht mehr lange leben würde. Also stellte er sich dem Gouverneur von Missouri mit den markigen Worten: »Ich liefere mich Ihnen und dem Gesetz aus.« Frank hatte auf die richtige Karte gesetzt. Seine Überführung zum Prozeß in Gallatin, wo er 14 Jahre vorher die Bank ausgeraubt hatte, wurde zu einem Triumphzug. Die Bürger von Missouri drängten sich an der Bahnstrecke und jubelten ihm zu. Die Verhandlung geriet schnell zur Farce: Ein General der ehemaligen Südstaatenarmee, Joseph O. Shelby, der als Leumundszeuge aussagen sollte, schaute sich vom Zeugenstand aus im Gerichtssaal um und rief: »Wo ist mein Freund und Waffenbruder? Ah, dort sehe ich ihn! Wenn Sie gestatten, möchte ich dem Kameraden die Hand schütteln, der an meiner Seite für die Rechte des Südens gefochten hat!« Frank James wurde freigesprochen und lebte noch 32 Jahre, in denen er am »Robin-Hood«-Image der James-Bande weiterstrickte. Sein Kredo: Ich trete für Brüderlichkeit in Amerika ein, so wie ich mich in meiner Jugend für die Verteidigung der Südstaaten aufgeopfert habe. Bei so viel selbstlosem Einsatz für Gerechtigkeit und die Nation konnte es gar nicht ausbleiben, daß Hollywood die James-Brüder entdecken mußte.

So wiederholt sich die Geschichte mit leichten Variationen immer wieder. Da schießt ein Leutnant namens William Calley in My Lai, einem Dorf zwischen den Fronten des Vietnamkriegs, die Zivilbevölkerung zusammen und wird zum Helden. Er hat es für Amerika getan, der arme Junge. Kommt er doch aus den bibelfesten Südstaaten, war immer nur ein Patriot. Was zählen da so ein paar Schlitzaugen? Die Veteranenverbände der USA reichen ihn herum, zahlen hohe Gagen für seinen Auftritt, damit er die Prozeßkosten abstottern kann, die ihm ein paar übelwollende Militärs eingebrockt haben. Sicher Liberale, die sich ins Militär eingeschlichen haben. Der rundgesichtige Calley ist im Rechtsverständnis der Vereinigten Staaten ein würdiger Nachfolger von Jesse James.

Und hat nicht kürzlich der ehrenwerte Oliver North, der es immerhin zum Oberst im Weißen Haus gebracht hatte, nur knapp seine Wahl als Senator von Virginia verfehlt? Die ganze Horde der bibeltreuen wiedergeborenen Christen des Staates hat ihn unterstützt – mit Parolen, die in Europa einen Jörg Haider wie einen linken Chorknaben aussehen lassen und die Le Pen in Frankreich und Schönhuber in Deutschland übernehmen können, ohne sie umschreiben zu müssen, solange sie das Wort »amerikanisch« nur durch die eigene Nationalität ersetzen. Dieser arme Oli North, was hat er denn schon angestellt? So ein bißchen Waffenschmuggel für einen Bürgerkrieg, bei denen mit den Waffen Frauen und Kinder umgebracht werden! Was soll's, sind ja nur Bauern in Mittelamerika, Halbwilde also! Und dann hat er noch den Kongreß belogen, gegen geltendes Gesetz verstoßen, hat sich in Washington an allen demokratischen Kontrollen vorbei so aufgeführt, als sei der Faschismus schon ausgebrochen – aber wollen wir doch nicht kleinlich sein: Schließlich hat er es für Amerikaner getan und ist dabei jeden Sonntag in die Kirche gegangen, hat sogar vorgebetet, wie einst Jesse James.

Und was dem einen sein Herausgeber der *Kansas City Times*, sind dem anderen die Kommentare der *Washington Times*.

Alle drei – Jesse James, Leutnant Calley und Oliver North – haben sich innerhalb der Bandbreite amerikanischen Rechtsempfindens bewegt. Eigentlich mordet man nicht, weder direkt noch indirekt: Es sei denn, es läßt sich mit nationalem Interesse erklären, und es geschieht mit frommer christlicher Überzeugung. Allen dreien wäre es natürlich gnadenlos schlecht ergangen, wenn sie die Steuer hinterzogen hätten. Dieses Vergehen hat sogar Al Capone hinter Gitter gebracht. Ein bibelfester patriotischer Ame-

rikaner hinterzieht keine Steuern, und deshalb darf ihn die volle
Wucht des Strafrechts treffen, denn er ist kein Patriot.

Die amerikanische Geschichte ist voll von diesen ungestümen
Typen. Denn es waren Revolutionäre, die »God's own country«
gegründet haben. Aufständische, die sich gegen die britische
Krone erhoben – keine angepaßten Bürger, die ihren Fürsten
dienten. Sie kämpften gegen eine feudale Armee, in der Hessen
ihren Dienst versahen, weil sie von ihrem Landesherrn verkauft
worden waren. In jedem Amerikaner wabert da so ein Stück
anarchistischer Freiheit. Das wird ihm mit viel patriotischem Pathos im Geschichtsunterricht beigebracht. Und dieses Aufbegeh-
ren, dieses ständige Suchen nach neuen Ufern – hat es nicht ihr
Land groß gemacht? Da sind sie in die unbekannte Wildnis des
Westens gezogen und haben sich einen ganzen Kontinent unterworfen. Daß die dort schon lebenden Indianer dabei systematisch
ausgerottet wurden, findet noch nicht einmal in einer Fußnote in
den Geschichtsbüchern Erwähnung. Nein, das paßt nicht in die
gerechte Welt des freiheitsliebenden Bürgers, in das Bild, das
diese Nation von sich selbst nicht zuletzt dank Hollywoods gigan-
tisch effektiver Propagandamaschine entworfen hat.

Es ist nicht ungerecht, sich an die James-Brüder zu erinnern,
wenn man an die Dynamik der Amerikaner denkt. War nicht auch
ihr freiheitlicher Vordenker und geistiger Vater der epochalen
amerikanischen Unabhängigkeitserklärung, die den Begriff »Freiheit« für uns alle bis zum heutigen Tag mit einem neuen Inhalt
versehen hat, war dieser Thomas Jefferson nicht auch gleichzeitig
Sklavenhalter?

Sie sind Pragmatiker, unsere amerikanischen Freunde aus
Übersee. Kalte, unideologische Pragmatiker mit einem Hang zur
Anarchie, der zu ihrer Geschichte gehört. Einer Geschichte, in der
Freiheit eine so große Rolle spielt, daß man sogar die Freiheit hat,
zu verhungern, zu töten und getötet zu werden. Der Typ des
Draufgängers wird in der Gesellschaft respektiert, und zwar desto
mehr, je mehr er Erfolg hat. Und so überraschen uns die Vereinigten Staaten immer wieder mit Politikern, mit erfolgreichen Unternehmern, mit Künstlern, die aus dem Nichts nach ganz oben
schießen. Für die geschäftlichen Leichen ihrer Karriere reicht noch
nicht einmal das Mitleid.

Auch wir Deutsche kennen den Namen eines Mannes, dem Heinrich von Kleist ein literarisches Denkmal gesetzt hat und dessen Schicksal bis zum heutigen Tag so furchtbar deutsch ist. Tagtäglich wird dieser Name benutzt, und fast immer dient er dazu, jemanden abzuqualifizieren. Damit ist nichts Böses gemeint, aber da wird halt einer beschrieben, der nicht so recht in die Gemeinschaft paßt: eben ein Querulant. Einem jungen, ehrgeizigen Manager kann nichts Schlimmeres passieren, als wenn er von seinem Vorgesetzten oder seinem Kollegen solcherart charakterisiert wird: fachlich toll, fleißig, arbeitsam, ehrlich, aber so ein Michael-Kohlhaas-Typ. Peng, das war das Todesurteil für die Karriere. Der ist ein Querkopf, setzt sich möglicherweise immer dann für die anderen ein, wenn man schon weiß, daß der Vorstand längst anders beschlossen hat. Der gibt keine Ruhe. Jeder weiß, er hat recht. Aber niemand will das doch noch wissen.

Wir haben sie zwar fast alle in der Schule gelesen, die Geschichte des Roßhändlers aus Kohlhaasenbrück in Brandenburg, heute ein Stadtteil von Berlin. Aber was haben unsere Lehrer sich nicht für Mühe gegeben, sie uns so zu erklären, daß eventuell auftretende Sympathien für Kohlhaas nur ja nicht zu weit gehen, gar Aufruhr auslösen, ein Gerechtigkeitsempfinden geweckt wird, daß dann möglicherweise zum Gerechtigkeitswahn führt. Glücklicherweise hat Heinrich von Kleist in seiner Erzählung auch den über alle Zweifel erhabenen Martin Luther auftreten lassen, der dem Kohlhaas den Kopf zurechtrückt. Und mit der lutherischen Autorität im Rücken läßt sich die Geschichte schon so umdeuten, daß auch heute noch gilt: Der ist ein Michael Kohlhaas, und alle schrecken zurück.

Schade, daß Heinrich von Kleist nicht mehr lebt oder wenigstens lang genug gelebt hat, um richtigzustellen, was er mit seiner Erzählung eigentlich bewirken wollte. Denn es gibt auch eine Schule – leider ist sie fast in Vergessenheit geraten – die besagt, Kleist habe mit dieser Geschichte die Deutschen zum Widerstand gegen die Staatsgewalt aufrütteln wollen, die damals von den Franzosen beherrscht wurde. Er habe das Naturrecht des einzelnen postulieren wollen, die ungesetzlichen Handlungen der Obrigkeit zurückzuweisen. Dieses im mittelalterlichen »Sachsenspiegel« nicht nur erlaubte, sondern sogar geforderte Recht ging im

Absolutismus Europas unter. Es herrschten Fürsten, Könige und Kaiser von Gottes Gnaden, und wer gegen die weltliche Herrschaft rebellierte, der versündigte sich auch wider Gott. Somit ließ es sich für den Adel bequem regieren. Und so schafften es einige Familien, den ganzen Kontinent unter sich aufzuteilen, wenn man einmal davon absieht, daß es hier und da einer Stadt in Italien oder einer Landschaft in der Schweiz gelungen ist, sich der geldverschlingenden prunksüchtigen, hurenden und saufenden Sippschaften zu entledigen. Unglücklicherweise lernen wir heute noch in der Geschichte unserer Vergangenheit mehr über die Familienintrigen und deren persönlichen Fehden, die dann in Kriegen endeten und für die Untertanen mit einem Grabstein, wo dann mit dem Segen der Kirchen zu lesen steht: »Für das Vaterland gestorben«.

Viele, die den Namen des Michael Kohlhaas, den Heinrich von Kleist gleich zu Beginn als einen der »rechtschaffensten Menschen seiner Zeit« nannte, heute zitieren, um Mitbürger und Kollegen auf diese Weise zu Querulanten abzustempeln, wissen wahrscheinlich nicht, was sich damals zugetragen hat. Darum möchte ich die Geschichte abgekürzt noch einmal in Erinnerung rufen.

Also, dieser rechtschaffene Mann war von seiner Heimat in Brandenburg auf dem Weg zu den sächsischen Märkten. Währenddessen aber hatte sich so ein richtiger Nichtsnutz von Junker namens Wenzel von Tronka in seiner Burg einfallen lassen, den freien Durchgangsverkehr durch das Verlangen nach Passierscheinen zu behindern. Seine Saufereien waren halt gar so teuer. Dem Michael Kohlhaas wurden zwei prächtige Pferde als Pfand abgenommen, die er erst wiederbekommen sollte, wenn er den Passierschein erstanden habe. Kohlhaas ließ sogar seinen getreuen Knecht bei den Pferden, damit diese gut gepflegt würden. Es stellte sich heraus, daß er einer Lüge aufgesessen war. Und als er seine Pferde abholen wollte, waren sie bis zur Unkenntlichkeit heruntergekommen. Der Knecht war zudem so verprügelt worden, daß er Blut spie und nie mehr so recht gesund wurde.

Nun machte sich Michael Kohlhaas auf, um sein Recht einzuklagen. Aber der Junker Wenzel von Tronka hatte zwei Verwandte am sächsischen Hof, die auch in den Redensarten berühmt gewordenen Herren Hinz und Kunz: der eine Mundschenk, der andere

Kämmerer; und so wurde Kohlhaas bedeutet, er solle seine Gäule abholen und das Stänkern aufhören.

Und hier fängt der Querulant an. Er gab sich nicht zufrieden. Er wollte nur sein Recht – das Recht, das mit ihm geboren. Er versuchte es mit Eingaben, er versuchte es mit dem Einsatz seines ganzen Hab und Gutes. Seine Frau wollte eine Bittschrift dem brandenburgischen Landesherrn überreichen, wurde aber von der Wache so brutal abgeschoben, daß sie an den dabei erlittenen Verletzungen starb. Und so wandelte sich Kohlhaas zum Rebellen. Er jagte den Junker Wenzel von Tronka durch Mitteldeutschland, brannte dabei ein paar Burgen und Vorstädte nieder, und bald schon war es gelungen, aus dem rechtschaffenen Mann ein Monster zu machen. Und hier kommt Martin Luther ins Spiel: Er streitet dem Kohlhaas das Recht ab, sich gegen eine ungerechte Obrigkeit aufzulehnen. Und Kohlhaas gehorcht. Er läßt sich von Luther überreden, es nochmals auf dem Rechtsweg zu versuchen. Und den sächsischen Kurfürsten überzeugt Luther, dem Kohlhaas eine Amnestie zu gewähren, weil die öffentliche Meinung gefährlich auf seiner Seite stehe, selbst in dem dreimal von Kohlhaas heimgesuchten und eingeäscherten Wittenberg.

Kohlhaas endete auf dem Schafott. Das gerechte Verfahren, das Luther versprochen hatte, fand nicht statt. Je nachdem, wie die Herrschaften von Brandenburg und Sachsen gerade miteinander verkehrten, stand es mal besser, mal schlechter um ihn. Am Ende verstrickte er sich im Beziehungsgeflecht adliger Intrigen und spitzfindiger Rechtsauslegungen. Heinrich von Kleist aber läßt posthum den Kohlhaas triumphieren: Seine Söhne werden vom preußischen Kurfürsten zu Rittern geschlagen, und ihre Nachkommen lebten froh und rüstig im Mecklenburgischen. Den Sachsen-Kurfürsten aber läßt Kleist an Leib und Seele zerrissen in Dresden verschwinden.

Wann, so meine Frage an die deutschen Mitbürger dieser Jahre, hat Kohlhaas überzogen? Was macht sie so sicher in ihrem Urteil über diesen Mann, daß sie heute noch unruhige Geister und Querdenker mit seinem Namen abqualifizieren? Hätte er doch wegen ein paar Gäulen und einem mißhandelten Knecht nicht so ein Theater machen und in aller Ruhe in Kohlhaasenbrück weiterleben sollen! Da schreibt Kleist eine Erzählung, die nur so vor

Sympathie für diesen mißhandelten Roßhändler strotzt, und heraus kommt eine Lebensweisheit für den deutschen Michel: Paß dich an, reg dich nicht auf, sonst ergeht es dir wie dem Michael Kohlhaas.

In den fünfziger Jahren, also in der Nachkriegszeit, wurde ich mit lauter Vorbildern bekannt, die alle im Widerstand gegen Hitler gestanden hatten. In meiner Heimatstadt Fulda kamen der Oberbürgermeister aus der Gestapo-Haft, der Präsident der Industrie- und Handelskammer, Walter Bauer, aus dem KZ, der Neubegründer des evangelischen Kirchentages, Reinold von Thadden Trieglaff, aus dem Zuchthaus Berlin-Plötzensee. Und als wir in der Schule die Geschichte von Michael Kohlhaas lasen, stand unsere ganze Klasse auf seiten dieses Mannes, so sehr sich auch unser Deutschlehrer abmühte, uns die Verwerflichkeit seiner Selbstjustiz beizubringen. Zu nahe waren wir noch im Dritten Reich, zu nahe auch an der Zonengrenze.

Aber die Zeit, in der Querdenker die wirtschaftliche und politische Entwicklung beeinflußten, hat mit jedem Jahr, das sich von der Nachkriegszeit entfernte, abgenommen. Das war mal so ein kurzer Lichtblick in unserer Geschichte. Das Nazi-Regime war so verbrecherisch, daß man an den wenigen Widerständlern gar nicht vorbeikonnte. Aber bald schon wurden Männer wie der »Ochsensepp« und Jacob Kaiser, Kurt Schumacher und Reinhold Maier von den alternden, windschlüpfrigen Aktenkofferträgern überholt. Und dies auf allen Ebenen. Die Michael-Kohlhaas-Abwertung hat wieder alle voll im Griff. Und so treiben alle mitten im Strom und fühlen sich dort sicher, weil sie, auch ohne selbst zu rudern, mitgetrieben werden.

Mit dem Fall der Mauer haben wir die Kohlhaasens dann endgültig liquidiert. Vorher durften sie sich noch wenigstens im Osten gegen die herrschende SED-Clique erheben. Da konnte man so schön gefahrlos solidarisch sein. Wenn Bärbel Bohley oder Vera Wollenweber, Rainer Eppelmann und Jürgen Fuchs und wie sie alle heißen, sich nicht beugten, dann waren wir alle auf ihrer Seite. Aber jetzt, wo sie zu uns gehören, da sind sie doch ganz schön lästig. Und eigentlich haben wir's ja auch schon immer gewußt: Querulanten waren sie, die sich in keiner Ordnung einfügten. Und jetzt, wo sie mit ihrem rigorosen Moralanspruch gegen den Wischiwaschi-Stolpe Stellung beziehen, da stören sie die angepaßte Weltordnung der späten Achtundsechziger.

Also haben wir uns mit den Mitläufern, den Leistungsträgern dieses Gefängisstaates, eingelassen: sowohl mit Funktionsträgern wie Modrow, deren Partei aktiv die Gefängnisse füllten, als auch mit denen, die den Bürgern weismachten, daß der ostdeutsche Sozialismus auch sein Gutes habe. Mit Manfred Stolpe zum Beispiel, der uns so beredt klarmachen kann, daß es wichtig ist, mit der Staatsmacht im Gespräch zu bleiben. Also hat er sicher Michael Kohlhaas gelesen und dabei Luther so interpretiert, daß es ihm als Kirchenmann dann leichtfiel, zu verinnerlichen, daß Widerstand nur die Ordnung stört und allein deshalb schon keinen Sinn macht. Aus der gleichen Haltung heraus hat er der SED versprochen, an der Kirchenfront für Ruhe zu sorgen.

Und all die Betriebsdirektoren, die von den Westfirmen übernommen werden mußten, weil sie doch die einzigen waren, die wußten, wie der Laden lief. »Gute Leute«, wurde uns immer wieder versichert. »Also, ne rote Socke ist er ja, aber wir können ihn gut gebrauchen.« So äußert sich ein Mittelständler, der gleichzeitig Angst davor hat, daß Scharping die Wahl gewinnt.

Die ganze Wiedervereinigung war die offizielle Kapitulation eines freien, aufmüpfigen Deutschland vor dem angepaßten Spießertum. Da laufen sie nun herum, die Schalck-Golodkowski, Krenz, Schabowski, die Offiziere mit Schießbefehl an der Mauer, die Betriebsdirektoren mit besten Stasi-Verbindungen, treffen auf die im jahrelangen Kampf geübten angepaßten Heckenschützen aus dem Westen und stellen fest, daß sie eigentlich art- und wesensverwandt sind. Da ist es doch viel leichter zu sagen: Schwamm drüber, vergessen wir das Unrecht. Es gibt ja sowieso keine endgültige Gerechtigkeit auf Erden. Im Zweifelsfalle lies bei Martin Luther nach: Und so findet sich die Kirche wieder auf der angepaßten Seite, und Herr Stolpe wird im Land Brandenburg, aus dem Michael Kohlhaas stammt, mit 53 Prozent zum Ministerpräsidenten gewählt – Ende der Querulanten, Ende der »Frei«zeit, Sieg der Obrigkeit, der Gleichmacherei.

Welch einen Stoff hätte Michael Kohlhaas für einen Western-film abgegeben! Der rechtschaffene Pferdehändler, der sich von einem üblen Landbesitzer nicht betrügen läßt, der gegen korrupte

Sheriffs und unfähige Marshalls reitet, seine widerlichen Gegner niedermacht und schließlich doch noch einer Kugel zum Opfer fällt, wobei sein schlimmster Feind aber mit ins Verderben gezogen wird. Ja, hätten sie einen Michael Kohlhaas, die Amerikaner, dann hätten sie nicht so viele Filme über einen zwielichtigen Jesse James machen müssen. Nein, amerikanische Helden finden sich nicht mit Unrecht und Obrigkeit ab. Und deshalb wirbeln Mavericks durch die amerikanische Politik, tauchen Wizkids wie Microsoft-Erfinder Bill Gates in der Industrie auf, gibt es einen Lee Iacocca, der öffentlich eine ganze Managergeneration verhöhnt, und kann ein Ross Perot fast Präsident werden.

Auch in Japan hätte das Grab des Michael Kohlhaas einen vielbesuchten Schrein abgegeben. Im Herzen rechtschaffen bis in den Tod, hat er doch am Prinzip der Gerechtigkeit festgehalten. Das ist der Stoff, aus dem in Japan die Samurai-Epen geschrieben werden, die dann, als Fernsehserie verewigt, tagaus, tagein zu sehen sind wie bei uns die Guldenburgs und Drombuschs. Die adligen und geistlichen Rechtsverdreher und Hofschranzen und deren spitzfindige Gesetzesauslegungen aber würden tief verachtet. Der aufrechte Gang zum Schafott wäre keine Niederlage, sondern die Konsequenz eines grundsatztreuen Verhaltens.

So hat jedes Volk seine Helden oder Antihelden. Die Strukturen, denen ein Michael Kohlhaas zum Opfer fiel, leben weiter. Und die, die vor Aufmüpfigkeit und Freiheitsdrang Angst haben, mißbrauchen seinen Namen, um auch in ihrer Umgebung die richtige angepaßte Grundstimmung zu bewahren. Deutschland ist das einzige Volk, das aktiv zum Erfolg der beiden großen Verwirrungen des 20. Jahrhunderts, des Faschismus und des Sozialismus, beigetragen hat. Nur in Deutschland durften beide verbrecherischen Systeme auch im Namen des Volkes regieren – wurden vom Volk mehrheitlich hingenommen. Das war kein unabwendbares Schicksal. Das liegt daran, daß wir keine eigene freiheitliche bürgerliche Revolution zustande gebracht haben. Wir haben uns nie innerlich in die Freiheit entlassen. Das preußische Militär nötigt uns Deutschen mehr Respekt ab als die liberalen Aufständischen des letzten Jahrhunderts. Hier Gneisenau, Scharnhorst, Bismarck, dort von Rotteck, Steuben, Siebenpfeiffer – machen Sie doch selbst den Test, mit welchen Namen Sie mehr anfangen können!

Literatur

Abegglen, James C., Sea Change, The Free Press, New York 1994.

Anderson, Kym, and Blackhurst, Richard. The Greening of World Trade Issues, Harvester Wheatsheaf, 1992.

Barnes, David: The Litigation Crisis, Denver University Law Review Vol. 71, University of Denver College of Law 1993.

Bemerkungen des Bundesrechnungshofes 1994 zur Haushalts- und Wirtschaftsführung, Frankfurt 1994.

Bösenberg, Dirk: Der schlanke Staat, Econ Verlag, Düsseldorf, Wien, New York, Moskau 1994.

Bode, Peter M.: Sylvia Hamberger, Wolfgang Zängl, Alptraum Auto, Raben-Verlag, München 1986.

Bundeskanzleramt: Leistungsbilanz der Bundesregierung für die neuen Bundesländer, Bonn 1993.

Bundesministerium für Arbeit und Sozialordnung: Deshalb sind die Renten sicher, Renten Dokumentation 2, Bonn 1994.

Bundesministerium für Arbeit und Sozialordnung: Die Rente, Bonn 1994.

Bundesministerium für Bildung und Wissenschaft: Grund- und Strukturdaten 1993/94, Bonn 1993.

Burstein, Daniel: Good Bye Nippon, Wilhelm Heyne Verlag, München 1993.

Cohen, Steven: Brand Ronald, Total Quality Management in Government, Jossey-Bass Publishers, San Francisco 1993.

Derthick, Martha: Quirk Paul J., The Politics of Deregulation, The Brookings Institution, Washington D.C. 1985.

Douglas, Roger: Unfinished Business, Random House New Zealand, Auckland 1993.

Drucker, Peter F.: Neue Realitäten, Econ Verlag, Düsseldorf etc. 1991.

Eckholm, Erik Ed.: Solving America's Health Care Crisis, Times Books, New York 1993.

Fitzgeralt, Randall: When Government Goes Private, Universe Books New York 1988.

Freeman, Richard B. [Editor]: Working under different rules, Russel Sage Foundation, New York 1994.

Fuchs, Jürgen [Hrsg.]: Das Biokybernetische Modell, Gabler Verlag, Wiesbaden 1992.

Gaddum, Johann Wilhelm: Steuerreform: Einfach und gerecht, Verlag Bonn aktuell, Stuttgart 1986.

Galbraith, John Kenneth: Die Herrschaft der Bankrotteure, Hoffmann und Campe Verlag, Hamburg 1992.

Garelli, Stéphane Ed.: The World Competitiveness Report 1993 und 1994. World Economic Forum, IMD, Lausanne 1994.

Gore, Al: Wege zum Gleichgewicht, S. Fischer Verlag, Frankfurt 1992.

Grace, Peter J. Ed.: President's Private Sector Survey on Cost Control – A Report to the President, Washington 1984.

Hammer, Michael, Champy, James: Business Reengineering, Campus Verlag, Frankfurt 1994.

Henzler, Herbert A. Späth, Lothar: Sind die Deutschen noch zu retten? C. Bertelsmann Verlag, München 1993.

IG Metall, Auf der Suche nach Gerechtigkeit in der Welt, Bund Verlag, Köln 1992.

Inciardi, James A. Ed.: The Drug Legalization Debate, Studies in Crime, Law and Justice, Vol. 7, Sage Publications, Newbury Park 1991.

Japan Markt 11/94: Deutsche Industrie- und Handelskammer in Japan.

Japan Markt 12/94: Deutsche Industrie- und Handelskammer in Japan.

Konegen-Grenier, Christiane: Steuerungsdefizite und Steuerungsmodelle in der Hochschullehre, Beiträge zu Gesellschafts- und Bildungspolitik 150, Institut der Deutschen Wirtschaft, Deutscher Institutsverlag, Köln 1989.

Lean, Geoffrey, Hinrichsen, Don: World Wildlife Fund Atlas of the Environment, Harper Perennial, London 1992.

Lindlau, Dagobert: Der Mob, Hoffmann und Campe Verlag, Hamburg 1987.

Mirbach, Horst: Das Recht auf selbständige Arbeit, Verlag Norman Rentrop, Bonn 1989.

OECD: Economic Surveys Germany, Paris 1993.

OECD: Economic Surveys Japan 1993, Paris 1993.

OECD: Economic Surveys USA, Paris 1993.

OECD: Education at a Glance, Paris 1993.

OECD: Health Systems Facts and Trends, Paris 1993.

OECD: Taxation in OECD Countries, Paris 1993.

OECD: The Reform of Health Care, Paris 1992.

OECD: The Tax/Benefit Position of Production Workers, Paris 1993.

OECD: Trade Liberalisation: Global economics implications, Paris 1993.

OECD: Trends in International Migration, Paris 1993.

Pflüger, Friedbert: Ein Planet wird gerettet, Econ Verlag, Düsseldorf, Wien, New York, Moskau 1992.

Siebert, Horst: Geht den Deutschen die Arbeit aus? C. Bertelsmann Verlag, München 1994.

Shibata, Tokue Ed.: Japan's Public Sector, University of Tokyo Press, Tokyo 1993.

Star Schüler-Wettbewerb: Willkommen in Japan, Star Micronics 1991.

The World Bank: The East Asian Miracle, Oxford University Press, New York 1993.

The World Bank: World Development Report 1992, Oxford University Press, New York 1992.

The World Bank: World Development Report 1993, Oxford University Press, New York 1993.

Toffler, Alvin: Die Zukunftschance, C. Bertelsmann Verlag, München 1980.

UNDP: Human Development Report 1993, Oxford University Press, New York 1993.

Williamson, John Ed.: The Political Economy of Policy Reform, Institute for International Economy, Washington 1994.

Womack, James P.: Daniel T. Jones, Daniel Roos, Die Zweite Revolution in der Autoindustrie, Campus Verlag, Frankfurt 1991.

World Resources Institute: World Resources 1994/95, Oxford University Press, New York 1994.

Die Autoren

Günter Ederer, geboren 1941 in Fulda. Journalist aus Leidenschaft. Noch in der Schule ausgezeichnet als Chefredakteur für die beste jugendeigene Zeitung Hessens. Nach Zeitungsvolontariat und Mitarbeit bei Wochenzeitungen seit 1966 beim Fernsehen – zunächst drei Jahre beim Südwestfunk Baden-Baden, dann ab 1969 beim ZDF. Dort von 1970 bis 1983 Redakteur im Wirtschaftsmagazin »Bilanz«. Anschließend fast sechs Jahre Fernostkorrespondent des ZDF in Tokyo. Seit Sommer 1990 zurück in Deutschland, arbeitet er als freier Filmproduzent und Wirtschaftspublizist. Günter Ederer hat in 54 Staaten Filme gedreht, Schwerpunkt: Europa, die Ölstaaten, vor allem aber auch die USA, Japan und Fernost. 1983 erhielt er den deutsch-französischen Journalistenpreis für die Wirtschaftsreportage »Die Ehe mit Marianne«, 1990 zeichnete ihn der DIHT mit dem Ernst-Schneider-Preis für seine Wirtschaftsdokumentation über Japan, »Land des Hechelns«, aus, und 1993 erhielt er nochmals den Preis des DIHT in der Kategorie »Magazine« für eine vierteilige Serie im ZDF über den Industriestandort Deutschland. Sein Buch »Das leise Lächeln des Siegers – was wir von den Japanern lernen können« erzielte bisher sechs Auflagen, war das erste deutsche Wirtschaftsbuch, das ins Japanische übersetzt wurde und kletterte in Tokyo bis auf Platz 5 der Bestsellerliste.

Peer Ederer, 1966 in Fulda geboren, Abitur in Bingen am Rhein, Chefredakteur einer Schülerzeitung. Studium im Fach Business/Economics am internationalen Zweig der Sophia-Universität in Tokyo, einer der sechs renommierten Universitäten Japans. Auch hier publizierte er eine Studentenzeitung und war Sprecher der Studentenschaft. Nach vier Jahren erreichte er mit den besten Noten seines Jahrgangs den Abschluß Bachelor of Science. Danach arbeitete Peer Ederer drei Jahre in Tokyo bei der Deutschen Bank. Mittlerweile mit einer Japanerin verheiratet, setzte er seine Ausbildung von 1992 bis 1994 an der Harvard Business School mit einem Management-Studium fort. Als einem der wenigen Europäer gelang es ihm, das Diplom Master of Science mit der Auszeichnung »Baker Scholar« zu erhalten, die an die erfolgreichsten fünf Prozent der Studenten eines Jahrgangs vergeben wird. Seine Studien befaßten sich schwerpunktmäßig mit der Rolle modernen Managements in der wirtschaftlichen und politischen Entwicklung einer Gesellschaft. Seit Sommer 1994 lebt er in Deutschland, arbeitet für ein Unternehmensberatungsbüro und ist weiterhin bei entwicklungspolitischen Projekten der Harvard-Universität engagiert.

Dieses Buch ist allen gewidmet, die sich aktiv dafür einsetzen, um Freiheit und soziale Gerechtigkeit zu verwirklichen. Und deshalb danken wir besonders unseren Familien, die mit viel Engagement mitgeholfen haben, daß wir dieses Buch schreiben konnten.

Günter und Peer Ederer

Stichwortverzeichnis

471